2025

공무원 | 군무원

정호
국어

신유형 기본서

독해와 문학

2025년 공무원 시험을 준비하는 수험생을 위해 『정호국어』 기본서를 개정하였습니다.

공무원 국어 시험을 준비하려는 수험생에게 시험에 대한 전반적이고 자세한 이해를 제공하는 수험서입니다. 많은 개정을 거치면서 잘못된 점을 수정하고 부족한 부분을 채워 넣었습니다. 항상 바뀌는 공무원 시험의 방향과 현실에 능동적으로 대처하고자 2025년 대비 공무원 국어 수험서도 많은 부분을 고쳤습니다. 특히 2025년에는 국가직과 지방직 국어 시험에 많은 변화가 있습니다. 독해, 추론, 언어논리 등이 반영된 '2025년 예시문항'을 바탕으로 교재의 많은 부분에 변화를 주었습니다.

현재 공무원 국어 시험은 '국가직과 지방직', '군무원', '국회직', '법원직' 정도가 있습니다. 2024년과 비교하면 가장 많이 바뀌는 시험은 '국가직과 지방직'입니다. 그리고 '군무원' 시험도 2020년 시험 문제를 공개한 이후로 많은 변화가 드러났습니다. 『정호국어』 기본서는 이러한 변화를 종합적이고도 구체적으로 반영한 교재입니다. 저자는 많은 수험생들을 접하면서 교재와 강의라는 두 가지 과제를 놓고 많은 시간을 노력하며 준비합니다. 그리고 드디어 공무원 수험생에게 적합한 교재와 강의를 선보이게 되었습니다.

공무원 시험을 준비하는 수험생에게 꼭 당부하는 말은 국어의 전 영역을 세밀히 공부해야 한다는 것입니다. 특정 부분에만 치우쳐 전반적인 공부를 소홀히 하면 시험에서 좋은 결과를 얻을 수 없습니다. 가령 군무원 국어는 특별히 자주 출제되는 영역이 있습니다. 이 부분은 보다 집중적인 학습이 필요합니다. 어문규정의 경우 군무원 국어는 맞춤법, 띄어쓰기, 표준어, 복수 표준어, 표준발음법, 문장부호, 외래어 표기법, 로마자 표기법 등을 모두 다루고 있습니다. 다시 말해 어문규정은 전반적인 영역이 모두 출제될 수 있으므로 자세한 학습이 필요하다는 것입니다. 그리고 2020년 문제가 공개되면서 비문학, 어법, 생활국어 등이 확대 출제되었습니다. 결국 위의 내용을 정리하여 말씀드리면, 국어의 모든 영역을 공부하되 자신의 약점을 파악하여 특정 부분에 대한 집중이 필요하다는 것입니다.

법원직의 경우 지문이 길고 문제를 하나의 지문에 묶어 출제하는 경향이 있습니다. 물론 보기도 길게 출제하고, 선택지의 설명도 길게 출제합니다. 따라서 문제의 정답을 파악하는 과정에서 읽기 능력이 필요합니다. 국회직은 법원직과 같이 지문이 길기는 하지만 지방직이나 국가직 문제의 유형을 따르고 있습니다. 비문학이 많이 출제되며, 비문학 지문의 순서를 파악하는 문제를 꼭 출제합니다. 국가직과 지방직 시험의 경우는 '2025년 예시문항'에서 구체적인 변화 방향을 드러냈습니다. 가장 중요한 부분은 독해, 추론, 언어논리 등입니다. 단순히 암기하고 정리하는 시험에서 벗어나 이해하고 연습하는 과정이 중요합니다.

2025년 대비 『정호국어』 기본서는 공무원 시험을 준비하는 모든 수험생에게는 가장 적합한 교재입니다. 방대한 국어의 내용을 모두 담고 있으며, 다양한 예시 문항과 핵심 내용에 대한 중요사항을 모두 수록하여 놓았습니다. 대한민국의 공무원 국어 교재 중에서 단연코 최고의 교재가 되리라 생각합니다.

공무원 국어 시험을 준비하기 위해서는 중요한 부분에 대한 집중적인 학습이 필요합니다. 『정호국어』 기본서는 중요한 내용을 중심 개념으로 삼고 이에 대한 구체적인 예문을 함께 실어 놓았습니다. 저자의 강의와 교재의 개념을 함께 공부하면 어렵지 않게 중요한 내용을 암기할 수 있습니다. 또한 『정호국어』 기본서는 저자의 최신 온라인 강의로 정확하고 쉽게 공부할 수 있습니다. 교재로만 공부를 한다면 공부에 많은 시간이 필요하지만 강의를 듣는다면 더 빠른 시간에 학습을 마무리할 수 있습니다. 『정호국어』 기본서를 가지고 공무원 국어에 최적화된 저자의 직강을 듣고 공부할 수 있습니다. 여러 가지 사정으로 인해 실강을 듣기 어려운 수험생들은 동영상 강의를 꼭 수강하길 권합니다.

　　현장에서 강의를 하며 제가 지켜본 바로는, 공무원 시험을 준비하는 수험생은 약 1년의 과정을 공부합니다. 2025년 대비 『정호국어』 기본서는 수험생의 고뇌와 열정이 합격이라는 결과를 얻을 수 있도록 준비하여 만든 교재입니다. 이 책으로 공부를 하고, 강의를 듣는 수험생들에게 반드시 합격의 기쁨을 드리도록 노력했습니다.

　　마지막으로, 이 책이 나올 수 있도록 도움을 주신 출판사 임직원 여러분께 고마움을 전합니다. 그리고 항상 저만을 사랑해 주는 가족들께도 감사의 마음을 전합니다. 사랑하는 아내를 생각합니다.

2024년 7월
문 정 호 씀

구성과 특징

철저한 출제경향 분석과 체계적인 이론 정리

수년 치의 기출문제를 기반으로 출제경향을 철저히 분석하여 공무원 합격을 위한 맞춤형 교재를 완성하였습니다. 방대한 국어의 전체적인 틀을 이해할 수 있도록 체계적이고 모범적으로 이론을 정리하여 초보 수험생부터 N수생까지 부족함 없이 학습할 수 있습니다.

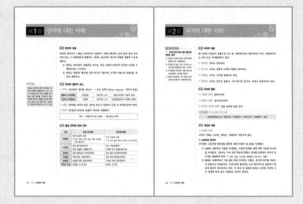

이해를 돕는 풍부한 예시와 다양한 도표, 점수향상을 돕는 참고자료 수록

풍부한 예시와 도표를 제시하여 더욱 쉽게 이해하고 암기할 수 있도록 하였습니다. 같이 알아두어야 할 내용들을 꼼꼼하게 참고자료로 제시하여 필수 이론만으로는 부족한 부분을 보완하여 고득점에 대비할 수 있습니다.

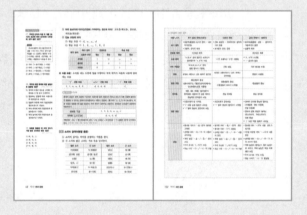

'기출문제 따라잡기'로 바로바로 자가진단

학습한 내용을 확실하게 이해하기 위해서는 문제풀이 과정이 꼭 필요합니다. 이론의 진행에 맞추어 수록해놓은 '기출문제 따라잡기'를 통해 해당 이론이 어떠한 유형으로 출제되는지 파악하여 문제해결능력을 기를 수 있고 본인의 실력과 이해도를 점검할 수 있습니다.

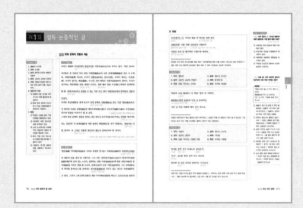

다양한 작품 제시, 꼼꼼한 첨삭설명, 작품별 탄탄한 핵심정리

국어과목의 시험문제에는 수많은 작품이 예문으로 등장합니다. 필수적으로 알아야 할 작품들을 엄선하여 다양하게 제시하였고, 지문을 읽으면서 바로 이해할 수 있도록 꼼꼼하게 첨삭설명을 달았습니다. 또한 주요작품별로 핵심정리를 수록하여 수험생의 효율적인 학습을 돕고자 하였습니다.

편리하고 효과적인 학습을 위한 분권 구성과 효율적인 학습을 위한 권말 해설

학습의 편리성과 효율성을 높이기 위하여 대주제별로 나누어 편집하였습니다. 또한 기출·예제의 해설은 각 권의 권말에 별도로 모아 편집하였기 때문에 본문 이론 학습과 병행하여 효과적으로 활용할 수 있습니다.

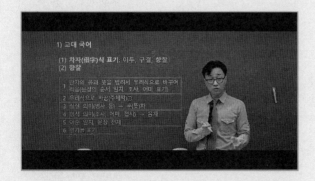

동영상 강의로 합격 플러스

개념과 실전을 동시에 준비하는 이해 중심의 강의로 합격의 가능성을 높이세요. 머리에 쏙쏙 들어오는 명쾌한 강의는 수강생들의 꿈을 여는 열쇠가 될 것입니다.

공무원 국어 기출 분석

▶▶ 2024년도 공무원 국어 기출 분석

	국가직	지방직	국회직	서울시
독해 (비문학)	순서배열 / 내용 추론(4) / 빈칸 추론(2) / 내용 일치	내용 일치 / 내용 추론(2) / 빈칸 추론 / 주제 파악 / 순서 배열	내용 이해(5) / 내용 추론 / 순서 배열 / 내용 일치 / 빈칸 추론 / 내용 추론	내용 일치(2) / 빈칸 추론 / 순서 배열(2) / 내용 이해
화법, 작문	갑과 을의 대화 분석 / 진행자의 말하기 방식	강연자 말하기 방식 / 글쓰기 방식 / 대화 분석		
문법	파생어 분석	음운 변동	파생어 찾기 / 본용언과 보조용언 차이	음운 변동 / 동사와 형용사 품사 구별 / 훈민정음 제자 원리 / 문장의 짜임
어문 규정, 어법	표준어+맞춤법 / 고쳐쓰기	'옥죄다', '쇠다', '들르다', '짜깁기'의 맞춤법 / 고쳐쓰기	외래어 표기 / 어법(2) / 복수 표준어 / 띄어쓰기 / '졸이다'와 '조리다' 구별 / 사이시옷 표기	올바른 문장(어법 종합) / '장대비[장때비]'의 발음 / 사이시옷 표기 / '부치다'와 '붙이다'
어휘	'알다'의 다의어 분석 / 한자어 '度外視', '食言', '矛盾' / 한자어와 고유어 바꿔쓰기	'듣다'의 다의어 분석 / 한자어 '公文書', '空間', '日常', '省察'	'백안시(白眼視)' 뜻풀이 / 한자어와 고유어 구별 / 법률 용어	'소정', '질정', '비등하다', '호도하다'의 뜻 / '복선(伏線)' / 한자성어 '백척간두', '백해무익' / 속담
논리	인과관계	인과관계		
현대 문학	박용래 '울타리 밖' / '소설가 구보 씨의 일일'	박목월 '불국사' / 박태원 '피로'	장만영 '달 포도 잎사귀' / 오정희 '불의 강'	
고전 문학	'장화홍련전' 분석 / '정과정' 분석	시조 4수 분석 / '심청가'와 '수궁가' 분석		'홍길동전'의 문학사적 설명 / 윤선도 시조 '보리밥 풋ᄂ 몰을'

▶▶ 2025년도 공무원 국어 출제기조 전환 예시문항(국가직과 지방직)

공무원 1차 시험은 객관식이다. 그렇다면 가장 중요한 것은 의사소통 능력을 측정하는 일이어야 한다.

인사혁신처도 이에 주목하여 2023년에 공무원 국어 시험의 출제기조를 전환하고자 예시문항을 공개했다. 20 문제를 20분에 풀어야 하는 기본적인 상황은 변함이 없다. 그러나 '독해', '작문', '언어논리', '추론' 등의 사고 와 의사소통 능력을 위한 부분이 강화되었다.

2024년 국가직과 지방직 국어 시험보다는 어렵고 이러한 난도는 전체 문항에 주게 되는 것이 아니라 특정 문제에 집중되고 있다. 그중에서 어려운 문제는 언어논리와 추론 문제에 집중되고 있다. 2~3 문제의 언어 논리와 추론 문제가 당락을 가르게 될 것으로 본다. 또한 지문 길이 증가로 인해 세트형이 도입될 것이고, 이는 국회직 문제나 군무원 문제와도 동일한 양상을 보일 수 있다.

독해(비문학)	빈칸 추론(독해, 어휘) / 순서 배열 / 사례에 적용 / 내용 이해
화법, 작문	개요 작성 / 내용 고쳐쓰기 / 대화 분석
문법	합성어와 파생어(지문, 예시, 추론) / 간접높임(지문, 예시)
어법	조건에 맞게 고쳐쓰기
어휘	'돌아가다'의 다의어 분석 / 유사한 어휘 바꿔쓰기
언어 논리	역, 이, 대우를 활용한 추론 / 정언3단논법 추론 / 전제 추론
현대문학	이육사의 시 '절정' 분석(지문, 분석) / 이광수의 소설 분석(지문, 추론, 분석)

군무원 국어 기출 분석(9급, 7급)

▶▶ 9급

	2018	2019 1차	2019 2차	2020	2021	2022	2023	2024	계	비율
문학	6	5	7	3	5	4	6	4	40	20%
문법	2	4	4	4	1	2	2	2	21	10.5%
비문학	5	2	2	4	5	7	7	7	39	19.5%
어문 규정	5	10	9	4	6	5	6	5	50	25%
어휘	1		2	1	3	1		1	9	4.5%
관용어, 속담	(1)				1		1	1	3	1.5%
한자어, 한자	1		1	2	2	3	1	1	11	5.5%
한자 성어	1	1		1	1	2	1	1	8	4%
고전문법	2	2		1			1		6	3%
어법, 생활 국어	2	1		5	1	1		3	13	6.5%
계	25	25	25	25	25	25	25	25	200	100%

전반적으로 중간 수준의 문제들이 출제되었다. 지엽적이고 지식형의 문제에서 벗어나 국어에 대한 기본적인 지식을 바탕으로 문제를 이해하는 능력에 중점을 둔 문제들이 출제되었다. 국가직이나 지방직 시험과 비교하면 문법을 비롯하여 문학 등 여러 국어 관련 지식이 필요하다. 그러나 기본적인 이론을 익혔다면 문제에 이 지식을 적용하는 능력이 매우 중요한 시험이다. 출제 범위도 과거의 군무원 국어 시험과 고려한다면 골고루 출제되었다고 본다. 군무원 시험의 특성상 문법(문법, 어문규정, 어법)의 비중이 높은 것은 맞다. 그러나 나머지 단원인 비문학, 한자성어, 어휘 등도 골고루 출제되었다. 이러한 경향은 2020년부터 시험이 공개된 이후에 두드러진 특징이다. 수험생은 모든 영역의 공부를 해 두는 것이 좋다. 이번 시험에서 특히 중요한 사항은 비문학이다. 계속 비문학이 중요하게 부각되고 있다. 독해 영역의 공부는 짧은 시간에 끝낼 수 없다. 최소 6개월 이상 지문을 읽고 이해하는 연습이 필요하다. 또한 한자 공부는 선택이 아니라 필수이다. 직접적인 한자 문제는 1개이지만 한자 능력을 갖춘 수험생들은 문학과 비문학의 이해가 더 쉬웠을 것이다. 적절한 수준의 변별력을 갖춘 문제이다. 60점보다 낮은 점수를 받은 수험생들이라면 자신의 공부를 점검해야 한다. 1년 공부를 했다면 80점 이상을 충분히 받을 수 있다고 본다.

▶▶ 7급

	2020	2021	2022	2023	2024	계	비율
문학	5	8	5	7	7	32	25.6%
문법	4		5	3	3	15	12%
비문학	4	3	8	6	4	25	20%
어문 규정	3	8	1	5	6	23	18.4%
어휘	1	3	1	1		6	4.8%
관용어, 속담	1	1			1	3	2.4%
한자어, 한자	4	1	2	2	1	10	8%
한자 성어		1	1	1	1	4	3.2%
고전문법							0%
어법, 생활 국어	3		2		2	7	5.6%
계	25	25	25	25	25	125	100%

최종 평가는 9급과 같다. 적절한 수준의 변별력을 갖춘 문제이다. 9급 시험과 비교하면 직접 어휘 문제가 출제되지 않았지만 다른 문제들 곳곳에 어휘를 이해해야 해결할 수 있는 문제들이 출제되어 있다. 60점보다 낮은 점수를 받은 수험생들이라면 자신의 공부를 점검해야 한다. 1년 공부를 했다면 80점 이상을 충분히 받을 수 있다고 본다.

저자의 블로그와 유튜브, 하이클래스군무원 학원, 공시누리 공무원 학원 등을 통해 질문을 할 수 있고 추가 해설도 공부할 수 있습니다. 수년간 수험생의 어려움을 함께 겪으며 조금이나마 더 공부에 도움이 될 수 있도록 다양한 국어 콘텐츠를 준비하고 있으니 적극적으로 학습에 활용하시길 권합니다.

- 블로그: blog.naver.com/mjh721
- 유튜브: "정호는국어왕" 검색
- 하이클래스군무원: army.daebanggosi.com
- 공시누리: http://gongsinuri.com

차례

독해와 문학

Part 03 문학 편-2 한국문학사

PART 01

비문학 편

단원 길잡이

공무원 시험에서 흔히 '비문학'이라고 지칭하는 단원은 '독서'라고도 한다. '독해'는 글을 읽고 이해하는 과정을 말한다. 문학을 제외한 일반 실용문을 모두 묶어 '비문학'이라고 하며 고등학교 교과서에서는 이를 '독서'로 지칭한다. 공무원 국어 시험을 위한 '비문학' 과정은 '읽기', '이해', '정리', '문제에 적용'의 과정을 거친다. 여기서 중요한 것은 '문제에 적용'하는 과정이다. 시험을 위한 독서는 단순히 읽고 이해하는 것에 그치면 안 된다. 주어진 문제에 맞게 문제를 해결하는 과정이 동반되어야 한다.

현재 공무원 시험에서 가장 중요한 영역은 이 비문학이다. 비문학 영역은 일반적인 국어 시험에 가장 많이 출제되는 영역으로, 다양한 제시문을 제시한 뒤, 이에 대한 사실적 이해, 추론적 이해, 추론적 이해를 평가하는 영역이다. 대학 수학 능력 시험에서의 비문학 지문을 생각하면 되지만, 공무원 국어 시험에서는 수능에서보다 좀 더 간결한 지문이 제시되고 문항도 비교적 쉽게 구성된다. 이 영역은 특정한 지식에 기반하여 출제되는 것이 아니기 때문에 사실 별도의 학습 방법을 생각하기 어렵다. 사실 별도의 학습 방법을 생각하기 어렵다. 그보다는 문항 유형에 대한 훈련을 통해 감각을 키우는 것이 관건이다.

1 독서의 형태

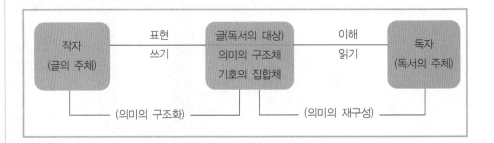

2 독서와 배경 지식

독서는 상호 보완적인 독자와 배경 지식이 글과 상호작용을 하면서 의미 체계를 새롭게 세우는 것이다.

3 독서의 과정

① 독서의 2단계 과정

② 독서의 4단계 과정

판독		이해		해석		반응
문자 인식	⇨	의미 파악	⇨	의미의 재구성	⇨	독자의 행동화

기출 │ 따라잡기

1. 빈칸에 들어갈 말이 올바른 것은?
2016. 소방직

독서에는 읽는 (㉠)에 따라 빠르게 읽어나가는 (㉡), 필요한 부분을 찾아 그 부분만 읽는 (㉢)이 있다. 또 줄거리나 감상문을 쓰고자 할 때는 전체 내용이나 줄거리를 훑어 읽는 (㉣)을 사용한다.

① ㉠ 순서
② ㉡ 발췌독
③ ㉢ 정독
④ ㉣ 통독

4 독서의 방법

① **정독(精讀)**: 글의 부분 부분까지 세밀하게 살피어 읽는 방법이다. → 讀書百遍義自見(독서백편의자현), 眼光徹紙背(안광철지배), 精而不博(정이불박), 韋編三絕(위편삼절)

② **다독(多讀)**: 많은 책을 읽는 방법으로 다양한 정보를 얻을 수 있다. → 男兒須讀五車書(남아수독오거서), 博而不精(박이부정)

③ **통독(通讀)**: 처음부터 끝까지 내리 읽으며 내용의 줄거리나 윤곽만 파악하는 방법이다.

④ **음독(音讀)**: 소리 내어 읽는 방법이다.

⑤ **묵독(默讀)**: 소리없이 눈으로 읽는 방법이다.

⑥ 속독(速讀): 가벼운 마음으로 빨리 읽는 방법이다.

⑦ 발췌독(拔萃讀): 필요한 부분만 뽑아 내어 읽는 방법이다.

⑧ 윤독(輪讀): 여러 사람이 한 책을 차례로 돌려 가며 읽는 방법이다.

⑨ 남독(濫讀): 서적을 닥치는 대로 마구 읽는 방법이다.

⑩ 색독(色讀): 글자 그대로의 의미만 읽는 방법이다.

⑪ 체독(體讀): 표현된 것 이상의 의미를 몸으로 느끼며 읽는 방법이다.

5 독서의 의의

① 사고력을 키운다.

② 인격 및 가치관 형성에 기여한다.

③ 간접 경험을 통한 감동·정보·지식·쾌락을 제공한다.

④ 원만하고 바람직한 생활을 영위하도록 해준다. → 가장 궁극적인 목표

6 독서의 본질

(1) 좋은 글을 선택하는 방법

① 독서의 일반적 목적

학업 독서	공부를 위해 하는 독서
교양 독서	인간과 세계를 깊이 이해하여 정신적으로 성장하기 위해 하는 독서
문제 해결 독서	개인과 사회의 문제를 해결하고 대안을 찾기 위해 하는 독서
여가 독서	정서적 안정이나 삶의 즐거움을 누리기 위해 하는 독서
타인과의 관계 유지를 위한 독서	타인과의 관계 유지·발전을 위해 하는 공동체 내의 독서

② 독서의 구체적 목적: 독자가 상황의 구체적인 필요를 고려하여 적절한 자료를 선택함.

　예 사회과 공부를 위한 독서 자료 선택: 사회과 교과서, 지도, 참고 서적, 연계 도서 등

(2) 주제 통합적 독서

① 주제 통합적 독서의 개념

같은 화제를 다룬 여러 글을 읽고 화제에 대해 비판적·통합적으로 이해하여 의미를 재구성하는 것

② 주제 통합적 독서의 방법

- 화제와 관련된 질문 수립하기
- 화제와 관련된 다양한 글 찾기
- 여러 글을 비교하며 읽기
- 질문의 답으로 재구성하기

기출 | 따라잡기

2. **주제 통합적 읽기의 절차와 방법을 순서대로 제시한 것은?**

2020. 군무원 7급

① 다양한 글과 자료의 선정 → 자신의 관점 재구성 → 선정한 글과 자료의 관점 정리 → 관심 있는 화제, 주제, 쟁점 확인 → 관점의 비교, 대조와 평가

② 관점의 비교, 대조와 평가 → 자신의 관점 재구성 → 다양한 글과 자료의 선정 → 관심 있는 화제, 주제, 쟁점 확인 → 선정한 글과 자료의 관점 정리

③ 선정한 글과 자료의 관점 정리 → 관점의 비교, 대조와 평가 → 다양한 글과 자료의 선정 → 자신의 관점 재구성 → 관심 있는 화제, 주제, 쟁점 확인

④ 관심 있는 화제, 주제, 쟁점 확인 → 다양한 글과 자료의 선정 → 선정한 글과 자료의 관점 정리 → 관점의 비교, 대조와 평가 → 자신의 관점 재구성

③ 주제 통합적 독서의 절차와 순서

관심 있는 화제, 주제, 쟁점 확인	관심 있는 화제, 주제, 쟁점을 스스로 확인 하고 이와 관련된 질문을 만든다.
다양한 글과 자료의 선정	분야, 자료의 유형(서적, 인터넷 자료 등)이나 갈래 등을 고려하여 글과 자료를 선정한다.
선정한 글과 자료의 관점 정리	선정한 글과 자료를 꼼꼼하게 읽으면서 화제나 주제, 쟁점에 대한 필자의 관점, 관련된 주요 용어와 개념 등을 정리한다.
관점의 비교·대조와 평가	각각의 필자의 관점들을 비교·대조하며 관점이 타당한지를 평가한다.
자신의 관점 재구성	비교·대조하고 평가한 결과를 바탕으로 자신의 관점과 생각을 비판적이고 창의적으로 재구성한다.

7 독서의 특성

(1) 독서는 글에서 의미를 구성하는 행위이다.

① 기계적인 해독보다는 '의미'를 추구하는 독해가 중요함을 뜻한다.

② 글의 의미는 고정되어 있는 것이 아니라 독자가 자신의 배경지식이나 경험 등을 활용하여 자기 나름으로 의미를 '구성'하는 것임을 뜻한다.

③ 다양하고 능동적인 이해와 해석을 할 수 있지만, 언제나 글에 근거하여야 한다. 그렇지 않으면 오독(誤讀)이 된다.

(2) 독서는 문제를 해결해 가는 과정이다.

① 외적 문제의 해결: 독서 목적과 관련된다. 보고서를 작성하기 위해 관련 책을 읽거나 제품의 사용법을 알기 위해 사용 설명서를 읽는 것 등이 이에 해당된다.

② 독서 행위 자체가 문제 해결 행위: 글을 읽고 의미를 구성하는 과정에서 부딪히는 여러 가지 문제를 해결하는 과정이다. 모르거나 애매한 단어, 문장, 숨겨진 주제 추론, 주장에 대한 타당성 판단 등 글을 읽는 과정에서 해결해야 하는 이러한 문제들을 해결해 가는 과정이다.

(3) 독서는 의사소통 행위이다.

글을 읽는다는 것은 글쓴이와 독자의 의사소통 행위이다. 이러한 소통은 작게는 사람과 사람, 크게는 집단과 집단, 계층과 계층, 지역과 지역, 시대와 시대가 만나는 사회·문화적 사건이다.

기출 | 따라잡기

3. 〈보기〉의 독서 태도에 대한 설명으로 가장 적절한 것은?
2007. 충남(복원)

보기

독서는 문제 해결 행위이다. 예를 들어, 보고서를 쓰기 위해 관련된 책을 찾아 읽는다든가, 새로 산 전자제품을 잘 사용하기 위해서 사용 설명서를 읽는다. 이와 같이 독서는 우리 삶의 다양한 문제를 해결하는 데 도움을 준다.

① 독서의 목적보다는 독서의 과정을 중시하고 있군.
② 지적 호기심을 채우기 위한 독서를 강조하고 있군.
③ 생활에 필요한 정보를 얻기 위한 독서를 강조하고 있군.
④ 독서가 글쓴이와 독자와의 의사소통 과정이라는 점을 말하고 있군.

제 2 절 독해의 방법

1 상향식 관점과 하향식 관점

상향식 관점과 하향식 관점을 적절히 활용하여 글을 이해한다.

(1) 상향식 관점

'밑에서 위로' 글의 의미를 구성하는 과정이다. 즉, 독서가 단어, 구, 문장 등의 작은 단위에 대한 이해를 통합하여 문단, 글 전체 등 큰 단위에 대해 이해하는 과정을 거친다는 것이다.

(2) 하향식 관점

'위에서 아래로' 글의 의미를 이해하는 과정이다. 즉, 독자는 자신의 경험과 배경지식을 바탕으로 글의 내용을 예측, 추론하고 수정해 가면서 글을 읽는다는 것이다.

(3) 상호 작용식 관점

상향식 관점과 하향식 관점이 상호 보완적으로 이루어진다는 관점이다. 예를 들어, 독자가 알고 있는 내용은 예측하기 등과 같은 하향식 독서 과정이 강하게 일어나며, 배경지식이 거의 없는 내용은 낱말, 문장 등을 꼼꼼히 따져 읽고 때로는 반복해서 읽는 상향식 독서 과정이 중심이 되어 이해가 이루어진다는 것이다.

기출 | 따라잡기

4. 다음 글에 대한 이해로 적절한 것은?   2020. 서울시 9급

생산량이나 소득처럼 겉보기에 가장 간단할 것 같은 경제학적 개념도 이끌어 내는 데 각종 어려움이 따른다. 거기에 수많은 가치 판단이 들어가기 때문이다. 생산량 통계에 가사 노동을 포함하지 않는 것이 한 예이다. 숫자 자체에 이의를 제기하지 않더라도 생산량이나 소득 통계가 생활수준을 정확히 나타낸다고 말하기는 어렵다. 특히, 가난한 나라보다 식량, 주거, 의료 서비스 등 기본적 필요를 충족한 상태인 부유한 나라들은 더욱 그렇다.

또 구매력, 노동 시간, 생활수준을 결정하는 비금전적인 요인, 비합리적인 소비 행위, 위치재 등이 초래하는 차이도 고려해야 한다. 행복측정 연구는 이런 문제들을 피하려고 노력하지만, 그 연구에는 더 심각한 문제들이 있다. 행복은 그 자체로 측정이 어렵다는 점과 다양한 선호의 문제가 개입된다는 점 때문이다. 행복은 가치의 영역으로서 그에 대해 부여하는 우리의 관념과 욕망, 선호의 지점이 각기 다를 뿐만 아니라 비금전적인 요인 등 복잡한 차이가 존재하므로 행복측정 연구와 같은 영역은 그 대상을 측정하는 것이 그만큼 어려워진다.

물론 이렇게 문제가 있다고 해서 경제학에서 숫자를 사용하면 안 된다는 말이 아니다. 생산량, 성장률, 실업률, 불평등 수준 등에 관한 주요 숫자를 모르고서는 우리는 실제 세상의 경제를 제대로 이해할 수 없다. 그렇지만 이 숫자들이 무엇을 말해 주고, 무엇을 말해 주지 않는지를 항상 명심해야 한다.

① 행복측정 연구에서 측정의 어려움은 선호의 문제로 보완될 수 있다.
② 사람들의 생활수준을 측정하는 것은 가난한 나라보다 부유한 나라에서 더 어렵다.
③ 가치 판단은 측정이 불가능하기 때문에 경제학적 개념을 추출하는 데 어려움을 초래한다.
④ 경제학에서 사용하는 숫자는 객관성이 부족하기 때문에 실제 경제를 이해하는 데 도움이 되지 않는다.

2 독서의 절차

글을 읽는 일반적 절차는 '읽기 전 활동 – 읽기 중 활동 – 읽기 후 활동'의 3단계를 거친다.

➕ 플러스 도해 조직자

글의 전체적 구조를 시각적 형태로 파악하도록 하여 글 이해 및 회상을 돕는 것을 말한다. 글을 구조화하여 도표로 그리거나 글을 표로 정리할 수도 있다.

읽기 전 활동	읽을 글의 내용에 대한 이해가 원활하게 일어나도록 도와준다.
	• 읽는 목적 확인하기 • 연상하기나 경험 떠올리기 등을 통한 배경지식 활성화하기 • 훑어보기를 통한 예측하기나 질문 만들기
읽기 중 활동	이해를 깊고 넓게 하는 실제 독해 과정
	• 내 말로 바꾸어 이해하기 • 예측한 내용이 맞는지 확인하거나 궁금해했던 내용에 대한 답을 찾으며 읽기 • 숨겨진 내용이나 집필 의도 등을 추론하며 읽기 • 글의 내용이나 글쓴이의 주장에 공감하거나 거부하면서 읽기 • 내용의 사실성, 논리성, 타당성, 실현가능성 등을 판단하며 읽기 • 새로운 아이디어나 대안 등을 떠올리며 읽기
읽기 후 활동	글을 더욱 깊게 이해할 수 있게 해 준다.
	• 전체 내용을 간단하게 요약하기 • 도해 조직자 등을 활용하여 중요한 내용을 정리하기 • 중심 내용이나 주제 파악하기 • 새로 알게 된 내용의 활용 방안 생각하기 • 새로 얻게 된 깨달음의 실천 방안 생각하기 • 자신의 독서가 진지하고 올바른 방법으로 진행되었는지 점검하고 반성하기

기출 | 따라잡기

5. 다음 글의 빈칸에 들어갈 내용으로 가장 적절한 것은?   2024. 국가직 9급

독자는 글을 읽을 때 생소하거나 이해하기 어려운 단어에 주시하는데, 이때 특정 단어에 눈동자를 멈추는 '고정'이 나타나며, 고정과 고정 사이에는 '이동', 단어를 건너뛸 때는 '도약'이 나타난다. 고정이 관찰될 때는 의미를 이해하려는 시도가 이루어지지만, 이동이나 도약이 관찰될 때는 이루어지지 않는다. 이를 바탕으로, K 연구진은 동일한 텍스트를 활용하여 읽기 능력 하위 집단(A)과 읽기 능력 평균 집단(B)의 읽기 특성을 탐색하는 연구를 진행하였다. 독서 횟수는 1회로 제한하되 독서 시간은 제한하지 않았다.

그 결과, 눈동자의 평균 고정 빈도에서 A 집단은 B 집단에 비해 약 2배 많은 수치를 보였다. 그런데 총 고정 시간을 총 고정 빈도로 나눈 평균 고정 시간은 B 집단이 A 집단에 비해 더 높게 나타났다. 읽기 후 독해 검사에서 B 집단은 A 집단보다 평균 점수가 높았고, 독서 과정에서 눈동자가 이전으로 돌아가거나 이전으로 건너뛰는 현상은 모두 관찰되지 않았다. 연구진은 이를 종합하여 읽기 능력이 부족한 독자는 읽기 능력이 평균인 독자에 비해 난해하다고 느끼는 단어들이 [   ]는 결론을 내렸다.

① 더 많지만 난해하다고 느끼는 각각의 단어를 이해하는 과정에 들이는 평균 시간은 더 적다

② 더 많고 난해하다고 느끼는 각각의 단어를 이해하는 과정에 들이는 평균 시간도 더 많다

③ 더 적지만 난해하다고 느끼는 각각의 단어를 이해하는 과정에 들이는 평균 시간은 더 많다

④ 더 적고 난해하다고 느끼는 각각의 단어를 이해하는 과정에 들이는 평균 시간도 더 적다

3 맥락을 파악하며 읽기

(1) 독서를 할 때 여러 상황 요인을 점검한다.

독서에 영향을 미치는 상황 요인으로는 글의 성격, 글의 내용, 독서의 목적이나 과제, 실린 매체, 독자의 성향, 독자마다 다른 독서 성향 등이 있다. 이러한 독서의 상황 요인은 자료의 선택이나 독서의 방법, 글을 읽는 태도 등에 영향을 미치게 된다.

(2) 효율적인 독서를 위해서는 자신에 대한 인식과 독서 상황에 대한 분석이 잘 이루어져야 한다.

글을 잘 읽기 위해서는 평소에 자신이 어떤 성향의 독자인지 객관적으로 판단하고 이해하고 있어야 한다. 이를 바탕으로 자기 성향에 어울리는 독서를 하거나 자기에게 부족한 부분을 메우는 독서를 하여야 한다. 또한 독서 상황을 분석하여 그에 어울리는 독서 자료와 독서 방법을 선택하여 글을 읽어야 한다.

(3) 글의 생산 및 유통 과정을 독자들의 요구나 사회적 필요 등과 관련지어 이해한다.

독자는 자신의 의지와 필요에 의해서 글을 선택하기도 하지만, 글에 대한 홍보, 판매 전략, 대중의 반응 등이 독자의 선택을 유도하거나 강요하기도 한다. 이런 점에서 우리 주변에 존재하는 글들이 어떤 필요에 의해 생산된 것인지, 독자의 선택이 어떤 유통 과정에 의해 이루어진 것인지 등을 파악하여, 독서 환경과 그 영향을 이해하는 것이 필요하다.

(4) 대중성과 상업성이 글의 생산 및 유통에 미치는 영향을 이해한다.

현대 사회에서 글의 생산과 유통을 견인하는 주된 힘은 대중성과 상업성이다. 따라서 접하는 글이 대중성과 상업성에 의해 기획·편찬된 것은 아닌지, 원전의 가치가 소멸된 채 흥미 위주로 왜곡·변형된 것은 아닌지 비판적으로 검토할 수 있어야 한다. 하지만 대중성과 상업성이 가지는 긍정적인 측면도 있음을 이해할 필요가 있다.

➕ 플러스 독자의 성향과 독자의 독서 성향

독자의 성향에는 정치적인 성향, 가치관, 관심사 등이 있고, 독서 성향에는 수용적이냐 비판적이냐 등이 있다. 독자는 자신이 추구하는 성향에 맞게 글을 읽기를 원한다. 그러나 수험생 입장의 독서는 자신의 성향이나 독서 성향을 고려할 수 없다. 수험생의 관심에서 멀거나 심지어 싫어하는 글을 읽어야 하는 어려움도 고려해야 한다.

➕ 플러스 대중성과 상업성

대중성(大衆性)은 일반 대중이 친숙하게 느끼고 즐기며 좋아할 수 있는 성질을 의미하며, 상업성(商業性)은 경제적인 이익을 얻는 것을 중요시하는 특성을 의미한다. 일반적인 수험생이라면 대중적이고 상업적인 글을 좋아한다. 공무원 시험에 주로 다루는 글들은 최근 이슈를 내용이기는 하지만 이것은 예측할 수 없다. 기본적인 배경지식을 갖추고 다방면의 글을 읽을 준비가 되어 있어야 한다.

6. (가)와 (나)의 표현상 특징을 이해한 것으로 적절하지 않은 것은?　　2020. 국가직 7급

> (가) 한국 아이스하키가 북한을 제압, 동메달을 추가했다. 한국 팀은 13일 쓰키사무 실내 링크에서 벌어진 동계 아시안게임 아이스하키 최종 경기에서 북한을 6 대 5로 제치고 1승 2패를 마크, 일본 중국에 이어 3위에 입상했다. 당초 열세가 예상됐던 한국 팀은 이날 필승의 정신력으로 똘똘 뭉쳐 1피리어드 초반부터 파상적인 공격을 펴던 중 3분쯤 첫 골을 성공시키면서 기세를 높였다.
>
> (나) 아이스하키 남북 대결에서 한국이 예상을 뒤엎고 6 대 5로 승리, 동계 아시안게임 동메달을 획득했다. 한국 팀은 13일 삿포로 쓰키사무 실내 링크에서 열린 북한 팀과의 경기에서 초반 수비 치중에 기습 공격 작전이 적중하면서 승세를 타기 시작. 한 차례의 동점도 허용하지 않고 경기를 끝냈다. 한국 팀은 이로써 북한 팀과의 대표 대결에서 3승 1패로 앞섰다.

① (가)는 '제압', (나)는 '승리'라는 말을 사용한 것으로 보아 (나)는 (가)보다 경기 결과를 객관적인 태도로 표현했어.

② (가)는 '필승의 정신력으로 똘똘 뭉쳐', (나)는 '수비 치중에 기습 공격 작전이 적중하면서'라는 말을 사용한 것으로 보아 (가)는 (나)보다 선수들의 의욕을 강조했어.

③ (가)는 '당초 열세가 예상됐던', (나)는 '예상을 뒤엎고'라는 말을 사용한 것으로 보아 (가)와 (나) 모두 경기 전에 한국 팀의 실력이 북한 팀의 실력보다 낮게 평가되었음을 표현했어.

④ (가)는 '3위에 입상했다', (나)는 '동메달을 획득했다'라는 말을 사용한 것으로 보아 (가)와 (나) 모두 아쉬운 경기 결과였음을 강조했어.

7. 다음 글의 ⊙~⊜ 중 성격이 다른 것은?　　2021. 지역인재 9급

> 자신의 신념과 일치하는 정보는 받아들이고 ⊙그렇지 않은 정보는 무시하는 경향을 확증 편향(confirmationbias)이라고 한다. 기존의 믿음이나 견해와 일치하는 정보는 적극적으로 수용하되 ⓒ그에 반대되는 정보는 무시하거나 주목하지 않는 심리 경향을 말한다. 사회심리학자인 로버트 치알디니에 따르면 자신이 가진 기존의 견해와 일치하는 정보에는 두 가지 이점이 있다고 한다. 첫째, ⓒ그러한 정보는 어떤 문제에 대해 더 이상 고민하지 않고 마음의 휴식을 취할 수 있도록 해 준다. 둘째, 그러한 정보는 우리를 추론의 결과로부터 자유롭게 해 준다. 즉 추론의 결과 때문에 행동을 바꿔야 할 필요가 없는 것이다. 첫 번째 이점은 생각하지 않게 하고, 두 번째 이점은 행동하지 않게 한다는 것인데, 이를 입증하기 위해 특정의 정치 성향을 가진 사람들을 대상으로 실험을 실시하였다. 그 결과, ⊜반대 당 후보의 주장에 대해서는 거의 기억하지 못한 반면, 지지하는 당 후보의 주장에 대해서는 거의 대부분을 기억해 냈다.

① ⊙　　　　　　　　　　② ⓒ

③ ⓒ　　　　　　　　　　④ ⊜

4　배경지식과 경험 활용하며 읽기

글을 읽기 전에 배경지식과 경험을 활성화하면 의미 구성을 원활하게 할 수 있다. 읽기 전에 적절한 배경지식을 떠올려 글의 내용을 예측하며, 새로운 정보를 선택하고, 예측과 일치하는 정보를 확인하며, 예측과 맞지 않을 경우 다른 배경지식을 탐색한다. 이 과정에서 새로 알게 된 내용을 다시 기억에 갱신하여 저장한다.

배경지식이나 경험이 많다고 독서가 효율적으로 진행되는 것은 아니다. 읽을 글의 화제나 내용과 관련된 배경지식이 많고, 그러한 지식을 활성화할 수 있는 전략을 갖추어야 효과적인 독서를 할 수 있다.

8. 다음과 같은 글을 읽을 때, 유의할 점으로 가장 적절하지 않은 것은? 2020. 경찰직 2차

> 카슨은 1958년, 조류학자이자 친구인 허킨스로부터 한 통의 편지를 받는다. 편지는 정부가 모기를 방제하기 위해 숲속에 디디티(DDT)를 살포한 이후 자신이 기르던 많은 새들이 죽었고, 이에 당국에 항의했지만 당국은 디디티가 동물에 무해하다며, 자신의 항의를 묵살했다는 내용이었다. 이를 계기로 카슨은 너무나 손쉽게 널리 사용되는 바로 이 디디티의 문제점에 대해 알리고자 결심한다. 카슨의 "침묵의 봄"은 이와 같은 배경에서 탄생한 책이다.

① 핵심 내용을 확인하며 읽는다.

② 사실과 주장을 주의하며 읽는다.

③ 정서적이거나 공감이 되는 부분을 찾아 읽는다.

④ 자료의 출처가 믿을 만한 것인지를 생각하며 읽는다.

5 예측하며 읽기와 질문하며 읽기

(1) 예측하며 읽기

글쓴이는 독자가 글의 내용을 잘 이해하도록 자신의 의도를 담아 글의 제목, 소제목, 삽화와 사진 등의 장치들을 설정하기 마련이다. 따라서 독자는 글을 읽기 전에 자신의 배경지식과 글의 여러가지 장치를 활용하여 글의 내용과 글쓴이의 의도를 예측할 수 있다.

① **글의 제목**: 글쓴이가 의도한 글 전체의 구조를 파악하고, 필요한 정보에 효율적으로 접근하는 데 도움을 준다.

② **글의 소제목**: 글의 내용을 이해하는 데 도움을 주므로, 삽화를 통해 글의 내용을 미리 짐작할 수 다.

③ **삽화와 사진**: 글의 주제, 화제, 글의 내용을 전달한다.

④ **도표**: 글의 중요한 내용을 시각적으로 전달한다.

⑤ **표지 디자인**: 글의 내용을 예측하는 데 유용한 단서가 된다.

9. 다음 글의 전개 순서로 가장 자연스러운 것은? 2023. 지방직 7급

> ㈎ 시가 마음을 담아내는 것이므로 시의 내용은 다양할 수밖에 없다. 사람의 마음은 매우 다양하기 때문이다.
>
> ㈏ 그러나 인간이라면 누구나 갖게 되는 마음이 있기에 자주 등장하는 내용도 있다. 대표적인 것이 바로 그리움이다.
>
> ㈐ 시는 사람의 내면에만 담아 둘 수 없는 간절한 마음을 말이나 글로 표현할 때 탄생한다는 견해가 있다. 이에 따르면 시를 감상하는 것은 시에 담긴 마음을 읽어 내는 것이다.
>
> ㈑ 그리움이 담겨 있는 시가 많은 것은 그리움이 그만큼 간절한 마음이기 때문이다. 이렇게 볼 때, 동서고금을 막론하고 그리움을 노래하는 시가 많은 것은 어쩌면 당연한 일이다.

① ㈎ – ㈏ – ㈑ – ㈐   ② ㈎ – ㈐ – ㈏ – ㈑

③ ㈐ – ㈎ – ㈏ – ㈑   ④ ㈐ – ㈏ – ㈎ – ㈑

(2) 질문하며 읽기

'질문하기'는 글을 읽기 전에 예측한 내용을 토대로 독자 자신이 글과 관련하여 궁금한 것을 질문해 보는 활동이다. 글을 읽기 전에 글의 제목, 소제목, 독자의 관심사 등을 고려하여 질문을 만든다. 독자가 글을 읽기 전에 글에 대해 질문을 하면 배경 지식이 활성화되고, 능동적으로 글을 읽는 데 도움이 된다.

① 제목, 소제목을 고려하여 질문 만들기: 글의 제목이나 소제목은 중심 내용에 대한 단서를 제공하므로, 이를 통해 글 전체 내용을 파악할 수 있다.

② 관심사를 고려하여 질문 만들기: 독자 자신의 관심사를 열거하여 질문을 만들고, 질문의 답을 글의 어디에서 찾을 수 있는지 탐색한다.

③ 결과 중심의 질문과 과정 중심의 질문
　ⓐ 결과 중심의 질문: '누가, 무엇을, 언제, 어디서' 등과 같이 글에 있는 정보를 사실적으로 확인하는 질문.
　ⓑ 과정 중심의 질문: '왜, 어떻게' 등과 같이 글에 암시되거나 전제되어 있는 내용을 추론하고 해석하는 과정 중심의 질문 → 결과 중심의 질문과 과정 중심의 질문을 균형있게 하는 것이 좋다.

➕ 플러스 신문기사의 표제와 부제

공무원 시험에서는 신문 기사의 일부를 지문으로 제시하는 경우가 많다. 신문기사의 경우 제목을 '표제'라고 하며, 기사의 중요성에 따라 '부제'가 붙기도 한다. '표제'는 기사 전체의 핵심을 담고 있어야 하고, '부제'는 '표제'의 내용을 보충한다.

기출 | 따라잡기

10. 다음 글에 대한 설명으로 적절하지 않은 것은?　　　　　2022. 소방직 경력채용

> 　그렇다면 책은 어떻게 읽어야 할까? 목적에 맞으며 가치 있는 책을 선택하고 적절한 방법을 찾아 읽어야 한다. 독서의 목적이 다양하듯 독서의 방법도 일정할 수 없다. 흔히 정독과 다독을 두고 바른 독서의 방법을 묻곤 한다. 여기에 정해진 답은 없다. 정독할 책은 정독하고, 다독할 책은 다독하면 된다. 옛사람들은 정독을 위해 같은 책을 수십 번 수백 번 다독하는 방법을 택했다. 새겨 읽어야 할 책은 새겨서 읽고, 그때그때 필요한 정보는 필요할 때마다 꺼내 쓰면 된다. 일생을 함께해야 할 지혜를 소설책 읽듯이 흘려 읽을 수 없고, 깊은 사색이 필요한 주제를 만화책 보듯 해서도 안 된다. 소처럼 여러 차례 되새김질해서 하나하나 음미하며 읽어야 할 때가 있고, 고래가 큰 입을 벌려 물고기와 새우를 한꺼번에 삼켜 버리듯 해야 할 때도 있다. 모든 책을 처음부터 끝까지 읽을 필요가 없고 수없이 되풀이해 읽어서 한 부분만 손때가 묻은 책도 있어야 한다.

① 비슷한 구조를 지닌 문장을 활용하여 내용을 전달하고 있다.
② 다양한 책의 종류를 예시하여 독서의 목적과 가치를 강조하고 있다.
③ 질문을 던지고 그에 답하는 형식으로 독자의 호기심을 유발하고 있다.
④ 쉽고 생생한 비유로 책을 읽는 방법을 설명하며 독자의 이해를 돕고 있다.

6　단어, 문장, 문단의 독해와 의미 관계 파악하기

(1) 단어의 의미와 핵심어를 파악

단어의 사전적 의미, 문맥적 의미, 비유적 의미 등을 파악하고, 하나의 문장이나 문단에서 핵심어를 파악한다.

(2) 문장의 의미, 문장에서의 주요 정보, 문장 간의 관계를 파악

길고 복잡한 문장에서는 의미 단위를 중심으로 어구를 끊어 읽고, 주요 정보를 파악한다. 또한 '대등, 병렬, 역접, 인과' 등과 같은 인접 문장 간의 관계를 파악하고, 대명사, 대동사, 명사구 반복 등을 통해 문장과 문장을 연결하는 장치를 파악한다.

(3) 문단의 중심 내용과 중심 문장, 문단 간의 의미 관계를 파악

문장에서 각 문장의 중요도 판단하기, 중심 문장의 위치와 중심 문장과 뒷받침 문장의 관계 파악하기, 문단의 중심 내용 판단하기, 문단과 문단의 의미 관계 파악하기 등을 한다.

(4) 담화 표지 파악

담화 표지	예고	앞으로 ~할 것이다. 다음과 같다. ~에 대해 알아본다
	강조	강조하자면. 부연하자면. 중요한 것은
	정리	요컨대, 결론적으로, 정리하자면
	인과	그러므로, 왜냐하면~때문이다
	예시	예컨대, 예를 들면
	열거	첫째, 둘째, 셋째, 끝으로
	비교, 대조	한편~다른 한편, 반면
표현법		중요한 내용을 반복적으로 제시하기, 명료하거나 풍부한 이해를 위해 유추나 비유 등을 활용하기, 신뢰성을 높이기 위해 권위자의 말 인용하기, 직접적으로 표현했을 때의 부담을 줄이기 위해 넌지시 간접적으로 표현하기, 결론은 감춘 채 그 결론에 도달하게끔 하는 근거들만 제시하기 등
글 외의 장치		절의 제목, 도드라지게 나타낸 낱말이나 문장, 그림 · 도표 · 사진 등과 같은 시각자료, 차례나 머리말 등

기출 | 따라잡기

11. 글의 문장과 문장 간의 관계에 대한 설명으로 적절한 것은? 2009. 수능 변형

> ⊙우리나라 사람들은 툭하면 중국의 일을 끌어다 쓴다. ⓒ이 또한 비루한 품격이다. ⓒ모름지기 《삼국사》, 《고려사》, 《국조보감》, 《여지승람》, 《징비록》, 《연려실기술》 및 기타 우리나라의 글에서 취하여 그 사실을 채집하고 그 지방을 살펴서 시에 써 넣어야 한다. ⓔ그런 뒤라야 세상에 이름나고 후세에 전해질 수가 있게 된다. ⓜ유득공의 《십육국 회고시(十六國懷古詩)》를 중국 사람이 출판한 것만 보더라도 이를 징험할 수 있다.
>
> — 정약용, 〈연아에게 부침〉 —

① ⊙은 윗글에서 중요도가 가장 높은 문장이다.
② ⓒ은 ⊙의 원인을 제시한 문장이다.
③ ⓒ은 ⓒ과 병렬적으로 연결된 문장이다.
④ ⓔ은 대명사가 사용되어 앞 문장과 자연스럽게 연결된 문장이다.
⑤ ⓜ은 ⓒ, ⓔ의 내용을 사례를 들어 뒷받침하는 문장이다.

7 글의 중심 내용 파악하기

(1) 글 전체를 대상으로 중심 내용 파악

① 글의 소단위를 대상으로 부분적인 내용을 파악했다 하더라도 중심 내용을 파악해야 제대로 독서를 하였다고 할 수 있다.

② 중심 내용 혹은 주제를 드러내는 방식은 글의 종류에 따라 달라지는데, 설명문이나 논설문은 명시적으로 드러나는 경우가 많지만, 문학적인 글은 암시되어 있는 경우가 많다. 설명문이나 논술문을 실용문이라 본다면, 실용문과 문학의 글은 읽는 방법도 달라야 한다.

(2) 지식과 경험, 글에 나타난 정보, 맥락 등을 이용하여 글의 중심 내용 파악

① 자신의 지식과 경험, 글에 나타난 정보, 글이 작성된 시대와 배경 맥락, 글을 읽는 독자의 상황적 맥락 등을 고려하여 글의 중심 내용을 구성한다.

② 같은 글이라도 지식과 경험, 맥락 등의 차이에 따라 구성되는 중심 내용이 달라질 수 있다.

기출 | 따라잡기

12. 다음 글에서 추론한 내용으로 적절하지 않은 것은? 2023. 지방직 9급

> 프랑스에서 의무교육 제도를 실시하면서 정규학교에 입학하기 어려운 지적장애아, 학습부진아를 가려내고자 하였다. 이에 기초 학습 능력 평가를 목적으로, 1905년 최초의 IQ 검사가 이루어졌다. 이 검사를 통해 비로소 인간의 지능을 구체적으로 수치화하고 객관적으로 비교할 수 있게 되었다.
> 이후 오랫동안 IQ가 높으면 똑똑한 사람, 그렇지 않으면 머리가 좋지 않고 학습에도 부진한 사람으로 판단했다. 물론 IQ가 높은 아이는 그렇지 않은 아이에 비해 읽기나 계산 등 사고 기능과 관련된 과목에서 높은 성취도를 보이는 경우가 많다. 이는 IQ 검사가 기초 학습에 필요한 최소 능력인 언어 이해력, 어휘력, 수리력 등을 측정하기 때문이다. 학습의 기초 능력을 측정하는 IQ 검사에서 높은 점수를 받은 아이는 동일한 능력을 측정하는 학업 평가에서도 높은 점수를 받을 가능성이 크다. 하지만 문제는 IQ 검사가 인간의 지능 중 일부만을 측정한다는 점이다.

① 최초의 IQ 검사는 학습 능력이 우수한 아이를 고르기 위해 시행되었다.
② IQ 검사가 만들어지기 전에는 인간의 지능을 수치로 비교할 수 없었다.
③ IQ가 높은 아이라도 전체 지능은 높지 않을 수 있다.
④ IQ가 높은 아이가 읽기 능력이 좋을 확률이 높다.

---

8 읽은 후의 활동

(1) 글의 전개 방식 및 구조 파악하기

① 글의 종류와 목적에 따른 전개 방식을 이해한다.

글은 종류와 목적에 따른 관습적 전개 방식을 가지고 있는데, 글의 내용 전개 방식을 파악하면 글의 내용을 이해하는 데 도움이 된다.

② 글의 종류와 목적에 따른 구조적 특성을 파악한다.

모든 글은 특별한 구조를 취하고 있는데, 대표적인 것으로는 서사, 비교와 대조, 원인과 결과, 예시, 열거, 문제와 해결 등이 있다. 글의 구조를 잘 이해하면 글의 내용에 대한 회상과 이해에 도움이 된다.

13. 다음 글의 전개 방식에 대한 설명으로 적절한 것은?　　　　　　　2021. 국회직 8급

> 부여의 정월 영고, 고구려의 10월 동맹, 동예의 10월 무천 등은 모두 하늘에 제사를 지내고, 나라 안 사람들이 모두 모여서 음주가무를 하였던 일종의 공동 의례였다. 이것은 상고시대 부족들의 종교 · 예술 생활이 담겨 있는 제정일치의 표현이라고 볼 수 있다. 제천행사는 힘든 농사일과 휴식의 관계 속에서 형성된 농경사회의 풍속이다. 씨뿌리기가 끝나는 5월과 추수가 끝난 10월에 각각 하늘에 제사를 지냈는데, 이때는 온 나라 사람이 춤추고 노래 부르며 즐겼다. 농사일로 쌓인 심신의 피로를 풀며 모든 사람들이 마음껏 즐겼던 일종의 공동체적 축제이자 동시에 풍년을 기원하고 추수를 감사하는 의식이었던 것이다.
>
> 이러한 고대의 축제는 국가적 공의(公儀)와 민간인들의 마을굿으로 나뉘어 전해 내려오게 되었다. 이것은 사졸들의 위령제였던 신라의 '팔관회'를 거쳐 고려조에서는 일종의 추수감사제 성격의 공동체 신앙으로 10월에 개최된 '팔관회'와, 새해 농사의 풍년을 기원하는 성격으로 정월 보름에 향촌 사회를 중심으로 향촌 구성원을 결속시켰던 '연등회'라는 두 개의 형식으로 구분되어서 전해 내려오게 되었다. 팔관회는 지배 계층의 결속을 강화하는 역할을 하였고, 연등회는 농경의례적인 성격의 종교집단행사였다고 볼 수 있다. 오늘날의 한가위 추석도 이런 제천의식에서 그 유래를 찾을 수 있다.
>
> 조선조에서는 연등회나 팔관회가 사라지고 중국의 영향을 받아 산대잡극이 성행했다. 즉 광대줄타기, 곡예, 재담, 음악 등이 연주되었다. 즉 공연자와 관람자가 분명히 구분되었고, 직접 연행을 벌이는 사람들의 사회적 지위는 그들을 관람하는 사람들보다 낮은 것으로 평가되었다. 그러나 민간 차원에서는 마을굿이나 두레가 축제적 고유 성격을 유지하였다. 즉 도당굿, 별신굿, 단오굿, 동제 등이 지역민을 묶어주는 역할을 하였다는 것이다.

① 두 개념의 장단점을 비교하여 서술하고 있다.
② 시대별로 비판을 제시하며 대안을 서술하고 있다.
③ 다양한 사례를 제시하여 개념을 정당화하고 있다.
④ 두 개의 이론을 제시하고 새로운 이론을 도출하고 있다.
⑤ 시대별로 중심 화제의 성격 변화를 서술하고 있다.

(2) 발췌하기와 요약하기

① 정보를 선별하고 발췌하기

글의 전개 방식과 구조적 특징을 파악하고 있는 독자는 굳이 글 전체를 읽지 않더라도 자신에게 필요한 정보가 있는 위치를 판단하여 필요한 정보만을 선별할 수 있다.

② 요약하기

요약하기는 여러 독해 기능을 종합적으로 활용해야 하는 활동으로, 글의 내용 중 중요하지 않은 부분 삭제하기, 세부적인 내용을 상위 수준으로 구성하기, 중심 내용을 자신의 말로 재진술하기, 필요한 분량으로 요약하기 등이 있다.

(3) 생략된 내용과 숨겨진 의도, 주제 추론하기

① 생략된 내용을 추론하며 글을 읽는다.

　예 '철수가 학교에 갔다.' → 독자가 고등학생이라면 보통의 상황에서는 철수가 고등학생이고, 학교에 간 목적은 공부를 하기 위해서라고 추론할 수 있다.(지식과 경험을 이용하여 추론하기)

　예 '철수는 학교에 갔고, 영희는 공원에 갔다.' → 연결어미 '-고'는 문장이 병렬적으로 연결됨을 예고한다.(표지를 이용하여 생략된 내용을 추론하기)

　예 '농사를 지었다. 배추가 매우 잘 자랐다.' → '배추'는 앞 문장에서 말한 '농사'의 한 가지로 해석될 수 있다.(문맥을 이용하여 생략된 내용을 추론하기)

② 글쓴이의 의도, 목적, 숨겨진 주제 등을 추론한다.

　글에는 글쓴이의 의도와 목적, 글의 주제 등이 직접적으로 드러나지 않는 경우가 많다. 또 겉으로 드러나는 내용과는 반대로 정반대의 주제가 감추어진 경우도 있다. 따라서 독자는 글 전체의 내용, 맥락, 자신의 배경지식 등을 복합적으로 고려하여 숨겨진 내용을 추론할 수 있어야 한다.

`기출` `따라잡기`

14. 다음 글을 읽고 추론한 내용으로 적절한 것은?　　　　　2020. 국회직 9급

　천연두는 공기로도 전염되어 전염력이 강하고, 치사율이 매우 높아 오랫동안 공포의 대상이었다. 고대 중국과 인도의 의사들은 한 번 천연두에 걸렸던 사람은 이 병에 다시 걸리지 않는다는 사실을 발견했고, 약하게 천연두를 앓고 나면 이후 천연두로 인해 목숨을 잃는 것을 막을 수 있으리라 생각하였다. 그들은 천연두 환자의 딱지를 말려 가루로 만들었다. 그리고 은으로 만든 관을 사용해 대상이 남자일 경우 왼쪽 콧구멍으로, 여자일 경우 오른쪽 콧구멍으로 딱지 가루를 넣었다.

　한편, 아랍인들은 팔에 칼로 작은 상처를 내고 천연두의 농포에서 얻은 물질을 절개 부위 안으로 밀어 넣는 인두법을 고안했다. 이 방법은 1700년대에 영국으로 전파되었는데, 당시 영국의 공주를 비롯한 귀족 자녀들이 접종을 하고 효과를 나타내며 널리 퍼지게 되었다. 하지만 잘못된 접종 방법으로 인해 부작용도 많이 발생하였다. 영국의 일부 의사들은 아무 근거도 없이 접종하기 6주 전부터 환자에게서 피를 뽑고 설사를 시키며 저열량식을 주었다. 이렇게 면역력이 떨어진 상태에서 받는 접종은 곧 독이 될 수 있었는데, 이 잘못된 관행은 약 30년 동안 지속되었다.

　1773년 에드워드 제너는 소에게 발생하는 천연두인 우두에 인간이 감염되어 가볍게 앓고 나면 천연두에 걸리지 않는다는 사실을 알게 되었다. 우두균은 인체에서 자연적으로 치유되는데, 이때 만들어진 항체가 천연두균에 대해서도 효과를 발휘하는 것이다. 우두법이 개발됨에 따라, 인류는 점차 천연두의 공포에서 벗어날 수 있게 되었다.

① 접종을 하기 전 피를 뽑음으로써 인체에 항체가 더욱 잘 생성될 수 있었겠군.
② 영국인들은 천연두 농포에서 얻은 물질이 성별에 따라 다르게 작용한다고 믿었겠군.
③ 영국의 잘못된 접종 방법은 공주에게 부작용이 발생하고 나서야 사라질 수 있었겠군.
④ 인체에 투입된 우두균이 항체가 되어 천연두의 전염을 막는 것이군.
⑤ 인체의 면역력이 떨어져 있는 상태에서 천연두 환자의 딱지 가루를 흡입한다면 부작용이 나타날 확률이 높아졌겠군.

---

(4) 글의 내용을 분석하고 종합하기

분석과 종합은 글을 세부적으로 나누거나 재구성하여 자신의 목적에 맞게 재창조하는 것이다. 글에 나타난 정보를 이해하는 데 그치지 않고 여러 각도에서 분석하고 종합하는 능력을 길러야 한다.

① 분석: 글에 나타난 여러 가지 생각을 세부적으로 나누어 살피는 것이다. 필자의 의도, 글의 목적, 글의 주제, 글의 구조, 글의 전개 방식, 글의 세부 내용, 글의 문체, 시대적 배경, 문화적 배경, 사회적 배경, 역사적 배경 등을 분석한다.

② 종합: 자신의 독서 목적에 맞게 글의 내용을 여러 가지로 재구성하는 것이다. 글을 읽고 자신의 생각이나 아이디어를 남에게 전달하기 위해 말로 발표하거나 글로 쓰는 활동에 필요하다. 가령 글을 읽고 새로운 계획을 세우거나 가설, 이론, 법칙 등을 만들어 내는 것 등이 이에 해당한다.

15. 다음 글을 이해한 내용으로 가장 적절한 것은? 2023. 지방직 9급

> 《삼국사기》는 본기 28권, 지 9권, 표 3권, 열전 10권의 체제로 되어 있다. 이 중 열전은 전체 분량의 5분의 1을 차지하며, 수록된 인물은 86명으로, 신라인이 가장 많고, 백제인이 가장 적다. 수록 인물의 배치에는 원칙이 있는데, 앞부분에는 명장, 명신, 학자 등을 수록했고, 다음으로 관직에 있지는 않았으나 기릴 만한 사람을 실었다.
>
> 　반신(叛臣)의 경우 열전의 끝부분에 배치되어 있다. 이들을 수록한 까닭은 왕을 죽인 부정적 행적을 드러내어 반면교사로 삼는 데에 있었으나, 그 목적에 부합하지 않는 내용이 있어 흥미롭다. 가령 고구려의 연개소문은 반신이지만, 당나라에 당당히 대적한 민족적 영웅의 모습도 포함되어 있다. 흔히 《삼국사기》에 대해, 신라 정통론에 기반해 있으며, 유교적 사관에 따라 당시의 지배 질서를 공고히 하고자 했다고 평가한다. 하지만 연개소문의 사례에서 볼 수 있듯 《삼국사기》는 기존 평가와 달리 다면적이고 중층적인 역사 텍스트라고 할 수 있다.

① 《삼국사기》 열전에 고구려인과 백제인도 수록되었다는 점은 이 책이 신라 정통론을 계승하지 않았다는 것을 보여준다.

② 《삼국사기》 열전에 수록된 반신 중에는 이 책에 대한 기존 평가를 다르게 할 수 있는 사례가 있다.

③ 《삼국사기》 열전에는 기릴 만한 업적이 있더라도 관직에 오르지 못한 사람은 수록되지 않았다.

④ 《삼국사기》의 체제 중에서 열전이 가장 많은 권수를 차지한다.

(5) 글의 내용, 구성, 표현의 측면에서 비판하기

　① 내용의 타당성, 공정성, 자료의 정확성, 적절성 등을 판단하며 글을 읽는다.

　　㉠ 내용의 타당성: 글쓴이가 글에서 제시하고 있는 내용이 옳은가의 문제이다. 내용이 잘못된 정보는 아닌지, 객관적 사실에 입각한 것인지 등을 판단하며 읽는다.

　　㉡ 내용의 공정성: 글의 내용, 화제, 소제, 주제 등을 다루는 방법이 어느 한쪽에 치우치지 않았는가의 문제이다.

　　㉢ 자료의 정확성: 자료가 객관적 사실에 일치하고, 출처가 명확하며, 인용 과정에 왜곡이 없는가 하는 점과 관련된다.

　　㉣ 자료의 적절성: 자료가 글의 주장이나 설명한 내용에 적합하며, 필요한 자료가 충분히 주어졌는지를 따져보아야 한다. 또한 자료가 글의 주제와 관련이 있는지도 중요하다.

　② 글쓴이가 사용한 글의 전개 방식, 구조적 특성 등이 글의 내용을 전달하는 데 효과적으로 작용하고 있는지를 비판적으로 검토한다.

　③ 단어 사용의 적절성 여부, 글의 문체, 글의 길이, 정서법, 비문 여부, 문장의 호응 관계, 글의 내용을 표현하는 수사적 장치 등 표현 측면에서의 적절성과 효과를 검토한다.

＋ 플러스 　수사적 장치

수사적 장치에는 은유, 직유, 비교, 대조, 과장, 예시 등이 있다. 문학의 수사법을 생각하면 된다.

16. 다음 글의 설명 방식으로 적절하지 않은 것은? 2021. 국가직 9급

> 빛 공해란 인공조명의 과도한 빛이나 조명 영역 밖으로 누출되는 빛이 인간의 건강하고 쾌적한 생활을 방해하거나 환경에 피해를 주는 상태를 말한다. 국제 과학 저널인 《사이언스 어드밴스》의 '전 세계 빛 공해 지도'에 따르면, 우리나라는 빛 공해가 심각한 국가이다. 빛 공해는 멜라토닌 부족을 초래해 인간에게 수면 부족과 면역력 저하 등의 문제를 유발하고, 농작물의 생산량 저하, 생태계 교란 등의 문제를 일으킨다.

① 빛 공해의 정의를 제시하고 있다.
② 빛 공해의 주요 요인인 인공조명의 누출 원인을 제시하고 있다.
③ 자료를 인용하여 빛 공해가 심각한 국가로 우리나라를 제시하고 있다.
④ 사례를 들어 빛 공해의 악영향을 제시하고 있다.

⑹ 독서의 성찰과 조절

① 읽기 전, 중, 후의 과정에서 상위 인지 능력을 발휘하여 자신의 독서 과정을 점검하고, 독서 행동을 적절하게 조절해야 한다. 다음과 같은 질문에 대답해 봄으로써 자신의 독서 과정을 점검해 볼 수 있다.
- 나의 독서 목적은 무엇인가?
- 글의 내용이 독서 목적에 부합하는가?
- 읽기의 방법은 독서의 목적에 적합한가?
- 독서 과제, 물리적 환경, 주변의 상태 등의 독서 상황이 적절한가?

② 글을 읽다가 이해되지 않는 부분을 만나면 그것을 해결할 수 있는 여러 가지 전략을 구사할 수 있어야 한다.
- 단어의 의미: 사전을 찾아봄.
- 글의 일부분: 전후 맥락을 고려하여 글의 의미를 구성함.
- 글의 전반적인 내용: 읽기를 중단하고 좀 더 쉬운 글로 바꾸어 읽음. 참고 서적을 찾아 관련 부분에 대한 이해를 확충함.
- 마음, 태도, 생리적 상태, 동기: 독서 과제, 독서 상황, 독서의 물리적 환경, 소음, 주변의 상태: 독서 환경이 어수선하거나 소음이 있다면 좀 더 차분하고 조용한 환경으로 만드는 등 독서 상황을 적절하게 조절함.

17. 다음 글에 대한 설명으로 가장 적절한 것은?

> 나는 나를 잘못 간직했다가 잃어버렸던 자다. 어렸을 때 과거가 좋게 보여서, 10년 동안이나 과거 공부에 빠져들었다. 그러다가 결국 처지가 바뀌어 조정에 나아가 검은 사모관대에 비단 도포를 입고, 12년 동안이나 대낮에 미친 듯이 큰길을 뛰어다녔다. 그러다가 또 처지가 바뀌어 한강을 건너고 문경 새재를 넘게 되었다. 친척과 조상의 무덤을 버리고 곧바로 아득한 바닷가의 대나무 숲에 달려와서야 멈추게 되었다. 이때에는 나에게 물었다.
>
> "너는 무엇 때문에 여기까지 왔느냐? 여우나 도깨비에게 홀려서 끌려왔느냐? 아니면 바다 귀신이 불러서 왔는가? 네 가정과 고향이 모두 초천에 있는데, 왜 그 본바닥으로 돌아가지 않느냐?"
>
> 그러나 나는 끝내 멍하니 움직이지 않으며 돌아갈 줄을 몰랐다. 얼굴빛을 보니 마치 얽매인 곳에 있어서 돌아가고 싶어도 돌아가지 못하는 것 같았다.
>
> — 정약용, 〈수오재기(守吾齋記)〉 —

① 지난 행적을 떠올리며 지금의 자신을 성찰하고 있다.
② 인물 간의 갈등이 시간 순서대로 명료하게 해소되고 있다.
③ 타인의 심리를 추측하고 그 행동의 이유를 탐색하고 있다.
④ 주변 인물과의 대화를 통해 사건이 전개된 양상을 드러내고 있다.

1 사실적 이해

글의 표면에 나타난 주어진 정보를 객관적으로 이해하고 판단하는 사고 작용을 말한다.

(1) 내용의 사실적 이해

① 정보의 개괄적 확인

글의 전체적인 내용의 흐름을 파악하고, 이를 토대로 글에 제시되어 있는 정보들을 확인하는 유형이다. 제시문의 내용과 일치 혹은 불일치를 묻는 형태이므로 각 단락의 중심 요지를 정리하고, 주제가 무엇인지 정확하게 이해해야 한다.

기출 따라잡기

18. 다음 글의 내용과 부합하지 않는 것은?   2023. 국가직 9급

과학 혁명 이전 아리스토텔레스 철학은 로마 가톨릭교의 정통 교리와 결합되어 있었기 때문에 오랜 시간 동안 지배적인 영향력을 발휘하였다. 천문 분야 또한 예외는 아니었다. 아리스토텔레스의 세계관을 따라 우주의 중심은 지구이며, 모든 천체는 원운동을 하면서 지구의 주위를 공전한다는 천동설이 정설로 자리 잡고 있었다. 프톨레마이오스가 천체들의 공전 궤도를 관찰하던 도중, 행성들이 주기적으로 종전의 운동과는 반대 방향으로 움직인다는 관찰 결과를 얻었을 때도 그는 이를 행성의 역행 운동을 허용하지 않는 천동설로 설명하고자 하였다. 그래서 지구를 중심으로 공전하는 원 궤도에 중심을 두고 있는 원, 즉 주전원(周轉圓)을 따라 공전 궤도를 그리면서 행성들이 운동한다고 주장하였다.

과학과 아리스토텔레스 철학의 결별은 서서히 일어났다. 그 과정에서 일어난 가장 중요한 사건은 1543년 코페르니쿠스가 행성들의 운동 이론에 관한 책을 발간한 일이다. 코페르니쿠스는 천체의 중심에 지구 대신 태양을 놓고 지구가 태양의 주위를 공전한다고 주장하였다. 태양을 우주의 중심에 둔 코페르니쿠스의 지동설은 행성들의 운동에 대해 프톨레마이오스보다 수학적으로 단순하게 설명하였다.

① 과학 혁명 이전 시기에는 천동설이 정설로 받아들여졌다.
② 프톨레마이오스의 주전원은 지동설을 지지하고자 만든 개념이다.
③ 천동설과 지동설은 우주의 중심을 어디에 두느냐에 따라 구분된다.
④ 행성의 공전에 대한 프톨레마이오스의 설명은 코페르니쿠스의 설명보다 수학적으로 복잡하였다.

---

② 세부적 정보의 확인

제시문에서 중점적으로 설명하고 있는 한 단어나 구절, 문장을 주고 그 내용이나 의미에 대한 설명으로 적절하거나 적절하지 않은 것을 고르는 형태이므로 그것을 설명하고 있는 제시문 내의 다른 내용들을 정확히 이해해야 한다.

19. 다음 글의 밑줄 친 부분의 의미와 가장 가까운 것은? 2019. 국가직 9급

> 본다는 것은 경험이다. 망막의 반응은 단지 물리적 상태일 뿐이다. 즉, 광화학적 상태인 것이다. 생리학자들이 경험과 물리학적인 상태를 언제나 구분하는 것은 아니다. <u>사람들은 그들의 눈으로 보는 것이 아니라, 그 자신이 보는 것이다.</u> 물론 카메라나 안구는 볼 수 없다. '본다'라고 불리는 행위를 시작 기관 내에서(또는 눈 뒤에 있는 신경학상의 망상 조직 내에서) 설명하려는 모든 노력들은 잘못된 것이다. 천문학자인 케플러와 티코가 동일한 물리적 대상을 본다고 가정하자. 그들은 모두 태양을 시각적으로 인식한다. 만약 그들을 어두운 방으로 데리고 가서 그들이 본 것을 기록하게 한다면 그들은 동시에 동일한 것을 기록할지 모른다. 만약 그 방 안에서 볼 수 있는 유일한 대상이 납으로 만든 원통뿐이라고 가정해 보자. 그들은 동일한 것을 볼 것이다. 다시 말해서, 그 대상을 볼 것이다. 그러나 바로 여기에서 어려움이 발생한다. 왜냐하면, 티코는 그 대상을 단순한 막대기로 보는 반면, 케플러는 그것을 갈릴레오가 그에게 편지로 알려주었던 망원경이라는 기구로 볼 것이기 때문이다.

① 본다는 것은 과학적 이론을 만들어내는 중요한 도구이다.
② 본다는 것은 단지 물리적 현상이 아니라 생리적 현상이기도 하다.
③ 본다는 것은 종교적 경험에서와 같이 마음의 눈을 통해서 들여다보는 행위이다.
④ 본다는 것은 단지 물리적 현상이 아니라 총체적 경험을 통해 풀이해 보는 행위이다.

③ 핵심 정보의 파악

글 전체나 한 문단의 주된 화제나 논제는 물론이고, 그러한 화제나 논제와 관련된 글쓴이의 주된 생각을 파악하려는 것이기 때문에 글 전반에 제시되어 있는 정보를 정확하게 이해해야 한다.

　㉠ 주제어 파악

　　글 전체를 통독하면서 화제(話題, topic)가 되는 말을 확인하고, 화제어 중에서 가장 중심이 되는 말을 선별해야 한다. 이 말을 주제어라고 한다.

➕ 플러스 | 주제어를 파악하는 연습

(1) 추상어 중, 반복되는 말에 일단 주목한다.
(2) 그 말을 중심으로 글을 전개해 나가는 대상을 찾는다.
(3) 접근방법

> 장승은 마을 어귀나 언덕 또는 절 입구에 서서 잡귀를 쫓고 손님마마를 막는 한편, 먼 길을 가는 나그네의 길라잡이도 되고, 이수(里數)를 알리는 이정표 구실도 하였다. 또, 사람들은 장승에게 농사가 잘 되고 고기도 많이 잡히며 마을이 무사태평하게 해 달라고 빌었다.
> 장승은 서울을 비롯한 중부 지방 일대의 이름으로, 영·호남에서는 '벅수'라고 한다. 이밖에 곳에 따라 할아버지 당산, 할머니 당산, 천하대장군, 수살(水殺), 돌미륵, 하루방따위로도 불린다.

① 일단 내용을 체계적으로 정리해 본다.
　• 장승의 위치: 마을 어귀나 언덕 또는 절 입구에 서 있음.
　• 장승의 역할: ㉠ 잡귀를 쫓고, 손님마마를 막음. ㉡ 나그네의 길라잡이나 이정표 구실을 함. ㉢ 사람들의 기원 대상이 됨.
　• 장승의 명칭: 장승, 벅수, 할아버지(할머니) 당산, 천하대장군, 수살, 돌미륵, 하루방 등
② 위치, 역할, 명칭 등의 관점에서 '장승'에 관해 설명을 하고 있다. 즉, '장승'이라는 말을 중심으로 글을 전개해 나가고 있다.

(1) 문단별 소주제를 파악하고 이를
전체적으로 재정리한다.
(2) 집필 의도 등을 고려하여 정보
간의 관계를 파악한다.
(3) 추상적 진술의 문장 중, 화제를
집중적으로 해명한 문장을 찾
는다.

ⓛ 주제문 파악

글을 제대로 이해하기 위해서는 문단별 소주제를 정리하여 중심 내용을 파악해야 한다. 특히, 글에 나타나 있는 여러 정보 상호 간의 위상이나 집필 의도 등을 고려해 핵심 내용을 선별해야 한다.

기출 | 따라잡기

20. 다음 글의 주제로 가장 적절한 것은?　　　　　　　　　　2022. 지방직 9급

예전에 '혐오'는 대중에게 관심을 끄는 말이 아니었지만, 요즘에는 익숙하게 듣는 말이 되었다. 이는 과거에 혐오가 존재하지 않았다는 말이 아니다. 단지 최근 몇 년 사이에 이 문제가 폭발하듯 가시화되었다는 뜻이다. 혐오 현상은 외계에서 뚝 떨어진 괴물이 만들어 낸 것이 아니라, 거기엔 자체의 역사와 사회적 배경이 반드시 선행한다.

이 문제를 바라볼 때 주의 사항이 있다. 혐오나 증오라는 특정 감정에 집착해선 안 된다는 것이다. 혐오가 주제인데 거기에 집중하지 말라니, 얼핏 이율배반처럼 들리지만 이는 매우 중요한 포인트다. 왜 혐오가 나혐오를 쁘냐고 물어보면 많은 사람들은 이렇게 답한다. "나쁜 감정이니까 나쁘다.", "약자와 소수자를 차별하게 만드니까 나쁘다." 이 대답들은 분명 선량한 마음에서 나온 것이다. 하지만 문제의 성격을 오인하게 만들 수 있다. 혐오나 증오라는 감정에 집중할수록 우린 '달을 가리키는 손가락만 바라보는' 잘못을 범하기 쉬워진다.

인과관계를 혼동하면 곤란하다. 우리가 문제시하고 있는 각종 혐오는 자연 발생한 게 아니라 사회적으로 형성된 감정이다. 사회문제의 기원이나 원인이 아니라, 발현이며 결과다. 더 정확히 말하자면 혐오는 증상이다. 증상을 관찰하는 일은 중요하지만 거기에만 매몰되면 곤란하다. 우리는 혐오나 증오 그 자체를 사회악으로 지목해 도덕적으로 지탄하는 데서 그치지 말아야 한다.

① 혐오 현상에는 인과관계가 존재하지 않는다.
② 혐오 현상은 선량한 마음으로 바라보아야 한다.
③ 혐오 현상을 만들어 내는 근본 원인을 찾아야 한다.
④ 혐오라는 감정에 집중할수록 사회문제는 잘 보인다.

---

(2) 구조의 사실적 이해

① 단락 간의 구조·관계 파악

사실과 의견, 원인과 결과, 주지와 상술, 단정과 예시 등 두 단락 사이의 관계를 확인하는 문제를 기본으로 해서 여러 개의 단락으로 이루어진 글을 묶어 보는 문제, 단락 간의 관계를 도식화해 보는 문제, 또는 논리적인 흐름으로 배열하는 문제 등을 파악하는 것이다. 먼저 각 문단의 핵심 정보를 찾아 소주제문을 작성해 보고, 이를 연결하여 글 전체의 주제를 작성하고 도식화해 본다.

+ 플러스　정보의 종류-사실과 의견

정보는 글을 이루는 요소로, 그 성격에 따라 크게 사실과 의견으로 나뉜다.
(1) 사실: 글 속에 나타나 있는 객관적이고 구체적인 정보를 '사실'이라고 한다. 개별적 현상의 자료, 추상적 진술을 구체화하는 예시, 상상이나 추론의 전제나 근거 등이 이에 해당된다.
(2) 의견: 개인의 견해가 반영된 주관적인 정보를 '의견'이라고 한다. 의견은 다시 정서적인 '감상(느낌)'과 논리적인 '주장'으로 나눌 수 있다.

연습 1

> ㉠ 선생님은 우리를 이끌고 거리로 나갔다. 우리는 수천 명의 다른 학생, 시민들과 함께 대오를 이루어 노래를 부르고 구호를 외치면서 거리를 누볐다. 나는 너무나 기뻐서 가슴이 터질 것만 같았다. 모든 사람들이 환호하였다. 나는 너무도 흥분한 나머지 하루 종일 밥 먹는 것도 잊어버렸다. ㉡ 3월 1일에 끼니를 잊은 한국인은 수백만 명은 될 것이다.
>
> – 님 웨일즈, 〈아리랑〉 –

㉠은 3·1 운동의 날에 직접 체험했던 내용(경험적 사실)을 생동감 있게 기술하고 있다. 그러나 ㉡은 ㉠을 근거로 추리한 판단(의견)에 해당한다.

연습 2

> ㉠ 지금 나는 밤중에 한 강을 아홉 번 건넜다. ㉡ 강은 새외(塞外)로부터 나와서 장성을 뚫고 유하(楡河)와 조하(潮河)·황화 진천(黃花鎭川) 등의 모든 물과 합쳐 밀운성 밑을 거쳐 백하(白河)가 되었다. ㉢ 나는 어제 두 번째 배로 백하를 건넜는데, ㉣ 이것은 하류(下流)였다.
>
> – 박지원, 〈일야구도하기〉 –

이 글은 모두 사실로만 이루어져 있다. 여기서 ㉠과 ㉢은 경험적 사실, ㉡과 ㉣은 일반적 사실에 속한다. '일반적 사실'은 항목을 따로 잡아 '지식'으로 분류하기도 한다.

연습 3

> ㉠ 요즈음은 경로 서비스 분야에도 기술이 발달되어, 할아버지, 할머니의 팔, 다리, 어깨를 손자, 손녀들을 대신하여 주물러 드릴 수 있는 전자 안마 의자까지 상품화되었다. ㉡ 그러나 한편에서는 경로 서비스 같은 것은 기계보다는 사람이 해야 하지 않느냐 하는 주장도 나오고 있다. ㉢ 아무리 기술이 발달한다 하더라도 따뜻한 사람의 손길이 닿지 않으면 안 되는 곳에 기계를 써서는 안 된다는 것이다. ㉣ 기계에 인간의 일을 모두 맡겨 버린다면 사회는 비인간화되어 혼미에 빠지고 말 것이기 때문이다.
>
> 서정욱, 〈과학 기술의 발달과 일〉 –

㉠: 개별적 사실 – 문제 제기의 배경을 설정함.
㉡, ㉢: 글쓴이의 견해 – 다른 사람의 말을 인용하면서 자신의 의견을 우회적으로 표현함.
㉣: 일반적 사실 – 부정적인 경우를 검토하여(반증) 주지를 강조함.

21. (가)~(라)를 맥락에 따라 가장 자연스럽게 배열한 것은?   2024. 국가직 9급

> 약물은 질병을 치료하거나 예방할 목적으로 사용되는 의약품이다. 우리 주변에는 약물이 오남용되는 경우가 있다.
>
> (가) 더구나 약물은 내성이 있어 이전보다 더 많은 양을 사용하기 마련이므로 피해는 점점 커지게 된다.
>
> (나) 오남용은 오용과 남용을 합친 말로서 오용은 본래 용도와 다르게 사용하는 일, 남용은 함부로 지나치게 사용하는 일을 가리킨다.
>
> (다) 그러므로 약물을 사용할 때는 반드시 의사나 약사와 상의하고 설명서를 확인하여 목적에 맞게 적정량을 사용해야 한다.
>
> (라) 약물을 오남용하면 신체적 피해는 물론 정신적 피해를 입을 수 있다.

① (나) - (다) - (라) - (가)

② (나) - (라) - (가) - (다)

③ (라) - (가) - (나) - (다)

④ (라) - (다) - (나) - (가)

② 글의 서술 방식 파악

서술하는 주된 방식이나 서술상의 특징을 묻는 형태이며, 내용에서 가장 중심이 되는 화제나 중심 주장을 파악해야하기 때문에 무엇보다 먼저 기본적인 서술 방식의 종류에 대하여 정확하게 이해하고 암기해 두는 것이 필요하다.

22. ㉠과 ㉡에 대한 진술 방식으로 적절하지 않은 것은?   2020. 지방직 7급

> ㉠예술의 본질은 무엇인가를 표현하는 것이다. 이 말은 예술이 ㉡과학과 마찬가지로 일종의 설명적 기능을 하고 있다는 것이다. 예술가는 자신의 언어를 통해서 대상에 대한 자신의 생각이나 느낌을 전달한다. 특히 낭만적인 예술가들은 예술의 기능을 본질적으로 표현에 있다고 보고, 예술의 기능이 과학의 기능과 질적으로 다르지 않다고 하였다. 과학이나 예술은 다 같이 우리들이 경험하고 있는 사물 현상에 질서를 주는 방법이라는 것이다. 과학이나 예술의 목적이 진리를 밝히는 데 있으며, 그들의 언어가 갖는 의미는 그 언어가 가리키는 지시 대상에서 찾아진다는 것이다.
>
> 그러나 예술의 언어가 과학의 언어처럼 지시적 기능을 갖고 있다는 사실은 예술에 대한 오해에서 비롯된 것이다. 다빈치의 모나리자는 모나리자라는 여인을 모델로 했다고 하더라도, 그러한 인물을 지시하고 표현했기 때문에 예술이 되는 것은 아니다. 이 예술 작품은 실재 인물과 상관없이 표현의 결과물로서 존재한다. 이처럼 예술 작품은 의미를 갖는 언어 뭉치로서 존재하는 것이다. 예술이 '말할 수 없는 것을 말하는 것'이라는 견해도 여기에서 비롯된다.

① ㉠에 대한 예시를 들고 있다.

② ㉠에 대한 개념을 밝히고 있다.

③ ㉠과 ㉡의 공통점을 기술하고 있다.

④ ㉠과 ㉡을 인과적으로 분석하고 있다.

2 추론적 이해

사실적 정보를 토대로 독자가 의미를 새롭게 구성하거나 글의 함축적 의미 또는 구성 요소를 찾아 내는 고차원적인 사고 작용이다.

(1) 내용의 추론

① 생략된 정보 추리

문장과 문장, 혹은 문단과 문단 사이의 일부 생략한 지문을 내용적 긴밀성이나 논리적 일관성을 고려하여 파악하는데 정답은 대개 생략된 내용의 앞뒤 문맥에 들어있다.

| 예제 | 따라잡기 |

23. 다음 글의 빈칸에 들어갈 결론으로 가장 적절한 것은? 2025 개편 예시문항

신경과학자 아이젠버거는 참가자들을 모집하여 실험을 진행하였다. 이 실험에서 그의 연구팀은 실험 참가자의 뇌를 'fMRI' 기계를 이용해 촬영하였다. 뇌의 어떤 부위가 활성화되는가를 촬영하여 실험 참가자가 어떤 심리적 상태인가를 파악하려는 것이었다. 아이젠버거는 각 참가자에게 그가 세 사람으로 구성된 그룹의 일원이 될 것이고, 온라인에 각각 접속하여 서로 공을 주고받는 게임을 하게 될 것이라고 알려주었다. 그런데 이 실험에서 각 그룹의 구성원 중 실제 참가자는 한 명뿐이었고 나머지 둘은 컴퓨터 프로그램이었다. 실험이 시작되면 처음 몇 분 동안 셋이 사이좋게 순서대로 공을 주고받지만, 어느 순간부터 실험 참가자는 공을 받지 못한다. 실험 참가자를 제외한 나머지 둘은 계속 공을 주고받기 때문에, 실험 참가자는 나머지 두 사람이 아무런 설명 없이 자신을 따돌린다고 느끼게 된다. 연구팀은 실험 참가자가 따돌림을 당할 때 그의 뇌에서 전두엽의 전대상피질 부위가 활성화된다는 것을 확인했다. 이는 인간이 물리적 폭력을 당할 때 활성화되는 뇌의 부위이다. 연구팀은 이로부터 [   ] 는 결론을 내릴 수 있었다.

① 물리적 폭력은 뇌 전두엽의 전대상피질 부위를 활성화한다
② 물리적 폭력은 피해자의 개인적 경험을 사회적 문제로 전환한다
③ 따돌림은 피해자에게 물리적 폭력보다 더 심각한 부정적 영향을 미친다
④ 따돌림을 당할 때와 물리적 폭력을 당할 때의 심리적 상태는 서로 다르지 않다

➕ 플러스 전개될(전개된) 내용의 추론

제시된 글을 바탕으로 하여 그 앞에서 다루어졌을 내용이나 그 다음에 이어질 내용을 추론하는 것이다. 이것은 문단 간의 관계와 구조에 대한 정확한 이해가 선행될 때 가능하다. 또, 서론이나 본론으로부터 결론의 내용을 추론하는 능력도 주요 평가 대상이 된다.

② 전개될 내용의 추리

주어진 지문을 바탕으로 이미 전개된 내용이나 다음에 이어질 내용을 글의 일관성이나 유기성, 통일성 등을 고려하여 파악하는 것으로 글의 중심 화제를 정리하고 각 단락 사이에 어떤 논리적인 관계가 이루어지고 있는지, 또 중심 화제에 대한 필자의 태도는 어떠한지 확인해야 한다.

기출 | 따라잡기

24. 다음 글의 뒤에 이어질 내용으로 가장 적절하지 않은 것은? 2020. 경찰직 1차

세상이 빨라지면, 사람도 덩달아 빨라지고 사람들이 즐기는 것들도 빨라진다. 옛날에 비해 사람들의 걸음걸이도 빨라졌고, 말도 빨라졌다. 음악이나 영화의 속도도 옛날보다 훨씬 빨라졌다. 요즘 사람들이 듣기에 시조창이나 수제천*과 같은 음악은 너무나 답답하다. 베토벤의 교향곡을 연주하는 속도 역시 베토벤 시대보다 요즘 더 빨라졌다고 한다. (중략)

그러나 빠르고 바쁜 삶 속에서 우리는 많은 것을 잃어버렸다.

* 수제천: 신라 때에 만들어진 아악의 하나

① 한 권의 책을 천천히 읽으면서 책 읽기의 즐거움을 온전히 누리는 일
② 시간에 얽매이지 않은 채 여행지의 사람들과 풍습을 충분히 경험하는 일
③ 오래된 것이 아름다움을 살리기 위해 속성(俗姓)으로 관련 기술을 배우는 일
④ 수년간 완두콩을 심고 그것이 자라는 것을 관찰하여 형질이 이어짐을 살펴보는 일

③ 문맥적 의미의 파악

전체 글의 내용과 논리의 흐름을 파악하여 주어진 단어나 구절, 문장이 갖는 문맥적 의미를 의미들과의 연관성을 고려하여 해석하거나 그 문맥적 의미와 유사하게 사용된 것이나 바꾸어 쓰기에 적절한 것을 파악한다.

예제 | 따라잡기

25. 다음 중 밑줄 친 ㉠의 의미를 바르게 설명한 것은?

서양에 비해 신화나 전설을 소재로 한 그림이나 서사적 기록은 그리 많이 발견되지 않는다. 《삼국유사》를 비롯한 몇몇 문헌에 기록되어 전해져 오는 것이 여기저기 산재해 있지만 서양의 경우에 비한다면 ㉠영성할 정도이다. 따라서 그림 역시 신화를 소재로 한 작품은 기대에 못 미친다. 그러나 불교와 도교 등의 종교가 융성하면서 이를 소재로 한 문학과 미술은 비약적으로 창작된다. 향가에 나타난 불교적 서정이나 기원 등은 종교와 예술과의 깊은 관계를 예증하는 것이다. 이처럼 삼국 시대에는 불교적인 소재가 창작의 동기를 제공한 사상적 기반으로 작용했다. 이는 고려 시대까지 이어졌다. 종교적 신앙심을 고양시키기 위해 불화가 많이 제작되었다. 비록 많은 작품이 유실되었으나 서구방의 '수월관음도'를 비롯하여 수많은 불화가 이 시대를 빛냈다.

① 수효가 적어서 보잘것없다.
② 학덕이 뛰어나고 사리에 밝다.
③ 신령한 품성이나 성질이 있다.
④ 볼 만한 값어치가 없고 하찮다.

④ 다른 상황에 적용

동일한 범주 내에서 이론이나 원리를 실제로 적용할 수 있는 구체적 사례를 파악하고, 제시된 다른 구체적 상황과 대비해 본다.

기출 | 따라잡기

26. 다음 글에서 추론한 내용으로 가장 적절한 것은?   2024. 국가직 9급

> 진화 개념에 대해 흔히 오해되는 측면이 있다. 첫째, 인간의 행동은 철저하게 유전적으로 결정되어 있다는 생각이다. 그런데 진화 이론이 유전자 결정론을 주장하는 것은 아니다. 인간의 행동은 유전적인 적응 성향과 이러한 적응 성향을 발달시키고 활성화되게 하는 환경으로부터의 입력이 상호작용한 결과이다.
> 둘째, 현재 인간의 마음이나 행동 체계는 오랜 진화 과정에 의한 최적의 적응 방식이라는 생각이다. 그것이 항상 맞는 것은 아니다. 가령 구석기시대의 적응 방식을 오늘날 인간이 지니고 있어 생기는 문제점이 있다. 원시시대에 사용하던 인지적 전략 등이 현재 그대로 남아 있기 때문에 문제가 생길 수 있는 것이다. 우리가 복잡한 상황에 적응하는 데는 원시시대의 적응 방식이 부적절한 경우가 있을 수 있다.

① 인간의 행동은 환경의 영향으로, 마음은 유전의 영향으로 결정된다.
② 우리에게 주어진 상황의 복잡한 정도가 클수록 인지적 전략의 최적화가 이루어진다.
③ 같은 조상을 둔 후손이라도 환경에서 얻은 정보가 다르면 행동은 다르게 나타날 수 있다.
④ 조상의 유전적 성향보다 조상이 살았던 과거 환경이 인간의 진화 방향을 우선적으로 결정한다.

➕ 플러스 | 다른 상황에 적용하기

(1) 함축적 의미의 적용

주어진 글에 내포되어 있는 의미를 파악한 후, 그것을 유사한 다른 상황에 적용하여 공통성, 보편성, 상이성 등을 추론해 내는 것이다. 다시 말하면, 상이한 진술이나 비유적 표현의 문맥적 의미를 추론하고 그것의 상호 관계를 비교, 파악하는 능력을 말한다.

(2) 정서, 심리, 태도의 적용

글 속에 나타난 글쓴이의 정서, 심리, 태도를 이와 유사한 다른 상황에 적용하는 것을 말한다. 특히 제시된 문학 작품과 정서, 태도면에서 유사성이 있는 시구를 찾는 형식이 주를 이룬다. 인물(화자)이 어떤 문제적 상황이나 현실에 처해 있으며 어떤 방식으로 이에 대응하고 있는지를 파악한 다음, 유사한 작중 상황이 나타난 작품에 적용해 보도록 한다.

(3) 상과 표현의 적용

발상(發想)은 글쓴이가 어떤 표현을 떠올리게 된 생각을 말한다. 그러므로 발상과 표현의 유사성 찾기란 두 표현에 숨어 있는 글쓴이의 착상과 그것이 구체화된 표현이 유사성이 있는지를 판단하는 것이다. 상식을 뒤엎는 기발한 착상

(2) 과정의 추론: 필자의 태도·관점·의도 추리

작자가 글을 쓰게 된 동기나 목적, 궁극적으로 말하고자 하는 바, 현실이나 대상에 대하여 어떤 태도를 지니는지를 파악하는 것으로 중심 화제를 찾는 것이 핵심이다.

> **기출 | 따라잡기**
>
> **27. 다음 글에서 추론한 내용으로 가장 적절한 것은?**　　　　2023. 국가직 9급
>
> 공포의 상태와 불안의 상태를 구분하는 것은 쉽지 않다. 왜냐하면 두 감정을 함께 느끼거나 한 감정이 다른 감정을 유발할 때가 많기 때문이다. 가령, 무시무시한 전염병을 목도하고 공포에 빠진 사람은 자신도 언젠가 그 병에 걸릴지 모른다는 불안 상태에 빠지게 된다. 이처럼 두 감정은 서로 밀접하게 얽혀 있다는 점에서 혼동하기 쉽다. 하지만 두 감정을 야기한 원인을 따져 보면 두 감정을 명확하게 구분할 수 있다. 공포는 실재하는 객관적 위협에 의해 야기된 상태를 의미하고, 불안은 현재 발생하지 않았으며 미래에 일어날지 모르는 불명확한 위협에 의해 야기된 상태를 의미한다. 공포와 불안의 감정은 둘 다 자아와 관련되어 있지만 여기에서도 차이를 찾을 수 있다. 공포를 느끼는 것은 '나 자신'이 위험한 상황에 놓여 있다는 사실을 아는 것이고, 불안의 경험은 '나 자신'이 위해를 입을까 봐 걱정하는 것이다.
>
> ① 자신이 처한 위험한 상황을 정확히 인식하는 경우에는 공포감에 비해 불안감이 더 크다.
> ② 전기·가스 사고가 날까 두려워 외출하지 못하는 사람은 불안한 상태에 있는 것이다.
> ③ 시험에 불합격할 수 있다는 생각에 사로잡힌 사람은 공포감에 빠져 있는 것이다.
> ④ 과거에 큰 교통사고를 경험한 사람은 공포감은 크지만 불안감은 작다.

(3) 주장(결론)과 근거(전제)의 파악

주장을 제시하고 그것을 뒷받침할 수 있는 근거를 찾거나, 제시문의 형태로 자료를 주고 그것을 근거로 하여 성립될 주장을 파악해야 한다. 필자가 드러내고 있는 태도나 견해, 주장에 주목하여 그 주장을 도출하기 위해 펼쳤던 다양한 근거들을 추출하여야 한다.

> **기출 | 따라잡기**
>
> **28. 다음 글에서 결론적으로 주장하는 바로 가장 적절한 것은?**　　　　2019. 지방직 7급
>
> 사회 관계망 서비스(SNS)는 개인의 알 권리를 충족하거나 사회적 정의 실현을 위해 생각과 정보를 공유할 수 있도록 돕는다는 면에서 긍정적인 가치를 인정받는다. 그러나 도덕적 응징이라는 미명하에 개인의 신상 정보를 무차별적으로 공개하는 범법 행위가 확산되면서 심각한 사회 문제가 일고 있는 것이 사실이다. 법적 처벌이 어렵다면 도덕적으로 응징해서라도 죄를 물어야 한다는 누리꾼들의 요구가, '모욕죄'나 '사이버 명예 훼손죄' 등으로 처벌될 수 있는 범죄 행위 수준의 과도한 행동으로 이어지는 경우를 우려해야 하는 상황인 것이다.
>
> 특히 사회적 비난이 집중된 사건의 경우, 공익을 위한다는 생각으로 사건의 사실 여부를 제대로 확인하지도 않은 채 개인 신상 정보부터 무분별하게 유출하는 행위가 끊이지 않고 있어 문제의 심각성이 커지고 있다. 그로 인해 개인의 사생활 침해와 인격 훼손은 물론, 개인 정보가 범죄에 악용되는 부작용이 발생하고 있다. 따라서 사회 관계망 서비스를 이용하여 정보를 공유할 때에는, 개인의 사생활을 침해하거나 인격을 훼손하는 정보를 유출하는 것은 아닌지 각별한 주의를 기울일 필요가 있다.
>
> ① 정보 공유를 통해 사회 정의를 실현할 수 있다.
> ② 정보 유출로 공공의 이익이 훼손되는 경우는 없다.
> ③ 공유된 정보는 사실 관계를 확인할 수 있어야 한다.
> ④ 정보 공유 과정에서 개인의 인권이 침해당해서는 안 된다.

3 비판적 이해

글의 내용이나 구조가 올바로 이루어졌는지, 글의 목적에 어울리는지, 다른 장르와의 관계 등을 파악하는 종합적인 사고 작용이다.

(1) 내적 준거에 의한 비판

글 내부의 조직 원리를 중심으로 비판하는 것으로서, 적절성·유기성·타당성을 기준으로 한다.

> 지금, 인류에게 부족한 것은 무력도 아니요, 경제력도 아니다. 자연 과학의 힘은 아무리 많아도 좋으나 인류 전체로 보면 현재의 자연 과학만 가지고도 편안히 살아가기에 넉넉하다. 인류가 현재 불행한 근본 이유는 인의(仁義)가 부족하고 자비(慈悲)가 부족하고 사랑이 부족한 때문이다. 이 마음만 발달이 되면 현재의 물질력으로 20억이 다 편안히 살아갈 수 있을 것이다. 인류의 이 정신을 배양하는 것은 오직 문화이다.
>
> – 김구, 〈나의 소원〉 –

> 이 글은 '인류의 안녕'이라는 문제를 다루면서 정신적인 면만을 지나치게 강조하고 있다. 인의, 자비, 사랑의 힘이 인류의 생활에 필요한 것은 사실이나, 경제력이나 자연 과학의 발달을 외면한 채 이러한 정신만 배양한다고 해서 인류의 안녕이 보장되는 것은 아니다. 따라서 이 글은 편향된 시각에서 문제에 접근했다고 비판할 수 있다.

(2) 외적 준거에 의한 비판

글이 존재하는 상황과 관련하여 글의 가치를 평가하는 것으로서 신뢰성·효율성·공정성을 기준으로 한다.

① 견해의 타당성 평가

기출 | 따라잡기

29. 다음 글을 읽고 제기할 수 있는 비판으로 타당한 것은?　　　　2017. 지역인재 9급

(가) 인류가 생존을 위해 꼭 필요한 것이 있다면, 숨쉴 공기, 마실 물과 먹을 음식이다. 숨쉴 공기가 없으면 아무도 5분을 넘게 살 수 없으며, 마실 물이 없으면 5일을 넘기기가 어렵고, 먹을 음식이 없으면 5주를 넘기기가 어렵다. 이 세 가지는 생존을 위한 필요조건이고, 이것이 충족되면 '생존'의 차원을 넘어서 '삶'을 위한 조건, 즉 쾌적한 환경과 편리한 문명의 혜택 및 마음의 풍요를 위한 문화생활을 찾게 된다.

(나) 18세기 말 영국에서 시작된 산업혁명 이후, 인류는 눈부신 과학 기술의 발전과 산업화의 결과로 풍요로운 물질문명의 혜택을 누리게 되었다. 하지만, 산업화로 말미암아 도시가 비대해지고, 화석 에너지 및 공업용수의 사용이 급속히 늘어나, 대기오염, 식수원 오염 및 토양오염을 유발함으로서 쾌적하지 못한(따라서, 삶의 질을 저하시키는 수준의) 환경이 조성되었다. 급기야는 1940~50년대를 전후하여 공업 선진국의 몇몇 도시에서는 이미 대기오염에 의한 인명 사고가 발생하기 시작하였다. 대표적인 것은 1952년 12월, 영국에서 발생했던 '런던 스모그 사건'이다. 이로 인하여 4000여 명이 사망하였다고 하니, 정말 끔찍한 일이 아닐 수 없다. 이 사건은 환경오염이 삶의 질 차원을 넘어서 인류 생존의 문제로 악화되고 있음을 시사해 주는 대표적인 것으로 기록되어 있다.

(다) 미생물을 실험실에서 배양할 때, 어느 때까지는 잘 자라다가 일정 시간이 지나면 먹이 고갈과 노폐물의 축적으로 성장을 멈추고, 끝내는 사멸한다는 것은 익히 알려진 바이다. 인류라고 예외일 수는 없다. 만약, 인류의 생산 활동의 부산물인 대기오염, 수질오염 및 토양오염을 그대로 방치할 경우, '환경문제'는 '환경오염'의 차원을 넘어 '환경파괴'로 치닫게 될 것이다. 그 다음의 결과야 불을 보듯 뻔하지 않은가?

＋플러스 | 비판의 개념

'비판(批判)'이란 영어의 'criticism'에 대응되는 말로, 어원적으로 '분석(分析, analysis)'과 '판단(判斷, judgment)'의 양면성을 지닌 말이었다. 그러나 오늘날 사용되고 있는 '비판'이란 말의 본질적인 의미는 다음과 같다.

• 이성적 사고를 바탕으로 사물의 의미와 가치를 판단하고 이에 적극적으로 대응한다.
• 선악(善惡), 시비(是非) 등을 논리적으로 따지고 가린다.
• 일정한 기준에 의거하여 판단한다.

따라서 시험에서 '비판'이란 결점을 나무라고 나쁘게 말하는 '비난'을 뜻하는 것이 아니라, 글의 내용과 표현을 일정한 기준에 의해 판단하고 적극적으로 의미와 가치를 부여하는 활동이라고 할 수 있다.

(라) 20세기 후반에 와서는 측정 기술의 발달에 힘입어, 지구 생태계의 보호막인 대기의 오존층이 인류가 발명한 염화플로오르화탄소(CFC; Chloro Fluoro Carbon, 일명 프레온)라는 합성물질에 의하여 파괴되고 있고, 또 대기 중에 탄산가스와 메탄 등의 온실 기체가 꾸준히 증가하고 있다는 사실이 밝혀졌다. 그리고 슈퍼 컴퓨터를 이용한 기후 예측 모델에 따르면, 대기 중의 탄산가스 농도가 현재와 같은 추세로 증가할 경우, 2030년경에는 지구의 평균기온이 2~5도 상승해, 그 결과로 해수면이 50~60센티미터 상승할 것으로 예측되고 있다.

(마) 이러한 지구 환경의 위기에 대비하여 1992년 6월, 브라질 리우에서 개최된 환경과 개발에 관한 유엔 회의에서는, '환경적으로 건전하고 지속 가능한 발달(ESSD; Environmentally Sound and Sustainable Development)'만이 인류가 나아가야 할 방향임을 천명하게 되었다. 앞으로 성장 위주의 개발 정책은 국제 사회에서 용납되지 않을 것이며, '환경 보전과 조화를 이루는 개발', 즉 환경을 보전하면서 발달을 계속하는 것이 21세기에 인류가 추구해야 할 과제인 것이다.

－ 윤순창, 〈현대 과학은 환경 문제를 해결할 수 있는가〉 －

① 미래의 환경 보전과 개발은 양립할 수 없다. 환경을 보전하는 개발이 어떻게 가능하겠는가?

② 측정 기술의 발달로 지구의 환경 변화를 예측할 수 있다고 하였지만 그것은 불가능하다. 미래의 일은 신만이 알 수 있다.

③ 산업화와 환경오염의 관계를 추리해 낸 것은 잘못된 것이다. 공업 선진국보다는 개발도상국의 예를 들어 설명해야 논지의 보편성을 인증 받을 수 있다.

④ 편리한 문명의 혜택이 삶을 위한 필요조건이 된다는 주장은 지나치게 일반화된 생각이다. 문명의 혜택을 못 받은 '미개인들'이 '생존'만을 하고 있다고 그 누가 단언할 수 있겠는가?

② 수용의 적절성 평가

예제 | 따라잡기

30. ㉠을 평가한 내용으로 적절한 것만을 〈보기〉에서 모두 고르면? 2025 개편 예시문항

흔히 '일곱 빛깔 무지개'라는 말을 한다. 서로 다른 빛깔의 띠 일곱 개가 무지개를 이루고 있다는 뜻이다. 영어나 프랑스어를 비롯해 다른 자연언어들에도 이와 똑같은 표현이 있는데, 이는 해당 자연언어가 무지개의 색상에 대응하는 색채 어휘를 일곱 개씩 지녔기 때문이라고 할 수 있다.

언어학자 사피어와 그의 제자 워프는 여기서 어떤 영감을 얻었다. 그들은 서로 다른 언어를 쓰는 아메리카 원주민들에게 무지개의 띠가 몇 개냐고 물었다. 대답은 제각각 달랐다. 사피어와 워프는 이 설문 결과에 기대어, 사람들은 자신의 언어에 얽매인 채 세계를 경험한다고 판단했다. 이 판단으로부터, "우리는 모국어가 그어놓은 선에 따라 자연세계를 분단한다."라는 유명한 발언이 나왔다. 이에 따르면 특정 현상과 관련한 단어가 많을수록 해당 언어권의 화자들은 그 현상에 대해 심도 있게 경험하는 것이다. 언어가 의식을, 사고와 세계관을 결정한다는 이 견해는 ㉠사피어－워프 가설이라 불리며 언어학과 인지과학의 논란거리가 되어왔다.

보기

ㄱ. 눈[雪]을 가리키는 단어를 4개 지니고 있는 이누이트족이 1개 지니고 있는 영어 화자들보다 눈을 넓고 섬세하게 경험한다는 것은 ㉠을 강화한다.

ㄴ. 수를 세는 단어가 '하나', '둘', '많다' 3개뿐인 피라하족의 사람들이 세 개 이상의 대상을 모두 '많다'고 인식하는 것은 ㉠을 강화한다.

ㄷ. 색채 어휘가 적은 자연언어 화자들이 색채 어휘가 많은 자연언어 화자들에 비해 색채를 구별하는 능력이 뛰어나다는 것은 ㉠을 약화한다.

① ㄱ

② ㄱ, ㄴ

③ ㄴ, ㄷ

④ ㄱ, ㄴ, ㄷ

4 문단의 논리적 관계

전체 글을 구성하는 여러 개의 문단을 제시한 후 각 문단 사이의 관계를 파악할 수 있는지 여부를 평가하기 위한 유형의 문항이다. 전체 글의 내용은 물론, 문단의 전개에 따라 사례의 대조, 관점 비교, 문제 제기, 문제 해결, 적용, 논리적 반박 등의 관계를 파악할 수 있어야 한다.

31. '정보의 파편화 현상으로 정보에서 소외되는 개인'을 주제로 글을 쓰려고 한다. 글의 논지와 응집성을 고려하여 ㈎~㈒를 순서대로 나열한 것으로 가장 적절한 것은? 2016. 법원직 9급

㈎ 지식과 정보는 넘쳐나는데 소외는 극심해지고, 제도는 비약적으로 발전되는데 개인은 한없이 왜소해지는 건 그 때문이다.

㈏ 네티즌들의 글쓰기나 블로그의 글들이 그 점을 잘 보여준다.

㈐ 요즘처럼 지식 검색과 프레젠테이션이 횡행하는 시대에는 정보와 정보 사이를 연결하는 능력이 현저하게 부족하다.

㈑ 그런 한에선 아무리 지식이 많다 한들 그저 파편적인 정보에 불과할 뿐 어떤 의미나 맥락 속으로 들어가지 못한다.

㈒ 이를테면, 소통보다는 독백에 더 가까운 글쓰기 방식이라 할 수 있다.

㈓ 거기서는 전체적인 맥락을 짚기보다는 일면에 대한 과도한 집착, 감정의 적나라한 노출이 일반적인 패턴이다.

① ㈎-㈒-㈏-㈐-㈑-㈓ ② ㈎-㈑-㈓-㈐-㈏-㈒
③ ㈐-㈏-㈓-㈒-㈑-㈎ ④ ㈐-㈎-㈏-㈑-㈓-㈒

32. 다음 문장들 간의 관계를 설명한 내용으로 적절하지 않은 것은? 2008. 국회직 8급

㉠ 어느 민족이나 민족의 존립 근거는 주체성이다. ㉡ 주체성은 민족 내부의 동질성을 보장하는 기반인 동시에 다른 민족과의 차별성을 드러내는 근거이기 때문이다. ㉢ 물론, 민족 또는 국가 간의 협력과 조화가 강조되는 오늘날의 국제화 시대에는 특수성에 기반을 둔 민족 주체성보다는 인류의 보편성이 중심 과제인 것처럼 보인다. ㉣ 하지만 국제화도 민족의 존립이 없다면 모래 위에 지은 집과 같다. ㉤ 민족의 존립에 근거하지 않은 국제화는 강대국의 이익만을 보장하는 허구에 지나지 않기 때문이다. ㉥ 이것은 약소국, 약소민족의 평화에 대한 보장 없이 세계 평화를 논하는 것과 같다.

① ㉡은 ㉠의 근거를 제시하고 있다.
② ㉢은 ㉡을 구체적 상황에 적용하고 있다.
③ ㉣은 ㉢을 부정하며 논지를 강조하고 있다.
④ ㉤은 ㉣의 이유를 설명하고 있다.
⑤ ㉥은 ㉤의 내용을 부연 설명하고 있다.

33. 다음 글의 논리적 구조로 가장 옳은 것은?　2015. 서울시 9급

　자유란 인간의 특성 중의 하나로서 한 개인이 스스로 판단하고 행동하며 그 결과에 대해 책임질 수 있는 능력을 의미한다. 그러한 능력을 극대화하기 위해서는 개인이 사회적인 여러 제약들, 가령 정치적, 경제적 및 문화적 제도나 권위, 혹은 억압으로부터 어느 정도의 거리를 유지하지 않으면 안 된다. 그러나 그 거리가 확보되면 될수록 개인은 사회로부터 고립되고 소외당하며 동시에 안정성과 소속감을 위협받을 뿐만 아니라 새로운 도전에 적나라하게 노출될 수밖에 없다. 이와 같이 새롭게 나타난 고독감이나 소외감, 무력감이나 불안감으로부터 벗어나기 위해 '자유로부터 도피'를 감행하게 된다.

① 원인 – 결과
② 보편 – 특수
③ 일반 – 사례
④ 주장 – 근거

34. 다음 글의 전개 순서로 가장 적절한 것은?　2013. 국가직 9급

ㄱ. 도구의 발달은 기술의 발전으로 이어져 인간은 자연 환경의 제약으로부터 벗어날 수 있게 되었다.
ㄴ. 그리하여 인간은 자연이 주는 혜택과 고난 속에서 자신의 의지에 따라 선택적으로 자연을 이용하고 극복하게 되었다.
ㄷ. 인류는 지혜가 발달하면서 점차 자연의 원리를 깨닫고 새로운 도구를 만들 줄 알게 되었다.
ㄹ. 필리핀의 고산 지대에서 농지가 부족한 자연 환경을 극복하기 위해 계단처럼 논을 만들어 벼농사를 지은 것이 그 좋은 예이다.

① ㄱ – ㄷ – ㄴ – ㄹ
② ㄱ – ㄹ – ㄷ – ㄴ
③ ㄷ – ㄱ – ㄴ – ㄹ
④ ㄷ – ㄴ – ㄱ – ㄹ

35. 〈보기〉의 글이 들어갈 곳으로 가장 적절한 것은?　2015. 국가직 7급

　인형은 사람처럼 박자에 맞춰 춤을 추고 노래도 부르고 심지어 공연이 끝날 무렵에는 구경하던 후궁들에게 윙크를 하며 추파를 던지기까지 했다. 인형의 추태에 화가 난 목왕이 그 기술자를 죽이려고 하자 그는 서둘러 인형을 해체했고 그제야 인형의 실체가 드러났다.

　(㉠) 어느 날 서쪽 지방으로 순행을 나간 목왕은 곤륜산을 넘어 돌아오는 길에 재주가 뛰어난 기술자를 만났다. 목왕은 그 기술자에게 그가 만든 가장 훌륭한 물건을 가져오라고 명했다. 하지만 그가 가지고 온 것은 물건이 아니었다. 이를 이상히 여긴 목왕이 왜 물건을 가지고 오지 않고 사람을 데리고 왔는지 묻자, 그는 이것이 움직이는 인형이라고 답했다. (㉡) 이에 놀란 목왕은 그 인형을 꼼꼼히 살펴봤지만 사람과 다른 점을 하나도 발견할 수 없었다. (㉢) 그것은 색을 칠한 가죽과 나무로 만들어진 기계장치였다. 하지만 그것은 오장육부는 물론 뼈, 근육, 치아, 피부, 털까지 사람이 갖춰야 할 모든 것을 갖추고 있었다. 마침내 목왕은 그에게 "자네 솜씨는 조물주에 버금가도다!"라고 크게 칭찬했다. (㉣)

① ㉠
② ㉡
③ ㉢
④ ㉣

36. ⑺와 ⑻의 관계로 옳은 것은?　2005. 부산시 9급

⑺ 나는 우리나라가 세계에서 가장 아름다운 나라가 되기를 원한다. 가장 부강한 나라가 되기를 원하는 것은 아니다. 내가 남의 침략에 가슴이 아팠으니 내 나라가 남을 침략하는 것은 원치 아니한다. 우리의 부력은 우리의 생활을 풍족히 할 만하고 우리의 강력은 남의 침략을 막을 만하면 족하다. 오직 한없이 가지고 싶은 것은 높은 문화의 힘이다. 문화의 힘은 우리 자신을 행복하게 하고 나아가서 남에게 행복을 주기 때문이다.

⑻ 지금 인류에게 부족한 것은 무력도 아니요, 경제력도 아니다. 자연 과학의 힘은 아무리 많아도 좋으나 인류 전체로 보면 현재의 자연 과학만 가지고도 편안히 살아가기에 넉넉하다. 인류가 현재에 불행한 근본 이유는 인의가 부족하고 자비가 부족하고 사랑이 부족한 때문이다. 이 마음만 발달이 되면 현재의 물질력으로 20억이 다 편안히 살아갈 수 있을 것이다. 인류의 이 정신을 배양하는 것은 오직 문화이다.

① 주지 – 부연
② 전제 – 결론
③ 주지 – 전제
④ 원인 – 결과

37. ⑺~⑻를 맥락에 맞추어 가장 적절하게 나열한 것은?　2025 개편 예시문항

⑺ 다음으로 시청자의 마음을 사로잡을 수 있는 참신한 인물을 창조해야 한다. 특히 주인공은 장애를 만나 새로운 목표를 만들고, 그것을 이루는 과정에서 최종적으로 영웅이 된다. 시청자는 주인공이 목표를 이루는 데 적합한 인물로 변화를 거듭할 때 그에게 매료된다.

⑻ 스토리텔링 전략에서 제일 먼저 해야 할 일이 로그라인을 만드는 것이다. 로그라인은 '장애, 목표, 변화, 영웅'이라는 네 가지 요소를 담아야 하며, 3분 이내로 압축적이어야 한다. 이를 통해 스토리의 목적과 방향이 마련된다.

⑼ 이 같은 인물 창조의 과정에서 스토리의 주제가 만들어진다. '사랑과 소속감, 안전과 안정, 자유와 자발성, 권력과 책임, 즐거움과 재미, 인식과 이해'는 수천 년 동안 성별, 나이, 문화를 초월하여 두루 통용된 주제이다.

⑽ 시청자가 드라마나 영화에 대해 시청 여부를 결정하는 데 걸리는 시간은 8초에 불과하다. 제작자는 이 짧은 시간 안에 시청자를 사로잡을 수 있는 스토리텔링 전략이 필요하다.

① ⑻ – ⑺ – ⑽ – ⑼
② ⑻ – ⑼ – ⑺ – ⑽
③ ⑽ – ⑻ – ⑺ – ⑼
④ ⑽ – ⑻ – ⑼ – ⑺

38. (가)~(라)를 문맥에 맞게 배열한 것은? 2016. 기상직 9급

(가) 물질적 안락의 문제만 따진다면, 아무리 사업가가 파산했다고 하더라도 파산할 수 있을 만큼의 돈을 가져본 적이 없는 사람들보다 훨씬 풍족한 생활을 한다는 것은 누구나 아는 사실이다. 사람들이 흔히 쓰는 생존을 위한 경쟁이란 말은 실제로는 성공을 위한 경쟁을 의미한다. 사람들은 경쟁을 하면서 내일 아침을 먹지 못할까 봐 두려워하는 것이 아니라, 옆 사람을 뛰어넘지 못할까 봐 두려워한다.

(나) 물론 생존경쟁은 실제로 존재하고 있다. 만일 우리가 불행한 처지에 빠진다면 우리들 중 누구에게나 생존을 위한 치열한 경쟁이 일어날 수 있다. 예를 들면 콘라드 소설의 주인공인 포크가 그런 경우였다. 정신을 차려보니 배가 난파당했는데, 포크와 또 다른 선원, 두 사람에게만 총이 있었다. 그 배에는 먹을 것이라곤 하나도 없었다. 두 사람이 사이좋게 식사를 할 수 없게 되자, 진정한 의미의 생존경쟁이 시작되었다. 결국 포크가 이겼고, 그 후 평생을 채식주의자로 살았다.

(다) 하지만 사업가가 사용하는 '생존경쟁'이라는 말은 이런 의미가 아니다. 그가 사용하는 생존경쟁이란 말은 부정확한 표현이다. 사업가는 사소한 일에도 위엄을 갖추기 위해서 이 표현을 즐겨 쓴다. 하지만 사업가에게 이런 질문을 던져보라. 같은 부류의 사람들 중에서 굶어 죽은 사람이 얼마나 있는가? 파산한 친구들에게 어떤 일이 일어났는가?

(라) 미국에서 만난 모든 사람들에게 혹은 영국에서 사업하는 모든 사람들에게, 즐겁게 생활하는 것을 가장 방해하는 것이 무엇이냐고 물어보라. 그들은 '생존경쟁'이라고 대답할 것이다. 그들은 진심에서 우러나서 이렇게 말할 것이고, 또 그렇다고 믿고 있다. 어떤 측면에서 보면 이것은 옳은 말이다. 그러나 중요한 다른 측면에서 보자면, 이것은 대단히 잘못된 말이다.

– 버트런드 러셀, 〈행복의 정복〉 –

① (가)–(나)–(다)–(라) ② (가)–(다)–(라)–(나)
③ (라)–(나)–(다)–(가) ④ (라)–(다)–(나)–(가)

39. 다음 글의 제목으로 적절한 것은? 2013. 국가직 7급

허균의 不羈奔放한 탈선적 생활은 마치 르네상스 시대의 여러 천재들을 연상케 한다. 안정복에 의하면, 허균은 심지어 남녀의 정열을 天이라 하고 分別倫紀를 聖人之敎라 하여, 天이 성인보다 높은 것인 만큼 차라리 성인의 가르침을 어길지언정 천품의 본성은 감히 어길 수 없는 일이라고 하였다는 것이다. 그리하여 글깨나 하는 浮薄한 文士들이 그의 門徒가 되어 天學을 주장하였지만, 그것은 서양의 天主學과는 霄壤의 차이가 있는 것이요, 견주어 같이 논할 성질의 것이 못 된다고 하였다. 허균이 仙道, 특히 불교에 관한 서적을 탐독하였음은 사실이다. 그로 인하여 罷官까지 당한 일이 있었다. 또 일찍이 燕京에 왕래한 관계로『天主實義』를 읽었으리라는 것도 추측된다. 그러나 그렇다고 하여 天이 성인보다 높다는 사상을 유독 西學의 영향이라고 봄은 하나의 속단이 아닐까.

성인보다 높은 天이라고 하여 그 天이 반드시 서학의 天主를 의미하는 것이라고 보아야 하는 이유가 분명치 않다. 그보다는 오히려 인간의 본연지성을 그의 존엄성에 있어서 강조하려는 것이라고 함이 타당할 것이다. 天命之謂性의 성 자체의 존엄성이 성인이 제정한 倫紀보다 우월하다는 뜻일 것이다. 삼강오륜이 절대 불가침의 도덕률로 되어 있었던 그 당시에 있어서 대담무쌍한 발언이라 하겠으나, 오히려 모든 도덕률의 근거가 다름 아닌 인간의 본연지성을 기반으로 하고 있음을 밝히려 한 것이라고 보아도 무방할 것이다. 공자도 五十而知天命하고 六十而耳順이라고 하지 않았던가.

물론 허균 자신의 貪淫縱慾을 從心所慾不踰矩의 경지와 혼동하였다면 그것은 용서가 안 될 것이다. 그러나 시대의 변천을 무시하고 그저 舊穀만을 墨守하려는 태도로부터 용감하게 탈피하여 보다 근원적인 天과의 관련에 있어서 인간성의 진면목을 드러내 보고 싶었던 것이 아닐까.

① 허균의 천(天)과 인간의 본연지성
② 허균의 자유분방한 생활을 통해 본 그의 천재성
③ 서학의 입장에서 본 허균의 천학
④ 조선 시대 사상계의 경직성

40. 〈보기〉의 지문은 설명문의 일종이다. 두괄식 설명문으로 구성하고자 할 때 논리적 전개에 가장 부합하게 배열한 것은? 2019. 서울시 9급

> **보기**
>
> ㉠ 문장을 구성하는 기본적인 언어 단위를 어절이라 한다. 띄어 쓴 문장 성분을 각각 어절이라고 하는데, 하나의 어절이 하나의 문장 성분이 되는 것은 문장 구성의 기본적인 성질이다.
>
> ㉡ 문장은 인간의 생각을 완결된 형태로 담을 수 있는 언어 단위이다. 문장은 일정한 구성 성분으로 이루어지는데, 맥락을 통해서 알 수 있을 경우에는 문장 성분을 생략할 수도 있다.
>
> ㉢ 띄어 쓴 어절이 몇 개 모여서 하나의 문장 성분이 되는 경우가 있다. '그 남자가 아주 멋지다.'라는 문장에서 '그 남자가'와 '아주 멋지다'는 각각 두 어절로 이루어져서 주어와 서술어 역할을 하고 있다.
>
> ㉣ 두 개 이상의 어절이 모여서 하나의 문장 성분을 이룬 것을 구(句)라고 한다. 절은 주어와 서술어를 갖고 있다는 점에서 구와 구별되지만, 독립적으로 사용되지 못한다는 점에서 문장과 구별된다.

① ㉠-㉡-㉣-㉢

② ㉠-㉣-㉢-㉡

③ ㉡-㉠-㉢-㉣

④ ㉡-㉢-㉠-㉣

41. 다음 글을 내용상 두 부분으로 나눌 때 어느 지점부터 나누는 것이 가장 적절한가? 2009. 지방직 9급

> 우리나라는 전통적으로 농경 생활을 해 왔다. 이런 이유로 우리나라에서 소는 경작을 위한 중요한 필수품이지 식용동물로 생각할 수가 없었으며, 단백질 섭취 수단으로 동네에 돌아다니는 개가 선택되었다. ㉠ 프랑스 등 유럽의 여러 나라에서도 우리처럼 농경 생활을 했음에 틀림없지만 그들은 오랜 기간 수렵을 했기 때문에 개가 우리의 소처럼 중요한 동물이 되었고 당연히 수렵한 결과인 소 등을 통해 단백질을 섭취했다. ㉡ 일반적으로 개고기를 먹는 데 혐오감을 나타내는 민족들은 서유럽의 나라이다. 그들은 쇠고기와 돼지고기를 즐겨먹는다. ㉢ 그러나 식생활 문화를 달리하는 힌두교도들은 쇠고기를 먹는 서유럽 사람들에게 혐오감을 느낄 것이다. ㉣ 또 이슬람교도나 유대교도들도 서유럽에서 돼지고기를 먹는 식생활에 대해 거부감을 느낄 것이다.

① ㉠

② ㉡

③ ㉢

④ ㉣

42. 다음 글의 중심 내용으로 가장 적절한 것은? 2015. 국가직 7급

> 한국 한자음이 어느 시대의 중국 한자음에 기반을 두고 있는지에 대해서는 학자들에 따라 이견이 있다. 어느 한 시대의 한자음에 기반을 두고 있을 수도 있고, 개별 한자들이 수입된 시차에 따라서 여러 시대의 중국 한자음에 기반을 두고 있을 수도 있다. 그러나 확실한 것은 한국 한자음은 중국 한자음과도 다르고 일본 한자음과도 다르고 베트남 옛 한자음과도 다르다는 것이다. 물론 그것이 그 기원이 된 중국 한자음과 아무런 대응 관계도 없는 것은 아니다. 그러나 그것은 한국어 음운체계의 영향으로 독특한 모습을 띠는 경우가 많다. 그래서 한국 한자음을 영어로는 'Sino-Korean'이라고 한다. 이것은 우리말 어휘의 반 이상을 차지하고 있는 한자어가, 중국어도 아니고 일본어도 아닌 한국어라는 것을 뜻한다. 우리가 '학교'라고 발음할 때, 중국인도 일본인도 따로 한국어를 공부하지 않는 한 그것이 'xuéxiào'나 'がっこう'인 줄을 알아차리기는 힘들다.

① 한국 한자음의 특성

② 한국 한자음의 역사

③ 한국 한자음의 기원

④ 한국 한자음의 계통

43. 다음 글의 ㉠~㉢에 들어갈 말로 적절한 것은? 2015. 국회직 8급

> 우리 민족사를 일별하여 문화부흥의 중대한 전환기를 찾으려면 대개 세 시기를 들 수가 있으니, 통일신라와 세종성대와 갑오경장이 그것이다. (㉠) 삼국 시대의 불교의 전래라든지 여말의 송유학(宋儒學)의 수입이며 영조 이후 서학·북학의 섭취를 비롯한 군소의 전환기가 일대의 문운을 울흥(蔚興)시킨 바 여러 번 있었다 해도, 그는 실상이 3대 전환기의 바탕을 이루는 역사적 작은 기복이요, 그 뚜렷한 분수령은 아무래도 앞에 든 세 시기에다 조정(措定)하지 않을 수 없을 것이다. (㉡) 이 세 시기는 한결같이 국민정신 발흥의 정점을 이룬 시기요, 또 다 같이 우리 민족의 어문 운동사에 획기적인 빛을 나타낸 시기이다. (㉢) 어문 운동의 획기적인 대두가 국민정신 발흥의 시기에 일치한다는 것은 너무도 당연한 일이지만, 우리에게 항상 새로운 시사를 주는 바 있다.

	㉠	㉡	㉢
①	그런데	물론	따라서
②	물론	다시 말하면	그러므로
③	그러나	즉	이와 같이
④	물론	그런데	이와 같이
⑤	그런데	즉	따라서

44. 다음 글의 필자가 말하고자 하는 바로 가장 적절한 것은?

2016. 기상직 9급

언어 기호는 과연 의미를 제대로 전달하는 수단일까? 이런 의문을 처음 제기한 사람은 프랑스의 구조언어학자인 소쉬르다. 그는 기호를 의미하는 것(기표, signifiant)과 의미되는 것(기의, sifinfie)으로 구분하고 양자의 관계가 생각하는 것처럼 그렇게 필연적이지 않다고 주장한다. 언어 기호가 지시 대상을 가리킨다고 보는 전통적인 관점을 뒤집은 것이다. 나무라는 말이 나무를 가리키고 바위라는 말이 바위를 가리키는 것은 당연한데, 대체 소쉬르는 무슨 말을 하는 걸까? 그는 스피노자의 말을 빌려 "개는 짖어도 개라는 낱말은 짖지 않는다."고 말한다. 그의 말은 마당에서 뛰노는 실제의 개(기의)를 개라는 이름(기표)으로 불러야 할 필연적인 이유가 없다는 뜻이다. 개를 소나 닭으로 바꿔 불러도 아무런 상관이 없다.

그렇다면 개를 개라고 부르게 된 이유는 무엇일까? 사실 그런 이유는 없다. 그것은 순전한 우연이다. 개를 개라고 부르는 것은 개라는 낱말이 지시하는 대상, 즉 실제 개와 관계가 있는 게 아니라 단지 언어 체계에서 정해진 약속일 따름이다. 여기서 소쉬르는 '차이'라는 중요한 개념을 끄집어낸다. 개는 소나 닭이 아니기 때문에 개인 것이다. 차이란 실체가 아니라 관계를 나타내는 용어다. 따라서 중요한 것은 실체적 사고가 아니라 관계적 사고이다. 기호의 의미를 결정하는 것은 실체가 아니라 다른 기호들과의 관계(차이)다. 그런데 관계는 실체에 가려 눈에 잘 띄지 않는다. 우리는 실체적 사고에 익숙하기 때문에 실체의 배후에 숨은 관계를 포착하지 못한다. 기호를 실체로 간주하면 기호와 지시 대상을 무의식적으로 일체화하기 때문에 그 기호의 본래 의미를 알려주는 맥락을 놓치게 되며, 이른바 '행간의 의미'를 이해하지 못하게 된다.

① 기호를 해석할 때에는 기호 자체보다는 기호를 둘러싼 맥락을 파악해야 한다.

② 어떤 단어가 기의는 같지만 기표가 다른 경우는 언어학적으로 있을 수 없다.

③ 기의와 기표가 자의적인 관계에 있다는 전통적 주장은 수정되어야 한다.

④ 행간의 의미를 이해하기 위해서는 무의식적으로 실체적 사고가 작동되어야 한다.

45. 다음 글의 중심 내용으로 가장 적절한 것은?

2013. 국가직 9급

행랑채가 퇴락하여 지탱할 수 없게끔 된 것이 세 칸이었다. 나는 마지못하여 이를 모두 수리하였다. 그런데 그중의 두 칸은 앞서 장마에 비가 샌 지가 오래되었으나, 나는 그것을 알면서도 이럴까 저럴까 망설이다가 손을 대지 못했던 것이고, 나머지 한 칸은 비를 한 번 맞고 샜던 것이라 서둘러 기와를 갈았던 것이다. 이번에 수리하려고 본즉 비가 샌 지 오래된 것은 그 서까래, 추녀, 기둥, 들보가 모두 썩어서 못 쓰게 되었던 까닭으로 수리비가 엄청나게 들었고, 한 번밖에 비를 맞지 않았던 한 칸의 재목들은 완전하여 다시 쓸 수 있었던 까닭으로 그 비용이 많이 들지 않았다.

나는 이에 느낀 것이 있었다. 사람의 몸에 있어서도 마찬가지라는 사실을. 잘못을 알고서도 바로 고치지 않으면 곧 그 자신이 나쁘게 되는 것이 마치 나무가 썩어서 못 쓰게 되는 것과 같으며, 잘못을 알고 고치기를 꺼리지 않으면 해(害)를 받지 않고 다시 착한 사람이 될 수 있으니, 저 집의 재목처럼 말끔하게 다시 쓸 수 있는 것이다. 뿐만 아니라 나라의 정치도 이와 같다. 백성을 좀먹는 무리들을 내버려두었다가는 백성들이 도탄에 빠지고 나라가 위태롭게 된다. 그런 연후에 급히 바로잡으려 하면 이미 썩어 버린 재목처럼 때는 늦은 것이다. 어찌 삼가지 않겠는가.

－ 이규보, 〈이옥설(理屋說)〉 －

① 모든 일에 기초를 튼튼히 해야 한다.

② 청렴한 인재 선발을 통해 정치를 개혁해야 한다.

③ 잘못을 알게 되면 바로 고쳐 나가는 자세가 중요하다.

④ 훌륭한 위정자가 되기 위해서는 매사 삼가는 태도를 지녀야 한다.

46. 다음 글의 중심 내용으로 가장 적절한 것은?

2014. 지방직 9급

한 번에 두 가지 이상의 일을 할 때 당신은 마음에게 흩어지라고 지시하는 것입니다. 그것은 모든 분야에서 좋은 성과를 내는 데 필수적인 요소가 되는 집중과는 정반대입니다. 당신은 자신의 마음이 분열되는 상황에 처하도록 하는 경우도 많습니다. 마음이 흔들리도록, 과거나 미래에 사로잡히도록, 문제들을 안고 낑낑거리도록, 강박이나 충동에 따라 행동하는 때가 그런 경우입니다. 예를 들어, 읽으면서 동시에 먹을 때 마음의 일부는 읽는 데 가 있고, 일부는 먹는 데 가 있습니다. 이런 때는 어느 활동에서도 최상의 것을 얻지 못합니다. 다음과 같은 부처의 가르침을 명심하세요. '걷고 있을 때는 걸어라. 앉아 있을 때는 앉아 있어라. 갈팡질팡하지 마라.' 당신이 하는 모든 일은 당신의 온전한 주의를 받을 가치가 있는 것이어야 합니다. 단지 부분적인 주의를 받을 가치밖에 없다고 생각하면, 그것이 진정으로 할 가치가 있는지 자문하세요. 어떤 활동이 사소해 보이더라도, 당신은 마음을 훈련하고 있다는 사실을 명심하세요.

① 일을 시작하기 전에 먼저 사소한 일과 중요한 일을 구분하는 습관을 기르라.

② 한 번에 두 가지 이상의 일을 성공적으로 수행할 수 있도록 훈련하라.

③ 자신이 하는 일에 전적으로 주의를 집중하라.

④ 과거나 미래가 주는 교훈에 귀를 기울이라.

47. 다음 글의 제목으로 가장 적절한 것은? 2014. 지방직 9급

예술에 해당하는 '아트(art)'는 '조립하다', '고안하다'라는 의미를 가진 라틴어의 '아르스(ars)'에서 비롯되었고, 예술을 의미하는 독일어 '쿤스트(Kunst)'는 '알고 있다', '할 수 있다'라는 의미의 '쾬넨(können)'에서 비롯되었다. 이러한 의미 모두 일정한 목적을 가진 일을 잘 해낼 수 있는 숙련된 기술을 의미한다. 따라서 이들 용어는 예술뿐만 아니라 수공이나 기타 실용적인 기술들을 모두 포괄하고 있다고 볼 수 있다. 미적인 의미로 한정해서 쓰이는 예술의 개념은 18세기에 들어와서야 비로소 두드러지게 나타나기 시작했으며 예술을 일반적인 기술과 구별하기 위하여 특별히 '미적 기술(영어: fine arts, 프랑스어: beaux-arts)'이라고 하는 표현이 사용되었다. 생활에 유용한 것을 만들기 위한 실용적인 기술과 구별되는 좁은 의미의 예술은 조형 예술에 국한되기도 하지만, 일반적으로는 조형 예술 이외의 음악, 문예, 연극, 무용 등을 포함한 미적 가치의 실현을 본래의 목적으로 하는 기술을 가리키는 것으로 이해된다.

① '예술'과 '기술'의 차이
② '예술'의 변천과 그 원인
③ '예술'의 속성과 종류
④ '예술'의 어원과 그 의미의 변화

48. 〈보기〉의 내용을 이해한 것으로 가장 옳은 것은? 2019. 서울시 9급

보기

몸과 마음의 관계에 대한 전통적인 이원론에 따르면 마음은 몸과 같이 하나의 대상이며 몸과 독립되어 존재 하는 실체이다. 독립된 존재란 다른 것에 의존하지 않는 존재라는 뜻이다. 몸이 마음 없이도 그리고 마음이 몸 없이도 존재할 수 있다는 주장이 실체이원론이며, 이 이론을 대표하는 철학자로 통상 데카르트가 언급된다. 기계와 이성이 서로를 배제한다는 생각은 이원론적 사고의 한 유형이라고 간주할 수 있다. 두뇌를 포함한 몸은 그것의 크기, 무게, 부피, 위치 등의 물리적 속성을 가지고 있는 반면, 마음은 물리적 속성을 결여한 비물리적 실체이다. 이성을 가지는 것은 기계가 아니라 전혀 다른 어떤 실체이다.

① 이원론은 물리적 실체와 마음이 서로 불가분의 관계라고 보겠군.
② 이원론은 몸이 비물리적 실체일 수 있다고 보겠군.
③ 이원론은 마음이 없는 몸이 가능하다고 보겠군.
④ 이원론은 몸이 없는 마음이 불가능하다고 보겠군.

49. 다음 글의 내용에 부합되지 않는 것은? 2012. 지방직 9급

1960년대 중반 생물학계에는 조지 윌리엄스와 윌리엄 해밀턴이 주도한 일대 혁명이 일어났다. 리처드 도킨스의 '이기적 유전자'라는 개념으로 널리 알려지게 된 이 혁명의 골자는, 어떤 개체의 행동을 결정하는 일관된 기준은 그 소속 집단이나 가족의 이익도 아니고 그 개체 자신의 이익도 아니고, 오로지 유전자의 이익이라는 것이다. 이 주장은 많은 사람들에게 충격으로 다가왔다. 인간은 또 하나의 동물일 뿐 아니라, 자신의 이익을 추구하는 유전자들로 구성된 협의체의 도구이자 일회용 노리개에 불과하다는 주장으로 이해되었기 때문이다. 그러나 '이기적 유전자' 혁명이 전하는 메시지는 인간이 철저하게 냉혹한 이기주의자라는 것이 아니다. 사실은 정반대이다. 그것은 오히려 인간이 왜 때로 이타적이고 다른 사람들과 잘 협력하는가를 잘 설명해 준다. 인간의 이타성과 협력이 유전자의 이익에도 도움이 되기 때문이다.

① 인간은 유전자의 이익에 따라 행동한다.
② 인간은 때로 이타적인 행동을 하기도 하고, 다른 사람과 협력을 하기도 한다.
③ '이기적인 유전자' 혁명은 인간이 유전자 때문에 철저하게 이기적으로 행동한다고 주장한다.
④ 유전자의 이익이라는 관점에서 인간의 이타적인 행동을 설명할 수 있다.

50. 다음 글을 읽고 추론한 내용으로 가장 적절한 것은?

2016. 국가직 9급

한 연구원이 어떤 실험을 계획하고 참가자들에게 이렇게 설명했다.
"여러분은 지금부터 둘씩 조를 지어 함께 일을 하게 됩니다. 여러분의 파트너는 다른 작업장에서 여러분과 똑같은 일을, 똑같은 노력을 기울여 할 것입니다. 이번 실험에 대한 보수는 각 조당 5만 원입니다."
실험 참가자들이 작업을 마치자 연구원은 참가자들을 세 부류로 나누어 각각 2만 원, 2만 5천 원, 3만 원의 보수를 차등 지급하면서, 그들이 다른 작업장에서 파트너가 받은 액수를 제외한 나머지 보수를 받은 것으로 믿게 하였다.
그 후 연구원은 실험 참가자들에게 몇 가지 설문을 했다. '보수를 받고 난 후에 어떤 기분이 들었는지, 나누어 받은 돈이 공정하다고 생각하는지'를 묻는 것이었다. 연구원은 설문을 하기 전에 3만 원을 받은 참가자가 가장 행복할 것이라고 예상했다. 그런데 결과는 예상과 달랐다. 3만 원을 받은 사람은 2만 5천 원을 받은 사람보다 덜 행복해 했다. 자신이 과도하게 보상을 받아 부담을 느꼈기 때문이다. 2만 원을 받은 사람도 덜 행복해 한 것은 마찬가지였다. 받아야 할 만큼 충분히 받지 못했다고 생각했기 때문이다.

① 인간은 공평한 대우를 받을 때 더 행복해 한다.
② 인간은 남보다 능력을 더 인정받을 때 더 행복해 한다.
③ 인간은 타인과 협력할 때 더 행복해 한다.
④ 인간은 상대를 위해 자신의 몫을 양보했을 때 더 행복해 한다.

51. 다음 글에 대한 이해로 적절하지 <u>않은</u> 것은? 2018. 지방직 7급

요트 중에서도 엔진과 선실을 갖추지 않은 1~2인용 딩기(dinghy)는 단연 요트의 백미라고 할 수 있다. 딩기는 엔진이 없기에 오로지 바람에 의지해 나아가는 요트다. 그러므로 배 다루는 기술도 중요하지만 바람과 조화를 이루고 그 바람을 어떻게 타느냐에 따라 속도가 달라진다.

배는 바람을 받고 앞으로 전진하는 게 상식이다. 그러나 요트는 맞바람이 불어도 거뜬히 전진할 수 있다. 도대체 요트에 어떤 비밀이 숨어 있는 걸까? 해답은 삼각형 모양의 지브세일(jib sail)에 숨어 있다. 바람에 평행하게 맞춘 돛이 수직 방향으로 부풀어 오르면 앞뒤로 공기의 압력이 달라진다.

요트의 추진력은 돛이 바람을 받을 때 생기는 풍압과 양력에 의하여 생긴다. 따라서 요트의 추진 원리를 이해하기 위해서는 풍압이 추진력의 주(主)가 되는 풍하범주(風下帆舟)와, 양력이 주(主)가 되는 풍상범주(風上帆舟)를 구분하여야 한다.

요트가 바람을 뒤쪽에서 받아 주행하는 풍하범주의 경우에는 바람에 의한 압력이 돛을 경계로 하여 풍상 측에서 높고 풍하 측에서 낮게 된다. 따라서 압력이 높은 풍상 측에서 압력이 낮은 풍하 측으로 나아가려는 힘이 발생하는데 이 힘을 총합력이라고 한다. 이 총합력의 힘은 평행사변형 법칙에 의하여 요트를 앞으로 추진시키는 전진력과 옆으로 밀리게 하는 횡류력으로 분해될 수 있다. 센터보드나 킬(keel)과 같은 횡류방지장치에 의하여 횡류를 방지하면서 전진력을 이용하여 앞으로 나아갈 수 있게 된다.

요트가 바람을 거슬러 올라가는 풍상범주의 경우는 비행기 날개에서 양력이 발생하여 비행기가 뜨게 되는 원리와 동일한 원리에 의하여 요트가 추진하게 된다. 베르누이의 정리에 의하면 유체의 속도가 빠르면 압력이 낮아지고, 속도가 느리면 압력이 높아진다. 비행기 날개와 비슷한 모양을 하고 있는 돛의 주위에 공기가 흐를 때 돛을 경계로 하여 풍상 측의 공기 속도는 느려지고 풍하 측의 공기 속도는 빨라진다. 그러므로 베르누이의 정리에 의하여 풍하 측으로 흡인력이 발생하게 되는데 이것이 총합력이 된다. 이 총합력은 풍하범주의 경우와 마찬가지로 전진력과 횡류력으로 분해된다. 횡류력은 요트를 옆 방향으로 미는 힘으로서 센터보드 등의 횡류방지장치에 의하여 상쇄된다. 따라서 요트는 전진력에 의하여 앞으로 나아갈 수 있게 된다.

① 딩기는 순풍이 불 때는 횡류력으로, 역풍이 불 때는 전진력으로 나아간다.

② 센터보드나 킬로 인해 요트는 옆으로 가지 않고 앞으로 나아갈 수 있게 된다.

③ 풍하범주는 풍압이 추진력의 주(主)가 되며, 풍상범주는 양력이 추진력의 주가 된다.

④ 요트가 바람을 등지고 갈 때는 풍압에 의존하고, 맞바람을 받고 갈 때는 양력에 의존하게 된다.

---

52. 다음 글에 대한 이해로 적절한 것은? 2021. 지방직 9급

국제기구인 유엔은 영어, 중국어, 러시아어, 프랑스어, 스페인어, 아랍어 등이 공용어로 사용되나 그곳에 근무하는 모든 외교관들이 이 공용어들을 전부 다 잘해야 하는 것은 아니다. 유럽연합에서의 공용어 개념도 유엔에서의 경우와 마찬가지로 여러 공용어 중 하나만 알아도 공식 업무상 불편이 없게끔 한다는 것이지 모든 유럽연합인들이 열 개가 넘는 공용어를 전부 다 배워야 하는 것은 아니다.

마찬가지 논리로 우리가 만일 한국어와 영어를 공용어로 지정한다면 이는 한국에서는 한국어와 영어 중 어느 하나를 알기만 하면 공식 업무상 불편이 없게끔 국가에서 보장한다는 뜻이지 모든 한국인들이 영어를 할 줄 알아야 된다는 뜻은 아니다. 따라서 우리가 영어를 한국어와 함께 공용어로 지정하기만 하면 모든 한국인이 영어를 잘할 수 있게 되리라는 믿음은 공용어의 개념을 제대로 이해하지 못한 데서 오는 망상에 불과하다.

① 유엔에서 근무하는 외교관들은 유엔의 공용어를 다 구사하지 않으면 안 된다.

② 유럽연합은 복수의 공용어를 지정하여 공무상 편의를 도모하였다.

③ 한국에서 영어를 공용어로 지정하면 한국인들은 영어를 다 잘할 수 있을 것이다.

④ 한국에서 머지않아 영어가 공용어로 지정될 것이다.

---

53. 다음 주장의 전제로 가장 적절한 것은? 2011. 국가직 9급

우리말을 가꾸기 위해서 무엇보다 중요한 것은 국어에 대한 우리의 관심과 의식이다. 지도자의 위치에 있는 사람들이 외국어를 함부로 사용하는 모습, 외국어투성이인 상품 이름이나 거리의 간판, 문법과 규범을 지키지 않은 문장 등을 손쉽게 접할 수 있는 우리의 언어 현실, 이러한 모두는 우리말을 사랑하는 정신이 아직도 제대로 뿌리를 내리지 못하는 데서 비롯된 것이다.

① 언어는 의사소통의 도구이다.

② 언어는 언중들 간의 사회적 약속이다.

③ 언어에는 그 민족의 정신이 담겨 있다.

④ 언어는 내용과 형식을 담고 있는 체계이다.

54. 다음 글을 통해 알 수 있는 내용으로 적절하지 않은 것은?

2013. 국가직 9급

재판이란 법원이 소송 사건에 대해 원고·피고의 주장을 듣고 그에 대한 법적 판단을 내리는 소송 절차를 말한다. 오늘날과 마찬가지로 조선 시대에도 재판 제도가 있었다. 당시의 재판은 크게 송사(訟事)와 옥사(獄事)로 나뉘었다. 송사는 개인 간의 생활 관계에서 발생하는 분쟁의 해결을 위해 관청에 판결을 호소하는 것을 말하며, 옥사는 강도, 살인, 반역 등의 중대 범죄를 다스리는 일로서, 적발, 수색하여 처벌하는 것을 말한다.

송사는 다시 옥송과 사송으로 나뉜다. 옥송은 상해 및 인격적 침해 등을 이유로 하여 원(元:원고), 척(隻:피고) 간에 형벌을 요구하는 송사를 말한다. 이에 반해 사송은 원, 척 간에 재화의 소유권에 대한 확인, 양도, 변상을 위한 민사 관련 송사를 말한다.

그렇다면 당시에 이러한 송사나 옥사를 맡아 처리하는 기관은 어느 곳이었을까? 조선 시대는 입법, 사법, 행정의 권력 분립이 제도화되어 있지 않았기에 재판관과 행정관의 구별이 없었다. 즉 독립된 사법 기관이 존재하지 않았으므로 재판은 중앙의 몇몇 기관과 지방 수령인 목사, 부사, 군수, 현령, 현감 등과 관찰사가 담당하였다.

① 일반적인 재판의 정의
② 조선 시대 송사의 종류
③ 조선 시대 송사와 옥사의 차이점
④ 조선 시대 재판관과 행정관의 역할

55. 다음 글에 대한 설명으로 적절하지 않은 것은?

2015. 지방직 9급

몽타주는 두 개 이상의 상관성이 없는 장면을 배치함으로써 새로운 의미를 도출하는 것이다. 에이젠슈테인은 몽타주의 개념을 설명하기 위해 상형문자가 합해져서 회의문자가 만들어지는 과정에서 아이디어를 빌려 왔다. 그는 두 개의 묘사 가능한 것을 병치하여 시각적으로 묘사 불가능한 것을 재현하려 했다. 가령 사람의 '눈'과 '물'의 이미지를 충돌시켜 '슬픔'의 의미를 드러내며, '문' 그림 옆에 '귀' 그림을 놓아 '도청'의 이미지를 나타내는 식이다. 의미에 있어서 단일하고, 내용에 있어서 중립적이고 묘사적인 장면을 연결시켜 지적인 의미를 만들어 내는 것이 그가 구현하려 했던 몽타주의 개념이다.

① 몽타주는 상형문자의 형성 원리를 바탕으로 만들어진 기법이다.
② 몽타주는 묘사 가능한 대상을 병치하여 묘사 불가능한 것을 재현한다.
③ '눈'과 '물'의 이미지가 한 장면에 배치되어 '슬픔'이 표현된다.
④ '문'과 '귀'의 이미지가 결합하여 '도청'이라는 의미를 나타낸다.

56. 다음 글에 이어질 내용으로 부적합한 것은?

2014. 서울시 9급

인간은 흔히 자기 뇌의 10%도 쓰지 못하고 죽는다고 한다. 또 사람들은 천재 과학자인 아인슈타인조차 자기 뇌의 15% 이상을 쓰지 못했다는 말을 덧붙임으로써 이 말에 신빙성을 더한다. 이 주장을 처음 제기한 사람은 19세기 심리학자인 윌리엄 제임스로 추정된다. 그는 "보통 사람은 뇌의 10%를 사용하는데 천재는 15~20%를 사용한다."라고 말한 바 있다. 인류학자 마가렛 미드는 한발 더 나아가 그 비율이 10%가 아니라 6%라고 수정했다. 그러던 것이 1990년대에 와서는 인간이 두뇌를 단지 1% 이하로 활용하고 있다고 했다. 최근에는 인간의 두뇌 활용도가 단지 0.1%에 불과해서 자신의 재능을 사장시키고 있다는 연구 결과도 제기됐다.

① 인간의 두뇌가 가진 능력을 제대로 발휘하지 못하도록 하는 요소가 무엇인지 연구해야 한다.
② 어른들도 계속적인 연구와 노력을 통하여 자신의 능력을 충분히 발휘할 수 있도록 해야 한다.
③ 학교는 자라나는 학생이 재능을 발휘할 수 있도록 여건을 조성해 주어야 한다.
④ 인간의 두뇌 개발을 촉진시킬 수 있는 프로그램을 개발해야 한다.
⑤ 어린 시절부터 개성적인 인간으로 성장할 수 있도록 조기 교육을 실시해야 한다.

57. 다음 발화가 사용되는 상황을 추론한 것으로 가장 적절한 것은?

2015. 국가직 7급

"우리나라도 경기도 말, 충청도 말, 강원도 말, 전라도 말, 경상도 말, 제주도 말 등 각 지역마다 특색이 있는 지역어(地域語)가 존재하는데, 이는 해당 지역의 지리적, 정치적, 사회적 요소 및 구성 집단의 기질과 성격 등이 오랜 세월을 거치면서 반영되고 변모되어 온 것입니다. 따라서 각 지역어는 해당 지역과 그 구성원의 정체성과도 깊이 관련되어 있기 마련입니다. 따라서 우리나라의 각 지역이 가진 특성과 기능을 무시한 채 한 지역의 말만을 사용케 한다면 이는 타 지역의 정체성을 부인하는 것이고, 타 지역어를 사용하는 사회 구성원들의 원활한 소통 수단을 박탈하는 것입니다. 나아가 국민을 차별할 수 있으며, 심지어 타 지역의 구성원에게 정서적 갈등과 고통을 안겨 줄 수 있습니다."

① 우리말의 올바른 용법을 강조하는 강연에서
② 사고와 언어의 관계를 주장하는 학술 발표 대회에서
③ 지역어의 종류와 그 특징을 소개하는 라디오 프로그램에서
④ 표준어 정책에 반대하고 지역어의 가치를 주장하는 변론에서

제4절 주제별 독해

1 인문

(1) 인문을 주제로 한 글

인문은 철학, 윤리, 역사, 문화, 종교, 사상 등 인간의 존재와 삶을 다루는 분야를 포괄한다. 시험에서는 지나치게 깊은 종교적 사상이나 치우친 견해를 담은 철학적 이론의 내용을 출제하지 않는다. 대부분 편하게 접근할 수 있는 주제의 글이 출제되었다.

(2) 접근 방법

① **동서양의 고전**: 지금까지는 고전(古典) 원문 자체 또는 고전적 사상에 대해 소개하는 글이 출제되기도 한다. 공무원 국어 시험에서 어떤 주제의 글이 출제될 것인지를 예측할 수는 없다. 그러나 앞으로도 동서양 고전의 글들은 계속 출제될 것이다. 혹시 너무 늦은 것은 아닌지 걱정이 되더라도, 동서양의 고전을 읽는 습관을 들여 독해의 기본 소양을 다지는 연습이 필요하다.

② **추론적 · 비판적 사고력**: 인문 분야의 지문은 기본적으로 정보의 제공보다는 논리의 전개와 관점의 제시에 중점을 두고 있다. 따라서 글을 읽고 논리 전개 과정을 이해하거나 관점의 타당성, 전제 − 결론 관계의 적절성 들을 파악할 수 있어야 한다.

③ **핵심 개념, 중심 견해의 파악**: 비교적 짧은 글에서 하나의 사상을 다루려면 핵심이 되는 개념을 발판으로 논지를 전개하지 않을 수 없다. 하나의 사상을 다각도로 다루기에는 지문 분량에 제한이 있기 때문이다. 따라서 핵심 개념의 이해를 통해 일단 지문의 토대를 파악하는 것이 중요하다.

58. 다음 글을 문맥에 맞게 배열한 것은?

(가) 그렇다면 어찌해야 좋단 말인가? 우린 장차 어찌해야 하는가? 글쓰기를 그만두어야 할 것인가?

(나) 문장을 어떻게 써야 하는가? '반드시 옛것을 모범으로 삼아야 한다.'라고 사람들은 말한다. 그리하여 세상에는 마침내 옛것을 모방하면서도 부끄러운 줄 모르는 사람들이 생겨나게 되었다. 이는 주(周)나라의 제도를 본떴던 역적 왕망(王莽)이 예악(禮樂)을 수립했다는 격이며, 공자와 얼굴이 닮은 양화(陽貨)가 만세(萬世)의 스승이 될 수 있다는 격이다. 그러니 어찌 옛것을 모범으로 삼을 수 있겠는가?

(다) 아아! 옛것을 모범으로 삼는 사람은 낡은 자취에 구애되는 것이 병이고, 새것을 만들어 내는 사람은 상도(常道)에서 벗어나는 것이 탈이다. 참으로 옛것을 모범으로 삼되 변통할 줄 알고, 새것을 만들어 내되 법도가 있게 할 수 있다면, 지금 글이 옛날 글과 같을 것이다.

(라) 그렇다면 새것을 만들어야 하는가? 그리하여 세상에는 마침내 괴상하고 허황되고 지나치게 치우친 글을 쓰면서도 두려워할 줄 모르는 이들이 생겨나게 되었다. 이는, 임시 조처로 세 길 높이의 나무를 옮기게 하는 것이 통상의 법령보다 중요하다는 격이고, 이연년(李延年)의 새로 만든 간드러진 노래를 종묘(宗廟)의 음악으로 연주하여도 좋다는 격이다. 그러니 어찌 새것을 만들겠는가?

— 박지원, 〈초정집서(楚亭集序)〉 중에서 —

① (다) — (가) — (라) — (나)　　　　② (나) — (가) — (다) — (라)

③ (다) — (라) — (나) — (가)　　　　④ (나) — (라) — (가) — (다)

---

59. 〈보기 1〉을 〈보기 2〉에 삽입하려고 할 때 문맥상 가장 적절한 곳은?

보기 1

왜냐하면 학문의 세계에서는 하나의 객관적 진실이 백일하에 드러나 모든 다른 견해를 하나로 귀결시키는 일은 일어나지 않기 때문이다.

보기 2

민족이 하나로 된다면 소위 "민족의 역사"가 하나로 통합되는 것은 너무나 당연한 일이라고 생각할 수 있다. (㉠) 그러나 좀 더 곰곰이 생각해 보면 역사학을 포함한 학문의 세계에서 통합이란 말은 성립되기 어렵다. (㉡) 학문의 세계에서는 진실에 이르기 위한 수많은 대안이 제기되고 서로 경쟁하면서 발전이 이루어진다. (㉢) 따라서 그 다양한 대안들을 하나로 통합한다는 것은 학문을 말살하는 것이나 다름없다. (㉣) 학문의 세계에서는 통합이 아니라 다양성이 더 중요한 덕목인 것이다.

① ㉠　　　　② ㉡

③ ㉢　　　　④ ㉣

2 과학, 기술

(1) 과학과 기술을 주제로 한 글

과학은 과학 철학, 과학사, 생물학, 물리학, 수학 등 과학의 세부 영역을 포괄한다. 기술은 과학 이론을 실제로 적용하여 사물을 인간 생활에 유용하도록 가공하는 수단이다. 과학과 기술은 서로 밀접한 관련이 있기 때문에 '과학 기술'이라고 부른다. 지금까지 공무원 시험에서는 과학 철학이나 과학사 등 원론적인 성격의 글을 포함하여 과학의 세부 영역을 다룬 글이 주로 출제되었다.

(2) 접근 방법

① **과학 관련 상식과 기초 지식**: 과학 지문은 언어 지문과 마찬가지로 어느 정도는 기초 지식과 기본 상식이 독해 과정에 개입될 수밖에 없는 성격을 지니고 있다. 가령, 상대성 이론, 신과학 운동, 양자역학, 엔트로피, 팽창하는 우주 등 과학 관련 상식과 기초 개념은 과학 지문 이해에 큰 도움이 된다. 다만, 비문학 학습을 위해 이런 개념을 따로 공부할 수는 없다. 평소 과학과 관련된 기사나 교양 정보를 접하는 상황이 생긴다면 적극적으로 읽고 이해할 필요가 있다. 평소에 관심이 없다면 시험 문제의 지문으로 과학 정보 비문학이 나왔을 때 어려움이 발생하게 된다.

② **철저한 정보의 확인**: 개별 과학을 다룬 글에서는 구체적인 과학 현상에 대해 심도 있게 접근하는 경우가 많다. 따라서 정밀하게 읽는 집중력이 필요하다

③ **개괄적인 논지의 파악**: 과학과 철학, 과학과 예술 등을 비교하거나 대비하는 글에서는 전체적인 논지의 흐름을 파악하는 것이 독해의 관건이다.

기출 | 따라잡기

60. 다음 글을 이해한 내용으로 적절한 것은?   2023. 국가직 9급

> 디지털 트윈은 현실 세계와 똑같은 가상의 세계이다. 최근 주목받고 있는 메타버스와 개념은 유사하지만 활용 목적의 측면에서 구별된다. 메타버스는 가상 세계와 현실 세계가 융합된 플랫폼으로 이용자들에게 새로운 경제·사회·문화적 경험을 제공하는 데 목적을 둔다. 반면 디지털 트윈은 현실 세계에 존재하는 사물, 공간, 환경, 공정 등을 컴퓨터상에 디지털 데이터 모델로 표현하여 똑같이 복제하고 실시간으로 서로 반응할 수 있도록 한다. 그래서 디지털 트윈의 이용자는 가상 세계에서의 시뮬레이션을 통해 미래 상황을 예측할 수 있게 된다. 디지털 트윈에 대한 수요가 증가하면서 관련 시장도 확대되고 있으며, 국내외의 글로벌 기업들은 여러 산업 분야에서 디지털 트윈을 도입하여 사전에 위험 요소를 제거하고 수익 모델의 효율성을 높이고 있다. 디지털 트윈이 이렇게 주목받는 이유는 안정성과 경제성 때문인데 현실 세계를 그대로 옮겨 놓은 가상 세계에 데이터를 전송, 취합, 분석, 이해, 실행하는 과정은 실제 실험보다 매우 빠르고 정밀하며 안전할 뿐 아니라 비용도 적게 든다.

① 디지털 트윈을 활용함에 따라 글로벌 기업들의 고용률이 향상되었다.

② 디지털 트윈의 데이터 모델은 현실 세계의 각종 실험 모델보다 경제성이 낮다.

③ 디지털 트윈에서의 시뮬레이션으로 현실 세계의 위험 요소를 찾아내고 방지할 수 있다.

④ 디지털 트윈은 현실 세계의 이용자에게 새로운 문화적 경험을 제공하는 데 목적이 있다.

61. 〈보기 1〉의 ㈎~㈐에 들어갈 가장 적절한 문장을 〈보기 2〉에서 순서대로 바르게 나열한 것은?

2023. 서울시 9급

보기 1

　생존을 위해 진화한 우리 뇌는 본능적으로 생존에 이롭고 해로운 대상을 구분하는 능력이 있다. 단맛을 내는 음식은 영양분이 많을 가능성이 높고 역겨운 냄새가 나는 음식은 부패했거나 몸에 해로울 가능성이 높다. 딱히 배우지 않아도 우리는 자연적으로 선호하거나 혐오하는 반응을 보인다. ＿＿＿＿＿＿㈎＿＿＿＿＿＿

　초콜릿 케이크를 한 번도 먹어보지 못한 사람이 있다고 해보자. 처음 그에게 초콜릿 케이크의 냄새나 색은 전혀 '맛있음'과 연관이 없을 것이다. 하지만 일단 맛을 본 사람은 케이크 자체만이 아니라 케이크의 냄새, 색, 촉감 등도 무의식적으로 선호하게 된다. 그러면 밸런타인데이와 같이 초콜릿을 떠올릴 수 있는 신호만으로도 강한 반응을 이끌어 낼 수 있다. ＿＿＿＿＿＿㈏＿＿＿＿＿＿

　인공지능과 달리 동물은 생존과 번식에 대한 생물학적 조건을 기반으로 진화했다. 생물은 생존을 위해 에너지를 구하고 환경에 반응하며 유전자를 남기기 위해 번식을 한다. 이런 본능적인 목적을 달성하기 위한 여러 종류의 세부 목표가 있다. 유념할 점은 한 기능적 영역에서 좋은 것(목적 달성에 유용한 행동과 자극)이 다른 영역에서는 전혀 도움이 되지 않고 오히려 해로울 수 있다는 사실이다.

　한 여우가 있다. 왼편에는 어린 새끼들이 금세 강물에 빠질 듯 위험하게 놀고 있고 오른쪽에는 토끼 한 마리가 뛰고 있다. 새끼도 보호해야 하고 먹이도 구해야 하는 여우는 어떤 선택을 해야 할까. ＿＿＿＿＿＿㈐＿＿＿＿＿＿ 우리는 그 과정을 의사결정이라고 한다. 우리는 의사결정을 의식적으로 한다고 생각하지만 실제로는 선택지에 대한 계산의 상당 부분이 무의식적으로 빠르게 일어나기 때문에 다행히도 행동을 하는 데 어려움이나 갈등을 많이 느끼지 않는다. 그래서 위와 같은 상황에서 여우는 두 선택지의 중요도가 비슷하더라도 중간에 멍하니 서 있지 않고 재빨리 반응한다. 그래야 순간적인 위험을 피하고 기회를 잡을 수 있다.

보기 2

ㄱ. 이와 더불어 동물은 경험에 따라 좋고 나쁜 것을 학습하는 능력을 가지고 있다.

ㄴ. 뇌는 여러 세부적인 동기와 감정적, 인지적 반응을 합쳐서 선택지에 가치를 매긴다.

ㄷ. 이렇듯 우리는 타고난 기본 성향과 학습 능력을 통해 특정 대상에 대한 기호를 형성한다.

	㈎	㈏	㈐		㈎	㈏	㈐
①	ㄱ	ㄴ	ㄷ	②	ㄱ	ㄷ	ㄴ
③	ㄴ	ㄱ	ㄷ	④	ㄷ	ㄱ	ㄴ

3 사회

(1) 사회를 주제로 한 글

사회 및 사회학과 관련된 여러 이론이나 주제의 글들을 포괄한다. 그런데 공무원 국어 사회 지문의 선택에는 항상 현실적인 안목이 잠재해 있었다. 현실 사회의 문제, 현실 사회의 화두, 현실 사회의 지향점 등과 관련된 글들이 다수 다루어졌다. 시사 상식, 사회적 현상 등에 관심을 가질 필요가 있다.

(2) 접근 방법

① **사회 문제와 관련된 글**: 사회적 현상과 관련된 기초적인 이론, 정보화 및 사회 변동의 문제, 현대 사회의 특징과 문제점 등은 앞으로도 사회 영역의 중심 주제가 될 것이다. 왜냐하면 그것들이 바로 오늘날의 사회적 문제와 관련된 최대의 현안(懸案)이기 때문이다.

② **개념의 의미 파악**: 사회 관련 지문에는 조건과 속성을 통해 규정된 사회과학적 개념이 자주 등장한다. 경제, 사회, 정치 등의 기사에서 사용하는 용어가 등장하기도 한다. 사회학이나 경제학을 공부할 필요는 없다. 평소 시사상식 등에 관심을 가지면 충분하다.

③ **사고의 구체화 혹은 일반화 과정**: 사회 영역의 지문은 사례를 통해 개념에 접근하거나 개념을 먼저 제시하고 사례를 통해 설명하는 등 일반 이론과 구체적 사례를 연관짓는 내용이 자주 등장한다. 따라서 이러한 사고 과정의 전이를 문항화하는 경우도 자주 발견할 수 있다. 그러므로 일반적 진술을 구체적 상황에 적용하거나, 구체적 사례를 통해 일반적 진술을 도출하는 유형의 문항에 익숙해질 필요가 있다.

기출 | 따라잡기

62. 다음 글의 중심내용으로 가장 적절한 것은?　　　　　　　　2023. 지방직 9급

> 교환가치는 거래를 통해 발생하는 가치이며, 사용가치는 어떤 상품을 사용할 때 느끼는 가치이다. 전자가 시장에서 결정된다는 점에서 객관적이라면, 후자는 개인에 따라 다르다는 점에서 주관적이다. 상품에는 사용가치와 교환가치가 섞여 있는데, 교환가치가 아무리 높아도 '나'에게 사용가치가 없다면 해당 상품을 구매하지 않을 것이다.
>
> 하지만 이 같은 상식이 통하지 않는 경우를 종종 볼 수 있다. 예를 들어 보자. 인터넷 커뮤니티에서 백만 원짜리 공연 티켓을 판매하는데, 어떤 사람이 "이 공연의 가치는 돈으로 환산할 수 없어요." 등의 댓글들을 보고서 애초에 관심도 없던 이 공연의 티켓을 샀다. 그에게 그 공연의 사용가치는 처음에는 없었으나 많은 댓글로 인해 사용가치가 있을 것으로 잘못 판단한 것이다. 안타깝게도, 그는 그 공연에서 조금도 만족하지 못했다.
>
> 이 사례에서 볼 때 건강한 소비를 위해서는 구매하려는 상품의 사용가치가 어떤 과정을 거쳐 결정된 것인지 곰곰이 생각해봐야 한다. '나'에게 얼마나 필요한가에 대한 고민 없이 다른 사람들의 말에 휩쓸려 어떤 상품의 사용가치가 결정될 때, 그 상품은 '나'에게 쓸모없는 골칫덩이가 될 수 있다.

① 사용가치보다 교환가치가 큰 상품을 구매해야 한다.

② 상품을 구매할 때 사용가치와 교환가치를 두루 고려해야 한다.

③ 상품에 대한 다른 사람들의 평가를 반영해서 상품을 구매해야 한다.

④ 상품을 구매할 때 사용가치가 자신의 필요에 의해 결정된 것인지 신중하게 따져야 한다.

※ 다음 글을 읽고 물음에 답하시오. [63~64]

2025 개편 예시문항

영국의 유명한 원형 석조물인 스톤헨지는 기원전 3,000년경 신석기시대에 세워졌다. 1960년대에 천문학자 호일이 스톤헨지가 일종의 연산장치라는 주장을 하였고, 이후 엔지니어인 톰은 태양과 달을 관찰하기 위한 정교한 기구라고 확신했다. 천문학자 호킨스는 스톤헨지의 모양이 태양과 달의 배열을 나타낸 것이라는 의견을 제시해 관심을 모았다.

그러나 고고학자 앳킨슨은 ㉠그들의 생각을 비난했다. 앳킨슨은 스톤헨지를 세운 사람들을 '야만인'으로 묘사하면서, ㉡이들은 호킨스의 주장과 달리 과학적 사고를 할 줄 모른다고 주장했다. 이에 호킨스를 옹호하는 학자들이 진화적 관점에서 앳킨슨을 비판하였다. ㉢이들은 신석기시대보다 훨씬 이전인 4만 년 전의 사람들도 신체적으로 우리와 동일했으며 지능 또한 우리보다 열등했다고 볼 근거가 없다고 주장했다.

하지만 스톤헨지의 건설자들이 포괄적인 의미에서 현대인과 같은 지능을 가졌다고 해도 과학적 사고와 기술적 지식을 가지지는 못했다. ㉣그들에게는 우리처럼 2,500년에 걸쳐 수학과 천문학의 지식이 보존되고 세대를 거쳐 전승되어 쌓인 방대하고 정교한 문자 기록이 없었다. 선사시대의 생각과 행동이 우리와 똑같은 식으로 전개되지 않았으리라는 점은 매우 중요하다. 지적 능력을 갖췄다고 해서 누구나 우리와 같은 동기와 관심, 개념적 틀을 가졌으리라고 생각하는 것은 잘못이다.

63. 이 글에 대해 평가한 내용으로 가장 적절한 것은?

① 스톤헨지가 제사를 지내는 장소였다는 후대 기록이 발견되면 호킨스의 주장은 강화될 것이다.

② 스톤헨지 건설 당시의 사람들이 숫자를 사용하였다는 증거가 발견되면 호일의 주장은 약화될 것이다.

③ 스톤헨지의 유적지에서 수학과 과학에 관련된 신석기시대 기록물이 발견되면 글쓴이의 주장은 강화될 것이다.

④ 기원전 3,000년경 인류에게 천문학 지식이 있었다는 증거가 발견되면 앳킨슨의 주장은 약화될 것이다.

64. 문맥상 ㉠~㉣ 중 지시 대상이 같은 것만으로 묶인 것은?

① ㉠, ㉢   ② ㉡, ㉣

③ ㉠, ㉡, ㉢   ④ ㉠, ㉡, ㉣

4 문화 예술

(1) 문화 예술을 주제로 한 글

예술 일반론으로부터 음악, 미술 등 전통적인 주요 예술 갈래와 관련된 지문을 포괄한다. 최근에는 예술의 범위를 확장해서 바라보려는 경향이 강해져 문화 일반까지를 포괄하게 될 것으로 보인다.

(2) 접근 방법

① **문화 및 예술을 바라보는 관점:** 지금까지는 개별 갈래에 관한 글과 문화 및 예술 일반에 관한 사색과 성찰을 담은 글이 고루 출제되었다. 그러나 면밀히 살펴보면 개별 갈래를 다룬 글이라 할지라도 그 개별 갈래에 관한 구체적 지식이나 개념보다는 문화 및 예술 일반의 의의, 가치, 기능 등에 관한 일반적 사고 혹은 관점이 중심을 이루고 있다. 개별 갈래도 그 자체로서보다는 예술에 대한 이해의 폭을 넓히는 매개로써 주로 활용되고 있는 것이다.

② **필자의 관점, 태도, 발상:** 문화와 예술은 인간 정신의 발현이며 정수(精髓)이다. 따라서 문화현상이나 예술 사조, 작품에는 인간에 대한 이해, 사회를 보는 눈, 문화에 대한 규정이 담겨 있다. 따라서, 정보 확인에만 머물 것이 아니라, 필자의 관점이나 태도, 발상의 바탕이 무엇인지 파악하는 데 중점을 두어야 한다.

③ **일반 이론을 구체적 현상에 적용하여 이해하는 능력:** 문화 및 예술에 관한 일반적 진술은 결국은 구체적인 문화 현상, 혹은 예술 작품에 대한 이해를 위해 존재하는 것이다. 따라서 일반 이론을 구체적인 현상에 적용하는 사고 과정은 문화 예술 영역의 문제를 해결하는 데 필수적이다.

기출 | 따라잡기

65. 다음 글을 이해한 내용으로 적절하지 않은 것은?　　　2023. 지방직 9급

> 고소설의 유통 방식은 '구연에 의한 유통'과 '문헌에 의한 유통'으로 나눌 수 있다. 구연에 의한 유통은 구연자가 소설을 사람들에게 읽어 주는 방식으로, 글을 모르는 사람들과 글을 읽을 수 있지만 남이 읽어 주는 것을 선호하는 이들을 대상으로 이루어졌다. 구연자는 '전기수'로 불렸으며, 소설 구연을 통해 돈을 벌던 전문적 직업인이었다. 하지만 이 방식은 문헌에 의한 유통에 비해 시간과 공간의 제약이 많아서 유통 범위를 넓히는 데 뚜렷한 한계가 있었다.
>
> 문헌에 의한 유통은 차람, 구매, 상업적 대여로 나눌 수 있다. 차람은 소설을 소유하고 있는 사람에게 직접 빌려서 보는 것으로, 알고 지내던 개인들 사이에서 이루어졌다. 구매는 서적 중개인에게 돈을 지불하고 책을 사는 것인데, 책값이 상당히 비쌌기 때문에 소설을 구매할 수 있는 사람은 그리 많지 않았다. 상업적 대여는 세책가에 돈을 지불하고 일정 기간 동안 소설을 빌려 보는 것이다. 세책가에서는 소설을 구매하는 것보다 훨씬 적은 비용으로 빌려 볼 수 있었기 때문에 경제적으로 넉넉하지 않은 사람도 소설을 쉽게 접할 수 있었다. 이로 인해 조선 후기 사회에서 세책가가 성행하게 되었다.

① 전기수는 글을 모르는 사람들에게 소설을 구연하였다.

② 차람은 알고 지내던 사람에게 대가를 지불하고 책을 빌려 보는 방식이다.

③ 문헌에 의한 유통은 구연에 의한 유통에 비해 시간과 공간의 제약이 적었다.

④ 조선 후기에 세책가가 성행한 원인은 소설을 구매하는 비용보다 세책가에서 빌리는 비용이 적다는 데 있다.

66. ⊙에 대한 설명으로 적절한 것은?

> 일본 문학의 세계가 여자들에게 열려 있긴 했어도 ⊙헤이안 시대의 여성들은 그 시대 대부분의 책에서는 자신들의 목소리를 발견할 수 없었을 것이다. 그리하여 한편으로는 읽을거리를 늘리기 위해, 그리고 다른 한편으로는 그들만의 독특한 취향에 상응하는 읽을거리를 손에 넣기 위해 여성들은 그들만의 고유한 문학을 창조해 냈다. 그 문학을 기록하기 위해 여성들은 그들에게 허용된 언어를 음성으로 옮긴 가나분카쿠를 개발하기에 이르렀는데, 이 언어는 한자 구조가 거의 배제된 것이 특징이다. 이는 여성들에게만 국한되어 쓰이면서 '여성들의 글자'로 알려지게 되었다.
>
> 발터 벤야민은 "책을 획득하는 방법 중에서도 책을 직접 쓰는 것이야말로 가장 칭송할 만한 방법으로 평가받을 수 있다"라고 논평했던 적이 있다. 헤이안 시대의 여자들도 깨달았듯이 어떤 경우에는 책을 직접 쓰는 방법만이 유일한 길일 수가 있다. 헤이안 시대의 여자들은 그들만의 새로운 언어로 일본 문학사에서, 아마도 전 시대를 통틀어 가장 중요한 작품 몇 편을 남겼다. 무라사키 부인이 쓴 《겐지 이야기》와 작가 세이 쇼나곤의 《마쿠라 노소시》가 그 예이다.
>
> 《겐지 이야기》, 《마쿠라노소시》 같은 책에서는 남자와 여자의 문화적 · 사회적 삶이 소상하게 나타나지만, 그 당시 궁정의 남자 관리들이 대부분 시간을 할애했던 정치적 술책에 대해서는 거의 관심을 보이지 않는다. 언어와 정치 현장으로부터 유리되어 있었기 때문에 세이 쇼나곤과 무라사키 부인조차도 이런 활동에 대해서는 풍문 이상으로 묘사할 수 없었다. 어떤 예이든 이런 여성들은 근본적으로 그들 자신을 위해 글을 쓰고 있었다. 다시 말해 그들 자신의 삶을 향해 거울을 받쳐 들고 있었던 셈이다.

① 읽을거리에 대한 열망을 문학 창작의 동력으로 삼았다.
② 창작 국면에서 자신들의 언어를 작품에 그대로 담아내지 못했다.
③ 궁정에서 일어나는 정치적 행위에 대하여 치밀하게 묘사하였다.
④ 한문학에 대한 지식을 바탕으로 문학 창작에 참여하였다.
⑤ 문필 활동은 남성의 전유물이었기 때문에 남성적 취향의 문학 독서를 수행하였다.

5 생활 / 언어

(1) 생활과 언어를 주제로 한 글

우리말과 글에 관련된 글, 그리고 현실 생활과 관련된 주제의 글이 출제된다. 특히 '독서(讀書)'를 주제로 삼은 글을 출제하여 글을 통해 독서의 방법을 공부하도록 유도하고 있다. 또한 언어 또는 문법과 관련된 주제를 다룬 글도 출제가 된다. 언어 지문의 경우, 주로 언어 일반론과 국어학 관련 글이 출제되었다. 공무원 시험을 준비하기 위한 문법 공부를 충실히 할 필요가 있다.

(2) 접근 방법

① **'생활' 관련 지문**: 생활 관련 지문은 주제가 매우 광범위하다. 생활 상식이나 '독서' 등 모든 내용을 포괄한다. 평소 포털 기사를 읽을 때에 자신이 좋아하는 특정 주제의 기사만 읽지 말고 다양한 글들을 읽는 것이 좋다. 기초 지식을 습득하는 것도 중요한 이유이지만, 사회 전반의 일들에 대한 관심을 유지하기 위한 이유가 크다.

② **국어학을 중심으로 한 언어 일반 이론 및 국어 정책과 관련된 글**: 지속적으로 중시되어 온 주제, 즉 인간 언어의 특징이나 구조 등에 유의할 필요가 있다. 전문적인 문법 문제를 위한 지문은 내용이 짧다. 다만 언어 현상과 관련된 주제의 비문학 글들은 내용이 일상적으로 어렵지 않다. 다만 비문학이기에 글의 길이가 길다.

③ 언어 일반 및 국어학의 기초 지식: 언어 지문은 다른 독해 지문에 비하여 기초 지식의 활용 비중이 큰 편이다. 따라서 언어 관련 기초 상식 정도는 알아 두는 것이 유리하다. 언어에 있어서의 구조의 개념, 언어기호의 자의성, 언어의 역사성과 사회성 등 언어 일반의 필수 개념과 국어 관련 기초 지식(국어의 계통, 국어의 특질, 조어법과 어휘 구조의 특징 등)은 평소에 차분하게 정리해 두는 것이 언어 지문을 여유 있게 독해하는 요령이 될 수 있다. 공무원 국어 시험을 준비하기 위한 문법적 학습이 되어 있다면 따로 공부하지 않아도 된다. 그러나 문법을 준비하지 않았다면 앞에서 언급한 내용의 정리가 필요하다.

④ 세부 정보의 확인, 추론을 통한 적용: 언어 지문은 기본적으로 설명적 성격이 강한 정보 전달의 글이다. 따라서 구체적이고 세부적인 정보의 확인이 필수이다. 이는 곧 집중력이 있는 독해의 필요성을 뜻한다. 한편, 언어 지문에 속한 문항에는 추론을 통해 구체적 언어 현상과 지문에 제시된 내용의 관련성을 묻는 문항이 많다. 이 또한 꼼꼼하고 치밀한 독해가 바탕이 되어야 한다.

기출 | 따라잡기

67. 다음 글에서 추론한 내용으로 적절하지 않은 것은?   2023. 지방직 9급

> 한글은 소리를 나타내는 표음문자여서 한국어 문장을 읽는 데 학습해야 할 글자가 적지만, 한자는 음과 상관없이 일정한 뜻을 나타내는 표의문자여서 한문을 읽는 데 익혀야 할 글자 수가 훨씬 많다. 이러한 번거로움에도 한글과 달리 한자가 갖는 장점이 있다. 한글에서는 동음이의어, 즉 형태와 음이 같은데 뜻이 다른 단어가 많아 글자만으로 의미를 파악하지 못하는 경우가 많다. 하지만 한자는 그렇지 않다. 예컨대, 한글로 '사고'라고만 쓰면 '뜻밖에 발생한 사건'인지 '생각하고 궁리함'인지 구별할 수 없다. 한자로 전자는 '事故', 후자는 '思考'로 표기한다. 그런데 한자는 문맥에 따라 같은 글자가 다른 뜻으로 쓰이지는 않지만 다른 문장성분으로 사용되기도 해 혼란을 야기한다. 가령 '愛人'은 문맥에 따라 '愛'가 '人'을 수식하는 관형어일 때도, '人'을 목적어로 삼는 서술어일 때도 있는 것이다.

① 한문은 한국어 문장보다 문장성분이 복잡하다.
② '淨水'가 문맥상 '깨끗하게 한 물'일 때 '淨'은 '水'를 수식한다.
③ '愛人'에서 '愛'의 문장성분이 바뀌더라도 '愛'는 동음이의어가 아니다.
④ '의사'만으로는 '병을 고치는 사람'인지 '의로운 지사'인지 구별할 수 없다.

68. 〈보기〉의 내용에 대한 이해로 가장 옳지 않은 것은?   20223. 서울시 9급

보기

> 《훈민정음》 서문은 "우리나라의 말이 중국과 달라 문자로 서로 통하지 아니하므로"로 시작합니다. 말 그대로 세종대왕 당시의 말이 중국과 다르다는 것인데 '다름'에 대해 말하려면 '있음'이 전제가 되어야 합니다. 세종대왕 당시에 우리말이 있었고 말은 하루아침에 생겨난 것이 아닐 테니 이전부터 계속 있어 왔던 것입니다. 우리에게도 말이 있고 중국에도 말이 있는데 이 둘이 서로 달라서 문자로 통하지 못한다는 것입니다. 이때의 문자는 당연히 한자입니다. 한자는 중국말을 적기 위한 것이어서 우리말을 적기에는 적합하지 않았습니다. 사실 한자로 우리말을 적는 것이 불가능한 것은 아닙니다. 고구려 때의 광개토대왕비를 보면 빼곡하게 한자가 기록되어 있는데 고구려 사람이 중국어를 적어 놓았을 리는 없습니다. 당시에 문자가 없으니 한자를 빌려 자신들이 남기고 싶은 기록을 남긴 것입니다. 한자는 뜻글자이니 한자의 뜻을 알고 문장이 어떻게 구성되는지 알면 그 뜻을 헤아려 자신의 말로 읽을 수 있습니다. …(중략)… 그런데 많은 이들이 세종대왕께서 우리글이 아닌 우리말을 만드신 것으로 오해하고 있습니다. 왜 그럴까요? 말과 글자를 같은 것으로 여기는 것은 흔한 일인데 유독 우리가 심합니다. 우리만 한글을 쓰는 것이 큰 이유입니다. 한자는 중국, 한국, 일본, 베트남 등 여러 곳에서 쓰이고 로마자는 훨씬 더 많은 나라에서 쓰입니다. 하지만 한글은 오로지 우리나라에서 우리말을 적는 데만 쓰입니다. 그러니 한글로 적힌 것은 곧 우리말이라는 등식이 성립되어 한글과 우리말을 같은 것으로 여기는 것입니다
> – 한성우, 〈말의 주인이 되는 시간〉 –

① 한글은 언어가 아니라 문자를 가리키는 것이다.
② 세종대왕이 만드신 것은 우리말이 아니라 우리글이다.
③ 한국어는 오로지 한글로만 표기할 수 있다.
④ 한글이 오로지 한국어를 표기하는 데 사용되기 때문에 많은 사람이 한글과 한국어를 혼동한다.

6 논리

(1) 언어 논리학을 주제로 한 글

언어 논리학은 언어와 논증의 구조를 연구하는 학문 분야이다. 이 분야는 언어의 논리적 구조와 논증의 타당성을 분석하고 이해하는 데 초점을 맞추고 있다. 7급 공무원 국어 시험에서 치르고 있는 '공직적격성평가(PSAT)'의 언어 논리 문제 유형을 2025년부터 공무원 9급 시험에도 일부 출제하고 있다. 그리고 언어 논리와 관련된 주제의 지문을 비문학 문제로도 출제한다. 매우 난해한 수준은 아니지만 논리학의 기본적인 이해가 필요하다.

언어 논리학은 주로 두 가지 주요 개념을 다룬다. 첫째, 논증(Argument)은 주장(Statement)들의 집합으로, 주장들 간의 논리적인 관계를 통해 결론을 도출하는 과정을 의미한다. 논증은 전제(Premise)와 결론(Conclusion)으로 구성되며, 이들 간의 논리적 관계를 분석하여 타당성과 올바름을 평가한다. 둘째, 개별 주장의 논리적 구조를 분석하는 것도 언어 논리학의 중요한 부분이다. 주장은 참인지 거짓인지를 평가할 수 있는 문장으로, 논리적인 연산을 통해 다른 주장과 결합되거나 논리적인 추론에 사용될 수 있다.

(2) 접근 방법

① 언어 논리학을 공부해야 하는 이유: 언어 논리학은 논리적인 사고력을 향상시키고, 올바른 논증을 구성하고 평가하는 능력을 개발하는 데 도움을 준다. 이를 통해 효과적인 의사소통과 논쟁의 기술을 향상시킬 수 있다. 공무원 시험의 가장 중요한 목표인 '직무 적합성'에 필요한 능력이다. 앞으로 자신이 공무원이 되어서 지녀야 할 능력이라는 생각으로 평소 논리적 사고를 위한 노력이 필요하다.

② 개념 이해: 먼저 논리학의 기본 개념과 용어를 학습해야 한다. 논증, 전제, 결론, 논리적 추론 등의 개념을 이해하는 것이 중요하다.

③ 논리적 구조 파악: 논리학 지문은 논리적인 구조를 가지고 있다. 주장과 그 주장을 논리적으로 지지하는 논증 등을 파악해야 한다. 그리고 지문의 구조를 이해하면 내용을 더 쉽게 이해할 수 있다.

④ 예시와 연습 문제: 논리학을 학습할 때는 예시와 연습 문제를 활용하는 것이 도움이 된다. 실제 예시를 통해 논리적인 추론과 논증의 구조를 이해하고 연습 문제를 통해 스스로 문제를 해결해 보아야 한. 공무원 수험생이면 누구나 그렇듯 다양한 기출문제를 풀어 보면서 논리적 학습 능력을 키우도록 노력해야 한다.

69. ㉠, ㉡에 들어갈 내용으로 적절한 것은?

최후통첩 게임에서 두 참가자는 일정한 액수의 돈을 어떻게 분배할지를 놓고 각각 나름의 결정을 내리게 된다. 먼저 A에게 1,000원짜리 100장을 모두 준 다음 그 돈을 다른 한 사람인 B와 나누라고 지시한다. 이때 A는 자기가 제안하는 액수를 받아들일지 말지 결정할 권리가 B에게 있다는 사실을 알고 있다. 만약 B가 그 제안을 수용하면, 두 사람은 A가 제안한 액수만큼 각각 받는다. 만약 B가 그 제안을 거절하면, 아무도 그 돈을 받지 못한다. 이는 일회적 상호작용으로서, 결정할 수 있는 기회는 단 한번뿐이고 두 사람은 서로에 대해서 전혀 모르는 사이이다. 그들은 어떤 결정을 내릴 것인가? 만약 두 사람이 모두 자기 이익에 충실한 개인들이라면, A는 아주 적은 액수의 돈을 제안하고 B는 그 제안을 받아들일 것이다. A가 단 1,000원만 제안하더라도, B는 그 제안을 받아들여야 한다. 왜냐하면 B는 (㉠   ) 둘 중 하나를 선택해야 하기 때문이다. 만약 상대방이 합리적 자기 이익에 충실하다고 확신한다면, A는 결코 1,000원 이상을 제안하지 않을 것이다. 그 이상을 제안하는 일은 상대방의 이익을 배려한 것으로 자신의 이익을 불필요하게 줄이기 때문이다. 이것이 이기적인 개인들에게서 일어날 상황이다.

하지만 현실에서는 이런 상황은 절대 일어나지 않는다. 실험 결과에 따르면, 사람들은 낮은 액수의 제안을 받으면 거절하는 경향이 있다. 이 연구에서 나타난 명백한 결과에 따르면 총액의 25% 미만을 제안할 경우 그 제안은 거절당할 가능성이 상당히 높다. 비록 자기의 이익이 최대화되지 않더라도 제안이 불공평하다고 생각하면 거절하는 것으로 보인다. 액수를 반반으로 나누고자 하는 사람이 제일 많다는 점은 이를 지지해 준다. 결과적으로 이 실험은 (㉡   )는 것을 보여 준다.

① ㉠: 제안한 1,000원을 받든가, 한 푼도 받지 못하든가
   ㉡: 인간의 행동이 경제적 이득에 의해서 움직인다
② ㉠: 1,000원보다 더 적은 금액을 받든가, 제안한 1,000원을 받든가
   ㉡: 인간이 공정성과 상호 이득을 염두에 두고 행동한다
③ ㉠: 제안한 1,000원을 받든가, 한 푼도 받지 못하든가
   ㉡: 인간의 행동이 경제적 이득에 의해서만 움직이지 않는다
④ ㉠: 1,000원보다 더 적은 금액을 받든가, 제안한 1,000원을 받든가
   ㉡: 인간의 행동이 경제적 이득에 의해서만 움직이지 않는다
⑤ ㉠: 제안한 1,000원을 받든가, 한 푼도 받지 못하든가
   ㉡: 인간이 공정성과 상호 이득을 염두에 두고 행동하지 않는다

70. A와 B의 주장에 대한 평가로 적절한 것만을 〈보기〉에서 모두 고르면? 2022. 지방직 7급

A는 아동의 사고와 언어의 발달이 개인적 차원에서 사회적 차원으로 진행된다고 주장한다. 그에 따르면 말을 배우기 시작하는 2~3세경에 '자기중심적 언어'가 나타났다가 8세경에 학령이 되면서 자기중심적 언어는 소멸하고 '사회적 언어'의 단계로 진입한다고 주장한다.

B는 A가 주장한 자기중심적 언어의 존재를 인정하면서도 그것의 성격에 있어서는 다른 견해를 지닌다. A와 달리 그는 자기중심적 언어가 문제에 대한 해결방법을 구안하는 데 중요한 사고의 도구가 된다고 주장한다. 그에 따르면 자기중심적 언어는 아동이 자기 자신과 대화할 때 나타나는데, 아동은 자신과 대화하는 방식으로 소리 내며 사고한다. 그는 자기중심적 언어가 자연적 존재를 문화적 존재로 변모시키는 기능을 하며, 학령이 되면서 소멸하는 게 아니라 내면화되어 소리 없는 '내적 언어'를 구성함으로써 정신기능을 발달시킬 수 있는 원동력이 된다고 본다.

이러한 두 사람의 입장 차이는 자기중심적 언어의 전(前) 단계에 대한 서로 다른 생각에서 기인한 것으로 보인다. A는 출생 이후 약 2세까지의 아이가 언어 이전의 '환상적 사고'의 단계에 머물러 있는 것으로 보는데, 여기서 환상적 사고는 자신과 대상 세계를 구분하지 못하는 것을 가리킨다. 자신과 대상 세계를 구분하지 못하면 의사소통 행위가 불가능하므로 A는 이 단계의 아이가 보여주는 타인과의 상호작용을 의사소통 행위가 아니라고 주장한다. 반면, B의 경우 출생 이후 약 2세까지의 상호작용을 의사소통 행위로 판단한다. 그에 따르면 이때의 의사소통 행위는 타자의 규제와 이에 따른 자기규제가 작동하는 대화적 상호작용의 일종으로, 사회적 언어를 통해 수행된다.

B 역시 A와 마찬가지로 아동의 언어와 사고의 발달이 3단계로 진행된다고 보지만, 그 방향에 있어서는 사회적 언어에서 출발하여 자기중심적 언어를 거쳐 내적 언어 순으로 진행된다고 본다.

┌─ 보기 ─
ㄱ. '자기중심적 언어'의 단계 전에 A는 의사소통 행위가 이루어지지 않는 것으로, B는 이루어지는 것으로 본다.
ㄴ. A는 '자기중심적 언어'가 학령이 되면 없어지는 것으로 보는 반면, B는 없어지지 않는 것으로 본다.
ㄷ. A와 B는 '사회적 언어'의 단계로 진입하는 시기에 대해 견해를 달리한다.

① ㄱ
② ㄱ, ㄴ
③ ㄴ, ㄷ
④ ㄱ, ㄴ, ㄷ

제5절 비문학 독해의 원리와 연습

공무원 국어 시험에서 비문학 독해의 내용은 인문, 사회, 과학 등 다양하다. 그리고 문제들 또한 최근 '추론' 문제의 증가에 따라 대체로 어렵다. 무엇보다 시간이 넉넉하지 않아 지문을 여러 번 읽고 풀 정도의 여유가 없다. 이 때문에 대부분의 수험생들이 비문학 독해에 대해 커다란 부담을 안고 있다.

많은 수험생들이 이를 극복하기 위해 무작정 독해 지문을 읽고 문제를 푸는 식의 행위를 반복하지만, 이것이 자신의 독해력 향상으로 바로 연결되는 것은 아니다. 이런 학습법은 전략적 독해를 중심으로 독해 연습을 하지 않기 때문에 학습자가 실력 향상을 체감하기 어렵다. 어휘 차원에서 시작해 문단 차원을 거쳐 점차 글 차원으로 나아가면서 독해 원리와 전략들을 익혀야만 독해력의 향상이 이루어지는 것이다. 독해의 단계를 차근차근 밟아가며 원리와 전략을 익히고, 이를 통해 실전에 바로 적용할 수 있는 강한 독해력을 길러야 한다.

1 어휘의 의미 파악하기

(1) 문맥을 보면 어휘가 보인다.

비문학 지문의 내용을 파악하는 일이 쉽지만은 않다. 생소한 내용의 용어들 때문에 어렵다고 느낄 수 있지만 차근차근 접근하면 누구나 이해할 수 있는 내용임을 알 수 있다. 독해의 가장 기본적인 능력은 어휘력이라고 할 수 있다. 외국어를 배울 때 가장 먼저 단어의 뜻을 외우듯이, 글을 구성하는 기본 단위인 단어의 뜻을 명확히 알아야 글의 중심 내용을 파악할 수 있다.

우선 자신이 한국인이며 한국어 능통자라는 사실에 자신감을 가져야 한다. 지금까지 정상적인 교육을 받아 왔다면, 여러분이 알고 있는 국어 어휘의 수는 상당하다. 그러니 글을 읽다가 어려운 어휘가 나오더라도 당황하지 말고 문맥에 따라 그 의미를 추측해 보자. 그 어휘를 설명해 주는 또 다른 정보가 바로 앞 문장에 있을지도 모르며, 모르는 어휘를 바꾸어 쓸 수 있는 쉬운 어휘가 떠오를지도 모른다.

그리고 자신이 추측한 어휘의 의미가 맞는지 사전을 통해 확인하고, 그 의미를 정확히 알아 두는 훈련을 계속해 나가야 한다. 어휘 공부는 평소에 틈틈이 해야 한다는 것을 잊지 말자. 필수 속담과 한자성어도 꼭 정리해 두어야 한다.

(2) 어휘의 의미 파악하기

어휘의 의미를 파악하기 위해서는 먼저 제시된 어휘의 사전적 의미를 이해해야 한다. 실제 시험에서는 사전적 의미가 무엇인지 전혀 모를 정도의 어려운 어휘는 묻지 않으므로 이에 대한 걱정은 하지 않아도 된다. 그러므로 사전적 의미를 생각한 뒤, 이 어휘가 사용된 앞뒤 문장을 중심으로 문맥적 의미를 파악하면 어휘의 의미는 쉽게 해결할 수 있다.

> **➕ 플러스** 단어와 어휘
>
> 어휘의 구성 요소로서 개개의 요소를 가리킬 때는 '단어'라는 용어를 사용하고, 일정한 체계를 가진 단어의 집합체를 의미할 때는 '어휘'라는 용어를 사용한다. 즉, 어휘란 단어들의 총체로서 한국어 어휘란 한국어에서 사용되는 단어들의 집합을 말하는 것이다. 하지만 대개 이들은 엄밀한 의미상 구별 없이 넘나들며 허용되는 경우가 많다.

기본적으로 어휘의 의미를 파악하기 위해서는 해당 어휘에 대해서 갖고 있는 배경 지식을 충분히 활용해야 한다. 물론 배경지식을 활용할 때에는 문맥의 흐름 내에서 활용하는 것이 중요하다. 기존에 알고 있던 배경지식만 믿고 문맥의 흐름을 도외시 하면 어휘의 의미를 전혀 엉뚱하게 파악하는 오류를 범할 수 있다.

적용하기 1

우리는 우리가 이러한 병에 걸리지 않았다고 생각하고 싶어하지만 모든 사람은 자신의 굴레라는 저주로 부터 고통받고 있다. 사람은 육체에 의해 감금되어 있고 자신의 눈을 통해서 자신의 감정을 느낄 뿐이다. 사람은 결코 자신 이외의 다른 사람들의 즐거움과 경험을 직접적으로 체험할 수 없다.

– 멜빈 레이더 외, 〈예술의 문화적 기능〉–

[문제] 이 글을 읽고 '굴레'의 문맥적 의미를 파악해 보자.

① '굴레'의 사전적 의미는 무엇인가?

[정답] '굴레'의 사전적 의미는 '말이나 소 따위를 부리기 위하여 머리와 목에서 고삐에 걸쳐 얽어 매는 줄'이다.

② '굴레'의 문맥적 의미는 무엇인가?

[정답] 앞뒤 내용을 통해 '굴레'의 문맥적 의미를 파악할 수 있는 단어를 찾고 이를 종합하여 그 의미를 파악해 본다. 글의 흐름을 잘 살펴보면 '자신의 굴레'를 벗어나지 못하는 것이나, '육체에 의해 감금'되어 있는 상태가 동일한 것임을 알 수 있다. 따라서 '굴레'의 문맥적 의미는 '감금되도록 만드는 것', '자유롭지 못하도록 얽어매는 것'임을 알 수 있다.

적용하기 2

의식은 개인이 직접적으로 알 수 있는 정신의 유일한 부분이며, 유아기 때 감정, 사고, 감각, 직관의 의식을 통해 성장해 간다. 이 네 가지 요소는 동일하게 사용되는 것이 아니고, 어떤 아이에게는 사고가, 어떤 아이는 감정이 강화되기도 한다. 그리고 의식의 개성화 과정을 통해서 새로운 요소가 생겨나는데 융은 이 것을 '자아'라고 불렀다. 자아는 자각하고 있는 지각(知覺), 기억, 생각, 감정으로 구성되며, 자아에 의해 존재로 인정되지 못하면 그것들은 자각될 수 없다. 그리고 경험이 의식의 수준까지 도달되기 전에 자아가 불필요한 부분을 제거하기 때문에, 의식에 대한 수문장(守門將)으로서 역할을 한다. 그러면 자아에 의해 인식되지 못한 경험들은 어떻게 될까? 경험할 당시 중요하지 않거나 신빙성이 부족하면 '개인 무의식'이라는 곳에 저장되었다가 필요할 때는 언제나 쉽게 의식화될 수 있다.

– 〈자아와 의식〉–

[문제] 이 글을 읽고 밑줄 친 '수문장'과 바꾸어 쓰기에 적절한 어휘를 생각해 보자.

① '수문장(守門將)'의 사전적 의미는 무엇인가?

[정답] '각 궁궐이나 성의 문을 지키던 무관 벼슬'을 뜻하는 말이다.

② '수문장(守門將)'의 문맥적 의미는 무엇인가?

[정답] 이 부분의 문맥을 살펴보면, 경험이 의식 수준까지 도달하기 전에 자아가 불필요한 부분을 제거한다는 의미이므로, 이 글에서 '수문장(守門將)'은 '걸러 내는 기능을 하는 것'이라는 의미로 사용되었음을 알 수 있다.

④ '수문장(守門將)'과 바꾸어 쓸 수 있는 어휘는 무엇인가?

[정답] '액체를 걸러 내는 데 쓰는 기구'의 뜻을 가진 '여과기'라는 단어로 대체하여 사용할 수 있다.

2 어휘 간의 관계 파악하기

(1) 어휘 간에는 특별한 관계가 있다.

이번에는 단어 하나하나의 의미 파악에서 벗어나 글 속에 등장하는 수많은 어휘들의 관계를 살펴보자.

한 편의 글 속에 등장하는 수많은 어휘는 마구잡이로 흩어져 있는 것이 아니다. 어휘들은 글 속에서 서로 논리적인 관계를 맺으며 일종의 의미 망을 형성하고 있다. 따라서 글을 읽을 때에는 어휘의 문맥적 의미를 살펴야 될 뿐 아니라, 글 속에 제시된 어휘들, 즉 개념 간의 관계를 파악해야 한다. 글의 중심 개념들의 관계만 제대로 파악해도 우리는 글의 중심 내용이 무엇인지를 쉽게 파악할 수 있다.

(2) 어휘 간의 관계 파악 원리

글 속에 쓰인 많은 어휘들은 서로 논리적 관계를 형성하면서 전체적인 의미 망을 지니고 있다. 이러한 어휘의 논리적 관계를 파악하는 것은 글의 중심 내용을 찾는 데 도움을 준다. 먼저 글 속에 사용된 중심 어휘를 찾은 뒤, 중심 어휘와 관련된 정보를 파악하고, 중심 어휘들 간의 관계를 생각하여 전체적 어휘의 의미 망을 파악하도록 한다.

어휘 간의 관계 파악하기 1

비교나 대조의 대상이 되는 중심 어휘에는 동그라미를 치고, 그 어휘에 대한 설명을 밑줄을 그으며 읽어라. 이렇게 하면 어휘들의 관계가 분명하게 나타난다.

• 자주 반복되는 어휘나 자세한 설명이 나타나는 어휘에는 그것은 글의 중심 어휘에 해당할 가능성이 높다. 그 어휘들의 관계를 파악하는 것이 글의 중심 내용을 파악하는 지름길이다.

• 중심 어휘에 표시를 해 두었다면, 그 어휘들이 갖는 의미의 공통점과 차이점 등 어휘들의 관계를 파악하는 데 도움이 되는 정보들에 밑줄을 그어라.

적용하기 1

㉠ 괴테는 모든 우주가 서로 대립하는 양극의 힘에 의해 움직이고 있는 것으로 생각했다. ㉡ 이 힘은 빛과 어둠, 전기의 플러스와 마이너스, 화학의 산화와 환원이라는 식으로 나타난다. ㉢ 그는 현실세계에서 일어나는 빛의 현상을 이상하게 생각하고 있었으나 뉴턴의 생각에는 동의하지 않았다.

㉣ 뉴턴은 빛의 파장은 빛 그 자체이며, 여러 가지 색으로 되어 있는 것으로 생각하고 있었다. ㉤ 그러나 괴테는 빛의 파장을 영원한 빛의 물리적 구현이라고 생각했다. ㉥ 빛과 어둠이 양극에서 대립하는 것으로 보고 그 상호 작용으로 빛의 모습이 형성된다고 생각하고 있었다. 그는 어둠을 빛이 완전히 없는 상태가 아닌, 빛에 대립하여 상호 작용하는 그 무엇으로 생각하고 있었던 것이다.

빛과 어둠이 연관성을 가진 것으로 그는 상상하고 있었다. 만약 어둠이 전적으로 무(無)라고 한다면 어둠을 들여다본다 하더라도 아무런 느낌도 얻을 수 없으리라고 괴테는 말한다. 괴테가 이 색의 이론을 중요시하고 있었던 증거는 그의 다음과 같은 말로서도 알 수 있다.

"나는 시인으로서도 나의 작품을 중요하다고 생각하지는 않는다. 그러나 나는 색의 참된 본질을 이해한 이 시대의 유일한 인간이라고 주장하고 싶다."

– 피터 톰킨스, 〈우주의 원리〉 –

[문제] 이 글을 읽고 어휘 간의 관계를 파악해 보자.

① 중심 어휘는 무엇인가?

[정답] 이 글은 '빛의 현상', 즉 '빛과 어둠'에 대한 괴테와 뉴턴의 견해를 소개하고 있다. 특히 괴테의 '빛과 어둠'에 대한 생각을 주로 하고 있다. 그러므로 이 글의 중심 어휘는 '빛과 어둠'이라고 할 수 있다.

② 중심 어휘들과 관련된 정보는 무엇인가?

[정답] ㉠, ㉡을 통하여 '빛과 어둠'은 '양극'이라는 상위 개념에 포함되는 구체적인 개념이라는 사실을 알 수 있다. 또한, 양극의 힘이 전기나 화학에서는 양극 '+와 −', '산화와 환원'의 형태로 나타날 수 있음을 알 수 있다. 이를 통해 '빛과 어둠'은 '양극'과는 포함 관계이고, '+와 −', '산화와 환원'과는 대등 관계를 맺고 있음을 알 수 있다. 또한 ㉢, ㉣, ㉤에서는 '빛의 현상'에 대한 괴테와 뉴턴의 서로 다른 견해를 소개하고 있다. '그러나'라는 접속어를 사용하여 괴테와 뉴턴의 견해가 다름을 나타내고 있는데, 괴테는 빛의 현상을 '양극의 대립'으로 뉴턴은 '여러 색의 파장'으로 이해하고 있다. ㉥은 ㉢의 내용을 좀 더 구체화하여 설명하는 부분이다. 이 부분은 괴테의 '빛의 현상'의 특징으로, 양극의 대립과 상호 작용의 속성을 들고 있다.

해설

우주는 대립하는 양극의 힘에 의해 움직인다는 괴테의 주장을 소개하고 있는 글이다. 괴테의 견해에 따르면 빛과 어둠은 대립적인 관계인 듯하지만 동시에 서로의 존재를 가능하게 하는 관계에 있다. 즉, 빛이 없으면 어둠이라는 개념이 있을 수 없고, 어둠이 없으면 빛이라는 개념이 있을 수 없기 때문이다.

핵심

빛의 현상을 이해하는 괴테와 뉴턴의 견해상 차이점을 파악해 보도록 한다.

③ 중심 어휘 간의 관계는 어떠한가?

[정답] ㅂ을 통해 '빛'과 '어둠'의 관계는 <u>대립 관계</u>이자 <u>상호 작용 관계</u>임을 알 수 있다.

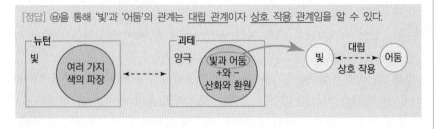

ㄱ 문학어와 실용어의 구분이 흐릿한 것은 무엇을 문학이라고 인식했던가 하는 역사적 동향과 관계가 깊다. ㄴ 동·서양을 막론하고 '문학'이란 대체로 학문을 뜻하는 말이었다. ㄷ 그러다가 학문이 발달하여 여러 분야로 나뉘게 되자, 의학이나 법률 혹은 자연 과학처럼 사물을 대상으로 전문성을 띤 학문에 대하여 언어가 중심이 되는 **철학이나 역사학, 그리고 언어 예술** 등을 지칭하는 용어가 되었다가. ㄹ 다시 또 사회와 학문의 분화에 따라 개념이 좁아져서 오늘날 문학이라고 하면 **언어 예술**만을 가리키는 말이 되었다.

– 김대행, 〈말과 글의 형태〉 –

[문제] 이 글을 읽고 어휘 간의 관계를 파악해 보자.

① ㄴ에서 '문학'의 개념은 무엇인가?

[정답] '학문'과 같은 의미로 사용되는 어휘이다.

② ㄷ에서 '문학'의 개념은 무엇인가?

[정답] '철학이나 역사학, 그리고 언어 예술'을 지칭하는 용어이다.

③ ㄹ에서 '문학'의 개념은 무엇인가?

[정답] '언어 예술'만을 가리키는 개념이다.

④ ㄱ, ㄴ, ㄷ, ㄹ에서 '문학'의 개념 변화를 어떻게 설명하고 있는가?

[정답] ㄱ에서는 '역사적 동향'에 따른 '문학'의 개념 변화를 언급했으며, ㄴ-ㄷ-ㄹ에서는 학문의 발달과 세분화에 따라 '문학'의 개념이 축소되어 사용되고 있음을 설명하고 있다. 문학의 개념 변화를 '문학'과 동일 의미를 가진 관련 어휘들과의 관계를 통해 파악할 수 있다.

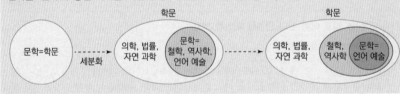

3 세부 정보 파악하기

(1) 핵심어와 관련된 정보는 정리하며 읽어야 한다.

글은 크게 정보 전달적 성격이 강한 글(설명문)과 논증적 성격이 강한 글(논설문)로 나누어 볼 수 있다. 이 중에서 정보 전달적 성격이 강한 글을 읽을 때는 글쓴이가 설명하고자 하는 화제가 무엇인가를 찾고 이와 관련된 <u>세부 정보를 정리</u>해 가면서 읽어야 한다. 왜냐하면 이와 같은 글의 독해의 목적은 구체적인 정보를 얻기 위한

것이므로, 정보들의 특성이나 정보 간의 관계 파악이 글의 핵심 내용이 될 가능성이 높기 때문이다.

세부적인 정보를 정리하면서 읽는 것은 글을 사실적으로 이해하는 방법으로, 글 읽기의 가장 기본적인 능력이라고 할 수 있다. 글에 제시된 정보가 무엇인지를 파악해야 그 내용을 바탕으로 추리를 하고, 비판을 하며, 실생활에 적용할 수 있다.

(2) 세부 정보 파악의 원리

화제와 관련된 세부 정보는 어떻게 파악할 수 있을까? 무엇보다 최대한 꼼꼼하고 자세하게 관련된 정보를 파악하는 것이 중요하다. 이러한 연습을 충분히 하게 되면 시간을 절약할 수 있으며, 정보들의 우선 순위를 파악할 수 있게 된다. 화제와 관련된 정보는 무작정 읽어서는 안 되며, 밑줄을 긋거나 번호를 매기는 방법을 사용해 세밀하게 읽어야 한다는 것을 명심하자.

적용하기

(가) 적조 현상이란 오염 물질이 육지로부터 바다에 흘러들어 바닷물이 부영양화 상태를 나타내고 수온이 급격하게 상승할 때 식물성 플랑크톤이 폭발적으로 번식하여 바닷물이 검붉게 변하는 현상을 말한다. 적조가 발생하면 바닷물 속의 용존 산소가 급격히 감소하고 여기에 황화수소, 암모니아, 메탄가스 등의 유해 물질도 함께 발생하기 때문에 부근 해역에 서식하는 어패류는 떼죽음을 당하고 특히 생물이 밀집하여 서식하는 양식장은 치명적인 타격을 받는다.

(나) 우리나라 연안에서 적조 현상이 처음으로 기록·보고된 것은 1962년이다. 그 후 1970년대 중반까지는 일부 폐쇄성 남해 연안에서 여름철에 소규모로 발생하여 일주일 정도 지속하다 그치는 정도였으며, 이때 번식한 식물성 플랑크톤은 독성이 없는 규조류였기 때문에 피해 규모도 비교적 작았다. 그러나 1980년대부터 발생한 적조 때부터 맹독성 편모조류가 나타나기 시작하였고 피해액도 수십억 원을 넘게 되었다. 그 후 적조는 지금까지 매년 남해안 곳곳에서 발생해 왔으며 발생 시기도 여름 한철이 아니라 4월부터 10월까지로 확대되었다.

(다) 적조 현상을 일으키는 직접적인 원인은 유독성 플랑크톤을 폭발적으로 번식하게 하는 해수 조건이다. 성장에 필요한 영양 물질이 해수에 풍부하고 수온이 적절할 경우, 유독성 적조 플랑크톤은 천문학적 숫자로 늘어나고 그 해역은 일시에 독수대(毒水帶)로 변한다. 육지에 버려지는 생활 오수와 공장 폐수가 이 조건을 만들어 내고, 농경지에 뿌려지는 비료와 축산 폐수도 바다에 유입되면 적조 생물이 성장하기 좋은 영양 물질이 된다.

— 이석순, 〈분노의 핏빛 바다〉 —

[문제] 이 글의 각 문단을 나누어 읽은 후 각각의 세부 정보와 중심 내용을 찾아보자.

(가) 적조 현상이란 오염 물질이 육지로부터 바다에 흘러들어 바닷물이 부영양화 상태를 나타내고 수온이 급격하게 상승할 때 식물성 플랑크톤이 폭발적으로 번식하여 바닷물이 검붉게 변하는 현상을 말한다. 적조가 발생하면 바닷물 속의 용존 산소가 급격히 감소하고 여기에 황화수소, 암모니아, 메탄가스 등의 유해 물질도 함께 발생하기 때문에 부근 해역에 서식하는 어패류는 떼죽음을 당하고 특히 생물이 밀집하여 서식하는 양식장은 치명적인 타격을 받는다.

① 중심 화제를 찾는다.

[정답] 첫 문단을 읽으면 이 글이 적조 현상에 대해 설명하는 글이라는 사실을 알 수 있다.(가장 많이 반복되는 어휘가 중심 화제가 될 가능성이 높다는 사실을 인식하라.)

② 개념을 정의한 부분에 주의를 기울인다.

[정답] 첫 문장에서 '적조 현상'을 정의의 방법으로 풀이하고 있다. 우선, 정의의 내용이 이해되지 않더라도 화제어에 동그라미로 표시하고, 그 화제어의 개념을 밝힌 부분에 밑줄을 치면서 읽어 보자. 중심 화제에 대한 또 다른 세부 정보가 다음 문장이나 문단에 이어 설명될 것이기 때문이다.

해설

이 글은 우리나라에 나타나는 적조 현상이 시간이 지남에 따라 점차 심각해지게 되었음을 말하고 있다.

핵심

적조 현상이 무엇인지를 이해하고 시대별로 우리나라가 어떠한 피해를 입고 있는지, 또한 그것을 유발하는 원인에는 어떤 것이 있는지를 이해해야 한다.

세부 정보 파악하기 1
- 중심 화제의 개념을 진술한 부분을 찾아보라.
- 과정을 설명하는 경우, 그 순서를 정리하라.

③ 과정을 설명하는 경우, 그 순서를 정리한다.

> [정답] 적조가 발생하게 되면 어떻게 양식장에 피해가 가는지를 과정의 방법에 따라 설명하고 있다. '적조의 발생 → 용존 산소 감소, 유해 물질 발생 → 어패류의 떼죽음 → 양식장의 타격'의 순서에 따라 '양식장 피해'라는 결과가 적조 현상과 어떠한 관련이 있는지를 차례대로 정리해야 한다.

④ 논의의 중심에 놓여 있는 내용들을 모아 이를 종합한다.

> [정답] 이 문단에서는 '적조 현상'이란 용어에 대한 정의를 내리고, 적조 발생과 그 피해의 과정을 설명하고 있다. 따라서 이 문단의 중심 내용은 적조 현상의 정의와 그 피해 과정이 된다.

> (나) 우리나라 연안에서 적조 현상이 ㉠ 처음으로 기록·보고된 것은 1962년이다. 그 후 ㉡ 1970년대 중반까지는 일부 폐쇄성 남해 연안에서 여름철에 소규모로 발생하여 일주일 정도 지속하다 그치는 정도였으며, 이때 번식한 식물성 플랑크톤은 독성이 없는 규조류였기 때문에 피해 규모도 비교적 작았다. 그러나 ㉢ 1980년대부터 발생한 적조 때부터 맹독성 편모조류가 나타나기 시작하였고 피해액도 수십억 원을 넘게 되었다. 그 후 적조는 ㉣ 지금까지 매년 남해안 곳곳에서 발생해 왔으며 발생 시기도 여름 한철이 아니라 4월부터 10월까지로 확대되었다.

세부 정보 파악하기 2
• 개념의 특성들은 항목화하여 정리하라.
• 정보 간의 공통점과 차이점을 구분하라.

① 핵심 정보에 대한 과정이 제시되는 경우, 과정별 특성에 대한 세부 정보를 정리한다.

> [정답] 우리나라에 '적조 현상'이 발생한 것을 시간적인 순서에 따라 '㉠-㉡-㉢-㉣' 순서로 나누고, 시간이 흐를수록 적조 현상이 심각해지고 있음을 설명하고 있다. 또한, 이에 따라 적조 현상으로 인한 피해 규모도 늘어가고 기간도 확대되었음을 세부적으로 설명하고 있다.

② '그러나'와 같은 접속어가 나올 경우, 세부 정보 간의 차이점에 주의를 기울인다.

> [정답] ㉡ 1970년대와 ㉢ 1980년대는 적조 현상의 규모와 확대라는 연장선상에 놓여 있지만 그 성격이 다르다. ㉡ 1970년대는 소규모 피해, 독성이 없는 규조류, ㉢ 1980년대는 대규모 피해, 맹독성 편모조류라는 차이점을 지닌다.

③ 논의의 중심에 놓여 있는 내용들을 모아 이를 종합한다.

> [정답] 이 문단은 우리나라에서 적조 현상이 확대된 과정을 시기별로 나누고 그 특성을 설명하고 있다. 따라서 문단의 중심 내용은 적조 현상의 확대 과정이라고 요약할 수 있다.

> (다) 적조 현상을 일으키는 직접적인 원인은 유독성 플랑크톤을 폭발적으로 번식하게 하는 해수 조건이다. 성장에 필요한 영양 물질이 해수에 풍부하고 수온이 적절할 경우, 유독성 적조 플랑크톤은 천문학적 숫자로 늘어나고 그 해역은 일시에 독수대(毒水帶)로 변한다. 육지에 버려지는 생활 오수와 공장 폐수가 이 조건을 만들어 내고, 농경지에 뿌려지는 비료와 축산 폐수도 바다에 유입되면 적조 생물이 성장하기 좋은 영양 물질이 된다.

세부 정보 파악하기 3
개념을 풀어 설명한 또 다른 용어들을 파악하라. 개념을 이해할 수 있는 세부 정보를 제공해 주기 때문이다.

① 핵심 개념을 설명하는 또 다른 용어들에 주목한다. 핵심 개념을 이해할 수 있는 세부 정보를 제공해 주기 때문이다.

> [정답] '적조 현상'을 일으키고 있는 '원인'에 대해 설명하고 있다. 이 글에 따르면 적조 현상의 원인은 '유독성 플랑크톤을 증가하게 하는 해수 조건'이다. 그 해수 조건은 '풍부한 영양 물질'과 '적절한 수온'이다. 또, 조건의 하나인 영양 물질의 구체적인 예로 '생활 오수와 축산 폐수', '비료와 축산 폐수'라는 세부 정보를 제시하고 있다.

② 논의의 중심에 있는 내용들을 모아 이를 종합한다.

> [정답] 이 문단은 적조 현상의 원인을 설명하고 있으며, 구체적인 내용을 세부적인 예를 통해 나열하는 방식을 취하고 있다.

4 문단의 중심 내용 파악하기

(1) 한 문단의 중심 내용은 하나로 통일된다.

앞에서 우리는 정보 전달적 성격이 강한 글은 핵심 화제와 관련한 세부 정보에 주목하여 읽어야 한다는 것을 살펴보았다. 그러나 이러한 세부 내용에만 집착할 경우 자칫 나무는 보되 숲을 보지 못하는 어리석음에 빠질 수 있다. 이러한 세부 내용을 꼼꼼히 챙겨 읽되, 기본적으로 하나의 문단이 끝나면 이를 요약하고 정리해 가면서 읽어야 한다. 여기에서 우리가 주목해야 할 점은 <u>한 문단은 다수의 문장들의 합으로 구성되어 있지만, 반드시 하나의 중심 내용으로 통일되며, 뒷받침 문장은 중심 문장을 빛내 주기 위한 들러리에 불과하다는 사실이다.</u> 이러한 문단 구성의 원리를 '통일성의 원리'라고 한다. 또한, 이러한 원리를 바탕으로 구성된 각각의 문단들은 다른 문단들과 긴밀한 연관 관계를 맺으면서 글 전체를 이루어 간다. 따라서 독자는 해당 문단의 내용이 무엇인가를 정리해 가면서 글을 읽는 훈련을 지속해 나가야 하며, 이를 바탕으로 빠르고 정확한 독해 능력을 길러야 한다.

(2) 중심 내용 파악 원리 – 화제와 속성으로 파악하기

고유한 화제와 속성을 지닌 문장이 모여 하나의 완결된 문단을 형성한다. 한 문단에서 모든 화제는 하나의 주제를 중심으로 전개되기 마련이다. 이에 따라 한 문단에서는 단일한 주제를 가진 중심 문장 아래 뒷받침 문장들이 제한과 통제를 받게 된다.

적용하기

㉠ 물의 오염 또한 대기 오염 못지않게 심각하다. ㉡ 산업용 폐수 속에 포함된 각종 중금속과 화학 물질은 물속 생태계의 존속을 위협하고 있다. ㉢ 물속에 사는 생물들이 중금속에 오염되어 떼죽음을 당하는 일이 빈번하게 일어나고 있는 것이다. ㉣ 또한 매일매일 배출되는 생활 오수도 하천을 심하게 오염시킨다. ㉤ 생활 오수에 포함된 다량의 영양 물질 때문에 조류와 같은 미생물이 대량으로 번식하여 물속의 용존 산소량을 과다하게 소비한 결과 물속 생물들이 산소 결핍 때문에 죽어 버리는 부영양화 현상이 발생하기도 한다.

－곽영직, 〈환경 문제와 그 대책〉－

[문제] 이 글을 읽고 중심 내용을 파악해 보자.

① ㉠ 문장의 화제와 속성은 무엇인가?

[정답] 물의 오염이 심각하다는 점을 말하고 있다. 즉, 화제는 '물의 오염'이며, 속성은 '심각하다'는 것이다.

② ㉡ 문장의 화제와 속성은 무엇인가?

[정답] 산업용 폐수가 물속 생태계의 존속을 위협한다는 점을 말하고 있다. 즉, 화제는 '산업용 폐수'이며, 속성은 '물속 생태계의 존속을 위협한다'는 것이다.

③ ㉢ 문장의 화제와 속성은 무엇인가?

[정답] 물속에 사는 생물들의 떼죽음을 설명하고 있다. 즉, 화제는 '물속에 사는 생물들'이고, 속성은 '떼죽음을 당하는 일이 빈번하다'는 것이다.

➕ 플러스 통일성

한 문단은 반드시 하나의 중심 내용으로 통일된다는 성질, 이런 원리를 따르지 않는 문단은 독자들을 혼란에 빠뜨리게 한다. 따라서 만약 두 개 이상의 중심 내용을 다루고자 한다면, 문단을 나누고 별개의 문단으로 처리해야 한다. 좋은 글은 반드시 이러한 쓰기 원리에 따라 구성되므로, 독자 입장에서는 각 문단의 중심 내용이 무엇이며, 이어지는 내용이 왜 별개의 문단으로 처리되어 있는지를 생각하면서 읽어야 한다.

해설

산업용 폐수 속에 포함된 중금속과 화학 물질이 물을 오염시켜 생태계를 위협하고 있다는 내용의 글로, 그 이유를 단계적으로 짚어가며 이야기하고 있다.

핵심

'물의 오염'이라는 화제를 중심으로 내용을 확인해 가며 읽어 본다.

(1) 문장의 화제는 동그라미, 화제
의 핵심 속성은 밑줄을 치며
읽어라.

(2) 세부적이고 구체적인 내용들보
다는 이들을 포괄하는 일반적
인 내용을 찾아라.

(3) 주장이 담긴 글은 문단의 맨
처음과 맨 끝 문장에 주목하
라. 여기에 중심 내용이 담기
는 경우가 많다.

(4) 사례는 중심 내용을 보조하기
위한 자료에 불과하다. 사례가
언급된 경우, 그 사례를 통해
말하고자 하는 바가 언급된 부
분을 찾아라.

(5) '따라서', '그러므로', '결국' 뒤
에 이어지는 내용에 주목하라.
이들은 요약과 결론을 이끄는
접속어들이다.

(6) 중심 내용이 분명히 제시되지
않을 경우, 자주 반복되는 단
어, 일반화된 단어, 추상적이고
개념적인 단어를 찾고 이와 관
련된 논의의 핵심을 찾아 종합
하라.

④ ⓔ 문장의 화제와 속성은 무엇인가?

[정답] 생활 오수로 인한 하천의 오염을 말하고 있다. 즉, 화제는 '생활 오수'이고, 속성은 '하천을
심하게 오염시킨다'는 것이다.

⑤ ⓜ 문장의 화제와 속성은 무엇인가?

[정답] 생활 오수에 포함된 다량의 영양 물질이 부영양화 현상을 발생시킨다는 것이다. 즉, 화제는
'생활 오수에 포함된 다량의 영양 물질'이고, 속성은 '부영양화 현상을 발생시킨다'는 것이다.

⑥ ㉠~ⓜ 중, 중심 문장은 무엇인가?

[정답] 문장 ㉡은 ㉠의 하위 내용이다. 또한, ㉢은 문장 ㉡의 내용을 부연 설명하고 있다. 따라서
㉠~㉢ 중 중심 문장은 ㉠이다. 마찬가지로 ㉣의 전체 내용은 ㉠의 하위 내용이고, ⓜ은 ㉣의 내
용을 부연 설명하고 있다. 결국 <u>전체 문단의 중심 내용은 ㉠</u>이다.

5 글의 구조 파악하기

(1) 글의 구조를 알면 글이 보인다.

각 문단의 중심 내용을 파악할 수 있는 능력을 길렀다면 이제 전체적으로 글의 흐
름을 이해하는 안목을 키워 보자. 문단이 모여 한 편의 온전한 글이 된다는 것은 이
미 알고 있는 상식이다. 하지만 우리가 주의를 기울여야 할 부분은 그 문단들이 어
떠한 관계를 이루며 어떠한 순서로 연결되어 있는지 파악하는 것이다. <u>각 문단이 전
체 글 속에서 어떠한 역할과 기능을 하는가를 파악하는 것이 글의 구조를 파악하는
지름길이다.</u>

완결된 글은 보통 '처음－중간－끝'의 구조를 지닌다. 국가직과 지방직 공무원 국어
시험에 출제되는 지문은 완결된 구조를 취하지 않는 경우가 대부분이다. 글자 수가
700자 내외의 짧은 글이다. 법원직과 국회직 시험의 경우 완결된 구조의 긴 글이
출제된다. 군무원 시험의 경우는 짧은 글과 긴 글을 섞는다. 단정지어 예측할 수 없
다. 국가직·지방직 공무원 시험의 지문도 두 개의 문단이 하나의 주제로 엮인 경
우의 글이라면 각 문단은 서로의 역할을 지닌 구조를 파악해야 한다. 글 전체의 내
용을 한눈에 파악하기 위해서는 각 문단의 중심 내용을 파악하고 요약하는 것에 그
쳐서는 안 된다. 글쓴이의 집필 목적에 맞도록 각 문단이 어떠한 역할과 기능을 하
는지 구조적으로 파악해야 한다.

(2) 글의 구조 파악 원리

정보 전달의 목적을 가진 글이든, 논증과 설득의 목적을 가진 글이든 글쓴이는 자신
의 논지를 전개하기 위해 자기 나름의 순서와 흐름을 갖고 집필하게 마련이다. 주로
보편적인 글의 구성은 <u>중심 문단을 먼저 제시하거나, 중심 문단을 글의 마지막에 제
시하거나, 대등한 문단을 병렬적으로 이어 놓는 방식</u>을 취한다. 이와 같은 논지 전
개 방식을 이해하고 있으면 글의 구조를 파악하는데 도움이 되며, 글 전체의 핵심
문단에 주목하게 되어 글의 집필 목적이나 의도를 좀 더 명확하게 알 수 있다.

(가) 역사적 사실은 보편적 법칙이 적용되는 것인가, 아니면 특수한 것인가? 이 문제는 역사학자들의 지속적 관심과 논쟁의 대상이 되어 왔다. 이 문제의 양편에 선 학자들은 각기 자기 관점을 심화하고 확장하기 위해 노력해 왔다.

(나) 인간과 사회에 대한 계몽주의의 보편주의적 관점에 반기를 들고 출범한 독일 역사주의는 역사적 사실의 특수성을 주장한 대표적 관점이었다. 계몽주의 사상가들은 자연 세계를 지배하는 보편적 법칙들이 인간과 사회를 지배하며 바로 그 법칙들이 인간과 사회를 설명할 수 있다고 보았다. 이러한 관점에 반기를 들면서 발달한 역사주의에서는 역사적 사실이 가지는 고유하고 특수한 가치가 무엇보다도 중시되었다. 역사적으로 일어나는 일들은 그들 나름의 이유와 타당성을 가진 것들로 취급되었으며, 이들에 어떤 보편적 법칙이 작용한다고는 상정되지 않았다. 역사학자의 임무는 사료 조사를 통해서 역사적 사실의 특수성을 밝히는 데 있었다.

(다) 역사주의 이래 역사적 사실의 특수성에 관한 논의는 다양하게 전개되어 왔다. 이중 특수성을 극단적으로 강조하는 일부 학자들은 역사 전체를 운행하는 보편적 법칙을 인정하지 않을 뿐 아니라, 집단이나 시대에 대한 일반론도 역사적 설명으로서는 타당성을 갖지 못한다고 주장해 왔다. 어떤 집단이나 시대가 일반적인 동향, 분위기 등을 갖고 있어도 이들에 대한 설명은 결국 개인의 행동과 의식을 살펴야 가능하다는 것이다.

(라) 보편성을 강조하는 학자들은 역사 전체를 거대한 체제의 변동으로 본다. 역사 전체가 보편적 법칙에 따르고 있으며 그 법칙에 의해 단계적 변동을 한다는 것이다. 특수한 역사적 사실들은 보편적 법칙에 종속되어 있고 변동의 특정 단계에 놓여 있다. 개인의 의식이라는 것도 독립 변수인 것이 아니라 개인과 그가 속한 사회적 조건과의 상호 작용에서 생겨나는 것이며, 그 상호 작용에 대한 설명은 결국 보편적 법칙에 의거한다.

(마) 특수성과 보편성에 관한 논쟁은 결론에 도달될 성격이 아니다. 보편적 법칙들을 제아무리 교묘하게 배합해도 단 한 가지 역사적 사실도 얻어 낼 수 없고, 역으로 보편적 법칙에 의존하지 않고서는 사실들을 연결짓거나 사실의 궁극적인 역사적 의미를 설명할 수 없기 때문이다.

– 이인호, 〈지식인과 역사 의식〉 –

[문제] 이 글을 읽고 각 문단의 관계를 파악해 보자.

① (가)의 기능은 무엇인가?

> (가) 역사적 사실은 보편적 법칙이 적용되는 것인가, 아니면 특수한 것인가? 이 문제는 역사학자들의 지속적 관심과 논쟁의 대상이 되어 왔다. 이 문제의 양편에 선 학자들은 각기 자기 관점을 심화하고 확장하기 위해 노력해 왔다.

[정답] 역사적 사실에 적용되는 것이 보편적 법칙인지 아니면 특수한 것인지에 대한 물음으로 문단을 시작하고 있다. 따라서 (가)의 기능은 문제를 제기하는 도입 문단의 역할을 한다. 또한, 문제가 양편(보편, 특수)으로 나뉘어 지속적인 관심과 논쟁의 대상이 되어왔음을 지적하여 지금 논의할 문제가 중요하다는 인식을 독자에게 심어주고 있다.

② (나)의 기능은 무엇이고, (가)와 (나)는 어떤 관계인가?

> (나) 인간과 사회에 대한 계몽주의의 보편주의적 관점에 반기를 들고 출범한 독일 역사주의는 역사적 사실의 특수성을 주장한 대표적 관점이었다. 계몽주의 사상가들은 자연 세계를 지배하는 보편적 법칙들이 인간과 사회를 지배하며 바로 그 법칙들이 인간과 사회를 설명할 수 있다고 보았다. 이러한 관점에 반기를 들면서 발달한 역사주의에서는 역사적 사실이 가지는 고유하고 특수한 가치가 무엇보다도 중시되었다. 역사적으로 일어나는 일들은 그들 나름의 이유와 타당성을 가진 것들로 취급되었으며, 이들에 어떤 보편적 법칙이 작용한다고는 상정되지 않았다. 역사학자의 임무는 사료 조사를 통해서 역사적 사실의 특수성을 밝히는 데 있었다.

[정답]
- (나)의 기능: 보편적 관점과의 비교를 통해 역사적 사실의 특수성을 강조한 관점을 소개하고 있다. 특수성을 강조한 관점이 '역사주의'이며 '역사적 사실'이 가장 강조된다는 핵심 정보를 파악할 수 있다.
- (가)와 (나) 문단의 관계: (가)에서 두 가지 관점을 모두 언급하고, (나)에서는 그중 하나인 특수성을 골라 그 특징을 설명하고 있다. 따라서 (가)에서 제기한 문제를 (나)에서 구체적으로 전개하고 있으므로 (나)가 중심 생각이 드러난 문단으로 볼 수 있다. 또한, 아직 보편성에 대한 설명이 제시되지 않았다는 것을 떠올려 볼 때 이어지는 문단에는 보편성에 대한 설명이 나올 것이라 예측할 수 있다.

해설

역사적 사실의 특수성과 보편성에 대한 논쟁을 소개한 후 둘의 의미를 짚어 보고 있는 글이다. 글쓴이는 특수성과 보편성은 어느 한 측면의 설명만으로는 부족하고 둘의 상호 보완으로 역사적 사실과 의미를 파악할 수 있다고 보고 있다.

핵심

논쟁점을 중심으로 글이 전개되고 있으므로 글쓴이가 제시하고 있는 논쟁의 내용이 무엇인지, 그리고 이에 대한 글쓴이의 견해는 어떠한지에 초점을 맞추어 내용을 이해한다.

글의 구조 파악하기
- 화제가 같은 문단은 묶어 두고 다른 것은 항목을 나누어 구조화하라.
- 문단 간의 연결 관계에 주목하라.

③ (다)의 기능은 무엇이고, (가)~(다)는 어떤 관계인가?

> (다) 역사주의 이래 역사적 사실의 특수성에 관한 논의는 다양하게 전개되어 왔다. 이중 특수성을 극단적으로 강조하는 일부 학자들은 역사 전체를 운행하는 보편적 법칙을 인정하지 않을 뿐 아니라, 집단이나 시대에 대한 일반론도 역사적 설명으로서는 타당성을 갖지 못한다고 주장해 왔다. 어떤 집단이나 시대가 일반적인 동향, 분위기 등을 갖고 있어도 이들에 대한 설명은 결국 개인의 행동과 의식을 살펴야 가능하다는 것이다.

[정답]
• (다)의 기능: (다)의 중심 화제도 (나)와 마찬가지로 '역사적 사실의 특수성'이다. 따라서 (다)는 (나)와 같이 묶어서 구조화할 수 있으며, (나)에 대한 부연 설명의 성격을 띤 보조 문단의 기능을 한다.
• (가)~(다) 문단의 관계: (가)에서 제기한 문제를 (나)에서 일부 전개하고, (다)가 (나)의 내용을 반복 강조하면서 뒷받침해주는 기능을 하고 있다.

④ (라)의 기능은 무엇이고, (가)~(라)는 어떤 관계인가?

> (라) 보편성을 강조하는 학자들은 역사 전체를 거대한 체제의 변동으로 본다. 역사 전체가 보편적 법칙에 따르고 있으며 그 법칙에 의해 단계적 변동을 한다는 것이다. 특수한 역사적 사실들은 보편적 법칙에 종속되어 있고 변동의 특정 단계에 놓여 있다. 개인의 의식이라는 것도 독립변수적인 것이 아니라 개인과 그가 속한 사회적 조건과의 상호 작용에서 생겨나는 것이며, 그 상호 작용에 대한 설명은 결국 보편적 법칙에 의거한다.

[정답]
• (라)의 기능: (라)의 중심 화제는 '보편성을 강조하는 학자들의 견해'로, (나)의 중심 화제와 상반되는 성격을 지닌 내용으로 구성되어 있다. 또한, (나)와 (라)가 대등한 위치를 가지면서 (가)에서 제기한 문제를 해결하는 과정으로 구조화되어 있으므로 (라)는 (나)와 마찬가지로 제2의 중심 문단의 기능을 한다.
• (가)~(라) 문단의 관계: (가)에서 제기한 문제를 (나), (라)에서 상반된 관점으로 각각 전개하며, (다)는 (나)의 내용을 반복하고 강조하면서 뒷받침해 주는 기능을 한다.

⑤ (마)의 기능은 무엇이고, (가)~(마)는 어떤 관계인가?

> (마) 특수성과 보편성에 관한 논쟁은 결론에 도달될 성격이 아니다. 보편적 법칙들을 제아무리 교묘하게 배합해도 단 한 가지 역사적 사실도 얻어 낼 수 없고, 역으로 보편적 법칙에 의존하지 않고서는 사실들을 연결짓거나 사실의 궁극적인 역사적 의미를 설명할 수 없기 때문이다.

[정답]
• (마)의 기능: (마)는 (가)에서 제기한 문제를 다시 언급하면서 (나), (라)로 나눠 설명한 내용들을 종합하고 있다. 즉, 특수성과 보편성은 어느 한 측면의 설명만으로는 부족하고 둘의 상호보완으로 역사적 사실과 의미를 파악할 수 있다는 최종 견해를 제시하고 있다. 따라서 (마)는 결론 문단의 성격을 지닌다.
• (가)~(마) 문단의 관계

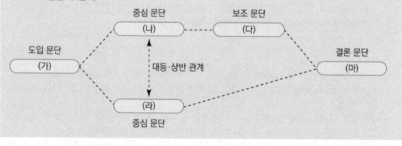

6 숨겨진 의도와 관점 추론하기

(1) '행간'을 읽지 않으면 절반밖에 보이지 않는다.

글을 읽을 때에는 그 속에 담긴 글쓴이의 의도나 숨겨진 정보까지 추론해 가면서 읽어야 한다. 이렇게 숨겨진 정보를 추론하는 것을 흔히 '행간(行間)을 읽는다'고 한다. 행간을 읽는 것이 곧 맥락을 파악하는 것이고, 의도를 파악하는 것이며, 추론하며 읽는 행위이다.

'행간'에 담겨 있는 정보 가운데 반드시 파악해야 하는 것 중 하나는 글쓴이의 <u>집필 의도</u>이다. 특히 주장이나 설득을 목적으로 하는 글에서는 오히려 집필 의도를 직접적으로 드러내지 않는 경우가 많다. 따라서 글쓴이의 견해를 무조건적으로 수용하기보다 글을 쓰게 된 의도를 파악하는 것이 중요하다. 어떤 글에서는 중심 화제나 특정 대상에 대한 글쓴이의 관점을 추론해야 하는 경우도 있다. 또한, 제시문에서 언급하고 있는 논의가 어떠한 전제를 바탕으로 한 것인지 추론해야 하는 경우도 있다.

(2) 글쓴이의 의도 파악하기의 원리와 실제

주장을 펼치거나 상대방을 설득하기 위한 글에는 집필 의도가 직접적으로 드러나지 않는 경우가 많다. 이를 파악하기 위해서는 '글쓴이는 무엇을 문제점으로 보는가? 왜 그것이 문제라고 보는가? 그러한 문제의 원인을 어디에서 찾는가? 무엇을 해결책이라고 보는가? 왜 그것이 해결책이라고 생각하는가?'를 생각해야 한다.

적용하기

(가) 심심해서 책이나 볼까 하는 사람들은 제일 먼저 베스트셀러를 찾는다. 신문들이 앞장서서 어떤 책이 베스트셀러라는 것을 매주 부지런히 알려 주고 있거니와 서점에 가면 책이 베스트셀러 위주로 진열되어 있으니 독자들은 손쉽게 베스트셀러를 찾을 수 있다. '게다가 베스트셀러가 되었으면 그만큼 재미가 있어서 그렇겠지.'라는 생각도 들어 베스트셀러에 더욱 손이 가게 마련이다.

(나) 그런데 베스트셀러는 어떻게 만들어지는 걸까? 물론 베스트셀러는 독자들이 많이 선택한 순위에 따라 매겨지는 것이지만, 하루에도 수백 권의 새로운 책들이 쏟아져 나오는데 처음에 독자들이 무슨 수로 재미있거나 좋은 책을 고를 수 있단 말일까? ㉠우연히 어떤 책을 보게 된 독자가 주위 사람들에게 그 책에 대해 호의적으로 이야기하는 식으로 해서 그 책이 베스트셀러가 될 수도 있을 것이다. 그러나 책이 출간되자마자 갑자기 베스트셀러가 되는 요즘 상황에 비추어 볼 때 그런 경우는 매우 드물다.

(다) 베스트셀러는 철저하게 만들어진다. 책을 사는 선택은 독자가 하지만 독자가 책을 고르는 데에 영향을 미치는 요소들이 출판사에 의해 처음부터 기획되어 실천에 옮겨진다는 뜻이다. 베스트셀러를 만드는 데에 가장 중요한 것은 광고이다. 대중용 책 광고는 전체 매출액의 5% 정도의 광고비를 쓰는 것이 보통이지만 최근에는 광고비가 25%에까지 이르고 있다. 1억 원 이상을 광고비에 쏟은 베스트셀러도 꽤된다. 그래서 베스트셀러가 된 책을 내고서도 적자를 보는 출판사들도 나오게 된다.

(라) 그렇다면 출판사들은 왜 그렇게 광고에 집착하는가? 광고는 꼭 독자들을 대상으로 하는 건 아니다. 서점에서 광고를 많이 하는 책을 더 유리한 자리에 진열해 주는 것이 더 큰 이유인지도 모른다. 어느 출판사 영업부장은 "광고는 독자보다 서점을 겨냥한 것이다. '이만큼 광고를 때린 책이다. 좋은 코너에 자리를 만들어 다오.'라는 뜻이다."라고 말한다.

(마) 베스트셀러를 만들기 위해 광고 다음으로 중요한 것은 신문이나 방송 등 대중 매체를 통한 홍보이다. 특히 신문의 신간 서적 안내는 매우 중요하다. 어떤 책은 화제의 책이라고 해서 크게 소개되는가 하면 어떤 책은 아예 신문에 한 줄도 실리지 않는다. 신문 지면에 한계가 있어 새로 나오는 책들을 모두 다 소개할 수는 없기 때문이다. 그러면 신문사는 어떤 기준으로 어떤 책은 크게 알려 주고 어떤 책은 아예 소개도 하지 않는가?

플러스 용어 해설

- **집필 의도**: 글을 통해 글쓴이가 달성하고자 하는 궁극적인 목적을 말한다. 글쓰기는 단순히 상대방에게 정보를 전달하는 것뿐만 아니라 상대방이 알지 못했던 사실을 이해하게 하고, 상대방을 설득하여 자신의 견해를 수용하게 하는 것 등의 목적을 지닌 행위이다. 글의 전개 방식 단어의 선택, 문장의 표현 방법 등 세부 사항과 관련하여서도 글쓴이의 의도를 파악할 수 있어야 한다.
- **전제**: 추리 과정에서 결론의 기초가 되는 명제이다.

해설

이 글은 베스트셀러에 대한 일반인들의 인식에 변화를 유도하는 글이다. 글쓴이는 베스트셀러가 출판사의 치밀한 계획에 의해 만들어진다고 주장하고 있다. 그러므로 독자는 이러한 기획된 베스트셀러에 현혹될 것이 아니라 주체적 기준을 세워 책을 골라야 한다고 말하고 있다.

핵심

베스트셀러에 대한 기존의 인식에 반박을 가하는 글이므로, 기존의 인식이 어떠하며 이에 대한 글쓴이의 주장은 무엇인지에 주의하며 글을 읽는다.

(ㅂ) 출판을 담당하는 한두 명의 기자들이 그 많은 책을 다 읽어 볼 수는 없으므로 기자들은 저자나 출판사의 지명도에 크게 의존한다. 기자가 저자나 출판사와 맺고 있는 개인적 친분 관계도 적잖이 작용하므로, 출판사들은 그들이 낸 책이 가능한 한 신문에 크게 실릴 수 있게끔 기자들을 상대로 하여 많은 노력을 기울인다. 한국 출판 연구소가 실시한 전국 독서 실태 조사에서도 우리 독자들은 책을 선택할 때에 매스 미디어의 영향을 가장 많이 받는 것으로 나타났다.

– 강준만, 〈베스트셀러는 어떻게 만들어지나〉 –

[문제] 이 글에 나타난 글쓴이의 의도를 '집필 의도'와 '세부 사항'으로 나누어 파악해 보자.

1) 집필 의도 파악하기

　① 글쓴이가 말하고자 하는 핵심 내용이 무엇인지 간단히 정리해 보자.

　　[정답] 글쓴이가 말하고자 하는 핵심적인 내용은 (다) 문단의 '베스트셀러는 철저하게 만들어진다.~기획되어 실천에 옮겨진다는 뜻이다.'이다.

　② 글쓴이가 말하고자 하는 핵심 내용과 예상 독자와의 관계를 고려할 때, 이 글은 다음 중 어느 유형에 속하는지 생각해 보자.

　　유형 ㉠: 글의 핵심 내용이 예상 독자에게 거의 새로운 정보라서 글쓴이는 정보 전달을 중심으로 삼고 있다.
　　유형 ㉡: 글의 핵심 내용과 관련된 정보를 예상 독자가 잘못 알고 있어서 글쓴이가 정확한 정보를 전달함으로써 독자의 변화를 유도하고 있다.
　　유형 ㉢: 예상 독자가 글의 핵심 내용과 상반되는 주장과 근거를 가지고 있어서 글쓴이가 자신의 주장을 뒷받침할 수 있는 근거를 동원하여 설득하고 있다.

　　[정답] (가)에는 베스트셀러에 대한 사람들의 일반적인 인식이 드러나 있다. 사람들은 책을 고를 때 베스트셀러를 찾는 경향이 있으며, '베스트셀러는 재미있는 책'이라는 편견을 가지고 있다는 것이다. 이로 보면, 이 글의 예사 독자는 특정 계층으로 제한되지 않은 불특정 다수로 볼 수 있으며, 이들은 베스트셀러에 대한 잘못된 인식을 가지고 있음을 알 수 있다. 따라서 이 글은 유형 ㉡에 속한다.

　③ 글쓴이는 이 글을 읽은 독자에게 어떠한 변화가 일어나기를 기대하고 있는지 추리해 보자.

　　[정답] 글쓴이는 자신이 설명한 베스트셀러의 실체를 제대로 파악한 독자라면, 베스트셀러가 무조건 좋은 책이라는 일반적인 편견에서 벗어나 자신이 읽을 책을 선정할 때보다 합리적이고 주체적인 기준을 적용할 것임을 기대하고 있다.

　④ 글쓴이의 집필 의도를 정리해 보자.

　　[정답] 글쓴이의 집필 의도는 예상 독자에게 베스트셀러의 실체를 알게 함으로써, '베스트셀러'라는 광고에 현혹되지 말고 주체적인 기준에 의해 책을 선정할 것을 당부하려는 데 있다.

2) 세부 사항과 관련된 의도 파악하기

　① (나)에서 글쓴이의 주장과 상반되는 ㉠을 언급한 이유는 무엇인가?

　　[정답] ㉠은 베스트셀러가 출판사에 의해 치밀하게 기획될 것이라는 글쓴이의 주장과 상반되는 내용이다. 그러나 ㉠ 바로 다음에서 '요즘 상황에 비추어 볼 때 그러한 과정을 통해 베스트셀러가 되는 것은 매우 드물다.'고 반박하고 있다는 점에 주목해야 한다. 즉, (나)에서 자신의 주장에 대한 반론으로 예상되는 ㉠을 언급하고 그에 대해 반박함으로써 뒤에 오는 주장의 타당성을 뒷받침하려는 글쓴이의 의도가 담겨 있는 것이다. 이러한 글쓴이의 의도는 ㉠과 그에 대한 반박 부분을 생략했을 때와 원래의 글을 비교해 보면 쉽게 확인해 볼 수 있다.

세부 사항과 관련된 글쓴이의 의도 파악하기

• 세부적인 부분이 생략되었거나 다른 표현으로 되어 있다고 가정해 보고, 원래의 글과 어떠한 차이가 있는지를 따져 보라.

• 글쓴이가 자신의 견해와 상반되는 주장을 굳이 언급하는 이유가, "누구는 이렇게 주장할 수도 있다. 그러나 그 주장은 이러이러한 이유로 인해 타당한 것으로 볼 수 없다."를 말하기 위해서임을 파악하라.

(3) 전제와 관점 파악하기의 원리와 실제

글쓴이의 관점은 글에 명시적으로 드러나 있지 않는 경우가 많다. 따라서 글 전체의 내용을 토대로 글쓴이의 입장에서 대상의 특성을 간략하게 간추려 보는 것이 필요하다. 예컨대 '과학'에 대해 서술하고 있는 글에서는 '과학은 ○○○이다.'와 같은 방식으로 글쓴이의 생각을 정리하고, 그와 유사한 생각이 들어 있는 답지를 고르면 된다. 전제 역시 글에서 논의하고 있는 내용을 파악한 뒤 이것이 어떤 생각을 바탕으로 깔고 있는 것인지 판단하면 된다.

적용하기

　⊙한국인들은 모임에서 먹고 마시고 놀면서 시간을 함께 보내는 것을 중요시한다. 서로 다른 의견을 가지고 주장하고 토론하기보다는 그저 먹고 마시고 노는 데 도움이 되는 농담과 재담(才談)이 우선된다. ⓒ논쟁적인 대화를 지속하려는 사람은 문제가 있거나 모난 사람으로 여겨진다.

　한말(韓末)에 미국 공사로 조선에 와 있던 알렌이 자신의 책《한국적인 것들(Things Korean)》에서 "한국인과 말하고 나면 그것이 아무리 길더라도 알맹이가 없고 무의미하며 시간의 낭비임을 알게 된다. 형식적이고, 회피적이며, 유예와 침묵이 잦은데다가 결단이 불확실하다. 그들로 하여금 진의(眞義)를 말하게 하려면 부모 형제만큼이나 친밀해지지 않으면 안 된다."라고 말한 것은 일리 있는 관찰이다. 한국에서는 함께 시간을 보내며 부대끼면서 정을 확인하고 의리를 돈독히 하며 공동의 운명체로서의 일체감을 확인한 사람들끼리만 중요한 이야기가 오고간다. 이러한 모임의 문화에 익숙하지 못한 사람은 한국 사회에서 살아가고 출세하는 데 많은 어려움을 겪는다. 왜냐하면 이해(利害) 관계와 관련된 중요한 결정이 그러한 모임의 연결망 안에 들어가 있는 사람들 사이에서 이루어지기 때문이다.

　　　　　　　　　　　　　　　　　　　　　－정수복, 〈한국인의 모임과 미시적 동원 맥락〉－

[문제] 이 글을 읽고 전제와 글쓴이의 관점을 파악해 보자.

1) 전제 파악하기

제시문의 내용을 바탕으로 하여 밑줄 친 ⊙, ⓒ으로부터 모임에 참여하는 한국인들이 공통적으로 지니고 있는 전제를 파악해 보자.

[정답] ⊙, ⓒ은 한국인으로 구성된 모임의 두 가지 양상을 설명하고 있다. 각각을 명제로 표현해 보자. 첫째, 한국인들은 모임에서 먹고 마시고 놀면서 시간을 함께 보내는 것을 중요하게 생각한다. 둘째, 한국인들은 모임에서는 논쟁적인 대화를 지속하려는 사람을 부정적으로 평가한다. ⊙과 ⓒ은 모두 모임에 참여하려는 사람들의 행동에 대한 평가이므로, '모임은 이러이러한 곳이어야 한다.'는 한국인의 공통적인 인식이 제시된 내용이 전제가 될 수 있다. 또한 두 번째 문단의 내용에서 한국인들은 모임을 공동 운명체로서의 일체감을 확인하는 곳으로 인식하고 있음을 알 수 있다. 그러한 일체감은 ⊙과 같은 과정을 통해 확인되며, 논쟁적인 대화는 일체감 형성에 장애물이 될 수 있으므로 ⓒ과 같은 양상이 나타나는 것이다. 따라서 모임에 참여하려는 한국인들이 공통적으로 지니고 있는 전제는 '모임은 사람들 간의 정과 의리를 쌓음으로써 공동 운명체로서의 일체감을 확인하는 곳이다.'로 정리할 수 있다.

2) 글쓴이의 관점 추론하기

① '한국인의 모임 문화'에 대한 글쓴이의 주관적 견해가 드러나 있는 부분을 찾아보자.

[정답] 이 글은 대부분 한국인의 모임 문화와 관련된 사실을 기술하는 데 초점이 놓여 있으므로 글쓴이의 주관적 견해는 거의 드러나 있지 않다. 다만, 알렌의 지적에 대해서는 "일리 있는 관찰"이라고 평가하고 있는데, 이 말은 알렌이 한국인의 모임의 양상을 파악한 것일 뿐 한국인의 모임 문화에 대한 글쓴이의 견해로 보기는 어렵다.

해설

한국인의 모임 문화에 대해 논하고 있는 글이다. 글쓴이는 한국인의 모임 문화의 두 가지 양상과 이것이 지니는 특성을 설명하고 있다.

핵심

한국인의 모임 문화가 지닌 두 가지 양상이 어떠한 것이며, 글쓴이는 이를 어떻게 생각하는지에 초점을 두고 글을 읽는다.

전제 파악하기

• 우성 해당 부분의 견해를 파악하여 명제 형태로 바꾸어라.

• 명제의 내용에 비추어 어떤 전제가 적절할지 생각해 보라. 특히 행동의 유형이나 대상에 대한 평가에 담겨 있는 전제를 파악해야 할 경우, 평가의 기준이 전제가 되는 경우가 많다.

• 가장 기초적인 단계부터 시작하지 않고 중간 단계부터 논의를 시작한 경우, 바로 앞 단계까지의 결론이 전제가 됨에 유의하라.

관점 추론하기

• 제시문에서 대상에 대한 글쓴이의 견해가 드러나 있는 부분에 밑줄을 그어라.

• '긍정적－부정적, 거시적－미시적, 객관적－주관적, 현실 수용적－현실 개혁적' 등의 유형 중 글쓴이의 견해에 일관되게 적용할 수 있는 항목을 찾아보라.

② '한국인의 모임 문화'에 대한 글쓴이의 관점을 정리해 보자.

> [정답] 글쓴이는 한국인의 모임 문화에 대해, 아주 친밀한 사람들끼리는 이해 관계와 관련된 중요한 이야기를 나누지만, 그러한 친밀한 관계를 이루지 못한 사람들끼리는 교류가 형식적이고, 심각한 대화를 피하며 결정을 유보하는 경향이 있다고만 언급하고 있다. 즉, <u>긍정 혹은 부정의 어느 한쪽으로 기울지 않고 한국인의 모임 문화의 특성에 대해서만 설명하고 있는 것이다.</u> 따라서 글쓴이의 관점을 "우리의 모임 문화는 세계화 시대에 걸림돌이 될 수도 있다."와 같은 부정적인 관점으로 이해하거나, "공동의 문제를 해결하기 위해서는 모임에서의 토론 문화가 필요하다."와 같은 부정적이고 현실 개혁적 관점으로 파악하는 것은 적절하지 못하다. 또한 한국인의 모임 문화에 대한 알렌의 평가가 잘못된 것이 아니므로 "한국인의 모임 문화에 대한 외국인의 잘못된 인식을 바로잡아야 한다."와 같이 글쓴이의 관점을 정리하는 것 역시 바람직하지 않다.

7 　주장과 논거 파악하기

(1) 주장이 있다면 반드시 논거가 있다.

논증적 성격이 강한 글은 글쓴이가 주장하고자 하는 바가 무엇인가를 파악하는 것이 가장 중요하다. 이러한 글에서 글쓴이는 자신의 주장이 타당하며 신뢰성이 있다는 것을 독자에게 설득하기 위해 논리적인 근거로 자신의 주장을 뒷받침하고자 하는데, 이때 주장을 뒷받침하기 위해 제시하는 논리적인 근거를 '논거'라고 한다. 따라서 논증적인 글을 읽을 때는 글쓴이의 주장과 논거를 함께 묶어 가며 읽어야 한다. 보통 글쓴이의 주장은 글의 첫 부분이나 마지막 부분에 등장하는 경우가 많다. 하지만 어떤 글에서는 글쓴이가 자신의 주장을 직접적으로 제시하지 않고 암시만 하는 경우도 있다. 따라서 직접적으로 자신의 주장을 밝혀 쓰는 글은 이를 뒷받침해 주는 논거를 찾아 그 논거가 주장을 뒷받침하기에 적절한지 비판하며 읽고, 주장이 직접 제시되지 않은 글은 주어진 논거들을 바탕으로 글쓴이의 주장이 무엇인가를 파악해 나가는 방법으로 독해를 한다.

또한 어떤 글은 주장의 정당성을 입증하기 위해 자신의 주장과 상반되는 상대방의 주장을 드러내기도 한다. 이런 글의 흐름은 상대방 주장의 논거가 자신의 주장의 논거보다 부족하거나 타당하지 않다는 것을 드러내기 위한 방법이므로 글쓴이의 주장과 논거, 상대방 주장과 논거 두 가지를 동시에 잘 정리해 가며 읽어야 한다.

➕ 플러스 　용어 해설

- 논거: 주장의 타당성을 뒷받침해 주는 구체적인 근거를 '논거'라고 한다. 아무리 그럴듯한 주장이라도 그 타당성을 논리적으로 뒷받침해 주는 구체적인 논거가 없다면 이는 공허한 메아리에 불과할 뿐이다. 주장이 힘을 갖기 위해서는 설득력을 지닐 수 있도록 하는 적절한 논거를 풍부하고 다양하게 제시해야 한다.

(2) 주장과 논거 파악의 원리와 실제

다음에 제시된 마인드맵은 위에서 말한 주장과 논거의 관계를 보여주는 사례이다.

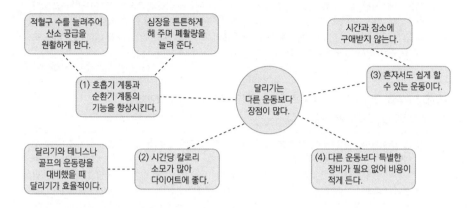

이를 개요화하면 다음과 같다.

- 주장: 달리기는 다른 운동보다 장점이 많다.
- 논거: ① 심폐 기능을 향상시킨다.
       ② 다이어트에 효과가 있다.
       ③ 혼자서도 쉽게 할 수 있다.
       ④ 비용이 적게 든다.

적용하기

(가) 사물놀이의 옹호자들은 사물놀이가 풍물이나 무악과 같은 전통 음악의 어법을 창조적으로 계승하면서 공연 방식에 변화를 주었음을 강조한다. 어법 측면에서는 기본 장단의 구성이나 느린 박자에서 빠른 박자로 전개되는 점층적 가속의 구성 등을 이어받는 한편, '치고 달고 맺고 푸는' 일련의 과정에서의 극적 변화를 통하여 미적 감흥을 극대화하였다는 것이다. 징·꽹과리의 쇳소리와 북·장구가 내는 가죽 소리의 절묘한 어울림을 통해 '음양 조화의 원리'를 구현했다고도 한다. 사물의 가능성을 새롭게 발견한 결과이고 '음악'에 역량을 집중한 데 따른 성과다.

(나) 춤과 발림, 소리가 한데 어우러지는 열린 마당에서 벗어나 무대에서의 '앉은 공연'을 선택한 결단 또한 성공적이었다고 평가된다. 현대적인 공연의 방식을 취함으로써 사물놀이는 무대 공연물 관람에 익숙한 대중들에게 효과적으로 다가설 수 있었다는 것이다. 그러한 변신은 사물놀이와 현대 음악의 만남의 길을 활짝 열어 주는 효과를 낳기도 하였다. 국내 피아니스트 및 대중 가수, 교향악단과의 협연은 물론 국외 음악인들과의 거듭된 협연을 통해 사물놀이와 협연했던 세계적인 재즈 그룹의 연주자는 이렇게 말한다. "완전함과 통일성을 갖춘 사물놀이의 음악을 들었을 때 클래식만을 고귀하게 여기는 유럽인들의 생각이 얼마나 잘못된 것인가를 느꼈다. 서양의 소리와 동양의 소리의 만남을 통해 나는 형식과 전통을 뛰어넘어 많은 깨우침을 얻는다."

(다) 그러나 문화계 일각에서는 사물놀이에 대한 비판적 관점도 제기되고 있다. 특히, 전통 풍물을 살리기 위한 노력을 전개하는 쪽에서 적지 않은 우려를 나타내고 있다. 그들은 무엇보다도 사물놀이가 풍물놀이의 굿 정신을 잃었거나 또는 잃어가고 있다는 데 주목한다. 풍물놀이는 흔히 '풍물굿'으로 불리는 것으로서 모두가 마당에서 함께 어울리는 가운데 춤·기예와 더불어 신명나는 소리를 펼쳐 내는 것이 본질적 특성인데, 사물놀이는 리듬악이라는 좁은 세계에 안착함으로써 풍물놀이 본래의 예술적 다양성과 생동성을 약화시켰다는 것이다. 사물놀이에 의해 풍물놀이가 대체되는 흐름은 우리 민족 예술의 정체성 위기로까지도 이어질 수 있다는 의견이다.

주장과 논거 파악하기 1

① '–해야 한다'를 포함한 문장은 '주장'을 담고 있는 경우가 대부분임을 유의한다.

② 주장과 논거의 논리적 관계를 파악해야 하며 읽어라. 주장과 논거는 논리적 관계를 한다.

③ 논거들의 공통적인 속성이 무엇인지를 찾고, 이를 주장과 연결시키며 읽어라. 주장은 제시된 논거들의 내용을 포괄할 수 있는 것이어야 한다.

해설

사물놀이 옹호자들의 사물놀이에 대한 긍정적 평가를 먼저 제시한 후, 사물놀이에 대한 비판적 논의를 또 다른 관점에서 전개해 나감으로써 현재의 사물놀이가 획득한 성과를 우선적으로 짚어 보고, 앞으로 사물놀이가 풍물놀이 본래의 예술적 다양성과 생동성을 계승하는 민족 예술로서 뚜렷한 정체성을 갖추고 발전해 나가야 함을 주장하고 있다.

핵심

사물놀이에 대한 옹호론과 비판론이 차례로 전개되고 있으므로, 각각의 주장과 그에 따른 논거를 파악하고, 글쓴이가 말하고자 하는 바를 정리해 보도록 한다.

(라) 사물놀이에 대한 우려는 그것이 창조적 발전을 거듭하지 못한 채 타성에 젖어 들고 있다는 측면에서 제기된다. 많은 사물놀이 패가 새로 생겨났지만, 사물놀이의 창안자들이 애초에 이룩한 음악어법이나 수준을 넘어서서 새로운 발전을 이루어 내지 못한 채 그 예술적 성과와 대중적 인기에 안주하고 있다는 것이다. 이는 사물놀이가 민족 예술로서의 정체성을 뚜렷이 갖추지 못한 데 따른 결과로 분석되기도 한다. 이런 맥락에서 비판자들은 혹시라도 사물놀이가 대중의 일시적인 기호에 영합하는 방향으로 흘러갈 경우 머지 않아 위기를 맞게 될지도 모른다고 경고하고 있다.

— 〈사물놀이의 예술적 정체성〉 —

[문제] 이 글을 문단별로 나누어 읽은 후 각 문단의 주장과 근거를 찾아보자.

1) (가) 문단의 주장과 논거 파악

> (가) ㉠ 사물놀이의 옹호자들은 사물놀이가 풍물이나 무악과 같은 전통 음악의 어법을 창조적으로 계승하면서 공연 방식에 변화를 주었음을 강조한다. 어법 측면에서는 ㉡ 기본 장단의 구성이나 느린 박자에서 빠른 박자로 전개되는 점층적 가속의 구성 등을 이어받는 한편, '치고 달고 맺고 푸는' 일련의 과정에서의 극적 변화를 통하여 미적 감흥을 극대화하였다는 것이다. ㉢ 징·꽹과리의 쇳소리와 북·장구가 내는 가죽 소리의 절묘한 어울림을 통해 '음양 조화의 원리'를 구현했다고도 한다. ㉣ 사물의 가능성을 새롭게 발견한 결과이고 '음악'에 역량을 집중한 데 따른 성과다.

① 각 문장의 중심 내용을 파악한다.

> [정답]
> ㉠에서는 사물놀이 옹호자들의 사물놀이에 대한 평가를 다루고 있다.
> ㉡의 중심 내용은 사물놀이가 점층적 가속과 극적 변화의 구성을 이어받았다는 것이다.
> ㉢의 중심 내용은 사물놀이가 '음양 조화의 원리를 구현했다.'는 것이다.
> ㉣의 중심 내용은 사물놀이가 '사물의 가능성을 발견하고 음양의 역량을 집중한 성과'를 보여 준다는 것이다. 여기서 ㉡~㉣은 전통 음악의 어법 측면에서의 긍정적인 평가이다.

② 문단의 주장과 논거를 찾는다. ㉠~㉣ 중에서 주장은 무엇인가?

> [정답] ㉡~㉣의 공통 속성은 '사물놀이에 대한 긍정적인 평가'이다. 따라서 사물놀이에 대해 긍정적인 평가를 내리고 있는 사물놀이 옹호자의 견해, 즉 ㉠이 주장을 포함한 문장이며, ㉡~㉣은 ㉠의 논거가 된다.

2) (나) 문단의 주장과 논거 파악

> (나) ㉤ 춤과 발림, 소리가 한데 어우러지는 열린 마당에서 벗어나 무대에서의 '앉은 공연'을 선택한 결단 또한 성공적이었다고 평가된다. ㉥ 현대적인 공연의 방식을 취함으로써 사물놀이는 무대 공연물 관람에 익숙한 대중들에게 효과적으로 다가설 수 있었다는 것이다. ㉦ 그러한 변신은 사물놀이와 현대 음악의 만남의 길을 활짝 열어 주는 효과를 낳기도 하였다. 국내 피아니스트 및 대중 가수, 교향악단과의 협연은 물론 국외 음악인들과의 거듭된 협연을 통해 사물놀이와 협연했던 세계적인 재즈 그룹의 연주자는 이렇게 말한다. ㉧ "완전함과 통일성을 갖춘 사물놀이의 음악을 들었을 때 클래식만을 고귀하게 여기는 유럽인들의 생각이 얼마나 잘못된 것인가를 느꼈다. 서양의 소리와 동양의 소리의 만남을 통해 나는 형식과 전통을 뛰어넘어 많은 깨우침을 얻는다."

① 각 문장의 중심 내용을 파악한다.

> [정답] ㉤에서는 사물놀이가 '무대에서의 앉은 공연'을 선택한 점이 긍정적이라고 평가하고 있다. 이어 ㉥, ㉦에서 '무대에서의 앉은 공연'이 갖는 긍정적인 면을 구체적으로 보충·설명하고 있는데, ㉥에서는 현대적인 공연 방식으로 대중들에게 다가갈 수 있었으며, ㉦에서는 현대 음악과의 만남의 길을 열어 주었다고 평가하였다. 또한, ㉦의 내용을 보충하기 위해 ㉧에서 재즈 그룹 연주자의 말을 인용하고 있다.

② (개), (내) 문단의 주장과 논거를 찾는다.

[정답] ⑩ 역시 <u>사물놀이의 공연 방식에서의 긍정적인 평가</u>의 내용으로 포함될 수 있으며, ⑪~⑭은 ⑨에 대한 부연 설명으로 볼 수 있다. 따라서 (개), (내) 문단의 주장은 ⑨이며, ⑩ 역시 ⑭~⑭과 마찬가지로 '사물놀이에 대한 긍정적인 평가'의 구체적인 내용으로 ⑨의 논거가 된다.

3) (대) 문단의 주장과 논거 파악

(대) ⑨ 그러나 문화계 일각에서는 사물놀이에 대한 비판적 관점도 제기되고 있다. ⑭ 특히, 전통 풍물을 살리기 위한 노력을 전개하는 쪽에서 적지 않은 우려를 나타내고 있다. ⑭ 그들은 무엇보다도 사물놀이가 풍물놀이의 굿 정신을 잃었거나 또는 잃어가고 있다는 데 주목한다. ⑭ 풍물놀이는 흔히 '풍물굿'으로 불리는 것으로서 모두가 마당에서 함께 어울리는 가운데 춤·기예와 더불어 신명 나는 소리를 펼쳐 내는 것이 본질적 특성인데, 사물놀이는 리듬악이라는 좁은 세계에 안착함으로써 풍물놀이 본래의 예술적 다양성과 생동성을 약화시켰다는 것이다. ⑩ 사물놀이에 의해 풍물놀이가 대체되는 흐름은 우리 민족 예술의 정체성 위기로까지도 이어질 수 있다는 의견이다.

① 각 문장의 중심 내용을 파악한다.

[정답] (대) 문단의 시작 부분의 접속어는 '그러나'이다. 여기서 우리는 앞 문단의 주장과는 다른 견해의 주장이 제시될 것이라는 것을 짐작할 수 있다. 이러한 예측대로 ⑨에서는 '사물놀이 옹호론'에 상대되는 '사물놀이에 대한 비판적 관점'이 제시되고 있다. 그리고 ⑭, ⑭에서는 '주장을 하는 사람들'을 '문화계 일각=전통 풍물을 살리기 위한 노력을 전개하는 쪽=그들'로 동일한 의미 반복을 통해 강조하고 있다. 이와 마찬가지로 '비판의 내용'을 '비판적 관점=적지 않은 우려=사물놀이가 굿 정신을 잃었거나 잃어가고 있다'와 같이 반복하여 강조하고 있다. ⑭의 중심 내용은 <u>사물놀이가 풍물놀이 본래의 예술적 다양성과 생동성을 약화시켰다는 것</u>이며, ⑩은 더 나아가 사물놀이가 우리 민족 예술의 정체성을 위협할 수도 있다는 가능성을 제기하고 있다.

② (대) 문단의 주장과 논거를 찾는다.

[정답] 앞에서 살펴본 각 문장의 중심 내용에 따르면 ⑨~⑭은 모두 주장의 성격을 띤다. 그중 가장 첫머리에 제시된 <u>⑨을 주장</u>으로 볼 수 있다. 또한, ⑭, ⑩의 중심 내용은 '사물놀이에 대한 비판적 관점'에 포함되는 구체적인 내용이므로 ⑨의 논거가 된다.

4) (대), (래) 문단의 주장과 논거 파악

(래) ⑭ 사물놀이에 대한 우려는 그것이 창조적 발전을 거듭하지 못한 채 타성에 젖어 들고 있다는 측면에서 제기된다. ⑧ 많은 사물놀이 패가 새로 생겨났지만, 사물놀이의 창안자들이 애초에 이룩한 음악어법이나 수준을 넘어서서 새로운 발전을 이루어 내지 못한 채 그 예술적 성과와 대중적 인기에 안주하고 있다는 것이다. ⑩ 이는 사물놀이가 민족 예술로서의 정체성을 뚜렷이 갖추지 못한 데 따른 결과로 분석되기도 한다. ⑧ 이런 맥락에서 비판자들은 혹시라도 사물놀이가 대중의 일시적인 기호에 영합하는 방향으로 흘러갈 경우 머지 않아 위기를 맞게 될지도 모른다고 경고하고 있다.

① 각 문장의 중심 내용을 파악한다.

[정답] ⑭은 (대) 문단의 내용을 이어받아 사물놀이에 대한 우려의 내용을 전개하고 있다. 즉, '사물놀이에 대한 비판적 관점'의 또 하나의 논거로 '타성에 젖어 든 채 발전하지 못하는 모습'을 지적하고 있는 것이다. ⑧은 ⑭의 부연 설명으로, '현재의 성과와 인기에 안주하여 새로운 발전을 하지 못하는 모습'을 언급하고 있으며, ⑩은 사물놀이에 대한 우려의 원인이 '민족 예술로서의 정체성을 갖추지 못하였기 때문'이라고 분석하고 있다. ⑧은 이어서 더 나아가 이와 같은 문제 상황이 계속될 경우에 대한 경고로 이어지고 있다.

② (대), (래) 문단의 주장과 논거를 찾는다.

[정답] (래) 문단의 내용 역시 '사물놀이에 대한 비판적 관점'의 내용으로 포함될 수 있는 '사물놀이에 대한 우려'를 논거로 삼고 있다. 따라서 (대), (래)의 문단의 내용을 포괄하는 <u>주장은 ⑨</u>으로 볼 수 있으며, <u>다른 문장은 ⑨의 논거</u>가 되는 것으로 ⑨의 내용을 반복하거나 상세화하는 뒷받침 문장 역할을 한다.

주장과 논거 파악하기 2

④ 앞 문단의 주장을 그대로 이어받고 있는지, 아니면 앞 문단의 내용과 상반되는 주장을 제시하고 있는지를 살펴보아야 논의의 흐름을 예측하며 읽을 수 있으므로, 접속 표현에 주의하라.

⑤ 반복되거나 의미가 강조되는 부분은 주장이 될 가능성이 많음을 기억하라.

8 글의 구조에 따라 독해하기

플러스 용어 해설

• **글의 구조**: 한 편의 글에 쓰인 여러 구성 요소들이 맺고 있는 유기적 관계를 뜻하는 말이다. 일종의 정형화된 글의 흐름이라고 볼 수 있다. 글의 구조를 알면 글쓴이가 글을 통해 전달하고자 하는 생각을 어떤 방식으로 펼쳐 가고 있는가를 알 수 있게 되고, 이를 통해 글의 방향을 예측할 수 있는 힘을 얻는다.

(1) 글의 구조를 알면 독해가 쉬워진다.

지금까지 우리는 비문학 지문을 독해하기 위해 필요한 단계와 원리들을 살펴보았다. 이러한 단계와 원리를 숙지하고 독해 연습을 꾸준히 해 나간다면 시험에서 고득점을 얻을 수 있다. 마지막으로 보다 빠르고 정확한 독해를 완성하기 위해 반드시 알아 두어야 할 것이 하나 더 있다. 글의 구조를 파악하는 연습이다.

글의 구조란 한 편의 글에 쓰인 여러 구성 요소들이 맺고 있는 유기적인 관계를 뜻하는 것이다. 내용이 긴 글은 물론이거니와 짧은 글에도 구조가 있다. 물론 특정한 구조를 지닌 글만 출제되는 것은 아니다. 하지만 공무원 국어 시험에 출제되는 비문학 지문의 길이와 주제를 생각하면 시험에 자주 등장하는 구조가 있음을 알 수 있다. 아무리 생소한 내용의 글이 나와도 그것과 연관되는 구조를 생각하며 읽으면 글의 방향을 어느 정도 예측할 수 있고, 그만큼 글의 내용을 쉽게 파악할 수 있다.

(2) 지문의 유형과 독해의 원리

① 중심 화제와 관련된 세부 정보를 나열하는 글

논의의 대상이 되는 중심 화제가 있고, 그와 관련된 여러 가지 세부 정보를 나열하는 글이다. 대개의 경우 새로운 세부 정보를 제시하기 전에 '첫째, 둘째' 또는 '먼저, 다음으로' 등의 말이 사용된다. 이런 말에 네모나 괄호를 치고 이어지는 내용에 밑줄을 치면서 세부 정보를 하나하나 정리해 가면, 중심 화제와 관련된 핵심적인 정보들을 빠르고 정확하게 파악할 수 있다.

해설

이 글은 국어의 어휘상 특질 세 가지를 제시하고 있다. 글쓴이에 따르면 우리말은 한자어의 비중이 높고 감각어와 상징어가 발달했다.

핵심

국어의 어휘상 특질이 중심 화제인 것을 이해하고, 그것을 뒷받침하는 세부적인 내용이 첫째, 둘째, 셋째 등의 수사를 통해 서술되고 있음에 주목한다.

적용하기

국어의 어휘상의 특질 중 몇 가지를 살펴보면 다음과 같다.

첫째, 다량의 한자어들이 들어와 한자어가 전체 어휘에서 차지하는 비중이 매우 높다. 한자는 대략 기원전 3세기경에 이 땅에 전래되어, 신라가 삼국을 통일한 7세기경에는 이미 널리 사용되었던 것으로 보인다. 그리하여 신라 22대 지증왕 때와 35대 경덕왕 때에 각각 인명과 지명 등을 한자어로 바꾸었다. 이러한 한자어는 그 후 고려 시대에 불교, 조선 시대에 유학이 융성함에 따라 더욱 많이 사용되었다.

둘째, 우리말에는 감각어가 매우 발달되어 있다. 우리 민족은 정서적이고 감각적인 편이었다. 이러한 특징이 언어에 반영되어 우리말에 감각적인 어휘가 풍부하게 발달하게 되었다고 볼 수 있다. 예를 들어 노란색을 나타내는 말만 하더라도 매우 다양하다. 노란색을 나타내는 말이 영어에서는 'yellow' 하나 정도라는 것을 생각해 볼 때, 국어의 감각어가 얼마나 다채롭게 발달되어 있는지 쉽게 알 수 있다.

셋째, 상징어의 발달을 들 수 있다. 상징어는 주로 소리, 동작 형태를 모사하는 것으로서, 구체적이고 감각적인 표현 수단의 하나이다. 상징어는 국어에 특히 발달되어 있고, 음상(音相)의 차이에 의해 다양하게 분화될 수 있다.

−〈국어의 특질〉−

[문제] 이 글을 읽고 글의 구조를 파악해 보자.

[정답]

② 핵심어의 개념 설명에 치중하는 글

설명하고자 하는 핵심어의 개념을 설명하는 데 중점을 두고 있는 글이다. 생소하거나 복잡한 개념을 지닌 단어를 설명하기 위해 이런 구조를 사용하는데, 대개 핵심 개념이 지닌 속성이나 특징을 보여줌으로써 핵심어의 개념을 제시하거나 분류 및 유형화를 통해 핵심어의 개념을 제시하는 방식을 사용한다. 이런 글을 만났을 때는 우선 핵심어가 무엇인지 찾은 뒤, 이를 규정하는 여러 속성들을 찾아 핵심어의 개념을 정확히 파악해야 한다. 특히 〈사회 복지론〉의 개념을 '미시적 사회 복지론'과 '거시적 사회 복지론'으로 나누어 설명하는 경우처럼 개념을 몇 가지 유형으로 분류하는 경우에는 각각의 유형이 지닌 특징을 파악하여 개념을 정리해야 한다.

PART 01
비문학 편

적용하기

우리는 흔히 어떤 현상이나 사람들의 행위가 정상적이지 못하거나 기대한 바와 다를 때, 혹은 잘못되었을 때, '문제가 있다.'는 표현을 쓴다. 이때 문제라는 말 속에는 분명 그 현상에 대한 부정적인 이미지가 반영되어 있다. … 〈중략〉 … 그리고 문제라는 개념이 등장할 때에는 이미 그 문제 상황을 바꾸려 하거나 바꿀 수 있다는 기대 또한 내포되어 있는 것이 보통이다. … 〈중략〉 … 그러나 모든 사회적 현상이 다 사회 문제로 인식되는 것은 아니다. 예를 들어 어떤 사람이 감기에 걸렸다든지 일시적으로 실업자가 되었다 하자. 이것도 분명 문제 상황이긴 하지만, 사람들이 여기에 사회 문제라는 개념을 적용시키지는 않는다. 또한, 홍수라든가 가뭄 등은 자연적 재해라고 하지 그 자체를 사회 문제라고 정의하지는 않는다. 흔히 우리는 신문에서 빈부 격차의 문제, 노동 문제, 실업 문제, 교육 문제, 가족 해체, 인구 문제, 청소년 비행, 교통 체증, 주택 문제, 부동산 투기 등의 내용과 마주치게 되는데, 이때 이것들이 중대한 사회 문제라는 사실을 곧 느낄 수 있게 될 것이다. 분명한 것은 위에 열거된 상황들이 자연 현상에 관계되거나 개인적 차원의 문제가 아니라 어느 정도는 지속적이고 반복적인 사회적 차원의 문제들이라는 사실이다.

그런데 위의 문제 상황들 중에는 오래 전부터 인식되어 온 것들이 있는 반면, 최근에 들어와서야 비로소 부각되고 인식되는 문제들도 있다. 사회가 변화하고 복잡하게 됨에 따라 사회 문제로 포착되는 문제 상황들이 바뀌게 되는 것이다. 따라서 사회 문제라는 용어 속에 포괄되는 구체적인 상황들은 필연적으로 역사성을 띨 수밖에 없다.

한편, 사회 문제의 개념적 규정을 위해서는 문제가 되는 객관적 상황이 실제로 존재하고 있어야 한다. 그러나 객관적으로 존재하는 문제 상황이 모두 사회 문제로 규정되는 것은 아니다. 어떤 현상이 사회 문제라고 정의되기 위해서는 "문제되는 상황을 견디기 힘들다." 하는 주관적 가치 판단이 덧붙여져야 한다. 이렇게 해서 동일한 상황에 대한 주관적 판단의 상이성과 상대성으로 말미암아 문제로 파악되는 방식과 영역은 달라지게 된다.

－〈사회 문제의 개념적 구성〉－

[문제] 이 글을 읽고 글의 구조를 파악해 보자.

[정답]

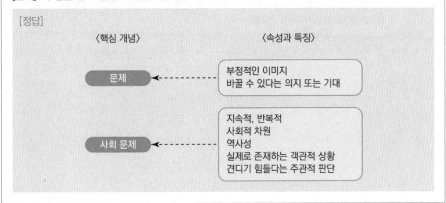

해설

이 글은 사회 문제라는 개념을 화제로 제시하여 거기에 포함될 수 있는 속성과 그 특징들을 분석적으로 보여주고 있다.

핵심

사회 문제라는 개념이 성립되기 위한 여러 가지 조건과 그와 관련해서 구별해야 하는 여러 가지 사항을 이해해야 한다.

③ 서로 다른 주장을 객관적으로 소개하는 글

　　미지의 세계를 탐구하는 학문 세계에서는 학파나 학자에 따라 특정한 현상의 이유나 과정을 각기 다른 방식으로 설명하고는 한다. 이럴 경우 가장 흔하게 사용하는 글의 구조가 바로 쟁점을 소개하고 이에 대한 각 진영의 주장과 그 이론적 근거 등을 소개하는 구조이다. 이때 쟁점을 단순히 전달하는 데 목적을 둘 경우는 각각의 주장을 객관적으로 소개하는 차원에서 머물 것이고, 쟁점에 대해 글쓴이 나름대로 한쪽 주장의 손을 들어 주고자 할 경우는 그중 하나의 주장을 옹호하는 방향으로 글을 이끌어 갈 것이다. 이 구조는 그중 전자에 해당하는 구조이다. 쟁점은 무엇이며, 쟁점에 대한 각각의 주장은 무엇인지 핵심적인 구절을 놓쳐서는 안 된다.

<table>
적용하기
</table>

　　1908년에 아레니우스(S. Arrhenius)는 지구 밖에 있는 생명의 씨앗이 날아와 지구 생명의 기원이 되었다는 대담한 가설인 '포자설'을 처음으로 주장했다. … 〈중략〉 … 1969년에 호주의 머치슨에 떨어진 운석 조각에서 모두 74종의 아미노산이 검출된 데에서도 알 수 있듯이, 유기 분자가 운석에 실려 외계에서 지구로 온다는 것은 분명한 사실이다.

　　한편, 이와는 달리 운석이 오히려 지구상의 생명을 멸종시켰다는 가설도 있다. 한때 지구의 주인이었던 공룡이 중생대 말에 갑자기 멸종했는데, 이에 대해 1980년에 알바레즈(W. Alvarez)는 운석 충돌을 그 원인으로 추정했다. 그는, 중생대 말에 지름 약 10^1km 크기의 운석이 지구에 떨어졌고, 그에 따라 엄청나게 많은 먼지가 발생하면서 수십 년 동안 햇빛을 차단한 나머지 기온이 급강하했으며, 이로 말미암아 공룡을 비롯한 대부분의 생명이 멸종되었다고 주장하였다. … 〈중략〉 …

　　세이건(C. Sagan)은 외계에서 온 유기물과 지구에서 만들어진 유기물이 모두 생명의 탄생에 기여했을 것이라는 절충적인 견해를 제시하기도 했다. 결정적인 증거가 발견되기까지 생명의 기원을 설명하는 가설은 앞으로도 계속해서 다양하게 제기될 것이다.

－〈지구 생명의 기원에 대한 가설들〉－

[문제] 이 글을 읽고 글의 구조를 파악해 보자.

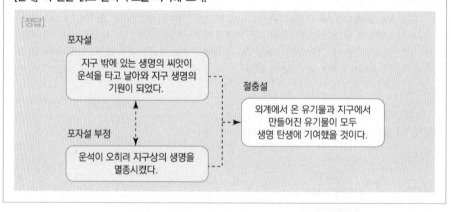

［정답］

포자설
지구 밖에 있는 생명의 씨앗이 운석을 타고 날아와 지구 생명의 기원이 되었다.

절충설
외계에서 온 유기물과 지구에서 만들어진 유기물이 모두 생명 탄생에 기여했을 것이다.

포자설 부정
운석이 오히려 지구상의 생명을 멸종시켰다.

④ 상반된 관점을 제시하면서 독자의 판단을 유도하는 글

이 구조는 글쓴이 나름대로의 의견을 은연중에 제시하거나 독자에게 어떤 관점이 올바른 것인가에 대한 판단을 은근히 요구하는 특징이 있다. 다시 말해 논증적 성격이 강하다.

이런 구조의 글 중에는 글쓴이가 상반된 두 관점 중 하나에 편향되어 있음을 노골적으로 드러내는 글이 있는가 하면, 표면적으로 이를 드러내지는 않지만 행간을 통해 글쓴이의 관점이 드러나거나 독자에게 나름대로의 판단을 유도하는 글이 있다. 따라서 이런 구조의 글은 각 관점이 지닌 장점을 취하거나, 둘 중 어느 관점이 좀 더 합리적이고 올바른가에 대해 독자 나름대로 판단하며 읽는 것이 중요하다.

적용하기

사물놀이의 옹호자들은 사물놀이가 풍물이나 무악(巫樂)과 같은 전통 음악의 어법을 창조적으로 계승했음을 강조한다. 기본 장단의 구성이나 느린 박자에서 빠른 박자로 전개되는 점층적 가속(加速)의 구성 등을 이어받는 한편, '치고 달고 맺고 푸는' 일련의 과정에서의 극적 변화를 통하여 미적 감흥을 극대화하였다는 것이다. … 〈중략〉 … 열린 마당에서 벗어나 무대에서의 '앉은 공연'을 선택한 결단 또한 성공적이었다고 평가된다. 현대적인 공연의 방식을 취함으로써 사물놀이는 무대 공연물 관람에 익숙한 대중들에게 효과적으로 다가설 수 있었다는 것이다. … 〈중략〉 …

그러나 문화계 일각에서는 사물놀이에 대한 비판적 관점도 제기되고 있다. 특히 전통 풍물을 살리기 위한 노력을 전개하는 쪽에서 적지 않은 우려를 나타내고 있다. 그들은 무엇보다도 사물놀이가 풍물놀이의 굿 정신을 잃었거나 또는 잃어 가고 있다는 데 주목한다. 풍물놀이는 흔히 '풍물굿'으로 불리는 것으로서 모두가 마당에서 함께 어울리는 가운데 춤·기예(技藝)와 더불어 신명 나는 소리를 펼쳐 내는 것이 본질적 특성인데, 사물놀이는 리듬악이라는 좁은 세계에 안착함으로써 풍물놀이 본래의 예술적 다양성과 생동성을 약화시켰다는 것이다. 사물놀이에 의해 풍물놀이가 대체되는 흐름은 우리 민족 예술의 정체성 위기로까지도 이어질 수 있다는 의견이다. … 〈중략〉 …이런 맥락에서 비판자들은 혹시라도 사물놀이가 대중의 일시적인 기호에 영합하는 방향으로 흘러갈 경우 머지않아 위기를 맞게 될지도 모른다고 경고하고 있다.
－〈사물놀이와 민족의 정체성〉－

[문제] 이 글을 읽고 글의 구조를 파악해 보자.

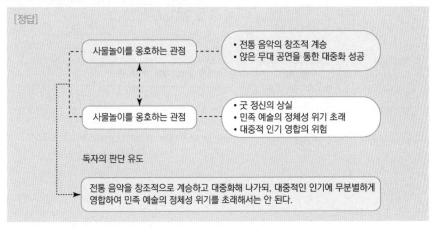

해설

이 글은 사물놀이를 옹호하는 사람들의 논리와 그것을 비판하는 사람들의 논리를 대비시켜 보여줌으로써 독자로 하여금 적절한 판단을 하도록 유도하고 있다.

핵심

사물놀이를 옹호하는 사람들의 주장과 그것을 비판하는 사람들의 논리를 대비하여 이해하고, 그 두 견해 사이에서 나올 수 있는 적절한 반응이 무엇인지를 생각한다.

⑤ 구체적 현상을 분석하여 일반화하는 글

'일반화'란 구체적인 현상의 특징들을 추출해, 이보다 상위의 포괄적인 내용을 뽑아 내는 과정이다. 일반화는 주장을 펼치기 위한 과정뿐만 아니라 정보를 전달하기 위한 과정에서도 사용되는데, 구체적 현상에서 일반화된 결론을 도출하는 방향, 또는 일반화된 주장에서 구체적 현상으로 적용하는 방향으로 전개된다. 이 중에서 구체적 현상을 먼저 제시한 후 이를 바탕으로 일반화해 나가는 방식으로 진행되는 글을 읽을 때는 <u>구체적 현상을 통해 궁극적으로 말하고자 하는 바가 무엇인지</u> 파악하는 것이 중요하며, 일반화의 과정에서 <u>논리적 비약이나 모순은 없는가를</u> 따져가며 읽을 필요가 있다.

적용하기

1976년에 미국의 수학자 아펠과 하켄은 지도의 채색과 관련된 '사색(四色)문제'를 증명했다고 발표했다. 사색문제는 한 세기 이상 수학자들을 괴롭혀 오던 문제로, 어떠한 지도라도 네 가지 색만 있으면 지도상의 모든 지역(국가, 도, 시, 군 등)을 구별하여 나타낼 수 있음을 증명하는 문제이다. … 〈중략〉 …

그런데 아펠과 하켄의 증명에서 수학자들의 관심을 끈 점은 증명했다는 사실 자체보다는 그 증명이 이루어진 방법이었다. … 〈중략〉 … 증명 과정은 컴퓨터에 의존할 수밖에 없었으며, 컴퓨터도 이를 해결하는 데 무려 1,200시간이나 걸렸다. 그에 따라 증명의 결정적인 부분은 인간이 직접 확인할 수 없는 상태로 남게 되었다. 이것은 수학적 증명의 개념이 바뀌어야 함을 의미한다. 현대적인 컴퓨터가 개발된 이래 언젠가는 나타날 것으로 예상했던 사건이 드디어 터진 것이다. … 〈중략〉 …

어떤 수학자는 "컴퓨터에서 얻은 결과를 불가피하게 이용하는 이런 과정은 사람의 손으로 점검해 볼 수 없다는 점에서 수학적 증명으로 간주할 수 없다."라고 주장했다. … 〈중략〉 … 그러나 시간이 흐르고 컴퓨터가 더욱더 많이 사용됨에 따라, 사색문제의 증명을 받아들이지 않는 수학자의 수는 점차로 줄어들었다. 오늘날 대다수의 수학자는 컴퓨터의 출현이 수학 연구의 방법뿐 아니라 '무엇을 증명으로 간주할 것인가'에 관한 개념마저도 변화시켰다는 사실을 인정하게 되었다.

– 〈무엇을 증명으로 간주할 것인가〉 –

[문제] 이 글을 읽고 글의 구조를 파악해 보자.

[정답]

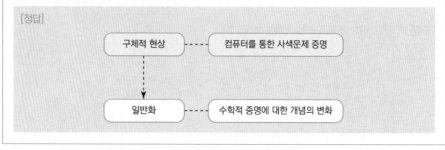

⑥ 일반적인 원리를 구체적인 현상에 적용하는 글

앞에서 살펴본 구조와는 달리, 이미 추출된 일반적인 원리를 먼저 제시한 후 이를 구체적인 현상에 적용함으로써 일반적 원리를 독자들이 이해할 수 있도록 하는 구조를 지닌 글이다.

이러한 글을 읽을 때는 우선, 논의의 대상이 되고 있는 핵심 화제가 무엇인지를 파악한 후, 이와 관련된 일반 원리를 살펴보고, 이를 어떤 대상에 적용하면서 구체화하고 있는지를 파악해야 한다.

적용하기

(가) 산점 투시(散點透視)는 구도의 배치에 있어서도 더욱 많은 변화의 여지를 제공하였다. 구도의 필요에 따라 좌우와 상하의 거리 조정, 허와 실의 보완, 성김과 빽빽함의 변화 표현 등이 자유로워졌다. 그리하여 동양화가들은 사물의 외형적 질서를 맹목적으로 따르지 않게 되었다. 대상을 효과적으로 표현하고 화면의 예술적 효과를 얻어 내기 위해, 화가 자신이 가장 절실하다고 느낀 부분을 적절하게 안배하고 중요하지 않은 부분은 대담하게 생략함으로써 동양화의 구도가 융통성을 갖게 되었다. 동양화의 특징인 여백의 표현도 산점 투시와 관련된 것이다. … 〈중략〉 … 대상 가운데 주제와 사상을 가장 잘 나타낼 수 있는 본질적인 부분만을 취하고, 주제와 관계없는 부분을 화면에서 제거한다. 그 결과 여백이 생기게 된 것이다. … 〈중략〉 … 그런데 이 여백은 단순히 비어 있는 공간은 아니다. 그것은 주제를 돋보이게 할 뿐 아니라 동시에 화면의 의경(意境)을 확대시킨다.

(나) 오른쪽의 그림은 단원(檀園) 김홍도(金弘道)가 만년에 그린 것으로 추정되는 '선상관매도(船上觀梅圖)'이다. 이 그림에는 "늘그막에 꽃을 보니 마치 안개 속에서 보는 듯하네.(老年花似霧中看)"라는 제시(題詩)가 있다. 그리고 김홍도는 이 그림에 표현된 풍경과 정서를 다음의 시조로 그려 내어 우리의 감상을 돕는다.

> 봄 물에 배를 띄워 가는 대로 놓았으니.
> 물 아래 하늘이요 하늘 위가 물이로다.
> 이 중에 늙은 눈에 뵈는 꽃은 안개 속인가 하노라.

―〈김홍도의 산점 투시 도법〉―

[문제] 이 글을 읽고 글의 구조를 파악해 보자.

[정답]

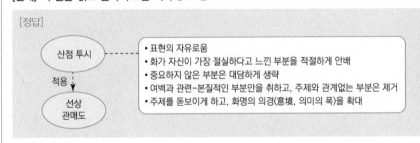

- 표현의 자유로움
- 화가 자신이 가장 절실하다고 느낀 부분을 적절하게 안배
- 중요하지 않은 부분은 대담하게 생략
- 여백과 관련-본질적인 부분만을 취하고, 주제와 관계없는 부분은 제거
- 주제를 돋보이게 하고, 화명의 의경(意境, 의미의 폭)을 확대

산점 투시 → 적용 → 선상 관매도

해설

이 글은 산점 투시도법의 특징을 서술한 후, 그 예로 김홍도의 작품을 제시하고 있다.

핵심

여백 역시 산점 투시도법의 특징을 이해하는 데 필요한 요소임을 이해하고, 실제 그림에서 (가)에서 제시한 여러 가지 특징을 확인하도록 한다.

⑦ 대상의 변화 과정을 소개하는 글

논의의 대상이 되는 핵심 화제가 겪은 변화의 과정을 소개하는 글에서 자주 사용하는 구조이다. 이러한 경우, 시간적 순서에 따라 재구성해 보면서 대상의 변화 과정을 정리해야 한다. 따라서 이런 구조를 지닌 글은 변화의 양상을 보여주는 핵심 구절에 밑줄을 치고 이를 구조화해 가면서 읽는다.

해설

이 글은 일러스트레이션의 변화 과정과 변화의 특징을 역사적으로 제시하고 있다.

핵심

제2차 세계 대전을 분기점으로 하여 일러스트레이션이 책을 장식하는 요소로 사용되던 한계를 뛰어넘어 예술적 의의를 인정받는 단계로까지 발전했음을 이해한다.

적용하기

그림책의 그림은 순수 회화와 구별해서 일러스트레이션이라고 한다. 일러스트레이션(illustration)은 'illustrate'라는 동사에서 나온 말로, '예를 들어 쉽게 설명한다'라는 뜻이다. 그림책에서 일러스트레이션은 그림책이 전하는 이야기를 설명해 준다. 오랫동안 그림책은 글자를 터득하지 못한 아이들에게 어른이 읽어 주는 책이었고, 일러스트레이션은 책을 장식하는 요소로 사용되어 왔다. 도구였던 일러스트레이션이 오늘날처럼 주도적인 역할을 하면서 그림책이 독자적인 장르로 크게 발전하기 시작한 것은 2차 세계 대전 이후이다. 오늘날 그림책 속에 담긴 일러스트레이션은 점점 회화적인 요소가 강해질 뿐만 아니라, 이야기를 설명한다는 목적 때문에 예술적 의의를 인정받지 못했던 한계를 넘어서고 있다.

－〈그림책의 일러스트레이션〉－

[문제] 이 글을 읽고 글의 구조를 파악해 보자.

[정답]

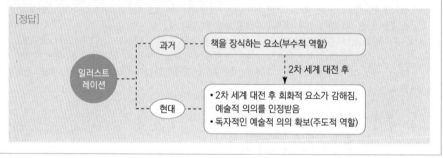

⑧ 사상이나 견해를 소개하고 논평하는 글

학문은 수천 년간 인류가 정성을 다해 지어 놓은 건물에 벽돌 하나씩을 더 올려놓는 일에 비유되고는 한다. 그러하기에 그동안 앞선 세대가 축적해 온 학문적 성과, 사상이나 견해를 섭렵하는 것이 학문의 출발점이 되는 것은 아주 자연스러운 일이다.

이런 맥락에서 사상이나 견해를 소개하고 논평하는 글을 자주 만나게 되는데, 이런 글을 읽을 때는 소개하거나 논평하고자 하는 사상이 무엇인가를 파악한 후 해당 사상의 핵심적 내용을 파악해야 한다. 특히 해당 사상의 가치에 대해 글쓴이가 나름의 평가를 내리기도 하는데, 이와 관련하여 문제가 자주 출제되므로, 이러한 글쓴이의 평가에 특히 주목하며 읽을 필요가 있다.

적용하기

　루소의 사상은 인간이 자연 상태에서는 선하고 자유롭고 행복했으나, 사회와 문명이 들어서면서 악해지고 자유를 상실하고 불행해졌다는 전제에서 출발한다. … 〈중략〉 …

　루소에 의하면, 자연 상태에서 인간은 필요한 만큼의 욕구가 충족되면 그 이상 아무것도 취하지 않았으며, 타인에게 해악을 끼치지도 않았다. 심지어 타인에게 도움을 주려는 본능적인 심성까지 지니고 있었다. 그러나 인지(認知)가 깨어나면서 인간의 욕망은 필요로 하는 것 이상으로 확대되었다. 이 이기적인 욕망 때문에 사유 재산 제도가 형성되고, 그 결과 불평등한 사회가 등장하게 되었다. 즉, 이기적 욕망으로 인해 인간은 타락하게 되었고, 사회는 인간 사이의 대립과 갈등으로 가득 차게 되었다.

　이러한 인간과 사회의 병폐에 대한 처방을 내리기 위해 쓰여진 것이 〈에밀〉로서, 그 처방은 한 마디로 인간에게 잃어버린 자연을 되찾아 주는 것이다. 즉, 인간에게 자연 상태의 원초의 무구함을 되돌려 주어 선하고 자유롭고 행복하게 살 수 있는 사회를 만들게 하는 것이다. 루소는 이것이 교육을 통해서 가능하다고 보았다.

　루소의 자연으로 돌아가자는 주장은 공허한 외침으로 들리기도 한다. 루소가 말하는 자연으로 돌아가기에는 이미 인류의 역사가 너무 많이 진행되었기 때문이다. 그러나 인간이 본래 무구한 존재라고 본 그의 인간관과 인간 사이의 유대를 도모하고 평등을 실천할 수 있는 인간상을 추구했던 그의 이상은 인간을 탐욕의 노예로 몰고 가는 오늘날에 더욱 빛을 발한다.

－〈루소 사상으로 본 현대 사회〉－

해설

이 글은 《에밀》에서 알 수 있는 루소의 사상을 통해 산업화된 현대 사회에서 필요한 가치가 무엇인지 생각하게 한다.

핵심

자연으로 돌아가자는 루소의 핵심 사상을 이해하고 그러한 사상이 탐욕의 노예가 되어 버린 현대 인간들에게 좋은 본보기가 될 수 있음을 생각한다.

[문제] 이 글을 읽고 글의 구조를 파악해 보자.

[정답]

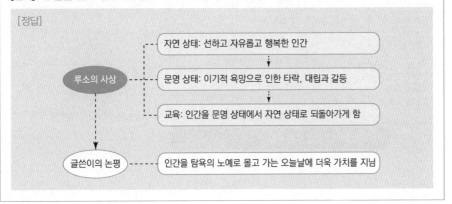

⑨ 대조적 사례를 통해 자신의 주장을 드러내는 글

　　성공과 실패, 화합과 갈등, 발전과 퇴보와 같은 상반되는 결과를 낳은 대조적 사례가 있다면, 이를 통해 자신의 주장을 펼쳐 가는 것은 상당히 용이하면서도 설득력 있는 전개가 될 것이다.

　　이런 구조를 지닌 글은 우선 어떤 사례가 제시되고 있는가를 파악한 후, 각 사례 간의 관계를 살피고, 사례를 통해 어떤 주장을 드러내고 있는가를 파악하며 읽어야 한다.

　　　적용하기

　　비행기는 하늘을 나는 새와 바닷속을 유영하는 물고기를 보고 모양새를 창안해 냈다고 한다. … 〈중략〉 … 비행기를 만들 때에는 하늘에 떠 있어야 한다는 대전제에 충실해야 하므로, 모양새보다는 기능에 충실해질 수밖에 없었다. 따라서 비행기의 작은 날개조차도 철저하게 기능 위주로 설계된 것이다. 그렇다고 해서 현재의 비행기의 모양새가 형편없는 것은 아니다. 오히려 비행기는 모양새를 무시하고 철저하게 기능에 충실함으로써 독특하고 아름다운 디자인을 얻었다. 유행에 현혹되지 않고 효율성을 추구하면서도 가장 단순하고 세련된 형태를 낳은 경우라고 할 수 있다.

　　반면 자동차는 두 마리의 말이 끄는 마차의 모양새를 모방하여 제작되었다고 한다. 우리는 운전자의 자리가 앞쪽에 있으며 앞 좌석에는 두 사람만 앉아야 한다는 것을 당연한 것으로 생각하지만, 꼭 이런 구조만 가능한가에 대해서는 의문의 여지가 남는다. 혹 이러한 생각 속에 자동차를 쌍두(雙頭)마차의 일종으로 보는 선입견이 개입되어 있는 것은 아닐까. … 〈중략〉 … 예컨대 자동차가 마차를 모방하는 경우에도 차라리 쌍두마차 대신 사두(四頭)마차를 모방했더라면, 운전자는 자동차 앞부분의 좀 더 높은 자리에 앉아 앞과 옆을 잘 보면서 핸들을 잡을 수도 있지 않았을까. 그러나 자동차가 사두마차의 구조를 빌려온 예는 아직 보지 못했다. … 〈중략〉 …

　　비행기는 속도와 모양새를 성공적으로 얻었고, 자동차는 기존의 관념에 매달려 실패했다고 볼 수 있지 않을까. … 〈중략〉 … 우리는 모든 인위적인 것에 대해서는 괄호를 치고, 자연에서 지혜를 배워야 한다.

　　　　　　　　　　　　　　　　　－〈자연에서 배우는 지혜〉－

[문제] 이 글을 읽고 글의 구조를 파악해 보자.

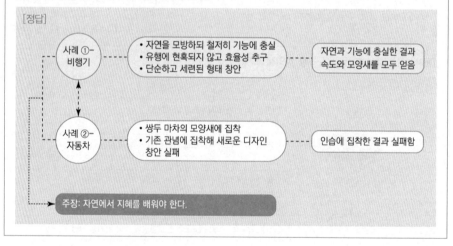

[정답]

사례 ①- 비행기
• 자연을 모방하되 철저히 기능에 충실
• 유행에 현혹되지 않고 효율성 추구
• 단순하고 세련된 형태 창안
→ 자연과 기능에 충실한 결과 속도와 모양새를 모두 얻음

사례 ②- 자동차
• 쌍두 마차의 모양새에 집착
• 기존 관념에 집착해 새로운 디자인 창안 실패
→ 인습에 집착한 결과 실패함

주장: 자연에서 지혜를 배워야 한다.

02

문학 편-1
이해와 감상

단원 길잡이

문학을 감상하기 위한 이론을 익히는 단원이다. 문학 작품을 이해하고 감상하기 위해서는 기본적인 이론을 습득하는 과정이 필요하다. 공무원 시험에서는 문학 이론을 주로 지식형이나 개념형으로 문제를 만들었다. 그러나 문제의 유형이 바뀌면서 이론은 작품을 이해하고 감상하기 위한 기본 요소 작용한다. 각 작품에 드러나는 개별 이론을 이해할 수 있어야 한다. 쉽게 말해 단순히 이론을 아는 것에서 그치는 것이 아니라, 이론과 함께 작품을 이해하는 능력이 필요한 단계가 되어야 한다. 다만 정리해야 할 이론이 그리 많지는 않으므로 부담이 크지는 않다. 이론을 정리할 때는 반드시 문학 작품의 사례를 함께 정리하는 것이 중요하다.

문학 일반

단원 길잡이

문학을 감상하기 위한 이론을 익히는 단원이다. 문학 작품을 이해하고 감상하기 위해서는 기본적인 이론을 습득하는 과정이
필요하다. 공무원 시험에서는 문학 이론을 주로 지식형이나 개념형으로 문제를 만들었다. 그러나 문제의 유형이 바뀌면서 이론
은 작품을 이해하고 감상하기 위한 기본 요소 작용한다. 각 작품에 드러나는 개별 이론을 이해할 수 있어야 한다. 쉽게 말해
단순히 이론을 아는 것에서 그치는 것이 아니라, 이론과 함께 작품을 이해하는 능력이 필요한 단계가 되어야 한다. 다만 정리
해야 할 이론이 그리 많지는 않으므로 부담이 크지는 않다. 이론을 정리할 때는 반드시 문학 작품의 사례를 함께 정리하는 것
이 중요하다.

1 문학의 의미

① 광의의 문학: 문자로 기록된 모든 것을 말한다.

② 협의의 문학: 작가의 체험과 사상, 감정을 상상을 통하여 언어 예술로 표현하는 재창조된 세계이다.

2 문학과 현실

① 병립의 관계: 문학과 현실은 각각의 세계를 가지고 있는 병립의 관계이다.

② 유추적 관계: 문학은 개연적으로 현실에서 일어날 수 있는 가능성을 유추한 세계이다.

③ 작가는 현실에서 우리의 삶에 중대한 의미를 부여하여 그것을 예술적으로 형상화한다.

④ 문학은 현실을 반영하되 재창조하는 허구적 세계이다.

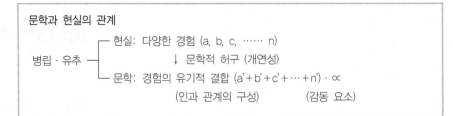

3 문학의 본질

① 언어 예술: 문학은 언어를 표현 매체로 한다.

② 사상과 정서: 문학의 내용은 사상과 정서로 주제화한다.

③ 가치있는 체험: 문학은 인간의 가치 있는 체험을 형상화한다.

④ 상상의 세계: 상상에 의한 개연성 있는 허구로 표현된 세계이다.

⑤ 통합된 하나의 구조: 문학의 모든 요소들은 유기적으로 결합되어 있다.

➕ 플러스

(1) 문학의 본질적 요소

    ① 형식: 문학의 예술성을 부여해 주는 요소

    ② 사상: 문학의 위대성을 결정해 주는 요소

    ③ 정서: 문학의 보편성과 항구성을 부여하는 요소

    ④ 상상: 문학의 개성을 부여하는 요소

(2) 문학의 비본질적 요소

    도덕성, 민족성, 사회성, 시대성, 역사성

➕ 플러스 개연성

'일어날 수 있음직한 가능성'으로 문학은 현실에 대한 기록이 아니라 허구의 세계이나 현실에서 일어날 수 있는 가능성을 가진 허구이다.

기출 따라잡기

1. 다음 글에서 (   )에 가장 적절한 것은?
2007. 법원직

문학은 인간의 상상력을 활용하여 현실의 모습을 그려낸다. 다시 말해, 작가의 상상력에 의하여 현실을 재창조, 재구성하여 작품 속에 도입하는 것이다. 이렇게 볼 때 문학과 현실은 (   )관계에 있다고 할 수 있다.

① 대등적(對等的)

② 대비적(對比的)

③ 상보적(相補的)

④ 유추적(類推的)

4 문학의 특성

(1) 개성(個性)
문학은 주관적 체험의 표현으로 독창적이다.

(2) 보편성(普遍性)
문학은 인간의 공통적 정서를 다루기 때문에 공간을 초월하여 모든 인간에게 보편적 감동을 준다.

(3) 항구성(恒久性)
문학은 인간의 보편적 정서를 다루기 때문에 시대를 초월한 생명력을 갖는다.

5 문학적 형상화(구상화)
문학에서 어떤 내용을 언어로써 구체적인 모습으로 만들어 내는 것을 말한다.

➕ 플러스 ┃ 문학 언어와 과학 언어

문학 언어	과학 언어
• 함축적 · 내포적 언어 사용	• 지시적 · 외연적 언어 사용
• 표현 위주	• 진술 위주
• 비유 · 비약 · 생략 · 상징 등	• 객관적 · 축자적

6 문학의 기능

(1) 쾌락적 기능
① 독자에게 미적 · 정서적 즐거움을 주는 기능을 말한다.
② 순수 문학에서 중시한다.

(2) 교시적 기능
① 독자에게 삶과 세계에 대한 올바른 인식을 일깨워 주는 교훈적 기능이다.
② 문학의 사회적 · 공리적 효용성을 강조한다.
③ 참여 문학이나 목적 문학에서 중시하는 기능이다.

(3) 종합적 기능(절충설)
① 문학은 독자에게 미적 쾌락을 줌과 아울러 인생의 진리를 가르치는 것이다.
② 교훈설과 쾌락설의 상보적 관계를 제시한 것이다.

7 문학의 기원

(1) 심리학적 기원설
인간이 심미성(審美性)을 추구하는 본능에서 문학이 발생했다는 설이다.
① 모방 본능설
ㄱ 플라톤의 부정적 모방설
ㄴ 아리스토텔레스의 긍정적 모방설

➕ 플러스 ┃ 동적(動的) 구조

한 작품의 구조 자체는 변함이 없으나, 시대나 사회 상황, 개인에 따라 평가가 다르다. 문학은 살아 움직이는 구조라 할 수 있다.

기출 ┃ 따라잡기

2. **문학의 특성으로 틀린 것은?**
2001. 경남 9급

① 현실세계를 모사한다.
② 상상의 세계
③ 사상과 감정 표현
④ 실제 경험의 표현
⑤ 사실을 묘사한다.

② 유희 본능설

인간은 유희 본능에 의하여 노래나 이야기를 지어 그것을 말하고 노래함으로 써 그를 형상화한 것이 예술이라는 학설로 칸트로부터 시작하여 실러, 스펜서 등이 주장하였다.

③ 흡인 본능설

인간이나 동물에게 있는 남의 관심을 끌려는 본능 때문에 문학이 발생하였다는 학설로, 다윈 등의 진화론자들이 주장하였다.

④ 자기 표현 본능설

인간은 누구나 자신과 타인에 대한 관심뿐만 아니라 현실과 상상의 세계에 대한 흥미를 가지고 있고, 그것을 가장 효과적으로 표현하려는 인간의 본능에서 문학이 발생하였다는 설로 허드슨이 주장하였다.

(2) 발생학적 기원설

예술은 특정한 필요에 의한 실용적 목적에서 만들어졌으나 경제와 문화가 발달하자 실용적 목적이 차츰 사라지고, 심미적(審美的)·개성적(個性的)인 방향으로 발전하여 오늘날의 예술로 자리잡게 되었다고 보는 학설로 그로세(E. Grosse), 매킨지, 헌(Hirn) 등이 주장하였다.

(3) 민속 무용설[Ballad Dance, 제의(祭儀) 기원설]

문학은 초자연적인 존재에 대한 제사의식에서 행해진 원시 종합 예술에서 비롯되었다는 학설로 몰톤이 주장했다. (심미성+실용성)

➕ 플러스 플라톤과 아리스토텔레스의 모방론

(1) 플라톤의 부정적 모방론
① 플라톤은 모방론을 최초로 제기했다.
② 세계에는 인간이 추구해야 할 절대 관념(idea, 진리)이 있고, 이 이데아를 반영한 것이 현실의 감각 세계이다. 이 현실을 반영하는 세계가 예술의 세계이므로 예술은 그림자에 불과한 사물의 허상이다.
③ 세 개의 침대: 진리는 현상에 존재하는 것이 아니라 이데아에 존재한다. 목수는 이데아를 모방하여 침대를 만들고(⇨ 현상), 이를 다시 화가가 모방하여 그림(⇨ 예술, 문학)을 그린다. 그러므로 예술은 진리로부터 두 단계나 멀리 떨어진 것이다.
④ 시인 추방론: 인간은 이성의 힘으로 진리(이데아)에 도달해야 하는데 예술가는 감성에 의존하여 작품 활동을 한다. 독자들이 작품에 감동을 느끼는 것은 결국 이성이 마비되어 진리로부터 동떨어지는 것이므로 이를 방지하기 위한 주장이다.
⑤ 문학 예술 검열 제도
(2) 아리스토텔레스의 긍정적 모방론
① 사물의 본질은 자체에 내재하는 것으로 문학 예술은 인간의 심성과 행위를 보편적인 양상으로 제시한다는 관점이다.
② 문학은 인생을 보편타당성 있는 면을 모방하여 결국 진리를 제시한다고 주장하였다.
③ '개연성(있을 수 있는 것)의 법칙'

8 문학의 갈래

문학 작품을 유형별로 구분하여 질서 있게 체계화한 문학의 양식 체계를 의미한다.

(1) 표현 양식에 따른 갈래

① 서정 양식

   ㉠ 세계의 자아화: 자아의 주관적 감정에 의해 객관적 세계를 변형하여 표현한다.

   ㉡ 대부분 독백적 형식으로 표현된다.

   ㉢ 정련된 형식과 언어를 지닌다.

   ㉣ 하위 갈래로 '시'가 대표적이다.

② 서사 양식

   ㉠ 자아와 세계와의 갈등을 다룬다.

   ㉡ 주로 과거형 시제를 사용한다.

   ㉢ 서술자의 개입이 가능하다.

   ㉣ 일정한 줄거리를 가진 사건으로 전개되는 양식이다.

   ㉤ 하위 갈래로 '소설'이 대표적이다.

③ 극 양식

   ㉠ 자아와 세계와의 갈등을 다룬다.

   ㉡ 반드시 현재형 시제를 사용한다.

   ㉢ 서술자가 개입하지 않고 대화와 행동만으로 사건을 전개한다.

   ㉣ 하위 갈래로 '희곡'이 대표적이다.

④ 교술 양식

   ㉠ 자아의 세계화: 내면적 자아가 객관적으로 표현되어 나타난다.

   ㉡ 실재로 존재하는 사물을 서술·전달하는 양식으로 경험·사실·생각을 기록한다.

   ㉢ 독자를 주제에 따르는 가치관으로 설득하려 한다.

   ㉣ 하위 갈래로 '수필'이 대표적이다.

(2) 상위 갈래와 하위 갈래

① **상위 갈래**: 모든 문학 작품들을 형성 원리와 존재 방식에 따라 커다란 범주로 묶어 놓은 것을 말한다. 대체로 언어의 형태, 언어의 전달 방식, 그리고 표현 양식 등을 기준으로 설정하는 것이 일반적으로 문학의 표현 양식에 따른 갈래이다.

② **하위 갈래**: 상위 갈래를 민족 문학사의 전개 과정에서 구체적인 모습으로 나타난 것을 말하는데 역사적으로 존재했거나 존재하는 수많은 갈래들을 말한다.

(3) 2대 갈래

① **운문 문학**: 운율을 중시하는 문학 형태

② **산문 문학**: 운율 없이 언어의 전달 기능을 중시하는 문학 형태

3. 가전체(假傳體) 문학인 '공방전(孔方傳)'에 대한 설명으로 가장 적절하지 않은 것은? 2015. 경찰 2차

① 우의(寓意)의 표현 방식을 통해 세상사의 문제를 비판하고 풍자하고 있다.

② 세상을 살아가는 임기응변의 지혜와 부정부패 척결을 일깨워주는 교훈적 성격의 글이다.

③ 사물을 의인화하여 사물의 가계와 생애 및 성품 등을 전기(傳記) 형식으로 기록한 가전체 문학이다.

④ 구체적 사물과 경험을 중시하면서 그것들을 해석한다는 점에서 교술적 성격이 있고 사물과 경험을 어떤 인물의 구체적인 생애로 서술한다는 점에서 서사적 성격도 있다.

➕ 플러스

'교술'이란 사물을 객관적으로 묘사·설명해서 알려 준다는 뜻이다.

(4) 3대 갈래

    ① **상위 갈래**: 서정 양식, 서사 양식, 극 양식

    ② **하위 갈래**: 시, 소설, 희곡

(5) 기타

    ① **4대 갈래**: 시, 소설, 희곡＋수필

    ② **5대 갈래**: 시, 소설, 희곡, 수필＋평론

    ③ **6대 갈래**: 시, 소설, 희곡, 수필, 평론＋시나리오

(6) 한국 문학의 갈래

    ① **상위 갈래**: 서정 양식, 서사 양식, 극 양식, 교술 양식

    ② **하위 갈래**

        ㉠ 서정 양식: 서정 민요, 고대 가요, 향가, 고려 속요, 시조, 잡가, 신체시, 현대시

        ㉡ 서사 양식: 서사 민요, 서사 무가, 신화, 전설, 민담, 가전체 문학, 고대 소설, 판소리, 신소설, 현대 소설,

        ㉢ 극 양식: (판소리), 가면극, 인형극, 창극, 신파극, 현대극

        ㉣ 교술 양식: 경기체가, 악장, 가사, 창가, (가전체 문학), 몽유록계 소설, 고대 서간, 수필, 교술 민요

(7) 표현 매체에 따른 갈래

    ① **기록 문학(정착 문학)**: 문자 언어로 기록된 문학이다.

    ② **구비 문학(적층 문학·유동 문학·표박 문학)**

        ㉠ 말로 전해지는 문학이다.

        ㉡ 집단적 공동작: 구비 문학(口碑文學)은 오랜 기간 동안 많은 사람에 의해서 첨삭이 가해졌기 때문에 개인 창작이 아닌 공동작이다.

(8) 경향에 따른 갈래

    ① **순수 문학**: 인간이나 현실의 보편성을 다루는 문학으로 인간성에 입각하여 문학의 자율성, 예술성, 그 독자적 세계를 옹호하는 경향을 이른다.

    ② **참여 문학**: 인간이나 현실의 특수성에 주목하는 문학으로 사회와 현실의 모순을 드러내고 개혁하고자 하는 경향을 이른다.

미의 범주란 주체(나)와 대상(자연)간의 관계를 '있는 것'과 '있어야 할 것', '융합'과 '상반'이라는 네 가지 요소의 결합에 의해 숭고(崇高)·우아(優雅)·비장(悲壯)·골계(滑稽) 등으로 미의식을 분별하는 것이다.

PART 02

문학 편-1

➕ 플러스

미의식이란 미(美)를 이해하는 감각과 경험이나 미적인 것을 수용하고 산출하는 정신 태도에 작용하는 의식이다.

(1) 숭고미(崇高美)

'있어야 할 것'과 '있는 것'이 '있어야 할 것'에 의해 융합을 이룰 때 나타나는 미의 개념이다. 경건하고 엄숙한 분위기를 자아내고 고고한 정신적 경지를 체험할 수 있게 하는 미의식(美意識)으로 절대적 대상에서 경이(驚異)·외경(畏敬)·위대(偉大) 등의 느낌을 얻는 미적 감흥이다. [주체가 대상을 추구하는 미의식]

생사로(生死路)는

예 이샤매 저히고,

나는 가느다 말ㅅ도

몯 다 닏고 가느닛고.

어느 ᄀᆞᆯ 이른 ᄇᆞᄅᆞ매

이에 저에 ᄠᅥ딜 닙다이

ᄒᆞᄃᆞᆫ 가재 나고

가논 곧 모ᄃᆞ온뎌

아으 미타찰(彌陀刹)애 맛보올 내

도(道) 닷가 기드리고다.

　　　　　　　　　　　　– 월명사, 〈제망매가〉 –

숭고한 불교적 신앙심을 바탕으로 피안의 세계를 지향하는 의식 세계를 서정적으로 표현하고 있으며 인간 고통의 종교적 승화를 노래한 작품이다.

(2) 비장미(悲壯美)

'있는 것'과 '있어야 할 것'이 상반되면서 '있는 것'을 부정하고 '있어야 할 것'을 긍정하면서 나타나는 미의 개념이다. 슬픔이 극에 달한 상태나 한(恨)의 정서 표출로 인해 형상화되는 미의식이다. [주체와 대상이 서로 어울리지 못하는 미의식]

설움에 겹도록 부르노라. / 설움에 겹도록 부르노라.

부르는 소리는 비껴가지만 / 하늘과 땅 사이가 너무 넓구나.

선 채로 이 자리에 돌이 되어도 / 부르다가 내가 죽을 이름이여!

사랑하던 그 사람이여! / 사랑하던 그 사람이여!   – 김소월, 〈초혼〉 –

사별한 임에 대한 처절한 슬픔을 드러내고 있다.

---

(3) 우아미(優雅美)

'있는 것'과 '있어야 할 것'이 '있는 것'에 의해 융합을 이룰 때 나타나는 미의 개념이다. 자연 친화 및 아름다운 형상이나 수려한 자태를 그려 냄으로써 고전적인 기품과 멋을 드러내는 미의식이다. [주체와 대상이 서로 어울리는 미의식]

간밤의 눈 갠 후(後)에 경믈(景物)이 달란고야

이어라 이어라

압희ᄂᆞᆫ 만경유리(萬頃琉璃) 뒤희ᄂᆞᆫ 천텹옥산(千疊玉山)

지국총(至國悤) 지국총(至國悤) 어사와(於思臥)

션계(仙界)ㄴ가 블계(佛界)ㄴ가 인간(人間)이 아니로다   – 동사(冬詞) 4 –

– 윤선도, 〈어부사시사〉 –

어부의 생활이 사실적으로 그려져 있어 현실감이 뛰어나며 자연의 아름다움과 넉넉한 삶을 누리는 흥취를 노래하고 있다.

---

(4) 골계미(滑稽美)

'있어야 할 것'과 '있는 것'이 상반되면서 '있어야 할 것'을 부정하고 '있는 것'을 긍정하면서 나타나는 미의 갈래이다. 숭고미에 대립되는 개념이다. 풍자나 해학 등의 수법에 의해 우스꽝스러운 상황이나 인간상을 구현하는 미의식이다. [주체가 대상을 얕잡아 비꼬는 미의식]

말뚝이: (중간쯤 나와서) 쉬이. (음악과 춤을 멈춘다) 양반 나오신다아! 양반이라고 하니까 노론(老論), 소론(小論), 호조(戶曹), 병조(兵曹), 옥당(玉堂)을 다 지낸 퇴로 재상(退老宰相)으로 계신 양반인 줄 아지 마시오. 개잘량이라는 양자에 개다리 소반이라는 반자 쓰는 양반이 나오신단 말이오.

양반들: 야아, 이놈, 뭐야아!

기출 | 따라잡기

4. 다음 작품에서 주되게 느껴지는 미의식은 무엇인가? 2005. 경기도 9급

남(南)으로 창(窓)을 내겠소.
밭이 한참갈이
괭이로 파고
호미론 김을 매지요.
구름이 꼬인다 갈 리 있소.
새 노래는 공으로 들으랴오.
강냉이가 익걸랑
함께 와 자셔도 좋소.
왜 사냐건
웃지요.
– 김상용, 〈남으로 창을 내겠소〉 –

① 우아미
② 숭고미
③ 골계미
④ 비장미

5. 다음 시에서 느끼는 미감(美感)은?
2003. 전북 9급

놉흘시고 望高臺(망고티), 외로올샤 穴望峯(혈망봉)이
하늘의 추미러 므ᄉ 일을 ᄉᆞ로리라
千萬劫(천만겁) 디나도록 구필 줄 모ᄅᆞᆫ다
어와 너여이고 너 ᄀᆞᄐᆞ니 ᄯᅩ 잇ᄂᆞᆫ가
– 정철, 〈관동별곡〉 –

① 숭고미, 비장미
② 우아미, 골계미
③ 해학미, 우아미
④ 숭고미, 골계미

말뚝이: 아, 이 양반들, 어찌 듣는지 모르갔소. 노론, 소론, 호조, 병조, 옥당을 다 지
　　　내고 삼정승, 육판서 다 지내고 퇴로 재상으로 계신 이 생원네 3형제분이 나
　　　오신다고 그리하였소.
양반들: (합창) 이 생원이라네. (굿거리 장단으로 모두 춤을 춘다. 도령은 때때로 형들
　　　의 면상을 치며 논다. 끝까지 그런 행동을 한다.)

– 〈봉산탈춤 제6과장 '양반춤 마당'〉–

> 양반들을 낡은 권위에 집착하고 시대적 변화를 감지하지 못하는 우스꽝스런 존재로 표현하
> 고, 양반층의 권위를 부정하고 양반을 웃음거리로 만드는 익살과 재치가 두드러진다.

➕ 플러스 │ 미적 범주(美的範疇)

모든 문학 작품은 '있어야 할 것'을 '있는 것'과 관련시켜 나타내거나 '있는 것'을 '있어야 할 것'과 관련시켜 나타낸다. 예컨대 다음 작품들의 경우에는 '있는 것'과 '있어야 할 것'을 각각 다음과 같이 분석할 수 있다.

- 숭고미 예 '제망매가': '있는 것'은 누이의 죽음으로 인한 이별이고, '있어야 할 것'은 미타찰(彌陀刹)에서 다시 만나야겠다는 기대이다. → '있어야 할 것'에 의한 융합
- 우아미 예 '어부사시사': '있는 것'은 어부의 즐거운 생활이고, '있어야 할 것'은 그렇게 지내야겠다는 생각이다. → '있는 것'에 의한 융합
- 비장미 예 '원생몽유록': '있는 것'은 현주(賢主)와 충신이 참혹한 지경에 이른 형편이고, '있어야 할 것'은 현주와 충신은 마땅히 흥해야 한다는 당위이다. → '있어야 할 것' 긍정 / '있는 것' 부정 {상반}
- 골계미 예 '봉산 탈춤': '있는 것'은 양반에 대한 말뚝이의 항거이고, '있어야 할 것'은 말뚝이는 양반에게 복종해야 한다는 규범이다. → '있어야 할 것' 부정 / '있는 것' 긍정 {상반}

'있는 것'과 '있어야 할 것'은 작품에 따라서 서로 융합(融合)될 수도 있고 상반(相反)될 수도 있다. 예컨대 '제망매가'와 '어부사시사'는 '있는 것'과 '있어야 할 것'이 융합되어 있고, '원생몽유록'과 '봉산 탈춤'은 상반되어 있다.
융합은 '있어야 할 것'에 의해 이루어지기도 하고, '있는 것'에 의해 이루어지기도 한다. '제망매가'는 '있어야 할 것'에 의해 융합이 이루어지고, '어부사시사'는 '있는 것'에 의해 융합이 이루어진다. '있어야 할 것'에 의한 융합에는 '있는 것'과 '있어야 할 것'이 일단 별개로 나타나고서 융합되지만, '있는 것'에 의한 융합에서는 '있는 것'과 '있어야 할 것'이 처음부터 융합되어 있는 것이 특징이다.
상반은 '있는 것'을 부정하고 '있어야 할 것'을 긍정하면서 이루어지기도 하고, '있어야 할 것'을 부정하고 '있는 것'을 긍정하면서 이루어지기도 한다. '원생몽유록'은 '있는 것'을 부정하고 '있어야 할 것'을 긍정하면서 상반이 이루어지고, '봉산탈춤'은 '있어야 할 것'을 부정하고 '있는 것'을 긍정하면서 상반이 이루어진다.

– 조동일, '한국 문학의 양상과 미적 범주', 《한국 문학 이해의 길잡이》, 집문당, 1996). –

기출 │ 따라잡기

6. 괄호 안에 들어갈 단어를 순서대로 바르게 나열한 것은?

2019. 국가직 9급

> 한국 문학의 미적 범주에서 눈에 띄는 전통으로 풍자와 해학이 있다. 풍자와 해학은 주어진 상황에 순종하기보다 그것을 극복하고자 하는 건 강한 삶의 의지에서 나온 (㉠)을(를) 통해 드러난다. (㉠)은(는) '있어야 할 것'으로 행세해 온 관념을 부정하고, 현실적인 삶인 '있는 것'을 그대로 긍정한다. 이때 있어야 할 것을 깨뜨리는 것에 관심을 집중한 것이 (㉡)이고, 있는 것이 지닌 긍정에 관심을 집중하는 것이 (㉢)이다.

① ㉠ 골계(滑稽)
　 ㉡ 해학(諧謔)
　 ㉢ 풍자(諷刺)
② ㉠ 해학(諧謔)
　 ㉡ 풍자(諷刺)
　 ㉢ 골계(滑稽)
③ ㉠ 풍자(諷刺)
　 ㉡ 해학(諧謔)
　 ㉢ 골계(滑稽)
④ ㉠ 골계(滑稽)
　 ㉡ 풍자(諷刺)
　 ㉢ 해학(諧謔)

제 **3** 절 문학 비평

어떤 작품을 보다 잘 이해하기 위하여 설명하고 분석할 뿐만 아니라, 미추, 시비, 선악 등을 통하여 가치를 판단하는 평가 활동이다.

1 비평의 단계

(1) 해석 단계: 원본에 쓰인 말을 바로 이해하고, 구조를 분석하는 단계

(2) 감상 단계: 작품에서 공감을 얻고, 교양을 넓힘.

(3) 평가 단계: 가치 기준에 따라 평가 ⇨ 비평의 궁극적 목적

2 문학 비평의 양상

(1) 원론 비평: 문학의 본질·목적·특성·기능·장르 등 문학 일반에 적용될 수 있는 기본적인 원리에 대한 비평으로 '이론 비평'이라고 한다.

(2) 실천 비평: 원론 비평에 의해 확립된 이론을 바탕으로 작품을 이해하며, 각 개별 작품과 작가에 대하여 체계적으로 연구하고 분석하는 작품론과 작가론이 여기에 속한다.

(3) 비평의 비평: 원론 비평에 대한 타당성의 검증 및 작가론이나 작품론에 대한 새로운 비판과 재평가 작업이 이에 해당한다.

기출 | 따라잡기

7. 다음 중 문학 작품을 읽고 독자의 쾌감, 교훈, 감동을 중점적으로 해석하는 관점은?   2000. 경남 9급

① 반영론적 관점
② 표현론적 관점
③ 절대론적 관점
④ 효용론적 관점
⑤ 종합주의적 관점

3 비평의 관점

작품을 어떤 관점에서 바라보느냐에 따라 생산론적 관점, 반영론적 관점, 수용론적 관점 절대론적 관점, 종합주의적 관점 등으로 나눌 수 있다.

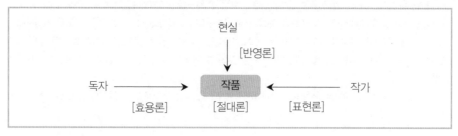

(1) 반영론(모방론)

　① 개념: '작품은 현실 세계의 반영이다.'라는 관점이다.

　② 전제

　　㉠ 작품은 항상 인간이 살아가는 모습을 내용으로 한다.

　　㉡ 작품은 인간의 현실적 삶을 내용으로 삼는다.

③ **방법**

　㉠ 대상으로 삼은 현실 세계를 연구한다.

　㉡ 반영된 세계와 대상 세계를 비교 검토한다.

　㉢ 대상 세계의 진실한 모습과 전형적 모습을 반영했는가를 검토한다.

④ **장점**: 문학이 구체적 현실에서 출발한다는 점을 일깨워 주고, 문학 작품의 이해가 구체적 삶의 현실, 시대 및 역사의 이해에까지 확대될 수 있다.

⑤ **단점**: 문학 작품으로서가 아니라 실제 사실들의 조립체 또는 역사 자료로 보게 된다.

> **예** 기계적 반영론: 문학 작품이 현실을 반영하는 것은 작가의 창조적 과정을 거치는 것인데, 이를 무시하고 현실을 기계적으로 반영한 것으로 보는 잘못된 반영론을 말한다.

⑥ **반영론적 관점에서의 비평의 실제**

> '흥부전'에서 서민들은, 불의한 방법으로 수탈을 하고 돈을 번 놀부가 박을 통하여 망신하자 쾌재를 부른다. 이것은, 흥부와 처지가 같은 서민층의, 놀부류의 특권층에 대한 적대 의식에서 나왔다 이제, '흥부전'의 주제는 분명해졌다. 고도 사회에서 이익 사회로 전환된 상황에서의 빈부의 갈들이 그것이다.
>
> > '흥부전'의 주제를 당대 사회 현실과 관련지어 밝혀 내고 있다.

(2) **표현론(생산론)**

① **개념**: 작품을 작가의 체험, 사상, 감정 등을 표현한 것으로 보는 관점이다.

② **전제**

　㉠ 인간은 누구나 무엇을 표현하고자 하는 욕구가 있다.

　㉡ 작품 속에는 작가의 체험이 들어 있다.

③ **방법**

　㉠ 작가의 창작 의도를 연구한다.

　㉡ 작가에 대한 전기적 연구: 성장 배경, 가계, 학력, 교우 관계, 생활 환경, 취미, 영향 받은 사상, 병력 등을 조사하는 것으로 역사·전기적 비평 방법과 통한다.

　㉢ 심리 상태에 대한 연구로 심리주의적 비평 방법과 통한다.

④ **작가론**: 작품을 창작한 작가 자체에 대한 연구를 작가론이라고도 하는데, 한 인간이 작가로서 갖고 있는 창조적 능력에 관심을 두는 것이다.

⑤ 의도의 오류를 범하기 쉽다.

⑥ 표현론적 관점에서의 비평의 실제

> '무정'은 한국 문학사에 있어서는 물론, 작가 자신에게도 기념비적인 작품이다. 그것은 '무정'이 꾸며낸 이야기이기보다는, 작가 자신의 26년간의 생애를 그대로 투영해 놓은 작품이기 때문이다. 작가는, '무정'은 모두 허구이며, 오직 신우선만이 매일신보사 기자 심천풍(작가 심훈의 형)을 모델로 한 것이라고 말하였다. 이 말은 '무정'의 주인공인 이형식과 박영채가 작가 자신임을 새삼 강조하는 수사학의 일종이다. 이형식이 작가 이광수의 직접적인 투영이라는 표현은 이념적인 측면에서뿐만 아니라 디테일의 측면에서도 그러하다.　　　 – 김윤식, 〈이광수와 그의 시대〉 –
>
> '무정'을 작가 이광수의 생애와 관련하여 분석하고 있다.

(3) 효용론(수용론)

① **개념**: 작품이 독자에게 어떤 효과를 어느 정도 주었느냐에 따라 작품의 가치를 평가하려는 관점이다.

② **전제**

　㉠ 독자는 작품을 읽고 그 의미를 획득하는 주체이다.

　㉡ 독자가 작품을 읽는 것은 가치 있는 체험을 나누어 가짐으로써 삶에 대한 인식을 얻기 위한 것이다.

③ **방법**

　㉠ 작품의 어떤 면에서 독자의 감동이 촉발되었는가를 검토한다.

　㉡ 그 시대의 보편적 지성과 정신 등 객관적이고 타당한 기준이 도입되어야 한다.

④ **장점**

　㉠ 일반 독자들이 쉽게 실천할 수 있는 관점이다.

　㉡ 독자는 문학 작품을 향유하는 데 대하여 수동적인 객체가 아니라 능동적 주체가 된다.

⑤ **단점**: 독자가 느낀 의미와 작품의 진정한 의미가 불일치할 수 있는 감정의 오류에 빠지기 쉽다.

⑥ **효용론적 관점에서의 비평의 실제**

> 매 맞고 하옥되는 춘향의 비극적 상황에 대하여 한량들의 대화는 희극적이다. 이 엉뚱한 웃음을 어떻게 해석해야 할 것인가. 일단은 공포나 비참이 극도에 달했을 때 그 긴장을 풀어 주기 위해 희극적 장면이 등장하는 희극적 구제로서 해석할 수 있을 것 같다. 또 이것은, 청중이 춘향이가 처참하게 매를 맞고 하옥되는 비장한 작중 현실에 몰입함으로써 가지게 되는 긴장된 정서를 골계로써 이완시킨 것으로 볼 수 있다.
>
> '춘향전'에서의 희극적 대화가 독자에게 어떤 영향을 주었는가를 설명하고 있다.

(4) 절대론(존재론, 구조론)

① **개념**: 작품은 고도의 형상적 언어로 조직된 독립된 존재이다.

② **전제**: 작품은 이해하는 데 필요한 자료는 작품밖에 없으며, 작품 속에 모든 것이 갖추어져 있다는 것을 전제로 한다.

③ **방법**

　㉠ 작품을 그 자체로 독립된 자족적 세계로 인식하므로 작품을 작가·시대·환경으로부터 독립시켜 이해한다.

　㉡ 작품의 언어적 구조를 중시하여 언어의 함축적 의미를 찾아내고 이미지, 비유, 상징 등을 주목한다.

　㉢ 작품을 유기적 존재로 보기 때문에 구조를 분석하고 시어와 시어, 행과 행, 연과 전체 작품의 상관 관계, 운율과 의미와의 관계 등을 따진다.

④ **장점**: 시 분석에 뛰어난 성과를 보인다.

⑤ **단점**

　㉠ 장편 소설은 현실 반영 비중이 더 크므로 이 방법으로는 잘 적용되지 않는다.

　㉡ 문학의 언어가 궁극적으로는 역사성을 배제할 수 없다는 사실을 간과한다.

⑥ **절대론적 관점에서의 비평의 실제**

> 서정주의 '추천사'는 그 부제가 말하고 있듯이 춘향의 독백으로, '춘향전'을 배경으로 하고 있다. 그러나 이 작품을 이해하는 데 '춘향전'의 이야기 전체를 자세히 알아야 할 필요는 없다. 다만 춘향의 괴로움과 인간적인 운명을 이해하는 것으로 충분하며, 그것은 이 작품의 문맥 가운데서 충분히 나타나 있다. 그리하여 이 작품을 끝까지 읽고 나면 여기 나오는 그네가 단순한 놀이를 위한 것이 아니라, 춘향이 자기 자신의 괴로움과 운명을 벗어나려는 수단으로서의 그네임을 알게 된다. 작품 전체에서 네 번이나 되풀이되고 있는 '밀어라', 또는 '밀어 올려 다오'라는 간절한 부탁은 바로 그 괴로움의 정도와 그것으로부터 벗어나려는 몸부림을 나타내는 것이다.
>
> > '추천사'에서의 춘향의 괴로움과 극복 의지를 작품 자체에서 밝혀 내고 있다.

(5) 종합주의적 관점

① **개념**: 작품의 총체적이고 통일적인 의미를 추구하기 위해 표현론적·반영론적·효용론적·절대주의적 관점을 통합하여 연구하는 방법이다.

② **전제**

　㉠ 작품을 어떤 하나의 관점으로만 바라보면 편협적인 분석이 될 가능성이 있다.

　㉡ 작품을 총체적으로 이해하기 위해서는 다각도의 접근이 필요하다.

③ **방법**

　㉠ 표현론적·반영론적·효용론적·절대주의적 관점을 통합한다.

　㉡ 주관성을 배제하고 객관성을 유지해야 한다.

기출 | 따라잡기

8. 다음 작품을 절대주의적 관점으로 이해하지 않은 것은?

2016. 기상직 9급

> 먼 후일 당신이 찾으시면
> 그때에 내말이 "잊었노라."
> 당신이 속으로 나무라면
> "무척 그리다가 잊었노라."
> 그래도 당신이 나무라면
> "믿기지 않아서 잊었노라."
> 오늘도 어제도 아니 잊고
> 먼 후일 그때에 "잊었노라."
>
> – 김소월, 〈먼 후일〉 –

① 가정적 상황을 통해 화자의 정서를 드러내고 있다.

② 대상인 '당신'에 화자가 꿈꾸던 조국광복을 투영하고 있다.

③ 반어적 진술을 활용하여 화자의 정서를 강조하고 있다.

④ 반복과 변조의 기법을 사용하여 시상을 전개하고 있다.

④ 종합주의적 관점에서의 비평의 실제

> 가 '광야'는 이육사의 생전에 활자화되지는 못했다. 다른 작품들과는 달리, 이 작품은 유고로 남아 전해지다가, 1947년 《육사 시집(六四詩集)》이 간행되면서 거기에 실려 일반에게 공개되었다. ① 육사는 일제 암흑기에 민족적 저항을 시도하다가 순국한 시인이다. 그리하여 그의 의식 속에는 반일 저항의 감정이 알게 모르게 배어들어 있을 것으로 짐작된다.
>
> 나 5연 15행으로 이루어진 이 작품은 그 동안 상당한 논란의 대상이 되어 왔다. 우선 마지막 연 첫 행의 '천고(千古)'라는 시어의 의미에 대해 살펴보도록 하자. 종래 우리는 이것을 그저 대범하게 '천 년' 정도로 생각 해 왔다. 그러니까 '천 년 뒤에 백마 타고 오는 초인이 있어'로 마지막 연을 읽어 온 것이다. 그리고 우리는 그것을 민족적 저항과 조국의 해방, 독립이라는 관점에서 해석해 왔 다. 이 시를 저항시로 해석하는 입장은, 넷째 연의, '눈'은 우리가 처한 식민지 적 상황을, '매화 향기'는 시대의 새벽을 열기 위해 앞서 간 지사(志士)들의 매 운 정신을, '노래의 씨'는 화자(話者)가 지닌 희생의 정신을 뜻한다고 본다.
>
> 다 그런데 이러한 해석이야말로 잘못이라는 반론이 나왔다. 본래 저항 운동자들 에게 민족의 해바이란 일각(一刻)이 삼추(三秋)처럼 기다려지는 시간이다. 그 런데 그런 화자가 해방의 상징인 초인을 천고, 곧 천 년 뒤에 기다릴 것인가. 그렇다면 이 작품은 앞뒤가 맞지 않는 헛소리에 불과해진다. 저항 시론에 대 한 반론은 이렇게 제기되고 있는 것이다.
>
> — '광야'의 해석 —

> 가 는 작품을 역사주의적 관점에서 바라보고 있고, ① 부분은 표현론의 관점에서 작품을 규명하고 있다. 나 는 반영론의 관점으로, 다 는 절대주의적 관점에 파악하고 있다.

예제 | 따라잡기

9. 〈보기〉는 유치환의 깃발에 대한 감상이다. 다음과 같은 '감상'이 범하 기 쉬운 잘못은?

보기

해원, 물결, 백로 등의 시어를 통해 시적 배경이 바닷가임을 쉽게 상상 할 수 있는데 이는 아마 어린 시절 부터 바닷가에서 자란 시인의 고향 체험이 이 시를 쓰게 된 계기가 된 때문일 거야.

① 의도의 오류
② 기계적 반영론의 위험
③ 감정의 오류
④ 독단적 형식주의의 위험

➕ 플러스 | 비평의 오류

(1) 의도의 오류: 작가의 의도가 그대로 작품에 투영되는 것이 아님에도 불구하고, 작가에 국한시켜 작 품을 이해함으로써 생기는 오류로 표현론에서 빚어지는 오류
(2) 감정의 오류: 독자의 상대적 감정이 작품의 진실된 의미와 일치하지 않음에도 불구하고 독자 중심 으로 해석하는 데서 오는 오류로 효용론에서 빚어지는 오류
(3) 독단론적 형식주의: 신비평의 객관론이 가지는 함정으로, 작품과 관련되는 작자나 독자, 이를 에워 싼 세계를 배제하고 오직 작품 자체의 내적 조건에만 충실함으로써 독단에 빠지게 된다는 것으로 절대론에서 빚어지는 오류
(4) 제재 및 메시지에 대한 선입관: 작가의 인생사에서 그 근원을 찾으려는 관점에서 비롯된 잘못으로 작품에 창조된 세계를 현실의 특정 대상과 결부시키려는 오류로 표현론에서 빚어지는 오류

4 비평의 유형

(1) 내재적 방법

① 작품을 외적 요소를 배제하고 작품에 한하여 논의하는 방법으로 하나의 완결체로 보아, 구조·형식·운율 등을 감상이나 분석의 대상으로 한다.

② 절대주의적 관점과 형식주의 비평, 신비평, 구조주의 비평은 이러한 접근 방법에 의한 비평이다.

(2) 외재적 방법

① 문학 작품의 이해와 감상에 작품이나 문학 자체보다는 그 형성이나 창작에 관계된 외부적 요인들을 중요시하는 방법이다.

② 반영론, 효용론, 표현론과 역사주의 비평은 이러한 방법에 의한 비평이다.

5 비평의 종류

(1) 역사주의적 비평

① **특징**: 문학 작품의 외면적 조건(역사적 상황, 시대 배경, 작가 생애)을 작품의 생성 요인으로 보고 작품을 그 결과적 산물로 본다.

② **주안점**

　㉠ 원전(原典)의 확정: 역사주의 비평에서 가장 먼저 해야 될 일은 작품의 원전을 확정짓는 것이다.

　㉡ 언어의 역사성: 이중의 방향에서 문학 작품의 언어를 탐구, 현재에는 사용되지 않는 언어가 들어 있을 때 그 작품이 처음 제작된 시기에 언어 기능을 통해 낱말의 의미를 정확하게 밝힌 다음 그것이 현재에도 적응할 수 있는 표현 매체로 대치한다.

　㉢ 전기적(傳記的) 연구: 작가의 의도를 조명하게 될 모든 전기적 자료들(작가의 정신적·물질적 조건, 저술 활동, 가족 상황, 가족 상황, 부채, 대인 관계, 연애 사건 등)을 따진다.

　㉣ 작가나 작품에 대한 여러 시기의 평판 조사: 평판의 과거성과 현재성이라는 이중의 관심을 가지고 작업한다.

　　예 김소월의 '산유화'를 당시 독자의 반응, 현재 독자의 반응을 비교하여 취향의 변모상, 작품 자체가 지니는 지속성(持續性)을 살핀다.

③ **장점**

　㉠ 작가를 총체적으로 이해할 수 있다.

　㉡ 작품의 역사적·사회적 의의를 평가할 수 있다.

　㉢ 역사적 안목, 상상력을 발휘케 하여 문학사적 이해를 돕는다.

　㉣ 정확한 자료를 수집, 정리하고 작품의 의미를 실증적으로 분석, 해명한다.

　㉤ 자의적(恣意的) 해석을 규제하고 객관성을 유지하게 한다.

　㉥ 과거 작품의 진면목을 접할 수 있다.

10. 문학 작품에 대한 감상의 관점이 다른 하나는? 2010. 기상직 9급

① 김소월의 '길'의 시적 화자는 정처 없이 유랑하는 나그네의 표상이라 할 수 있어.

② 이상화의 '빼앗긴 들에도 봄은 오는가'에는 일제 강점하의 비극적 현실이 반영되어 있어.

③ 한용운의 '님의 침묵'에서 침묵은 임이 영원히 죽은 것이 아니라 존재하는 방식만 바뀌었을 뿐이라는 역설적인 표현으로 해석할 수 있어.

④ 정지용의 '유리창'에서 유리창은 이승과 저승의 운명적 단절을 의미하는 동시에 이승과 저승을 이어주는 매개체(媒介體)라는 이중적 의미로 해석할 수 있어.

11. 다음에서 설명하는 문학 연구의 방법은? 2012. 서울시 9급

> 문학작품을 볼 때, 작품 그 자체만을 보는 것이 아니라 그 형성 배경이라 할 수 있는 작자, 사회, 환경을 중시해서 파악해야 한다는 방법

① 역사주의 방법

② 심리주의 방법

③ 형식주의 방법

④ 신화주의 방법

⑤ 구조주의 방법

12. 다음 중 문학 작품의 내재적 원리를 밝히는 데 치중하는 비평 방법은?

2004. 충북 9급

① 역사주의 비평, 형식주의 비평
② 형식주의 비평, 구조주의 비평
③ 구조주의 비평, 사회주의 비평
④ 사회주의 비평, 독자주의 비평

(2) 형식주의적 비평

① 특징: 문학 작품을 순수한 언어 예술임을 강조하는 방법으로 역사주의 비평이 외적 조건에 치중하여 작품 자체의 이해를 소홀히 하는 경향에 반발한다.

② 주안점: 문학 작품이 언어로 된 예술임을 강조하면서, 순수하게 작품의 그 자체 구조를 분석한다.

③ 갈래: 러시아 형식주의(1915~1929), 신비평(1930년대 이후 미국), 구조주의, 기호학(1960년대 이후 프랑스)

④ 장점

  ㉠ 문학의 독자성을 확립하였다.

  ㉡ 작품의 구조 해명에 적합하다.

  ㉢ 작품에 입각한 평가에 주력하였다.

  ㉣ 새로운 분석 방법과 용어를 사용하여 작품을 분석하였다.

⑤ 단점

  ㉠ 문학을 한정적으로 다루었다(비평 대상의 제한).

  ㉡ 작품 외적 상황을 분리시킴으로써 역사적 안목이 위축되고, 문학사와 문학 장르의 문제에 등한하였다.

(3) 심리주의적 비평

문학 창작 심리와 작품의 인물이나 사상, 상징 등을 정신분석학적 방법으로 해명하는 방법으로 20세기에 들어서 성립되었다.

① 특징: 프로이트(Sigmund Freud) 정신분석학의 영향을 받았으며, 아리스토텔레스의 '카타르시스'도 심리적 비평에 속한다.

② 관점: 작품을 작가의 개인적 체험의 투사(投射)라고 보고 있다.

③ 방법

  ㉠ 작가: 작품 속에 투사된 작가의 모습을 밝히고, 작가의 개인적 체험이 작품에 어떤 영향을 미쳤는가를 따진다.

  ㉡ 작품: 명백한 내용과 잠재적 내용을 구분하여 숨은 뜻을 탐색하고 개인적 상징을 확인하며 심리학적 이론에 근거한 등장 인물의 성격을 분석한다.

  ㉢ 독자: 작품이 독자에게 주는 심리적인 영향을 파악한다.

④ 장·단점

  ㉠ 장점: 새로운 용어, 분석 방법을 제공하여 작품을 과학적으로 분석할 수 있다.

  ㉡ 단점: 이론을 도식적으로 맞추다 보면 작품에 대해 왜곡된 해석을 한다든지, 문학을 심리학의 연구 자료로 전락시킬 위험이 있다.

(4) 인상 비평

작품에서 얻은 자기의 주관적인 인상을 중심으로 하여 논지를 전개해 나아가는 비평 방법을 말한다. 예술 체험을 주제로 한 감상문 또는 수필이라고 할 수 있다.

(5) 재단 비평

미리 일정한 기준을 설정하여 그 기준에 의해 작품을 적용시켜 연구하는 비평으로
객관적 기준에 의한 비평이지만, 예술적 개성을 기계적으로 분석하는 단점이 있다.

➕ 플러스 | 비평의 종류

(1) 형식주의 비평

　문학을 언어의 구조로 보고 작품 그 자체에 내재한 문학의 존재성, 독자적 자율성 등을 객관적으로
밝히려는 비평 방법이다. 작가·사회·독자와 분리시켜 그 자체의 내적 구조를 객관적으로 분석하
는 비평으로 작품 자체에만 관심을 갖고 의미론에 입각하여 단어·비유·이미지·상징 등을 고찰
한다.

(2) 구조주의 비평

　작품을 하나의 총체적 구조로 보고 그 구조를 이루고 있는 요소들의 필연적인 관련을 텍스트 안에
서 찾으려는 비평 방법으로, 프랑스의 언어학 이론에서 나왔다.

(3) 신비평

　원전(原典, text)에 대한 직접적인 분석을 중시하였으며, 작품을 자율적인 총체로서 고려해야 한다고
주장하는 비평으로 철저한 텍스트 분석의 신중성과 내재적인 작품 가치를 고양한 점에서 현대 비평
의 큰 흐름이 되었다. 언어의 분석에 의한 정밀한 독서를 중시했으며, 작품 속의 음운·단어·문
장·이미지·상징·비유 등이 전체적 문맥 속에서 어떻게 작용하는가를 고찰했다. 20세기 미국에
서 시작된 문예 비평의 새로운 운동으로, 이 용어는 스핑건이 1910년 컬럼비아 대학에서의 연설 때
처음 썼으며, 1941년 랜섬이 《뉴크리티시즘(New Criticism)》이란 저서에서 새로운 비평 방법으로 사
용했다.

(4) 해체 비평(탈구조주의 비평)

　1930년대 후반 구조주의의 특성을 비판하면서 등장한 비평 이론으로 전체적인 구조보다는 개체의
존엄성과 자유를 인정하고 사고의 경직화 및 문학과 학문의 과학화를 배격하며 인본주의의 태도를
지향한다. 롤랑 바르트, 자크 데리다, 미셸 푸코, 자크 라캉 등이 있다.

(5) 사회학적 비평

　문학을 사회적 소산으로 보고, 문학이 사회·문학적 요인과 맺는 관련 양상을 통해 작품을 해명하
려는 비평이다. 문학의 내용과 형식이 사회 현실을 어떻게 반영하는가, 문학은 사회 제도로서 어떤
역할을 하는가, 문학의 생산·유통·소비의 과정은 어떻게 형성되는가 등을 다룬다.

┌─ 내재적 비평: 형식주의(분석주의)비평, 구조주의 비평
└─ 외재적 비평: 역사주의 비평, 사회학적 비평, 심리주의 비평, 신화 비평 등

13. 다음 작품을 내재적 관점에서 바라보고 있는 것은?　　　　　2012. 국가직 9급

눈은 살아 있다.
떨어진 눈은 살아 있다.
마당 위에 떨어진 눈은 살아 있다.

기침을 하자.
젊은 시인(詩人)이여, 기침을 하자.
눈 위에 대고 기침을 하자.
눈더러 보라고 마음 놓고, 마음 놓고
기침을 하자.

눈은 살아 있다.
죽음을 잊어버린 영혼(靈魂)과 육체(肉體)를 위하여
눈은 새벽이 지나도록 살아 있다.

기침을 하자.
젊은 시인이여, 기침을 하자.
눈을 바라보며
밤새도록 고인 가슴의 가래라도
마음껏 뱉자.
　　　　　　　　　　　　　　　－ 김수영, 〈눈〉 －

① 시인의 의지적 삶이 곳곳에서 느껴져.
② '눈'과 '기침하는 행위'의 상징성이 뚜렷이 부각되고 있어.
③ 시인은 죽음조차도 별로 두려워하지 않았던 사람인 것 같아.
④ 4 · 19 혁명 이후, 강렬한 현실 인식에서 나온 작품인 것 같아.

1 개성적 문체

어떤 표현이 공통적 유형을 띠는 것이 아닌 독자적인 성격을 지니는 경우로 특정한 필자와 그 문장에서 나타나는 독특성을 지닌 문체이다.

2 유형적 문체

집단적으로 공통되는 문체상의 특성으로 표기 형식이나 어휘, 어법, 수사, 문장 형식, 시대나 지역 사회에 따라 공통적으로 이루어지기는 문체이다.

(1) 문체는 사회 계층과 관계를 가진다.

① '요로원야화기'에 나타난 표현 방법의 차이

> 그듸롤 <u>상등(上等)</u> <u>냥반(兩班)</u>의 밥 먹기롤 ᄀᄅ치리라. 종이 진지롤 <u>고ᄒ거든</u>
>   그대에게   지체 높은 양반   식사예절   하인   아뢰거든
>
> '올니라' 말고 '<u>드리라</u>' ᄒ고, <u>슉닝</u>을 먹으려 ᄒ거든 '가져오라' 말고 '진지ᄒ라'
> 오르게 하라(사동사) 들게 하라.   숭늉
>
> ᄒᄂ니라.

② '춘향전'에 나타난 반상의 높임법의 차이

> 「"<u>져</u> 농군 <u>여봅시</u>. 검은 소로 밧츨 가니 <u>컴컴ᄒ지 아니ᄒ지?</u>" ▶ 하계체(이몽룡의 말)
>   여보시게.(하계체)   아니한가?
>
> 농뷔 <u>딕답ᄒ딕</u>,
>
> "<u>그러키</u>의 밝으라고 벗 <u>다랏지오</u>." ▶ 하오체(농부의 말)
> 그렇기에(캄캄하기에)   달았지요. 높임말
>
> "벗 다라사면 응당 <u>더우려니?</u>"
>   덥겠지?
>
> "<u>덥기</u>의 셩이장 <u>붓쳐지오</u>."
> 덥기에   붙였지요.
>
> "셩이장 붓쳐시니 응당 <u>츠지?</u>"
>
> "<u>츠기</u>의 <u>쇠게</u> 양지머리 잇지오." ▶ 「 」동음이의어에 의한 언어유희
> 차기에   소에게
>
> 이러틋 <u>슈작ᄒ</u> 졔 한 농뷔 ᄂ다ᄅ며 닐오딕,
>   말을 서로 주고받을 때

한마루
양지머리
한마루구멍
셩에
벗
보습
쟁깃술

PART 02
문학 편-1

예제 | 따라잡기

14. 다음 글과 관계 깊은 유형적 문체를 이루는 요소는?

> 셔울 봉사 갓틀진딕 문수하오 웨련만년. 시골 봉사라 문복하오 하며 외고 가니

① 사회 계층의 반영
② 사회 제도 및 구조 반영
③ 지역 사회 반영
④ 시대 상황 반영

15. 다음 글에서 글쓴이가 긍정적으로 평가하는 것만으로 묶인 것은?

2012. 국가직 9급

언어순결주의자들은 국어의 혼탁을 걱정한다. 그들은 국어의 어휘가 외래어에 감염되어 있다고 개탄하고, 국어의 문체가 번역 문투에 감염되어 있다고 지탄한다. 나는 국어가 혼탁하다는 그들의 진단에 동의한다. 그러나 그 혼탁을 걱정스럽게 생각하지는 않는다. 우선, 국어의 혼탁이 현실적으로 불가피한 일이기 때문이다. 외딴섬에 이상향을 세우고 쇄국의 빗장을 지르지 않는 한 국어의 혼탁을 막을 길은 없다. 그러나 내가 국어의 혼탁을 걱정하지 않는 더 중요한 이유는 내가 불순함의 옹호자이기 때문이다. 불순함을 옹호한다는 것은 전체주의나 집단주의의 단색 취향, 유니폼 취향을 혐오한다는 것이고, 자기와는 영 다르게 생겨 먹은 타인에게 너그러울 수 있다는 것이다. 나는 이른바 토박이말과 한자어(중국산이든 한국산이든 일본산이든)와 유럽계 어휘(영국제이든 프랑스제이든)가 마구 섞인 혼탁한 한국어 속에서 자유를 숨 쉰다. 나는 한문 투로 휘어지고 일본 문투로 굽어지고 서양 문투로 닮은 한국어 문장 속에서 풍요와 세련을 느낀다. 순수한 토박이말과 토박이 문체로 이루어진 한국어 속에서라면 나는 질식할 것 같다. 언어순결주의, 즉 외국어의 그림자와 메아리에 대한 두려움에서 외국인 노동자에 대한 박해, 혼혈인 혐오, 북벌(北伐), 정왜(征倭)의 망상까지는 그리 먼 걸음이 아니다. 우리가 잊지 말아야 할 것은 '순화'의 충동이란 흔히 '죽임'의 충동이란 사실이다.

① 혼탁, 불순, 감염, 섞임
② 자유, 풍요, 세련, 순결
③ 외딴섬, 쇄국, 빗장, 북벌
④ 단색, 유니폼, 순화, 전체주의

"우슈온 자식 다 보깃다. 어더먹는 비렁방이 년셕이 반말지거리가 원일인고?
우스운   보겠다.   걸인. '거지'의 속어   웬일인가?

져런 년셕은 근즁(斤重)을 알게 혀롤 슌빅지 쌔힐가 보다."
언어의 법도가 엄중함   뿌리째   뺄가

그 즁의 늙은 농뷔 닉다르며 왈,

"아셔라, 아이. 그 말 마라. 그분을 솜솜 쓰어보니, 쥬제논 비록 허슐ᄒ나
자셰히 뜯어보니   몸치장이나   허름하지만
몰골

손길을 보아 ᄒ니 양반일시 젹실(的實)ᄒ고, 셰폭ᄌ락이 바히 빙물은 아니로셰.
손맵시   확실하고   도포   전혀 바보, 하찮은 인물

져런 거시 어ᄉ(御史) ᄀᆺᄒ여 무어오니라."
무서우니라.

③ '흥부전'에 나타난 사회 계층에 따른 어휘 사용의 차이

밥이 어떻게 중한 것이라고 밥상을 치셨소? 밥이라 하는 것이 나라에 오르면
얼마나 소중한   치셨소?   임금님께
(정도)
수라요, 양반이 잡수면 진지요, 하인이 먹으면 입시오, 제배(儕輩)가 먹으면 밥
나이, 신분이 같은 사람

이요, 제사에는 진메이니, 얼마나 중한가요?
제사때 신위에게 올리는 밥

(2) 문체는 사회 제도 및 구조를 반영한다.

《월인석보》에 나타난 남존여비의 사상을 반영한 유형적 문체

"사아지라."
(선혜가) 꽃을 사고 싶다.

ᄒ신대 俱夷(구이) 니ᄅ샤ᄃᆡ,
석가모니 부인의 전생 여인

"大闕(대궐)에 보내ᅀᄫᅡ 부텻긔 받ᄌᆞᄫᆶ 고지라 몯 ᄒ리라."
부처님께 바칠   꽃이라

善慧(선혜) 니ᄅ샤ᄃᆡ,
말하시되

"五百(오백) 銀(은) 도ᄂᆞ로 다ᄉᆺ줄기를 사아지라."
돈+ᄋᆞ로 (연꽃) 다섯 줄기를 사고 싶다.

俱夷(구이) 묻ᄌᆞᄫᅡ샤ᄃᆡ,
물으시되

"무스게 쓰시리?" ▶ '~쓰시리잇고'의 생략형
무엇에(무슥+에) 사용하려고 합니까?

善慧(선혜) 對答(대답) ᄒ샤ᄃᆡ,

"부텻긔 받ᄌᆞᄫᅩ리라."
부처님께 바칠 것이다.

俱夷(구이) 쏘 묻ᄌᆞᄫᅡ샤딕,

"부텻긔 받ᄌᆞᄫᅡ 므슴ᄒᆞ려 ᄒᆞ시ᄂᆞ니?"
　　　바치어　　무엇하려　　'-잇고'의 생략형

善慧(선혜) 對答(대답) ᄒᆞ샤딕,

"一切(일체) 種種(종종) 智慧(지혜)를 일워 衆生(중생) 올 濟度(제도)코져 ᄒᆞ노라."
　　　여러 가지　　　　　　　이루어

俱夷(구이) 너기샤딕, '이 男子(남자)ㅣ 精誠(정성)이 至極(지극)홀썬 보ᄇᆡ를 아니
　　　　여기시되　　　　　　　　　　　　하므로

앗기놋다.'
아끼는구나.

ᄒᆞ야 니ᄅᆞ샤딕,
　　　　　　　　　　　　　　　　↑ 2인칭(높임말. 그대의)
"내 이 고ᄌᆞᆯ 나오리니 願(원)ᄒᆞᆫ든 내 生生(생생)애 그딋 가시ᄃᆞ외아지라."
　　　꽃을　　드리겠으니　　　　　　　　　　　　　아내가 되고 싶소이다.

善慧(선혜) 對答(대답) ᄒᆞ샤딕,

"내 조흔 ᄒᆡᆼ뎌글 닷가 일업슨 道理(도리)를 求(구)ᄒᆞ노니 죽사릿 因緣(인연)은 둗디
　　　깨끗한　행적을　닦아　번뇌　불도　　　　　　　　문맥상 '부부가 되는 인연'

몯ᄒᆞ려다."
못하겠다.(단정적표현)

俱夷(구이) 나ᄅᆞ샤딕,

"내 願(원)을 아니 從(종)ᄒᆞ면 고ᄌᆞᆯ 몯 어드리라."
　　　　　　따르면　　　　꽃을　못 얻을 것이다.

善慧(선혜) 니ᄅᆞ샤딕,

"그러면, 네願(원)을 從(종)호리니……." (하략)
　　　2인칭(낮춤말)　따르리니

이는 《월인석보》에 보이는 선혜와 구이의 대화이거니와, 여기에는 元典(원전)에 보이지
　　　　　　　　　　　　　　　　　　　　　　　　　　　'석보상절'의 기준이 되는 '석가보'

않는 남존 여비(男尊女卑)의 성격이 나타나 있다. 곧, 구이는 '쓰시리', 'ᄒᆞ시ᄂᆞ니'와 같이

선혜가 쓰지 않는 높임 표현을 쓰고 있으며, 또 구이의 '그딕'에 대해 선혜는 '네' 라는
　　　　　　　　　　　　　　　　　　　　　　2인칭(높임말)　　　　　　2인칭(높임말)

지칭을 쓰고 있다. 그리고 구이는 '쓰시리', 'ᄒᆞ시ᄂᆞ니'와 같이 어미를 생략한 완곡한 표현
호칭

을 즐겨 쓰는데 비해, 선혜는 '몯ᄒᆞ려다'와 같이 고압적(高壓的)이고 단정적인 표현을 써
　　　　　　　　　　　　　　　　　　　　　상대방을 굴복시키려는 태도

더욱단정적인 표현을 써 더욱 남존여비의 시대상을 반영하는 문체를 감득(感得)하게
　　　　　　　　　　　　　　　　　　　　　　　　　　　　　　　느끼게

한다.

> 고향집에 돌아와서 농사를 한번 지어 보는디, 뼈에 붙은 농사일이 서툰 사람 먼저 알고 사흘거리 잔상처요 닷새마다 몸살이라, 지게 지면 뒤뚱뒤뚱 지게목발 따로 놀고, 삽질이며 괭이질에 도리깨질 쟁기질이 어느 하나 고분고분 손에 붙는 일이 없다. 힘 쓰기는 더 쓰는디 쓰는 힘 헛돌아서, 연장도구 부서먹고 논밭두렁 무너지고, 제 몸뚱이 다치기에 넘 몸뚱이 겁주기라… 뼈빠지게 일한다고 뼈빠진 값 다 받을까. 하루 저녁 비바람에 일년 농사 다 망친다.
> – 서정인, 〈달궁〉 –

① 4·4조의 율격은 판소리에서 고도로 구사되는 것으로, 위의 소설은 판소리 문체를 현대적으로 수용하고 있다.

② 3음보격의 반복적인 사용으로 민요적인 느낌을 주며 향토적인 정서를 환기한다.

③ 판소리의 사설과 닮아 있으며 전통적인 정서를 환기시킨다.

④ 사투리를 적절하게 사용하여 민중적 성격을 드러내고 있다.

---

(3) 문체는 지역 사회를 반영한다.

① '춘향전'에 나타난 지역 사회에 따른 유형적 문체

> '춘향전'에 보면, '셔울 봉사 갓틀진듸 문수(問數)하오 웨련만년, 시골 봉사라
>   같을진대(가정)   점을 쳐서   외치려마는
>   길흉화복 물음
> 문복(問卜)하오 하며 외고 가니'란 구절이 보인다. 이는 서울 맹인은 "문수하오."
> 문수하오'와 같은 뜻   외치고
> 하는데, 남원 맹인은 "문복하오."라 한다는 말로, 지역에 따라 표현 양식이 다름을 단적으로 나타내 준 말이다.

② 1920년대의 사회 단평

> 남의 집에 가서 주인을 찾을 때에, 시골서는 보통 "주인 계십니까?" 하고 단도직입(單刀直入)으로 찾지마는, 서울서는 "이리 오너라!" 하고 우선 누구든지 대문간으로 나오라고 한다. 서울 사람의 표현과 시골 사람이 표현이 달라 지역 사회를 반영하는 문체의 특징을 보여 준다.

(4) 문체는 시대 상황을 반영한다.

① 주인 찾는 방식

> 앞에서 우리는, 1920년대에 주인을 찾는 방식이 서울에서는 "이리 오너라!"라 하고, 시골에서는 "주인 계십니까?"라 한다는 것을 보았다. 그러나 요즈음은 아무 데서도 이러한 표현을 잘 안 쓴다. 오히려 "여보세요."란 표현이 즐겨 쓰이고 있다. 이는 "이리 오너라."와 "주인 계십니까?"가 지난날의 사회상을 반영하고 있음을 의미한다.

② 표기 형식

> 지난 날의 사회상을 반영하는 대표적인 문체에는 국한 혼용체(國漢混用體)가 있다. 개화기의 국한 혼용체는 말만이 혼용체일 뿐, 한자말에 토를 단 정도의
>   형식적으로는   구결
> 문체였다. 이는, 당시 글이라면 한문만을 생각하던 시대였기 때문에 피할 수 없는
>   불가피(不可避)한
> 상황이었다 하겠다.
> 그러기에 《서유견문(西遊見聞)》을 본 저자의 친구는 국한 혼용이 "文家(문가)의
>   유길준   문장가
> 軌度(궤도)를 越(월)ᄒ야 具眼者(구안자)의 譏笑(기소)를 未免(미면)ᄒ리로다."란
> 바른 길   넘어서(벗어나서) 지식인   비웃음. 조소(嘲笑) 면치 못하리로다.
> 평언을 하고 있는 것이다.
> 평가하는 말. 혹평(酷評)
> 이 때의 문체를 《서유견문》에서 보면 다음과 같다.

夫(부) 人民(인민)의 權利(권리)는 基(기) 自由(자유)와 通義(통의)를 謂(위)홈이로, 決斷(결단)코 任意放蕩(임의방탕)ᄒᄂᆞ는 趣旨(취지) 아니며, 非法縱恣(비법종자)ᄒᄂᆞ는 擧措(거조) 아니오, 又(우) 他人(타인)의 事體(사체)는 不顧(불고)ᄒᆞ고, 自己(자기)의 利慾(이욕)을 自程(자정)ᄒᄂᆞ는 意思(의사) 아니라.

그러나 이러한 국한 혼용체는 오늘날에는 볼 수 없는 것이다.

오히려 歐文(구문)의 번역조 같은 문체가 橫行(횡행)하는 것이 오늘의 현실이다.
　　　　　서구 문장　　　국어의 어법에 맞지 않는　제멋대로 활보하는

이는 외국어 학습이 일반화되어 그 번역 과정에서 빚어진 것이다.

－ 박갑수, 〈문체와 사회〉 －

1 수사법의 3원칙

(1) **조화(調和)의 원칙**: 문장에 균형과 정제의 미를 주도록 한다. [변화]

(2) **구상(具象)의 원칙**: 추상적인 것을 구체적인 것으로 형태를 부여하여 뚜렷한 인상을 주도록 한다. [강조]

(3) **증의(增義)의 원칙**: 어떤 사물에 다른 사물의 의미를 더함으로써 내용을 풍부하게하고 상상의 여지를 주도록 한다. [비유]

2 수사법의 종류

수사법	개념	종류
비유법	표현하고자 하는 사물(원관념)을 그것과 유사성이 있는 다른 사물(보조 관념)로 표현하여 선명한 인상을 제시하거나 함축성 있는 의미를 나타내는 기법	직유법, 은유법, 상징법, 대유법, 중의법, 활유법, 의인법, 의성법, 의태법, 풍유법, 희언법
강조법	표현하려는 내용을 보다 강렬하게 드러내는 표현 기법	과장법, 영탄법, 반복법, 점층법, 점강법, 대조법, 현재법, 미화법, 열거법, 비교법, 억양법, 연쇄법, 명령법
변화법	문장의 단조로움을 회피하도록 변화를 주어 독자의 주의를 환기시키는 표현 기법	도치법, 설의법, 문답법, 인용법, 대구법, 반어법, 역설법, 돈호법, 생략법, 경구법, 돈강법, 비약법

(1) 비유법

표현하고자 하는 사물이나 관념을 그것과 유사한 다른 사물이나 관념에 빗대어 제시하는 표현 방법이다.

① **직유법**: 원관념과 보조 관념을 '마치, ~처럼, ~듯이, ~인양, ~같은' 등의 연결어를 사용하는 비유법이다.

> 예
> • 병든 나무처럼 생명이 부대낄 때 (유치환, '생명의 서')
> • 구름에 달 가듯이 가는 나그네 (박목월, '나그네')
> • 번개와 같이 떨어지는 물방울은 (김수영, '폭포')
> • 산허리는 온통 메밀밭이어서 피기 시작한 꽃이 소금을 뿌린 듯이 흐붓한 달빛에 숨이 막힐 지경이다. (이효석, '메밀꽃 필 무렵')
> • 육신이 흐느적하도록 피로했을 때만 정신이 은화(銀貨)처럼 맑소. (이상, '날개')

② **은유법**: 원관념과 보조 관념을 연결이 없이 직접 결합시키는 표현 기법이다.

  ㉠ A = B: 원관념과 보조 관념이 'A는 B이다'의 형식

  > 예 • 내 마음은 호수요. (정지용, '호수')
  > • 낙엽은 폴란드 망명 정부의 지폐 (김광균, '추일서정')
  > • 수필은 난(蘭)이요, 학(鶴)이요, 청초하고 몸맵시 날렵한 여인이다. (피천득, '수필')
  > • 나는 한 마리의 어린 짐승 (김종길, '성탄제')
  > • 이것(깃발)은 소리 없는 아우성 (유치환, '깃발')
  > • 나는 나룻배, 당신은 행인, 당신은 흙발로 나를 짓밟습니다. (한용운, '나룻배와 행인')
  > • 얇은 사 하이얀 고깔은 고이 접어서 나빌레라. (조지훈, '승무')

  ㉡ A의 B: 원관념이 보조 관념을 꾸미듯이 연결

  > 예 • 낙엽의 산더미 (산더미처럼 쌓여 있는 낙엽)
  > • 기쁨의 열매를 거두는 성실한 일꾼으로 자라나야 할 것이다.
  > • 삶은 언제나 은총(恩寵)의 돌층계의 어디쯤이다. 사랑도 매양 섭리(攝理)의 자갈밭의 어디쯤이다. (김남조, '설일')

  ㉢ ? = B: 원관념이 직접 드러나 있지 않고 보조 관념만 드러나 있는 것

  > 예 • 귀밑에 해묵은 서리 (백발)
  > • 퍼뜩 차창으로 스쳐 지나가는 인정아 (고향 풍경)
  > • 조그만 담배 연기를 내뿜으며 급행열차가 들을 달린다. (기차의 굴뚝 연기)
  > • 하늘도 그만 지쳐 끝난 고원(高原) 서리발 칼날진 그 위에 서다. (매섭고 준열한 일제 치하의 현실)

  ㉣ **사은유(死隱喩)**: 처음 비유되었을 때는 참신했지만, 오랜 세월 동안에 그 참신성을 잃은 것

  > 예 인생은 일장춘몽. 심금을 울리다. 십자가를 지다.

③ **상징법**: 표현하고자 하는 추상적 관념은 보이지 않고 보조 관념만으로 다른 사물을 나타내는 기법이다.

  ㉠ 역사적 상징: 오래 사용하여 굳어진 의미를 나타내며 모든 사람들에게 보편적으로 인정되는 상징(관습적, 제도적, 전통적 상징)

  > 예 국화(지조, 절개), 십자가(기독교), 빨간 마후라(공군 조종사)

  ㉡ 창조적 상징: 새로운 의미를 부여하며 작가 개인이 작품 속에서 만들어 낸 상징(문학적, 사적, 개인적 상징)

  > 예 • 한 송이의 국화꽃을 피우기 위해 (원숙미)
  > • 지금은 남의 땅 —빼앗긴 들에도 봄은 오는가? (국권의 상실)
  > • 해야 솟아라, 해야 솟아라, 말갛게 씻은 얼굴 고운 해야 솟아라. (광명, 평화)
  > • 모란이 피기까지는/ 나는 아직 나의 봄을 기다리고 있을 테오. (순수한 미적 대상)

④ **대유법**: 사물의 부분이나 특징으로 대상 전체를 나타내는 비유법이다.

  ㉠ 제유법: 부분을 들어 전체를 표현하는 방법

  > 예 • 무릇 피와 기운이 있는 것은 사람으로부터 소, 말, 돼지, 양, 벌레, 개미에 이르기까지 모두가 한결같이 살기를 원한다. (생명)
  > • 강호(江湖)애 병이 기퍼 (자연)
  > • 사람은 빵으로만 살 수 없다. (식량)
  > • 새 노래는 공으로 들으랴오 (자연)

17. 다음은 일상적인 언어생활에서 흔히 보게 되는 비유의 예이다. 이 가운데 비유의 방식이 다른 하나는?

2007. 국가직 7급

① 내 마음은 호수요.
② 사랑은 여행이다.
③ 영화계에 새 얼굴이 나타났다.
④ 사장님은 지금 저기압이다.

18. 다음 글에서 비유법이 사용되지 않은 문장은?

2015. 지방직 7급

> ㉠ 말은 생각을 담는 그릇으로 생각이 맑고 고요하면 말도 맑고 고요하게 나온다. ㉡ 청산유수처럼 거침없이 쏟아 놓는 말에는 선뜻 믿음이 가지 않는다. ㉢ 우리는 말을 안해서 후회하는 일보다 말을 쏟아 버렸기 때문에 후회하는 일이 더 많다. ㉣ 때론 말이 사람을 죽일 수도 있다는 것을 생각하면 말은 두려워해야 할 존재임이 틀림없다.

① ㉠
② ㉡
③ ㉢
④ ㉣

제유는 경우에 따라 '1:多'의 관계가 성립되나, 환유는 원관념과 보조 학습이 '1:1'의 관계인 경우가 많다. 특히 '사람 이름'을 통해서 무엇인가를 의미하는 것은 '제유'로 볼 수도 있고, '환유'로 볼 수도 있다.
예 • 제아무리 <u>대원군</u>이 살아 돌아온다 해도 ('문화 폐쇄주의자'의 뜻)
• 나는 <u>안중근</u>이 될 것이다. 결코 <u>이완용</u>이 되지는 않겠다. ('애국지사'–'매국노'의 뜻)

ⓛ **환유법**: 사물의 속성이나 특징, 밀접한 관계가 있는 것을 보조 관념으로 취하여 대상 자체를 표현하는 방법
예 • <u>펜</u>은 <u>칼</u>보다 강하다. (펜: 글과 지식, 칼: 무력)
• <u>흰옷</u> 입은 소녀의 불멸의 순수 (우리 민족)
• <u>바지저고리</u> (시골 사람, 어리석고 무능한 사람)
• 달빛을 타고 아련히 파고드는 <u>브람스</u> (브람스가 작곡한 음악)
• <u>요람</u>에서 <u>무덤</u>까지 ('요람'은 인생의 유년기, '무덤'은 죽음을 뜻함.)

⑤ **의성법**: 의성어를 사용하는 표현 기법으로 '사성법(寫聲法)' 또는 '성유법(聲喻法)'이라 한다.
예 • <u>둥기둥</u> 줄이 울면 초가삼간 달이 뜨고 (정완영, '조국')
• 이 골 물이 <u>주루루룩</u> 저 골 물이 <u>쌀쌀</u>. 저 건너, 병풍석(屏風石)으로 <u>으르렁 콸콸</u> 흐르는 물결이 은옥(銀玉) 같이 ('유산가')

⑥ **의태법**: 의태어를 사용하는 표현 기법으로 '시자법(示姿法)'이라 한다.
예 • 오늘같이 흐리지 않는 날이면, 동해의 푸른 물결이 공중에 달린 듯이 떠 보이고 그 위를 지나가는 큰 돗 작은 돛까지 <u>나비의 날개처럼</u> <u>곰실곰실</u> 움직인다 한다. (직유법, 의태법)
• 원산(遠山)은 <u>첩첩(疊疊)</u>, 태산(泰山)은 <u>주춤</u>하여, 기암(奇巖)은 <u>층층(層層)</u>, 장송(長松)은 <u>낙락(落落)</u> ('유산가')

⑦ **활유법**: 무생물·비정물을 생물·정물화하는 표현 기법이다.
예 • 어둠은 <u>새를 낳고, 돌을 낳고, 꽃을 낳는다.</u> (박남수, '아침 이미지')
• 길은 지금 <u>산 허리에 걸려 있다.</u> (이효석, '메밀꽃 필 무렵')
• 산 넘어 산 넘어서 <u>어둠을 살라먹고,</u> 산 넘어서 밤 새도록 <u>어둠을 살라먹고</u> (박두진, '해')

⑧ **의인법**: 사물에 인격을 부여하는 표현 기법으로 객관적 상관물을 통한 감정 이입이 강하게 드러난다.
예 • 소낙비를 그리는 너는 <u>정열의 여인</u> (김동명, '파초')
• 울어 보렴 목놓아 울어나 보렴 <u>오랑캐꽃.</u> (이용악, '오랑캐꽃')
• 벼는 가을 하늘에도 <u>서러운 눈 씻어 맑게 다스릴 줄 알고</u> (이성부, '벼')
• 산은 <u>사람들과 친하고 싶어서/ 기슭을 끌고 마을에 들어오다가도……</u> (김광섭, '산')
• 모든 산맥들이 <u>바다를 연모해 휘달릴 때에도</u> (이육사, '광야')

⑨ **중의법**: 하나의 말을 가지고 두 가지 이상의 의미를 나타내는 방법이다.
예 • 청산리 벽계수(碧溪水)야 수이 감을 자랑 마라.
일도창해(一到滄海)하면 돌아오기 어려우니
<u>명월(明月)</u>이 만공산(滿空山)하니 쉬어 간들 어떠리. (황진이 시조)
• <u>수양산</u> 바라보며 이제(夷齊)를 한(恨)하노라.
주려 죽을진들 <u>채미</u>도 하나 것가.
비록애 푸새엣 것인들 긔 뉘 따해 났다니. (성삼문 시조)
• 남원 읍내 추절(秋節) 들어 떨어지게 되었더니, 객사에 봄이 들어 <u>이화 춘풍(李花春風)</u> 날 살린다. ('춘향전')
• 머리맡에 성경을 얹어 주고 / 나는 옷자락에 흙을 받아 / 좌르르 하직했다. (박목월, '하관')

기출 따라잡기

19. 다음 문장에 쓰인 수사법과 같은 수사법이 쓰인 것은? 2014. 서울시 9급

우리 옹기는 양은 그릇에 멱살 잡히고 플라스틱류에 따귀를 얻어맞았다.

① 그는 30년 동안 입고 있던 유니폼을 벗고서 붓을 들기 시작했다.
② 지금껏 역사를 굽어본 강물은 말 없이 흐른다.
③ 돈을 잃는 것은 적게 잃는 것이지만 명예를 잃는 것은 많이 잃는 것이고 건강을 잃는 것은 모든 것을 잃는 것이다.
④ 보고 싶어요, 붉은 산이, 그리고 흰 옷이.
⑤ 내 마음은 호수요 그대 노 저어 오오.

⑩ **풍유법(Allegory)**: 속담, 격언 등을 보조 관념으로 하여 원관념을 암시적으로 드러내는 방법이다.

> 예
> • 초록은 동색이요 가재는 게 편이라, 양반은 도시 일반이오그려. ('춘향전')
> • 쥐를 잡기만 하면, 고양이의 색깔은 가리지 않겠다. [중국의 현대화만 이룩된다면, 미국이든 일본이든 가리지 않고 제휴하겠다. (등소평의 말)]
> • 간밤의 부던 바람에 눈서리 치단 말가.
>   낙락 장송이 다 기우러 가노매라.
>   하믈며 못다 핀 곳이야 닐러 므삼 흐리오 (유응부의 시조)

⑪ **희언법(언어 유희)**: 같은 말을 다른 뜻으로 쓰거나 동음이의어(同音異議語)를 써서 뜻의 묘(妙)를 부리는 기교이다.

> 예
> • 개잘량이라는 '양'자에 개다리 소반이라는 '반'자 쓰는 양반 나오신단 말이오. ('봉산탈춤')
> • 너의 서방인지 남방인지 걸인 하나가 내려왔다. ('춘향전')

(2) **강조법**: 의미나 이미지를 뚜렷하게 나타내기 위하여 한층 강하고 절실하게 표현하는 기법이다.

① **과장법**: 사물의 수량, 상태, 성질을 실제보다 더 늘이거나 줄여서 표현하는 방법이다.

　㉠ 향대 과장: 실제보다 더 크고 강하게 나타내는 것(小 ⇨ 大)

> 예
> • 눈(眼)이 십 리나 들어갔다.
> • 우리 아가 방긋 웃으면 / 온 세상이 / 모두 웃네요.
> • 삼백예순 날 하냥 섭섭해 우웁내다. (김영랑, '모란이 피기까지는')

　㉡ 향소 과장: 실제를 더 작게 나타내는 것(大 ⇨ 小)

> 예
> • 쥐꼬리만한 월급
> • 간에 기별도 안 간다.
> • 이제는 아득한 산꼭대기에 겨우 싸라기만큼이나 햇볕이 남아 있어

② **점층법**: 표현하려는 내용을 점점 크고 높게, 넓고 강하게 나타내는 표현 방법이다.

> 예
> • 수신제가치국평천하(修身齊家治國平天下)
> • 신록은 먼저 나의 눈을 씻고, 나의 머리를 씻고, 나의 가슴을 씻고, 다음에 나의 마음의 모든 구석구석을 하나하나 씻어 낸다. (이양하, '신록예찬')

③ **점강법**: 표현하려는 내용을 점점 작고 낮게, 좁고 약하게 나타내는 표현 방법이다.

> 예
> • 봄, 여름, 가을, 겨울, 두루 사시(四時)를 두고 자연이 우리에게 내리는 혜택에는 제한이 없다. 그러나 그 중에도 그 혜택을 풍성히 아낌없이 내리는 시절은 봄과 여름이요, 그 중에도 그 혜택을 가장 아름답게 나타내는 것은 봄, 봄 가운데도 萬山(만산)에 綠葉(녹엽)이 싹트는 이때일 것이다. (이양하, '신록예찬')

기출 │ 따라잡기

20. 다음 시조에 대한 설명으로 가장 옳은 것은? 2017. 서울 사복직

> 까마귀 싸호는 골에 백로야 가지 마라
> 성낸 까마귀 흰빛을 새울세라
> 청강(淸江)에 일껏 씻은 몸을 더럽힐까 하노라

① 작자는 정몽주의 아버지로 알려져 있다.
② 색의 대비를 통해 까마귀를 옹호하고 있다.
③ '새울세라'는 '고칠까봐 두렵구나'로 해석할 수 있다.
④ 수사법상 비유법을 사용하고 있다.

기출 │ 따라잡기

21. 다음 글에 사용된 표현 기법이 아닌 것은? 2020. 경찰 1차

> 당신 같으면 어느 쪽을 선택할 것인가. 나의 선택은 마을의 불빛들이다. 불빛들은 갓 핀 달리아 꽃송이이다. 세 칸 집 안에 사는 사람들의, 꿈과 노동과 상처와 고통의 시간들의 은유이기도 하다. 아름다움보다는 쓸쓸함이, 기쁨보다는 아쉬움의 시간들이 훨씬 많았을 텐데도 그들은 말없이 불을 켜고 지상의 시간들을 지킨다. 어떤 불빛들은 밤을 새우기도 한다.

① 문답법
② 점층법
③ 은유법
④ 의인법

④ **비교법**: 성질이 비슷한 두 가지의 사물이나 내용을 비교함으로써 한 쪽을 강조하는 방법이다.

> 예
> - 너의 넋은 수녀보다도 더욱 외롭구나! (김동명, '파초')
> - 강낭콩꽃보다도 더 푸른 그 물결 위에 양귀비꽃보다도 더 붉은 그 마음 흘러라. (변영로, '논개')

⑤ **대조법**: 서로 대립되는 단어나 의미를 맞세워 그 차이에 의하여 강하게 표현하는 방법이다.

> 예
> - 인생은 짧고, 예술은 길다. (의미의 대립)
> - 강이 파라니 새가 더욱 희고 (색채의 대립)
> - 들을 제는 우레러니 보니는 눈이로다. (청각과 시각의 대립)
> - 산천은 의구(依舊)하되 인걸은 간 데 없다. (자연의 영원성과 인생의 유한성 대조)

⑥ **열거법**: 문장 성분상 같은 자리에 유사한 성질의 여러 사실이나 대상을 늘어놓는 표현 방법이다.

> 예
> - 별 하나의 추억과 별 하나에 쓸쓸함과 별 하나에 동경과 별 하나에 시와 별 하나에 어머니, 어머니……. (윤동주, '별 헤는 밤')
> - 약빠르게 떠나는 패도 있었다. 어물 장수도, 땜장이도, 엿장수도, 생강 장수도 꼴들이 보이지 않았다. 내일은 전부와 대화에 장이 선다. (이효석, '메밀꽃 필 무렵')

⑦ **반복법**: 같은 단어나 구절, 문장을 반복하여 운율감과 뜻을 강조하는 방법이다.

> 예
> - 고향으로 돌아가자, 나의 고향으로 돌아가자. (이병기, '고향으로 돌아가자')
> - 산에는 꽃 피네 / 꽃이 피네 / 갈 봄 여름 없이 / 꽃이 피네. (김소월, '산유화')
> - 살어리 살어리랏다 청산에 살어리랏다.
>   멀위랑 다래랑 먹고 청산에 살어리랏다. ('청산별곡' 1연)
> - 꽃을 주세요 우리의 고뇌를 위해서 / 꽃을 주세요 뜻밖의 일을 위해서
>   꽃을 주세요 아까와는 다른 시간을 위해서 (김수영, '꽃잎 2')
> - 해야 솟아라, 해야 솟아라, 말갛게 씻은 얼굴 고운 해야 솟아라. (박두진, '해')

⑧ **억양법**: 먼저 누르고 추어올린다거나, 추어올렸다가 내리깎는 표현 기법이다.

> 예
> - 몰골은 흉악하지만 문자 속은 기특하오.
> - 네 아무리 기골이 장대하고 위풍이 있다 하나 언변이 없고 의사 부족하니 ('별주부전')
> - 제주도는 조그만 섬이지만 해양의 관문이다.
> - 한국의 주지시는 반낭만주의적 처지에서 '방법의 지각'을 가지려 했다는 것은 시사상(詩史上)의 획기적인 일이다. 그러나 방법의 기초가 되는 인생관과 세계관에 대한 인식이 없었다.

⑨ **미화법**: 대상이나 내용을 평범한 것을 뛰어나게, 불완전한 것을 완전하게, 추한 것을 아름답게 나타내는 방법이다.

> 예
> - 화장실, 해우소
> - 우리 집에 양상군자가 있었구나. (도둑, 쥐)
> - 아아, 나에게 위안을 주고 원조를 주는 천사여. (아내)
> - 백의의 천사들의 따뜻한 마음씨는 오래도록 잊혀지지 않았다. (간호사)

➕ 플러스 대조의 기법을 사용한 작품

(1) 이육사 '교목': 바람 ⇔ 교목
(2) 김수영 '눈': 눈과 기침의 선명한 대조
(3) 이상 '거울': 현실적 자아 ⇔ 본질적 자아
(4) 한용운 '님의 침묵': 푸른 산빛 ⇔ 단풍나무 숲, 황금의 꽃 ⇔ 차디찬 티끌
(5) 박남수 '새': 포수(폭력, 비정, 문명) ⇔ 피에 젖은 한 마리 상한 새(파괴된 순수 자연)

⑩ **연쇄법**: 앞 구절의 끝말을 다음 구절의 첫 말로 삼아 이어가는 기법이다.

> 예 • 고인도 날 몯 보고 나도 고인 몯 뵈
>
> 고인을 몯 뵈도 녀던 길 알ᄑᆡ잇ᄂᆡ
>
> 녀던 길 알ᄑᆡ잇거든 아니 녀고 엇뎔고 (이황, '도산십이곡')
>
> • 닭아, 닭아 우지 마라, 네가 울면 날이 새고 날이 새면 나 죽는다. 나 죽기는 섫지 않으나 ……. ('심청전')

⑪ **현재법**: 과거나 미래를 현재 시제를 사용하여 표현하는 기교이다.

> 예 • 세종 대왕은 호령한다.
>
> • 보살들이 永劫(영겁)의 명상에 잠긴 석가여래를 둘러선다. 아무도 말하지 않는다. 이때마다 뻐꾹새가 운다.
>
> • 그는 살아 움직인다! 그의 몸엔 분명히 맥이 뛰고 피가 흐른다. 지금이라도 선뜻 벽을 떠나 지그시 감은 눈을 뜨고 빙그레 웃을 듯. (현진건, '불국사 기행')

⑫ **영탄법**: 기쁨, 슬픔, 놀람, 분노 등의 인간 감정을 있는 그대로 드러내어 강조하는 방법이다.

> 예 • 내 누님같이 생긴 꽃이여. (서정주, '국화옆에서')
>
> • 님이여, 사랑이여, 아침 볕의 첫걸음이여. (한용운, '찬송')
>
> • 돌아설 듯 날아가며 사뿐히 접어올린 외씨버선이여! (조지훈, '승무')

⑬ **명령법**: 강조하거나 서술의 변화 등의 효과를 내기 위해 명령형으로 표현하는 방법이다.

> 예 • 보라, 저 빛나는 태양을.
>
> • 눈을 들어 하늘을 우러러보고 먼 산을 바라보라.

(3) **변화법**: 단조롭게 흐르는 글에 다양한 변화를 주어 독자의 주의를 환기하는 표현 기법이다.

① **역설법(Paradox)**: 표현된 말은 논리나 어법에 어긋나지만 그 속에 진리를 포함하는 표현 기법이다.

> 예 • 군중 속의 고독
>
> • 외로운 황홀한 심사
>
> • 괴로웠던 사나이, 행복한 예수 그리스도처럼
>
> • 이것은 소리 없는 아우성 (바람에 나부끼는 깃발을 표현)
>
> • 시를 쓰면 이미 시가 아니다. (시의 작위성을 경계)
>
> • 어린이는 어른의 아버지다. (어린이의 순수성과 진실성을 표현)
>
> • 정작으로 고와서 서러워라. (서러움을 느낄 만큼 곱다.)
>
> • 타고 남은 재가 다시 기름이 됩니다.
>
> • 님은 갔지마는 나는 님을 보내지 아니하였습니다.
>
> • 결별이 이룩하는 축복에 싸여 / 지금은 가야 할 때.
>
> • 우리들의 사람을 위하여서는 / 이별이, 이별이 있어야 하네.
>
> • 천추(天秋)에 죽지 않는 논개여, / 하루도 살 수 없는 논개여.
>
> • 나는 향기로운 님의 말소리에 귀먹고 꽃다운 님의 얼굴에 눈 멀었습니다.
>
> • 님이여, 당신은 의(義)가 무거웁고 / 황금(黃金)이 가벼운 것을 잘 아십니다.

기출 따라잡기

22. 다음 중 수사법이 다른 하나는?
　　　　　　　　　　2012. 서울시 9급

① 이것은 소리 없는 아우성
② 황홀한 비애
③ 찬란한 슬픔의 봄
④ 해설피 금빛 게으른 울음을 우는 곳
⑤ 결별이 이룩하는 축복

서사작품에 등장하는 인물의 행동이나 그 상황에 관련된 아이러니로, 인물이 실제의 상황에 어울리지 않는 행동을 하거나, 행동이나 사건의 진행과는 정반대의 결과가 초래된다.
예 〈운수 좋은 날〉, 현진건
　김 첨지의 운수가 좋을수록 독자는 이와는 반대되는 비극적 결말을 예상하게 된다. 결국 소설의 결말부에서 표면적인 사건의 진행과는 정반대의 파국을 맞이하게 된다.

② **반어법(Irony)**: 겉으로 표현한 의미와 속으로 숨어 있는 의미를 서로 반대되게 나타내는 방법이다.

예 • 죽어도 아니 눈물 흘리오리다.
　• 요, 얄미운 것 (귀여운 경우)
　• 인물 났네. (잘못을 저지른 친구를 보고)
　• 바삭바삭하는 가는 모래 벼랑에 / 군밤 닷 되를 심습니다.
　　그 밤이 움이 돋아 싹이 나야만 / 덕 있는 임을 이별하고 싶습니다. (고려 가요 '정석가')
　• 먼 훗날 당신이 찾으시면 / 그때에 내 말이 잊었노라….
　　오늘도 어제도 아니 잊고 / 먼 훗날 그 때에 잊었노라. (김소월, '먼 후일')
　• 일세의 혁명가가 인제 중학교나 면한 어린애를 친구라기는 창피도 할 걸세. 대단 영광일세. (염상섭, '삼대')

➕ 플러스 반어적 성격의 작품과 명명

(1) 전영택의 '화수분': 주인공의 이름은 화수분(재물이 계속 나오는 보물 단지)인데, 실생활은 찢어지게 가난하여 자식도 남에게 주고 부부가 죽음에 이른다.
(2) 현진건의 '운수 좋은 날': '운수 좋은 날'이란 말은 가장 참혹하고 비통한 날에 대한 반어적(反語的) 표현이다.
(3) 채만식의 '태평천하': 억압과 고통의 식민지 사회를 오히려 태평천하로 인식하고 있다.
(4) 채만식의 '치숙': 겉으로는 어린 조카의 눈에 비친 사회주의자 삼촌의 모습을 비판하고 있지만 어리석은자는 아저씨가 아니라 서술자 '나' 이다.
(5) 김유정의 '금 따는 콩밭': 주인공이 농사를 통해 진실한 삶을 살지 않고 유혹에 빠져 헛된 꿈(금광)을 꿈으로써 밭에서 금을 캐는 대신 비극적 종말을 맞게 된다.
(6) 김동인의 '감자': 주인공의 이름은 복녀(福女)인데, 그녀의 일생은 험난하고 비극적인 죽음을 맞는다.

③ **설의법**: 누구나 알 수 있는 진술을 일부러 의문 형식을 취하여 스스로 판단하도록 하는 기법이다.

예 • 한 치의 국토라도 빼앗길 수 있는가?
　• 님 향한 일편단심이야 가실 줄이 이시랴. (정몽주 시조)
　• 어디 닭 우는 소리 들렸으랴. (이육사, '광야')
　• 그대의 꽃다운 혼 어이 아니 붉으랴. (변영로, '논개')
　• 그렇지 않아도 구슬픈 내 가슴이어든 심란한 이 정경에 어찌 견디랴?

④ **문답법**: 글 속의 어느 일부분의 문장을 문답 형식을 빌려서 전개시켜 나가는 방법이다.

예 • 아희야, 무릉이 어디오, 나는 옌가 하노라. (조식 시조)
　• 그것은 누구일까요? … 천만 뜻밖에도 바로 우리 아가씨였습니다. (알퐁스 도데, '별')
　• 사람은 무엇을 위하여 사는가? 이상을 위하여 산다. 이상을 위하여 산다는 것은 오직 인간만이 누릴 수 있는 특권이다. (문답법, 연쇄법)

⑤ **대구법**: 가락이 같거나 비슷한 어구를 나란히 하여 형식적 묘미나 조화를 이루는 기법이다.

> 예
> - 범은 죽어서 가죽을 남기고, 사람은 죽어서 이름을 남긴다.
> - 놀거든 뛰디 마나, 셧거든 솟디 마나 (정철, '관동별곡')
> - 압희논 만경류리(萬頃琉璃) 듸희논 천텹옥산(千疊玉山) (윤선도, '어부사시사')
> - 거룩한 분노는 종교보다도 깊고 불붙는 정열은 사랑보다도 강하다. (변영로, '논개')
> - 이성은 투명하되 얼음과 같으며, 지혜는 날카로우나 갑 속에 든 칼이다. (은유법, 대구법, 직유법, 억양법)
> - 층암 절벽(層巖絕壁) 높은 바위 바람 분들 무너지며, 청송 녹죽(靑松綠竹) 푸른 남기 눈이 온들 변하리까? (은유법, 대구법, 설의법)

⑥ **도치법**: 문장 성분의 배열 순서를 뒤바꾸어 내용을 강조하는 기교이다.

> 예
> - 죽어도 아니 눈물 흘리오리다.
> - 나는 아직 기다리고 있을 테요, 찬란한 슬픔의 봄을.
> - 애! 누구인가?/ 이렇게 슬프고도 애달은 마음을/ 맨 처음 공중에 달 줄을 안 그는. (유치환, '깃발')
> - 가을날 노랗게 물들인 은행잎이 / 바람에 흔들려 휘날리듯이 / 그렇게 가오리다 / 임께서 부르시면 (신석정, '임께서 부르시면')

⑦ **돈호법**: 사람이나 사물을 불러 독자의 주의를 환기하는 기법이다.

> 예
> - 청산아! 왜 말이 없이 학처럼만 여위느냐?
> - 아희야, 탁주산채일망정 없다 말고 내어라. (한호의 시조)

⑧ **인용법**: 속담이나 격언, 다른 사람의 말을 인용하여 표현하는 기교이다.

> 예
> - 높이 나는 새가 멀리 본다고 한다. (암인법)
> - 파스칼은 "사람은 생각하는 갈대다."라고 말했다. (명인법)

⑨ **생략법**: 불필요한 부분을 생략하거나, 특징만을 뽑아 내어 독자의 추리에 맡기는 방법이다.

> 예
> - 왔노라, 보았노라, 합격했노라.
> - 입던 옷을 그대로 입혀서 묻어 달라고…….

⑩ **경구법**: 기발한 내용의 어구로써 어떤 진리나 교훈을 자극적으로 깨우쳐 주는 기교이다.

> 예
> - 시간은 금이다.
> - 노력은 성공의 어머니다.
> - 웅변은 은이고 침묵은 금이다.

⑪ **비약법**: 일정한 방향으로 나가던 내용을 갑자기 바꾸어 새로운 방향으로 전개하는 방법이다.

> 예
> - 지루한 여름 한낮, 나뭇잎 하나 흔들리지 않고 담 옆의 호박잎은 축 늘어져 있다. 우렁찬 파도 소리, 삽상한 솔바람, 이가 시린 계곡물이…….
> - 산은 옛 산이로되 물은 옛 물이 아니로다. / 주야에 흐르니 옛 물이 있을쏘냐? / 인걸도 물과 같아야 가고 아니 오노메라. (황진이 시조)
> - 延연秋츄門문 드리드라 慶경會회 南남門문 브라보며, 下하直직고 믈너나니 玉옥節절이 알 픠셧다. (정철, '관동별곡')

➕ 플러스 언어유희(言語遊戲)

같은 말을 다른 뜻으로 사용하거나 동음이의어를 사용하여 해학성을 높이는 표현 방법이다. 주로 말이나 문자를 소재로 한 말장난을 이른다.

> 예
> - 개잘량이라는 '양' 자에 개다리소반이라는 '반' 자 쓰는 양반이 나오신단 말이오.
> - 너의 서방인지 남방인지 걸인 하나가 내려왔다.
> - "져 농군 여봅시, 검은 소로 밧츨 가니 컴컴ᄒ지 아니ᄒ지?" / 농뷔 되답ᄒ되 / "그러키의 밝으라고 볏 다랏지오."

⑫ **돈강법**: 내용이 고조되어 가다가 갑자기 어조를 뚝 떨어뜨리는 기법이다.

예 • 일개 사단의 병력이 투입되었다. 하늘은 비행기의 편대가 덮었다. 그리하여, 그날의 연습은 시작되었다.

• 그리워하는데도 한 번 만나고는 못 만나게 되기도 하고, 일생을 못 잊으면서도 아니 만나고 살기도 한다. 아사코와 나는 세 번 만났다. 세 번째는 아니 만났어야 좋았을 것이다. 오는 주말(週末)에는 춘천에 갔다 오려 한다. 소양강(昭陽江) 가을 경치(景致)가 아름다울 것이다. (피천득, '인연')

기출 따라잡기

23. 다음 시와 같은 표현법이 드러난 것은?   2010. 기상직 9급

나 보기가 역겨워
가실 때에는
죽어도 아니 눈물 흘리오리다.

① 꽃이 피네 꽃이 피네 갈 봄 여름 없이 꽃이 피네.
② 님은 갔지마는 나는 님을 보내지 아니하였습니다.
③ 신록은 먼저 나의 눈을 씻고, 나의 가슴을 씻고, 다음에 나의 마음의 모든 구석구석을 하나하나 씻어낸다.
④ 내 그대를 생각함은 항상 그대가 앉아 있는 배경에서 해가 지고 바람이 부는 일처럼 사소한 일일 것이나 언젠가 그대가 한없이 괴로움 속을 헤매일 때에 오랫동안 전해오던 그 사소함으로 그대를 불러보리라.

24. 다음에서 설명하는 표현 기법을 활용하고 있는 것은?   2009. 국회직 8급

논리적 모순 안에 시적 진실을 내포하고 있는 표현이다. 표면적으로는 서로 어울릴 수 없는 모순처럼 보이지만, 이를 통해 시인은 일상적으로 표현할 수 없는 자신의 감정과 느낌을 효과적이고 참신하게 전달하고 있다.

① 우리들의 사랑을 위하여서는/ 이별이, 이별이 있어야 하네. // 높았다 낮았다 출렁이는 물살과 / 물살 몰아갔다 오는 바람만이 있어야 하네. // 오! 우리들의 그리움을 위하여서는 / 푸른 은핫물이 있어야 하네. // 돌아서는 갈 수 없는 오롯한 이 자리에 / 불타는 홀몸만이 있어야 하네!
② 내 그대를 생각함은 / 항상 그대가 앉아 있는 배경에서 / 해가 지고 바람이 부는 일처럼 사소한 일일 것이나 / 언젠가 그대가 한없이 괴로움 속을 헤매일 때에 / 오랫동안 전해 오던 그 사소함으로 그대를 불러 보리라.
③ 먼 훗날 당신이 찾으시면 / 그때에 내 말이 '잊었노라' // 당신이 속으로 나무라면 / '무척 그리다가 잊었노라' // 그래도 당신이 나무라면 / '믿기지 않아서 잊었노라'
④ 흐르는 강물은 / 길이길이 푸르리니 / 그대의 꽃다운 혼 / 어이 아니 붉으랴. / 아, 강낭콩꽃보다 더 푸른 그 물결 위에 / 양귀비꽃보다도 더 붉은 그 마음 흘러라.
⑤ 모든 산맥들이 / 바다를 연모해 휘달릴 때도 / 차마 이곳을 범하던 못하였으리라.

제 6 절 문예 사조

1 문예 사조의 개념

① 뜻을 같이 하는 문인들이 일정한 유파를 형성하여 문학 운동을 전개하거나 작품을 통해 일정한 사상적 흐름을 드러낸 것이다.

② 문학 사상과 유사한 개념으로, 특정 집단을 형성하거나 시대적 특성을 반영한 사상이라는 점에서 일반적인 문학 사상과 다른 측면이 있다.

③ 서구의 문예 사조는 한국의 근대 문화에 적지 않은 영향을 끼쳤다.

④ 소수의 사람들에 의해 단기간에 전개된 문학적 활동을 두고(예컨대 문학 잡지 발간) 문예 사조라고 할 수는 없다.

2 문예 사조의 흐름과 특징

```
헬레니즘 →   고전주의  (18C말–19C초) 사실주의-자연주의   (19C 후반) (19C말–20C초)
헤브라이즘 → (17C – 18C)  낭만주의      (19C 후반)       유미주의   상징주의
```

(1) 고전주의(古典主義, Classicism)

① 감정을 절제하고 이성을 중시하는 사조이다.

② 조화, 균형, 질서, 균제 등 형식미를 중시하였다.

③ 객관적 · 보편적 · 유형적 · 전통적 · 정적(靜的) 특성을 보인다.

④ 17~18세기 프랑스 문학을 바탕으로 영국, 독일 등 전 유럽에 파급되었다.

⑤ **주요 작가 및 작품**: 단테의 '신곡', 괴테의 '파우스트', 셰익스피어의 '햄릿', 몰리에르의 '수전노', 드라이든, 라신, 사무엘 존슨, 코르네유

(2) 낭만주의(浪漫主義, Romanticism)

① 감정과 음악성을 중시하였다.

② 상상력을 발휘하고 분방한 감정을 표현하였다.

③ 개성(個性)을 중시하고, 자기 고백적이며 미(美)의 상대성, 다양성을 추구하였다.

④ 주관적이고 정열적이며 동적(動的)인 양식으로 이국정조(異國情操, exoticism)를 중시한다.

⑤ 자연과의 교감을 추구하고 이상을 동경하여 신비적이고 초월적인 성격을 지닌다.

⑥ 괴테와 실러를 중심으로 질풍 노도(Strum und Drang) 운동이 전개되었다.

⑦ 18~19세기 독일, 영국, 이탈리아 등에서 전개된 사조이다.

PART 02

문학 편-1

기출 | 따라잡기

25. 다음 중 낭만주의에 대한 설명으로 틀린 것은? 2012. 서울시 9급

① 고전주의의 엄격한 형식과 통제에 대한 반발로 생겨났다.

② 대표적인 작가로는 말라르메, 보들레르, 랭보 등이 있다.

③ 이상 세계를 동경하고 이국 정취를 표방한다.

④ 이성보다 감성을 중시한다.

⑤ 개성적이고 독자적인 형식을 중요시한다.

⑧ **주요 작가 및 작품**: 위고의 '레미제라블', 괴테의 '젊은 베르테르의 슬픔', 워즈워스의 '수선화', 노발리스, 바이런

⑨ **한국의 낭만주의 문학**: 1920년대 초는 3·1운동의 실패 및 서구 상징주의 등의 영향으로 우울하고 감상적인 정서를 격정적으로 표출하는 시가 많이 창작되게 된다. 이러한 경향을 감상적 낭만주의, 혹은 병적 낭만주의라고 한다.

(3) **사실주의**(寫實主義, Realism)

① 19세기 프랑스에서 발생하였다.

② 자연과학의 발달과 콩트의 실증주의에 영향을 받았다.

③ 치밀한 구성을 통하여 현실을 있는 그대로 객관적으로 표현하였다.

④ 기록적 태도를 중시하여 현실의 추악하고 퇴폐적인 부분을 세밀하게 다룬다.

⑤ 현대 소설의 대표적 사조이다.

⑦ **주요 작가 및 작품**: 도스토옙스키의 '죄와 벌', '카라마조프의 형제들', 스탕달의 '적과 흑', 발자크의 '인간 희곡', 플로베르의 '보바리 부인', 투르게네프의 '첫사랑', 모파상의 '여자의 일생'

⑧ **한국의 사실주의 문학**: 1920년대에 이르러 한국 문학은 1910년대의 계몽주의적 문학을 탈피하여 현실에 바탕을 둔 문학적 상상력을 발휘하게 된다. 김동인, 염상섭, 현진건 등의 1920년대 소설가들은 사실주의적 단편소설의 기틀을 확립하였으며, 이후 1930년대에는 당대 상황에 대한 성찰을 담은 장편소설들이 주류를 형성하게 된다. 1930년대 사실주의 문학은 식민지 현실에 대한 성찰, 도시적 삶에 대한 관심과 비판, 지식인의 고뇌와 현실적 문제, 농촌 현실의 문제 등 다양한 내용을 문학적으로 형상화해 독보적인 성취를 이루게 된다.

(4) **자연주의**(自然主義, 졸라이즘)

① 진화론, 물질의 기계적 결정론, 실증주의 사상을 배경으로 발생하였다.

② 자연과학적 결정론(유전 인자, 환경 결정론)을 바탕으로 한다.

③ 사실주의의 특성에 과학적 실험·관찰·해부·분석의 성격이 더해졌다.

④ **주요 작가 및 작품**: 졸라의 '목로 주점', '나나', 하디의 '테스', 입센의 '인형의 집', 존 스타인벡의 '분노의 포도'

(5) **유미주의**(唯美主義, 탐미주의)

① 미(美)의 창조를 예술의 지상(至上)의 목표롤 삼는다.

② 자연미(自然美)을 배격하고 인공미(人工美)를 중시한다.

③ 예술적 형식과 기교를 중시하는 기교주의적 성격이 강하다.

④ '인생을 위한 예술[Art for Life]'이 아니라 '예술을 위한 예술[Art for Art]'을 행한다.

⑤ **주요 작가 및 작품**: 보들레르의 '악의 꽃', 오스카와일드의 '살로메', 다눈치오의 '죽음의 승리'

플러스 **사실주의의 종류**
- 예술적 사실주의(플로베르)
- 사회적 사실주의(발자크)
- 과학적 사실주의(졸라, 자연주의로 분화·발전)

(6) 상징주의(象徵主義, Symbolism)

① 19세기 말 프랑스에서 발생하였다.

② 음악성과 언어의 상징성을 중시한다.

③ 지성화된 감성을 가지고 내적 세계와 외적 세계를 조응(照應)하여 대상을 파악한다.

④ 현대시의 대표적 사조이다.

⑤ **주요 작가 및 작품**: 랭보의 '지옥의 계절', 릴케의 '형상 시집', 말라르메의 '목신의 오후', 베를렌의 '화려한 향연', 보들레르의 '파리의 우울'

(7) 모더니즘(Modernism): 기성 도덕과 전통적 권위를 반대하고, 자유와 평등, 도시의 시민 생활과 기계 문명을 추구하는 예술적 사조이다.

① 주지주의(主知主義)

㉠ 지성, 이미지, 회화성을 중시하였다.

㉡ 기성 도덕과 전통적인 권위를 반대하고 근대성과 도시적·문명적인 특성을 보인다.

㉢ 주요 작가 및 작품: 엘리엇의 '황무지', 발레리, 지드, 헉슬리

② 이미지즘(Imagism)

㉠ 1912년경 흄(T. E. Hulme), 파운드(Ezra Pound) 등을 중심으로 한 영미 시인들에 의해 주창된 새로운 경향을 이른다.

㉡ 사물의 직접적이고 구체적인 묘사로써 명확한 심상을 제시하고자 하는 문학 운동이다.

㉢ 이미지의 색채와 율동을 중시하고, 자유롭게 주제를 선택했다.

㉣ 주요작가: 파운드, 로렌스, 프레이저, 에미로우얼

③ 다다이즘(Dadaism)

㉠ 기존의 모든 가치나 질서를 철저히 부정하는 저항 운동으로 '파괴주의'라고 한다.

㉡ 비이성적·비도덕적인 것을 지향하며, 부정과 야유를 예술 정신으로 한다.

㉢ 실험주의 경향이 강한 예술 운동으로 차라가 중심이 되어 제창되었다.

㉣ 주요 작가: 트리스탄 차라, 엘뤼아르, 아라공, 장코, 센벡

④ 표현주의

㉠ 독일 중심의 혁명적 문예사조이다.

㉡ 삭막한 현실 세계에 사는 개인의 주관 표출을 본령으로 삼았다.

㉢ 사실주의·자연주의의 모방적 성격에 반발하고 예술의 역동성을 추구하였다.

㉣ 주요작가: 게오르그, 토마스 만, 하임

⑤ 초현실주의(超現實主義, Surrealism)

㉠ 다다이즘에서 싹이 텄고 신심리주의와 관련을 맺고 있다.

㉡ 브르통의 초현실주의 선언(1924) 이후 프로이트의 정신분석학의 영향을 받아 발전하였다.

기출 | 따라잡기

26. 다음 서술에 해당하는 문예 사조는? 2008. 서울시 세무직

> 넓은 의미로는 교회의 권위 또는 봉건성에 반항, 과학이나 합리성을 중시하고 널리 근대화를 지향하는 것을 말하지만, 좁은 의미로는 기계 문명과 도회적 감각을 중시하여 현대풍을 추구하는 것을 뜻한다.

① 계급주의

② 개화주의

③ 낭만주의

④ 자유주의

⑤ 모더니즘

© 의식의 세계보다는 무의식의 세계를 강조하였다.

② 외면 세계보다는 내면 세계(심층 심리)를 중시하였다.

◎ 자동 기술법과 의식의 흐름 기법을 사용하였다.

ⓗ 주요 작가 및 작품: 제임스 조이스의 '율리시즈', 버지니아 울프의 '세월', 마르셀 프루스트의 '잃어버린 시간을 찾아서', 윌리엄 포크너의 '소리와 분노'

⑥ **한국의 모더니즘 문학**: 1920년대 중반 이후에 초현실주의, 다다이즘, 주지주의, 이미지즘 등이 본격적으로 도입되면서 구체적 이미지에 의한 지성적인 시가 등장하기 시작하였다. 특히 1930년대 김기림과 김광균, 정지용에 의해 수용된 주지주의와 이미지즘은 구체적 언어를 통한 회화적 이미지의 강조와 이를 통한 지성적 성찰을 통해 우리 시문학사에 큰 공헌을 하게 된다. 또한 이상은 초현실주의적 언어 실험을 통해 불안과 공포의 내면 의식을 노래하여 독자적인 시 세계를 이룩하였다. 이러한 1930년대의 모더니즘은 이후 1950년대에 김수영, 박인환 등의 '후반기' 동인에 의해 계승되어, 후기 모더니즘 시들로 지속되었다.

➕ **플러스**

의식의 흐름

인물의 심리에 있어서 자유스러운 흐름을 표현하기 위해 정상적인 구문이나 문법을 무시하는 기법으로 제임스 조이스의 '율리시즈', 프루스트의 '잃어버린 시간을 찾아서' 등 심리주의 소설에서 시도되었다. 우리 소설은 이상의 '날개', 오상원의 '유예' 등에서 그 예를 찾을 수 있다.

자동 기술법

의식이나 의도가 없이 무의식의 세계를 무의식적 상태로 대할 때 솟구쳐 오르는 이미지의 분류(噴流)를 그대로 기록하는 방법으로 가능한 한 빠른 속도로 지껄이는 독백이나 입에서 오른 사고(思考)를 비판이나 수정이 없이 그대로 기록하는 수법을 말한다.

예 별판한복판에꽃나무하나가있소. 근처(近處)에는꽃나무가하나도없소. 꽃나무는제가생각하는꽃나무를열심(熱心)으로 생각하는것처럼열심으로꽃을피워가지고섰소. 꽃나무는 제가생각하는꽃나무에게갈수없소. 나는막달아났소. 한꽃나무를위(爲)하여그러는것처럼나는참그런이상스러운흉내를내었소.

→ [이상의 '꽃나무'] 일부러 띄어쓰기를 무시하고 연과 행의 구분이 없으며 내용의 일관성을 찾기가 어렵다.

⑻ 실존주의(實存主義)

① 제2차 세계 대전 후 프랑스에서 사르트르에 의해 발생하였다.

② 개체를 전체보다 중시하고, 개인의 중요성을 부각시킨다.

③ 앙가주망(사회 참여)을 통하여 휴머니즘을 추구하려는 시조이다.

④ 극한적 상황을 극복하여 진정한 인간상을 회복하고자 하는 의지를 보인다.

⑤ "실존은 본질에 선행한다."라는 명제를 기본으로 하여 실존의 우위성을 강조한다.

⑥ **주요 작가 및 작품**: 사르트르의 '구토', '벽', 카뮈의 '이방인'(부조리의 문학) · '페스트', '시지프스의 신화', 카프카의 '변신', '심판'

➕ **플러스** **포스트모더니즘**

모더니즘이 지니고 있던 가치와 관념을 거부하며 1960년에 일어난 문화운동이면서 정치·경제·사회의 모든 영역과 관련되는 한 시대의 이념이다. 모더니즘은 혁신이었으나 역설적으로 보수성을 지니고 있었다. 재현에 대한 회의로 개성 대신에 신화와 전통 등 보편성을 중시했고 피카소, 프루스트, 포크너, 조이스 등 거장을 낳았으나 난해하고 추상적인 기법으로 대중과 유리되었다. 개인의 음성을 되찾고 대중과 친근하면서 모더니즘의 거장을 거부하는 다양성의 실험이 포스트모더니즘이었다. 따라서 철학에서는 모던과 포스트모던 상황이 반발의 측면이 강하지만 예술에서는 연속의 측면도 함께 지닌다. 비록 이성과 보편성에 의지했지만 이미 재현에 대한 회의가 모더니즘(현대성)에서 일어났기 때문이다. 따라서 포스트모더니즘은 과거의 전통과 권위, 예술이 지닌 목적성을 거부하고 실험과 혁신, 경계의 파괴 등을 내세운다. 현재 포스트모더니즘은 특정 예술 분야를 넘어 후기 산업 사회의 전반적인 문화 논리, 예술 운동으로 평가되고 있다.

⑦ **한국의 실존주의 문학**: 실존주의는 1950년대 전후 문학에서 등장하였다. 전후 문학은 서구의 실존주의 문학을 수용하면서 극한적 상황 속에서의 인간의 실존에 대한 관심을 보였다. 전쟁으로 인해 파괴된 인간성을 고발하며 이의 극복을 위해 강한 휴머니즘적 정신을 내세우는 것 역시 이들 문학의 특성인데, 손창섭, 장용학, 오상원 등의 작가에게 이러한 경향을 찾을 수 있다.

➕ **플러스** 기타 문예 사조 및 경향

(1) 데카당스(Decadence): '퇴폐, 타락'이라는 말로, 19세기 말 프랑스를 중심으로 한 퇴폐적이고 관능적인 예술 경향으로 뒤에 상징주의로 발전하였다. '세기말 사조' 또는 '퇴폐 문학'이라고도 한다.

(2) 하드 보일드 문학(Hard boiled literature): 원래 '계란을 완숙한다.'라는 뜻이지만, '비정·냉혹'이란 뜻의 문학 용어가 되었다. 불필요한 수식을 일체 빼 버리고, 신속하고 거친 묘사로 사실만을 쌓아 올리는 수법으로 추리 소설에 많이 쓰인다. 헤밍웨이의 '무기여 잘 있거라'가 있다.

(3) 부조리 문학: 인간 존재의 무의미함, 의사 소통의 불가능함, 무력함, 야수성, 비생명성 등 인간이 이루고 있는 상황의 부조리를 아이러니컬하게 나타내는 문학을 말한다. 카뮈의 '이방인'이 있다.

(4) 해빙기 문학: 소련 공산주의 체제하에서 일어난 자유주의적인 반체제(反體制) 문학이다. 대표작으로 파스테르나크의 '의사 지바고', 솔제니친의 '수용소 군도'·'이반 데니소비치의 하루'·'암병동', 에렌부르크의 '해빙기' 등이 있다.

(5) 후기 모더니즘(Post modernism): 모더니즘의 형식, 원리에 대한 반작용으로 일어난 예술 경향으로 1960년 전후의 미국, 프랑스 소설의 실험적 작품이나 구조주의 이후의 전위적 비평을 이른다. '포스트 모더니즘'이다. 대표자로는 바스, 호크스, 베케트, 뷔토르, 로브그리예 등이 있다.

기출 따라잡기

27. **다음 중 문예 사조의 순서가 바른 것은?**   2003. 광주시 9급

① 고전주의–사실주의–자연주의–낭만주의–상징주의
② 고전주의–낭만주의–사실주의–자연주의–상징주의
③ 고전주의–낭만주의–자연주의–사실주의–상징주의
④ 낭만주의–고전주의–사실주의–자연주의–상징주의

시론

▌단원 길잡이

공무원 국어 시험의 단원 중에서 시에 대비하기 위해 과거에는 시에 대한 지식형 문제를 중심으로 공부했다. 그러나 2024년 이후 개편된 시험을 위해서는 개별 작품에 대한 이해와 감상에 중점을 두어서 준비를 해야 한다. 시를 공부할 때는 주제, 시어의 의미와 역할, 운율과 분위기, 표현 방법을 파악해야 한다. 먼저 주제를 파악하기 위해서는 제목, 내용, 분위기를 파악해야 한다. 제목은 내용을 요약하고 있고, 내용은 주제를 구체적으로 담고 있다. 분위기는 주제를 더욱 효과적으로 전달하는 데 중요한 역할을 한다. 시어의 의미와 역할도 파악해야 한다. 시어는 주제를 표현하는 데 중요한 역할을 하며 시어의 의미와 역할을 파악하면 시를 더욱 깊이 이해할 수 있다. 이외에도 운율, 시의 분위기, 표현 방법도 파악해야 한다.

제 1 절 시어의 특성

1 함축성

'함축적 의미'란 느낌이나 분위기, 생각 등이 시어의 지시적 의미에 추가되어 시의 문맥 속에서 '새롭게 형성된 의미'라고 할 수 있다. 일상 언어에서는 사실이나 개념을 주로 전달하는 지시적 의미를 중시하지만 시의 언어는 지시적 의미를 바탕으로, 느낌이나 분위기 및 개성적인 생각 등을 담은 함축적 의미를 중시한다.

(1) 함축적 의미는 일상 언어에서도 나타난다.

일상 언어에서도 함축적 의미가 많이 쓰이지만 그 주된 목적은 정보의 효율적인 전달을 위한 것이고, 시에서는 정서 표현을 위한 것이다.

(1) 눈에 티가 들어가 <u>눈물</u>이 난다.

(2) 고향에 계신 어머님을 생각하며 그는 <u>눈물</u>을 흘렸다.

(3) 월드컵 결승 진출이 확정되자 선수들은 <u>눈물</u>을 흘렸다.

> (1)은 지시적 의미로 쓰였고, (2)는 지시적 의미에 '그리움'이, (3)은 '감격 · 기쁨' 등이 부가된 함축적 의미로 쓰였다.

(2) 함축적 의미는 시의 문맥 속에서 그 의미가 구체화된다.

시어의 함축적 의미는 고정된 것이 아니라 시의 문맥 속에서 그 의미가 구체화되는데, 시어가 지닌 지시적 의미가 확장되어 문맥 속에서 함축적 의미가 드러나기도 하며, 시어에서 연상되는 이미지와 관련하여 함축적 의미가 부가되기도 한다.

예 - 1

성북동 산에 ㉠번지가 새로 생기면서
본래 살던 성북동 비둘기만이 ㉡번지가 없어졌다.
새벽부터 돌 개는 산울림에 떨다가
<u>가슴에 금이 갔다.</u>
그래도 성북동 비둘기는
하느님의 광장 같은 새파란 아침 하늘에
성북동 주민에게 축복의 메시지나 전하듯
성북동 하늘을 한 바퀴 휘 돈다.

― 김광섭, 〈성북동 비둘기〉―

■ 번지

지시적 의미		함축적 의미

땅을 일정한 기준에 따라 나누어서 매겨 놓은 번호, 또는 그 땅	→ 거주지→	㉠ '성북동 주민'이 사는 거주지
		  → 인간의 거주지
		㉡ 성북동 산에 있는 '새'의 거주지
		  → 자연의 터전

■ 가슴에 금이 갔다

'금'의 지시적 의미	시의 문맥	함축적 의미
갈라지지 않고 터지기만 한 흔적	번지가 새로 생김 → 돌깨는 산울림 → 비둘기의 가슴에 금이 감	인간에 의해 자연이 훼손되었다.

예-2

눈은 살아 있다.
죽음을 잊어버린 영혼과 육체를 위하여
눈은 새벽이 지나도록 살아 있다.

― 김수영, 〈눈〉 ―

지금 눈 내리고
매화 향기 홀로 아득하니
내 여기 가난한 노래의 씨를 뿌려라.

― 이육사, 〈광야〉 ―

내 마음속에 처음으로
눈 내리는 풍경
세상은 지금 묵념의 가장자리
지나 온 어느 나라에도 없었던
설레이는 평화로서 덮이노라.

― 고은, 〈눈길〉 ―

함축적 의미의 연상과 유추
시어의 내적 의미보다는 시어에서 연상되는 감각이나 속성을 바탕으로 함축적 의미가 부가되는 경우가 많다. (예-1)의 '번지'가 시어의 의미가 문맥 속에서 확장되면서 함축적 의미를 지니는 것이라면 (예-2)의 '눈'은 그 지시적 의미보다는 '눈'의 이미지를 통해 함축적 의미가 나타난다고 할 수 있다.

⊕ 플러스 ┃ 눈(雪)

(1) 지시적 의미: 대기의 수증기가 응결하여 땅에 내리는 얼음의 결정체
  ▼
(2) 연상되는 속성: 희다. 차갑다. 덮는다
  ▼
(3) 함축적 의미: 순수, 순결, 시련, 고난, 포용, 정화

1. **작품**: 김광규, 〈대장간의 유혹〉
2. **해설**: 김광규 시인의 '대장간의 유혹'의 주제는 현대 문명 속에서 정체성과 개성을 상실한 채 살아가는 삶에 대한 비판과 진정한 삶의 가치를 추구하는 것이다. 화자는 자신이 플라스틱처럼 무의미하고 무기력하게 느껴져 지금까지 살아온 인생이 부끄러워진다. 대장간은 전통적인 가치를 보존하는 공간으로, 화자는 대장간에서 땀 흘려 일하며 자신의 정체성과 개성을 찾고 싶어 한다. 화자는 현대 문명 속에서 대량 생산되고 쉽게 버려지는 플라스틱과 달리, 대장간에서 만들어진 물건이 가치 있다고 생각한다. 이러한 내용을 통해 현대 문명 속에서 살아가는 사람들에게 정체성과 개성을 상실한 채 살아가는 삶을 되돌아보고, 진정한 삶의 가치를 추구하는 것이 중요하다는 메시지를 전달한다.

30. 〈보기〉를 고려할 때 김소월의 시 〈산유화〉에 대한 감상으로 적절하지 않은 것은?
2022. 소방 경력직

보기

자연의 질서는 반복을 통해 지속적으로 재현됨으로써 항구적인 가치를 대표하는 것으로 인식되곤 한다. 특히 시에서는 일시적이고 순간적인 것으로 그려지는 인간의 삶과는 거리가 있는 이상적인 공간으로 그려지기도 한다.

① '산'은 일시적이고 순간적인 인간의 삶을 대변하고 있다.
② '피다'와 '지다'의 반복을 통하여 자연의 영속성을 드러내고 있다.
③ '저만치' 혼자서 피어 있는 '꽃'의 위치를 통해 꽃과 화자와의 거리를 드러내고 있다.
④ '갈 봄 여름'이 작품의 앞과 뒤에 반복되면서 계절의 순환에 대한 화자의 인식을 드러내고 있다.

---

29. 밑줄 친 시어 중 내포적 의미가 유사하지 않은 것끼리 묶은 것은?
2017. 지방직 7급

제 손으로 만들지 않고
한꺼번에 싸게 사서
마구 쓰다가
망가지면 내다 버리는
플라스틱 물건처럼 느껴질 때
나는 당장 버스에서 뛰어내리고 싶다
현대 아파트가 들어서며
홍은동 사거리에서 사라진
털보네 대장간을 찾아가고 싶다
풀무질로 이글거리는 불 속에
시우쇠처럼 나를 달구고
모루 위에서 벼리고
숫돌에 갈아

시퍼런 무쇠낫으로 바꾸고 싶다
땀 흘리며 두들겨 하나씩 만들어 낸
꼬부랑 호미가 되어
소나무 자루에서 송진을 흘리면서
대장간 벽에 걸리고 싶다
지금까지 살아온 인생이
온통 부끄러워지고
직지사 해우소
아득한 나락으로 떨어져 내리는
똥덩이처럼 느껴질 때
나는 가던 길을 멈추고 문득
어딘가 걸려 있고 싶다

– 김광규, 〈대장간의 유혹〉 –

① 플라스틱 물건, 똥덩이
② 찾아가고 싶다, 바꾸고 싶다
③ 털보네 대장간, 직지사 해우소
④ 무쇠낫, 꼬부랑 호미

2 다의성

다의성이란 말이 여러 가지 뜻을 지니는 것을 말한다. 이는 시어가 여러 의미를 함축하고 있기 때문에 필연적으로 나타나는 시어의 특성 중 하나이다. 화자의 정서와 태도를 드러내는 중요한 시어들이 다의적으로 해석되는 경우가 많다.

산(山)에는 꽃피네. / 꽃이 피네.
갈 봄 여름 없이 / 꽃이 피네.

산(山)에 / 산(産)에
피는 꽃은 / 저만치 혼자서 피어 있네.

산(山)에서 우는 작은 새여. / 꽃이 좋아
산(山)에서 / 사노라네.

산(山)에는 꽃 지네. / 꽃이 지네.
갈 봄 여름 없이 / 꽃이 지네.

– 김소월, 〈산유화〉 –

이 시에서 주목할 만한 시구는 2연의 '저만치 혼자서 피어 있네.'라고 할 수 있다. '여기'가 아닌 '저만치 혼자서' 피어 있는 꽃은 꽃과 시적 화자, 꽃과 다른 꽃, 꽃과 새 사이에 거리가 있음을 보여 준다. 그 거리는 공간적인 동시에 심리적 거리로, '혼자서'에서 보듯 합일(合一)될 수 없는 거리이다. 이 거리감을 통해 꽃도, 새도, 사람도 외롭게 살아갈 수밖에 없는 존재이며 그 고독은 꽃이 지는 자연의 순환과 마찬가지로 숙명적인 것이라고 노래하고 있다. '꽃'이 자연이라면 그 거리는 인간과 자연의 거리일 것이고, '꽃'이 추구하는 대상이라면 시적 화자와 대상과의 거리일 것이다. '저만치'는 그러한 거리의 의미와, 외로운 상태나 정황의 의미를 함축적으로 보여준다.

어쳐 내일이야 그릴 줄을 모르더냐.

이시라 하더면 <u>가랴마는 제 구태여</u>

보내고 그리는 정은 나도 몰라 하노라.

－황진이의 시조－

* 구태여: (부정하는 말과 어울려 쓰거나 반문하는 문장에 쓰여) 일부러 애써.

> 통상적인 어법이라면 이 구절은 종장의 '보내고'에 연결하여 읽게 된다. 이 경우 주체가 시적
> 화자가 되어 '제 <u>스스로</u> 보내 놓고'의 뜻이 된다. 그러나 '제 구태여 가랴마는'의 도치로 본다
> 면 '제'는 떠나는 임이 되며 '구태여 가는 사람'은 임이 된다. 임을 보내고 그리워하는 상황이
> 임의 탓인 것 같기도 하고 한편으로는 자신의 탓인 듯도 하다마는 복잡한 심정을 함축함으로
> 써 다양한 해석을 하도록 만들고 있다.
>
> 표현 기법으로 말하자면 '제 구태여'는 행간 걸림이라고 할 수 있다. 행간 걸림이란 일상적인 어
> 법이라면 한 시행에 이어 써야 할 것을 시인이 의도적으로 행을 나누어 배치하는 것을 말한다.

나 돌아가는 날 / <u>너</u>는 와서 살아라

두고 가진 못할 / 차마 소중한 사람

나 돌아가는 날 / 너는 와서 살아라

묵은 순터 / 새 순 돋듯

허구많은 자연 중(自然中) / 너는 이 근처 와 살아라

－신동엽, 〈너에게〉－

> 이 시에서 '너'는 다의성을 지닌다. '두고 가진 못할'이라는 말에서 보듯이, 진정으로 사랑하
> 는 사람일 수도 있고, 죽음을 각오하고서라도 펼치고자 하는 이상(理想)을 뜻할 수도 있다. 그
> 러나 '이 근처'가 '묵은 순터'에서 '새순'이 돋는 곳이란 점을 생각한다면, 자신의 희생으로 좀
> 더 나은 사회에서 살아갈 후손들을 뜻하는 것으로 볼 수도 있다.

PART 02 문학 편-1

＋ 플러스 | 다의성

다의성은 제목에서도 나타난다. 예
를 들어 황동규의 '조그만 사랑 노
래'는 '사랑 노래'가 조그만 것일
수도 있고, 사랑이 '조그만' 것일
수도 있다.

1. 작품: 백석, 〈나와 나타샤와 흰 당나귀〉

2. 주제: 사랑하는 여인에 대한 그리움과 사랑

3. 해설: 이 시는 사랑하는 여인 나타샤를 향한 화자의 그리움과 사랑을 눈 내리는 밤의 아름다운 풍경 속에서 그려내고 있다. 가난한 화자와 아름다운 나타샤의 사랑은 현실적으로는 이루어질 수 없는 것처럼 보인다. 화자는 나타샤와 함께 흰 당나귀를 타고 눈 내리는 세상을 여행하고 싶어 하지만, 현실에서는 혼자 쓸쓸히 소주를 마시며 그녀를 그리워할 뿐이다. 이러한 상황 속에서도 화자는 나타샤를 향한 사랑과 그리움을 포기하지 않는다. 나타샤와 흰 당나귀는 화자에게 순수하고 아름다운 꿈과 희망을 상징한다. 눈 내리는 밤의 아름다운 풍경은 화자의 사랑과 그리움을 더욱 심화시킨다. 이 시는 사랑의 기쁨과 아픔, 그리고 현실과 이상의 갈등을 담고 있으며, 이러한 갈등 속에서도 사랑을 포기하지 않는 화자의 모습을 통해 사랑의 진정한 의미를 되새기게 해준다.

형체로는 분명히 나타나 있지 않은 것을 어떤 방법이나 매체를 통하여 구체적이고 명확한 형상으로 나타내는 것을 말한다. 그러므로 시적 형상화란 시인이 말하고자 하는 바를 시로 표현해 내는 것을 말한다.

---

31. 밑줄 다음 밑줄 친 부분에 대한 설명으로 가장 적절하지 않은 것은?   2018. 경찰직 1차

> 가난한 내가
> 아름다운 나타샤를 사랑해서
> 오늘 밤은 푹푹 눈이 나린다
> 나타샤를 사랑은 하고
> 눈은 푹푹 날리고
> 나는 혼자 쓸쓸히 앉어 ㉠소주(燒酒)를 마신다
> 소주를 마시며 생각한다
> 나타샤와 나는
> 눈이 푹푹 쌓이는 밤 ㉡흰 당나귀 타고
> ㉢산골로 가자 출출이 우는 깊은 산골로 가 마가리에 살자
> 눈은 푹푹 나리고
> 나는 나타샤를 생각하고
> 나타샤가 아니 올 리 없다
> 언제 벌써 내 속에 고조곤히 와 이야기한다
> 산골로 가는 것은 세상한테 지는 것이 아니다
> ㉣세상 같은 건 더러워 버리는 것이다
> 눈은 푹푹 나리고
> 아름다운 나타샤는 나를 사랑하고
> 어데서 흰 당나귀도 오늘 밤이 좋아서 응앙응앙 울을 것이다

① ㉠: 시적 화자의 외로움을 달래주는 수단이다.
② ㉡: '눈', '나타샤' 등과 함께 현실적 괴로움을 상징한다.
③ ㉢: 나타샤와 함께 살고 싶은 이상적 공간이다.
④ ㉣: 벗어나고자 하는 세속적 공간을 의미한다.

3 시적 허용

시에서 예술적 효과를 위해 문법·어법·역사적 사실·과학적 진실 등에서 일탈하는 표현이 허용되는 것을 '시적 허용'이라고 한다. 이는 정서와 주제를 보다 효과적으로 표현하기 위해 의도적으로 사용하는 시적 형상화 방법이다. 이러한 시적 허용에 의한 표현은 크게 사이비 진술과 모순 어법, 신조어의 구사 등으로 구별할 수 있다.

> 나는 아직도 잊을 수가 없다.
> 그날 강물은 나와서 흐르리.
>
> 비로서 채색되는 유유(悠悠)한 침묵.
> 꽃으로 수장(水葬)하는 내일에의 날개짓.
>
> ─박두진, 〈강2〉─

> 1연 1행의 '잊을 수 없다'의 목적어는 2행에서 '강물은 나와서 흐르리'라 하여 미래 시제로 표현된 내용이다. 우리는 과거를 기억하지 미래를 기억한다고 하지는 않는다. 이는 일상 언어의 규범에 어긋난 모순된 어법이며, 상식이나 경험에서 벗어나는 사이비 진술이다. 시인은 이러한 표현을 통하여 다가올 미래의 모습을 선명하게 형상화하고 있는 것이다.

(1) 사이비 진술

우리가 겪는 경험의 법칙이나 상식을 뒤엎는 일탈된 표현을 특히 '가진술' 또는 '사이비 진술'이라고 한다. 이는 '거짓'을 진술했다는 말이 아니라 과학적 진술을 흉내 낸 진술을 의미한다. 비유나 감정 이입, 관념적 대상의 구체화 등의 시에 쓰이는 다양한 수사법도 모두 가진술이라 할 수 있다.

그날이 오면, 그날이 오면은

삼각산이 일어나 더덩실 춤이라도 추고

한강 물이 뒤집혀 용솟음칠 그날이,

이 목숨 끊기기 전에 와 주기만 할 양이면,

나는 밤 하늘에 날으는 까마귀와 같이

종로의 인경을 머리로 들이받아 울리오리다.

두개골은 깨어져 산산조각이 나도

기뻐서 죽사오매 오히려 무슨 한이 남으오리까.

- 심훈, 〈그날이 오면〉 -

삼각산이 춤을 춘다거나 한강물이 뒤집힌다는 것은 실제로는 있을 수 없는 일이다. 그렇지만 이러한 비과학적인 진술로써 고통스러운 현실의 압박을 뛰어넘으려는 강렬한 충동을 효과적으로 전달하고 있다.

창 내고자 창 내고자 이내 가슴에 창 내고자.

고모장지 세살장지 들장지 열장지 암톨쩌귀 수톨쩌귀 배목걸쇠 크나큰 장도리로 뚝딱 박아 내 가슴에 창 내고자.

이따금 하 답답할 제면 여닫아 볼까 하노라.

- 〈창 내고자 창을〉 -

이 시조는 가슴 속에 맺힌 근심을 풀고자 하는 욕망을, 가슴에 창을 단다는 기발한 착상과 비유로 해학적으로 표현한 작품이다. 현실적으로 건물에 창을 내는 것은 가능하지만, 사람의 '가슴'에 창을 낸다는 것은 가능하지 않다. 하지만 이러한 표현을 통해 답답한 마음을 해소하고 싶은 화자의 심정을 효과적으로 드러내고 있다.

➕ 플러스 │ 사이비 진술

사이비 진술은 일상 생활에서도 쓰이지만 주로 시에서 많이 나타난다. 그것은 일상어는 보통 말의 의미가 사실과 부합되는지를 중요하게 고려하지만, 문학어는 그 자체로 의미를 가질 뿐이며, 그것이 현실적으로 있을 수 있는지는 그리 중요하게 고려하지 않기 때문이다.

(2) 모순 어법

그립고 아쉬움에 가슴 조이던
머언 먼 젊음의 뒤안길에서
인제는 돌아와 거울 앞에 선
내 누님같이 생긴 꽃이여.

– 서정주, 〈국화옆에서〉 –

> '그립고 아쉬움'의 뒤에 체언에 결합하는 조사 '에'가 쓰였는데, 일상의 언어 규범에 따르면, 이것은 '그리움과 아쉬움'으로 써야 한다. '머언'은 '먼'이라고 적어야 하는데 시인 개인이 임의로 '머언'이라고 맞춤법에 어긋나게 적었다. 그러나 '그립고'라는 표현은 정태적인 속성을 지닌 '그리움'과 달리 동태적인 속성을 지니므로, 뒤의 '아쉬움'이라는 표현과 어울려 '동태성'과 '정태성'을 아울러 지니게 되며, '머언'은 '먼'보다 시간의 길이가 긴 것처럼 느끼게 만들어 주는 시적 효과를 나타낸다.

➕ 플러스 시적 허용의 의미

시어가 자유를 누리는 언어라는 사실은 매우 중요하다. 함축적 의미의 부여나 이미지의 제시 등 시에 쓰이는 형상화 방법은 모두 시적 표현의 자유를 전제로 성립되기 때문이다.

(3) 신조어 사용

차단 – 한 등불이 하나 비인 하늘에 걸려 있다.
내 호올로 어딜 가라는 슬픈 신호냐.

– 김광균, 〈와사등〉 –

> '차단한'은 사전에 나오지 않는 단어로서 시적 화자의 미묘한 감정을 표현하기 위하여 시인이 만들어 낸 신조어(新造語)이다. '차가운'이라는 말과 '차단된'이라는 말의 의미가 교묘하게 중첩된 느낌을 주는 표현으로 해석하기도 하고, 뿌옇게 흐려 있는 등불의 인상을 표현한 것으로 해석하기도 한다. 시의 문맥으로 볼 때 '차디 찬' 정도의 해석이 적절하다.

핵심정리

1. **작품**: 정호승 〈슬픔이 기쁨에게〉
2. **주제**: 소외된 사람들을 외면하지 말고 그들의 아픔을 함께 나누어야 한다.
3. **해설**: 이 시는 소외된 사람들의 아픔을 함께 할 수 있는 아름다운 존재인 '슬픔'이 이기적인 존재인 '기쁨'에게 소외된 사람들을 외면하지 말고 그들의 아픔을 함께 나누어야 한다는 메시지를 전하는 시이다. 이 시는 '슬픔'과 '기쁨'을 의인화하여, '슬픔'이 '기쁨'에게 하는 이야기의 내용을 담고 있다. '기쁨'은 소외된 사람들에게 무관심한 이기적인 존재로, '슬픔'은 소외된 사람들의 아픔을 함께 할 수 있는 아름다운 존재로 설정하여, 소외된 사람들을 외면하지 말고 그들의 아픔을 함께 나누어야 한다는 주제를 강조한다.

기출 | 따라잡기

32. 다음 시에 대한 설명으로 옳지 않은 것은? 2021. 국회직 9급

나는 이제 너에게도 슬픔을 주겠다.
사랑보다 소중한 슬픔을 주겠다.
겨울밤 거리에서 귤 몇 개 놓고
살아온 추위와 떨고 있는 할머니에게
귤 값을 깎으면서 기뻐하던 너를 위하여
나는 슬픔의 평등한 얼굴을 보여 주겠다.
내가 어둠 속에서 너를 부를 때

단 한 번도 평등하게 웃어 주질 않은
가마니에 덮인 동사자가 다시 얼어 죽을 때
가마니 한 장조차 덮어주지 않은
무관심한 너의 사랑을 위해
흘릴 줄 모르는 너의 눈물을 위해
나는 이제 너에게도 기다림을 주겠다.

– 정호승, 〈슬픔이 기쁨에게〉에서 –

① '나'가 말을 건네는 대화적 상황을 가정한다.
② '할머니'는 무관심의 고통을 사랑으로 승화한다.
③ '가마니'는 약자에 대한 최소한의 관심을 보여준다.
④ '–겠다'라는 어미의 반복은 화자의 의지를 강조한다.
⑤ '기다림'은 주위를 둘러보는 데 필요한 시간을 의미한다.

※ 다음 글을 읽고 물음에 답하시오. [33~34]   2021. 소방직

(개) 돌하 노피곰 도두샤
　　어긔야 ㉠머리곰 비취오시라
　　어긔야 어강됴리
　　아으 다롱디리
　　㉡져재 녀러신고요
　　어긔야 즌 ᄃᆡ롤 드ᄃᆡ욜셰라
　　어긔야 어강됴리
　　어느이다 ㉢노코시라
　　어긔야 내 가논 ᄃᆡ ㉣졈그롤셰라
　　어긔야 어강됴리
　　아으 다롱디리

　　　　　　　　　　　　　　　　　　　　　　－작자 미상, 〈정읍사(井邑詞)〉－

(내) 가시리 가시리잇고 나ᄂᆞᆫ
　　ᄇᆞ리고 가시리잇고 나ᄂᆞᆫ
　　위 증즐가 대평셩ᄃᆡ(大平盛代)

　　날러는 엇디 살라 ᄒᆞ고
　　ᄇᆞ리고 가시리잇고 나ᄂᆞᆫ
　　위 증즐가 대평셩ᄃᆡ(大平盛代)

　　잡ᄉᆞ와 두어리마ᄂᆞᆫ
　　선ᄒᆞ면 아니 올셰라
　　위 증즐가 대평셩ᄃᆡ(大平盛代)

　　셜온 님 보내ᄋᆞ옵노니 나ᄂᆞᆫ
　　가시ᄂᆞᆫ 듯 도셔 오쇼셔 나ᄂᆞᆫ
　　위 증즐가 대평셩ᄃᆡ(大平盛代)

　　　　　　　　　　　　　　　　　　　　　　－작자 미상, 〈가시리〉－

33. ㉠~㉣에 대한 의미로 옳지 않은 것은?

① ㉠: '멀리멀리'라는 의미이다.

② ㉡: '전쟁터'라는 의미이다.

③ ㉢: '놓으십시오'라는 의미이다.

④ ㉣: '저물까 두렵다'라는 의미이다.

34. (개와 (내)에 대한 설명으로 옳은 것은?

① (개)는 대상에 대한 원망과 비판이 담겨 있다.

② (내)는 4음보 율격을 기본으로 분연체를 이룬다.

③ (개)는 떠난 임과의 대화를 통해 정서를 고조하고 있다.

④ (내)는 이별의 정한을 담고 있는 민요적 시가이다.

✤ 시어의 기능

(1) **운율(韻律)의 형성:** 일상어가 시어로 다듬어지는 과정에서 음악적 자질을 갖게 되므로 시어는 시의 운율 형성에 가장 크게 기여한다. 시어를 어떻게 배치하는가에 따라 시를 읽을 때의 리듬감이 달라져 독자가 받는 느낌이나 재미에 영향을 미치게 된다.

(2) **심상(心象)의 형성:** 시어는 시에서 특정한 심상을 형상화함으로써 독자에게 시의 세계를 생생하게 체험하도록 하고, 시의 의미를 구체적으로 파악하도록 한다.

(3) **어조(語調)와 시적 분위기 조성:** 시인이 선택하는 시어들은 시적 화자의 어조를 형성한다. 그러므로 어떤 시어들을 선택하느냐에 따라 시의 어조가 달라지게 되고, 이렇게 형성된 어조는 시에서 풍기는 전체적인 느낌과 분위기를 결정하는 중요한 요인이 된다.

> 내 마음을 아실 이 / 내 혼자 마음 날같이 아실 이
> 그래도 어디나 계실 것이면, / 내 마음에 때때로 어리우는 티끌과
> 속임 없는 눈물의 간곡한 방울방울. / 푸른 밤 고이 맺는 이슬 같은 보람을
> 보밴 듯 감추었다 내어 드리지.
>
> - 김영랑, 〈내 마음을 아실 이〉 중 -

시적 화자는 사랑하는 사람에 대한 간절한 그리움을 표현하기 위해 '간곡한 방울방울', '내어 드리지', '날같이(나같이)' 등 부드러운 느낌의 시어를 사용하여 여성스러운 어조와 분위기를 형성하고 있다.

(4) **주제의 형성:** 시의 주제란 시인이 독자에게 전달하고자 하는 중심 생각이나 감정을 말한다. 주제는 시의 여러 요소들을 통해 드러나는데, 시어의 선택에 따라서 더 효과적으로 표현될 수 있다.

(5) **정서의 환기:** 시어의 함축적 의미, 시어가 만드는 이미지 등이 어우러짐으로써 시는 독자들의 감정을 자극하고 대상에 대한 그리움, 상실감, 애절함, 소망 등의 정서를 환기시킨다.

> 눈이 오는가 북쪽엔 / 함박눈 쏟아져 내리는가
> 험한 벼랑을 굽이굽이 돌아간 / 백무선(白茂線) 철길 위에
> 느릿느릿 밤새어 달리는 / 화물차의 검은 지붕에
>
> 연달린 산과 산 사이 / 너를 남기고 온
> 작은 마을에도 복된 눈 내리는가
>
> 잉크병 얼어드는 이러한 밤에 / 어쩌자고 잠을 깨어
> 그리운 곳 차마 그리운 곳
>
> - 이용악, 〈그리움〉 중 -

시인은 '북쪽'이라 지칭한 고향을 '함박눈'이 내리며 '험한 벼랑을 굽이굽이 돌아간 / 백무선 철길'을 '느릿느릿 밤새어 달려'야 하는 곳이라고 말하고 있다. 직접적으로 '고향'이라고 하지 않고 이렇듯 고향을 떠올리게 하는 구체적인 시어를 사용함으로써 화자와 가족 간의 거리감, 가족에 대해 느끼는 그리움 등의 정서를 더 생생하게 전달하고 있다.

1 운율의 개념

운율은 본래 공간적 질서를 바탕으로 하는 압운과 시간적 질서를 바탕으로 하는 율격의 두 가지 개념을 아우르는 말이다. 그러나 현대시에서는 외형적인 규칙성은 없으나 내용과 어울려서 자연스럽게 생기는 내재적 리듬을 포함한, 보다 포괄적인 개념으로 쓰인다. 즉 시에 쓰인 말의 가락을 운율이라 한다.

둘 이상의 시행에서 일정한 곳에 같은 운의 글자가 반복되어 나타나는 현상	◄	압운 (공간적 질서)	운율	율격 (시간적 질서)	►	시적 리듬의 자질을 가진 요소들이 규칙적으로 나타나는 경우

(1) 외형률

압운이나 율격과 같이 일정한 규칙성이 겉으로 드러나는 운율이다. 영시나 한시의 정형시에서 시행 끝에 실현되는 각운, 우리 시에서의 음보율이 이에 속한다.

> 청산도 절로절로 녹수도 절로절로
> 산 절로 수 절로 산수 간에 나도 절로
> 이 중에 절로 자란 몸이 늙기도 절로 하리라.
>
> − 송시열의 시조 −
>
> 이 시조는 4음보를 반복함으로써 안정감을 주고 있으며, 유음 'ㄹ'이 중첩되어 있는 '절로'라는 단어를 자주에 반복함으로써 흥겨움을 느끼게 할 뿐만 아니라 유려하고 거침없는 인상을 준다. 또 이러한 운율은 자연과 조화를 이루며 세상사에 구애되지 않고 자유롭게 사는 삶을 지향하는 시의 주제와 잘 어우러지고 있다.

(2) 내재율

주관적인 성질의 운율이라고 할 수 있는 것으로, 외형적인 규칙성은 없으나 내용과 어울려 자연스럽게 돋아나는 운율이다.

> 나의 내부에서도   쫑
> 몇 마리의 새가 논다.   쫑
> 은유의 새가 아니라   옮아 앉는
> 기왓골을   실재의 새가 놀고 있다.
> 쫑   − 박남수, 〈새3〉 −

PART 02

문학 편−1

기출 따라잡기

35. 고려속요 '청산별곡(靑山別曲)'에서 '살어리 살어리랏다 靑山애 살어리랏다 / 멀위랑 ᄃ래랑 먹고 靑山애 살어리랏다'와 운율의 형성 방법이 가장 유사한 것은?   2018. 법원직

① 해야 솟아라. 해야 솟아라. 말갛게 씻은 얼굴 고운 해야 솟아라.
　　　　　　　−박두진, 〈해〉−
② 강나루 건너서 / 밀밭 길을 / 구름에 달 가듯이 / 가는 나그네.
　　　　　　　−박목월, 〈나그네〉−
③ 나 보기가 역겨워 / 가실 때에는 / 말없이 고이 보내 드리오리다.
　　　　　　　−김소월, 〈진달래꽃〉−
④ 님은 갔습니다. 아아, 사랑하는 나의 님은 갔습니다. / 푸른 산빛을 깨치고 단풍나무 숲을 향하여 난 작은 길을 걸어서 차마 떨치고 갔습니다.
　　　　　　　−한용운, 〈님의 침묵〉−

➕ 플러스 일상 생활에서의 운율

일상 생활에서도 운율의 효과를 이용하여 표현 의도를 강조하기도 한다.

📖 우리는 해안에서 싸울 것이며, 우리는 땅에서 싸울 것이며, 우리는 들판과 거리에서 싸울 것이며, 우리는 언덕에서 싸울 것이다.

→ 제2차 세계 대전 당시 전쟁을 승리로 이끌었던 윈스턴 처칠의 국회 연설 가운데 나오는 말이다. '~싸울 것이며'를 반복하여 최면과 흥분·고양의 효과를 성취하고 있다.

'쫑쫑쫑'이라는 의태어를 가로로 이어 배열하지 않고 셋으로 쪼개어 3행으로 배치함으로써 경쾌하고 밝은 분위기를 형성하고 있으며, 여러 음절로 이루어진 다른 행을 읽을 때의 시간과 '쫑'이라는 한 음절을 읽는 시간이 심리적으로 동일하게 느끼게 함으로써 새 한 마리, 한 마리에 주목하는 내면의 시선을 느낄 수 있다.

2 운율의 기능

운율에 의한 음악적 효과는 소리의 규칙적 질서에 의해 쾌감을 주고, 시의 분위기와 어조를 형성하며 주제를 부각시키는 기능을 한다.

더디 넘는

봉산도 재넘이

오라버니 치상*길

치마폭에 잠겨 젖는 소발굽 요령* 소리며

사철쑥 덤불 아래

돌귀만 차도

산제비 날아가는 유월도 초사흘.

−박태일, 〈유월〉−

＊치상: 초상을 치름
＊요령: 놋쇠로 만든 종 모양의 큰 방울

우리 시가의 정형적 율격인 4음보를 수용하면서 한(恨)의 정서를 효과적으로 드러내고 있다. 음보율은 한 음보의 낭독 시간이 음절 수와 관계없이 동일할 때 운율감을 느끼게 되는 시간의 동질성을 바탕으로 형성된다. 한 음보에 음절 수가 많으면 빨리 읽게 되어 호흡이 빠르고, 음절 수가 적으면 상대적으로 느리게 낭독하게 되어 유장(悠長)한 맛을 준다. 1행에서는 '더디 넘는'을 한행으로 처리하여 완만한 호흡을 느끼게 함으로써 죽은 오빠를 빨리 보내고 싶지 않은 감정을 효과적으로 드러내고 있다. 또한 4행은 한 행을 네 마디로 구성하여 고조된 감정을 빠른 호흡으로 드러내고 있다.

➕ 플러스 '외형률'과 '내재율', '정형시'와 '자유시'

보통 고전시가는 '정형시'이며 '외형률'을 지녔고, 현대시는 '자유시'이며 '내재율'을 지녔다고 한다. 고전시가는 시의 의도와 규칙이 분명하지만 현대시는 이러한 제약에서 자유롭다. 물론 고전시가 중에서도 일정한 형식적 규칙이 적용되지 않는 경우도 있고, 고려속요의 경우 후렴구 외에는 정해진 규칙을 따르지도 않는다. 또한 현대시에서는 김소월의 시와 같이 정형적 운율이 드러나기도 한다. 다만 교과서에 고전시가와 현대시를 정리하여 설명하기 위한 방법으로 이해하는 것이 좋다.

36. 다음 작품이 지닌 특징으로 적절하지 않은 것은? 2014. 국가직 9급

> 새끼오리도 헌신짝도 소똥도 갓신창도 개니빠디도 너울쪽도 짚검불도 가랑잎도 머리카락도 헝겊 조각도 막대꼬치도 기왓장도 닭의 깃도 개 터럭도 타는 모닥불 //
>
> 재당도 초시도 문장 늙은이도 더부살이 아이도 새사위도 갓사돈도 나그네도 주인도 할아버지도 손자도 붓장수도 땜쟁이도 큰 개도 강아지도 모두 모닥불을 쪼인다 //
>
> 모닥불은 어려서 우리 할아버지가 어미 아비 없는 서러운 아이로 불쌍하니도 몽동발이가 된 슬픈 역사가 있다 //
>
> — 백석, 〈모닥불〉 —

① 구체적 대상을 열거하여 시상을 전개하고 있다.
② 특정한 조사를 반복하여 운율을 형성하고 있다.
③ 사물을 의인화하여 대상의 속성을 강조하고 있다.
④ 토속적 시어를 활용하여 향토색을 드러내고 있다.

핵심정리

1. 작품: 백석, 〈모닥불〉
2. 해설: 새끼 오리, 헌신짝, 소똥, 갓신창 등 하찮은 것들이 모여 모닥불을 이루며, 그 속에서 따뜻한 온기와 평화로운 분위기를 만들어내는 모습을 통해 공동체적 화합의 정신을 강조하고, 그 이면에 놓인 민족의 비극을 형상화하고 있는 시이다.

3 운율의 형성의 원리와 효과

리듬이란, 음악에서는 일정한 박자나 규칙에 의하여 음의 장단·강약 등이 반복될 때의 규칙적인 음의 흐름을 말하며, 문학에서는 문장이 가지는 음성적 요소의 반복을 의미한다. 규칙적인 반복성 자체가 리듬감을 준다.

(1) 동일 음운과 단어의 반복

> 돌담에 속삭이는 햇발같이
> 풀 아래 웃음짓는 샘물같이
> 내 마음 고요히 고운 봄길 위에
> 오늘 하루 하늘을 우러르고 싶다.
>
> 새악시 볼에 떠오르는 부끄럼같이
> 시의 가슴에 살포시 젖는 물결같이
> 보드레한 에메랄드 얇게 흐르는
> 실비단 하늘을 바라보고 싶다.
>
> — 김영랑, 〈돌담에 속삭이는 햇발〉 —

- 울림소리(ㄴ, ㄹ, ㅁ, ㅇ)의 효과적 사용으로 운율을 형성하면서 경쾌하고 부드러운 느낌과 아름다운 분위기를 형성하고 있다. 또한 '고요히, 고운'이나 '하루 하늘을', '새악시, 시의, 실비단'에서 동일 음운을 반복 사용하여 운율을 형성하고 있기도 하다.
- 각 연 1행과 2행은 모두 '-같이'로, 마지막 행은 '-고 싶다'로 반복하여 음악성을 살리고 있으며, '하늘을 우러르고 싶고 바라보고' 싶은 간절한 소망을 효과적으로 드러내고 있다.

➕ 플러스 │ 행 가름과 운율

산문이라면 줄글로 이어서 적을 것을, 시에서는 행을 나누어 배치함으로써 리듬감을 주고 의미를 강조하는 효과를 준다.

(2) 음보의 반복

음보율은 낭독할 때의 호흡에 의해 구분되는 음보의 수에 의해 이루어지는 율격이다. 음보율은 시간의 등장성을 바탕으로 하는데, 이는 한 음보를 낭독할 때 동일한 시간적 길이를 갖는 것을 의미한다. '철수야 놀자'라고 하지 않고 '철수야 노올자' 하는 것은 '철수야'와 '노올자'를 동일한 시간에 낭독함으로써 운율을 느끼게 하는 것이다.

> 나 보기가 역겨워
> 가실 때에는
> 말없이 고이 보내 드리오리다.
>
> 영변에 약산
> 진달래꽃
> 아름따다 가실 길에 뿌리오리다.
>
> — 김소월, 〈진달래꽃〉—

- 이 경우 '나 보기가 / 역겨워 / 가실 때에는'으로 끊어 읽게 되는데, '나 보기가', '역겨워', '가실 때에는'이 각각 '4·3·5'자로 음절수는 다르지만 낭독할 때는 동일한 시간이 걸린다. 이러한 3음보가 '말없이 / 고이 보내 / 드리오리다.'로 반복되어 운율을 형성한다.
- 1연의 '2행 3음보와 1행 3음보'를 2연에서 반복하는 것처럼 각 연의 형태를 규칙적으로 배열하는 것도 운율감을 형성한다.

(3) 동일한 통사 구조의 반복

통사 구조란 한 문장을 이루는 문장 성분의 배열을 의미한다. 유사한 짜임의 구절을 반복하거나 나란히 늘어놓아 병행과 대립의 흥미를 주며 운율을 형성한다. 의미의 율격과도 관련된다.

> 그러는 동안에 영영 잃어버린 벗도 있다.
> 그러는 동안에 멀리 떠나버린 벗도 있다.
> 그러는 동안에 몸을 팔아버린 벗도 있다.
> 그러는 동안에 맘을 팔아버린 벗도 있다.
>
> — 신석정, 〈꽃덤불〉—

동일한 문장 구조를 반복하여 제시함으로써 운율을 형성하고 '죽음과 방랑, 변절과 전향'의 상실감을 주는 다양한 모습을 통해 '그러는 동안'이 고통스러운 시기였음을 함축적으로 표현하고 있다.

(4) 음성상징어의 사용

음성상징어란 말소리가 뜻을 전달하는 데 그치지 않고 소리 그 자체로써 어떤 느낌, 분위기, 감각 등을 일으키는 현상이다. 즉 시어 자체가 지닌 소리를 통해 일정한 가락을 형성하는 것이다.

> 충암 절벽상(層巖絕壁上)의 폭포수(瀑布水)는 콸콸, 수정렴(水晶簾) 드리운 듯, 이 골 물이 주루루룩, 저 골 물이 쏼쏼 열에 열 골이 한데 합수(合水)하여 천방져 지방져 소쿠라지고 펑퍼져, 넌출지고 방울져, 저 건너 병풍석(屛風石)으로 으르렁 콸콸 흐르는 물결이 은옥(銀玉)같이 흩어지니, 소부 허유(巢父許由) 문답하던 기산 영수(箕山潁水)가 예 아니냐.
>
> ―작자 미상, 〈유산가〉―

의성어와 의태어를 중심으로 한 순우리말의 동적이고 유창한 표현으로 빠른 호흡을 느끼게 하여 마치 폭포수가 흘러가고 있는 듯한 생동감을 주고, 자연에 몰입하는 흥겨움을 추구하는 정서와 잘 어우러지고 있다.

기출 | 따라잡기

37. 작품 '유산가'와 분위기가 유사한 것은? 2001. 지방직 9급

① 이화에 월백하고 은한이 삼경인 제 / 일지춘심을 자규야 알겠냐만 / 다정도 병인 양하여 잠 못 들어 하노라.

② 오백 년 도읍지를 필마로 도라드니 / 산천은 의구하되 인걸은 간 데 없다. / 어즈버 태평연월이 꿈이런가 하노라.

③ 마음이 어린 후니 하난 일이 다 어리다. / 만중운산에 어내 님 오리마난, / 지난 닢 부난 바람에 행여 귄가 하노라.

④ 가노라 삼각산아, 다시 보자 한강수야, / 고국산천을 떠나고자 하랴만 / 시절이 하 수상하니 올동말동 하여라.

기출 | 따라잡기

38. '시'에 대한 견해 중에서 밑줄 친 칸트의 입장과 부합하는 것은? 2017. 지방직 9급

> 미적인 것이란 내재적이고 선험적인 예술 작품의 특성을 밝히는 데서 더 나아가 삶의 풍부하고 생동적인 양상과 가치, 목표를 예술 형식으로 변환한 것이다. 미(美)는 어떤 맥락으로부터도 자율적이기도 하지만 타율적이다. 미에 대한 자율적 견해를 지닌 칸트도 일견 타당하지만, 미를 도덕이나 목적론과 연관시킨 톨스토이나 마르크스도 타당하다. 우리가 길을 지나다 이름 모를 곡을 듣고서 아름답다고 느끼는 것처럼 순수미의 영역이 없는 것은 아니다. 하지만 그 곡이 독재자를 열렬히 지지하기 위한 선전곡이었음을 안 다음부터 그 곡을 혐오하듯 미(美) 또한 사회 경제적, 문화적 맥락의 영향을 받기도 한다.

① 시는 정제된 시어와 운율을 통하여 감상해야 한다.

② 시는 사회의 모순을 고발할 수 있고, 개혁의 전망도 제시할 수 있다.

③ 시를 읽으면 시인과의 대화를 통해 정서적 성장을 도모할 수 있다.

④ 시를 감상하기 위해서는 당시의 사회 상황을 알아야 한다.

※ 다음 글을 읽고 물음에 답하시오. [39~41]

2023. 법원직

(가)	(나)
가시리 가시리잇고 나눈 부리고 가시리잇고 나눈 　위 증즐가 大平盛代(대평셩되) 날러는 엇디 살라 ᄒ고 부리고 가시리잇고 나눈 　위 증즐가 大平盛代(대평셩되) 잡ᄉ와 두어리마ᄂ、눈 ㉠션ᄒ면 아니 올셰라 　위 증즐가 大平盛代(대평셩되) ㉡셜온 님 보내옵노니 나눈 가시ᄂ 툿 도셔 오쇼셔 나눈 　위 증즐가 大平盛代(대평셩되) 　　　　　　　　－ 작자 미상, 〈가시리〉 －	나 보기가 역겨워 가실 때에는 말없이 고이 보내 드리우리다. 영변(寧邊)에 약산(藥山) ㉢진달래꽃 아름 따다 가실 길에 뿌리우리다. 가시는 걸음걸음 놓인 그 꽃을 사뿐히 즈려밟고 가시옵소서. 나 보기가 역겨워 가실 때에는 ㉣죽어도 아니 눈물 흘리우리다. 　　　　　　　　－ 김소월, 〈진달래꽃〉 －

39. (가)와 (나)의 공통점으로 가장 적절한 것은?

① 임과의 재회를 희망하는 화자의 의지가 드러나고 있다.

② 구체적인 지명을 통해 이별의 상황을 구체화하고 있다.

③ 이별 상황에 대한 체념과 화자의 자기 희생적 태도가 드러나고 있다.

④ 이별의 원인을 외부에서 찾음으로써 임에 대한 원망을 드러내고 있다.

40. ㉠~㉣에 대해 나눈 대화로 가장 적절하지 않은 것은?

① ㉠에선 화자가 임을 떠나보내는 이유가 드러나며 서러움을 절제하는 화자의 모습이 느껴져.

② ㉡에서 '셜온'의 주체를 화자로 본다면 임 역시 이별 상황을 아쉬워하고 있음을 알 수 있군.

③ ㉢은 임을 향한 변함없는 사랑을 상징하는 소재로, 화자의 분신으로도 볼 수 있겠군.

④ ㉣은 인고의 자세가 드러나는 부분으로 이별 상황에 대한 화자의 슬픔을 반어적으로 강조하고 있군.

41. (가)와 (나)의 형식상의 특징에 대한 설명으로 가장 적절한 것은?

① (가)는 (나)와 달리 수미 상관의 형식을 보이고 있다.

② (나)는 (가)와 달리 시어의 반복을 통해 운율을 형성하고 있다.

③ (가)와 (나) 모두 전통적인 3·3·2조의 3음보 율격을 보이고 있다.

④ (가)와 (나) 모두 기－승－전－결의 4단 구성을 통해 시상을 전개하고 있다.

✤ 운율의 종류

(1) 외형률(外形律): 시어의 일정한 규칙에 따라 생기는 운율로 시의 표면에 드러나기 때문에 규칙성을 가시적으로 확인할 수 있다.

① **음위율(音位律):** 같거나 비슷한 음을 일정한 위치에 배치시킴으로써 형성되는 운율이다. 음위율에는 두운(頭韻), 요운(腰韻), 각운(脚韻)이 있다.

(가)	(나)
아기가 잠드는 걸 / 보고 가려고 아빠는 머리맡에 / 앉아 계시고 아빠가 가시는 걸 / 보고 자려고 아기는 말똥말똥 / 잠을 안 자고 <div align="right">-윤석중, 〈먼 길〉-</div>	섬이 날 가두고 / 회오리 바람으로 날 가두고 원산도 앞에는 삽시도 / 삽시도 앞에는 녹도 파도가 날 가두고 / 피몽둥이 바람으로 날 가두고 <div align="right">-홍희표, 〈섬에 누워〉 중-</div>

음위율은 시행의 처음, 중간, 끝 가운데 한 부분이 동일한 소리로 반복되는 것을 뜻한다. (가)에서는 두운 '아'와 각운 '고'가 각 행마다 동일하게 위치하여 운율을 형성하고 있으며, (나)에서는 각운 'ㄴ'(-고, -도), 요운 '앞', '날', 3연의 두운 'ㅍ' 등의 요소를 통해 리듬감을 느낄 수 있다.

② **음수율(音數律):** 글자의 수가 일정하게 반복됨으로써 이루어지는 운율을 뜻한다. 주로 한 행을 기준으로 그 속에 규칙적으로 드러나는 음절의 수를 헤아리게 되는데, 이른바 3·4조, 4·4조, 7·5조 등은 이렇게 글자 수를 계산한 음수율의 종류를 일컫는 말이다.

봄바람 하늘하늘 넘노는 길에 연분홍 살구꽃이 눈을 틉니다.	연분홍 송이송이 하도 반가워 나비는 너훌너훌 춤을 춥니다.

이 시는 한 행에 3·4음절과 5음절이 교차로 반복되고 있다. 주로 앞의 3음절과 뒤의 4음절을 함께 묶어 읽기 때문에 이러한 형태를 7·5조(음수율)라고 한다. 이러한 7·5조의 음수율은 민요에서 많이 사용되는 율격으로 민요조의 율격이라고 한다.

③ **음보율(音步律):** 일정한 음보가 규칙적으로 반복됨으로써 생기는 운율을 말한다. 음보(音步, foot)란 운율을 이루는 소리 덩어리로 보통은 띄어 읽는 단위, 즉 호흡을 끊어 읽는 단위가 기준이 되는 경우가 많다. 각각의 음보는 발음하는 시간이 대부분 비슷하며, 한 행이나 한 연을 몇 개의 덩어리로 끊어 읽느냐에 따라 '3음보, 4음보'라고 구분한다.

강나루 건너서 밀밭길을 구름에 달 가듯이 가는 나그네.	술 익는 마을마다 타는 저녁놀 구름에 달 가듯이 가는 나그네.
길은 외줄기 남도 삼백리	<div align="right">-박목월, 〈나그네〉-</div>

음보는 의미상 구분, 심리적인 작용 등을 통해 어디서 끊어 읽을지를 결정하는 기준이 되는데, 이 시에서는 자연스럽게 하나의 연을 세 개의 소리 덩어리로 나누어 읽게 되므로 3음보의 음보율이라 한다.

(2) 내재율(內在律): 시의 표면에 드러나지 않고, 시 속에서 은근하게 느껴지는 운율을 뜻한다. 일정한 규칙이 없이 각각의 시에 따라 자유롭게 생기는 운율로 자유시에서 흔히 볼 수 있다. 시인이 형상화하고자 하는 주제 의식에 따라 형성되는 주관적이고 개성적인 운율로 작품 속에 흐르는 시인 특유의 호흡이라 할 수 있다.

❖ 고전 시가의 갈래별 기본 운율

(1) 향가

열치매
나타난 달이
흰구름 좇아 떠가는 것 아닌가
새파란 냇가에
기랑(耆郎)의 모습이 있구나.
이로부터 냇가 조약돌에

낭(郎)이 지니시던
마음의 끝을 따르련다.
아으, 잣가지 높아
서리조차 모를 화반(花判)이여.

– 충담사, 〈찬기파랑가(讚耆婆郎歌)〉 –

> 향가의 운율은 4구체, 8구체, 10구체 향가에 따라 나누어지는데, 여기서 '구체'라는 것은 행수를 의미한다. 즉, 4구체 향가는 4행, 8구체는 8행, 10구체는 10행으로 이루어진 향가이다. 따라서 각 행의 수에 따라 일정한 운율이 형성된다.
> 특히 10구체 향가의 경우 9행의 첫머리는 반드시 '아으'라는 감탄사를 사용함으로써 규칙적인 운율을 만든다.

(2) 고려가요

살어리 살어리랏다. 청산에 살어리랏다.
멀위랑 다래랑 먹고, 청산에 살어리랏다.
얄리얄리 얄랑셩 얄라리 얄라.

– 작자 미상, 〈청산별곡(靑山別曲)〉 –

옥(玉)으로 련(蓮)고즐 사교이다.
옥으로 련고즐 사교이다.
바위 위에 접을 붙이옵니다.
그 고지 삼동(三同) 퓌거시아
그 고지 삼동 퓌거시아
유덕(有德)하신 님 여의옵니다.

– 작자 미상, 〈정석가(鄭石歌)〉 –

> 고려 가요는 대부분이 분절식으로 구성되어 있으며, 리듬이 고정된 것은 아니지만 대체로 3·3·2조의 음수율과 3음보의 음보율을 지닌다. 그러나 어떤 작품의 경우에는 3음보는 유지하면서도 3·3·2조 이외의 음수율이 나타나기도 한다.
> 고려 가요의 운율에서 주목할 점은 후렴구가 발달해 있다는 점이다. 후렴구는 특별한 의미 없이 악률을 맞추기 위한 장치로, 주로 악기 소리에서 빌려온 것으로 보인다.

(3) 시조

이화(梨花)에 월백(月白)하고 은한(銀漢)이 삼경(三更)인 제
일지춘심(一枝春心)을 자규ㅣ야 아랴마는,
다정도 병인 냥하여 잠 못 드러 하노라.

– 이조년 –

창(窓) 내고자 창을 내고쟈 이 내 가슴에 창을 내고쟈.
고모장지 셰살장지 들장지 열장지 암돌져귀 수돌져귀 배목걸
새 크나큰 쟝도리로 뚝닥 바가 이 내 가슴에 창 내고쟈.
잇다감 하 답답할 제면 여다져 볼가 하노라.

– 작자 미상 –

> 시조의 형식은 상당히 엄격하여 반드시 3장 6구 45자 내외, 4음보의 형식을 지니며 종장의 첫 음보는 3음절로 고정된다. 이조년의 시조를 살펴보면 이를 확인할 수 있다. 그러나 조선 후기 사설시조의 경우 이러한 고정된 운율에 상당한 변형이 일어난다. 사설시조는 3장 가운데 두 구 이상이 평시조보다 훨씬 길어진 형태로 경우에 따라서는 각 장이 7음보 이상으로 길어지기도 한다.

(4) 가사

홍진(紅塵)에 뭇치 분네 이내 생애(生涯) 엇더한고. 옛 사람 풍류(風流)를 미칠까 못 미칠가. 천지간(天地間) 남자(男子) 몸이 날만한 이 하건마는, 산림(山林)에 뭇쳐 이셔 지락(至樂)을 마랄 것가.
수간모옥(數間茅屋)을 벽계수(碧溪水) 알픠두고, 송죽(松竹) 울울리(鬱鬱裏)에 풍월주인(風月主人) 되어셔라.

– 정극인, 〈상춘곡(賞春曲)〉 –

> 가사는 3·4조 또는 4·4조의 연속체 율격과 4음보 형식을 취하며 행수에 제한을 받지 않는다. 따라서 분량이 길어 산문과 같은 느낌을 주기 때문에 시가 문학에서 산문 문학으로 넘어가는 과도기 형태를 보여 준다고 평가받기도 한다.
> 마지막 행이 시조 종장의 음수율(3·5·4·3)과 유사하게 끝나는 것을 '정격(政格) 가사'라 한다. 마지막에는 시조의 종장과 흡사한 낙구를 덧붙이는 것이 특징이다.

제3절 이미지

1 이미지의 개념

시는 의미만 전달하는 것이 아니라 대상의 상태라든지 모양, 움직임 등을 느끼게 하고 생생하게 체험하게 하는데 이를 효과적으로 수행하는 것이 이미지이다. 즉 이미지란 시어를 읽고 떠올릴 수 있는 감각적 영상을 말한다.

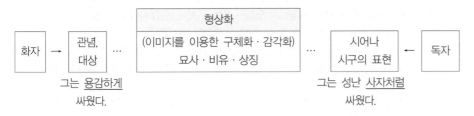

➕ 플러스 이미지의 파악

이미지의 파악이란 시인이 어떤 추상적인 관념을 형상화한 것이므로, 시어나 시구의 이미지를 통해 말하고자 하는 대상이나 관념을 파악하는 것이다.

2 이미지의 기능

① 이미지는 대상을 구체적이고 감각적으로 생생하게 표현한다.
② 이미지는 특정한 의미를 함축하거나 상징화하여 나타낸다.
③ 이미지는 대상을 구체화함으로써 특정한 정서를 환기한다.

> 내 마음은 호수요
> 그대 노 저어 오오
> 나는 그대의 흰 그림자를 안고
> 옥같이 그대의 뱃전에 부서지리다.
>
> — 김동명, 〈내 마음은〉 —

그대를 향한 내 마음을 풀어서 설명하려면 매우 장황해질 수도 있고, 또 그 상태를 정확하게 전달하기도 어렵다. 이 시에서는 내 마음의 상태를 호수의 이미지로 제시하고 있다. '호수'에서 연상되는 '맑다, 고요하다, 넓다' 등의 느낌과 3~4행의 내용을 바탕으로, 호수의 이미지는 '그대가 노 저어 올 수도 있고, 그대가 뱃전에 부서질 수도 있는 나의 맑고 고요하고 넓은 내면 상태'로 보다 구체화된다.

기출 따라잡기

42. **김동명의 시 '내 마음은'에서 '내 마음은 호수요'와 수사(修辭)적 유형이 같은 것은?** 2012. 국가직 7급

① 아랫목에 모인 / 아홉 마리의 강아지야, / 강아지 같은 것들아, / 굴욕(屈辱)과 굶주림과 추운 길을 걸어 / 내가 왔다. 아버지가 왔다.

② 님의 사랑은 뜨거워 / 근심 산(山)을 태우고 한(恨) 바다를 말리는데

③ 가려다 오고 오려다 가는 것은 나에게 목숨을 빼앗고 죽음도 / 주지 않는 것입니다.

④ 산산이 부서진 이름이여! / 허공 중(虛空中)에 헤어진 이름이여!

낙엽은 폴란드 망명 정부의 지폐

포화에 이지러진

도른 시의 가을 하늘을 생각게 한다.

… 〈중략〉 …

공장의 지붕은 흰 이빨을 드러내인 채

한 가닥 구부러진 철책이 바람에 나부끼고

그 위에 셀로판지로 만든 구름이 하나.

- 김광균, 〈추일서정〉 -

낙엽을 '망명 정부의 지폐'에 비유한 것은 그 '쓸모없음'에서 오는 '황량함'을 표현하기 위한 것이다. 또한 낙엽이 무가치하게 널리어 있다는 의미와 함께, '망명 정부'라는 말이 주는 '쓸쓸함'의 정서를 동시에 불러일으키기 위한 것이다. '포화에 이지러진 / 도른 시의 가을 하늘'이라는 구절에서도 전쟁으로 인한 어떤 이국 도시의 폐허를 떠올리게 한다. 또한 '흰 이빨을 드러낸 공장의 지붕'이나 '바람에 나부끼는 철책', '셀로판지로 만든 듯한 구름'은 쓸쓸한 분위기를 드러내고 있다.

3 이미지 간의 관계

이미지는 서로 유사하거나 대립적인 관계를 형성하며 시상의 흐름과 관련하여 서로 긴밀하게 연결되는 관계를 이룬다. 이미지들의 관계 즉, 비교나 대조를 통해 시의 흐름은 물론 시어의 의미·정서·분위기를 분명하게 파악할 수 있다. 대체로 '상승과 하강', '어둠과 밝음', '방랑과 정착', '긍정과 부정' 등의 대립 관계로 나누어 보면 이미지의 관계를 보다 효과적으로 파악할 수 있다.

플러스 이미지의 관계

이미지 간의 관계는 시어가 지닌 감각이나 속성을 통해 파악할 수 있다.
(1) 감각의 유사성: 이미지가 지닌 감각이 동일하며, 그 감각이 환기하는 정서나 관념이 동질적인 경우
(2) 속성의 근접성: 사물이 실제의 처지에서 물리적으로 근접하여 있거나, 속성이 밀접하게 관련되어 있는 경우

내 고장 칠월은

청포도가 익어가는 시절

이 마을 전설이 주저리주저리 열리고

먼 데 하늘이 꿈꾸며 알알이 들어와 박혀,

하늘 밑 푸른 바다가 가슴을 열고

흰 돛 단 배가 곱게 밀려서 오면,

내가 바라는 손님은 고달픈 몸으로

청포를 입고 찾아온다고 했으니,

내 그를 맞아 이 포도를 따 먹으면

두 손을 함뿍 적셔도 좋으련.

아이야, 우리 식탁엔 은쟁반에

하이얀 모시 수건을 마련해 두렴.

－ 이육사, 〈청포도〉 －

> '청포도 – 하늘 – 푸른 바다 – 청포'로 이어지는 청색 이미지와 '흰 돛 단 배 – 은쟁반 – 하이얀 모시 수건'으로 이어지는 백색 이미지가 조화롭게 대비되어 있으며, 전체적으로 희망찬 분위기를 형성하고 있다.

기출 | 따라잡기

43. 이 시의 흐름으로 보아 긴밀하게 연결되는 이미지로 묶인 것은?　　　　2003. 법원직

태양을 의논하는 거룩한 이야기는
항상 태양(太陽)을 등진 곳에서만 비롯하였다.
달빛이 흡사 비 오듯 쏟아지는 밤에도
우리는 헐어진 성(城)터를 헤매이면서
언제 참으로 그 언제 우리 하늘에
오롯한 태양(太陽)을 모시겠느냐고
가슴을 쥐어뜯으며 이야기하며 이야기하며
가슴을 쥐어뜯지 않았느냐?
그러는 동안에 영영 잃어버린 벗이 있다.
그러는 동안에 멀리 떠나버린 벗이 있다.
그러는 동안에 몸을 팔아버린 벗이 있다.
그러는 동안에 맘을 팔아버린 벗이 있다.
그러는 동안에 드디어 서른여섯 해가 지나갔다.
다시 우러러 보는 이 하늘에
겨울밤 달이 아직도 차거니
오는 봄엔 분수(噴水)처럼 쏟아지는 태양(太陽)을 안고
그 어느 언덕 꽃 덤불에 아늑히 안겨보리라.

－ 신석정, 〈꽃덤불〉 －

① 태양 – 달빛 – 하늘
② 달빛 – 밤 – 성터
③ 태양 – 봄 – 꽃덤불
④ 밤 – 벗 – 서른여섯 해

핵심정리

1. **작품**: 신석정, 〈꽃덤불〉
2. **주제**: 조국 해방의 기쁨과 새로운 민족 국가 건설에 대한 소망
3. **해설**: 신석정의 시 '꽃덤불'은 조국 해방의 기쁨과 새로운 민족 국가 건설에 대한 소망을 노래한 시이다. 이 시는 광복 후 일제 강점기의 어둡고 고통스러웠던 과거를 회상하며, 광복의 기쁨과 조국 광복의 희망을 노래하고 있다. '꽃덤불'은 새로운 민족 국가 건설에 대한 희망과 의지를 상징하며, '태양을 의논하는 거룩한 이야기'는 조국의 미래를 위한 논의와 대화를 의미한다.

4 이미지의 갈래

이미지의 기본적 기능은 감각적 체험을 되살리는 것이다. 이미지는 주로 시각과 청각이 중심이 되지만 후각, 미각, 촉각, 냉온 감각 등이 있고, 심지어는 무게 감각, 대상의 움직임을 지각하는 운동 감각, 맥박·호흡 등의 기관 감각, 근육 감각 등도 있다. 이러한 것들을 통틀어 감각적 이미지라 한다.

(1) **시각적 이미지**: 색채, 명암, 모양의 제시로 나타나는 이미지

피아노에 앉은 / 여자의 두 손에서는 / 끊임없이

열 마리씩 / 스무 마리씩

신선한 물고기가

튀는 빛의 꼬리를 물고 / 쏟아진다.

— 전봉건, 〈피아노〉—

> 신선하고 생기 있는 피아노 소리의 감각과 이에 대한 감동을 대담한 시각적 이미지로 표현한 작품이다. 시인은 피아노의 생기 찬 소리를 시각화하여, 마치 싱싱한 물고기가 연이어 튀는 것으로 묘사하여 역동적 이미지를 느끼게 한다.

---

(2) **청각적 이미지**: 소리, 음성, 음향을 통해 제시되는 이미지

가난하다고 해서 두려움이 없겠는가

두 점을 치는 소리,

방범 대원의 호각 소리, 메밀묵 사려 소리에

눈을 뜨면 멀리 육중한 기계 굴러가는 소리

— 신경림, 〈가난한 사랑 노래〉—

> 가난한 이의 현실 상황에 대한 두려움을 밤낮으로 들려오는 각종 소리의 이미지로 제시하고 있다.

---

(3) **미각적 이미지**: 맛으로 구체화되는 이미지

앞밭에는 당추 심고 뒷밭에는 고추 심어,

고추 당추 맵다 해도 시집살이 더 맵더라

— 작자 미상, 〈시집살이 노래〉—

> '당추'는 '고추'와 같은 말로 동어 반복을 피하고 운율을 살리기 위해 사용되었다. 시적 화자는 매운 맛을 지닌 고추의 이미지로 시집살이의 고통을 형상화하고 있다.

---

(4) **후각적 이미지**: 냄새나 향기 등을 통해 구체화되는 이미지

송아지 몰고 오며 바라보던 진달래도

저녁 노을처럼 산을 둘러 퍼질 것을

어마씨 그리운 솜씨에 <u>향그러운 꽃지짐</u>

－ 김상옥, 〈사향〉 －

> 초·중장은 시각적 이미지가 제시되었으나, 종장에서는 꽃지짐의 '향그러운 내음'으로 표현하여 어머니의 따뜻한 정을 형상화하고 있다. 꽃지짐 자체가 미각적 이미지를 지닌 시어이므로 공감각적 이미지로 볼 수 있다.

(5) **촉각적 이미지**: 피부의 감각으로 구체화되는 이미지

나는 한 마리 어린 짐승

젊은 아버지의 <u>서느런 옷자락</u>에

<u>열(熱)로 상기한</u> 볼을 말없이 부비는 것이었다.

－ 김종길, 〈성탄제〉 －

> '서늘한 옷자락'은 열병에 시달리고 있는 아들의 뜨거움을 식혀 주는 치료제임을 함축한다. 촉각적 이미지로 병들고 어린 시적 화자에 대한 아버지의 애정을 형상화하고 있다.

(6) **공감각적 이미지**: 하나의 대상에 둘 이상의 감각이 어우러져서 구체화되는 이미지로 '감각의 전이'라고도 한다. 공감각적 표현은 대상의 속성을 바꿈으로써 대상의 이미지를 더 선명하게 보여 준다.

공백(空白)한 하늘에 걸려 있는 촌락의 시계가

여윈 손길을 저어 열 시를 가리키면

날카로운 고탑(古塔)같이 언덕 위에 솟아 있는

퇴색한 성교당(聖敎堂)의 지붕 위에선

<u>분수처럼 흩어지는 푸른 종소리</u>

－ 김광균, 〈외인촌〉 －

> 시계의 분침과 시침을 '여윈 손길'로 표현하여 황량한 느낌을 갖게 하고, 종소리를 '분수처럼 흩어지는 것'으로 묘사하여 이러한 느낌이 확산되는 것 같은 효과를 준다.

＋ 플러스 역동적(力動的) 이미지

힘찬 움직임의 속성을 드러내는 이미지를 말한다.
예 푸름 속에 펄럭이는 피깃발의 외침

1. 작품: 정지용, 〈향수〉

2. 해설: 정지용의 시 '향수'는 평화로웠던 기억 속의 고향을 회상하면서 느끼는 그리움을 노래한 시이다. 이 시에서는 많은 감각적 표현이 사용되었는데 시인이 어떤 감각적 표현을 사용하여 고향에 대한 그리움을 형상화하고 있는지에 중점을 두고 감상할 수 있다. 특히, '얼룩백이 황소', '질화로', '짚베개' 등의 소재를 통해 고향의 모습을 생생하게 그려내고 있으며, '금빛 게으른 울음', '해설피', '파아란 하늘 빛' 등의 시어를 통해 고향의 분위기를 아름답게 표현하고 있다.

44. 다음 〈보기〉의 밑줄 친 부분과 같은 표현 방식이 나타나지 않은 것은? 2017. 서울시 사복직 9급

넓은 들 동쪽 끝으로
옛 이야기 지줄대는 실개천이 휘돌아 나가고
얼룩백이 황소가
해설피 금빛 게으른 울음을 우는 곳
…… 그 곳이 참하 꿈엔들 잊힐리야.

― 정지용의 〈향수〉에서 ―

① 우물 속에는 달이 밝고 구름이 흐르고 하늘이 펼치고 파아란 바람이 불고 가을이 있습니다.
― 윤동주의 〈자화상〉 ―
② 즐거운 지상(地上)의 잔치에 / 금(金)으로 타는 태양의 즐거운 울림. / 아침이면, / 세상은 개벽(開闢)을 한다. ― 박남수의 〈아침 이미지〉 ―
③ 그리운 그의 얼굴 다시 찾을 수 없어도 / 화사한 그의 꽃 / 산에 언덕에 피어날지어이. ― 신동엽의 〈산에 언덕에〉 ―
④ 한 가닥 구부러진 철책(鐵柵)이 바람에 나부끼고 / 그 위에 셀로판지로 만든 구름이 하나. / 자욱한 풀벌레 소리 발길로 차며 / 호올로 횡량(荒凉)한 생각 버릴 곳 없어
― 김광균의 〈추일서정〉 ―

5 이미지의 제시 방법

(1) 묘사에 의한 이미지 제시

묘사 또는 감각적인 수식어를 구사하여 대상을 보고 떠오른 생각과 느낌을 그대로 묘사하는 방식으로 심상을 제시하는 것이다. 인간의 감각 기관으로 인지할 수 있는 대상의 특질을 직접 묘사함으로써 생성되는 이미지이다.

넓은 벌 동쪽 끝으로
옛이야기 지줄대는 실개천이 휘돌아 나가고,
얼룩백이 황소가
해설피 금빛 게으른 울음을 우는 곳,

그 곳이 차마 꿈엔들 잊힐리야.

― 정지용, 〈향수〉 ―

• '넓은', '지줄대는', '휘돌아', '얼룩백이', '해설피 금빛 게으른' 등 감각적 수식어를 사용하여 꿈에도 잊을 수 없는 푸근하고 아름다운 고향의 모습을 형상화하고 있다.
• '금빛 게으른 울음'은 청각을 시각으로 전이시킨 공감각적 이미지이다. '설피다'는 '연기나 안개, 햇빛 따위가 옅거나 약하다'는 뜻으로 '해설피'는 '해가 기울 무렵'을 뜻한다.

(2) 비유에 의한 이미지의 제시

비유를 통해 만들어지는 이미지로 시에서 가장 많이 사용되고 있다. 비유란 유사성과 동일성을 바탕으로 원관념과 보조 관념이 결합한 수사적인 표현법으로, 직유·은유·의인화 등 다양한 형식으로 나타난다.

비유의 원관념이나 보조 관념 중 하나가 우리의 감각 기관을 통해 인지할 수 있는 구체적인 이미지인 경우 이를 '비유적 이미지'라 한다.

강나루 건너서
밀밭 길을

<u>구름에 달 가듯이</u>
가는 나그네

길은 외줄기
남도 삼백리

술 익은 마을마다
타는 저녁놀

<u>구름에 달 가듯이</u>
가는 나그네

－박목월, 〈나그네〉－

> 나그네의 모습을 구름 속에 떠 가는 '달'의 이미지로 형상화하고 있다. 구름이 달을 지나는 것인지 달이 구름을 지나가는 것인지 모르는 자연스러운 모습에 비유함으로써 나그네의 고독함과 쓸쓸함, 유유자적함 등의 다양한 의미를 함축적으로 드러내고 있다.

기출 따라잡기

45. 〈보기〉의 관점에서 박목월의 시 '나그네'를 감상할 때 가장 적절한 것은?
2019. 지방직 9급

보기

반영론은 문학 작품이 사회를 반영하여 현실의 문제를 비판적으로 성찰할 수 있게 하는 매개체라는 관점을 취한 비평적 입장이다.

① 전통적 민요의 율격을 바탕으로 한 정형적 형식을 통해 정제된 시상이 효과적으로 드러났군.

② 삶의 고통스러운 단면을 외면한 채 유유자적한 삶만을 그린 것은 아닌지 비판할 여지가 있군.

③ 낭만적 감성을 불러일으키는 시적 분위기가 시조에서 보이는 선경후정과 비슷한 양상을 띠는군.

④ 해질 무렵 강가를 거닐며 조망한 풍경의 이미지가 한 폭의 그림을 보는 듯한 감각을 자아내는군.

(3) 상징에 의한 이미지의 제시

상징을 통해 만들어지는 이미지이다. 상징이란 어떤 대상이 그 자체를 드러내는 것이 아니라 거기에 부합되는 다른 의미나 관념을 표상하는 것이다.

비둘기를 통해 '평화'를, 태양을 통해 '희망'을 표상하게 되면 이 대상물들은 하나의 상징이 되는 것이다. 이때 비둘기와 태양은 감각적 대상이기 때문에 이미지가 되며 동시에 상징이 가능하므로 '상징적 이미지'가 되는 것이다.

기출 | 따라잡기

46. 유치환의 시 '깃발'에서 밑줄 친 ㉠~㉣의 단어가 가리키는 것이 가장 다른 하나는? 2019. 서울시 7급

① ㉠
② ㉡
③ ㉢
④ ㉣

이것은 소리 없는 ㉠아우성
저 푸른 해원을 향하여 흔드는
영원한 노스텔지어의 ㉡손수건
순정은 물결같이 바람에 나부끼고
오로지 맑고 곧은 이념의 ㉢푯대 끝에
애수는 백로처럼 날개를 펴다
아! 누구던가?
이렇게 슬프고도 애달픈 ㉣마음을
맨 처음 공중에 달 줄을 안 그는

— 유치환, 〈깃발〉 —

이 시에는 이상 세계에 대한 동경, 그리고 그것에 도달할 수 없는 한계로 인한 슬픔이 드러나 있다. 깃발은 바람에 끝없이 펄럭이지만 깃대에 매여 있어 날아갈 수 없다. 그러나 깃대에서 벗어난다면 단지 날아가다 땅에 떨어지는 천 조각에 불과할 것이다. 이처럼 이 시의 '깃발'은 이상향을 향한 끝없는 동경과 그곳에 결코 도달할 수 없는 좌절을 드러내는 상징물이면서 감각적 대상이므로 상징적 이미지가 된다.

핵심정리

1. **작품**: 이용악, 〈그리움〉
2. **주제**: 고향에 두고 온 가족에 대한 그리움
3. **해설**: 이용악의 시 '그리움'은 고향에 두고 온 가족에 대한 그리움을 노래한 작품이다. 이 시는 함박눈이 내리는 밤에 잠에서 깨어나 북쪽의 고향에 두고 온 가족들을 그리워하는 내용을 담고 있다. '눈이 오는가 북쪽엔 함박눈 쏟아져 내리는가'라는 구절을 반복하여 가족에 대한 그리움을 강조하고, '잉크병 얼어드는 이러한 밤'이라는 구절을 통해 그리움의 절실함을 드러내고 있다. '백무선 철길', '험한 벼랑' 등의 시어를 통해 고향의 지리적 특성을 묘사하고, '작은 마을'이라는 시어를 통해 고향의 소박하고 평화로운 모습을 떠올리게 한다.

기출 | 따라잡기

47. 다음 글의 감상으로 적절하지 않은 것은? 2017 법원직 9급

눈이 오는가 북쪽엔
함박눈 쏟아져 내리는가

험한 벼랑을 굽이굽이 돌아간
백무선(白茂線) 철길 위에
느릿느릿 밤새어 달리는
화물차의 검은 지붕에

연달린 산과 산 사이
너를 남기고 온
작은 마을에도 복된 눈 내리는가

잉크병 얼어드는 이러한 밤에
어쩌자고 잠을 깨어
그리운 곳 차마 그리운 곳

눈이 오는가 북쪽엔
함박눈 쏟아져 내리는가

— 이용악, 〈그리움〉 —

① 수사적 의문을 통해 시상을 환기하며 시상이 전개된다.
② 시적허용을 통해 화자의 정서가 응축되어 표현이 된다.
③ 잉크병이 얼 정도로 추운 밤이지만 '눈'은 긍정적인 이미지로 나타난다.
④ '눈'과 '화물차의 검은 지붕'은 색채 대비를 이루며 문명에 대한 비판을 드러낸다.

48. ⑤~@에 대한 이해로 적절하지 않은 것은?

有此茅亭好	이 멋진 ⑤초가 정자 있고
綠林細徑通	수풀 사이로 오솔길 나 있네
微吟一杯後	술 한 잔 하고 시를 읊조리면서
高座百花中	온갖 꽃 속에서 ⓒ높다랗게 앉아 있네
丘壑長看在	산과 계곡은 언제 봐도 그대로건만
樓臺盡覺空	ⓒ누대는 하나같이 비어 있구나
莫吹紅一點	붉은 꽃잎 하나라도 흔들지 마라
老去惜春風	늙어갈수록 @봄바람이 안타깝구나

– 심환지, 〈육각지하화원소정염운(六閣之下花園小亭拈韻)〉 –

① ⑤: 시간적 흐름에 따른 시상 전개를 매개하고 있다.

② ⓒ: 시적 화자의 초연한 태도를 드러내고 있다.

③ ⓒ: 자연에 대비되는 쇠락한 인간사를 암시하고 있다.

④ @: 꽃잎을 흔드는 부정적 이미지로 기능하고 있다.

49. 다음 시에 대한 감상으로 적절하지 않은 것은?

마음도 한자리 못 앉아 있는 마음일 때,
친구의 서러운 사랑 이야기를
가을 햇볕으로나 동무 삼아 따라가면,
어느새 등성이에 이르러 눈물 나고나.

제삿날 큰집에 모이는 불빛도 불빛이지만,
해질녘 울음이 타는 가을 강을 보겄네.

저것 봐, 저것 봐,
네보담도 내보담도
그 기쁜 첫사랑 산골 물소리가 사라지고
그다음 사랑 끝에 생긴 울음까지 녹아나고
이제는 미칠 일 하나로 바다에 다 와 가는
소리 죽은 가을 강을 처음 보겄네.

– 박재삼, 〈울음이 타는 가을 강〉 –

① 공감각적 이미지를 활용해 시상을 전개하고 있군.

② 첫사랑과 관련된 시어를 반복하여 운율을 형성하고 있군.

③ 대조적 속성을 지닌 소재를 통해 정서를 부각하고 있군.

④ 전통적 어조를 사용해 예스러운 정감을 살리고 있군.

핵심정리

1. **작품**: 박재삼, 〈울음이 타는 가을 강〉(1959)

2. **주제**: 인간의 본원적 고독과 한(恨)

3. **성격**: 전통적, 애상적, 영탄적, 회상적

4. **어조**: 비애감에 젖은 애상적 목소리

5. **해설**: 이 시는 노을이 물든 가을 강을 바라보면서 애상감에 젖는 화자를 통해 인간이 지닌 근원적인 한(恨)을 효과적으로 드러내고 있다.

＋ 플러스 수사법의 시적 기능

(1) 사물에서 세계의 새로운 질서를 부여한다.
(2) 경험이나 사실 등을 감각화하고 구체화한다.
(3) 형상화 작용을 통해 이미지를 형성한다.

기출 │ 따라잡기

50. 밑줄 친 부분의 비유 방식이 다른 것은?
2020. 군무원 9급

비유(比喩/譬喩)
「명사」 어떤 현상이나 사물을 직접 설명하지 아니하고 다른 비슷한 현상이나 사물에 빗대어서 설명하는 일.

① 요즘은 회사의 경영진에 합류하는 블루칼라가 많아지고 있다.
② 암 진단 결과를 받아들자, 그의 마음은 산산조각이 났다.
③ 내부의 유리 천장은 없으며 여성들의 상위적 진출이 확대될 것이라고 전망했다.
④ 사업이 실패한 후 그는 사회의 가장 밑바닥으로 떨어졌다.

1 발상과 표현

시적 발상이란 표현하고자 하는 심리, 정서, 태도 등 시인의 창작 의도로 시인이 시적 대상에서 발견한 특정한 의미를 말한다. 표현이란 그러한 의도가 작품 속에서 구체화된 것, 즉 운율적이고 함축적인 언어와 다양한 표현 기법을 통해 형상화하는 것을 말한다.

시에서는 시적 허용을 전제로 다양한 표현 방법이 구사된다. 시적 형상화 방법으로서의 표현은 어느 한 가지로 한정되지 않지만 주요 수사법의 원리와 효과를 바탕으로 이루어진다.

2 주요 표현 기법

(1) 직유와 은유

직유와 은유는 모두 표현하고자 하는 사물이나 관념(원관념)을 그것과 유사하거나 관련성이 있는 다른 사물이나 관념(보조 관념)으로 빗대어 표현함으로써 정서와 태도를 함축적으로 드러내는 표현 기법이다. 직유가 '같이, 처럼, 듯' 등의 매개어를 사용하여 비유의 의도를 직접 드러낸다면, 은유는 매개어를 사용하지 않고 곧바로 두 대상을 환치(換置: 바꾸어 놓음)하여 비유의 의도를 감추는 방법이다.

> 님은 갔습니다. 아아 사랑하는 나의 님은 갔습니다.
> 　푸른 산 빛을 깨치고 단풍나무 숲을 향하여 난 작은 길을 걸어서 차마 떨치고 갔습니다
> 　황금의 꽃같이 굳고 빛나던 옛 맹서는 차디찬 티끌이 되어서 한숨의 미풍에 날아갔습니다
>
> － 한용운, 〈님의 침묵〉 －
>
> 임에 대한 자신의 맹서를 '굳고 빛나던 황금의 꽃'과 '차디찬 티끌'에 비유하고 있다. 변하지 않는 황금의 이미지와 아름다운 꽃의 이미지에 비유(직유)된 부드럽고 아름답지만 변하지 않는 '맹서'가 아주 작고 별 볼일 없는 그런 '차디찬 티끌'(은유)이 되어서 날아갔다고 표현함으로써 임과 이별한 허무감을 드러내고 있다.

(2) 대유

개별적인 사물로 그 사물이 속하는 총체적 부류 전체를 나타내거나, 특정한 사물이 지닌 속성으로 그 사물을 대신 나타내는 방법이다.

> 연츄문(延秋門) 드리다라 경회 남문(慶會南門) 바라보며,
> 하직(下直)고 플러나니 <u>옥졀(玉節)</u>이 알패 셧다.
> 평구역(平丘驛) 말을 가라 흑슈(黑水)로 도라드니,
> 셤강(蟾江)은 어듸메오, 티악(稚岳)이 여긔로다.
> 쇼양강(昭陽江) 나린 믈이 어드러로 든단 말고.
> 고신(孤臣) 거국(去國)에 백발도 하도 할샤.
> 동쥬(東州)ㅣ 밤 계오 새와 븍관뎡 북관뎡(北寬亭)의 올나하니,
> <u>삼각산 뎨일봉(第一峰)</u>이 하마면 뵈리로다.
>
> — 정철, 〈관동별곡(關東別曲)〉 —

'옥졀'은 관찰사의 신분을 의미하고(환유), '삼각산 뎨일봉'은 한양의 한 지명일 뿐이지만, 이는 임금이 계신 '한양' 전체를 의미하는(제유) 것이다.

(3) 의인과 활유

의인법은 대상을 인격화하는 방식으로 화자 자신이 드러내고자 하는 정서를 직접 또는 간접적으로 이입하여 드러내는 데 효과적이다. 활유법은 생명이 없는 무생물에 생명을 부여하여 생물처럼 표현하는 방식으로 표현하고자 하는 대상에 생동감을 주는 데 효과적이다.

> 모가지가 길어서 슬픈 짐승이여,
> <u>언제나 점잖은 편 말이 없구나.</u>
> <u>관(冠)이 향기로운 너는</u>
> 무척 높은 족속이었나 보다.
>
> 물 속의 제 그림자를 들여다보고
> 잃었던 전설을 생각해 내고는
> 어찌할 수 없는 향수에
> 슬픈 모가지를 하고
> 먼 데 산을 바라본다.
>
> — 노천명, 〈사슴〉 —

이상향을 동경하는 자신의 모습을 사슴에 투영하여 표현한 작품이다. '언제나 점잖은 편 말이 없구나'에서는 말없이 인내하고 살아온 자신의 모습을, '향기로운 관'은 고고하고 귀족적인 특성을 암시한다. 그러면서 잃어버린 옛날에 대한 그리움을 드러내어 현실에 적응하지 못하는 외로운 삶의 모습을 보여 주고 있다.

➕ 플러스 환유와 제유

환유(歡游)
속성으로 그 속성을 지닌 사물을 대신 나타내는 비유
예 거국지희 그음업셔 억제하기 어려운 중 / 홍상의 꼿 눈물이 심회를 돕는도다.(아름다운 여인을 가리킴)

제유(提喩)
집합적 대상 가운데 하나의 사물로 전체를 대신 나타내는 비유
예 보리밥 픗나물을 알마초 먹은 후에 / 바횟 끗 믈가의 슬카지 노니노라. / 그나믄 녀나믄 일이야 부를 줄이 이시랴.(소박한 음식을 의미함)

기출 | 따라잡기

51. 다음 문장에 쓰인 수사법과 같은 수사법이 쓰인 것은? 2014. 서울시 9급

> 우리 옹기는 양은 그릇에 멱살을 잡히고 플라스틱류에 따귀를 얻어맞았다.

① 그는 30년 동안 입고 있던 유니폼을 벗고서 붓을 들기 시작했다.
② 지금껏 역사를 굽어본 강물은 말없이 흐른다.
③ 돈을 잃는 것은 적게 잃는 것이지만 명예를 잃는 것은 많이 잃는 것이고 건강을 잃는 것은 모든 것을 잃는 것이다.
④ 보고 싶어요, 붉은 산이, 그리고 흰 옷이.
⑤ 내 마음은 호수요 그대 노 저어 오오.

보기

순이, 벌레 우는 고풍한 뜰에
달빛이 밀물처럼 밀려왔구나.

달은 나의 뜰에 고요히 앉아 있다.
달은 과일보다 향그럽다.

동해 바다 물처럼
푸른
가을
밤

포도는 달빛이 스며 고웁다.
포도는 달빛을 머금고 익는다.

① 풀은 눕고 / 드디어 울었다
② 가난하다고 해서 외로움을 모르겠는가
③ 구름은 / 보랏빛 색지 위에 / 마구 칠한 한 다발 장미
④ 아! 강낭콩꽃보다도 더 푸른 / 그 물결 위에 / 양귀비 꽃보다도 더 붉은 / 그 마음 흘러라

➕ 플러스

창조적 상징이 시의 문맥 속에서 파악되는 것이라면 관습적 상징은 시어 자체만으로 그 상징적 의미가 어느 정도 암시된다.

➕ 플러스 감정이입과 의인법

시에서 감정이입과 의인법은 서로 밀접한 관계가 있다. 감정이입은 시적 화자의 감정을 대상에 이입하여 표현하는 방법으로 대상을 마치 사람처럼 생각하고 그 대상이 느끼는 것처럼 표현하는 것이다. 그리고 의인법은 사람이 아닌 대상을 사람처럼 표현하는 방법으로 대상에 인격을 부여하여 사람처럼 행동하고 말하는 것처럼 표현하는 것이다. 감정이입과 의인법은 모두 대상에 대한 시적 화자의 정서를 효과적으로 표현하기 위해 사용하는 표현법으로 감정이입을 위해서는 의인법이 동반된다. 하지만 차이도 있다. 감정이입은 대상에 대한 시적 화자의 정서를 직접적으로 표현하는 것이 아니라 대상이 느끼는 것처럼 표현함으로써 대상과 시적 화자의 정서적 교감을 강조한다. 그러나 의인법은 대상에 인격을 부여하여 대상을 더욱 생동감 있게 표현하고 대상에 대한 시적 화자의 정서를 더욱 구체적으로 표현할 수 있다.

(4) 상징

상징은 작품 속의 어떤 사물이 그 자체의 의미를 지니면서 보다 포괄적인 다른 의미까지 띠는 현상을 가리키는 것으로 암시성과 다의성을 본질로 한다. 상징은 비가시적인 것을 가시적인 것으로 드러내면서 대상과 관련된 여러 가지 관념을 연상하게 함으로써 다양한 의미를 함축적으로 제시한다.

① 관습적 상징

오랜 세월 동안 사회적 관습에 의해 형성된 것으로서, 일정한 공동체의 사람들에게 공인된 고정적이고 보편적인 상징이다. 동일한 문화적 관습을 공유하는 집단과 주로 관련된다.

이 몸이 주거 가셔 무어시 될꼬 하니
봉래산 제일봉에 낙락장송(落落長松) 되야 이셔
백설(白雪)이 만건곤할 제 독야청청하리라.

－성삼문의 시조－

이 작품은 단종의 복위를 꾀하다 실패하고 죽음을 당하면서도 변함없는 신념과 굳은 절개를 드러낸 시조이다. 여기서 '낙락장송'은 임금에 대한 굳은 절개를 상징한다.

② 창조적 상징

작가에 의해 만들어진 개인적 상징으로 시의 문맥이나 시대적 상황 속에서 새롭게 창조된 것이다.

쫓아오던 햇빛인데
지금 교회당(敎會堂)꼭대기
㉠십자가(十字架)에 걸리었습니다.

첨탑(尖塔)이 저렇게 높은데
어떻게 올라갈 수 있을까요.

종(種)소리도 들려오지 않는데
휘파람이나 불며 서성거리다가,

괴로웠던 사나이,

행복(幸福)한 예수 그리스도에게

처럼

ⓛ십자가(十字架)가 허락(許諾)된다면

모가지를 드리우고

꽃처럼 피어나는 피를

어두워가는 하늘 밑에

조용히 흘리겠습니다.

－윤동주,〈십자가〉－

> ㉠의 '십자가'는 '첨탑'의 날카롭고 높은 이미지와 연결되어 시적 화자가 도달하기 어려우면서도 동경하고 추구하는 '구원'에 다다르는 길을 상징하고, ⓛ의 '십자가'는 예수 그리스도의 희생적 이미지와 연결되어 '순절하겠다는 소명 의식'을 상징한다. 이 '십자가'나 5연의 '피'가 '순절'의 의미로 해석되는 것은 일제 강점기라는 시대적 상황과 관련되기 때문이다.

③ **원형적 상징**

인류의 오랜 역사를 통해 형성되어 온 근원적이고 원초적인 이미지로서의 상징으로, 대개 신화나 전설 등에 반복적으로 나타난다. 관습적 상징의 범주에 속한다고 할 수 있다.

➕ 플러스 '해'의 원형적 상징의 예

- 해: 생명, 희망, 탄생, 기쁨, 영원성, 역동성, 왕
- 불: 인간의 생명, 욕망, 사랑, 육체의 파괴와 소멸, 정화와 재생
- 물: 모성 혹은 여성, 죽음, 정화와 재생, 순환, 시간의 흐름
- 하늘: 공간의 영원성, 고고한 정신, 신(神), 순결, 무(無), 부재(不在)
- 어둠: 혼돈, 공포, 어둠, 죽음, 기원, 성숙, 휴식

> 예 해야, 고운 해야, 해야 솟아라. 꿈이 아니라도 너를 만나면, 꽃도 새도 짐승도 한자리에 앉아, 워 어이 워어이 모두 불러 한자리에 앉아, 앳되고 고운 날을 누려 보리라.
>
> －박두진,〈해〉－
>
> 이 시의 중심 소재인 '해'는 빛과 생명, 기쁨과 희망, 탄생과 창조 등을 의미하는 원형적 상징에 해당한다.

핵심정리

1. **작품**: 윤동주,〈십자가〉
2. **주제**: 부정적 현실 극복을 위한 자기희생의 의지
3. **해설**: 이 시는 상징적인 소재와 역설적인 표현을 통해 주제를 형상화하고 있으며, 십자가라는 기독교적 소재를 활용하여 자기희생의 의지를 표현하고 있다. 1연에서는 현실의 부정적인 상황을 제시하고 있으며, 2연에서는 삶의 목표와 시적 화자의 괴리감으로 인한 고뇌와 방황을 보여주고 있다. 3연에서는 혼자서 서성거리며 방황하는 모습을 보여주며, 4연에서는 예수 그리스도의 희생을 본받고 싶은 시적 화자의 소망을 담고 있다. 마지막 5연에서는 희생을 통한 구원을 암시하며, 시적 화자의 의지를 드러내고 있다. 이 시에서의 '십자가'에는 종교적 의미보다 조국 광복을 위한 고귀한 희생이라는 상징적 의미가 담겨 있다고 해석되기도 한다.

기출 따라잡기

53. 다음 ⓐ~ⓓ 중 함축적 의미가 나머지 셋과 다른 하나는?

2009. 법원직

> 님 다히 쇼消息식息을 아므려나 아쟈 ᄒ니 오놀도 거의로다. 뉘일이나 사롬올가. 내 ᄆ음 둘디 업다. 어드러로 가쟛말고. 잡거니 밀거니 놉픈 뫼희 올라가니 ⓐ구롬은ᄏ니와 ⓑ안개ᄂᄆᄉ일고. 산山쳔川이이 어둡거니 ⓒ일日월月을 엇디 보며 지咫쳑尺을 모ᄅ거든 쳔千리里롤 부라보랴. ᄎ하리 믈ᄀ의 가 비 길히나 보쟈 ᄒ니 ⓓ부람이야 믈결이야 어둥졍 된뎌이고. 샤공은 어딕가고 븬비만 걸렷ᄂ니. 강江텬天의 혼쟈 셔셔 디ᄂ히 롤구버보니 님다히 쇼消息식息이 더옥 아득ᄒ뎌이고.
>
> －정철,〈속미인곡〉－

① ⓐ 구롬   ② ⓑ 안개
③ ⓒ 일월   ④ ⓓ 바람

(5) 반어

진술된 의미가 진술의 의도와 상반되게 표현함으로써 변화를 주는 방법이다. 반어는 '말한 것'과 '의미하는 것' 사이의 긴장과 대조, 혹은 갈등을 이루어 독자들의 주의를 집중시킨다. 또한 의미를 강조하거나 풍자의 효과를 높이고 주제 의식을 부각한다.

므쇠로 한 쇼를 디여다가 / 므쇠로 한쇼를 디여다가

鐵樹山(철수산)에 노호이다. / 그 쇼 鐵草(철초)를 머거사

그 쇼 (鐵草)(철초)를 머거사 / <u>有德(유덕)하신 님을 여의어와지이다.</u>

— 작자 미상, 〈정석가〉 —

무쇠로 큰 소를 만들어서 / 무쇠로 큰 소를 만들어서

쇠로 된 나무가 있는 산에 갖다 놓습니다. / 그 소가 쇠로 된 풀을 먹어야만

그 소가 쇠로 된 풀을 먹어야만 / <u>덕행이 있으신 우리 임을 이별하고 싶습니다.</u>

'임과 이별하고 싶다'라는 표현은 일단 독자에게 긴장을 준다. 통상적으로 '임'은 이별하고 싶은 대상이 아니며, 이별하고 싶은 대상은 이미 '임'이 아니기 때문이다. 그러므로 밑줄 친 시구의 의미는 '무쇠로 큰 소를 지어다가 쇠나무 산에 놓고 그 소가 쇠풀을 다 먹어야'라는 불가능한 상황의 가정과 관련지어 해석해야 한다. 불가능한 상황이 이루어지면 '임을 여의겠다.'라는 표면적 진술의 내용은 실제로는 '어떤 일이 있어도 임을 잃지 않겠다.'라는 의지를 드러내는 반어적 표현인 것이다.

나 보기가 역겨워

가실 때에는

죽어도 아니 눈물 흘리오리다.

— 김소월, 〈진달래 꽃〉 —

이별의 상황을 가정하여 화자의 심정을 반어적으로 드러내고 있다. 이 반어는 임이 떠난다면 도저히 울지 않고 보낼 수는 없다는 절실한 사랑을 드러내고 있다.

---

(6) 역설

역설은 표면상으로 보면 불합리하거나 모순되지만 잘 음미해 보면 그 속에 어떤 진실을 담고 있는 표현이다. 역설 중에서 수식어와 피수식어의 모순, 또는 수식어끼리의 모순 관계를 지니는 표현을 모순 형용이라고 구별하여 부르기도 한다.

> 남들은 자유를 사랑한다지마는, 나는 복종을 좋아하여요.
>
> 자유를 모르는 것은 아니지만, 당신에게는 복종만 하고 싶어요.
>
> 복종하고 싶은데 복종하는 것은 아름다운 자유보다도 달콤합니다. 그것이 나의 행복입니다.
>
> 그러나 당신이 나더러 다른 사람을 복종하라면, 그것만은 복종할 수가 없습니다.
>
> 다른 사람을 복종하려면 당신에게 복종할 수 없는 까닭입니다.
>
> — 한용운, 〈복종〉 —

> 자유를 좋아하고 복종을 싫어하는 것이 일반 상식에 맞는 표현이다. 그러나 시적 화자는 자유보다 복종을 더 좋아한다는 상식적으로 모순된 진술을 통하여 독자의 긴장감을 불러일으키고, 이를 통해 당신을 믿고 따르겠다는 굳은 의지를 드러내고 있다. 여기서 말하는 '복종'은 2연에서 보듯 자발적인 '복종'이기 때문이다.

➕ 플러스 반어와 역설 구분하기

반어(irony)와 역설(paradox)을 구분하는 방법은 간단하다. '반어'는 말의 표현에는 문제가 전혀 없고 단지 표현이 화자가 처한 상황, 진심 또는 진실과 반대될 때를 말한다. 대표적인 예가 잘못을 한 상대에게 "잘~한다"라고 비꼬아서 표현하는 경우이다.

반면에 '역설'은 말의 표현 자체가 이미 이치에 맞지 않거나 모순을 담고 있는 것을 말한다. 예를 들어 '나의 뜨거운 겨울'이라는 표현은 추운 계절인 겨울을 뜨겁다고 했으니 표현 자체가 모순이 된다. 이처럼 표현이 모순되는지 아닌지만 보아도 반어와 역설을 명확히 구별할 수 있다.

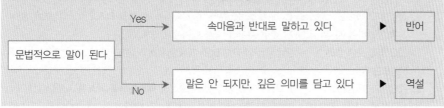

서사작품에 등장하는 인물의 행동이나 그 상황에 관련된 아이러니로, 인물이 실제의 상황에 어울리지 않는 행동을 하거나, 행동이나 사건의 진행과는 정반대의 결과가 초래된다.

예 현진건. 〈운수 좋은 날〉

김 첨지의 운수가 좋을수록 독자는 이와는 반대되는 비극적 결말을 예상하게 된다. 결국 소설의 결말부에서 표면적인 사건의 진행과는 정반대의 파국을 맞이하게 된다.

(1) 반어법과 역설법의 표현 예시

① **반어법(Irony)**: 겉으로 표현한 의미와 속으로 숨어 있는 의미를 서로 반대되게 나타내는 방법

예 • 죽어도 아니 눈물 흘리오리다.
   • 요, 얄미운 것 (귀여운 경우)
   • 인물 났네. (잘못을 저지른 친구를 보고)
   • 바삭바삭하는 가는 모래 벼랑에 / 군밤 닷 되를 심습니다.
     그 밤이 움이 돋아 싹이 나야만 / 덕 있는 임을 이별하고 싶습니다. (고려 가요 '정석가')
   • 먼 훗날 당신이 찾으시면 / 그때에 내 말이 잊었노라….
     오늘도 어제도 아니 잊고 / 먼 훗날 그 때에 잊었노라. (김소월, '먼 후일')
   • 일세의 혁명가가 인제 중학교나 면한 어린애를 친구라기는 창피도 할 걸세. 대단 영광일세. (염상섭, '삼대')

② **역설법(Paradox)**: 표현된 말은 논리나 어법에 어긋나지만 그 속에 진리를 포함하는 표현 기법

예 • 군중 속의 고독
   • 외로운 황홀한 심사
   • 괴로웠던 사나이, 행복한 예수 그리스도처럼
   • 이것은 소리 없는 아우성 (바람에 나부끼는 깃발을 표현)
   • 시를 쓰면 이미 시가 아니다. (시의 작위성을 경계)
   • 어린이는 어른의 아버지다. (어린이의 순수성과 진실성을 표현)
   • 정작으로 고와서 서러워라. (서러움을 느낄 만큼 곱다.)
   • 타고 남은 재가 다시 기름이 됩니다.
   • 님은 갔지마는 나는 님을 보내지 아니하였습니다.
   • 결별이 이룩하는 축복에 싸여 / 지금은 가야 할 때.
   • 우리들의 사람을 위하여서는 / 이별이, 이별이 있어야 하네.
   • 천추(千秋)에 죽지 않는 논개여. / 하루도 살 수 없는 논개여.
   • 나는 향기로운 님의 말소리에 귀먹고 꽃다운 님의 얼굴에 눈 멀었습니다.
   • 님이여, 당신은 의(義)가 무거웁고 / 황금(黃金)이 가벼운 것을 잘 아십니다.

(2) 반어적 성격의 작품과 명명

① **전영택의 '화수분'**: 주인공의 이름은 화수분(재물이 계속 나오는 보물 단지)인데, 실생활은 찢어지게 가난하여 자식도 남에게 주고 부부가 죽음에 이른다.

② **현진건의 '운수 좋은 날'**: '운수 좋은 날'이란 말은 가장 참혹하고 비통한 날에 대한 반어적(反語的) 표현이다.

③ **채만식의 '태평천하'**: 억압과 고통의 식민지 사회를 오히려 태평천하로 인식하고 있다.

④ **채만식의 '치숙'**: 겉으로는 어린 조카의 눈에 비친 사회주의자 삼촌의 모습을 비판하고 있지만 어리석은자는 아저씨가 아니라 서술자 '나' 이다.

⑤ **김유정의 '금 따는 콩밭'**: 주인공이 농사를 통해 진실한 삶을 살지 않고 유혹에 빠져 헛된 꿈(금광)을 꿈으로써 밭에서 금을 캐는 대신 비극적 종말을 맞게 된다.

⑥ **김동인의 '감자'**: 주인공의 이름은 복녀(福女)인데, 그녀의 일생은 험난하고 비극적인 죽음을 맞는다.

54. 다음 〈보기〉에서 설명하는 표현 기법을 활용하고 있는 것은? 2009. 국회직 8급

> **보기**
>
> 논리적 모순 안에 시적 진실을 내포하고 있는 표현이다. 표면적으로는 서로 어울릴 수 없는 모순처럼 보이지만, 이를 통해 시인은 일상적으로 표현할 수 없는 자신의 감정과 느낌을 효과적이고 참신하게 전달하고 있다.

① 우리들의 사랑을 위하여서는 / 이별이, 이별이 있어야 하네. // 높았다 낮았다 출렁이는 물살과 / 물살 몰아갔다 오는 바람만이 있어야 하네. // 오! 우리들의 그리움을 위하여서는 / 푸른 은핫 물이 있어야 하네. // 돌아서는 갈 수 없는 오롯한 이 자리에 / 불타는 홀몸만이 있어야 하네!

② 내 그대를 생각함은 / 항상 그대가 앉아 있는 배경에서 / 해가 지고 바람이 부는 일처럼 사소한 일일 것이나 / 언젠가 그대가 한없이 괴로움 속을 헤매일 때에 / 오랫동안 전해 오던 그 사소함으로 그대를 불러 보리라.

③ 먼 훗날 당신이 찾으시면 / 그때에 내 말이 '잊었노라' // 당신이 속으로 나무라면 / '무척 그리다가 잊었노라' // 그래도 당신이 나무라면 / '믿기지 않아서 잊었노라'

④ 흐르는 강물은 / 길이길이 푸르니 / 그대의 꽃다운 혼 / 어이 아니 붉으랴. / 아, 강낭콩꽃보다 더 푸른 그 물결 위에 / 양귀비꽃보다도 더 붉은 그 마음 흘러라.

⑤ 모든 산맥들이 / 바다를 연모해 휘달릴 때도 / 차마 이곳을 범하던 못하였으리라.

55. 〈보기〉에서 설명한 시의 표현방법이 적용된 시구로 가장 옳은 것은? 2020. 서울시 9급

> **보기**
>
> 본래의 의미와 의도를 더욱 효과적으로 강조하기 위해 그것을 가장하거나 위장하는 것이다. 즉 본래의 의도를 숨기고 반대되는 말로 표현하는 것으로, 표면의미(표현)와 이면의미(의도) 사이에 괴리와 모순을 통해 시적 진실을 전달하는 표현방법이다.

① 돌담에 속삭이는 햇발같이 / 풀 아래 웃음 짓는 샘물 같이
— 김영랑, 〈돌담에 속삭이는 햇발같이〉 —

② 내가 그의 이름을 불러 주었을 때 / 그는 나에게로 와서 / 꽃이 되었다
— 김춘수, 〈꽃〉 —

③ 산은 나무를 기르는 법으로 / 벼랑에 오르지 못하는 법으로 / 사람을 다스린다
— 김광섭, 〈산〉 —

④ 나보기가 역겨워 / 가실 때에는 / 죽어도 아니 눈물 / 흘리오리다
— 김소월, 〈진달래꽃〉 —

---

3 표현의 의도와 효과

시는 어떤 상황에 놓인 시적 화자의 목소리로 상황이나 대상에 대한 정서와 태도를 표현함으로써 주제를 형상화한다. 발상과 표현이란 결국 화자의 정서와 태도를 가장 효과적이며 시적으로 형상화하는 방법인 것이다.

(1) 관념의 사물화와 은유

추상적인 관념을 감각할 수 있는 대상으로 제시하면 이미지를 뚜렷하게 드러내어 시적 의미를 구체화할 수 있다.

발상과 표현은 별개의 것이 아니라 언어를 매개로 하여 긴밀하게 연결되어 있다. 발상을 드러내는 방법은 수사법과 밀접한 관련을 지닌다. 예를 들어 감정 이입은 의인법과, 관념의 사물화는 은유법과, 상황의 가정은 가정법과 관련을 지닌다.

표현하고자 하는 심리, 정서, 태도

▼

개성적인 표현

오렌지에 아무도 손을 댈 순 없다.

오렌지는 여기 있는 이대로의 오렌지다.

더도 덜도 아닌 오렌지다.

내가 보는 오렌지가 나를 보고 있다.

마음만 낸다면 나도

오렌지의 포들한 껍질을 벗길 수 있다.

마땅히 그런 오렌지

만이 문제가 된다.

마음만 낸다면 나도

오렌지의 찹잘한 속살을 깔 수 있다.

마땅히 그런 오렌지

만이 문제가 된다.

그러나 오렌지에 아무도 손을 댈 순 없다.

대는 순간

오렌지는 이미 오렌지가 아니고 만다.

내가 보는 오렌지가 나를 보고 있다.

나는 지금 위험한 상태다.

오렌지도 마찬가지 위험한 상태다.

시간이 똘똘

배암의 또아리를 틀고 있다.

그러나 다음 순간,

오렌지의 포들한 껍질에

한없이 어진 그림자가 비치고 있다.

누구인지 잘은 아직 몰라도.

— 신동집, 〈오렌지〉 —

'시간이 똘똘 / 배암의 또아리를 틀고 있다.'라는 것은 비가시적인 시간을 '뱀의 모습'으로 구체화한 표현이다. 나와 오렌지가 위험한 상태에서, 시간이 흘러가는 긴장감을 또아리를 튼 뱀의 모습으로 생동감 있게 제시한 은유이자 활유이다. 작품 전체적으로는 '존재의 본질'을 '오렌지'라는 구체적인 사물로 비유하였다.

동지(冬至)ㅅ 둘 기나긴 밤을 한 허리를 버혀 내어,

춘풍(春風) 니불 아래 서리서리 너헛다가,

어론님 오신 날 밤이여든 구뷔구뷔 펴리라.

- 황진이의 시조 -

> • 이 시조에서는 추상적인 관념인 '시간'을 보조 관념인 '베어낼 수 있고, 서리서리 너헛다가 구뷔구뷔 펼 수 있는 구체적인 물체'로 표현하고 있는데 이는 은유를 바탕으로 한 발상과 표현이다.
>
> • 시간을 공간으로 전환하는 발상을 바탕으로, 춥고 긴 '동지'와 따뜻하고 짧은 '춘풍'의 대조적 이미지를 제시하고, 차곡차곡 저장하는 '서리서리 너헛다가'와 길게, 그리고 신명나게 펼치는 '구뷔구뷔 펴리라'를 통해 임이 없는 시간의 외로움과 임이 왔을 때의 즐거움을 대조적으로 드러냄으로써 임에 대한 사랑을 효과적으로 드러내고 있다.

(2) 의미의 강조와 반복 · 점층

시어나 시구를 반복하거나 점층적으로 제시하면 시적 의미를 강조하는 효과가 있다. 반복법은 같거나 유사한 시어를 반복시켜 시적 의미를 강조하는 방법이고, 점층법은 말하고자 하는 내용의 강도를 한 단계씩 높여 나감으로써 감정을 자연스레 절정으로 이끌어 올리는 방법이다. 또한 반복은 의미의 강조뿐만 아니라 운율을 형성하게 된다.

눈은 살아 있다.

떨어진 눈은 살아 있다.

마당 위에 떨어진 눈은 살아 있다.

기침을 하자.

젊은 시인이여 기침을 하자.

눈 위에 대고 기침을 하자.

눈더러 보라고 마음 놓고 마음 놓고

기침을 하자.

눈은 살아 있다.

죽음을 잊어버린 영혼과 육체를 위하여

눈은 새벽이 지나도록 살아 있다.

기침을 하자.

젊은 시인이여 기침을 하자.

눈을 바라보며

밤새도록 고인 가슴의 가래라도

마음껏 뱉자.

- 김수영, 〈눈〉 -

기출 따라잡기

56. 시의 밑줄 친 부분과 표현 방식이 가장 유사한 것은?

2022. 서울시 9급

① 아아 님은 갔지마는 나는 님을 보내지 아니하였습니다.

② 무사(無事)한 세상이 병원이고 꼭 치료를 기다리는 무병(無病)이 곳곳에 있다.

③ 노란 해바라기는 늘 태양같이 태양같이 하던 화려한 나의 사랑이라고 생각하라.

④ 내 마음 속 우리 님의 고운 눈썹을 / 즈믄 밤의 꿈으로 맑게 씻어서

핵심정리

1. **작품**: 김수영, 〈눈〉

2. **주제**: 정의롭고 순수한 생명력 회복에의 갈망. 순수한 생명 의식을 통한 부정적 현실의 극복에 대한 갈망과 고뇌.

3. **해설**: 동일한 문장의 반복과 문장 변형 및 첨가를 통한 점층적 진행으로 리듬감을 강조하고 있다. '눈'과 '기침하는 행위'라는 두 가지 개념에 대한 상징성을 부각시킴으로써 주지적인 성격을 보다 명확히 한다. 이 작품의 핵심적 대상인 '눈'은 살아 있는 순결한 생명력의 상징이다. 밤새 내린 눈이 아침에 여전히 흰 빛의 순결함과 생명체보다도 진한 생생함을 전달할 때, 나날의 고통에 시달리고 있는 시인은 그 '살아 있음'에의 갈망을 느끼면서, 한편으로는 자신의 삶을 돌아보는 계기를 마련한다. 그리고 기침을 하고 가래를 뱉는 행위로써 부끄러움과 고통의 무게로 순결한 생명력을 마주 대하고 바로 보려는 시인의 의지적인 삶의 자세를 표출하는 것이다.

기출 | 따라잡기

57. 김수영의 시 '눈'에 대한 설명으로 적절하지 않은 것은? 2020. 국회직 9급

① 일상적 수준의 시어로 심층적 주제를 형상화하고 있다.
② 청유형 어미를 활용하여 청자의 동참을 유도하고 있다.
③ 남성적이고 단호한 어조로 화자의 의지를 부각하고 있다.
④ 특정 어구를 반복하여 시상을 전개하고 있다.
⑤ 역설적인 표현을 사용하여 죽음을 미화하고 있다.

기출 | 따라잡기

58. 다음 한시의 시적 자아의 심정으로 가장 적절한 것은? 2023. 군무원 7급

木頭雕作小唐雞
　　나무토막으로 조그만 당닭을 깎아 만들어
筋子拈來壁上棲
　　젓가락으로 집어다가 담벼락에 올려놓고
此鳥膠膠報時節
　　이 닭이 '꼬끼오'하고 때를 알리면
慈顔始似日平西
　　어머님 얼굴이 비로소 늙으시옵소서
　　　- 이제현, 〈오관산(五冠山)〉 -

① 몽환적(夢幻的)
② 이상적(理想的)
③ 허망(虛妄)함
④ 간절(懇切)함

이 작품 전체는 '눈은 살아 있다'와 '기침을 하자'의 변형된 반복으로 이루어진다. 단순한 구절에서부터 시작하여 같은 문장을 점차로 늘려 감으로써 문장의 의미를 뚜렷하게 만드는 점층적 표현 방법이 나타나고 있다.

이 시의 핵심은 '눈'과 '기침(가래)'의 의미 관계에 있다. 밤새도록 고인 가슴의 '가래'를 '기침'을 하여 '눈'더러 보라고 '뱉자'고 말한다. 속되고 지저분한 것을 뱉는 행위는 눈의 순수함과 깨끗함을 통해 진정한 영혼과 육체를 되찾는 행위이다.

(3) 상황의 가정과 반어

상황의 가정이란 시적 화자의 정서를 효과적으로 드러내기 위하여 시간이나, 시적 정황, 불가능한 상황 등을 가정하여 표현하는 방법이다.

그날이 오면 그날이 오며는
삼각산(三角山)이 일어나 더덩실 춤이라도 추고
한강(漢江)물이 뒤집혀 용솟음 칠 그날이
이 목숨이 끊치기 전에 와 주기만 하량이면
나는 밤하늘에 날으는 까마귀와 같이
종로(鐘路)의 인경(人磬)을 머리로 들이받아 올리오리다.
두개골은 깨어져 산산조각이 나도
기뻐서 죽사오매 오히려 무슨 한(恨)이 남으오리까.

그날이 와서 오오 그날이 와서
육조(六曹) 앞 넓은 길을 울며 뛰며 딩굴어도
그래도 넘치는 기쁨에 가슴이 미어질 듯하거든
드는 칼로 이 몸의 가죽이라도 벗기어
커다란 북을 만들어 들쳐 메고는
여러분의 행렬(行列)에 앞장을 서오리다.
우렁찬 그 소리를 한 번이라도 듣기만 하면
그 자리에 거꾸러져도 눈을 감겠소이다.
　　　　　　　　　　　　　　　　- 심훈, 〈그날이 오면〉 -

- 1연에서는 미래를 가정하여, 2연에서는 미래를 현재로 가정하여 시상을 전개하고 있다. 이러한 가정을 통해 일제에 대한 순응과 체념의 상태를 벗어난 극적인 상황을 제시하고 있다.
- 1연은 전설을 사용하여 자기 희생적인 이미지를 가진 까마귀와 같이 인경을 울려 광복의 복음을 전파하겠다는 격정적 의지를, 2연은 현재화된 가정으로 행진에 앞장서겠다는 염원을 표현하고 있다.

먼 후일 당신이 찾으시면
그때에 내 말이 "잊었노라"

당신이 속으로 나무라면
"무척 그리다가 잊었노라"

그래도 당신이 나무라면
"믿기지 않아서 잊었노라"

오늘도 어제도 아니 잊고
먼 훗날 그때에 "잊었노라"

– 김소월, 〈먼 후일〉 –

> 이 시는 '먼 후일'을 가정하여 1연에서 4연까지 계속해서 "잊었노라"를 반복한다. 그것은 "잊었다"는 사실의 확인이 아니라 오히려 절대 그럴 수 없다는 마음을 강조하기 위한 반어적인 표현이다. 또한 "오늘도 어제도 아니 잊고 / 먼 후일 그때에 잊었노라"라는 역설적 표현으로 임에 대한 그리움을 드러내고 있다. 이 시는 상황의 가정 반복과 역설이 함께 쓰여 '잊을 수 없다'라는 반어적 표현 의도를 강화하고 있다.

(4) 풍자와 반어

풍자란 대상의 부정적 현상이나 모순을 비웃는 태도를 표현하는 것을 말하므로 반어와는 구별된다. 시 전체가 반어적으로 대상을 비판하거나 조롱할 때 풍자와 유사한 효과를 드러내는 경우가 있다.

> 댁(宅)들에 동난지이 사오. 저 쟝스야 네 황화 긔 무서시라 웨는다. 사쟈.
>
> 외골내육(外骨內肉), 양목(兩目)이 상천(上天), 전행 후행(前行後行), 소아리 팔족(八足), 대아리 이족(二足), 청장 ㅇ스슥ᄒᆞ는 동난지이 사오.
>
> 쟝스야, 하 거복이 웨지 말고 게젓이라 하려믄
>
> – 작자 미상의 사설 시조 –

> • 어휘풀이
> **댁들에**: 댁들이여(장사치가 외치는 소리) / **황화**: 상품, 잡화
> **외골내육**: 겉은 딱딱한 껍질, 속은 연한 살(게의 형용) / **상천**: 하늘로 향한 것
> **전행 후행**: 앞으로도 가고 뒤로도 가는 것
> **소아리 팔 족 대아리 이 족**: 작은 다리 여덟 발, 큰 다리 두 발
> **청장**: 진하지 않은 묽은 간장 / **아스슥하는**: 아스슥하고 나오는
> • 일상 생활에서 흔히 겪게 되는 현학적인 모습과 허위 의식을 신랄하게 풍자하고 있는 작품이다. 초장에서는 두 등장 인물의 간결한 대화를 통해 상거래라는 배경을 압축적으로 제시하고 있다. 중장에서 장수는 자신이 팔고자 하는 '게젓'을 유식한 한자 어구를 총동원하여 그럴듯하게 묘사하지만 '하 거북이(거북스럽게) 웨지 말고 게젓이라 하려믄'이라는 말 한마디에 그의 허위 의식과 현학적 모습은 일거에 폭로되고 만다.

기출 | 따라잡기

59. ㉠에 나타난 표현 기법과 다른 것은? 2013. 법원직 9급

보기

> ㉠크게 버리는 사람만이 크게 얻을 수 있다는 말이 있다. 물건으로 인해 마음을 상하고 있는 사람들에게는 한 번쯤 생각해 볼 말씀이다. 아무것도 갖지 않을 때 비로소 온 세상을 갖게 된다는 것은 무소유(無所有)의 역리(易理)이니까.
> – 법정(法頂), 〈무소유(無所有)〉 –

① 먼 훗날 당신이 찾으시면 / 그때에 내 말이 "잊었노라" // (중략) // 오늘도 어제도 아니 잊고 / 먼 훗날 그 때에 "잊었노라"
　　　– 김소월, 〈먼 후일〉 –
② 우리들의 사랑을 위하여서는 / 이별이, 이별이 있어야 하네
　　　– 서정주, 〈견우의 노래〉 –
③ 바라보노라 / 온갖 것의 보이지 않는 움직임을 – 고은, 〈눈길〉 –
④ 날과 밤으로 흐르고 흐르는 남강은 가지 않습니다.
　　　– 한용운, 〈논개의 애인이 되어 그의 묘에〉 –

➕ **플러스** 풍자의 특성

> 풍자는 풍자하는 이가 풍자되는 대상에 대하여 도덕적, 지적, 사상적인 면 등 여러 관점에서 우월한 태도를 유지하는 것을 특성으로 한다. 상대적으로 풍자의 대상은 열등한 존재로 제시되며, 독자는 화자 또는 서술자와 동일한 위치에서 풍자의 대상에 대하여 우월감을 느끼게 된다.

60. 김명수의 시 '하급반 교과서'에서 '외우기도 좋아라 하급반 교과서'와 표현방식이 유사한 것은?

2016. 소방직

① 아아, 님은 갔지마는 나는 님을 보내지 아니하였습니다.
② 먼 훗날 당신이 찾으시면 그때에 내 말이 잊었노라.
③ 삼백예순 날 하냥 섭섭해 우웁니다.
④ 초록은 동색이요 가재는 게 편이라, 양반은 도시 일반이오그려.

아이들이 큰 소리로 책을 읽는다
나는 물끄러미 그 소리를 듣고 있다
한 아이가 소리내어 책을 읽으면
딴 아이도 따라서 책을 읽는다
청아한 목소리로 꾸밈없는 목소리로
"아니다 아니다!" 하고 읽으니
"아니다 아니다!" 따라서 읽는다
"그렇다 그렇다!" 하고 읽으니
"그렇다 그렇다!" 따라서 읽는다
외우기도 좋아라 하급반 교과서
활자도 커다랗고 읽기에도 좋아라
목소리 하나도 흐트러지지 않고
한 아이가 읽는대로 따라 읽는다

이 봄날 쓸쓸한 우리들의 책읽기여
우리나라 아이들의 목청들이여

- 김명수, 〈하급반 교과서〉-

'외우기도 좋아라', '읽기에도 좋아라'는 표면적으로 '좋다'는 평가를 하고 있으나, 문맥상 획일적으로 이루어지는 양상을 보이고 있다. 끝부분에서 '쓸쓸한 우리들의 책 읽기여'라는 구절을 통해 '책 읽기'에 대한 부정적인 인식을 드러냄으로써 '좋아라'는 겉으로는 좋아 보이지만 내면적으로는 좋지 않다는 생각을 표현한 것이 된다.

(5) 모티브와 상징

모티브란 문학이나 예술 작품에서의 창작 동기나 동기가 되는 중심 사상을 말한다. 모티브를 지닌 시어는 하나의 독립된 이야기를 가지고 있고, 그 이야기가 주는 이미지가 시의 핵심 주체를 형성하게 된다.

원형성을 띠는 모티브들은 관습적 상징과 밀접한 관련을 지니게 되는 것으로 문화권에 따라 다르게 나타나기도 한다. 예를 들어 '접동새나 두견새'는 접동새 설화와 관련된 '한(恨)의 모티브'라 할 수 있고, 19세기 말 20세기 초의 '기차'는 시대적 상징과 관련된 '개화 모티브'라 할 수 있다.

➕ 플러스 모티프(motive)

어원상으로는 '운동의 근원적인 원인', 예술상으로는 '창작이나 표현의 기본적인 동기'를 의미하는 말인데, 일반적으로는 '작품 속에서 자주 나타나는 특정한 요소'를 가리키고 있다.

산산이 부서진 이름이여!
허공 중에 헤어진 이름이여!
불러도 주인 없는 이름이여!
부르다가 내가 죽을 이름이여!

심중(心中)에 남아 있는 말 한 마디는
끝끝내 마저하지 못하였구나.
사랑하던 그 사람이여!
사랑하던 그 사람이여!

붉은 해는 서산 마루에 걸리었다.
사슴의 무리도 슬피 운다.
떨어져나가 앉은 산 위에서

나는 그대의 이름을 부르노라.

설움에 겹도록 부르노라.
설움에 겹도록 부르노라.
부르는 소리는 비껴가지만
하늘과 땅 사이가 너무 넓구나.

선채로 이 자리에 돌이 되어도
부르다가 내가 죽을 이름이여!
사랑하던 그 사람이여!
사랑하던 그 사람이여!

– 김소월, 〈초혼〉 –

- 이 시는 '이름이여', '그 사람이여', '부르노라' 등의 호칭적 진술을 반복하는 부름의 형식을 취하여 고복 의식을 수용하고 있다. 사람이 죽는다는 것이 혼이 몸을 떠나는 것이라는 믿음에 의거하여, 이미 떠난 혼을 불러들여 죽은 사람을 다시 살려 내려는 의식이 고복 의식(皐復儀式), 즉 '초혼(招魂)'이다. 고복 의식은 사람이 죽었을 때, 그 사람이 살았을 때 입었던 옷을 들고 지붕이나 마당에서 북쪽을 향해 죽은 사람의 이름을 크게 세 번 부르는 의식을 말한다.
- 한편 이 작품은 '정읍사'나 '박제상'의 이야기에 나타나는 망부석 설화를 차용하여 극한의 슬픔을 '돌'로 응축시켜 표현하고 있다. '돌'은 임이 죽은 사실을 결코 인정할 수 없다는 표현이자, 살아 돌아와야 한다는 비원(悲願)을 담은 한(恨)의 응결체이다.

핵심정리

1. **작품**: 김소월, 〈초혼〉
2. **주제**: 사별한 임에 대한 그리움
3. **해설**: 이 시에서 초혼은 '고복(皐復)'이라고도 하는 전통적인 장례 절차의 하나이다. 고복 의식은 죽은 사람을 재생시키려는 의지의 한 표현으로 혼을 불러들이는 일종의 '부름의 의식'이다. 반복되는 감탄사와 상대방을 부르는 어조가 이러한 고복 의식을 수용한 것으로, 이는 감정의 격앙 상태를 나타낸다. 1연의 네 시행은 점층적인 관계로 연결되어 화자의 강렬한 감정의 폭발을 나타내고 있다. 2연은 자신의 격앙된 감정이 다소 가라앉았다가 다시 상승하는 모습을 나타낸다. 3연은 배경과 자신의 행동을 묘사하고 있는데, 여기서 우리는 화자의 감정이 다소 정돈되어, 자신의 위치와 행동을 바라볼 수 있는 거리감이 생긴 것을 알 수 있다. 4연에서 자신의 소리가 남에게 도달될 수 없는 안타까움을 말한 다음, 5연에서 다시 임을 부르는 처절한 외침으로 끝나고 있다.

⑹ 감정 이입과 객관적 상관물

감정 이입이란 자신의 감정을 대상 속에 이입시켜 마치 대상이 그렇게 느끼고 생각하는 것처럼 표현하는 방법으로 의인법과 밀접한 관련이 있다. 이때 시적 화자의 정서나 사상을 나타내 주는 역할을 하는 대상물을 객관적 상관물이라고 한다.

기출 | 따라잡기

61. 둘째 연의 '은장도'가 암시하는 내용과 상징적 의미로 옳지 않은 것은?
2000. 법원직 9급

① 임에 대한 정절의 표현이다.
② 여성을 상징하는 시어이다.
③ 임의 죽음에 대한 회한의 의미가 담겨 있다.
④ '머리털'과 상응하면서 영원한 이별의 의미를 상승시킨다.

62. 이 시에 쓰인 시어의 해석으로 적합하지 못한 것은? 2000. 법원직 9급

① 파촉: 죽음의 세계
② 메투리: 삼이나 노 따위로 삼은 신
③ 은핫물: 은하수
④ 이냥: 두 동강

눈물 아롱아롱
피리 불고 가신 임의 밟으신 길은
진달래 꽃비 오는 서역(西域) 삼만리.
흰 옷깃 여며 여며 가옵신 임의
다시 오진 못하는 파촉(巴蜀) 삼만리.

신이나 삼아 줄 걸, 슬픈 사연의
올올이 아로새긴 육날 메투리.
은장도 푸른 날로 이냥 베어서
부질없는 이 머리털 엮어 드릴 걸.

초롱에 불빛 지친 밤하늘
구비구비 은핫물 목이 젖은 새.
차마 아니 솟는 가락 눈이 감겨서
제 피에 취한 새가 귀촉도 운다.
그대 하늘 끝 호올로 가신 임아.

― 서정주, 〈귀촉도〉 ―

- **감정 이입과 의인법**: 실제로는 자신의 심정이지만 그 감정을 '새'에 이입시켜 마치 대상이 그렇게 느끼고 생각하는 것처럼 표현함으로써 애절한 심정을 환기하고 있다. 이때 새는 객관적 상관물이 된다.
- **모티브와 상징**: '파촉'은 불교에서 죽은 사람이 가는 곳으로 임과의 사별의 한을, '귀촉도'는 촉나라 임금 망제의 설화와 관련하여 촉나라(파촉은 옛 중국 촉나라 땅의 의미도 있으며, 화자에게는 임이 떠난 곳이다.)로 가지 못하는 한을, '은핫물'은 견우와 직녀 설화와 관련하여 임과 화자의 공간적 단절감을 나타내고 있다. 또한 여인의 정절을 수호하는 '은장도'의 상징적 의미를 활용하여 화자의 내면 심리를 효과적으로 드러내고 있다.

새와 짐승도 슬피 울고 강산도 찡그리니,
무궁화 온 세상이 이젠 망해 버렸어라.
가을 등불 아래 책 덮고 지난 역사 생각하니,
세상에 글 아는 사람 노릇, 어렵기도 하구나.

― 황현, 〈절명시〉 ―

나라를 잃게 된 현실이 너무도 슬퍼서 온 짐승과 강산이 찡그린다고 하여 비극적 현실에 대해 느끼는 감정을 자연물에 이입하여 나타내고 있다. 학자이자 시인인 화자가 현실에 대응하여 어찌할 수 없는 상황에서 느끼는 내적 갈등을 토로하고 있는 것이다.

객관적 상관물은 특별한 정서를 환기하기 위한 사물, 상황, 사건을 말한다. 화자의 정서를 직접적으로 나타내는 것이 아니라 구체적인 사물 등을 지시하는 가운데 간접적으로 정서를 환기시키는 방법으로, 구체적인 형상을 빌리거나 외적 대상을 통해 간접적으로 표현할 때에 다른 사람의 이해와 공감을 높일 수 있다. 객관적 상관물 중에는 화자와 동일한 정서가 이입된 것도 있다.

> 펄펄 나는 저 꾀꼬리
> 암수 서로 정다워라
> 외로워라 이내 몸은
> 뉘와 함께 돌아갈꼬.
>
> — 유리왕, 〈황조가〉 —

> 한쌍의 정다운 '꾀꼬리'를 화자와 대비시켜, 화자의 외로움을 심화하였다. 여기서 '꾀꼬리'가 객관적 상관물이다.

63. 다음 글에서 밑줄 친 부분과 유사한 표현이 나타나 있는 문장은?　　　2013. 기상직 9급

> 여승은 합장하고 절을 했다.
> 가지취의 내음새가 났다.
> 쓸쓸한 낯이 옛날같이 늙었다.
> 나는 불경(佛經)처럼 서러워졌다.
>
> 평안도의 어느 산 깊은 금점판
> 나는 파리한 여인에게서 옥수수를 샀다.
> 여인은 나어린 딸아이를 때리며 가을밤같이 차게 울었다.
>
> 섭벌같이 나아간 지아비 기다려 십 년이 갔다.
> 지아비는 돌아오지 않고
> 어린 딸은 도라지꽃이 좋아 돌무덤으로 갔다.
>
> 산꿩도 섧게 울은 슬픈 날이 있었다.
> 산절의 마당귀에 여인의 머리오리가 눈물방울과
> 같이 떨어진 날이 있었다.
>
> — 백석, 〈여승〉 —

① 저 물도 내 마음 같아 울면서 밤길을 흘러가는구나.
② 아아 님은 갔지마는 나는 님을 보내지 아니하였습니다.
③ 고운 폐혈관이 찢어진 채로 아아, 늬는 산새처럼 날아갔구나!
④ 성북동 산에 번지가 새로 생기면서 본래 살던 성북동 비둘기만이 번지가 없어졌다.

1. **작품**: 백석, 〈여승〉
2. **주제**: 한 여인의 비극적인 삶
3. **해설**: 이 시는 일제 강점기에 비극적 삶을 살아가는 한 여인의 모습을 형상화하고 있다. 가난 때문에 가족을 잃고 여승이 되기까지의 일생을 서사적으로 잘 그려내고 있다. 이 시는 역순행적 구성 방법으로 시상을 전개시키고 있는데, 1연은 여승의 현재 모습이며, 2~4연은 여승이 되기까지의 여인의 비극적인 삶의 모습을 보여 주고 있다. 우리는 이 시를 통해 일제 강점기 속에서 한 여인이 겪은 비애감과 한 많은 삶의 모습을 느낄 수 있다. 힘겨운 현실을 살아가던 한 여인이 세속을 떠나 여승이 되기까지의 삶을 보여 줌으로써, 이 작품은 일제 강점기 때 가족들과 헤어지고 고향을 떠날 수밖에 없었던 우리 민족의 현실적 모습을 드러내고 있다. 특히 시적 화자가 관찰자가 되어 서사적 사건을 압축된 형태로 참신한 비유를 통해 제시함으로써, 서사성과 서정성이 조화를 이루는 시적 성과를 보여 주고 있다.

핵심정리

1. **작품**: 김기택, 〈풀벌레들의 작은 귀를 생각함〉
2. **주제**: 풀벌레 소리를 통해 자신의 삶을 성찰함. 문명과 인간의 이기를 비판하며 자연과의 공생을 노래함.
3. **해설**: 텔레비전을 끄기 전에는 현대 문명인 인공적 불빛이 밤을 낮과 같이 만들어 '어둠'이 나타나지 않았다. 그러나 텔레비전을 끄자 화자는 비로소 어둠을 지각하게 되었고, 밤의 시간이 생기게 되었음을 깨달았다. 화자는 텔레비전을 끄고 어둠 속에서 풀벌레 소리를 들을 수 있게 되었다. 그동안 풀벌레 소리를 간과했던 지난 삶을 성찰하게 되었고, 풀벌레 소리를 내면 깊숙이 받아들이게 되었다.

---

64. 다음 시에 대한 이해로 적절하지 않은 것은? 2021. 지방직 7급

> 텔레비전을 끄자
> 풀벌레 소리
> 어둠과 함께 방 안 가득 들어온다
> 어둠 속에서 들으니 벌레 소리들 환하다
> 별빛이 묻어 더 낭랑하다
> 귀뚜라미나 여치 같은 큰 울음 사이에는
> 너무 작아 들리지 않는 소리도 있다
> 그 풀벌레들의 작은 귀를 생각한다
> 내 귀에는 들리지 않는 소리들이 드나드는
> 까맣고 좁은 통로들을 생각한다
> 그 통로의 끝에 두근거리며 매달린
> 여린 마음들을 생각한다
> 발뒤꿈치처럼 두꺼운 내 귀에 부딪쳤다가
>
> 되돌아간 소리들을 생각한다
> 브라운관이 뿜어낸 현란한 빛이
> 내 눈과 귀를 두껍게 채우는 동안
> 그 울음소리들은 수없이 나에게 왔다가
> 너무 단단한 벽에 놀라 되돌아갔을 것이다
> 하루살이들처럼 전등에 부딪쳤다가
> 바닥에 새카맣게 떨어졌을 것이다
> 크게 밤공기 들이쉬니
> 허파 속으로 그 소리들이 들어온다
> 허파도
> 별빛이 묻어 조금은 환해진다
>
> — 김기택, 〈풀벌레들의 작은 귀를 생각함〉—

① 문명과 자연의 호혜적 관계가 나타나고 있다.
② 자연의 실재감이 공감각적 이미지를 통해 부각되고 있다.
③ 텔레비전을 끄기 전후의 상황이 대조적으로 드러나고 있다.
④ 문명의 이기에 가려졌던 자연에 관심을 가지려는 태도가 나타나고 있다.

핵심정리

1. **작품**: 시집살이노래
2. **갈래**: 민요(경북 경산 지방)
3. **연대**: 미상
4. **율격**: 4·4조 4음보
5. **성격**: 부요(婦謠). 제창요 또는 독창요
6. **구성**: 기. 서. 결의 3단 구성
7. **표현**: 대화 형식, 반복, 대구. 열거, 대조 등 다양한 기법에 해학적이며 풍자적
8. **의의**: 전형적인 부요의 하나로 시집살이의 어려움과 한이 절실하게 표현된 민요. 다양한 언어 표현이 주제와 잘 어울림
9. **제재**: 시집살이
10. **주제**: 시집살이의 한(恨)과 체념

※ 다음 글을 읽고 물음에 답하시오. [65～66] 2021. 경찰직 2차

> 형님 온다 / 형님 온다 / 분고개로 / 형님 온다.
> 형님 마중 누가 갈까 형님 동생 내가 가지.
> 형님 형님 사촌 형님 시집살이 어떱뎁까?
> 이애 이애 그 말 마라 시집살이 개집살이.
> 앞밭에는 당추 심고 뒷밭에는 고추 심어.
> 고추 당추 맵다 해도 시집살이 더 맵더라.
> 둥글둥글 수박 식기(食器) 밥 담기도 어렵더라.
> 도리도리 도리소반(小盤) 수저 놓기 더 어렵더라.
> 오 리(五里) 물을 길어다가 십 리(十里) 방아 찧어다가.
> 아홉 솥에 불을 때고 열두 방에 자리 걷고,
> 외나무다리 어렵대야 시아버니같이 어려우랴?
> 나뭇잎이 푸르대야 시어머니보다 더 푸르랴?
> 시아버니 호랑새요 시어머니 꾸중새요.
> 동세 하나 할림새요 시누 하나 뾰족새요.
> 시아지비 뽀중새요 남편 하나 미련새요.
> 자식 하나 우는 새요 나 하나만 썩는 샐세.
> 귀먹어서 삼 년이요 눈 어두워 삼 년이요,
> 말 못 해서 삼 년이요 석 삼 년을 살고 나니.
> 배꽃 같던 요내 얼굴 호박꽃이 다 되었네.
> 삼단 같던 요내 머리 비사리춤이 다 되었네.
> 백옥 같던 요내 손길 오리발이 다 되었네.
> 열새 무명 반물치마 눈물 씻기 다 젖었네.
> 두 폭붙이 행주치마 콧물 받기 다 젖었네.
> 울었던가 말았던가 베갯머리 소(沼) 이겼네.
> 그것도 소이라고 거위 한 쌍 오리 한 쌍
> 쌍쌍이 때 들어오네.

65. 이 노래에 대한 설명으로 가장 적절하지 않은 것은?

① 후렴이 없는 4음보 연속체 민요이다.

② 고된 시집살이를 익살과 해학으로 표현했다.

③ 과장, 대구, 은유, 언어유희의 표현기법이 쓰였다.

④ 상황을 풍자적으로 그려 자기 반성적 태도가 나타난다.

66. 이 노래를 연극으로 각색할 때 가장 적절하지 않은 것은?

① 시집간 형님을 반갑게 맞이하는 동생의 모습

② 둥글게 생긴 작은 밥상에 어렵게 상차림을 하는 모습

③ 울고 있는 여인 뒤에서 몰래 다독여 주는 남편의 모습

④ 뻣뻣한 머리칼을 만지며 결혼 전 자신을 상상하는 모습

✤ 표현법(수사법)

비유하기	• 표현하고자 하는 대상을 그것과 비슷한 구체적 대상에 빗대어 말하는 방법 • 직유법, 은유법, 의인법, 대유법, 활유법, 풍유법 등
강조하기	• 특정 부분을 강조하여 자신의 생각이나 감정을 더욱 인상적으로 표현하는 방법 • 과장법, 반복법, 열거법, 점층법, 대조법, 연쇄법, 영탄법 등
변화주기	• 문장을 생동감 있게 만들기 위해 문장 구조에 변화를 주는 방법 • 설의법, 반어법, 역설법, 도치법, 대구법, 인용법, 생략법, 문답법 등

(1) 강조하기

특정 부분을 강조하여 자신의 생각이나 감정을 더욱 인상적으로 표현하는 방법이다. 강조법은 독자의 신경을 자극하여 강렬한 느낌을 주는 효과가 있다.

① **점층법**: 문장의 뜻이 점점 강조되거나, 커지거나, 높아지거나, 넓어지게 하여 독자의 감흥을 고조시키거나 절정으로 이끄는 표현기법이다.

> 하루는 들판처럼 부유하고
> 한 해는 강물처럼 넉넉하다.
>
> — 이기철, 〈내가 만난 사람은 모두 아름다웠다〉 —

이 시에서는 '하루'가 '한 해'로 확장되어 서술되는 점층법이 사용되었다.

② **열거법**: 서로 관련이 있거나 비슷한 어구를 나열하여 그 뜻을 강조하는 표현 기법이다. 열거되는 단어는 동일한 위상을 지니며 전체가 하나의 의미를 집약적으로 표현하여 강조하는 효과를 갖는다. 반복법이 같거나 비슷한 의미를 지닌 어구를 되풀이하는 데 비해 열거법은 동류(同類)의 전혀 다른 어구를 사용한다.

> …… 벌써 아기 어머니 된 계집애들의 이름과 가난한 이웃 사람들의 이름과, 비둘기, 강아지, 토끼, 노새, 노루, '프랑시스 잠',
> '라이너 마리아 릴케', 이런 시인의 이름을 불러 봅니다.
>
> — 윤동주, 〈별 헤는 밤〉 —

시인의 어린 시절의 추억을 상징하는 어휘들을 열거하여 순수함에 대한 동경을 나타내었다.

③ **반복법**: 같거나 비슷한 낱말, 구절, 문장 등을 되풀이하여 리듬을 고르게 하고 뜻을 강조하는 표현 기법이다.

> 해야 솟아라, 해야 솟아라, 말갛게 씻은 얼굴 고운 해야 솟아라.
>
> ─ 박두진, 〈해〉 ─

이 시는 '해야 솟아라'라는 구절을 반복 사용함으로써 화자의 해에 대한 열망을 강조하였다

④ **연쇄법**: 앞 구절의 말을 다음 구절에 연결시키는 표현 기법이다.

> 고인(故人)도 날 못 보고 나도 고인을 못 봬
> 고인을 못 봐도 녀던 길 앞에 있네
> 녀던 길 앞에 있거든 아니 녀고 어떨꼬
>
> ─ 이황, 〈도산십이곡(陶山十二曲)〉 ─

고인을 만나지 못했지만 '녀던 길(학문의 길)'을 걷겠다는 심정을 연쇄적으로 표현했다.

⑤ **대조법**: 서로 반대되는 대상이나 내용을 내세워 주제를 강조하거나 이미지를 선명하게 드러내는 표현 기법이다.

> 우리들의 반짝이는 미소로도
> 이 커다란 세계를
> 넉넉히 떠받쳐 나갈 수 있다는 것을
> 믿게 해 주십시오.
>
> ─ 정한모, 〈가을에〉 ─

'미소(인간성)'와 '커다란 세계(현대 문명 사회)'의 대조를 통해 순수한 인간성을 지키고자 하는 화자의 간절한 소망을 강조하였다.

⑥ **영탄법**: 놀라움과 감탄, 탄식 등 화자의 극적으로 고조된 정서를 감탄의 형태로 표현하여 강조하는 표현 기법이다.

> 아, 누구던가
> 이렇게 슬프고도 애달픈 마음을
> 맨 처음 공중에 달 줄을 안 그는.
>
> ─ 유치환, 〈깃발〉 ─

'아, 누구던가'라는 영탄을 통해 이상향에 대한 동경이 좌절된 슬픔을 강조하였다.

(2) 변화주기

변화법은 시를 더욱 생동감 있게 만들기 위해 문장에 변화를 주어 표현하는 방법이다. 이 표현법은 독자의 주의를 불러일으키고, 지루한 느낌을 없애는 효과가 있다.

① **역설법**: 겉으로는 불합리하고 모순된 표현이지만 그 속에 내적 진실을 담고 있는 표현 기법이다.

> 겨울은 강철로 된 무지갠가 보다.
>
> — 이육사, 〈절정〉 —

시인은 '강철'로 상징되는 강인한 의지와 '무지개'로 상징되는 희망을 결합시킴으로써 극한 상황을 극복하고자 하는 굳은 다짐을 표현한 것이다.

② **반어법**: 화자의 상황이나 본심을 반대로 표현함으로써 문장에 변화를 주는 방법이다.

> 나보기가 역겨워 가실 때에는
> 말없이 고이 보내 드리우리다.
>
> — 김소월, 〈진달래 꽃〉 —

화자가 떠나는 임을 고이 보내 드린다는 것은 본심이 아닐 것이다. 오히려 임을 차마 보낼 수 없는 힘겨운 마음을 반대로 표현한 것이라 할 수 있다.

③ **도치법**: 문장 성분의 정상적인 배열 순서를 바꾸어 놓는 표현 기법으로 주로 강조의 초점이 뒤에 나타난다.

> 나는 아직 기다리고 있을 테요, 찬란한 슬픔의 봄을
>
> — 김영랑, 〈모란이 피기까지는〉 —

올바른 문장 순서는 '나는(주어) 찬란한 슬픔의 봄을(목적어) 아직 기다리고 있을 테요(서술어)'이다. 그러나 의도적으로 목적어를 뒤로 옮김으로써 '찬란한 슬픔의 봄을'이 두드러지게 하는 효과를 낳고 있다.

④ **설의법**: 말하려는 내용을 의문문의 형식으로 표현하여 의미를 강조하는 표현 기법이다.

> 나무 그늘에 앉아
> 나뭇잎 사이로 반짝이는 햇살을 바라보면
> 세상은 그 얼마나 아름다운가.
>
> — 정호승, 〈내가 사랑하는 사람〉 —

'세상은 그 얼마나 아름다운가'라는 구절은 시인이 실제로 이것이 궁금하여 묻고 있는 것이 아니라, '세상은 아름답다'라는 의미를 의문문의 형식으로 표현하여 강조한 것이다.

1 시적 화자와 시적 상황

(1) 시적 화자

시에서 어떤 정서와 내용을 표현하거나 전달하는 목소리를 시적 화자라 한다. 시인은 말하고자 하는 바를 가장 효율적으로 전달하기 위해 다른 사람의 가면을 쓰고 말하는 경우가 많다. 즉 시적 화자는 시인이 창조한 허구적 인물이다.

> 엄마야 누나야 강변 살자.
> 뜰에는 반짝이는 금모래 빛
> 뒷문 밖에는 갈잎의 노래.
> 엄마야 누나야 강변 살자.
>
> ─ 김소월, 〈엄마야 누나야〉 ─
>
> 이 시에서 말하는 사람은 시인 자신이 아니라 어린 남자 아이이다. 맑고 순진한 아이를 시적 화자로 설정하여 평화로운 삶에의 소망을 절실하게 그려내고 있다.

(2) 시적 상황

시적 상황이란 말 그대로 시 속에 나타난 상황이다. 대개 시에서는 짧막한 장면 속에 시간적·공간적 배경과 시적 화자나 대상이 처한 특정한 상황이 압축되어 나타난다.

> 여승(女僧)은 합장(合掌)하고 절을 했다.
> 가지취의 내음새가 났다.
> 쓸쓸한 낯이 옛날같이 늙었다.
> 나는 불경(佛經)처럼 설어워졌다
>
> 평안도(平安道)의 어늬 산(山) 깊은 금덤판
> 나는 파리한 여인(女人)에게서 옥수수를 샀다.
> 여인(女人)은 나어린 딸아이를 따리며 가을밤같이 차게 울었다.
>
> 섶벌같이 나아간 지아비 기다려 십년(十年)이 갔다
> 지아비는 돌아오지 않고 / 어린 딸은 도라지꽃이 좋아 돌무덤으로 갔다.

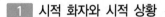

플러스

시적 상황은 그 작품이 발표된 시대적·사회적 상황과 밀접한 관련을 지니는 경우가 많기 때문에 창작 당시의 시대 상황을 알면 시 이해에 도움이 되는 경우가 많다. 그러나 특정한 자료가 주어지지 않는 한 시 자체에 제시되어 있는 내용만으로 시적 상황을 파악해야 한다.

기출 | 따라잡기

67. 백석의 시 '여승'에 대한 이해로 적절하지 않은 것은?

2020. 국가직 7급

① 토속적인 시어를 사용하여 현장감을 높이고 있다.
② 어린 딸아이의 죽음을 우회적으로 표현하고 있다.
③ 사건이 일어난 시간 순서에 따라 시상이 전개되고 있다.
④ 공감각적 이미지를 활용해 슬픔의 정서를 강조하고 있다.

산(山)꿩도 섧게 울은 슬픈 날이 있었다.

산(山)절의 마당귀에 여인(女人)의 머리오리가 눈물방울과 같이 떨어진 날이 있었다.

—백석, 〈여승〉—

> 시적 화자는 '나'이지만 시의 중심 내용은 시적 화자의 이야기가 아니라 시적 대상인 여승의 삶을 축약하여 보여주는 작품이다. 시적 화자는 시적 대상에 대해 일정한 거리를 유지하며 감정을 절제하여 상황을 묘사하고 있지만 '불경처럼 서러워졌다'라는 구절을 통해 시적 대상에 대한 안타까움과 연민의 정서를 드러내고 있다.
>
> 각 연의 내용을 정리하면 시간적으로는 '2-3-4-1' 연의 순서임을 알 수 있다.
> - **1연**: 나는 옛날에 만난 적이 있는 여승을 만나 슬픔을 느꼈다.
> - **2연**: 나는 언젠가 평안도 어느 금점판에서 안색이 파리한 여인에게서 옥수수를 샀던 적이 있었다. 그 때 여인은 울며 보채는 어린 딸을 때리며 가을밤처럼 차게 울었다.
> - **3연**: 그 여인이 지아비를 기다려 힘겹게 사는 동안 어린 딸은 죽고 말았다.
> - **4연**: 그 여인은 '산꿩도 섧게 울은 슬픈 날' 머리를 깎고 여승이 되었다.

2 시적 화자의 정서와 태도

정서는 시적 대상이나 시적 상황에서 느끼는 기쁨이나 슬픔 등의 감정을 의미하고, 태도는 감정이나 생각 등이 외적으로 드러난 것을 의미한다.

> 하늘을 우러러
> 울기는 하여도
> 하늘이 그리워 울음이 아니다.
> 두 발을 못 뻗는 이 땅이 애닯아
> 하늘을 흘기니
> 울음이 터진다.
> 해야 웃지 마라
> 달도 뜨지 마라
>
> —이상화, 〈통곡〉—
>
> > 암담한 현실에 대한 처절한 아픔과 절망감을 비탄의 어조로 드러내고 있다. 해와 달을 부정하는 것은 곧 삶을 부정하는 것으로 일제 강점기의 현실에 대한 울분과 저항 의식을 드러내고 있다.

➕ 플러스

정서와 태도는 뚜렷이 구분되기도 하지만, 정서 자체가 외적인 자세로 드러날 때에는 정서를 내적인 태도로 볼 수 있다. 시적 상황에서 느끼는 상실감이 내적인 태도라면 그것 때문에 좌절하거나 그것을 극복하려는 의지를 드러내는 것은 외적 태도라고 할 수 있다.

1. **작품**: 백석, 〈고향〉
2. **주제**: 고향과 혈육에 대한 그리움, 공동체적 삶에 대한 소중함과 상실감
3. **해설**: 타향에서 병을 앓던 화자가 의원을 만나며 떠올리는 고향과 혈육에 대한 그리움을 표현한 작품이다. 갈래는 자유시, 서정시이며, 대화 형식의 서사적 구조와 다정다감한 어조를 통해 시상을 전개하고 있다.

68. 다음 시에 대한 설명으로 적절한 것은? 2022. 간호직 8급

나는 북관(北關)에 혼자 앓아누워서
어느 아침 의원(醫員)을 뵈이었다
의원은 여래(如來) 같은 상을 하고 관공(關公)의 수염을 드리워서
먼 옛적 어느 나라 신선 같은데
새끼손톱 길게 돋은 손을 내어
묵묵하니 한참 맥을 짚더니
문득 물어 고향이 어데냐 한다
평안도 정주라는 곳이라 한즉
그러면 아무개 씨 고향이란다
그러면 아무개 씰 아느냐 한즉
의원은 빙긋이 웃음을 띠고
막역지간(莫逆之間)이라며 수염을 쓴다
나는 아버지로 섬기는 이라 한즉
의원은 또 다시 넌지시 웃고
말없이 팔을 잡아 맥을 보는데
손길은 따스하고 부드러워
고향도 아버지도 아버지의 친구도 다 있었다

− 백석, 〈고향〉 −

① 의원은 냉정한 성격의 소유자이다.
② 3인칭 화자의 진술로 시상이 전개되고 있다.
③ 시적 화자는 객지에서 쓸쓸하게 지내고 있다.
④ 의원은 시적 화자와 고향에서 알고 지내던 사이이다.

3 시적 화자의 태도와 어조

(1) 어조의 개념과 기능

시의 어조란 제재나 독자에 대한 시적 화자의 개성적인 목소리를 말한다. 어떤 시적 화자를 설정하였는가와 그 시적 화자가 어떤 방식으로 정서와 태도를 드러내는가를 보여주는 것이 곧 어조인 것이다.

- **청자의 유무에 따라**: 독백(獨白), 대화(對話) 등
- **화자의 유형에 따라**: 어린이, 어른, 남성, 여성, 지식인, 노동자, 농민 등
- **화자의 정서에 따라**: 분노, 희망, 비애, 영탄, 열정, 그리움, 안타까움 등
- **화자의 태도에 따라**: 예찬, 비판, 권유, 달관, 냉소, 반어, 의지, 반성 등

① **분위기 조성**: 시의 어조는 시의 느낌, 분위기(정조)를 창조한다.

> 돌담에 속삭이는 햇발같이
>
> 풀 아래 웃음 짓는 샘물같이
>
> 내 마음 고요히 고운 봄길 위에
>
> 오늘 하루 하늘을 우러르고 싶다.
>
> - 김영랑, 〈돌담에 속삭이는 햇발〉 -

여성적이며 부드러운 어조로 순수하고 맑은 시적 분위기를 조성하고 있다.

② **주제 강조**: 시의 어조는 시의 주제와 밀접한 관련을 갖는다.

> 가을에는
>
> 기도하게 하소서……
>
> 낙엽들이 지는 때를 기다려 내게 주신
>
> 겸허한 모국어로 나를 채우소서.
>
> - 김현승, 〈가을의 기도〉 -

이 시에서는 경건하고 겸허한 마음으로 삶의 가치를 추구하는 자세가 돋보인다. 기도를 하는 듯한 어조로 경건한 분위기를 조성하여, 가을이 지닌 고독의 이미지를 경건한 삶을 추구하는 정신세계와 연결시키고 있다.

(2) 어조 형성의 요소

① **문장 종결 어미**: 명령형·의문형·감탄형의 종결 어미는 강한 의지나 소망, 격정적 감정을 드러내고, 낮춤의 종결어미는 단호한 태도를, 높임의 종결 어미는 공손한 태도를 드러낸다.

> 그리운 그의 얼굴 다시 찾을 수 없어도
>
> 화사한 그의 꽃
>
> 산에 언덕에 피어날지어이.
>
> 그리운 그의 노래 다시 들을 수 없어도
>
> 맑은 그 숨결
>
> 들에 숲 속에 살아갈지어이.
>
> - 신동엽, 〈산에 언덕에〉 -

'-지어이'는 '마땅히 그러하여라'라는 뜻의 동사 어미 '-ㄹ지어다'와 '자네 솜씨가 정말 대단하이'처럼 자기의 생각을 말할 때 쓰는 형용사 어미 '-(의)이'가 결합된 형태로 당위를 나타낸다. 여기에 주관적인 판단에 의한 감탄까지 첨가함으로써 '그'에 대한 그리움과 부활을 소망하면서 확신하는 태도를 드러내고 있다.

② **시어의 특성**: 어떤 시어를 선택하는 가에 따라 어조가 달라질 수 있다.

➕ 플러스 · 시어와 어조

방언을 시어로 사용했을 때에는 시적 화자의 정서를 비교적 진솔하게 드러내는 데 효과적이며, 향토적 정감을 표현하기에 용이하다. 또한 한자어를 선택했을 경우에는 시적 화자의 관념적 태도나 남성적 기질을 드러내는 데 효과적이다.

> 우리 고장에서는
> 오빠를
> 오라베라 했다.
> 그 무뚝뚝하고 와살스러운 악센트로
> 오오라베 부르면
> 나는
> 앞이 칵 막히도록 좋았다.
>
> — 박목월, 〈사투리〉 —

> 지역 방언을 소재로 하여 화자의 내면을 진솔하게 드러내고 있으며, 향토적 정감을 효과적으로 표현하고 있다. '오라베'라는 사투리의 어투 속에는 누이동생에 대한 애정 뿐만 아니라 그 어감을 형성한 고향이 주는 그리움과 평화가 깃들어 있다. 그것을 화자는 "앞이 칵 막히도록 좋았다."라고 말하고 있다.

③ **시어의 음성적 자질**: 말소리와 어조는 밀접한 관계가 있다. 유음(流音) 'ㄹ'의 반복이 아늑하고 은근한 분위기를 조성한다든지, 거센소리와 된소리가 딱딱하고 답답한 느낌을 준다든지, 양성 모음의 결합이 밝고 작은 느낌을, 음성 모음의 결합이 어둡고 큰 느낌을 준다든지 하는 것이 그 예이다.

> 삭풍(朔風)은 나무 끝에 불고 명월(明月)은 눈 속에 찬데
> 만리장성(萬里長城)에 일장검(一長劍) 짚고 서서
> 긴파람 큰 한소리에 거칠 것이 없애라.
>
> — 김종서의 시조 —

> '풍', '찬', '짚', '파', '큰', '칠' 등의 파열음, 마찰음, 거센소리의 반복으로 강인한 남성적 어조를 형성한다.

69. 다음 시의 시적 화자가 상황에 대해 취하고 있는 태도로 알맞은 것은? 2006. 국가직 9급

> 관(棺)이 내렸다.
> 깊은 가슴 안에 밧줄로 달아 내리듯.
> 주여.
> 용납하소서.
> 머리맡에 성경을 얹어주고
> 나는 옷자락에 흙을 받아
> 좌르르 하직(下直)했다. (중략)
>
> 너는 어디로 갔느냐
> 그 어질고 안쓰럽고 다정한 눈짓을 하고.
> 형님!
> 부르는 목소리는 들리는데
> 내 목소리는 미치지 못하는
> 다만 여기는
> 열매가 떨어지면
> 툭 하는 소리가 들리는 세상.
> — 박목월, 〈하관〉—

① 담담한 어조로 상황을 수용하고 있다.
② 절망적 심정으로 대상을 원망하고 있다.
③ 감상에 사로잡혀 자신을 책망하고 있다.
④ 감정을 토로하면서 슬픔을 극복하고 있다.

4 시상의 전개

시상이란 시에 담긴 시인의 생각이나 정서를 말한다. 시인은 자신의 시상을 일정한 질서에 의해 전개하는데 이는 주제를 효과적으로 드러내기 위한 의도와 관련된다. 예를 들어 과거와 현재를 대비하는 경우는 대조의 효과를 이용하는 것이고, 선경 후정의 방식을 취하는 것은 자연과 정서의 대비, 혹은 일치를 통해 정서와 태도를 강조하기 위한 것이다.

(1) 공간의 이동에 따른 전개

장소나 장면의 이동에 다른 시상 전개 방식으로 '먼 곳 → 가까운 곳', '아래 → 위'와 같은 시선의 이동이나 표현 대상의 이동도 공간의 이동으로 볼 수 있다.

> 유성(儒城)에서 조치원(鳥致院)으로 가는 어느 들판에 우두커니 서 있는 한 그루 늙은 나무를 만났다. 수도승(修道僧)일까. 묵중(黙重)하게 서 있다.
> 다음날은 조치원에서 공주(公州)로 가는 어느 가난한 마을 어귀에 그들은 떼를 져 몰려 있었다. 멍청하게 몰려 있는 그들은 어설픈 과객(過客)일까. 몹시 추워 보였다.
> 공주에서 온양(溫陽)으로 우회(迂廻)하는 뒷길 어느 산마루에 그들은 멀리 서 있었다. 하늘문을 지키는 파수병(把守兵)일까. 외로와 보였다.
> 온양에서 서울로 돌아오자, 놀랍게도 그들은 이미 내 안에 뿌리를 펴고 있었다. 묵중(黙重)한 그들의, 침울(沈鬱)한 그들의, 아아 고독한 모습, 그 후로 나는 뽑아낼 수 없는 몇 그루의 나무를 기르게 되었다.
> — 박목월, 〈나무〉—

> '유성-조치원-공주-온양'을 거쳐 서울로 돌아온 시적 화자는 자신의 내면에도 몇 그루의 나무를 기르게 되었다고 말한다. 이는 여정에서 만난 나무들에게 인격을 부여하고, 나무의 모습에서 자신을 확인하고 수도승 같은 과묵함, 과객 같은 쓸쓸함, 파수병 같은 외로움을 함께 지닌 것이 우리 삶의 본질이라는 인식을 드러낸 것이다.

70. 박목월의 시 '나무'에 대한 감상으로 적절하지 않은 것은? 2015. 기상직 9급

① 공간적 질서에 따라 제재를 배열하는 자연적 구성법을 취하고 있군.
② 나무에 대한 세 가지 느낌을 뚜렷하게 대비하고 있어 대조법이 쓰인 셈이군.
③ 화자의 내면 변화를 나무의 변화인 것처럼 표현하여 미적 효과를 높였어.
④ 비슷한 구조의 문장을 반복하여 강한 인상을 남기는 표현법이 쓰였어.

71. 다음 시의 시상 전개 방식을 설명한 것으로 옳은 것은? 2014. 서울시 9급

> 머언 산 청운사(靑雲寺)
> 낡은 기와집
>
> 산은 자하산(紫霞山)
> 봄눈 녹으면
>
> 느릅나무
> 속잎 피어가는 열두 굽이를
>
> 청노루
> 맑은 눈에
> 도는
> 구름
>
> - 박목월, 〈청노루〉 -

① 시상이 시선의 이동에 따라 전개되고 있다.
② 시상이 시간의 흐름에 따라 전개되고 있다.
③ 시상이 화자의 심리 변화에 따라 전개되고 있다.
④ 시상이 계절의 변화에 따라 전개되고 있다.
⑤ 시상이 점층적으로 전개되고 있다.

(2) 선경후정(先景後情)

> **예-1**
>
> 강이 푸르니 새 더욱 희고
> 산이 푸르니 꽃이 붉게 타고 있네
> 올 봄도 보기만 하면서 또 보내니
> 어느 날이 곧 돌아갈 해 이런가
>
> -두보, 〈절구〉-

> **예-2**
>
> 벌레 먹은 두리기둥 빛 단청(丹靑) 풍경 소리 날러간 추녀 끝에는 산새도 비둘기도 둥 주리를 마구 쳤다. 큰나라 섬기다 거미줄 친 옥좌위엔 여의주(如意珠) 희롱하는 쌍룡 (雙龍) 대신에 두 마리 봉황(鳳凰)새를 틀어 올렸다. 어느 땐들 봉황이 울었으랴만 푸 르른 하늘 밑 추석을 밟고 가는 나의 그림자. 패옥(佩玉) 소리도 없었다. 품석(品石)옆 에서 정일품(正一品), 종구품(從九品) 어느 줄에도 나의 몸 둘 곳은 바이 없었다. 눈물 이 속된 줄을 모를 양이면 봉황새야 구천(九天)에 호곡(呼哭)하리라.
>
> -조지훈, 〈봉황수〉-

> 선경 후정의 시상 전개는 사물 또는 풍경을 객관적으로 묘사하여 제시한 후, 시적 화자의 정 서를 드러내는 표현 방법으로 한시나 시조에서 많이 사용한다. (예-1)의 경우는 시적 화자의 정서와 대립되는 풍경을 묘사하여 고향에 돌아가지 못하는 슬픔을 극대화하여 드러내고 있 고, (예-2)의 경우는 시적 화자의 정서와 부합되는 상황을 제시함으로써 그 심정의 절실함을 드러내고 있다.

---

72. ㈎와 ㈏에 대한 설명으로 적절 하지 않은 것은? 2021. 지방직 9

> ㈎ 오백년 도읍지를 필마로 돌아드니 산천은 의구하되 인걸은 간 데 없네.
> 어즈버 태평연월이 꿈이런가 하 노라.
>
> ㈏ 벌레먹은 두리기둥 빛 낡은 단청 (丹靑) 풍경 소리 날러간 추녀 끝에는 산새도 비둘기도 둥주리 를 마구쳤다. 큰 나라 섬기다 거 미줄 친 옥좌(玉座) 위엔 여의주 (如意珠) 희롱하는 쌍룡(雙龍) 대신에 두 마리 봉황(鳳凰)새를 틀어 올렸다. 어느 땐들 봉황이 울었으랴만 푸르른 하늘 밑 추 석을 밟고 가는 나의 그림자. 패 옥(佩玉) 소리도 없었다. 품석(品 石) 옆에서 정일품(正一品) 종구 품(從九品) 어느 줄에도 나의 몸 둘 곳은 바이 없었다. 눈물이 속 된 줄을 모를 양이면 봉황새야 구천(九泉)에 호곡(呼哭)하리라.

① ㈎는 '산천'과 '인걸'을 대비함으로 써 인생의 무상함을 드러내고 있다.
② ㈏는 '쌍룡'과 '봉황'을 대비함으로 써 사대주의적 역사에 대한 비판 적 시각을 드러내고 있다.
③ ㈎와 ㈏ 모두 선경후정의 기법을 사용하고 있다.
④ ㈎와 ㈏ 모두 정해진 율격과 음보 에 맞춰 시상을 전개하고 있다.

(3) 연상 작용과 시간의 교차

눈을 감으면
어린 시절 선생님이 걸어 오신다.
회초리를 드시고

선생님은 낙타처럼 늙으셨다.
늦은 봄 햇살을 등에 지고
낙타는 항시 추억한다.
―옛날에 옛날에―

낙타는 어린 시절 선생님처럼 늙었다.
나도 따뜻한 봄볕을 등에 지고
금잔디 위에서 낙타를 본다.

내가 여윈 동심의 옛 이야기가
여기 저기
떨어져 있음직한 동물원의 오후.

― 이한직, 〈낙타〉 ―

연상 작용에 의한 시상 전개란 유사한 이미지의 연결을 통해 시상을 전개하는 것을 말한다. 이 시는 동물원에서 낙타를 보며 지난날의 늙은 은사(恩師)를 생각하는 작품으로, 옛날 은사님의 늙으신 모습과 낙타의 늙은 모습을 통해 연상에 의한 동일화가 이루어지고 있다.

(4) 시간의 흐름에 따른 전개

'아침―점심―저녁', '과거―현재―미래'나 '봄―여름―가을―겨울'과 같은 자연적인 시간의 흐름에 따라 내용을 전개하는 방식을 말한다. 이러한 전개 방식을 다른 말로 '추보식 구성'이라고도 한다.

까마득한 날에
하늘이 처음 열리고
어디 닭 우는 소리 들렸으랴.

모든 산맥들이
바다를 연모(戀慕)해 휘달릴 때에도
차마 이 곳을 범(犯)하던 못하였으리라.

끊임없는 광음(光陰)을
부지런한 계절이 피어선 지고
큰 강물이 비로소 길을 열었다.

74. 이육사의 시 '광야'의 표현상의 특징에 대한 설명으로 틀린 것은?

2003. 충북

① 자연물에 시적 화자의 감정을 이입하여 표현하고 있다.

② 시행을 각 연마다 3행씩 규칙적으로 배열하였다.

③ 시간의 흐름에 따라 추보식으로 전개하였다.

④ 남성적 어조로 의지적으로 노래했다.

지금 눈 내리고

매화 향기 홀로 아득하니

내 여기 가난한 노래의 씨를 뿌려라.

다시 천고(千古)의 뒤에

백마(白馬)타고 오는 초인(超人)이 있어

이 광야(曠野)에서 목놓아 부르게 하리라.

― 이육사, 〈광야〉 ―

1~3연은 광야가 시작되던 과거를, 4연은 절망적인 현재를, 5연은 미래에 대한 예언을 노래하고 있다. 이 시는 이와 같은 시간의 흐름을 통해 과거 광야의 신성성을 드러내고 현재의 부정적인 현실을 제시하며 그에 대한 미래의 극복 의지를 보이고 있다.

※ 다음 글을 읽고 물음에 답하시오. [75~76]

2021. 의무소방원

(가)

그립다
말을 할까
하니 그리워

그냥 갈까
그래도
다시 더 한 번……

저 산(山)에도 까마귀, 들에 까마귀,
서산(西山)에는 해 진다고
지저귑니다.

앞 강(江)물, 뒤 강(江)물,
흐르는 물은
어서 따라오라고 따라가자고
흘러도 연달아 흐릅디다려.

― 김소월, 〈가는 길〉 ―

(나)

나는 이제 너에게도 슬픔을 주겠다
사랑보다 소중한 슬픔을 주겠다
겨울밤 거리에서 귤 몇 개 놓고
살아온 추위와 떨고 있는 할머니에게
귤값을 깎으면서 기뻐하던 너를 위하여
나는 슬픔의 평등한 얼굴을 보여 주겠다
내가 어둠 속에서 너를 부를 때
단 한 번도 평등하게 웃어 주질 않은
가마니에 덮인 동사자가 다시 얼어 죽을 때
가마니 한 장조차 덮어 주지 않은
무관심한 너의 사랑을 위해
흘릴 줄 모르는 너의 눈물을 위해
나는 이제 너에게도 기다림을 주겠다
이 세상에 내리던 함박눈을 멈추겠다
보리밭에 내리던 봄눈들을 데리고
추워 떠는 사람들의 슬픔에게 다녀와서
눈 그친 눈길을 너와 함께 걷겠다
슬픔의 힘에 대한 이야기를 하며
기다림의 슬픔까지 걸어가겠다

― 정호승, 〈슬픔이 기쁨에게〉 ―

75. (가)와 (나)의 공통점으로 가장 적절한 것은?

① 수미상관의 구조를 통해 주제를 강조하고 있다.

② 현실을 초월하여 문제를 관념적으로 해결하고 있다.

③ 상대방에게 말을 건네는 방식으로 시상을 전개하고 있다.

④ 시간적 배경을 제시하여 시적 상황을 효과적으로 드러내고 있다.

76. 〈보기〉의 ⓐ, ⓑ에 해당하는 시어를 바르게 설명한 것은?

> **보기**
>
> 객관적 상관물이란 화자가 자신의 정서와 사상을 간접적으로 표현하기 위해 가져오는 바깥 세계의 대상을 이르는 말이다. 객관적 상관물은 ⓐ화자의 감정을 대변하는 대상일 때도 있고, ⓑ화자의 감정과 일치하지 않는 대상일 때도 있다.

① (가)의 '까마귀'는 화자의 슬픔을 표현하고 있으므로 ⓐ에 해당한다.
② (가)의 '강물'은 이별을 재촉하고 있으므로 ⓑ에 해당한다.
③ (나)의 '할머니'는 화자의 한(恨)을 대변하고 있으므로 ⓐ에 해당한다.
④ (나)의 '함박눈'은 새하얀 화자의 마음을 드러내고 있으므로 ⓑ에 해당한다.

(5) 점층적 전개

행과 연이 진행될수록 화자의 정서나 의지, 시적 상황 등이 점점 고조되어 나가는 형태를 말한다. 시상의 전개에 따라 강한 어조나 표현 등이 사용되며, 비슷한 어구의 반복과 변조의 형태를 통해 나타나기도 한다.

눈은 살아 있다. / 떨어진 눈은 살아 있다.
마당 위에 떨어진 눈은 살아 있다.

기침을 하자.
젊은 시인(詩人)이여 기침을 하자.
눈 위에 대고 기침을 하자.
눈더러 보라고 마음놓고 마음놓고
기침을 하자.

눈은 살아 있다. / 죽음을 잊어버린 영혼과 육체를 위하여
눈은 새벽이 지나도록 살아 있다.

기침을 하자. / 젊은 시인이여 기침을 하자.
눈을 바라보며 / 밤새도록 가슴의 가래라도
마음껏 뱉자.

— 김수영, 〈눈〉 —

이 시는 '눈은 살아 있다'와 '기침을 하자'는 두 문장을 변형하여 반복함으로써 그 의미를 점층적으로 강화하고 있다. 1연에서 '눈은 살아 있다'는 문장을 세 번 반복하면서 점차 다른 문장 요소를 덧붙여 의미를 강조해 나가는 것을 통해 이를 확인할 수 있다.

핵심정리

1. **작품**: 김수영, 〈눈〉
2. **표현**: 동일한 문장의 반복과 문장 변형 및 첨가를 통한 점층적 진행으로 리듬감을 드러내고 있다. '눈'과 '기침하는 행위'라는 두 가지 개념에 대한 상징성을 부각하여 참여시적인 성격을 드러냈다.
3. **주제**: 정의롭고 순수한 생명력 회복에의 갈망. 순수한 생명 의식을 통한 부정적 현실의 극복에 대한 갈망과 고뇌
4. **구성**:
   1연 – 살아 있는 눈(살아 있는 생명으로서의 눈)
   2연 – 눈을 향한 기침(순수한 생명 의식의 회복을 위한 갈망)
   3연 – 새벽이 지나도록 살아 있는 눈(어둠과 눈의 끈질긴 생명력)
   4연 – 가슴 속의 가래를 뱉음(부정적 현실의 극복에 대한 갈망과 고뇌)

77. 김수영의 시 '눈'에 대한 이해로 적절하지 않은 것은?   2022. 지역인재 9급

① 대립적 이미지의 시어를 통해 시상을 전개하고 있다.
② 자연물에 상징적 의미를 부여하여 주제를 형상화하고 있다.
③ 유사한 구조를 점층적으로 반복함으로써 시적 의미를 강조하고 있다.
④ 단정과 다짐의 어조로 현실에 대한 절망감과 무력감을 표현하고 있다.

(6) 이미지의 대립

의미나 이미지가 대조되는 소재들을 배치하여 그 둘의 대립 관계를 중심으로 시상을 전개함으로써 시적 긴장감을 불러일으키고 의미를 강조하는 효과를 거두는 방식이다. 대부분 긍정과 부정의 이미지 대립을 바탕으로 한다.

> 아무도 그에게 수심(水深)을 일러 준 일이 없기에
> 흰 나비는 도무지 바다가 무섭지 않다.
>
> 청(靑)무우밭인가 해서 내려갔다가는
> 어린 날개가 물결에 절어서
> 공주(公主)처럼 지쳐서 돌아온다.
>
> 삼월(三月)달 바다가 꽃이 피지 않아서 서글픈
> 나비 허리에 새파란 초생달이 시리다.
>
> — 김기림, 〈바다와 나비〉 —

이 시는 제목에서 드러나듯이 '바다'와 '나비'의 관계를 통해 주제가 드러난다. '바다'는 수심이 깊으며 꽃이 피지 않는 곳으로 냉혹한 현실을 나타내며, '나비'는 바다의 무서움을 모르는 공주와 같은 순진하고 연약한 존재이다. 바다에 부딪혀 돌아오는 나비는 냉혹한 현실에 좌절한 시인 자신의 모습을 형상화한 것으로, 이 둘은 푸른색과 흰색이라는 색채 대비를 다루고 있기도 하다.

78. 김기림의 시 '바다와 나비'에 대한 감상으로 적절하지 않은 것은?   2017. 국가직 9급

① '청(靑)무우밭'은 '바다'와 대립되는 이미지로 쓰였다.
② '흰나비'는 '바다'의 실체에 대해 정확하게 모르고 있었다.
③ 화자는 '공주처럼' 나약한 나비의 의지 부족과 방관적 태도를 비판한다.
④ '삼월(三月)달 바다'와 '새파란 초생달'은 모두 차가운 이미지로 사용되었다.

핵심정리

1. **작품**: 김기림, 〈바다와 나비〉
2. **주제**: 새로운 세계에 대한 동경과 좌절
3. **해설**: '바다와 나비'는 새로운 세계에 대한 동경과 좌절을 그린 작품이다. 이 시에서 바다는 근대 문명과 새로운 세계를 상징하며, 나비는 순진하고 연약한 존재를 상징한다. 나비는 바다를 새로운 세계로 여기고 그곳에 갔다가, 바다의 거센 물결에 놀라 다시 돌아오는 모습을 보여준다. 이는 새로운 세계에 대한 동경과 좌절을 동시에 보여주는 것으로 해석할 수 있다.

(7) 수미상관

시의 처음과 끝에 동일하거나 유사한 시구를 배치하여 의미를 강조하고 시적 형태의 안정감을 추구하는 시상 전개 방식이다.

> 모란이 피기까지는,
> 나는 아직 나의 봄을 기다리고 있을 테요.
> 모란이 뚝뚝 떨어져 버린 날,
> 나는 비로소 봄을 여읜 설움에 잠길 테요.
> 오월 어느 날, 그 하루 무덥던 날,
> 떨어져 누운 꽃잎마저 시들어 버리고는
> 천지에 모란은 자취도 없어지고,
> 뻗쳐 오르던 내 보람 서운케 무너졌느니,
> 모란이 지고 말면 그뿐, 내 한 해는 다 가고 말아,
> 삼백예순 날 하냥 섭섭해 우옵내다.
> 모란이 피기까지는,
> 나는 아직 기다리고 있을 테요, 찬란한 슬픔의 봄을
>
> — 김영랑, 〈모란이 피기까지는〉 —

시적 화자는 모란이 피는 봄을 기다리며 슬픈 심정을 드러내고 있다. 모란에 대한 기다림을 표현하는 1~2행의 내용을 11~12행에서 반복하며 모란(소망)에 대한 의지를 드러내고 있다. 이러한 수미상관의 구성은 소망의 간절함을 강조하는 한편, '소망 → 성취 → 상실 → 소망'이라는 삶의 순환 구조를 드러내는 데에도 기여하고 있다.

기출 │ 따라잡기

79. 김영랑이 시 '모란이 피기까지는'에 대한 설명으로 적절하지 않은 것은? 2018. 국회직 8급

① 시각적으로 분연되지 않은 단연시이지만 서술 구조상 2행이 한 연으로 묶여 전체적으로 2행 6연의 형태를 취하고 있다.
② 짧고 긴 호흡의 반복적 교체로 음악성을 구현한다.
③ 가시적 현상을 먼저 제시하고 뒤에서 이에 대한 시적 자아의 정서상 변화를 보여준다.
④ 3, 4, 5, 6행은 하나의 의미 단락으로 묶인다.
⑤ 크게 모란이 피는 상황과 모란이 진 상황을 보여준다.

(8) 기승전결(起承轉結)

시상 제기(기) → 시상 심화 및 반복(승) → 시상 전환(전) → 중심 생각, 또는 정서 제기(결)의 구조에 따라 전개하는 방식이다.

가을 바람에 괴로이 읊조리나,

세상에 알아주는 이 없네.

창 밖엔 밤 깊도록 비만 내리는데,

등불 앞에 마음은 만 리 밖을 내닫네.

― 최치원, 〈추야우중〉 ―

오언 절구의 한시로, '기승전결'의 형식을 취하고 있다. '기구'에서는 외로움을 달래는 수단으로 시를 읊으면서 시상을 전개하고, '승구'에서는 타국에서 느끼는 객수를 표현하여 시상을 심화시켰다. '전구'에서는 창밖의 상황을 읊으며 시상을 전환하고, '결구'에서는 고향을 그리는 마음으로 중심 생각을 나타내고 있다.

기출 | 따라잡기

80. **다음 작품에 대한 설명으로 옳지 않은 것은?**   2022. 국회직 9급

가시리 가시리잇고 나난
버리고 가시리잇고 나난
위 증즐가 태평성대

날러는 어찌 살라 하고
버리고 가시리잇고 나난
위 증즐가 태평성대

잡사와 두어리마나는
선하면 아니 올세라
위 증즐가 태평성대

설온 님 보내옵나니 나난
가시는 듯 돌아 오소서 나난
위 증즐가 태평성대

---

① 남녀 간의 사랑과 원망의 정서를 표현하고 있다.

② 한 행의 길이를 일정하게 맞추고 있다.

③ 하나의 문장을 인위적으로 잘라 연을 구분하는 현상을 보인다.

④ 함께 노래 부르는 사람들의 행동을 통일시키는 기능을 하는 시구가 나타난다.

⑤ 기-승-전-결의 짜임새를 가지고 있다.

✤ 시적 화자의 태도

시적 대상이나 제시된 상황에 대해 보이는 화자의 심리적 자세 또는 대응 방식을 '태도'라고 한다. 화자의 태도는 화자의 정서와 매우 밀접한 관련이 있으며 주로 어조를 통해 드러난다.

(1) 반성적 태도: 자기 자신을 돌아보고 뉘우치는 태도

이리하여 나는 이 습내 나는 춥고, 누긋한 방에서
낮이나 밤이나 나는 나 혼자도 너무 많은 것같이 생각하며,
딜옹배기에 북덕불이라도 담겨 오면,
이것을 안고 손을 쬐며 재 우에 뜻없이 글자를 쓰기도 하며,
또 문 밖에 나가지두 않구 자리에 누워서, 머리에 손깍지베개를 하고 굴기도 하면서,
나는 내 슬픔이며 어리석음이며를 소처럼 연하여 쌔김질하는 것이었다.

– 백석, 〈남신의주유동박시봉방〉 –

제시된 부분의 마지막 행은 화자가 자신의 무능하고 나약한 삶에서 오는 슬픔과 어리석음을 소처럼 되새김질해서 다시 생각해 본다는 뜻으로, 지나온 삶에 대해 반성하는 시적 화자의 태도를 엿볼 수 있다.

(2) 의지적 태도: 결심한 바나 목적을 이루려는 적극적이고 단호한 태도

나의 무덤 앞에는 그 차가운 비(碑)ㅅ돌을 세우지 말라.
나의 무덤 주위에는 그 노오란 해바라기를 심어 달라.
그리고 해바라기의 긴 줄거리 사이로 끝없는 보리밭을 보여 달라.

– 함형수, 〈해바라기의 비명(碑銘)〉 –

화자는 자신의 무덤 앞에 차가운 비석을 세우지 말고 노란 해바라기와 푸른 보리밭을 보게 해 달라는 내용을 명령형으로 단호하게 이야기하고 있다. '노오란 해바라기'는 빈센트 반 고흐의 그림 〈해바라기〉를 연상케 하는 것으로 강한 생명력과 정열을 상징한다. 여기서는 어조와 시어를 통해 화자의 정열적인 삶에 대한 강한 의지를 느낄 수 있다.

(3) 비판적 태도: 좋고 나쁨, 옳고 그름을 따지는 태도

기침을 하자. / 젊은 시인(詩人)이여 기침을 하자.
눈 위에 대고 기침을 하자.
눈더러 보라고 마음놓고 마음놓고 / 기침을 하자.

– 김수영, 〈눈〉 –

'기침을 하자'는 행위는 불순한 일상성, 소시민성, 속물성 등을 뱉어 내기 위한 행위이다. 시적 화자는 현실에 존재하는 부정한 것들에 대해 비판하고 이를 정화하고자 하는 태도를 보이고 있다.

(4) 달관적 태도: 세속을 벗어난 듯 사소한 일에 얽매이지 않는 태도

나 하늘로 돌아가리라.
아름다운 이 세상 소풍 끝내는 날,
가서, 아름다웠더라고 말하리라……

– 천상병, 〈귀천〉 –

화자는 태어나서 죽음에 이르는 과정을 하늘에서 지상으로 떠난 '소풍'이라고 말하고 있으며, 죽음도 선선히 받아들이겠다는 마음의 자세를 보인다. 이처럼 삶과 죽음을 초월한 듯한 태도가 달관적 태도이다.

(5) 예찬적 태도: 대상을 찬양하는 태도

님이여, 당신은 백 번(百番)이나 단련한 금(金)결입니다.
뽕나무 뿌리가 산호(珊瑚)가 되도록 천국(天國)의 사랑을 받읍소서.
님이여, 사랑이여, 아침 볕의 첫걸음이여.

– 한용운, 〈찬송〉 –

'님'을 여러 가지 아름다운 대상에 빗대어 '님'에 대한 찬송과 기원을 드러내고 있는 시이다. 이와 같이 특정 대상에 대해 찬양하는 태도를 예찬적 태도라고 한다.

(6) 자연 친화적 태도: 자연과 더불어 살아가려는 태도

십 년(十年)을 경영하여 초려삼간(草廬三間) 지여 내니,
나 한 간 달 한 간에 청풍(靑風) 한 간 맡겨 두고,
강산(江山)은 들일 데 업스니 둘러 두고 보리라.

– 월산 대군 –

시적 화자는 초가 삼간에 달과 청풍을 각각 방 한 칸씩 들이고 강산은 둘러 두고 보며 살아가겠다고 말하고 있다. 이처럼 자연과 더불어 살며 만족하고 즐거워하는 태도를 자연 친화적 태도라고 한다.

(7) 관조적 태도: 대상을 객관적으로 담담하게 바라보는 태도

이 비 그치면 / 내 마음 강나루 긴 언덕에
서러운 풀빛이 짙어 오것다. //
푸르른 보리밭 길 / 맑은 하늘에
종달새만 무어라고 지껄것다.

– 이수복, 〈봄비〉 –

시의 화자는 대지를 적시는 봄비를 바라보며 생각에 잠겨 있다. 이와 같이 대상과 일정한 거리를 유지하면서 대상을 고요히 살피고 감상하는 태도를 관조적 태도라고 한다.

(8) 체념적 태도: 희망을 갖지 못하고 단념하는 태도

삽자루에 맡긴 한 생애가 / 이렇게 저물고, 저물어서
샛강 바닥 썩은 물에 / 달이 뜨는구나.
우리가 저와 같아서 / 흐르는 물에 삽을 씻고
먹을 것 없는 사람들의 마을로
다시 어두워 돌아가야 한다.

– 정희성, 〈저문 강에 삽을 씻고〉 –

삽자루를 들고 일생을 산 노동자가 자신의 생애를 돌아보며 생각에 잠겨 있다. 화자는 노동자로서의 힘든 현실을 극복하려는 의지 없이 무력감과 실의에 빠진 모습이다. 날이 저물면 썩은 강물에 달이 뜨듯이 자신도 가난한 집으로 돌아갈 수밖에 없다는 체념적 태도가 나타나 있다.

❖ 여성적 어조, 남성적 어조

(1) **남성적 어조:** 남성적 어조란 시적 화자의 말투가 강한 느낌의 남성적인 특징을 드러내는 경우를 말한다. 남성적 어조는 대개 단정적이나 명령형의 종결 어미를 취하는 것이 특징이다. 강한 메시지를 전달하는 데 어울리며, 의지적이고 힘찬 기백을 담은 내용을 전달하기에 적합하다.

> 껍데기는 가라. / 사월도 알맹이만 남고
> 껍데기는 가라.
>
> — 신동엽, 〈껍데기는 가라〉 —

이 시는 사월, 즉 4·19 혁명의 정신을 계승하여 군사 독재를 물리치고, 분단된 조국을 통일하자는 강한 열망을 담고 있다. 시적 화자는 이러한 열망이 지니는 정당성을 강조하기 위하여 '껍데기', 즉 4·19 혁명을 허위적으로 이용하는 세력들에게 강한 명령형의 어조로 말하고 있는 것이다. 즉, 이 시는 남성적 어조인 명령형의 말투를 사용하여 화자의 강한 의지를 효과적으로 드러내고 있다.

> 매운 계절의 채찍에 갈겨 / 마침내 북방으로 휩쓸려 오다. 〈중략〉
> 이러매 눈 감아 생각해 볼밖에 / 겨울은 강철로 된 무지갠가 보다.
>
> — 이육사, 〈절정〉 —

이 시는 견디기 어려운 극한 상황에서 오히려 그것을 넉넉한 관조(觀照)의 정신으로 받아들이는 화자의 모습을 절제된 언어로 표현한 작품이다. 이 시는 '채찍', '서릿발 칼날진', '강철' 등 강렬한 남성적 어조를 통해 시적 화자의 강인한 의지를 드러내고 있는 것이 특징이다. 이육사가 이러한 남성적 어조를 구사한 것은 그의 현실 인식과 연결지어 볼 수 있다. 이 시는 일본의 억압이 극도에 달했던 1940년에 창작된 작품으로, 시인이자 독립 운동가였던 그는 이러한 민족적 위기에서 벗어나고 싶은 소망을 남성적 어조를 통해 효과적으로 드러내고 있다.

(2) **여성적 어조:** 여성적 어조란 시적 화자의 말투가 부드럽고 유연한 느낌의 여성성을 드러내는 경우를 말한다. 여성적 어조는 간절한 기원, 한(恨), 애상(哀傷) 등의 내용을 전달하기에 적합한 어조로, 높임이나 청유형, 가정형, 독백형 등의 종결 어미가 쓰이는 경우에 많이 나타난다. 우리나라의 전통적인 시가는 대개 여성적 어조의 작품이 많다.

> 어머니, / 당신은 그 먼 나라를 알으십니까? 〈중략〉
> 가을이면 어머니! 그 나라에서
> 양지밭 과수원에 꿀벌이 잉잉거릴 때,
> 나와 함께 그 새빨간 능금을 또옥똑 따지 않으시렵니까?
>
> — 신석정, 〈그 먼 나라를 알으십니까〉 —

이 시는 어머니에게 '그 먼 나라'로 함께 가자는 청유형의 표현을 사용하고 있다. 함께 무언가를 하자고 부드럽게 권유하는 청유형의 어조는 명령형의 어조에 비해 훨씬 여성적인 느낌을 준다.

> 우리가 물이 되어 만난다면
> 가문 어느 집에선들 좋아하지 않으랴.
> 우리가 키 큰 나무와 함께 서서
> 우르르 우르르 비 오는 소리로 흐른다면
>
> — 강은교, 〈우리가 물이 되어〉 —

이 시에서 나타나는 가정형 표현 역시 여성적 어조라고 할 수 있다. 특히 '물'의 이미지는 순수함과 포용력을 지니고 있어서 여성적인 특징과 잘 어울린다. 결국 화자는 '물'로 세상을 정화하려는 의지를 여성적 어조를 통해 드러내고 있는 것이다.

1 시의 주제

시 감상의 일차적인 과정은 시의 주제를 파악하는 것이다. 그런데 시에서 어떤 상황이나 대상에 대한 화자의 태도 또는 정서가 시의 주제는 아니다. 그러한 태도와 정서를 통해서 말하고자 하는 바가 곧 시의 주제이다.

그러므로 주제를 파악하기 위해서는 화자의 정서와 태도가 기본적으로 시인이 가지고 있는 어떤 상황에서 비롯된 것인지를 이해하고, 나아가 그것이 인간의 삶이나 역사적 현실과 관련하여 어떠한 의미를 지니는지를 고찰할 필요가 있다.

> 마음도 한자리 못 앉아 있는 마음일 때,
> 친구의 서러운 사랑 이야기를
> 가을햇볕으로나 동무삼아 따라가면,
> 어느새 등성이에 이르러 눈물나고나.
> 제삿날 큰집에 모이는 불빛도 불빛이지만,
> 해질녘 울음이 타는 가을강(江)을 보것네.
> 저것 봐, 저것 봐,
> 네보담도 내보담도
> 그 기쁜 첫사랑 산골 물소리가 사라지고
> 그 다음 사랑끝에 생긴 울음까지 녹아나고,
> 이제는 미칠 일 하나로 바다에 다와 가는,
> 소리죽은 가을강(江)을 처음 보것네
>
> — 박재삼, 〈울음이 타는 가을 강〉 —

요소별 감상

(1) **시적 화자**: '나'가 친구의 사랑 이야기를 들으며 가을강을 보고 있음.

(2) **시적 화자의 태도 및 정서**: 사랑의 한을 처음 깨닫는 놀라움.

(3) **운율상의 특징**: '-고나', '봐', '보것네'에서 '아'와 '에'의 반복을 통한 각운의 효과

(4) **표현 기법**
   - 은유: 사랑 이야기 – 따라감, 등성이 – '이야기'를 '길'로 은유
   - 비교: 큰 집의 불빛과 타는 가을강을 비교

(5) **이미지**
   - 가을강: 사랑의 한

＋ 플러스 시의 주제와 관점

시의 주제는 관점에 따라 달리 파악되기도 한다. '임에 대한 그리움'이라는 주제가 말 그대로 임에 대한 그리움일 수도 있고, 유배 문학이라면 연군지정이 되며, 일제 강점기라면 조국 광복이 될 수도 있는 것이다.

＋ 플러스 시의 주제 파악하기

(1) 시적 정황을 정확히 이해한다.
(2) 시적 상황에 대한 화자의 태도를 살핀다.
(3) 화자의 정서와 태도에 담긴 화자의 의식을 파악한다.

(6) **시상의 전개**
- 1연: 친구의 사랑 이야기를 듣고 연민과 동정을 지니게 됨.
- 2연: 해질 녘 가을강의 모습에 매료됨
- 3연: 삶의 역정을 상징하는 가을강에서 사랑의 한을 깨달음

(7) **주제:** 사랑의 곡절을 담은 삶의 역정 끝에 거의 다 도달한 자의 침묵 → 강렬한 슬픔 → 사랑의 한

기출 | 따라잡기

81. 다음 시에 대한 이해로 적절하지 않은 것은?   2022. 국회직 8급

> 아버지는 두 마리의 두꺼비를 키우셨다
>
> 해가 말끔하게 떨어진 후에야 퇴근하셨던 아버지는 두꺼비부터 씻겨 주고 늦은 식사를 했다 동물 애호가도 아닌 아버지가 녀석에게만 관심을 갖는 것 같아 나는 녀석을 시샘했었다 한번은 아버지가 녀석을 껴안고 주무시는 모습을 보았는데 기회는 이때다 싶어서 살짝 만져 보았다 그런데 녀석이 독을 뿜어내는 통에 내 양 눈이 한동안 충혈되어야 했다 아버지, 저는 두꺼비가 싫어요 아버지는 이윽고 식구들에게 두꺼비를 보여주는 것조차 꺼리셨다 칠순을 바라보던 아버지는 날이 새기 전에 막일판으로 나가셨는데 그때마다 잠들어 있던 녀석을 깨워 자전거 손잡이에 올려놓고 페달을 밟았다
>
> 두껍아 두껍아 헌집 줄게 새집 다오
>
> 아버지는 지난 겨울, 두꺼비집을 지으셨다 두꺼비와 아버지는 그 집에서 긴 겨울잠에 들어갔다 봄이 지났으나 잔디만 깨어났다
>
> 내 아버지 양 손엔 우툴두툴한 두꺼비가 살았었다
>
> — 박성우, 〈두꺼비〉 —

① 화자가 '아버지, 저는 두꺼비가 싫어요'라고 말한 것은 아버지의 고생스러운 삶에서 서러움과 연민을 느꼈기 때문이다.
② 이 시는 아이의 시선과 동요의 가사를 활용하여 아버지의 희생적인 삶을 돌아보게 하면서 감동을 주고 있다.
③ 이 시는 첫 줄과 마지막 줄에 제시된 아버지와 두꺼비의 호응 관계를 통해 시적 의미를 강조하고 있다.
④ 이 시에서 '두꺼비'는 아버지를 기다리는 자식들을 의미한다.
⑤ '아버지는 그 집에서 긴 겨울잠에 들어갔다'는 표현에서 아버지가 돌아가셨다는 것을 알 수 있다.

핵심정리

1. **작품:** 박성우, 〈두꺼비〉
2. **주제:** 고달픈 인생을 살다 가신 아버지를 회상
3. **해설:** 이 작품은 고생스러운 삶을 살다가 돌아가신 아버지를 회상하며, 그리움과 연민의 감정을 비유적 표현으로 나타낸 시이다. 이 시에서 '두꺼비' 두 마리는 갖은 고생으로 우툴두툴해진 아버지의 양손을 의미한다. 원관념을 감추고 있다가 시의 마지막에 노출하여 앞의 내용을 이해할 수 있게 된다.

---

2 시의 소통 구조와 감상

시의 감상은 주제를 파악하는 것에서 그치지 않는다. 시를 감상하는 일은 운율, 이미지, 어조, 표현상의 특징 등 각 요소별 특징과 제재와 주제 등을 시의 소통 구조와 관련하여 감상하고 적절한 평가와 반응을 보이는 것으로 마무리된다.

＋플러스 소통 구조와 감상의 관점

작품 내적인 요소와 관련된 관점이 내재적 관점이고, 시인, 현실, 독자와 관련한 감상이 외재적 관점이다.

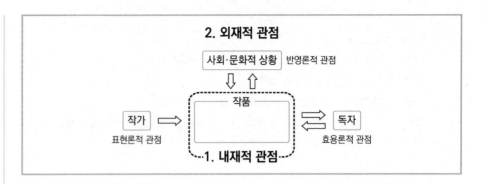

2. 외재적 관점

사회·문화적 상황 반영론적 관점

작품

작가 → 표현론적 관점

독자 ⇄ 효용론적 관점

1. 내재적 관점

가난하다고 해서 외로움을 모르겠는가,

너와 헤어져 돌아오는

눈 쌓인 골목 길에 새파랗게 달빛이 쏟아지는데.

가난하다고 해서 두려움이 없겠는가,

두 점을 치는 소리,

방범대원의 호각소리 메밀묵 사려 소리에

눈을 뜨면 멀리 육중한 기계 굴러가는 소리,

가난하다고 해서 그리움을 버렸겠는가,

어머님 보고 싶소 수없이 뇌어보지만

집 뒤 감나무에 까치밥으로 하나 남았을

새빨간 감 바람소리도 그려보지만.

가난하다고 해서 사랑을 모르겠는가,

내 볼에 와 닿던 네 입술의 뜨거움,

사랑한다고 사랑한다고 속삭이던 네 숨결,

돌아서는 내 등 뒤에 터지던 네 울음,

가난하다고 해서 왜 모르겠는가,

가난하기 때문에 이것들을

이 모든 것들을 버려야 한다는 것을.

─신경림, 〈가난한 사랑 노래〉─

(1) **현실**: 가난한 사람들의 삶을 반영해서 현실성을 높여 준다.
(2) **시인**: 독백 형식으로 시상이 전개되어 시적 화자가 바로 시인의 분신으로 볼 수 있다.
(3) **화자**: 도시에서 힘들게 살고 있으며, 인간미가 있고 향수에 젖어 있다.
(4) **청자**: '너'를 구체적 청자로 한정하고 있지만 바로 앞에 있다고 볼 수 없으니 독백 형식이다.
(5) **독자**: 가난한 이웃들에 대한 생각을 갖게 한다.

3 감상의 관점

시를 감상할 대는 기본적으로는 시어, 문체, 운율, 구성, 표현 기법, 미적 가치 등 작품의 내적 구조를 중시하는 내재적 관점에 따라 이해하고, 더 나아가서는 작품에 영향을 끼치는 여러 가지 외부적 요인과 작품을 관련지어 이해하는 외재적 관점에 따라 감상하는 것이 바람직하다.

(1) 외재적 관점

작품에 영향을 끼치는 여러 외부적 요인, 즉 작가의 생애, 심리, 사회적 상황, 역사적 배경 등과 관련하여 감상하는 방법이다.

① **작품과 작가의 관계에 주목(표현론적 관점)**: 작품 속에 나타난 작가의 의도, 정서 파악
② **작품과 현실의 관계에 주목(반영론적 관점)**: 작품에 반영된 시대, 현실, 역사의 검토
③ **작품과 독자의 관계에 주목(효용론적 관점)**: 작품을 읽고 난 여러 반응, 또는 작품이 독자에게 전달하고자 하는 바의 검토

> **➕ 플러스 작품의 외재적 요소**
>
> 작가의 삶과 사상, 작가가 체험한 실제 사회와 시대의 특징, 작품을 읽는 독자에게 미치는 영향 등 작품의 외적 요소

죽는 날까지 하늘을 우러러
한점 부끄럼이 없기를,
잎새에 이는 바람에도
나는 괴로워했다.
별을 노래하는 마음으로
모든 죽어 가는 것을 사랑해야지.
그리고 나한테 주어진 길을
걸어가야겠다.

오늘밤에도 별이 바람에 스치운다.

－윤동주, 〈서시〉－

> **감상** 이 시에도 역시 시인 윤동주의 시 정신이라 할 수 있는 '양심 앞에 정직하고자 하는 결벽성'이 잘 드러나 있군.

▶작품과 작가와의 관계에 주목 – 표현론적 관점

> **감상** 이 시에도 식민지 상황에 처해 있는 젊은 지식인의 고뇌와 그것을 극복하려는 의지가 잘 나타나 있어. 그래서 더욱 진솔(眞率)한 느낌을 주는 것 같아.

▶작품과 현실(시대 상황)과의 관계에 주목 – 반영론적 관점

> **감상** 이 시는 우리 같은 학생들에게 가르침을 주는 작품이야. 우리가 앞으로 이 험난한 세상을 살아 나갈 때, 지금과 같은 젊고 순수한 마음을 결코 잃지 말라는 것 같아.

▶작품과 독자와의 관계에 주목 – 효용론적 관점

기출 | 따라잡기

82. 밑줄 친 ㉠~㉢ 중 그 의미가 나머지 셋과 가장 다른 것은?

2015. 서울시 9급

① ㉠   ② ㉡
③ ㉢   ④ ㉣

(2) 내재적 관점

작품의 외적인 사항을 고려하지 않고 언어, 문체, 운율, 구성, 표현 기법, 미적 가치 등의 작품 내적 요소만을 고려하여 감상하는 방법으로, '절대주의적 관점'이라고도 한다.

뭐라카노, 저 편 강 기슭에서

㉠니 뭐라카노, 바람에 불려서

이승 아니믄 저승으로 떠나는 뱃머리에서

㉡나의 목소리도 바람에 날려서

뭐라카노 뭐라카노

㉢썩어서 동아밧줄은 삭아 내리는데

하직을 말자, 하직을 말자

㉣인연은 갈밭을 건너는 바람

뭐라카노 뭐라카노 뭐라카노

니 흰 옷자라기만 펄럭거리고……

오냐, 오냐, 오냐

이승 아니믄 저승에서라도……

이승 아니믄 저승에서라도

인연은 갈밭을 건너는 바람

뭐라카노, 저 편 강 기슭에서

니 음성은 바람에 불려서

오냐, 오냐, 오냐

나의 목소리도 바람에 날려서

－박목월, 〈이별가〉－

내재적 관점의 분석

(1) **어휘에 나타난 특징**: 일상적인 말투(오냐, 뭐락카노, 니 음성)와 사투리의 사용(뭐락카노)이 특징적이다.

(2) **문장과 연 구성에 나타난 특징**: 각 연에 담긴 내용이 서술어로 완결되지 않은 채 끝나는 문장 구조를 취하고 있다. 실제로 사람은 슬픔에 잠겼을 때 말끝을 잇지 못하는 경우가 많은데, 이 시는 이처럼 말끝을 감춤으로써 대상의 죽음에서 느끼는 슬픔을 내면하고 있다.

(3) **운율상의 특징**: 시어를 점층적으로 반복함으로써(1연의 '뭐락카노', 3연의 '뭐락카노 뭐락카노', 5연의 '뭐락카노 뭐락카노 뭐락카노') 감정을 고조시키고 있다.

기출 | 따라잡기

83. 〈보기〉에 나타난 작품 감상의 관점으로 가장 옳은 것은?

2018. 서울시 9급

> **보기**
>
> 나는 지금도 이광수의 〈무정〉 작품을 읽으면 가슴이 뜨거워지는 것을 느껴. 특히 결말 부분에서 주인공 이형식이 "옳습니다. 우리가 해야지요! 우리가 공부하러 가는 뜻이 여기 있습니다. 우리가 지금 차를 타고 가는 돈이며 가서 공부할 학비를 누가 주나요? 조선이 주는 것입니다. 왜? 가서 힘을 얻어 오라고, 지식을 얻어 오라고, 문명을 얻어 오라고…… 그리하여 새로운 문명 위에 튼튼한 생활의 기초를 세워 달라고…… 이러한 뜻이 아닙니까?"라고 부르짖는 부분에 가면 금방 내 가슴도 울렁거려 나도 모르게 "네, 네, 네"라고 대답하고 싶단 말이야. 이 작품은 이 소설이 나왔던 1910년대 독자들의 가슴만이 아니라 아직 강대국에 싸여 있는 21세기 우리 시대 독자들에게도 조국을 생각하는 마음에 큰 감동을 주고 있다고 생각해.

① 반영론적 관점   ② 효용론적 관점
③ 표현론적 관점   ④ 객관론적 관점

※ 다음을 읽고 물음에 답하시오. [84~87]

2016. 법원직

(가)

　　새끼오리도 헌신짝도 소똥도 갓신창도 개니빠디도 너울쪽도 짚검불도 가락닢도 머리카락도 헝겊조각도 막대꼬치도 기왓장도 닭의 짗도 개 터럭도 타는 모닥불

　　재당도 초시도 문장(門長)늙은이도 더부살이 아이도 새 사위도 갓사둔도 나그네도 주인도 할아버지도 손자도 붓 장사도 땜쟁이도 큰 개도 강아지도 모두 모닥불을 쪼인다

　　모닥불은 어려서 우리 할아버지가 어미 아비 없는 서러운 아이로 불상하니도 몽동발이가 된 슬픈 역사가 있다

- 백석, 〈모닥불〉 -

(나)

창(窓) 밖에 ㉠밤비가 속살거려
육첩방(六疊房)은 남의 나라.
시인이란 슬픈 천명(天命)인 줄 알면서도
한 줄 시(詩)를 적어 볼까,
땀내와 사랑내 포근히 품긴
보내 주신 학비 봉투를 받아
대학 노트를 끼고
㉡늙은 교수의 강의 들으러 간다.
생각해 보면 어린 때 동무들
하나, 둘, 죄다 잃어버리고
나는 무얼 바라
나는 다만, 홀로 침전(沈澱)하는 것일까?
인생은 살기 어렵다는데
시(詩)가 이렇게 쉽게 씌어지는 것은
부끄러운 일이다.
육첩방(六疊房)은 남의 나라.
창(窓) 밖에 밤비가 속살거리는데.
㉢등불을 밝혀 어둠을 조금 내몰고.
시대(時代)처럼 올 아침을 기다리는 최후(最後)의 나.
나는 나에게 작은 손을 내밀어
눈물과 위안으로 잡은 최초(最初)의 ㉣악수(握手).

- 윤동주, 〈쉽게 씌어진 시〉 -

84. (가)와 (나)에 관한 다음 설명 중 가장 적절한 것은?

① (가)는 (나)와 달리 명사로 연을 종결하여 시상을 집약하고 있다.

② (나)는 (가)와 달리 대상에 대한 화자의 감정을 직접적으로 제시하여 시적 정서를 강하게 드러내고 있다.

③ (가)와 (나) 모두 현재형 시제를 사용하여 시적 상황에 현장감을 부여하고 있다.

④ (가)와 (나) 모두 긍정적 의미의 시어를 사용하여 미래를 희망적으로 전망하는 화자의 태도를 드러내고 있다.

85. (가)의 '모닥불'에 관한 다음 설명 중 가장 적절하지 않은 것은?

① '모닥불'은 버려진 존재들에게 효용가치를 얻게 하고 있다.

② '모닥불'을 쬐는 사람들은 모두 각박한 현실에 밀려난 소외계층이다.

③ '모닥불'은 할아버지의 비극을 떠올리게 하는 회상의 매개체가 된다.

④ '모닥불'은 슬픈 역사를 지닌 사람들도 포용하는 합일의 소재가 된다.

86. 〈보기〉와 같은 관점에서 (나)를 감상한 것은?

> **보기**
>
> 문학 작품이 독자와 맺는 관계를 중심으로 해석하는 관점을 효용론적 관점, 또는 수용론적 관점이라
> 고 한다. 이에 따르면 시(詩)는 독자에게 교훈을 줄 수도 있고 즐거움을 줄수도 있다.

① 이 시의 창작 시기로 미루어 생각해보면 '어둠'은 일제강점기라는 부정적 현실이라고 해석할
    수 있어.

② 내면적 자아와 현실적 자아가 갈등하고 화해하기까지의 과정을 순차적으로 보여주면서 시상
    을 전개하고 있어.

③ '육첩방'은 당시 일본 유학중이던 시인이 생활하던 공간으로서 시인의 현실적 상황을 상징적으
    로 보여주는 역할을 해.

④ 자기 삶에 대해 반성하는 화자의 모습을 통해 안일하게 살아가는 나의 삶의 태도를 되돌아 보
    는 계기가 되었어.

87. (나)의 ㉠～㉣ 중, 〈보기〉의 밑줄 친 '삼경(三更)'과 시적 기능이 가장 유사한 것은?

> **보기**
>
> 이화(梨花)에 월백(月白)ᄒ고 은한(銀漢)이 <u>삼경(三更)</u>인제
> 일지춘심(一枝春心)을 자규(子規)야 알냐마는,
> 다정(多情)도 병(病)인 양ᄒ여 좀 못일워 ᄒ노라.
>
>   －이조년－

① ㉠   ② ㉡

③ ㉢   ④ ㉣

CHAPTER

03

소설론

▌단원 길잡이

공무원 국어 시험에서 소설에 대한 기본적인 접근은 시와 동일하다. 작품을 직접 읽고 이해하며 감상하는 능력이 가중 중요하다. 소설(小說)은 작가의 상상력 또는 사실에 바탕을 두고 주로 허구로 이야기를 꾸며 나간 산문체의 문학 양식이다. 일정한 구조 속에서 배경과 등장인물의 행동, 사상, 심리 따위를 통하여 인간의 모습이나 사회상을 드러냅니다. 이러한 이해를 바탕으로 소설에 접근하는 것이 바뀌는 소설 공부의 핵심이다. 또한 시점, 서술 태도, 인물, 스토리, 플롯(구성) 등 소설의 여러 이론을 충분히 숙지하고 이를 작품에 적용하는 것도 필요하다. 단순한 지식형 학습에서 벗어나 작품을 읽고 능동적으로 다양한 해석을 할 수 있어야 한다. 이를 위해서는 여러 문제를 풀고 오답을 정리할 필요가 있다.

1 인물의 개념

인물은 '이야기에 등장하는 개인들'이라는 의미와 '이들 개인의 각자를 형성하는 흥미, 욕망, 정서, 품성, 가치관들의 혼합'이라는 의미를 동시에 지닌다. 즉 소설의 인물은 '어떤 성격을 지닌 등장하는 사람'을 말한다. 이 인물은 실제의 인물이 아니라 작가의 의도에 의해 창조된 허구의 인물이다.

① 인물의 행위의 주체로서 사건의 담당자이다.
② 인물의 성격에 따라 사건의 전개 양상이 달라진다.
③ 인물을 통해 사건이 진행되며 주제가 형상화된다.

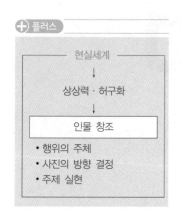

➕ 플러스

현실세계
↓
상상력·허구화
↓
인물 창조

• 행위의 주체
• 사진의 방향 결정
• 주제 실현

중구 영감이 처음 소목일을 하게 된 것은 집안이 가난했기 때문이다. 한일 합방 전부터 세상은 어지럽고 매관 매직이 횡행하는 풍조 속에서 꼿꼿하고 오만한 중구 영감은 그만 책을 덮어 버렸다. 그때는 영락한 선비의 자손들이 어려운 살림을 위하여 남몰래 소목일, 제모 짓는 일을 하고 있었다. 중구도 소목일을 배웠다.

외가에서 도움을 받지 않은 것도 아니었으나 워낙 성미가 강직하고 남에게 굴하기를 싫어한 중구는 외가의 도움도 달갑잖게 여겼다. 그러나 아들 형제를 가르치는 데 있어서 아무리 밤잠을 못 자고 일을 하여도 역시 김약국이 알게 모르게 주는 도움에 힘입은 바가 컸다.

중구 영감은 이를테면 예술가 기질 혹은 명장(名匠)의 기질이 농후한 사람이었다. 비록 어줍잖은 소목장이었으나 단순한 장인바치는 아니었다. 그가 만들어 낸 자개장이나 귀목장은 그 의장(意匠)이 특출하였고 견고하기로 이를 데가 없었다. 족히 자손에 물릴 만한 귀물이었다. 그러나 성미가 까다로워서 한 가지를 끝내는 데도 아주 오랜 시간이 걸렸다. 그리고 값이 엄청나게 비싸서 돈푼이나 있는 사람이 아니면 중구 영감에게 일을 맡기지 못한다. 거기다가 마음에 내키지 않는 일은 결코 하지 않는다. 맡기는 사람의 태도가 불손하거나 마음에 거슬리는 일이 있어도 딱 거절을 한다. 부탁하는 사람이 이래저래 해 달라고 요구를 하는 일이 있지만 그 말에 따라 일하는 법도 없고 언제나 자기 마음대로 하기 마련이다.

그래서 돈 있고 권세 좋은 사람들은 한갓 소목장이가 무슨 똥고집이 그리 세냐고들 못마땅히 여긴다. 한번은 정국주의 마누라가 와서 교자상을 하나 부탁한 일이 있었는데 그 거드름 피우는 꼴이 아니꼬웠던지 코대답도 하지 않고 돌려 보냈다.

– 박경리, 〈김약국의 딸들〉 –

이 글에서 중구 영감의 성격은 예술가적 기질이 있으며, 성미가 까다롭고, 강한 자부심과 자존심을 지닌 강직한 인물로 형상화되고 있다. 이러한 성격을 지닌 인물이므로 '정국주의 마누라'가 부탁하는 일을 거절하게 되는 것이다.

소설은 이야기이고 그 이야기는 인물, 사건, 배경을 갖추고 있다. 여기서 인물은 행동의 주체가 되며, 사건은 구체적 시간과 공간 속에서 인물의 행동에 의해 전개된다. 작가가 창조한 인물의 성격이 현실의 인물과 마찬가지로 특정한 정서와 태도를 드러내면서 사건을 전개하고 주제를 형상화한다. 예를 들어 흥부의 착한 심성이 제비의 다리를 치료하고, 놀부의 악한 심성이 제비의 다리를 부러뜨리는 사건이 전개되어 흥부전의 주제를 형상화한다.

심청이 거동 보소. 뱃머리에 나서 보니 새파란 물결이며 울울울 바람 소리 풍랑이 대작하여 뱃전을 탕탕 치니 심청이 깜짝 놀라 뒤로 퍽 주저앉으며, 애고 아버지 다시는 못 보겠네. 이 물에 빠지면 고기밥이 되겠구나. 무수히 통곡타가 다시금 일어나서 바람 맞은 사람같이 이리 비틀 저리 비틀 치마폭을 무릅쓰고 앞니를 아드득 물고, 애고 나죽네, 소리하고 물에 풍 빠졌다하되 그리하여서야 효녀 죽음 될 수 있나. 두 손을 합장하고 하느님 전 비는 말이, 도화동 심청이가 맹인 아비 해원(解寃)키로 생목숨이 죽사오니 명천(明天)이 하감(下鑑)하사 캄캄한 아비 눈을 불일내(不日內)에 밝게 떠서 세상 보게 하옵소서. 빌기를 다한 후에 선인들 돌아보며, 평안히 배질하여 억십만 금 퇴를 내어 고향으로 가올 적에 도화동 찾아 들어 우리 부친 눈떴는가 부디 찾아보고 가오.

– 〈심청전〉 –

심청은 효녀의 전형적인 인물이다. 그 성격으로 인해 제시문과 같이 사건이 전개된다. '그리하여서야 효녀 죽음 될 수 있나.'라고 직접적으로 사건에 개입하여 논평하면서 심청의 성격에 어울리는 사건을 전개하고 있다. 앞의 상황은 해학성을 유발하여 죽음을 앞둔 상황의 긴장감을 이완시키는 장면이다.

기출 따라잡기

88. 소설 〈심청전〉에 대한 설명으로 적절하지 않은 것은? 2015. 지방직 9급

① 사건에 대한 서술자의 주관적 서술이 나타나 있다.
② 등장인물의 발화를 통해 사건의 상황을 보여준다.
③ 죽음을 초월한 심청의 면모와 효심이 드러나 있다.
④ 대상을 나열하여 장면을 다양하게 제시하고 있다.

기출 따라잡기

89. 다음 글에 대한 이해로 적절하지 않은 것은? 2022. 국가직 9급

승상이 말을 마치기도 전에 구름이 걷히더니 노승은 간 곳이 없고 좌우를 돌아보니 팔낭자도 간 곳이 없었다. 승상이 놀라 어찌할 바를 모르는 중에 높은 대와 많은 집들이 한순간에 사라지고 자기의 몸은 작은 암자의 포단 위에 앉아 있었는데, 향로의 불은 이미 꺼져 있었고 지는 달이 창가에 비치고 있었다.

자신의 몸을 보니 백팔염주가 걸려 있고 머리를 손으로 만져보니 갓 깎은 머리털이 까칠까칠하더라. 완연한 소화상의 몸이요, 전혀 대승상의 위의가 아니었으니, 이에 제 몸이 인간 세상의 승상 양소유가 아니라 연화도량의 행자 성진임을 비로소 깨달았다.

그리고 생각하기를, '처음에 스승에게 책망을 듣고 풍도옥으로 가서 인간 세상에 환도하여 양가의 아들이 되었지. 그리고 장원급제를 하여 한림학사가 된 후 출장입상하고 공명신퇴하여 두 공주와 여섯 낭자로 더불어 즐기던 것이 다 하룻밤 꿈이었구나. 이는 필시 사부가 나의 생각이 그릇됨을 알고 나로 하여금 이런 꿈을 꾸게 하시어 인간 부귀와 남녀 정욕이 다 허무한 일임을 알게 하신 것이로다.'

– 김만중, 〈구운몽〉에서 –

① '양소유'는 장원급제를 하여 한림학사가 되었다.
② '양소유'는 인간 세상에 환멸을 느껴 스스로 '성진'의 모습으로 되돌아왔다.
③ '성진'이 있는 곳은 인간 세상이 아니다.
④ '성진'은 자신의 외양을 통해 꿈에서 돌아왔음을 인식한다.

2 인물의 성격 제시 방법

작가가 소설 속에서 인물을 제시하는 방법을 성격화라 한다. 성격화의 방법은 크게 말하기와 보여주기로 나뉜다.

> 허생이 나가자, 모두들 어리둥절해서 물었다.
>
> "저이를 아시나요?"
>
> "모르지"
>
> "아니, 이제 하루 아침에, 평생 누군지도 알지 못하는 사람에게 만 냥을 그냥 내던져 버리고 성명도 묻지 않으시다니, 대체 무슨 영문인가요?"
>
> 변 씨가 말하는 것이었다.
>
> "이건 너희들이 알 바 아니다. 대체로 남에게 무엇을 빌리러 오는 사람은 으레 자기 뜻을 대단히 선전하고, 신용을 자랑하면서도 비굴한 빛이 얼굴에 나타나고, 말을 중언 부언하게 마련이다. 그런데 저 객은 형색은 허술하지만, 말이 간단하고, 눈을 오만하게 뜨며, 얼굴에 부끄러운 기색이 없는 것으로 보아, 재물이 없어도 스스로 만족할 수 있는 사람이다. 그 사람이 해 보겠다는 일이 작은 일이 아닐 것이매, 나 또한 그를 시험해 보려는 것이다. 안 주면 모르되, 이왕 만 냥을 주는 바에 성명은 물어 무엇하겠느냐?"
>
> —박지원, 〈허생전〉—

- 변 씨의 대화 속에서 허생의 비범한 인물됨이 직접 제시되고 있다. 이러한 경우 '말하는 사람'이 얼마나 믿을 수 있는 사람인가에 따라 인물됨의 진위가 달라진다.
- 그런데 이 장면을 변 씨의 인물됨과 관련하여 보면 변 씨의 대상(大商)다운 인품이 간접적으로 제시된 것이라 할 수 있다.

(1) 직접적 제시

말하기는 서술자가 직접적인 설명이나 논평을 통해 인물의 성격을 제시하는 방법이다. 독자의 상상력과 흥미를 제한하는 단점이 있으나, 인물의 성격을 신속하게 제시함으로써 사건을 빠르게 전개할 수 있고, 작중 인물에 대해 쉽게 이해시킨다는 장점이 있다.

> 일 년에 한두 번 방학 때만 오래간만에 만나는 터이나, 이 두 청년은 입심 자랑이나 하듯이 주고받는 말끝마다 서로 비꼬는 수작밖에 없건마는, 그래도 한 번도 정말 노해 본 일은 없는 사이다. 중학에서 졸업할 때까지 첫째, 둘째를 겯고 틀던 수재이고, 비슷비슷한 가정 사정에서 자라났기 때문에 어린 우정일망정 어느덧 깊은 이해와 동정은 버리려야 버릴 수가 없는 것이었다.
>
> 이지적(理智的)이요 이론적(理論的)이기는 둘이 더하고 덜할 것 없지마는, 다만 덕기는 있는 집 자식이요, 해사하게 생긴 그 얼굴 모습과 같이 명쾌한 가운데도 안존하고 순편한 편이요, 병화는 거무튀튀하고 유들유들한 맛이 있느니만큼 남에게 좀처럼 머리를 숙이지 않는 고집이 있어 보인다.
>
> —염상섭, 〈삼대〉—

두 사람의 성격을 '이지적이며 이론적인 것은 둘이 비슷하지만, 덕기는 명쾌한 가운데도 안존하고 순편한 편이고, 병화는 유들유들하고 고집이 있다'고 서술자가 직접적으로 설명해 준다. 인물의 성격을 명확히 제시하고 있지만 독자는 추상적으로 이해할 수밖에 없다.

핵심정리

1. **작품**: 염상섭, 〈삼대〉
2. **갈래**: 장편소설, 세태소설(世態小說), 가족사 소설
3. **구성**: 전 42장의 회장체(回章體)
   ① 발단: 유학생 덕기가 방학에 집에 다니러 왔다가 떠나며, 조부, 아버지와 첩, 병화 등이 등장함.
   ② 전개: 집안의 뒤엉킨 인간 관계를 알게 되는 덕기
   ③ 위기: 조 의관의 위독과 수원집의 모략
   ④ 절정: 조 의관의 사망 후 집안의 갈등 심화. 어수선해지는 사회 환경으로 주요 인물 피검(被檢)
   ⑤ 결말: 덕기는 무혐의로 풀려나 앞으로 집안을 이끌 길을 모색
4. **배경**: 1930년대, 서울
5. **사건**: 주인공 덕기가 유학을 떠나려는 때로부터 다시 귀국하여 활동한 짧은 6개월 정도의 그의 집안에서 일어난 사건
6. **경향**: 사실주의
7. **시점**: 주로 전지적 작가 시점(각 장면에서 주요인물을 시점의 주체로 삼음)
8. **문체**: 치밀하고 묘사적 문체
9. **의의**: 사실주의 소설의 대표작
10. **주제**: ① 중산층 가문의 현실 대응과 몰락
    ② 식민지 현실 속에서의 세대 간, 계층 간의 갈등

---

(2) 간접적(극적 · 장면적 · 입체적) 제시

인물의 외양과 행동을 묘사 또는 서술하거나 그가 다른 사람과 주고받는 대화에 의해 인물의 성격을 제시하는 방법이다.

① **외양 묘사를 통한 인물의 제시**

> 초리가 길게 째져 올라간 봉의 눈, 준수하니 복이 들어 보이는 코, 부리가 추욱 처진 귀와 큼직한 입모, 다아 수부귀다남자(壽富貴多男子)의 상입니다.
>
> 나이……? 올해 일흔두 살입니다. 그러나 쉽게 여기진 마시오. 심장 비대증으로 천식(喘息)기가 좀 있어 망정이지, 정정한 품이 서른 살 먹은 장정 여대친답니다. 무얼 가지고 겨루든지 말이지요.
>
> 그 차림새가 또한 혼란스럽습니다. 옷은 안팎으로 윤이 지르르 흐르는 모시 진솔 것이요, 머리에는 탕건에 받쳐 죽영(竹纓) 달린 통영갓이 날아갈 듯 올라 앉았습니다. 발에는 크막하니 솜을 한 근씩은 두었음직한 흰 버선에, 운두 새까만 마른신을 조그맣게 신고, 바른손에는 은으로 개대가리를 만들어 붙인 화류 개화장이요, 왼손에는 서른네 살배기 묵직한 합죽선입니다.

플러스 간접적 제시의 장단점

인물을 생생하게 드러내면서 독자의 상상력을 발휘하게 하는 장점이 있으나, 이해하는 데 시간이 걸리고 경우에 따라서는 독자가 정확히 이해하지 못할 수도 있다.

이 풍신이야말로 아까울사, 옛날 세상이었더면 일도(一道) 방백(方伯)일시 분명합니다. 그런 것을 간혹 입이 비뚤어진 친구는 광대로 인식 착오를 일으키고 동경, 대판의 사탕장수들은 캐러멜 대장감으로 침을 삼키니 통탄할 일입니다.

－채만식, 〈태평천하〉－

> 윤직원의 외양 묘사가 잘 드러나고 있다. '차림새가 또한 혼란스럽다', '광대로 인식 착오'할 수 있다고 말한 내용으로 보아 일상적 인물과는 다르고, 또 비판의 대상이 되는 성격의 인물임을 알 수 있다.

기출 | 따라잡기

90. 〈보기〉는 소설 '태평천하'에 대한 감상문의 일부이다. 빈칸에 들어갈 내용으로 적절하지 않은 것은?

1998. 수능

> 보기
>
> 소설 작품을 읽음으로써 얻을 수 있는 즐거움에는 새로운 사실을 알게 되는 즐거움, 형상화된 세계에 자신을 비추어 봄으로써 자기 자신을 깨닫는 즐거움이 있을 것이다. 채만식의 「태평천하」의 경우에는 등장인물을 중심으로 접근해 가면서 이 두 가지 즐거움을 맛볼 수 있었다. 우선 당대의 현실과 관련된 새로운 사실들을 알 수 있었다. 이 작품을 읽기 전에는 일제 강점기를 살아간 사람들은 궁핍한 삶을 영위하고 있었고, 식민지로부터의 해방을 열망하고 있었다고 막연히 생각했었다. 그러나 이 작품은 실상이 그렇지만은 않음을 말해 주고 있다. 시류에 영합해 자신의 이익만을 추구하고 그것을 만끽하며 살아가는 윤 직원 영감 같은 인물들이 엄연히 존재하고 있었음을 이 작품은 실감나게 전해 주고 있다. 그리고 일제에 대항한 인물들은 무척이나 힘겨운 상황 속에 놓여 있었음을 짐작할 수 있었다. 다음으로는 이 작품에 내 자신을 비추어 봄으로써 몇 가지 깨달음을 얻을 수 있었다. 그 깨달음은 이런 것들이다. ＿＿＿＿＿＿＿＿＿＿＿＿＿＿＿＿＿＿

① 윤 직원의 헛된 욕망을 보면서, 새삼스럽게 인간이 추구하는 욕망의 끝은 어디일까 생각해 보았다.

② 지금의 내 성격으로 보아 내가 당대에 태어났다면 종학과 같은 선택을 할 수 있었을까 생각해 보았다.

③ 종학같이 자신의 기득권을 포기하고 일제에 맞서 대항한 인물들이 상당수 있었음을 다른 자료를 통해 확인할 수 있었다.

④ 윤 직원의 소위 '태평천하론'을 접하면서 역사의식이란 피상적인 이해만으로는 형성될 수 없는 것임을 인식하게 되었다.

⑤ 나는 과연 윤 직원이라는 인물과는 달리 나 자신의 이익이나 사회의 이익을 더 중시하고 있는가 반문해 보았다.

② 행동 묘사를 통한 인물의 제시

> 춘향이 거동 보소, 춘흥을 못 이기어 추천을 하려 하고, 면숙마 추천줄을 수양버들 상상지에 칭칭 얽어 감아 매고, 세류같은 고운 몸을 단정이 놀릴 적에 청운같은 고운 머리 반달같은 용어리로 어리 설설 흘려 빗겨 전반같이 넌줏 땋아 뒤 단장 은죽절과 압치레 볼작시면, 밀화장도 옥장도며 광원사 겹저고리 백방사주 진속곳 서수화 유문 초록 장옷 남방사 홑단치마 훨훨 벗어 걸어두고 자주 비단 수당혜를 석석 벗어 던져두고 황건 백건 지우자를 뒤 단장의 떡 부치고 섬섬옥수 넌줏들어 추천줄을 갈라 잡고 백능 버선 두 발길로 섭적 올라 발 구를 제, 한번 굴러 힘을 주며 두번 굴러 통통 차니 반공에 훨적 솟아 가지가지 놀던 새는 평임으로 날아들고 비거비래 하는 양은 지황건이 난봉 타고 옥경으로 향하는듯 무산 선녀 구름 타고 양대상에 나리는듯, 그 태도 그 형용은 세상 인물 아니로다.
>
> — 〈춘향전〉 —

> 그네를 타기 위해 취한 행동을 묘사하여 춘향의 성격을 보여 주고 있다. '세류 같은 고운 몸을 단정이 놀릴 적에' 등에서는 얌전하고 조신한 성격이 드러나고, '훨훨 벗어 걸어두고', '석석 벗어 던져두고', '섭적 올라'와 같은 행동에서는 자유 분방하고 활달한 성격을 보여 준다. 이와 같은 상반된 묘사는 이본(異本)에 따라 춘향의 신분이 기녀에서 양반의 서녀로까지 나타나는 데 있다.

③ 설명에 의한 인물의 제시

> 북해도 탄광으로 갈 것이라는 사람도 있었고 틀림없이 남양군도로 간다는 사람도 있었다. 더러는 만주로 가면 좋겠다고 하기도 했다. 만도는 북해도가 아니면 남양군도일 것이고, 거기도 아니면 만주겠지, 설마 저희들이 하늘 밖으로사 끌고 가겠느냐고 아무렇지도 않은 듯이 그 들창코로 담배 연기를 푹푹 내뿜고 있었다. 그러나 마음이 좀 덜 좋은 것은 마누라가 저쪽 변소 모퉁이 벚나무 밑에 우두커니 서서 한눈도 안 팔고 이쪽만을 바라보고 있는 때문이었다. 그래서 그는 주머니 속에 성냥을 두고도 옆 사람에게 불을 빌리자고 하며 슬며시 돌아서 버리곤 했다. 홈으로 나가면서 뒤를 돌아보니 마누라는 울 밖에 서서 수건으로 코를 눌러대고 있는 것이었다. 만도는 코허리가 찡했다. 기차가 꽥꽥 소리를 지르면서 덜커덩 하고 움직이기 시작했을 때는 정말 덜 좋았다. 눈앞이 뿌옇게 흐려지는 것을 어쩌지 못했다. 그러나 정거장이 까맣게 멀어져 가고 차창 밖으로 새로운 풍경이 획획 날라들자, 그만 아무렇지도 않아지는 것이었다. 오히려 기분이 유쾌해지는 듯하였다.
>
> — 하근찬, 〈수난이대〉 —

> 끌려가는 곳이 어디라도 상관하지 않는 것과, 아내와의 이별의 슬픔을 기차가 떠나자 곧 잊어버리는 만도에 대한 서술을 통해 인물의 낙천적인 성격을 간접적으로 보여 주고 있다. 또한 아내를 대하는 만도의 심리를 통해 순박한, 흔히 볼 수 있는 평범한 인물임을 알 수 있다.

핵심정리

1. **작품**: 하근찬, 〈수난이대〉
2. **갈래**: 단편 소설
3. **배경**: 1950년대 한국의 작은 마을
4. **표현**:
① 기술 방법에 있어, 요약과 장면 제시를 적절하게 배합하여 구성의 긴밀성을 노리고 있다.
② 토착어를 분위기에 맞게 사용하고 있으며, 묘사가 사실적이다.
③ 비극적 감정을 해학적으로 처리하여 감동의 효과를 높이고 있다.
④ 인물의 심리를 반영한 장면이 제시된다.
5. **제재**: 어느 부자(父子)의 수난
6. **주제**: 수난을 극복하는 삶의 의지. 역사적 시련 극복의 한 모습

91. 소설 '삼대'에 대한 설명으로 옳지 않은 것은? 2014. 서울시 9급

① 세대 간의 갈등이 은연중에 드러난다.

② 시대적 배경을 어느 정도는 추정할 수 있다.

③ 앞으로 전개될 사건에 대한 복선이 깔려 있다.

④ 인물의 성격을 그 말과 행동에서 짐작할 수 있다.

덕기는 안마루에서, 내일 가지고 갈 새 금침을 아범을 시켜서 꾸리게 하고 축대 위에 섰으려니까, 사랑에서 조부가 뒷짐을 지고 들어오며 덕기를 보고,

"얘, 누가 찾아왔나 보다. 그 누구냐? 대가리꼴 하고……. 친구를 잘 사귀어야 하는 거야. 친구라고 찾아온다는 것이 왜 모두 그따위뿐이냐?"

하고 눈살을 찌푸리는 못마땅하다는 잔소리를 하다가, 아범이 꾸리는 이불로 시선을 돌리며, 놀란 듯이,

"얘, 얘, 그게 뭐냐? 그게 무슨 이불이냐?"

하며 가서 만져 보다가,

"당치않은! 삼동주 이불이 다 뭐냐? 주속이란 내 낫세나 되어야 몸에 걸치는 거야. 가외 저런 것을, 공부하는 애가 외국으로 끌고 나가서 더럽혀 버릴 테란 말이냐? 사람이 지각머리가……."

하며 부엌 속에 쪽치고 섰는 손주며느리를 쏘아본다.

덕기는 조부의 꾸지람이 다른 데로 옮아간 틈을 타서 사랑으로 빠져 나왔다. 머리가 덥수룩하고 꼴이 말이 아니라는 조부의 말눈치로 보아서 김병화가 온 것이 짐작되었다.

— 염상섭, 〈삼대〉 —

> '대가리꼴'에는 조부의 병화에 대한 반감이 드러난다. 병화의 덥수룩한 머리는 기존의 사회 질서에 대한 반항 의식을 상징하는데, 이에 대한 조부의 반감을 드러내어 조부가 보수적 인물임을 암시하고 있다. 또한 '주속이란 내 낫세나 되어야 몸에 걸치는 거야'에서도 재산에 대한 애착과 보수적 성격의 일면을 보여 준다.

92. 다음 글에 대한 설명으로 적절하지 않은 것은? 2017. 국가직 9급 하반기

> 길동이 "형님께서는 염려하지 마시고, 내일 소제(小弟)를 잡아 보내시되, 장교 중에 부모와 처자 없는 자를 가리어 소제를 호송하시면 좋은 묘책이 있습니다."라고 말하였다. 감사가 그 뜻을 알고자 하나 길동이 대답을 아니 하니, 감사가 그 생각을 알지 못해도 호송원을 그 말과 같이 뽑아 길동을 호송해 한양으로 올려 보냈다.
>
> 조정에서 길동이 잡혀 온다는 말을 듣고 훈련도감의 포수 수백을 남대문에 매복시키고는, "길동이 문 안에 들어오거든 일시에 총을 쏘아 잡으라."하고 명했다.
>
> 이때에 길동이 풍우같이 잡혀 오지만 어찌 그 기미를 모르리오. 동작 나루를 건너며 '비 우(雨)'자 셋을 써 공중에 날리고 왔다. 길동이 남대문 안에 드니 좌우의 포수가 일시에 총을 쏘았지만 총구에 물이 가득하여 할 수 없이 계획을 이루지 못했다.
>
> 길동이 대궐 문 밖에 다다라 자기를 잡아온 장교를 돌아보면서 말하기를, "너희는 날 호송하여 이곳까지 왔으니 문죄 당해 죽지는 아니하리라."하고, 수레에서 내려 천천히 걸어갔다. 오군영(五軍營)의 기병들이 말을 달려 길동을 쏘려 했으나 말을 아무리 채찍질해 몬들 길동의 축지하는 법을 어찌 당하랴. 성 안의 모든 백성들이 그 신기한 수단을 헤아릴 수 없더라.

① 서술자가 길동의 장면 묘사에 직접적으로 개입하고 있다.

② 호송하는 장교를 배려하는 길동의 면모가 드러나고 있다.

③ 비현실적 요소를 도입하여 길동의 남다름을 나타내고 있다.

④ 길동이 수레에서 탈출하는 모습을 비유적으로 표현하고 있다.

(3) 명명법과 인물의 성격

성격화의 방법 중에서 그 인물의 특색을 보여 주는 명명법(命名法)이 있다. 작중 인물의 이름을 통해 인물의 성격을 암시하는 것을 말한다. 간접적 제시 방법이라 할 수 있다.

① 인물의 이름과 성이 일치하는 경우

    ⊙ '심청'의 '淸'은 효를 실천하는 맑고 깨끗한 인물의 이미지를 주는 이름이고, '유충렬'의 '忠烈'은 충과 열을 실천하는 인물임을 드러내고 있다.

    ⊙ 〈꺼삐딴리〉의 이인국은 '異人國', 즉 좀 특이한 사람 혹은 여러 나라 사람이란 뜻을 암시한다고 볼 수 있으며, 김성용의 〈리빠똥 장군〉의 '리바똥'은 똥파리를 거꾸로 쓴 것으로 평판이 좋지 않은 인물임을 암시한다.

② 인물의 이름과 성격이 반대인 경우

김동인의 〈감자〉에서 '복녀'는 그녀의 비극적 운명을 반어적으로 드러내는 이름이고, 전영택의 〈화수분〉에서 '재물이 계속 나오는 보물 단지'를 의미하는 '화수분'이라는 이름은 주인공의 삶에 '모순과 부조화'가 내재되어 있음을 보여 주는 반어적 명명법이다.

③ 이름을 드러내지 않는 익명적 이름인 경우

김승옥의 〈서울, 1964년 겨울〉에서 '안'과 '최' 등 익명성을 지닌 인물을 통해 단절된 인간 관계를 드러내면서, 그러한 단절이 특정 개인에 국한되지 않음을 보여 준다. 또한 황순원의 〈소나기〉에서 '소년과 소녀'는 특정 개인에 한정되지 않는 누구나 간직하고 있는 유년 시절의 추억을 떠올리게 만든다.

⊕ 플러스 | 성격화와 명명법

(1) **인상적 명명법**: 인물의 인상, 이름, 별명 등을 성격과 어울리게 명명하는 것
    예 김동인의 '붉은 산'에서 '삵', 흥부전에서 '흥부', '놀부', 춘향전의 '춘향'

(2) **반어적 명명법**: 인물의 성격과 이름이 반대로 명명되는 것
    예 김동인의 '감자'에서 '복녀', 전영택의 '화수분'에서 '화수분, 거부'

(3) **익명적 명명법**: 형상화하고자 하는 성격을 특정 개인에 한정하고 싶지 않을 때 취하는 것. 이러한 경우 등장 인물은 개성보다는 전형성이 중시된다.
    예 채만식의 '레디메이드 인생'의 'P, C, K' 등. 황순원의 소나기에서 '소년'과 '소녀'

기출 | 따라잡기

93. 다음 작품을 통해 알 수 있는 등장인물에 대한 설명으로 적절하지 <u>않은</u> 것은?   2019. 기상직 9급

> 이때 돈놀이하는 자들이 대체로 머리꽂이, 옥비취, 의복, 가재도구 및 가옥·전장(田庄)·노복 등의 문서를 저당잡고서 본값의 십분의 삼이나 십분의 오를 쳐서 돈을 내주기 마련이었다. 그러나 광문이 빚보증을 서 주는 경우에는 담보를 따지지 아니하고 천금(千金)이라도 당장에 내주곤 하였다.
>
> … (중략) …
>
> 광문은 나이 마흔이 넘어서도 머리를 땋고 다녔다. 남들이 장가가라고 권하면, 하는 말이,
> "잘생긴 얼굴은 누구나 좋아하는 법이다. 그러나 사내만 그런 것이 아니라 비록 여자라도 역시 마찬가지다. 그러기에 나는 본래 못생겨서 아예 용모를 꾸밀 생각을 하지 않는다." 하였다.
> 남들이 집을 가지라고 권하면,
> "나는 부모도 형제도 처자도 없는데 집을 가져 무엇하리. 더구나 나는 아침이면 소리 높여 노래를 부르며 저자에 들어갔다가, 저물면 부귀한 집 문간에서 자는 게 보통인데, 서울 안에 집 호수가 자그만치 팔만 호다. 내가 날마다 자리를 바꾼다 해도 내 평생에는 다 못 자게 된다." 하였다.
> 서울 안에 명기(名妓)들이 아무리 곱고 아름다워도, 광문이 성원해 주지 않으면 그 값이 한 푼어치도 못 나갔다.
> 예전에 궁중의 우림아(羽林兒), 각 전(殿)의 별감(別監), 부마도위(駙馬都尉)의 청지기들이 옷소매를 늘어뜨리고 운심(雲心)의 집을 찾아간 적이 있다. 운심은 유명한 기생이었다. 대청에서 술자리를 벌이고 거문고를 타면서 운심더러 춤을 추라고 재촉해도, 운심은 일부러 늑장을 부리며 선뜻 추지를 않았다. 광문이 밤에 그 집으로 가서 대청 아래에서 어슬렁거리다가, 마침내 자리에 들어가 스스로 상좌(上坐)에 앉았다. 광문이 비록 해진 옷을 입었으나 행동에는 조금의 거리낌도 없이 의기가 양양하였다. 눈가는

PART 02

짓무르고 눈꼽이 끼었으며 취한 척 구역질을 해 대고, 헝클어진 머리로 북상투(北髻)를 튼 채였다. 온 좌상이 실색하여 광문에게 눈짓을 하며 쫓아내려고 하였다. 광문이 더욱 앞으로 나아가 무릎을 치며 곡조에 맞춰 높으락낮으락 콧노래를 부르자, 운심이 곧바로 일어나 옷을 바꿔 입고 광문을 위하여 칼춤을 한바탕 추었다. 그리하여 온 좌상이 모두 즐겁게 놀았을 뿐 아니라, 또한 광문과 벗을 맺고 헤어졌다.

― 박지원, 〈광문자전〉 ―

① '광문'은 남녀평등 의식을 갖고 있다.
② '광문'은 사람을 보는 안목이 있다.
③ '운심'은 외모보다는 내면을 중시한다.
④ '운심'은 고고한 성격을 갖고 있으며 익살과 기지가 있다.

3 인물의 유형

(1) 작품 속의 역할에 따른 유형

① 주동 인물과 반동 인물: 주동 인물은 작가가 의도하는 주제의 방향에 따르면서 사건을 주도해 나가는 인물이고, 그에 대립하는 인물을 반동 인물이라고 한다. 소설은 대개 주동 인물과 반동 인물 간의 갈등 관계를 통해 사건이 진행된다.

② 주요 인물과 부차적 인물: 중심 사건과 갈등을 이끌어 가는 인물들을 주요 인물이라고 하고, 주요 인물들을 돋보이게 하거나 사건의 연결 등 부수적인 기능을 하는 인물을 부차적 인물이라고 한다.

가

방자 들어가 춘향더러 말하되

"도련님이 다시 전갈하시더라. 내가 너를 기생으로 앎이 아니라 들으니 네가 글을 잘한다기로 청하노라. 혐의(嫌疑)로 알지 말고 잠깐 와 다녀가라 하시더라."

춘향의 도량한 뜻이 연분(緣分)되려고 그러한 지 홀연 생각하니 갈 마음이 나되 모친의 뜻을 몰라 말 않고 앉았더니 춘향모 썩 나 앉아 정신없게 말을 하되

"꿈이라 하는 것이 허사(虛事)가 아니로다. 간밤에 꿈을 꾸니 난데없는 청룡(靑龍) 하나 보이거늘 무슨 좋은 일이 있을까 하였더니 우연한 일 아니로다. 들으니 사또 자제 도련님이 이름이 몽룡이라 하니 꿈 몽자, 용 룡자 신통하게 맞추었다. 그러나 저러나 양반이 부르시는데 아니 갈 수 있겠느냐. 잠깐 가서 다녀오라."

나

사또 춘향더러 분부하되,

"오늘부터 몸 단장 정히 하고 수청(守廳)으로 거행하라."

"사또 분부 황송하나 일부종사(一夫從事) 바라오니 분부 시행 못하겠소."

사또 웃어 왈,

"네가 진정 열녀로다. 네 정절 굳은 마음 어찌 그리 어여쁘냐. 그러나 이수재(李秀才)는 경성(京城) 사대부의 자제로서 명문귀족 사위가 되었으니 일시 사랑으로 잠깐 노류장화(路柳墻花)하던 너를 일분 생각하겠느냐. 불쌍코 가련한 게 너 아니면 뉘가 그러하랴. 네 아무리 수절한들 열녀 포양(襃揚) 누가 하랴."

다

어사또 춘향에게 물으시되,

"너만 년이 수절한다 하고 관장에게 포악하였으니 살기를 바랄소냐? 죽어 마땅하건 만 나의 수청도 거역할까?"

춘향이 기가 막혀,

"내려오는 관장마다 개개이 명관이로구나! 수의 사또 들으시오. 층암(層巖) 절벽 높 은 바위 바람 분들 무너지며, 청송(靑松) 녹죽(綠竹) 푸른 나무 눈이 온들 변하리까? 그런 분부 마옵시고 이제 어서 죽여 주오!"

— 〈춘향전〉 —

> 〈춘향전〉의 처음과 중간, 끝 부분의 내용이다. 사건의 전개는 춘향과 이 도령의 만남과 헤어 짐 그리고 재회의 구조로 이루어져 있다. 이 작품에서 주동 인물인 '춘향, 몽룡'과 반동 인물 인 '변 사또'는 주요 인물이라 할 수 있고, 그 외의 인물은 부차적 인물이다.

(2) 존재 양상(성격 변화)에 따른 유형

① **평면적 인물**: 작품 속에서 성격이 한 가지로 국한되어 제시되는 인물이다. 어떤 계기가 주어져도 성격이 변하지 않는 인물로 '정적(靜的) 인물'이라고도 한다. 고전 소설의 인물 유형에 주로 해당되며 현대 소설에서는 부차적 인물이나 단편 소설의 주요 인물들이 이에 해당하는 경우가 많다.

> 실토이지 나는 점순이가 아침상을 가지고 나올 때까지는 오늘은 또 얼마나 밥을 담았나 하고 이것만 생각했다. 상에는 된장찌개하고 간장 한 종지 조밥 한 그릇, 그리고 밥보다 더 수북하게 담은 산나물이 한 대접 이렇다. 나물은 점순 이가 틈틈이 해오니까 두 대접이고 네 대접이고 멋대루 먹어도 좋으나 밥은 장 인님이 한 사발 외엔 더 주지 말라고 해서 안 된다. 그런데 점순이가 그 상을 내앞에 내려놓으며 제 말로 지껄이는 소리가,
>
> "구장님한테 갔다 그냥 온담 그래!"
>
> 하고 엊그제 산에서와 같이 되우 좋알거린다. 딴은 내가 더 단단히 덤비지 않고 만 것이 좀 어리석었다. 속으로 그랬다.
>
> — 김유정, 〈봄봄〉 —

> 이 작품의 '나'는 성격의 변화가 없는 평면적 인물이다. 이러한 인물의 어리숙함과 순 박함이 일관되게 유지되면서 작품의 해학성을 높이고 있다.

➕ 플러스 평면적 인물

평면적 인물은 성격 변화가 없지만 처음부터 끝까지 일관된 성격을 지 니므로 독자가 파악하기도 쉽고 오래 기억 할 수도 있다. 이러한 유형의 인물 제시는 작가가 의도하는 바를 분명하게 보여주는 데 효과적 이다.

② **입체적 인물**: 한 작품 속에서 성격이 발전하고 변화하는 인물을 말한다. 사건의 진행에 따라 갈등을 겪으면서 새로운 성격으로 변하는 인물로 '동적(動的) 인물, 극적 인물, 발전적 인물'이라고도 한다. 현대 소설에서 흔히 볼 수 있다.

"오늘은 아퀴를 지어 주시렵니까? 언제 갚으나 갚고 말 것인데 그걸루 의 상할 거야 있나요?"

이튿날 교장이 슬쩍 들러서 매우 점잖은 수작을 하는 것이다.

"이렇게 말씀드리면 교장 선생님부터가 어떻게 들으실지 모르지만 김옥임이가 그렇게 되다니 불쌍해 못 견디겠어요. 예전에 셰익스피어의 원서를 끼구 다니구, 〈인형의 집〉에 신이 나 하구, 엘렌 케이의 숭배자요 하던 그런 옥임이가, 동냥자루 같은 돈 전대를 차구 나서면 세상이 모두 노란 돈닢으로 보이는지? 어린애 코묻은 돈푼이나 바라고 이런 구멍가게에 나와 앉았는 나두 불쌍한 신세이지마는 난 옥임이가 가엾어서 어제 울었습니다. 난 살림이나 파산지경이지 옥임이는 성격 파산인가 보드군요······."

정례 어머니는 분하다 할지, 딱하다 할지, 속에 맺히고 서린 불쾌한 감정을 스스로 풀어 버리려는 듯이 웃으며 하소연을 하는 것이었다.

－염상섭, 〈두 파산〉－

- 정례 어머니의 옥임을 평가하는 말을 통해 '옥임'이 젊은 시절에는 정신적 가치를 추구하는 이상주의자였으나 돈에 집착하는 인물로 변화한 것을 알 수 있다.
- 김옥임은 동경 유학생 시절 신여성임을 부르짖으며 문학과 예술을 사랑했었으나, 도지사 대감의 후실이 된다. 남편이 반민자(反民者)로 몰려 있던 중 고리 대금업에 삶의 재미를 갖게 되면서 성격 파산자가 된다.

---

(3) 성격에 따른 유형

① **전형적 인물**: 사회의 어떤 계층이나 집단의 공통적인 성격을 대표하거나 특정한 시대의 문제적인 현실을 상징적으로 보여 주는 인물이다.

② **개성적 인물**: 어떤 특정 사회의 부류나 계층이 지닌 공통적인 가치보다는 자신만의 특성이 뚜렷하게 제시되는 인물이다. 이러한 인물의 개성은 전형성과 보편성의 토대 위에서 형성된다.

"그렇게나 살자면 이 형도 벌써 잘 살 수 있었다."

철호의 목소리는 떨고 있었다.

"그렇게라니요?"

"양심을 버리고 윤리와 관습을 무시하고 법률까지도 범하고!"

흥분한 철호의 큰 목소리에 영호는 지금까지 철호의 얼굴에 주었던 시선을 앞으로 쭉 뻗치고 앉은 자기의 발끝으로 떨구었다.

"저도 형님을 존경하고 있어요. 고생하시는 형님을. 용케 이 고생을 참고 견디는 형님을. 그렇지만 형님은 약한 사람이야요. 용기가 없는 거지요. 너무 양심이 강해요. 아니 어쩌면 사람이 약하면 약한 만치, 그만치 반대로 양심이란 가시는 여물고 굳어지는 것인지도 모르죠."

＋ 플러스 전형성

전형성이란 특정한 역사적 단계에 처해 있는 어떤 특정한 사회의 성격과 내부적 모순을 가장 잘 드러내 보여 주는 대표적인 성질들 혹은 그런 성질을 가지고 있는 요소들이 소설 속에 잘 반영된 경우를 지칭하는 용어이다. 주로 인물과 관련된 개념이지만 엄밀한 의미에서는 인물뿐만 아니라 사건의 배경, 행위 배경 등의 넓은 의미를 포함한다. 과연 당대의 사람들이 일반적으로 그러한 생각을 했는지가 전형성을 파악하는 기준이 된다.

＋ 플러스 보편성

보편성이란 시대나 지역에 관계없이 인간이라면 누구나 가질 수 있는 일반적인 성격을 말한다. 반면에, 전형성이란 인물이 속한 사회 집단, 혹은 인물이 살아가는 시대의 전형이 될만한 성격을 말한다.

"양심이란 가시?"

"네 가시지요, 양심이란 손 끝의 가십니다. 빼어 버리면 아무렇지도 않은데 공연히 그냥 두고 건드릴 때마다 깜짝깜짝 놀라는 거야요, 윤리요? 윤리, 그건 나이롱 빤쓰 같은 것이지요, 입으나 마나 속살이 비쳐 보이기는 매한가지죠. 관습이요? 그건 소녀의 머리 위에 달린 리봉이라고나 할까요? 있으면 예쁠 수도 있어요. 그러나 없대서 뭐 별 일도 없어요. 법률? 그건 마치 허수아비 같은 것입니다. 허수아비. 덜 굳은 바가지에다 되는 대로 눈과 코를, 그리고 수염만 크게 그린 허수아비. 누더기를 걸치고 팔을 쩍 벌리고 서 있는 허수아비. 참새들을 향해서는 그것이 제법 공갈이 되지요. 그러나 까마귀쯤만 돼도 벌써 무서워하지 않아요. 아니 무서워하기는커녕 그 놈의 상투 끝에 턱 올라앉아서 썩은 흙을 쑤시던 더러운 주둥이를 쓱쓱 문질러도 별일 없거든요, 흥."

― 이범선, 〈오발탄〉 ―

철호와 영호 형제는 표면적으로 전혀 다른 개성을 보여 준다. 양심과 법을 지키면서 정당하고 성실하게 살고자하는 철호와, 양심을 버리고 윤리와 관습을 무시하고 법률까지도 범할 수 있는 인물인 영호는 각각 다른 성격을 지닌 개성적 인물이다. 그러나 6·25 직후 생존만을 위해 살아야 했던 당대의 보편적 상황을 보여준다는 점에서는 전형적인 인물이라 할 수 있다. 전형성과 개성을 동시에 보여 주는 인물들이다.

핵심정리

1. **작품**: 이범선, 〈오발탄〉
2. **갈래**: 단편 소설, 전후 소설
3. **배경**: 6·25 전쟁 직후, 해방촌
4. **시점**: 전지적 작가 시점
5. **구성**:
   ① 발단: 철호의 무기력한 일상 생활과 해방촌의 피폐한 공간
   ② 전개: 철호 집안의 무기력하고 비참한 삶
   ③ 위기: 영호의 권총 강도 사건과 아내의 죽음
   ④ 절정: 가족의 비극적 삶으로 인한 방황
   ⑤ 결말: 공황상태에 빠진 철호는 달리는 택시 안에서 피를 흘림
6. **의의**: 전후의 한국 사회의 암담한 현실을 고발하며, 전쟁으로 인해 파멸해 가는 인간상과 내면의 허무를 표출한 소설이다.
7. **주제**: 전후의 비참한 사회 속에서 정신적 지표를 잃은 불행한 인간의 비극

기출 | 따라잡기

94. 〈보기〉의 소설에 대한 설명으로 가장 적절하지 않은 것은?　2019. 서울시 9급

보기

"혼자 있기가 싫습니다."라고 아저씨가 중얼거렸다.
"혼자 주무시는 게 편하실 거예요." 안이 말했다.
우리는 복도에서 헤어져서 사환이 지적해 준, 나란히 붙은 방 세 개에 각각 한 사람씩 들어갔다.
"화투라도 사다가 놉시다." 헤어지기 전에 내가 말했지만,
"난 아주 피곤합니다. 하고 싶으면 두 분이나 하세요."
라고 안은 말하고 나서 자기의 방으로 들어가 버렸다.
"나도 피해 죽겠습니다. 안녕히 주무세요."라고 나는 아저씨에게 말하고 나서 내 방으로 들어갔다. 숙박계엔 거짓 이름, 거짓 주소, 거짓 나이, 거짓 직업을 쓰고 나서 사환이 가져다 놓은 자리끼를 마시고 나는 이불을 뒤집어썼다. 나는 꿈도 안 꾸고 잘 잤다.
다음날 아침 일찍이 안이 나를 깨웠다.

① 물화된 도시의 삶이 만든 비정함, 절망감, 권태 등이 바탕에 깔려 있다.
② 주인공들은 자기 지위나 이름을 버린 익명적 존재로 기호화되어 있다.
③ 잠은 현실을 초월한 삶에 대한 강렬한 동경을 환기하는 매개체다.
④ 화투는 절망과 권태를 견디는 의미 없는 놀이의 상징으로 볼 수 있다.

※ 다음 글을 읽고 물음에 답하시오. [95~96]

2021. 경찰직 1차

백화가 눈 덮인 길의 고랑에 빠져 버렸다. 발이라도 삐었는지 백화는 꼼짝 못하고 주저앉아 신음을 했다. 영달이가 달려들어 싫다고 뿌리치는 백화를 업었다. … (중략) …

"무겁죠?"

영달이는 대꾸하지 않았다. 백화는 어린애처럼 가벼웠다. 등이 불편하지도 않았고 어쩐지 가뿐한 느낌이었다. … (중략) …

"어깨가 참 넓으네요. 한 세 사람쯤 업겠어."

"댁이 근수가 모자라서 그렇다구."

그들은 일곱 시쯤에 감천 읍내에 도착했다. 마침 장이 섰었는지 파장된 뒤인데도 읍내 중앙은 흥청대고 있었다. … (중략) …

영달이는 이제 백화를 옆에서 부축하고 있었다. 발을 디딜 때마다 여자가 얼굴을 찡그렸다. 정 씨가 백화에게 물었다.

"어느 방향이오?" "전라선이에요." … (중략) … 역으로 가면서 백화가 말했다. "어차피 갈 곳이 정해지지 않았다면 우리 고향에 함께 가요. 내 일자리를 주선해 드릴게." "내야 삼포로 가는 길이지만, 그렇게 하지?" 정 씨도 영달이에게 권유했다. 영달이는 흙이 덕지덕지 달라붙은 신발 끝을 내려다보며 아무 말이 없었다. 대합실에서 정 씨가 영달이를 한쪽으로 끌고 기서 속삭였다. "여비 있소?" "빠듯이 됩니다. 비상금이 한 천 원쯤 있으니까." "어디루 가려오?" "일자리 있는 데면 어디든지……."

… (중략) … 정 씨는 대합실 나무 의자에 피곤하게 기대어 앉은 백화 쪽을 힐끗 보고 나서 말했다.

"같이 가시지, 내 보기엔 좋은 여자 같군."

"그런 거 같아요."

"또 알우? 인연이 닿아서 말뚝 박구 살게 될지. 이런 때 아주 뜨내기 신셀 청산해야지."

영달이는 시무룩해져서 역사 밖을 내다보았다. 백화가 뭔가 수군대고 있는 두 사내를 불안한 듯이 지켜보고 있었다. 영달이가 말했다.

"어디 능력이 있어야죠."

"삼포엘 같이 가실라우?"

"어쨌든……."

… (중략) … 영달이는 표를 사고 삼립빵 두 개와 찐 달걀을 샀다. 백화에게 그는 말했다. "우린 뒤차를 탈 텐데…… 잘 가슈." 영달이가 내민 것들을 받아 쥔 백화의 눈이 붉게 충혈되었다. … (중략) … "정말, 잊어버리지…… 않을게요." 백화는 개찰구로 가다가 다시 돌아왔다. 돌아온 백화는 눈이 젖은 채로 웃고 있었다.

"내 이름은 백화가 아니에요. 본명은요…… 이점례예요."

95. 인물의 심리를 서술한 것으로 가장 적절하지 않은 것은?

① 영달은 백화와의 동행이 마음에 들지 않는다.

② 정 씨 본인은 뜨내기 신세를 면할 수 있다고 생각하고 있다.

③ 백화는 영달의 마음을 가늠하기 힘들어 불안해 한다.

④ 백화는 영달에게 호감이 있다.

96. 문학 기법 관련 서술로 가장 적절하지 않은 것은?

① 전지적 작가 시점이지만, 관찰자 시점의 성격을 지녔다.

② 말하기(telling) 기법을 통해 극적 효과를 거두고 있다.

③ 백화의 복잡한 심정이 역설적 표현으로 나타났다.

④ 말끝을 흐리는 방법으로 '감정의 여운'을 표현하고 있다.

❖ 인물의 특성을 파악하는 방법

(1) 계층적 방법

인간은 자신이 속한 민족이나 지역, 또는 계층이나 집단의 속성에 영향을 받기 마련이다. 따라서 인물이 출생한 국가나 인물이 성장한 지역과 환경, 그리고 인물의 직업이나 현재 속해 있는 계층의 특성이 인물의 성향에 영향을 미친다는 점을 고려하여 접근한다면 인물이 지닌 일반적인 특성을 파악할 수 있다.

〈삼대〉의 '조의관'	〈운수 좋은 날〉의 '김 첨지'	〈광장〉의 '이명준'
• 조씨 가문의 가장 → 조선 시대 중산층 • 가문의 명예와 족보를 중시하는 봉건적 인물 • 족보를 돈으로 사고 서원을 새로 짓기도 함. • 명분과 형식에 얽매이며 권위적임.	• 인력거꾼 → 일제 강점기의 하층민 • 근 열흘 동안 돈 구경도 못한 김 첨지 → 인력거를 끌며 힘겹게 살아감. • 아내를 안쓰러워하는 것으로 보아 인간적인 면이 있으나 궁핍한 생활로 고통받고 있음.	• 철학을 전공하는 대학생 → 지식인 • 포로 → 중립국 행을 선택 • 좌우 이데올로기의 대립 속에서 갈등과 방황을 거듭하다가 자살함. • 현실 상황에 관심을 보이며 자기 신념을 중시하고 이지적임. • 여인과의 사랑에서 돌파구를 찾는 낭만적 성향을 지님.

(2) 신체적 특성

신체적 조건은 사람의 행동과 성격 형성에 영향을 미친다. 소설에서도 인물이 가진 신체적 특징은 인물의 성격 형성에 사실감을 부여하며, 때로는 상징적인 의미를 드러내거나 주제를 형상화하는 데도 기여한다.

〈난장이가 쏘아올린 작은 공〉의 '아버지'	〈임꺽정〉의 '임꺽정'	〈자전거 도둑〉의 '혹부리 영감'
• 난장이 • 채권 장사, 수도 파이프 수리공 등으로 생계를 꾸려 나가는 가장 • '난장이'는 경제적으로 빈곤한 자, 소외된 사람을 의미하며, 거대 자본을 상징하는 '거인'과 의미상 대립적 구조를 형성함.	• 힘이 센 장사 • 조선 시대 민중 • 덩치가 크고 힘이 세어 부패한 관료에 맞서 새로운 세상을 꿈꾸는 무리의 우두머리가 됨.	• 귓등에 연필을 꽂고 있음. • 심술이 덕지덕지 모여 이뤄진 듯한 왼쪽 이마빡의 눈깔사탕만한 혹을 어루만지는 버릇이 있음. • 인색하고 심술이 많은 인물

(3) 개인적 특성

용감한 인물과 겁쟁이, 이기적 인물과 이타적 인물, 진실한 인물과 위선적 인물, 논쟁적 인물과 순종적 인물, 포부를 가진 인물과 나태한 인물 등 소설에는 다양한 개성을 지닌 인물들이 등장한다.

❖ 고전 소설의 인물의 유형

고전 소설에 등장하는 인물은 현대 소설의 인물보다 비교적 성격이 단순한 편이다. 또한 고전 소설의 주인공들은 대개 당대 사회의 이상적 인간상에 가깝게 그려진다. 그래서 입체적 인물보다는 평면적 인물이 주로 등장하고, 개성적 면모보다는 전형적인 특성을 드러내는 경우가 많다.

(1) 고난과 시련을 이겨 낸 불세출의 영웅

가난한 백성들이나 나라를 구하기 위해 동분서주 하다가 오해나 모함을 받아 곤경에 처하지만 하늘의 도움이나 신기한 능력으로 위기를 극복하고 뜻을 이루는 인물이다.

> 예 〈홍길동전〉의 홍길동, 〈전우치전〉의 전우치, 〈조웅전〉의 조웅, 〈숙향전〉의 숙향, 〈박씨전〉의 박씨

(2) 사랑에 목숨을 건 아름다운 열녀

사랑하는 사람을 향한 일편단심을 지키기 위하여 현실적인 유혹과 고난을 극복해 가는, 의지적이면서 낭만적인 인물이다.

> 예 〈도미 설화〉의 도미, 〈춘향전〉의 춘향, 〈운영전〉의 운영

(3) 봉건적 사회를 풍자한 근대적 인물

선견지명을 가지고 세상을 바라보면서 오랜 관습이나 봉건적 사회 제도에 얽매인 지배층을 풍자하며 세상을 개혁하고자 하는 인물이다.

> 예 〈광문자전〉의 '광문', 〈양반전〉의 '부자', 〈예덕선생전〉의 '예덕 선생(엄행수)'

> "소위 사대부라는 것들이 무엇이란 말이냐? 오랑캐 땅에서 태어나 자칭 사대부라 뽐내다니, 이런 어리석을 데가 있느냐? 의복은 흰 옷을 입으니 그것이야말로 상인(喪人)이나 입는 것이고, 머리털을 한데 묶어 송곳같이 만드는 것은 남쪽 오랑캐의 습속에 지나지 못한데, 대체 무엇을 가지고 예법이라 한단 말인가? 번오기(樊於期)는 원수를 갚기 위해서 자신의 머리를 아끼지 않았고, 무령왕(武寧王)은 나라를 강성하게 만들기 위해 되놈의 옷을 부끄럽게 여기지 않았다. 이제 대명(大明)을 위해 원수를 갚겠다 하면서, 그까짓 머리털 하나를 아끼고, 또 장차 말을 달리고 칼을 쓰고 창을 던지며 활을 당기고 돌을 던져야 할 판국에 넓은 소매의 옷을 고쳐 입지 않고 딴에 예법이라고 한단 말이냐?"
>
> — 박지원, 〈허생전〉 —

허생이 과거의 인습에 얽매여 새로운 변화를 거부하는 인물인 이완을 질타하고 있는 장면이다. 여기서 이완은 무능한 사대부를 상징하며, 허생은 당대의 지배층을 비판하는 개혁적 지식인을 대변한다.

(4) 걸걸한 입담으로 양반을 놀리는 방자

우스꽝스러운 외모와 행동을 통해 웃음을 전달하면서도, 진심인지 농담인지 분간할 수 없는 말 속에 양반들을 풍자하고자 하는 의도를 숨기고 있는 인물이다.

> 예 〈춘향전〉의 방자, 〈배비장전〉의 방자, 〈봉산 탈춤〉의 말뚝이

> "이 놈아! 저기 저기 저 건너 백포장 속에 목욕하는 것을 못 본단 말이냐?"
>
> … (중략) …
>
> "옳다. 너도 이제 보았단 말이구나. 상놈의 눈이라 양반의 눈보다는 많이 무디구나."
>
> "예. 눈은 반상(班常)이 다르니까 소인의 눈이 나리의 눈보다는 무디어 저런 예(禮)에 어긋나는 것이 안 보입니다. 그러나 마음도 반상이 달라 나으리 마음은 소인보다 컴컴하고 음탐하여 남녀유별(男女有別)의 체면도 모르고 규중 처녀가 목욕하는 것을 보고 욕심내어 눈을 쏘아 구경을 한단 말씀이구려. 요새 서울 양반들 양반 자세를 하고 계집이라면 체면도 없이 욕심을 낼 데 안 낼 데 분간을 하지 못하고 함부로 덤비다가 봉변도 많이 당합니다."
>
> — 작자 미상, 〈배비장전〉 —

배 비장이 목욕하는 여인을 보며 정신이 혼미해져 있자, 방자가 양반인 배비장을 풍자하고 야유하고 있다.

제 2 절 갈등과 사건

1 갈등의 개념과 유형

(1) 갈등의 개념

갈등이란 의지적인 두 성격의 대립 현상을 말한다. 이는 크게 외적 갈등과 내적 갈등으로 나눌 수 있다. 인물은 물론 환경·제도·관습·운명 등도 하나의 성격을 지닌 것이므로 이들 사이의 갈등을 외적 갈등이라 하고 한 인물의 심리적 갈등을 내적 갈등이라고 한다.

(2) 갈등의 유형

① 한 개인의 내면 갈등: 인물 내부의 심리적 모순 대립에 의한 내적인 갈등

> 성진이 돌아와 밤에 혼자 빈방에 누우니 팔 선녀의 말소리가 귀에 쟁쟁하고 얼굴빛은 눈에 아른거려 앞에 앉아 있는 듯, 옆에서 당기는 듯 마음이 황홀하여 진정치 못하다가 문득 생각하였다.
>
> "남자로 태어나서 어릴 때는 공자와 맹자의 글을 읽고, 자라서는 요순(堯舜) 같은 임금을 섬겨, 나가면 백만 대군을 거느려 적진에 횡행하고, 들어서는 백관(百官)을 장악하는 재상이 되어 몸에는 비단 두루마기를 입고, 허리에는 황금으로 만든 도장을 차고, 임금을 섬기고 백성을 달래며, 눈에는 아리따운 미색을 희롱하고, 귀에는 좋은 풍류 소리를 들으며, 영화를 당대에 자랑하고 공명을 후세에 전하면 그것이야말로 진실로 대장부의 일일텐데, 슬프다, 우리 불가는 다만 한 바리 밥과 한 병 물과 두어 권 경문과 백팔 염주뿐이라, 도덕이 비록 높고 아름다우나 적막하기 심하구나.
>
> – 김만중, 〈구운몽〉 –

> 성진이 불법(佛法) 공부와 속세에 대한 욕망(사사로운 마음) 사이에서 갈등하는 심리를 드러내고 있다. 불법 공부가 성진의 이상이고 속세에 대한 욕망이 현실이라면, 성진의 갈등은 이상과 현실의 선택 사이에서의 내면적 갈등이라 할 수 있다.

+플러스 갈등의 원인

인물은 사회적 존재이므로 모든 갈등의 바탕에는 인물의 사회적 관계가 전제되어 있다. 따라서 내적 갈등과 외적 갈등의 유형으로 나누는 것은 표면적인 갈등의 양상이라 할 수 있고, 그 이면에 나타난 갈등의 원인을 파악하는 것이 중요하다. 소설에서는 장면에 따라 다양한 갈등이 나타나 서로 중첩되거나 병렬되면서 사건이 전개된다.

+플러스 다양한 갈등 양상

• 집단과 집단의 갈등
• 구세대와 신세대의 갈등
• 빈부 격차에 따른 계층 간의 갈등
• 인간적인 것과 비인간적인 것(전쟁이나 폭력)과의 갈등

이윽고 끄는 이의 다리는 무거워졌다. 자기 집 가까이 다다른 까닭이다. 새삼스러운 염려가 그의 가슴을 눌렀다.

"오늘은 나가지 말아요. 내가 이렇게 아픈데."

이런 말이 잉잉 그의 귀에 울렸다. 그리고 병자의 움쑥 들어간 눈이 원망하는 듯이 자기를 노려보는 듯하였다. 그러자 엉엉 하고 우는 개똥이의 곡성도 들은 듯싶다. 딸국딸국하고 숨 모으는 소리도 나는 듯싶다.

"왜 이러우? 기차 놓치겠구먼."

하고, 탄 이의 초조한 부르짖음이 간신히 그의 귀에 들려왔다. 언뜻 깨달으니 김첨지는 인력거 채를 쥔 채 길 한복판에 엉거주춤 멈춰 있지 않은가.

"예, 예" 하고 김첨지는 또다시 달음질하였다. 집이 차차 멀어갈수록 김첨지의 걸음에는 다시금 신이 나기 시작 하였다. 다리를 재겨 놀려야만 쉴새없이 자기의 머리에 떠오르는 모든 근심과 걱정을 잊을 듯이……

– 현진건, 〈운수 좋은 날〉 –

> 아픈 아내를 걱정하는 인물의 심리적 갈등이 집과의 공간적 거리감과 대비되면서 잘 드러나고 있다.

② **개인과 개인 사이의 갈등**: 등장 인물 간에 성격이 대립하면서 일어나는 갈등

"아버님께서는 너무 심한 말씀을 하십니다마는 어쨌든 세상에 좀 할 일이 많습니까. 교육 사업, 도서관 사업, 그 외 지금 조선어 자전 편찬하는 데……."

상훈이는 조심도 하려니와 기를 눅이어서 차근차근히 이왕지사 말이 나왔으니 할 말은 다 하겠다는 듯이 말을 이어 나가려니까 또 벼락이 내린다.

"듣기 싫다! 누가 네게 그 따위 설교를 듣자든? 어서 가거라."

"하여간에 말씀입니다. 지난 일은 어쨌든, 지금 이 판에 별안간 치산이란 당한 일입니까. 치산만 한대도 모르겠습니다마는 서원을 짓고 유생들을 몰아다 놓으시렵니까? 돈도 돈이거니와 지금 시대에 당한 일입니까?"

상훈이는 아까보다 좀 어기를 높여서 반대를 하였다.

– 염상섭, 〈삼대〉 –

> 재산의 용도를 놓고 상훈과 조의관의 갈등이 드러나는 대목이다. 상훈의 가치관과 조의관의 가치관의 대립은 전근대적 가치관과 근대적 가치관의 대립으로 볼 수 있다.

97. ⊙과 ⓒ에 대한 설명으로 가장 적절한 것은?

> ⊙도요새 무리를 동진강 삼각주에서 발견했을 때, 나는 마치 헤어진 부모와 동기간과 약혼녀를 만난 듯 반가웠다. 너들이 휴전선 위의 통천을 거쳐 여기로 날아왔으려니, 하고 대답 없는 물음을 던질 양이면 그만 울컥 사무쳐 오는 향수가 내 심사를 못 견디게 긁어 놓곤 했다. 가져온 술병을 기울이며 나는 새떼들과 많은 이야기를 나누었다. 내가 말하고 내가 새가 되어 대답하는 그런 대화를 누가 이해하리오. 새가 고향 땅의 부모님이 되고, 또는 형제가 되고, 어떤 때는 약혼자가 되어 나에게 들려주던 그 많은 이야기를 나는 기쁨에 들떠, 때때로 설움에 젖어 화답하는 그 시간만이 내게는 살아 있는 진정한 시간이었다.
>
> … (중략) …
>
> 그래서 지금 보는 바다는 예전보다 파도가 훨씬 높았고 헤엄을 쳐 북상을 하면 며칠 내 고향에 도착할 수 있을 것 같던 그 넓이가 더욱 까마득히 넓게 보였다. 그리고 ⓒ철새나 나그네새는 휴전선을 넘어 자유로이 왕래하건만 나는 그곳으로 갈 수 없다는 안타까움만 이 해가 갈수록 내 이마에 깊은 주름을 새길 뿐이었다.
>
> − 김원일, 〈도요새에 관한 명상〉 중에서 −

① ⊙은 '나'에게 고향을 떠올리게 하는 존재이고, ⓒ은 '나'와 대비되는 존재이다.
② ⊙은 '나'가 동병상련(同病相憐)의 정서를 느끼는 대상이고, ⓒ은 '나'의 감정이 이입된 대상이다.
③ ⊙은 '나'의 내적 갈등이 해소될 것임을 암시하는 소재이고, ⓒ은 '나'의 내적 갈등을 심화시키는 소재이다.
④ ⊙은 '나'에게 고향에 대한 향수를 불러일으키는 대상이고, ⓒ은 '나'에게 고향에 대한 향수를 식게 하는 존재이다.

③ **개인과 사회의 갈등:** 등장 인물과 사회적 관습이나 제도에 의해 일어난 갈등
개인과 사회의 갈등은 직접적으로 드러나기도 하지만 개인과 대립되는 사회를 상징적으로 보여주는 인물을 통하여 그 갈등 관계를 보여주기도 한다.

> 인쇄소와 책장사가 세월을 만나고 양복점 구둣방이 늘비하여졌다.
>
> 연애 결혼에 목사님의 부수입이 생기고 문화 주택을 짓느라고 청부업자가 부자가 되었다.
>
> 그리하여 부르주아지는 가보를 잡고 공부한 일부의 지식군은 진주(다섯 끗)를 잡았다.
>
> 그러나 노동자와 농민은 무대를 잡았다. 그들에게 조선 문화의 향상이나 민족적 발전이나가 도리어 무거운 짐을 지워 주었을지언정 덜어주지는 아니하였다. 그들은 배[梨]주고 속 얻어먹은 셈이다.
>
> 인텔리…… 인텔리 중에도 아무런 손끝의 기술이 없이 대학이나 전문학교의 졸업증서 한 장을 또는 조그마한 보통 상식을 가진 직업 없는 인텔리…… 해마다 천여 명씩 늘어가는 인텔리…… 뱀을 본 것은 이들 인텔리.
>
> 부르주아지의 모든 기관이 포화 상태가 되어 더 수효가 아니 느니 그들은 결국 꾀임을 받아 나무에 올라갔다가 흔들리우는 셈이다. 개밥의 도토리다.

1. **작품:** 김원일, 〈도요새에 관한 명상〉
2. **해제:** 이 작품은 동진강 하구를 배경으로 다양한 방식의 삶을 사는 한 가족의 모습을 '도요새'를 매개로 그리고 있다. 도요새는 민족 분단의 비극을 보여 주는 동시에 1970년대 환경오염의 문제를 드러내며, 또 인물 간의 갈등을 조장하는 역할을 한다. 이처럼 이 작품은 당대 사회의 문제를 상징적 소재를 통해 드러내려 하였다. 이 작품의 가장 큰 특징은 가족들의 이야기를 제각각의 시점으로 서술하고 있다는 점이다. 1부는 병식, 2부는 병국, 3부는 아버지, 그리고 마지막에는 작가의 시점을 취하고 있다.
3. **배경:**
시간적 − 1970년대 후반,
공간적 − 동진강 유역의 오염지대
4. **특징:** 가족들의 이야기를 각각 자신의 시점으로 전함.
5. **시점:** 1인칭 시점. 전지적 작가 시점
6. **주제:** 민족의 비극적 역사와 산업화로 인해 타락한 삶에 대한 비판과 순수한 인간성 회복 의지

기출 | 따라잡기

98. 소설 〈레디메이드 인생〉에서 볼 수 있는 주된 갈등은?

2012. 서울시 9급

① 한 개인의 내면적 갈등
② 인간과 인간 사이의 갈등
③ 개인과 사회의 갈등
④ 개인과 자연의 갈등
⑤ 개인과 운명의 갈등

기출 | 따라잡기

99. ㉠과 같은 생각이 가장 잘 나타난 것은?

2014. 법원직 9급

① 가마귀 눈비 맞아 희는 듯 검노매라. / 야광명월이 밤인들 어두우랴 / 님 향한 일편단심이야 가실 줄이 이시랴.
② 간밤에 부던 바람 눈서리 치단 말가 / 낙락장송이 다 기울어 가노매라 / 하물며 못다 핀 꽃이야 일러 무슴 하리오.
③ 장검을 빼어들고 백두산에 올라보니 / 대명천지에 성진이 잠겼에라. / 언제나 남북풍진을 헤쳐 볼까 하노라.
④ 내해 좋다 하고 남 슳은 일 하지 마라 / 남이 한다 하고 의 아니면 좇지 마라. / 우리는 천성을 지키어 삼긴 대로 하리라.

인텔리가 아니었으면 차라리…… 노동자가 되었을 것인데 인텔리인지라 그 속에는 들어갔다가도 도로 달아오는 것이 99프로다. 그 나머지는 모두 어깨가 축 처진 무직 인텔리요 무기력한 문화 예비군 속에서 푸른 한숨만 쉬는 초상집의 주인 없는 개들이다. 레디메이드 인생이다.

　　　　　　　　　　　　　　　　　　－ 채만식, 〈레디메이드 인생〉 －

> 전지적 작가 시점의 소설인데, 이 장면은 주인공인 P의 시각으로 서술된 부분이다. 인텔리인 등장 인물과 인텔리를 긍정적으로 수용하지 못하는 사회 현실과의 갈등이 뚜렷하게 나타나 있다.

> 　길동(吉童)이 점점 자라 팔 세(八歲) 되매, 총명(聰明)이 과인(過人)하여 하나를 들으면 백(百)을 통하니, 공(公)이 더욱 애중(愛重)하나, 근본 천생(根本賤生)이라, 길동이 매양 호부 호형(呼父呼兄)하면, 문득 꾸짖어 못하게 하니, 길동이 십 세 넘도록 감히 부형(父兄)을 부르지 못하고, 비복(婢僕) 등이 천대(賤待)함을 각골통한(刻骨痛恨)하여 심사(心思)를 정(定)하지 못하더니, 추구월(秋九月) 망간(望間)을 당하매, 명월(明月)은 조요(照耀)하고 청풍(淸風)은 소슬(蕭瑟)하여 사람의 심회(心懷)를 돕는지라, 길동이 서당(書堂)에서 글을 읽다가 문득 서안(書案)을 밀치고 탄식(歎息)하여 가로되,
> 　"㉠대장부(大丈夫)가 세상(世上)에 나매, 공맹(孔孟)을 본받지 못하면, 차라리 병법(兵法)을 외와 대장인(大將印)을 요하(腰下)에 빗기 차고 동정서벌(東征西伐)하여, 국가(國家)에 대공(大功)을 세우고 일홈을 만대(萬代)에 빛냄이 장부의 쾌사(快事)라. 나는 어찌하여 일신(一身)이 적막(寂寞)하고, 부형이 있으되 호부 호형을 못하니 심장(心腸)이 터질지라, 어찌 통한(痛恨)치 아니리요."

　　　　　　　　　　　　　　　　　　－ 허균, 〈홍길동전〉 －

> 위 글의 대사에서 길동이 심리적 갈등을 겪고 있음을 보여 준다. 이는 표면적으로는 인물의 내면적 갈등이지만, 이 내면적 갈등은 인물을 둘러싼 적서차별이라는 사회 상황과 대립함으로써 생긴 것이다. 즉 내면적 갈등의 이면에는 개인과 사회의 갈등이 전제되어 있는 것이다.

④ 개인과 자연과의 갈등: 등장 인물과 이들의 행동을 제한하는 자연과의 갈등

연이어 계속되는 눈보라 속에 무릎까지 덮이는 눈 속을 헤매다 방향을 잃은 그들은 악전 고투 끝에 산밑을 더듬어 내려와서 가까운 그 어느 마을로 파고 들어갔다. 텅 빈 마을, 집집마다 스산히 흩어진 채 눈 속에 호젓이 파묻혀 있다. 적이 들어온 흔적도 지나간 흔적도 없다. 되었다. 소대원들은 뿔뿔이 헤쳐져서 먹을 것을 샅샅이 뒤졌다. 아무것도 없다. 겨우 얼어빠진 감자 한 자루뿐, 이빨에 서벅서벅 얼음이 마주치는 감자 알맹이를 씹었다. 모두 기운에 지쳐 쓰러졌다. 일시에 피곤과 허기가 납(鉛) 덩어리처럼 내린다. 발가락마다 얼음이 박혔다. 눈보라는 더욱 세차게 몰아치고 밤이 다가왔다. 산 속의 밤은 급히 내린다. 선임 하사만이 피로를 씹어 가며 문지방에 기대어 앉아 있었다.

밖은 휘몰아치는 눈보라뿐, 선임 하사도 잠시 눈을 붙였다. 마치 기습이라도 있을 듯한 밤이다. / 그러나 아무 일도 없이 아침이 왔다.

또 눈과 기아와 추위와의 싸움이 계속되었다. 한 사람, 두 사람, 이 자연과의 싸움에 쓰러지기 시작하였다. 소대장님, 하고 마지막 한 마디를 외치고 눈 속에 머리를 박고 쓰러지는 부하들을 볼 때마다 그는 그 곁에 무릎을 꿇고 그 싸늘한 마지막 시선을 지켰다.

― 오상원, 〈유예〉 ―

인간과 자연과의 갈등 관계가 뚜렷하게 드러나고 있다. 혹독한 자연과의 싸움 속에서 죽어가는 병사들의 모습과 이러한 싸움 속에서도 살아남은 '그'가 결국은 적군에 의해 총살을 당하는 결말을 통해 전쟁의 비극성을 선명하게 드러내게 된다.

핵심정리

1. **작품**: 오상원, 〈유예〉
2. **갈래**: 단편소설, 심리소설, 전후(戰後)소설
3. **배경**: 6 · 25 겨울, 어느 산골
4. **사상**: 휴머니즘, 실존주의
5. **시점**: 주로 전지적 작가 시점 (여러 시점의 혼용)
6. **기법**: 의식의 흐름 기법
7. **문체**: 간결체, 서술체
8. **구성**:
① **발단**: 인민군에게 처형당할 것을 깨달은 '나'는 한 시간 후면 모든 것이 끝날 것이라고 생각한다.
② **전개**: '나'의 부대원들이 적과의 전투 속에서 하나씩 죽어 가는 모습을 회상한다.
③ **위기**: 숨어 있던 '나'는 인민군에게 처형되는 병사의 모습을 목격하고 총을 난사하다 부상을 당한다.
④ **절정**: '나'는 죽음에 용감하게 맞서겠다고 다짐한다.
⑤ **결말**: 죽어 가는 '나'의 의식을 통해 전쟁의 비극성을 고조시킨다.
9. **주제**: 극한 상황 속에서의 인간의 존재 가치

1. **작품**: 이호철 〈닳아지는 살들〉
2. **종류**: 현대 소설, 단편 소설, 심리 소설
3. **배경**:
   시간적 – 5월의 어느 날 저녁에서 열두 시까지
   공간적 – 현실에 적응하지 못하고 점점 폐쇄되어 가는 어느 실향민 가정
4. **시점**: 전지적 작가 시점
5. **주제**: 전쟁이 가져다 준, 가족의 내면적 파탄의 비극
6. **내용**: 이 작품은 한 가정을 무대로, 20년이나 돌아오지 않는 맏딸을 기다리는 초조한 상황을 소설화하고 있다. 꽝당 꽝당 하는 쇠붙이 소리를 배경음으로 하여 분단의 비극이 한 가정에 가져다 준 정신적 고통을 상징적으로 처리하고 있다. 등장 인물들 간의 주고받는 대화의 내용 역시 한결같이 단절된 마음의 벽을 느끼게 해 준다.

---

100. 다음 글에서 '소리'에 대한 이해로 적절하지 않은 것은? 2019. 지방직 9급

바깥은 어둡고 뜰 변두리의 늙은 나무들은 바람에 불려 서늘한 소리를 내었다. 처마 끝 저편에 퍼진 하늘에는 별이 총총하게 박혀 있으나, 아스무레한 초여름 기운에 잠겨 있었다. 집은 전체로 조용하고 썰렁했다.

꽝 당 꽝 당.

먼 어느 곳에서는 이따금 여운이 긴 쇠붙이 두드리는 소리가 들려왔다. 밑 거리의 철공소나 대장간에서 벌겋게 단 쇠를 쇠망치로 뚜드리는 소리 같았다.

근처에는 그런 곳은 없을 것이었다. 그렇다면 굉장히 먼 곳일 것이었다. 굉장히 굉장히 먼 곳일 것이었다.

꽝 당 꽝 당.

단조로운 소리이면서 송곳처럼 쑤시는 구석이 있는. 밤중에 간헐적으로 들려오는 그 소리는 이상하게 신경을 자극했다.

"참, 저거 무슨 소리유?"

영희가 미간을 찌푸리면서 말했다.

"글쎄, 무슨 소릴까……."

정애가 심드렁하게 대답했다.

"이 근처에 철공소는 없을 텐데."

"……"

정애는 표정으로만 수긍을 했다.

꽝 당 꽝 당.

그 쇠붙이에 쇠망치 부딪치는 소리는 여전히 간헐적으로 이어지고 있었다. 밤내 이어질 모양이었다. 자세히 그 소리만 듣고 있으려니까 바깥의 선들대는 늙은 나무들도 초여름 밤의 바람에 불려서 그런 것이 아니라 저 소리의 여운에 울려 흔들리고 있었다. 저 소리는 이 방안의 벽 틈서리를 쪼개고도 있었다. 형광등 바로 위의 천장에 비수가 잠겨 있을 것이었다.

– 이호철, 〈닳아지는 살들〉에서 –

① '서늘한 소리'는 예사롭지 않은 분위기를 조성하기 시작한다.
② '꽝 당 꽝 당' 소리는 인물의 심리적 상태의 변화를 촉발한다.
③ '단조로운 소리'는 반복적으로 드러남으로써 모종의 의미가 부여된다.
④ '소리의 여운'은 단선적 구성에 변화를 주어 갈등 해소의 기미를 강화한다.

❖ 현대 소설의 주된 갈등 구조

현대 소설에서의 갈등 구조는 현실적이면서 시대적인 삶의 모습을 반영한다. 소설 속에 반영된 삶의 양상이 복잡하면 할수록 소설의 갈등 구조 역시 복잡한 양상을 나타내는 경우가 많다. 현대 소설에서 자주 등장하는 갈등 구조 중 비교적 중요한 항목을 살펴보면 다음과 같다.

(1) 개인 VS 사회 구조

한 개인의 이상이 그가 속한 사회 제도나 관습의 모순과 충돌할 때 갈등이 발생한다.

도합 스물두 마지기에서 사십 석이 났다. 〈중략〉

거기서 비료대로 한 섬 두 말이 제해졌고, 아내와 계집아이들의 설사를 치료한 쌀값으로 장리변을 쳐서 열두 말이 떼였다. 지세도 작인과 지주가 반분해서 물기로 되어 있었다. 지세로 또 몇 말인지 떼였다. 그는 말질을 하는 되강구가 바로 지주나 되는 것처럼 그의 손목이 미웠다. 우르르 덤비어 되강구의 목덜미를 잡아 낚고 볏더미 속에 더 꾹 처박고 싶은 충동을 이를 악물고 참는 것이었다.

— 이무영, 〈제1과 제1장〉 —

도시 생활에 염증을 느끼고 귀향한 주인공이 농촌 생활에 적응하는 과정에서 겪는 농촌의 현실을 그리고 있는 작품이다. 주인공은 추수를 하고도 소작료를 제하면 손에 남는 게 별로 없다는 것을 깨닫고는 울분을 삼키고 있다. 소작료를 가혹하게 거두어 가는 지주에 대한 반감은 소작 제도라는 당대 농촌 사회의 모순된 구조에 대한 문제를 제기하는 것으로 볼 수 있다.

(2) 있는 자 VS 없는 자

신분이나 빈부의 격차, 권력의 유무에 따라 발생하는 불합리성에 개인이 저항함으로써 갈등이 발생한다.

섬사람들이 한창 둑을 파헤치고 있을 무렵이었다 한다. …… 웬 깡패같이 생긴 청년 생긴 청년 두 명이 불쑥 현장에 나타나더니, 둑을 허물어뜨리는 광경을 보자 이내 노발대발 방해를 하기 시작하더라고. … (중략) …

그리곤 누굴 믿고 하는 수작일 테지만 후욕 패설을 함부로 뇌까리자, 순간 화가 머리끝까지 치밀었을 갈밭새 영감도,

"이 개 같은 놈아, 사람의 목숨이 중하냐, 네놈들의 욕심이 중하냐?"

말도 채 끝나기 전에 덜렁 그 자를 물 속에 태질을 해 버렸다는 것이다.

— 김정한, 〈모래톱 이야기〉 —

홍수가 난 절박한 상황에서 둑이 한꺼번에 터지면 섬사람들의 목숨이 위태로워진다. 따라서 갈밭새 영감을 비롯한 섬사람들은 그들의 생존권을 지키기 위해 둑을 무너뜨리려고 한다. 그런데 둑을 막아 놓고 섬을 통째로 집어삼키려던 유력자의 앞잡이들이 이를 방해하자 갈밭새 영감의 울분과 분노가 폭발하게 된 것이다.

(3) 이념 VS 이념

분단으로 인한 남북 간의 이념 대립에 따른 갈등이 해당한다.

"공화국은 동무의 하찮은 잘못을 탓하기보다도, 동무가 조국과 인민에게 바친 충성을 더 높이 평가하오. 일체의 보복 행위는 없을 것을 약속하오. 동무는 ……"

"중립국." … (중략) …

"우리는 이곳에 남한 2천만 동포의 부탁을 받고 온 것입니다. 한 사람이라도 더 건져서, 조국의 품으로 데려오라는 ……"

"중립국"

— 최인훈, 〈광장〉 —

남북 분단의 비극을 이데올로기적 측면에서 다룬 작품이다. 주인공 이명준은 남과 북 어디에서도 진정한 인간의 삶을 충족시켜 줄 수 없다고 보고 제3국을 선택하나 끝내 자살에 이른다. 이를 통해 이념 대립으로 인한 갈등 속에서 결국 좌절하고 마는 한 지식인의 비극적 모습을 보여 준다.

(4) 옛 것 VS 새로운 것

전통적이고 토속적인 것과 외래적이고 현대적인 것 사이의 충돌, 구세대와 신세대의 갈등, 보수와 진보의 대립 등이 해당한다.

['전황당인보기'의 짧은 줄거리]

수하인 강명진은 벼슬을 하게된 친구 석운 이경수를 축하하는 뜻에서 인장을 새겨 선물한다. 그러나 석운은 전황석이라는 귀중한 석재로 정성껏 만든 인장의 가치를 알아보지 못하고 다른 친구 오준에게 강명진의 인장을 내놓고, 오준은 석운에게 새 인장을 파 주기로 한다. 뒤늦게 이를 알게 된 수하인은 친구에게 버림받은 느낌에 섭섭해한다.

－정한숙, 〈전황당인보기(田黃堂印譜記)〉－

사라져 가는 인장 예술을 통해 문방사우(文房四友)의 전통적인 미풍을 세속적인 몰이해와 대조하여 그린 작품이다. 정신적 가치를 중시하는 인물과 물질적 가치를 중시하는 인물 간의 대조적인 모습과 갈등을 통해 전통적 가치와 근현대적 가치의 대립을 부각시키고 있다.

(5) 인간적인 것 VS 비인간적인 것

과거에 선과 악의 대립이었던 것이 오늘날에는 인간적인 것과 비인간적인 것 사이의 대립 관계로 변형되었다. 비인간적인 것으로는 물질주의, 기계주의, 폭력, 전쟁 등을 들 수 있다.

그릇을 들고 온 젊은 중이 돈을 옆으로 밀어 놓으면서 시무룩하게.

"영가 노자가 너무 적군요. 이 세상이나 저 세상이나 그저 돈이 있어야지. 동무하고 쓰고 놀다가 돌아가지 않겠어요?"

진영은 머릿속에 피가 꽉 차 오는 것을 느낀다. … (중략) …

진영은 기가 막혔다. 처음부터 거래임에는 이의가 없었다. 그러나 이쯤 되면 어지간한 감정도 폭발 아니할 수 없었다.

－박경리, 〈불신 시대〉－

가장 도덕적이어야 할 종교인들의 그릇된 모습을 통해 전후 사회의 배금주의적 세태를 비판하고 있는 작품이다. 주인공은 아들의 죽음을 추모하기 위해 찾아간 절에서조차 돈을 밝히는 세태를 목격하고는 분노하고 있다.

2 사건과 구성

사건이란 인물의 행위를 중심으로 벌어지는 상황으로, 인물의 내적·외적 갈등으로 인하여 나타나는 여러 종류의 행동을 의미한다. 이러한 사건을 어떤 질서에 따라 배열한 것을 구성이라고 한다. 작가는 주제를 효과적으로 표현하기 위해 사건과 사건을 일정한 관계 속에 배열하고, 전체적으로는 갈등의 전개와 해소라는 틀 속에서 조직화한다.

⑴ 구성의 유형

① 사건의 전개 단계에 따라: 일반적으로는 갈등의 진행 양상에 따라 '발단 - 전개 - 위기 - 절정 - 결말'의 구조를 지닌다. 사건 전개 단계에 따른 구성이 보편적인 구성의 방법이라면 그 외의 구성은 개성적인 구성의 방법이라고 할 수 있다.

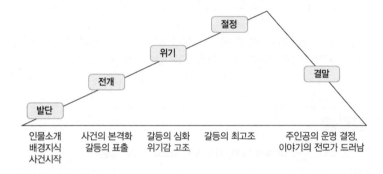

② 사건의 진행 순서에 따라

㉠ 추보식 구성: 사건의 실제 발생 순서와 서술 순서가 일치하게 전개하는 방식으로 사건의 흐름을 명확하고 쉽게 이해할 수 있다. 일대기적 구성을 지닌 고대 소설에서 흔히 발견된다. 평면적 구성이라고도 한다.

㉡ 입체적 구성: 사건의 실제 발생 순서와 서술 순서가 어긋나게 전개하는 방법이다. 현재의 시점에서 과거로 거슬러 올라가거나, 과거를 회상하는 형식으로 서술되며, 독자의 궁금증을 유발하고 사건의 논리적 관계를 드러낸다. 역행적 구성이라고도 한다.

③ 포함된 이야기의 수에 따라

㉠ 단일 구성: 한 작품에 한 가지 이야기만이 전개되는 구성 방식이다. 단일한 사건이 전개되어 단일한 인상을 주고 단일한 효과를 노리는 구성이다. 주로 단편 소설에서 나타나며 단순 구성이라고도 한다.

㉡ 복합 구성: 한 작품 속에 두 개 이상의 사건을 중첩하여 전개하는 방식이다. 삶의 총체적인 면을 드러내는 데 유리하고 독자들의 종합적인 사고를 유도한다. 주로 현대 장편 소설에서 사용되며, 복합 구성이라도 한다.

㉢ 피카레스크식 구성: 각각의 독립된 이야기가 동일한 주제로 엮이거나, 각각 다른 이야기에 동일한 주인공이 등장하도록 짜여지는 구성 방식이다.

기출 | 따라잡기

101. 내부 이야기와 외부 이야기로 이루어진 통합식 구성 형식을 취하고 있는 소설을 무엇이라 하는가?

2007. 서울시 9급

① 액자 소설
② 역사 소설
③ 피카레스크 소설
④ 1인칭 소설
⑤ 대화체 소설

② 액자식 구성: 한 작품이 '내부 이야기'와 '외부 이야기'로 이루어지는 구성 방식이다. 대개 '내부 이야기'가 소설의 핵심 이야기가 되며, '외부 이야기'는 이를 둘러싼 이야기이다.

(2) 줄거리(스토리)와 구성(플롯)

시간적 순서에 따른 사건의 나열을 줄거리(story)라 하고, 논리적 관계에 중점을 둔 사건의 전개를 구성(plot)이라 한다.

스토리(줄거리) 시간적 순서에 따른 배열	왕이 죽었다. 그리고 얼마 후 왕비가 죽었다.

▼

플롯(구성) 인과 관계에 따른 배열	왕비가 죽었다. 왕이 죽었기 때문에 너무 상심한 나머지 슬퍼하다가 죽은 것이다.

플롯의 순서는 작가의 창작 의도에 따른다. '왕이 죽었다. 그리고 얼마 후 왕비가 죽었다.' 중 일부만이 선택되어 작가의 의도에 따라 재배치되어 플롯이 된다.

기출 | 따라잡기

102. 〈보기〉의 ㄱ~ㄷ에 들어가기에 가장 옳은 것으로 짝지은 것은? 2019. 서울시 7급 추가채용

보기

스토리는 시간적 순서대로 배열된 사건의 서술이다. (ㄱ)도 사건의 서술이지만 인과관계에 역점을 둔다. '왕이 죽고 왕비가 죽었다'는 스토리이지만, '왕이 죽자 왕비도 슬퍼서 죽었다'는 (ㄱ)(이)다. 시간적 순서는 마찬가지이지만 인과의 감각이 첨가된다. 또한 '왕비가 죽었다. 그러나 왕의 죽음 때문이라고 알게 될 때까지는 아무도 그 원인을 알 수 없었다'고 한다면 이것은 신비를 간직한 (ㄱ)(이)며, 고도의 전개가 가능한 형식이다. 그것은 시간의 맥락을 끊고 한계가 허락하는 한 스토리에서 비약시키고 있다. 왕비의 죽음을 생각할 때 만약 그것이 스토리가 될 경우엔 우리는 '(ㄴ)'하고 물을 것이며, (ㄱ)의 경우엔 '(ㄷ)'하고 물을 것이다.

	ㄱ	ㄴ	ㄷ
①	플롯(plot)	왜?	그 다음엔?
②	플롯(plot)	그 다음엔?	왜?
③	테마(theme)	언제?	왜?
④	테마(theme)	그 다음엔?	왜?

3 갈등과 사건의 전개

이야기의 전개 과정에서 갈등이 발생하고, 이를 통해 사건이 전개된다. 따라서 갈등의 원인, 갈등의 심화와 해소 과정을 살펴보는 일은 사건의 전개 양상을 살피는 일이 되며, 궁극적으로 작품의 주제를 파악하는 과정이다.

(1) 갈등의 전개 양상

갈등이 발생하고 심화된 이후, 갈등의 해소는 갈등의 원인이 제거됨으로써 화해에 이르거나 갈등은 내재되어 있는 채 절충하여 타협하거나 어느 한 편의 승리로 끝나게 된다.

> "고맙소."
>
> 정기가 꺼진 우묵한 눈을 치켜 간신히 외할머니를 올려다보면서 할머니는 목이 꽉 매었다.
>
> "사분도 별시런 말씀을 다……."
>
> 외할머니도 말끝을 마무리지 못했다.
>
> "야한티서 이 얘기는 다 들었소. 내가 당혀야 헐 일을 사분이 대신 맡았구랴. 그 험헌 일을 다 치르노라고 얼매나 수고시렀으꼬."
>
> "인자는 다 지나간 일이닝깨 그런 말씀 고만두시고 어서어서 뮘이나 잘 추시리기라우."
>
> "고맙소, 참말로 고맙구랴."
>
> 할머니가 손을 내밀었다. 외할머니가 그 손을 잡았다.
>
> — 윤흥길, 〈장마〉 —

외할머니가 구렁이를 달래 보낸 일을 계기로, 오랫동안 사이가 좋지 않았던 외할머니와 할머니가 극적으로 화해를 하게 되었다.

핵심정리

1. **작품**: 윤흥길, 〈장마〉
2. **갈래**: 중편 소설, 전후 소설
3. **성격**: 토속적 샤머니즘
4. **표현**: 서정적, 상징적
5. **배경**: 6·25 전쟁 중의 한 농촌
6. **주제**: 화해의 과정을 통한 분단 현실의 극복. 전쟁의 와중에서 빚어진 한 가족의 비극과 그 극복
7. **해설**: 이 소설의 제목 '장마'는 우리의 역사 속에서 끈끈하고, 무겁고, 고통스러운 시기인 6·25 전쟁을 가리킨다. 이 소설에는 한 집안에 살고 있는 두 노인이 등장한다. 사돈 사이인 이 두 노인의 관계가 '나'라고 하는 한 소년에 의해 서술되고 있다. 국군에 입대했다가 죽은 아들을 가진 외할머니와 빨치산이 되어 밤에나 찾아오는 아들을 둔 친할머니가 한집에 살고 있는 이 소설의 상황은 바로 6·25 전쟁을 겪은 우리 사회 전체의 축도(縮圖)나 다름없다. 이와 같은 분단과 갈등의 현실을 극복하는 일이 두 노인에게는 논리적인 방법으로는 불가능하다. 그 해결의 방안으로 구렁이가 등장한다. 즉 정치적인 대립은 토속적인 믿음과 같은 인간의 근원적인 정서의 동질성으로써 극복될 수 있음을 보여 준다. 구렁이의 등장은 바로 이러한 작가 의식을 상징적으로 암시하고 있다. 극단적인 대립을 보이는 두 할머니의 적대 관계가 서로를 용서하고 받아들임으로써 극복되는 과정을 보여 주고 있는 이 소설에서 우리는 또 하나의 분단의 극복 의지를 발견하게 된다.

"무지한 오랑캐야, 너희 왕놈이 무식하여 은혜지국(恩惠之國)을 침범하였거니와, 우리 왕대비는 데려가지 못하리라. 만일 그런 뜻을 두면 너희들은 본국에 돌아가지 못하리라."

하니, 호장(胡將)들이 가소롭게 여겨

"우리 이미 화친 언약을 받고, 또한 인물이 나의 손에 매였으니, 그런 말은 생심(生心)도 말라."하며, 혹 꾸짖으며 욕하며 듣지 아니하거늘, 박씨가 또 계화를 시켜 외치기를

"하룻강아지 범 무서운 줄 모른다더니, 너희 한결같이 그러하려거든 내 재주를 구경하라."

하더니, 이윽고 공중으로 두 줄기 무지개 일어나며, 모진 비 천지 뒤덮게 오며, 음풍이 일어나며, 백설이 날리며, 얼음이 얼어 호군 중 말 발이 땅에 붙어 한걸음도 옮기지 못하는지라. 그제야 호장들이 황겁하여 아무리 생각하여도 모두 함몰할지라. 마지 못하여 호장들이 투구를 벗고 창을 버려, 피화당 앞에 나아가 꿇어 애걸하기를,

"오늘날 이미 화친을 받았으니, 왕대비는 아니 모셔 갈 것이니, 박 부인 덕택에 살려 주옵소서."

― 〈박씨전〉 ―

> 제시된 갈등은 '박 씨와 호장'의 갈등이다. 각각의 인물은 조선과 청을 대표하는 인물로 집단 간의 갈등을 상징적으로 보여 준다. 이 대결에서 박 씨, 즉 조선의 승리로 끝나지만 이어서 '세자와 대군'은 볼모로 가는 상황이 전개되는 것은 양국 간의 갈등 관계가 완전히 해소되지 못한 역사적 현실이 반영되었기 때문이다.

"황후암 육대 손이 그래 남의 가문에 출가했던 여자한테 장갈 들다니 당하기나 한 소리요……? 선생도 너무나 과도한 말씀이유."

그는 분함을 누르느라고 목소리에 강한 굴곡이 울리었고, 낯에는 비통한 오뇌의 경련이 일어나 있었다.

"내일이래두 그럼 어린 규수 골라 혼인하시지요,, 뭐……"

하고 숙모님도 무안해서 일어났다.

숙부님도 딱했던지,

"일재, 일재, 염려 말우. 농담 했수. 그럼 일재 되구야 한번 타문에 출가했던 사람과 혼인을 한즉, 그 때야 그도

"아, 아무렴 그랴 그렇지, 거 어디라구, 함부루 어림없이들……. 황후암이 누구며 황익당이 누군데 그랴?"

얼굴을 펴고 이렇게 높은 소리로 외쳤다.

― 김동리, 〈화랑의 후예〉 ―

> 이 글의 주된 갈등은 자신이 처한 상황이나 세태의 변화를 인정하지 못하는 인물과, 그것을 바라보는 인물 간에 빚어지는 갈등이다. 이러한 갈등의 근본 원인이 제거되어 해소되는 것이 아니라 숙부의 임기응변에 의해 잠정적으로 해소된다.

103. 다음 작품에 등장하는 인물들에 대한 설명으로 가장 적절하지 않은 것은?　　　2019. 경찰직

> 　선 채로 소설을 다 읽고 나서 나는 비로소 싸늘하게 식은 저녁상과 싸늘하게 기다리고 있는 아주머니를 의식했다.
>
> 　몸을 씻은 다음 상 앞에 앉아서도 나는 아직 아주머니에게 눈을 주지 않고 있었다. 나의 추리는 완전히 빗나갔다. 그러나 그런 건 괘념할 필요가 없었다. 소설의 마지막에서 형은 퍽 서두른 흔적이 보였지만 결코 지워지지 않는 연필로 그린 듯한 강한 선(線)으로 〈얼굴〉을 이야기하고 있었다. 형이 낮에 나의 그림을 찢은 이유가 거기 있었다. 내일부터 병원 일을 시작하겠다던 말을 알 수 있을 것 같았다. 그리고 동료를 죽였기 때문에 천 리 길의 탈출에 성공할 수 있었다던 수수께끼의 해답도 거기 있었다.
>
> 　　　　　　　… (중략) …
>
> 　비로소 몸 전체가 까지는 듯한 아픔이 전해 왔다. 그것은 아마 형의 아픔이었을 것이다. 형은 그 아픔 속에서 이를 물고 살아왔다. 그는 그 아픔이 오는 곳을 알고 있는 것이다. 그리하여 그것은 견딜 수 있었고, 그것을 견디는 힘은 오히려 형을 살아 있게 했고 자기를 주장할 수 있게 했다. 그러던 형의 내부는 검고 무거운 것에 부딪혀 지금 산산조각이 나고 있었다.
>
> 　그렇다고 해도 이제 형은 곧 일을 시작하게 될 것이다. 형은 자기를 솔직하게 시인할 용기를 가지고, 마지막에는 관모의 출현이 착각이든 아니든, 사실로서 오는 것에 보다 순종하여, 관념을 파괴해 버릴 수 있는 힘이 있었다. 무엇보다도 형은 그 아픈 곳을 알고 있었으니까. 어쨌든 형을 지금까지 지켜 온 그 아픈 관념의 성은 무너지고 말았지만, 그만한 용기는 계속해서 형에게 메스를 휘두르게 할 것이다. 그것은 무서운 창조력일 수도 있었다.
>
> 　그러나 −
>
> 　나는 멍하니 드러누워 생각을 모으려고 애를 썼다.
>
> 　나의 아픔은 어디서 온 것인가. 혜인의 말처럼 형은 6·25의 전상자이지만, 아픔만이 있고 그 아픔이 오는 곳이 없는 나의 환부는 어디인가. 혜인은 아픔이 오는 곳이 없으면 아픔도 없어야 할 것처럼 말했지만, 그렇다면 지금 나는 엄살을 부리고 있다는 것인가.
>
> 　나의 일은, 그 나의 화폭은 깨어진 거울처럼 산산조각이 나 있었다. 그것을 다시 시작하기 위하여 나는 지금까지보다 더 많은 시간을 망설이며 허비해야 할는지 모른다.
>
> 　어쩌면 그것은 나의 힘으로는 영영 찾아내지 못하고 말 얼굴일지도 몰랐다. 나의 아픔 가운데에는 형에게서처럼 명료한 얼굴이 없었다.

① 형이 맺은 소설의 결말은 동생의 예상을 완전히 벗어나는 것이었다.

② 형은 환자의 죽음과 전쟁으로 인한 상처를 소설 쓰기를 통해 극복한다.

③ 동생은 형이 쓴 소설을 읽으면서 뚜렷하지 않은 자신의 아픔을 돌아본다.

④ 동생은 자신의 아픔을 충분히 이해해 주는 혜인을 단호하게 거부하고 있다.

핵심정리

1. **작품**: 이청준, 〈병신과 머저리〉
2. **갈래**: 단편 소설
3. **배경**: 1960년대 화실과 병원 등이지만, 내부로는 전쟁 중 어느 시골이며 전쟁 체험과 상처가 그 배경이 된다고 할 수 있다.
4. **경향**: 순수 소설
5. **제재**: 전쟁의 체험과 개인의 삶을 구성하는 관념
6. **주제**: 두 형제의 서로 다른 삶의 방식을 통한 아픔과 그 극복의 의지.
7. **출전**: 〈창작과 비평〉(1966)

PART 02

문학 – 1

(2) 사건과 사건의 관계

소설은 사건에 의해 전개되는데 사건과 사건의 관계는 유기적으로 연결되어 있다. 현대 소설이 인과적 관계를 분명히 드러낸다고 한다면, 고전 소설에서는 우연적 사건의 발생이 흔히 나타난다.

➕ 플러스 암시와 복선

- 암시: 이야기의 줄 거리가 앞으로 어떻게 전개될 것인가를 독자가 미리 알 수 있도록 표 현한 것. 제시된 장면 만으로 사건의 전개 방 향을 짐작할 수 있다.
- 복선: 인과 관계의 필 연성을 위해, 뒤에 나올 사건의 결과에 대한 원 인을 미리 설정해 두는 것. 사건의 전개 양상 전체를 살펴야 확인할 수 있다.

기출 | 따라잡기

104. 〈보기〉에 해당하는 것은?

2024. 서울시 9급

보기

소설이나 희곡 따위에서, 앞으로 일어날 사건을 미리 독자에게 암시하는 것.

① 葛藤
② 隱喩
③ 伏線
④ 反映

가

이번엔 처자식 데리고 서울로 올라왔다. 서울로 올라와서는 현저동 비탈의 다 찌부러진 행랑방을 얻어 살면서, 처음 일 년은 용산에 있는 연합군 포로 수용소엘 다니며 입에 풀칠을 하였고 ── 이 동안 그는 상해에서 귀로 익힌 토막 영어가 조금 진보되었고.

나

청년회관 앞에서 담뱃대를 사고 있는 하나가, 몸집이 부대하고, 여느, 병정은 아닌 듯하고, 얼굴이 사뭇 선량하여 보이는 게 선뜻 마음에 들었다. 구경하는 체하고 넌지시 그 옆으로 가 섰다.

미국 장교는 담뱃대를 집어 들고 기물스러워하면서 연방 들여다보다가 값이 얼마냐고, "하우 머치? 하우 머치?" 하고 묻는다. 담뱃대장수 영감은, 삼십 원이라고 소래기만 지른다. 알아들을 턱이 없어 고개를 깨웃거리면서 다시금 하우 머치만 찾는 것을, 기회 좋을씨고라고, 삼복이가 나직이, "더티 원."하여 주었다. 확 돌려다보더니, "오, 캔 유 스피크?" 하면서 사뭇 그러안을 듯이 반가워하는 양이라니. 아스러지도록 손을 잡고 흔드는 데는 질색할 뻔하였다. 직업이 있느냐고 물었다. 방금 실직하였노라고 대답하였다.

－ 채만식, 〈미스터 방〉 －

- **가**에서 방삼복이 영어를 익히는 상황은 **나**의 사건 전개와 인과 관계를 이루는 복선의 기능을 한다.
- **나**에서는 방삼복이 의도적으로 미군 장교에게 접근하였다는 사실과 미국 장교의 통역을 직업적으로 하게 될 것이라는 내용을 암시하고 있다.

김첨지는 엉엉 엉엉 소리 내어 운다. 치삼은 흥이 조금 깨어지는 얼굴로,

"원 이사람아 참말을 하나, 거짓말을 하나. 그러면 집으로 가세, 가."

하고 우는 이의 팔을 잡아당기었다.

치삼의 끄는 손을 뿌리치더니 김첨지는 눈물이 글썽글썽한 눈으로 싱그레 웃는다.

"죽기는 누가 죽어."하고 득의 양양.

"죽기는 왜 죽어, 생떼같이 살아만 있단다. 그 오라질 년이 밥을 죽이지. 인제 나한테 속았다."하고 어린애 모양으로 손뼉을 치며 웃는다.

"이 사람이 정말 미쳤단 말인가. 나도 아주먼네가 앓는단 말은 들었었는데."

하고 치삼이도 어떤 불안을 느끼는 듯이 김첨지에게 또 돌아가라고 권하였다.

"안 죽었어, 안 죽었대도 그래."

김첨지는 홧증을 내며 확신 있게 소리를 질렀으되 그 소리엔 안 죽은 것을 믿으려고 애쓰는 가락이 있었다. 기어이 일 원어치를 채워서 곱빼기를 한 잔씩 더 먹고 나왔다. 궂은 비는 의연히 추적추적 내린다.

- 현진건, 〈운수 좋은 날〉 -

아내가 죽었을지도 모른다는 불안 속에서도 빨리 집으로 가지 않고 술을 마시는 장면을 제시함으로써, 그 불안감의 확인을 가능한 한 늦추려는 심정을 암시하고 있다. 아내의 죽음이라는 결말을 보다 극적으로 제시하기 위한 장면이라 할 수 있다. 작품의 발단에서부터 제시된 의연히 내리는 궂은 비는 비극적 결말을 암시하고 있다.

소저는 곧 의복을 갖추고 시부모께 나아가 문안드리고, 다시 꿇어 공께 여쭈오되,

"소부 올 때에 가친의 말씀이, 이 달 15일에 갈 것이니 너의 시부께 아뢰라 하더이다."

공이 흔연히 고개를 끄덕이고, 사람을 시켜 술과 안주를 갖추고 처사 오기를 기다렸다가, 과연 15일에 이르러 달빛 맑고 바람 맑은데, 홀연 반공으로부터 학의 소리 나며, 처사가 구름을 타고 내려오거늘, 공이 황급히 뜰에 내려 처사를 맞아 방에 들어와 예를 마치고 좌정하매, 공자 또한 의관을 갖추고 처사를 향하여 절을 하고 문안을 드리니 공자의 뛰어난 풍채 일대의 영웅 호걸이라 처사는 황홀하고 귀중히 여겨, 공자의 손을 잡고 이판서를 향하여 말했다.

- 〈박씨전〉 -

'홀연 반공으로부터 학의 소리 나며, 처사가 구름을 타고 내려오거늘'과 같은 경우는 전기성을 잘 보여준다.

플러스 장면과 사건의 전개

장면이란 같은 인물이 동일한 공간 안에서 벌이는 사건의 광경을 이른다. 하나의 장면은 갈등 양상을 암시하거나 제시하면서 사건의 전개에서 일정한 역할을 하기 마련이다.

플러스 우연성과 전기성

우연성은 인과 관계가 뚜렷하지 않은 우연적 사건의 발생과 전개를 말하고, 전기성(傳奇性)은 현실에서 일어나기 어려운 기이한 사건으로 고대 소설에서 주로 나타난다.

105. 다음 글에 대한 설명으로 옳지 않은 것은?   2019. 국회직 9급

우리들은 서로 오해하고 있느니라. 설마 아내가 아스피린 대신에 아달린의 정량을 나에게 먹여 왔을까? 나는 그것을 믿을 수는 없다. 아내가 대체 그럴 까닭이 없을 것이니, 그러면 나는 날밤을 새면서 도둑질을 계집질을 하였나? 정말이지 아니다.

우리 부부는 숙명적으로 발이 맞지 않는 절름발이인 것이다. 내나 아내나 제 거동에 로직을 붙일 필요는 없다. 변해할 필요도 없다. 사실은 사실대로 오해는 오해대로 그저 끝없이 발을 절뚝거리면서 세상을 걸어가면 되는 것이다. 그렇지 않을까?

그러나 나는 이 발길이 아내에게로 돌아가야 옳은가 이것만은 분간하기가 좀 어려웠다. 가야 하나? 그럼 어디로 가나?

이때 뚜우 하고 정오 사이렌이 울었다. 사람들은 모두 네 활개를 펴고 닭처럼 푸드덕거리는 것 같고 온갖 유리와 강철과 대리석과 지폐와 잉크가 부글부글 끓고 수선을 떨고 하는 것 같은 찰나! 그야말로 현란을 극한 정오다.

나는 불현듯 겨드랑이가 가렵다. 아하, 그것은 내 인공의 날개가 돋았던 자국이다. 오늘은 없는 이 날개, 머릿속에서는 희망과 야심이 말소된 페이지가 딕셔너리 넘어가듯 번뜩였다.

나는 걷던 걸음을 멈추고 그리고 일어나 한 번 이렇게 외쳐
보고 싶었다.

날개야 다시 돋아라.
날자. 날자. 날자. 한 번만 더 날자꾸나.
한 번만 더 날아 보자꾸나.

－〈날개〉 중에서－

① 1인칭 주인공 시점을 취하고 있다.
② 상징적 표현들이 여러 차례 나타나고 있다.
③ 의식의 흐름에 따라 내면이 드러나고 있다.
④ 자아 분열의 상황을 극복하려는 인물의 의지를 읽을 수 있다.
⑤ 일제 강점기 시절 고통 받는 지식인의 사회 변혁에 대한 욕구가 담겨 있다.

106. 다음 글에 대한 이해로 옳은 것은?   2022. 국회직 9급

"아니야, S병원으로 가."
철호는 갑자기 아내의 죽음을 생각했던 것이었다. 운전수는 다시 휙 핸들을 이쪽으로 틀었다. 운전수 옆에 앉아 있는 조수 애가 한 번 철호를 돌아다보았다. 철호는 뒷자리 한구석에 가서 몸을 틀어박은 채 고개를 뒤로 젖히고 눈을 감고 있었다. 차는 한국은행 앞 로터리를 돌고 있었다. 그때 또 뒤에서 철호가 소리를 질렀다.

"아니야, X경찰서로 가."
눈을 감고 있는 철호는 생각하는 것이었다. 아내는 이미 죽었는데 하고.
이번에는 다행히 차의 방향을 바꿀 필요가 없었다. 그냥 달렸다.

"X경찰서 앞입니다."
철호는 눈을 떴다. 상반신을 벌떡 일으켰다. 그러나 곧 털썩 뒤로 기대고 쓰러져버렸다.

"아니야, 가."
"X경찰섭니다. 손님."
조수 애가 뒤로 몸을 틀어 돌리고 말했다.

"가자."
철호는 여전히 눈을 감고 있었다.

"어디로 갑니까?"
"글쎄, 가!"
"하 참, 딱한 아저씨네."
"……."

"취했나?"
운전수가 힐끔 조수 애를 쳐다보았다.
"그런가 봐요."
"어쩌다 오발탄(誤發彈) 같은 손님이 걸렸어. 자기 갈 곳도 모르게."

— 이범선, 〈오발탄〉에서 —

① '철호'는 삶의 의지를 점차 회복하고 있다.
② '운전수'는 '철호'에게 공감의 태도를 보이고 있다.
③ '철호'와 '운전수' 사이의 계급 차이가 잘 드러난다.
④ '철호'는 목적지를 정하지 못한 상태이다.
⑤ 'S병원'과 'X경찰서'는 '철호'가 도달하지 못하는 이상향이다

107. 다음 글에서 알 수 있는 내용으로 가장 적절한 것은? 2023. 지역인재 9급

그런 생각을 하자 나는 쓴웃음이 나왔다. 동시에 무진이 가까웠다는 것이 더욱 실감되었다. 무진에 오기만 하면 내가 하는 생각이란 항상 그렇게 엉뚱한 공상들이었고 뒤죽박죽이었던 것이다. 다른 어느 곳에서도 하지 않던 엉뚱한 생각을 나는 무진에서는 아무런 부끄럼 없이, 거침없이 해내곤 했던 것이다. 아니 무진에서는 내가 무엇을 생각하고 어쩌고 하는 게 아니라 어떤 생각들이 나의 밖에서 제멋대로 이루어진 뒤 나의 머릿속으로 밀고 들어오는 듯했다.

"당신 안색이 아주 나빠져서 큰일 났어요. 어머님 산소에 다녀온다는 핑계를 대고 무진에 며칠 동안 계시다가 오세요. 주주총회에서의 일은 아버지하고 저하고 다 꾸며놓을게요. 당신은 오랜만에 신선한 공기를 쐬고 그리고 돌아와보면 대회생제약회사의 전무님이 되어 있을 게 아니에요?"라고, 며칠 전날 밤, 아내가 나의 파자마 깃을 손가락으로 만지작거리며 나에게 진심에서 나온 권유를 했을 때 가기 싫은 심부름을 억지로 갈 때 아이들이 불평을 하듯이 내가 몇 마디 입안엣소리로 투덜댄 것도 무진에서는 항상 자신을 상실하지 않을 수 없었던 과거의 경험에 의한 조건반사였다.

내가 나이가 좀 든 뒤로 무진에 간 것은 몇 차례 되지 않았지만 그 몇 차례 되지 않은 무진행이 그러나 그때마다 내게는 서울에서의 실패로부터 도망해야 할 때거나 하여튼 무언가 새 출발이 필요할 때였었다. 새 출발이 필요할 때 무진으로 간다는 그것은 우연이 결코 아니었고 그렇다고 무진에 가면 내게 새로운 용기라든가 새로운 계획이 술술 나오기 때문도 아니었었다. 오히려 무진에서의 나는 항상 처박혀 있는 상태였었다. 더러운 옷차림과 누우런 얼굴로 나는 항상 골방 안에서 뒹굴었다.

— 김승옥, 〈무진기행〉에서 —

① '나'는 대회생제약회사의 전무로 근무하고 있다.
② '나'는 무진에서 아내와의 부끄러운 기억이 있었다.
③ '나'는 어머니 산소를 벌초하기 위해 무진에 가고 있다.
④ '나'는 무진에 오기만 하면 공상에 빠지고 생각이 뒤엉켰다.

❖ 피카레스크식 구성과 옴니버스식 구성의 차이

(1) **피카레스크식 구성:** 독립된 각각의 이야기에 동일한 인물이 등장하여 각기 다른 사건들을 경험하고 이를 통해 주제 의을 드러내는 구성 방식이다. 연작 형식의 소설이 이 구성에 해당한다.

예 이문구, 〈관촌수필〉: 여덟 편의 연작들은 모두 '나'를 중심 인물로 하여 전쟁, 근대화 등 '나'가 고향 '관촌'에서 겪는 다양한 사건과 경험을 다루고 있다.

- 제1편 일락서산(日落西山): '나'는 예전 모습을 찾을 수 없는 고향 풍경에 울적함을 느끼며, 할아버지에 얽힌 추억을 회상한다.
- 제2편 화무십일(花無十日): 6 · 25 전쟁으로 인해 피란 온 윤 영감 일가의 비극적인 삶을 회상한다.
- 제3편 행운유수(行雲流水): '나'의 집에서 부엌일을 거들며 함께 자란 옹점이의 결혼 생활과 떠돌이 삶의 가슴 아픈 사연을 공개한다.
- 제4편 녹수청산(綠水靑山): 대복이네와 그 이웃들이 맺었던 순박한 관계와 그 삶이 퇴색해 가는 과정을 이야기한다.
- 제5편 공산토월(空山吐月): 어린 시절 석공네 집과 '나'가 특별한 인연을 맺게 된 사연과 석공이 안타까운 죽음을 맞이한 과정을 이야기한다.
- 제6편 관산추정(關山芻丁): 안락하고 포근했던 한내[大川]가 도시에서 밀려온 피서 인파로 소비 문화와 퇴계의 현장이 된 실상을 그린다.
- 제7편 여요주서(與謠註序): 병든 아버지를 위해 꿩을 잡았다가 '자연 보호'를 거슬렀다는 이유로 공권력의 횡포에 시달린다.
- 제8편 월곡후야(月谷後夜): 벽촌에서 소녀를 겁탈한 사건이 일어나 동네 청년들이 나서서 범인에게 제재를 가한다.

(2) **옴니버스식 구성:** 하나의 주제를 바탕으로 독립된 몇 편의 이야기가 구성되어 있는 형태를 의미한다. 즉 하나의 주제 아래 다양한 인물들이 등장하여 이야기나 사건을 펼쳐 나가는 방식이다.

예 김시습, 〈금오신화〉: 다섯 개의 단편으로 이루어진 소설집으로 여기에 수록된 소설들은 공통적으로 일상적인 시간과 공간을 초월하여 이승과 저승의 세계를 넘나들거나, 과거와 현재의 시간 경계를 무너뜨리면서 현실적인 제도나 관습, 운명 등에 저항하는 인간의 의지를 드러내고 있다.

	피카레스크	옴니버스
인물	각 소설이 동일함.	각 소설마다 다름.
사건	각 소설마다 다름.	각 소설마다 다름.
주제	각 소설이 유사함.	각 소설이 서로 유사함.

제3절 배경

1 배경의 개념

(1) 배경의 개념

소설의 주인공이나 등장 인물이 사건을 만들어 나가기 위해서는 배경이라고 하는 시간적 상황과 공간적 상황이 설정되어야 한다. 이 시간적·공간적 배경은 역사적 시간이나 생활 환경 및 역사적 공간을 포함하는 보다 포괄적인 개념이다. 작가가 배경을 설정할 때는, 그 배경과 긴밀하게 연결된 전형적인 사건·인물·사회·역사적 상황 등을 전제하게 된다.

(2) 배경과 장면의 의미

소설 속에서 시간과 공간은 서로 밀접하게 연결되어 인물의 심리나 사건의 전개 양상, 주제 등과 긴밀하게 대응한다.

예-1

여름장이란 애시당초 글러서, 해는 아직 중천에 있건만 장판은 벌써 쓸쓸하고 더운 햇발이 벌려 놓은 전 휘장 밑으로 등줄기를 혹혹 볶는다. 마을 사람들은 거지반 돌아간 뒤요, 팔리지 못한 나무꾼패가 궁싯거리고들 있으나 석유병이나 받고 고기 마리나 사면 족할 이 축들을 바라고 언제까지든지 버티고 있을 법은 없다. 춥춥스럽게 날아드는 파리 떼도 장난꾼 각다귀들도 귀찮다. 얼금뱅이요 왼손잡이인 드팀전의 허생원은 기어코 동업의 조선달에게 낡아 보았다.

"그만 거둘까?"

"잘 생각했네. 봉평 장에서 한 번이나 흐뭇하게 사본 일 있을까. 내일 대화 장에서나 한몫 벌어야겠네."

"오늘 밤은 밤을 새서 걸어야 될걸."

"달이 뜨렸다?"

— 이효석, 〈메밀꽃 필 무렵〉 —

예-2

영달은 어디로 갈 것인가 궁리해 보면서 잠깐 서 있었다. 새벽의 겨울 바람이 매섭게 불어왔다. 밝아오는 아침 햇볕 아래 헐벗은 들판이 드러났고 곳곳에 얼어붙은 시냇물이나 웅덩이가 반사되어 빛을 냈다. 바람 소리가 먼 데서부터 몰아쳐서 그가 섰는 창공을 베면서 지나갔다. 가지만 남은 나무들이 수십여 그루씩 들판가에서 바람에 흔들렸다.

➕ 플러스 시간적 배경과 공간적 배경

(1) 시간적 배경은 단순한 시간의 흐름과, 사건이 발생하고 진전하는 시간으로 역사적 시간이나 계절적 시간을 포함한다.
(2) 공간적 배경은 사건이 일어나고 인물이 활동하는 공간을 말한다. 공간은 한 인물의 활동 범위를 포괄하는 개념이다.

그가 넉달 전에 이곳을 찾았을 때에는 한참 추수기에 이르러 있었고 이미 공사는 막 판이었다. 곧 겨울이 오게 되면 공사가 새봄으로 연기될 테고 오래 머물 수 없으리라는 것을 그는 진작부터 예상했던 터였다. 아니나다를까, 현장 사무소가 사흘 전에 문을 닫았고, 영달이는 밥집에서 달아날 기회만 노리고 있었던 것이다 ……

-황석영, 〈삼포 가는 길〉-

> • (예-1)과 (예-2)는 등장 인물이 '뜨내기'이고 제시된 장면이 '파장'이라는 공통점이 있다. 그런데 '여름과 겨울, 밤과 아침, 시장과 공사판'이란 배경의 차이로 인해 장면의 의미가 다르게 해석된다.
> • 다음 행선지가 있는 장돌뱅이에겐 파장 후의 밤은 여름날의 무더위가 사라지는 휴식의 시간이고, 갈 곳이 없고 일거리가 없는 노동자에겐 파장 후의 겨울 아침은 고통의 시간이다. 즉 각각의 파장은 허생원에게는 일상적 상황임을, 영달에게는 생계의 위협 상황임을 드러내면서 '흘가분함과 망연자실함'이라는 인물의 심리까지 암시한다. 이는 이후에 낭만적인 허생원의 회고담이 전개되는 사건과 영달이 일거리를 찾아 가는 사건으로 대비되는 것이다.

2 배경의 상징적 의미

배경은 인물이나 사건, 주제 등과 관련하여 상징적 의미를 지니는 경우가 많다.

> 나는 빨가벗은 채, 추위에 살이 빨가니 얼어서 흰 둑길을 걸어간다. 수발의 총성. 나는 그대로 털썩 눈 위에 쓰러진다. 이윽고, 붉은 피가 하이얀 눈을 호젓이 물들여 간다. 그 순간 모든 것은 끝나는 것이다. 놈들은 멋쩍게 총을 다시 거꾸로 둘러메고 본대(本隊)로 돌아들 간다. 발의 눈을 털고, 추위에 손을 비벼 가며 방 안으로 들어들 갈 테지. 몇 분 후면 그들은 화롯불에 손을 녹이며, 아무 일도 없었던 듯 담배들을 말아 피우고 기지개를 할 것이다.
>
> 누가 죽었건 지나가고 나면 아무것도 아니다. 그들에겐 모두가 평범한 일들이다. 나만이 피를 흘리며 흰 눈을 움켜쥔 채 신음하다가 영원히 묵살되어 묻혀갈 뿐이다. 전근육이 경련을 일으킨다. 추위 탓인가 …… 퀴퀴한 냄새가 코에 스민다. 나만이 아니라 전에도 꼭 같이 이렇게 반복된 것이다. 싸우다 끝내는 죽는 것, 그것뿐이다. 그 이외는 아무것도 없다. 무엇을 위한다는 것, 무엇을 얻기 위한다는 것, 그거서도 아니다. 인간이 태어난 본연의 그대로 싸우다 죽는 것, 그것뿐이라고 생각하였다.

-오상원, 〈유예〉-

> '흰 눈'은 이 작품 전체의 분위기를 지배하는 배경이자 소재로 총살 직전의 냉혹하고 절망적인 상황을 통해 인간 생명에 대한 무관심을 상징적으로 보여 준다. 하얗고 차가운 눈의 이미지를 통해 전쟁의 극한 상황에서 한 생명이 무참히 짓밟히는 비극성을 강조하고 있다.

➕ 플러스 상황적 배경

자연적 조건이나 어떤 상황이 인간의 존재성을 드러내는 상징적 의미를 지닐 때 상황적 배경이라고 한다.

108. 다음 작품을 이해한 내용으로 가장 적절하지 않은 것은? 2020. 경찰직 1차

> 그해에도 아주머니는 마찬가지였다. 그해에도 그녀는 5월로 접어들며 몇 번씩이나 철쭉 꿈을 꾸었고 그만큼 혼자서 개화를 기다려 왔다 하였다. 그리고 다시 집 앞을 찾아와 담 위로 흰 꽃이 흐드러진 것을 보고서야 비로소 마음이 놓였다는 것이었다. … (중략) … 아주머니는 그쯤에서 대강 이야기를 끝내고 우리들에 대한 치하의 말과 함께 그만 자리를 일어섰다.
>
> 우리는 이제 그 아주머니를 보고도 서로간에 잠시 할 말을 잃고 있었다. 공연히 애틋하고 무거운 기분에, 가져선 안 되는 것을 빼앗아 가진 사람처럼 아주머니에게 자꾸 송구스러워지고 있었다. (중략)
>
> 하지만 그건 물론 실현성이 없는 소리였다. 아주머니네는 이제 나무를 옮겨가 심을 집이 없었다. 그런 일을 치를 만한 힘도 없었다. 아니, 그보다 아주머니 자신이 그것을 원하지 않고 있을 일이었다. 아주머니는 차마 그녀의 본심을 말하지 못하고 있었다. 아주머니가 꿈속에서 본 것은 다만 흰 철쭉꽃만이 아니었다. 흰 철쭉꽃은 그녀의 고향의 모습이자 친정어머니의 모습이기도 하였다. 아주머니는 철쭉으로 고향을 만나고 그 어머니를 대신 만나 온 것이었다. 그리고 거기서 그리운 고향과 어머니의 소식을 기다려 온 것이었다. 친정어머니가 행여 이남으로 넘어와 어디에 살아 있다면 그 어머니는 철쭉을 기억하고 있을 것이었다.
>
> … (중략) …
>
> 나무는 언제까지나 거기 남아 있어야 하였다. 거기서 끝끝내 기다리고 있어야 하였다. 아내나 나는 이미 그것을 알고 있었다. 나무를 옮겨 가도 좋다는 아내의 제안은 그러니까 그저 자기 진심에 겨운 위로의 말일 뿐이었다. … (하략)

① 인물들 사이의 갈등이 구체적으로 드러나 있다.
② 철쭉꽃이 의미하는 바가 직접적으로 나타나 있다.
③ 이야기가 전개되는 시대적 배경을 짐작할 수 있다.
④ 이 작품의 시점을 확인할 수 있는 표지와 내용이 있다.

핵심정리

1. 작품: 이청준, 〈흰 철쭉〉
2. 주제: 남북 분단으로 인한 할머니의 고통스런 삶과 할머니에 대한 따뜻한 시선.
3. 특징:
① 상징적인 소재를 통해 주제를 간접적으로 표출함.
② 한 개인의 행적을 통해 사회 문제를 추론할 수 있도록 함.
4. 제목(흰철쭉)의 기능:
① 아주머니(할머니)와 우리 가족을 맺어주는 기능.
② 아주머니(할머니)의 고향과 친정 어머니를 상징하는 소재.
③ 우리가 아주머니(할머니)의 아픔을 이해하게 되는 계기가 되는 사물.

3 배경의 역할

배경은 단순히 작중 인물들이 활동하는 무대가 아니라 그들의 활동이 일어날 수 있는 요인을 포함하고 있고, 사건 전개에 사실성을 부여한다. 또한 적절한 분위기를 형성하면서 작품의 주제를 암시하거나 구체화하는 역할을 한다.

(1) 배경과 인물

① 인물의 성격을 구체화한다.

> 가
>
> **'국어 상용[國語(日語) 상용]의 가(家)'**
>
> 해방되던 날 떼어서 집어넣어 둔 것을 그 동안 깜박 잊고 있었다.
>
> 그는 액자의 뒤를 열어 음식점 면허장 같은 두터운 모조지를 빼내어 글자 한자도 제대로 남지 않게 손끝에 힘을 주어 꼼꼼히 찢었다.
>
> 이 종잇장 하나만 해도 일본인과의 교제에 있어서 얼마나 떳떳한 구실을 할 수 있었던 것인가. 야릇한 미련 같은 것이 섬광처럼 머릿속을 스쳐갔다.
>
> 환자도 일본말 모르는 축은 거의 오는 일이 없었지만 대의 관계는 물론 집안에서도 일체 일본말만을 써왔다. 해방 뒤 부득이 써 오는 제 나라 말이 오히려 의사 표현에 어색함을 느낄 만큼 그에게는 거리가 먼 것이었다.

나

마누라의 솔선수범하는 내조지공도 컸지만 애들까지도 곧잘 지켜 주었기에 이 종잇장을 탄 것이 아니던가. 그것을 탄 날은 온 집안이 무슨 경사나 난 것처럼 기뻐들 했다.

"얘, 너 그 노어 공부를 열심히 해라." / "왜요?"

아들은 갑자기 튀어나오는 아버지의 말에 의아를 느끼면서 반문했다.

"야 원식아, 별수없다. 왜정 때는 그래도 일본말이 출세를 하게 했고 이제는 노어가 또 판을 치지 않니. 고기가 물을 떠나서 살 수 없는 바에야 그 물 속에서 살 방도를 궁리해야지. 아무튼 그 노서아 말 꾸준히 해라."

다

그는 자기가 들고 온 상감진사(象嵌辰砂) 고려 청자 화병에 눈길을 돌렸다. 사실 그것을 내놓는 데는 얼마간의 아쉬움이 없지 않았다. 국외로 내어 보낸다는 자책감 같은 것은 아예 생각해 본 일이 없는 그였다.

차라리 이인국 박사에게는 저렇게 많으니 무엇이 그리 소중하고 달갑게 여겨지겠느냐는 망설임이 더 앞섰다.

브라운 씨가 나오자 이인국 박사는 웃으며 선물을 내어놓았다. 포장을 풀고 난 브라운 씨는 만면에 미소를 띠며 기쁨을 참지 못하는 듯 탱큐를 거듭 부르짖었다.

"참 이거 귀중한 것입니다."

"뭐 대단한 것이 아닙니다만 그저 제 성의입니다."

이인국 박사는 안도감에 잇닿은 만족을 느끼면서 브라운 씨의 기쁨에 맞장구를 쳤다.

－전광용, 〈꺼삐딴 리〉－

> 일제 강점기나, 소련군이 주둔한 해방 후의 북한, 그리고 미 군정하의 남한은 이인국 박사의 성격을 구체화하는 역사적·사회적 배경이다. 각각 다른 시대적 상황에 대처하는 인물의 모습을 제시하여 이기적이고 기회주의적인 인물의 성격이 뚜렷하게 형상화되는 것이다.

② 인물의 심리·태도와 처한 상황을 암시한다.

> 이렇게 비 내리는 날이면 원구의 마음은 감당할 수 없도록 무거워지는 것이었다. 그것은 동욱 남매의 음산한 생활 풍경이 그의 뇌리를 영사막처럼 흘러가기 때문이었다. 빗소리를 들을 때마다 원구에게는 으레 동욱과 그의 여동생 동옥이 생각나는 것이었다. 그들의 어두운 방과 쓰려져 가는 목조 건물이 비의 장막 저편에 우울하게 떠오르는 것이었다. 비록 맑은 날일지라도 동욱의 오누이의 생활을 생각하면, 원구의 귀에는 빗소리가 설레이고 그 마음 구석에는 빗물이 스며 흐르는 것 같았다. 원구의 머리 속에 떠오르는 동욱과 동옥은 그 모양으로 언제나 비에 젖어 있는 인생들이었다.
>
> －손창섭, 〈비 오는 날〉－

> '어두운 방과 쓰려져 가는 목조 건물'은 동욱 남매의 비참한 삶을 상징적으로 보여준다. '비'는 그러한 비참한 삶을 연상케 하는 구질구질한 것이며 음산함과 우울함을 느끼게 한다. '비에 젖어 있는 인생'은 그들의 인생을 암시적으로 표현한 것으로, 작품의 주제와 관련하여 무기력하고 절망적인 비극적 삶을 의미한다.

109. 다음 작품에 대한 설명으로 가장 적절하지 않은 것은?   2020. 경찰직 2차

> 전차 안에서
>
> 구보는, 우선, 제자리를 찾지 못한다. 하나 남았던 좌석은 그보다 바로 한 걸음 먼저 차에 오른 젊은 여인에게 점령당했다. 구보는, 차장대 가까운 한구석에 가 서서, 자기는 대체 이 동대문행 차를 어디까지 타고 가야 할 것인가를, 대체 어느 곳에 행복은 자기를 기다리고 있을 것인가를 생각해 본다.
>
> 이제 이 차는 동대문을 돌아 경성 운동장 앞으로 해서……. 구보는, 차장대, 운전대로 향한, 안으로 파아란 융을 받쳐 댄 창을 본다. 전차과에서는 그곳에 뉴스를 게시한다. 그러나 사람들은 요사이 축구도 야구도 하지 않는 모양이었다.
>
> 장충단으로, 청량리로, 혹은 성북동으로……. 그러나 요사이 구보는 교외를 즐기지 않는다. 그곳에는, 하여튼 자연이 있었고, 한적(閑寂)이 있었다. 그리고 고독조차 그곳에는, 준비되어 있었다. 요사이 구보는 고독을 두려워한다.
>
> 일찍이 그는 고독을 사랑한 일이 있었다. 그러나 고독을 사랑한다는 것은 그의 심경의 바른 표현이 못 될 게다. 그는 결코 고독을 사랑하지 않는지도 모른다. 아니 도리어 그는 그것을 그지없이 무서워하였는지도 모른다.

① 다양한 체험을 통해 인물 간의 극적 갈등이 시작된다.
② 여정을 따라 등장인물의 의식과 내면을 서술하고 있다.
③ 특정 시대의 소재를 등장시켜 시대적 배경을 짐작할 수 있다.
④ 각종 문장부호의 사용을 통해 특정 부분을 주목하게 하고 있다.

---

1. **작품**: 박태원, 〈소설가 구보씨의 일일〉
2. **갈래**: 중편 소설, 심리 소설
3. **배경**: 시간(1930년대 어느 하루), 공간(서울의 거리), 현실적 공간(서울에서의 하루), 의식의 공간(첫사랑을 시작한 어린 소년기-동경 유학시절)
4. **성격**: 세태 소설
5. **시점**: 전지적 작가 시점
6. **구성**: 이 작품은 '발단, 전개, 위기, 절정, 결말'이라는 일반적인 소설의 구성 방식을 따르지 않고 있다. 다만, 외출해서 전차 안 → 다방 → 거리 → 술집 그리고 귀가까지의 작중 화자의 관찰과 심리가 서술되고 있을 뿐이다.
7. **주제**: 1930년대 무기력한 문학인의 눈에 비친 일상사

---

(2) 배경과 사건

소설의 배경은 사건과 밀접한 관련을 갖는다. 그런데 모든 배경이 다 특별한 의미를 지니는 것은 아니다. 사건 전개에 중요한 장소나 시간이 제시되는 경우와, 인물이 일상적으로 활동하는 단순한 장치로서의 배경으로 나누어 볼 수 있다.

① 사건의 의미를 부각시킨다.

> 나는 키가 모자라 사람 다리만 빽빽한 쪽마루에 비비대고 올라가 넘어다보았다. 그리고 놀랐다. 놀라지 않을 수 없던 것이다. 한 손으로 주안상 가장자리를 두들겨 가며 앉아서 노래하는 어른, 코와 눈이 그렇게 크고 음성 또한 굵직한 신사, 그이는 아버지였다. 나는 가슴이 벅차올라 숨조차 제대로 쉴 수가 없었다. 황홀하기도 하고 의심스럽기도 하여 얼마를 두고 뚫어지게 바라보았으나 분명 아버지였다. 당신으로서는 도저히 있을 수 없는 일에 도취된 모습이기도 했다.
>
> 우선 석공네 울안에 들어왔다는 사실이 현실 같지 않았고, 노래를 하는 것도 사실일 수가 없으련만, 모든 것은 눈에 보인 그대로였다. 아버지는 안팎 동네 어느 누구네 집도 울안은 들어가 본 적이 없는 터였다. 일가 간인 한산 이가네로서 노인을 모시는 집안이거나 당내 간의 사랑이라면 더러 출입이 있었을 따름이요, 그것도 울안에 발을 들인 일이란 한 번도 없던 터였으니, 하물며 전에 일갓집 행랑살이를 했던 사람네 집이겠던가. 신 서방은 덩실덩실 춤을 추었고, 아버지의 맞은편에 꿇어앉은 석공은 연방 싱글벙글 웃어 가며 솟음솟음하는 신명을 어쩌지 못해 답답한 표정이었다.
>
> 아버지가 노래를 마치자 요란스런 박수 소리가 터져 나오고, 신 서방이 두 손에 술잔을 받쳐 드니 석공은 주전자를 기울였다. 아버지가 술잔을 받아 들자 신 서방은 일어서며 노래를 부르기 시작했는데 아, 나는 그때 또 한 번 크게 놀라고 말았다. 다시

한 번 뜻하지 않은 일이 벌어졌음이니 그것은 아버지가 일어서서 어깨춤을 추기 시작한 거였다. 그때까지 내가 알고 있던 아버지는 그렇게 평범한 사람이 아니었다.

할아버지 앞에서는 항상 무릎 꿇고 조아려 공손하기가 몸종과 다름없었지만, 처자 앞에서는 단란하고 즐거워 웃더라도 결코 치아를 내보인 일이 없게 근엄하되, 한내천 백사장에 강연장이 설치되면 뜨내기 장돌뱅이까지도 전을 걷어치울 정도로 수천 군민이 모여들게 마련이었으며, 산천이 들렸다 놓는다 싶게 불 뿜듯 웅변을 했는데, 그때마다 청중들로부터 천둥보다 더 우렁찬 환호와 박수갈채를 얻고 당신을 알던 모든 사람들한테 선생님이란 경칭을 받았던, 저만치 멀리로 건너다 보이며 어렵기만 한 사람이었다. 어디 그럴 법이 있을 수 있단 말인가. 남의 집 울안 출입에 노랫가락과 어깨춤 ……

— 이문구, 〈관촌수필〉 —

> 공간적 배경의 속성이 사건의 의미와 밀접하게 관련되어 있다. 결혼 잔치를 하는 석공네의 집이라는 공간적 배경은 서민적인 공간이다. '나'의 '아버지'는 평소 서민들의 외경을 받는 존재로 일정한 거리감이 있는 인물이었다. 전통적인 신분 질서 의식이 남아 있던 시대에 그는 '서민'이 아닌 '고귀한 신분'에 속한 인물이었던 것이다. 그런 인물이 서민적인 공간에서 통념을 깨고 서민적인 행위를 통해 자기도 서민과 똑같은 '인간'임을 드러내는 용기와 포용력을 보여 주고 있다.

② 사건의 전개에 어울리는 일정한 분위기를 형성한다.

기출 | 따라잡기

110. 밑줄 친 문장의 상황에 부합하는 속담으로 가장 적절한 것은?

2013. 지방직 7급

① 간에 붙었다 쓸개에 붙었다 하는군.
② 닭 쫓던 개 지붕 쳐다보는 꼴이야.
③ 이건 울며 겨자 먹는 꼴이지 뭐야.
④ 소 잃고 외양간 고치는 격이군.

> 그러고 나서 가만히 생각을 하니 분하기도 하고 무안도 스럽고, 또 한편 일을 저질렀으니, 인젠 땅이 떨어지고 집도 내쫓기고 해야 되는지 모른다.
>
> 나는 비슬비슬 일어나며 소맷자락으로 눈을 가리고는 얼김에 엉하고 울음을 놓았다. 그러나 점순이가 앞으로 다가와서,
>
> "그럼, 너 이담부터 안 그럴 테냐?"
>
> 하고 물을 때에야 비로소 살 길을 찾은 듯 싶었다. 나는 눈물을 우선 씻고, 뭘 안 그러는지 명색도 모르건만,
>
> "그래!"
>
> 하고 무턱대고 대답하였다.
>
> "요담부터 또 그래 봐라, 내 자꾸만 못살게 굴 테니."
>
> "그래그래, 인젠 안 그럴 테야."
>
> "닭 죽은 건 염려마라. 내 안 이를 테니."
>
> 그리고 뒷을 떠다밀렸는지 나의 어깨를 짚은 채 그대로 퍽 쓰러진다. 그 바람에 나의 몸뚱이도 겹쳐서 쓰러지며, 한창 피어 퍼드러진 노란 동백꽃 속으로 푹 파묻혀 버렸다.
>
> 알싸한, 그리고 향긋한 그 냄새에 나는 땅이 꺼지는 듯이 온 정신이 고만 아찔하였다.
>
> "너 말 마라!"
>
> "그래!"
>
> — 김유정, 〈동백꽃〉 —

> '퍼드러진 노란 동백꽃'은 나와 점순이의 풋풋한 사랑이 이루어지는 서정적 배경이다. 동백꽃은 화해의 분위기를 만들어내는 소재로 낭만적이고 토속적인 정조를 만들어 낸다.

111. 다음 글에 대한 설명으로 적절하지 않은 것은? 2015. 사회복지직 9급

> 부인이 울며 말하기를,
> "나는 죽어 귀히 되어 인간 생각 아득하다. 너의 아버지 너를 키워 서로 의지하였다가 너조차 이별하니 너 오던 날 그 모습이 오죽하랴. 내가 너를 보니 반가운 마음이야 너의 아버지 너를 잃은 설움에 다 비길쏘냐? 너의 아버지 가난에 절어 그 모습이 어떠하며 아마도 많이 늙었겠구나. 그간 수십 년에 재혼이나 하였으며, 뒷마을 귀덕 어미 네게 극진하지 않더냐."
> 얼굴도 대어 보고 손발도 만져 보며,
> "귀와 목이 희니 너의 아버지 같기도 하다. 손과 발이 고운 것은 어찌 아니 내 딸이랴. 내 끼던 옥지환도 네가 지금 가졌으며, '수복강녕', '태평안락' 양 편에 새긴 돈 붉은 주머니 청홍당사 벌매듭도, 애고, 네가 찼구나. 아버지 이별하고 어미를 다시 보니 두 가지 다 온전하기 어려운 건 인간 고락이라. 그러나 오늘 나를 다시 이별하고 너의 아버지를 다시 만날 줄을 네가 어찌 알겠느냐?"

① 과거 회상을 통하여 작중 인물 간의 갈등을 표출한다.
② 작중 인물의 말에서 사건의 비현실성이 드러난다.
③ 설의법을 활용하여 내면의 심경을 토로하고 있다.
④ 모녀 관계에 대한 부인의 자기 확신이 분명하게 드러난다.

(3) 배경과 주제

배경은 작품의 주제를 암시하거나 상징적으로 보여 준다. 물론 주제와의 관련성은 작품 전체를 통해 파악될 수 있다.

① 배경을 통해 주제를 상징적으로 드러내기도 한다.

> 고개를 다 내려온 곳에서 성삼이는 주춤 발걸음을 멈추었다.
> 저쪽 벌 한가운데 흰 옷을 입은 사람들이 허리를 굽히고 선 것 같은 것은 틀림없는 학 떼였다. 소위 삼팔선 완충 지대가 되었던 이 곳. 사람이 살고 있지 않은 그동안에도 이들 학들만은 전대로 살고 있는 것이었다.
> 지난날, 성삼이와 덕재가 아직 열두어 살쯤 났을 때 일이었다. 어른들 몰래 둘이서 올가미를 놓아 여기 학 한 마리를 잡은 일이 있었다. 단정학이었다. 새끼로 날개까지 얽어매 놓고는 매일같이 둘이서 나와 학의 목을 쓸어안는다, 등에 올라탄다, 야단을 했다. 그러한 어느 날이었다. 동네 어른들의 수군거리는 소리를 들었다. 서울서 누가 학을 쏘러 왔다는 것이다. 무슨 표본인가를 만들기 위해서 총독부의 허가까지 맡아 가지고 왔다는 것이다. 그 길로 둘이는 벌로 내달렸다. 이제는 어른들한테 꾸지람 듣는 것 같은 건 문제가 아니었다. 그저 자기네의 학이 죽는다는 생각뿐이었다. 숨 돌릴 겨를도 없이 잡풀새를 기어 학 발목의 올가미를 풀고 날개의 새끼를 끌렀다. 그런데 학은 잘 걷지도 못하는 것이다. 그동안 얽매여 시달렸던 탓이리라. 둘이서 학을 마주 안아 공중에 투쳤다. 별안간 총 소리가 들렸다. 학이 두서너 번 날개짓을 하다가 그대로 내려왔다. 맞았구나. 그러나 다음 순간, 바로 옆 풀숲에서 펄럭 단정학 한 마리가 날개를 펴자 땅에 내려앉았던 자기네 학도 긴 목을 뽑아 한 번 울음을 울더니 그대로 공중에 날아올라, 두 소년의 머리 위에 동그라미를 그리며 저쪽 멀리로 날아가 버리는 것이었다. 두 소년은 언제까지나 자기네 학이 사라진 푸른 하늘에서 눈을 뗄 줄을 몰랐다……

112. 황순원의 '학'의 결말 구조와 가장 유사한 것은? 2002. 선관위 9급

① 멀리 버드나무 사이에서 그의 뒷모양을 바라보고 서 있을 그의 어머니의 주막이 그의 시야에서 완전히 사라져 갈 무렵이 되어서는 육자배기 가락으로 제법 콧노래까지 흥얼거리며 가고 있는 것이었다. -김동리 〈역마〉-

② "……", "……" 태허루에서 정오를 알리는 큰 북소리가 목어(木魚)와 함께 으르릉거리며 들어온다. -김동리, 〈등신불〉-

③ 실향민, 나는 어느덧 실향민 돼 버리고 말았다는 느낌을 떨어 버릴 수가 없었다. -이문구, 〈관촌수필〉-

④ 나는 이제 집안을 떠맡은 기둥으로서 힘차게 버티어 나가지 않으면 안 된다. 이런 굳은 결심이 나의 가슴 속을 뜨겁게 적시며 뒤채이는 눈물을 달래고 있음을 느꼈던 것이다. -김원일, 〈어둠의 혼〉-

"얘, 우리 학 사냥이나 한 번 하구 가자."

성삼이가 불쑥 이런 말을 했다.

덕재는 무슨 영문인지 몰라 어리둥절해 하고 있는데,

"내 이걸루 올가미 만들어 놓게, 너 학을 몰아 오너라."

포승줄을 풀어 쥐더니, 어느 새 잡풀 새로 기는 걸음을 쳤다.

대번에 덕재의 얼굴에서 핏기가 걷혔다. 좀 전에, 너는 총살감이라던 말이 퍼뜩 머리를 스치고 지나갔다. 이제 성삼이가 기어가는 쪽 어디에서 총알이 날아오리라.

저만치서 성삼이가 홱 고개를 돌렸다.

"어이, 왜 멍추같이 게 섰는 거야? 어서 학이나 몰아 오너라."

그제서야 덕재도 무엇을 깨달은 듯, 잡풀 새를 기기 시작했다. 때마침 단정학 두세 마리가 높푸른 가을 하늘에 큰 날개를 펴고 유유히 날고 있었다.

– 황순원, 〈학〉 –

> 학은 성삼과 덕재가 어린 시절을 회상하는 장면에서 등장한다. 학을 잡아 놓고 있다가 사냥꾼이 온다는 말을 듣고 놓아 주는 장면에서 학은 '자유'를 상징하고, 두 사람의 따뜻한 인간성을 보여 준다. 또한 학은 덕재와 성삼의 우정을 환기시키는 역할을 함으로써, 덕재와 성삼의 갈등을 해소하는 기능을 한다.

② 배경을 통해 주제를 암시하기도 한다.

> '화개장터'의 냇물은 길과 함께 흘러서 세 갈래로 나 있었다. 한 줄기는 전라도 구례(求禮)쪽에서 오고 한 줄기는 경상도쪽 화개협(花開峽)에서 흘러 내려, 여기서 합쳐서, 푸른 산과 검은 고목 그림자를 거꾸로 비치인 채, 호수같이 조용히 돌아, 경상 전라 양도의 경계를 그어주며, 다시 남으로 남으로 흘러내리는 것이, 섬진강(蟾津江) 본류(本流)였다.
>
> 하동(河東), 구례, 쌍계사(雙磎寺)의 세 갈래 길목이라 오고가는 나그네로 하여, '화개장터'엔 장날이 아니라도 언제나 흥성거리는 날이 많았다. 지리산(智異山) 들어가는 길이 고래로 허다하지만, 쌍계사 세이 암(洗耳岩)의 화개협 시오 리를 끼고 앉은 '화개장터'의 이름이 높았다. 경상 전라 양 도 접경이 한두 군데일리 없지만 또한 이 '화개장터'를 두고 일렀다. 장날이면 지리산 화전민(火田民)들의 더덕, 도라지, 두릅, 고사리들이 화갯골에서 내려오고 전라도 황아 장수들의 실, 바늘, 면경, 가위, 허리끈, 주머니끈, 족집게 골백분 들이 또한 구렛길에서 넘어오고 하동길에서는 섬진강 하류의 해물 장수들이 김, 미역, 청각, 명태, 자반 조기, 자반 고등어들이 올라오곤 하여 산협(山峽)치고는 꽤 성한 장이 서는 것이기도 했으나, 그러나 '화개장터'의 이름은 장으로 하여서만 있는 것이 아니었다.
>
> – 김동리, 〈역마〉 –

> '화개장터'는 두 줄기의 냇물이 흘러내려 한 곳에 모였다가 다시 남쪽으로 흘러가는 것처럼 이곳 저곳으로 사람들이 모였다가 뿔뿔이 헤어지는 곳이다. 또 화개장터는 구례, 하동, 쌍계사로 통하는 삼거리 지점에 있다. 자리한 옥화의 주막이라는 공간적 배경은, 끊임없이 떠돌다 다녀야 하는 역마살의 운명을 지닌 성기와 밀접한 관련이 있다.

기출 │ 따라잡기

113. 소설 '역마'를 읽은 후의 반응으로 가장 적절한 것은?

2015. 지방직 7급

① 효정: '화개장터'의 역사를 일목 요연하게 설명하고 있군.
② 찬호: '화개장터'의 시장적 기능에 이견을 보이고 있군.
③ 창수: '화개장터'라는 말의 어원을 잘 설명하고 있군.
④ 송희: '화개장터'가 지닌 매력에 대해 잘 알 수 있군.

※ 다음 글을 읽고 물음에 답하시오. [115~118]

2019. 법원직

(가)

　사내는 고개를 떨구고 한참 동안 무언지 입을 우물거리고 있었다. 안이 손가락으로 내 무릎을 찌르며 우리는 꺼지는 게 어떻겠느냐는 눈짓을 보냈다. 나 역시 동감이었지만 그때 그 사내가 다시 고개를 들고 말을 계속했기 때문에 우리는 눌러 앉아 있을 수밖에 없었다. "아내와는 재작년에 결혼했습니다. 우연히 알게 되었습니다. 친정이 대구 근처에 있다는 얘기만 했지 한 번도 친정과는 내왕이 없었습니다. @난 처갓집이 어딘지도 모릅니다. 그래서 할 수 없었어요."

　그는 다시 고개를 떨구고 입을 우물거렸다.

　ⓑ"뭘 할 수 없었다는 말입니까?" 내가 물었다. 그는 내 말을 못 들은 것 같았다. 그러나 한참 후에 다시 고개를 들고 마치 애원하는 듯한 눈빛으로 말을 이었다. "ⓒ아내의 시체를 병원에 팔았습니다. 할 수 없었습니다. 난 서적 외판원에 지나지 않습니다. 할 수 없었습니다. ⓓ돈 사천 원을 주더군요. 난 두 분을 만나기 얼마 전까지도 세브란스 병원 울타리 곁에 서 있었습니다. 아내가 누워 있을 시체실이 있는 건물을 알아보려고 했습니다만 어딘지 알 수 없었습니다. 그냥 울타리 곁에 앉아서 병원의 큰 굴뚝에서 나오는 희끄무레한 연기만 바라보고 있었습니다. 아내는 어떻게 될까요? 학생들이 해부 실습하느라고 톱으로 머리를 가르고 칼로 배를 째고 한다는데 정말 그렇겠지요?" 우리는 입을 다물고 있을 수밖에 없었다. 사환이 다쿠앙과 양파가 담긴 접시를 갖다 놓고 나갔다.

(나)

　"기분 나쁜 얘길 해서 미안합니다. 다만 누구에게라도 얘기하지 않고서는 견딜 수 없었습니다. 한 가지만 의논해 보고 싶은데, 이 돈을 어떻게 하면 좋을까요? 저는 오늘 저녁에 다 써버리고 싶은데요."

　"쓰십시오." 안이 얼른 대답했다.

　"이 돈이 다 없어질 때까지 함께 있어 주시겠어요?" 사내가 말했다. 우리는 얼른 대답하지 못했다. "ⓔ함께 있어 주십시오." 사내가 말했다. 우리는 승낙했다.

　"멋있게 한번 써 봅시다."라고 사내는 우리와 만난 후 처음으로 웃으면서, ⓕ그러나 여전히 힘없는 음성으로 말했다.

(다)

　아무데도 갈 데가 없었다. 방금 우리가 나온 중국집 곁에 양품점의 쇼윈도가 있었다. 사내가 그쪽을 가리키며 우리를 끌어 당겼다. 우리는 양품점 안으로 들어갔다.

　"넥타이를 하나 골라 가져. 내 아내가 사주는 거야." 사내가 호통을 쳤다. 우리는 알록달록한 넥타이를 하나씩 들었고, 돈은 육백 원이 없어져 버렸다. 우리는 양품점에서 나왔다. "어디로 갈까?"라고 사내가 말했다. 갈 데는 계속해서 없었다.

(라)

　그러는 사이에 우리는 화재가 난 곳에 도착했다. 삼십 원이 없어졌다. 화재가 난 곳은 아래층인 페인트 상점이었는데 지금은 미용 학원 이층에서 불길이 창으로부터 뿜어 나오고 있었다. 경찰들의 호각 소리, 소방차들의 사이렌 소리, 불길 속에서 나는 탁탁 소리, 물줄기가 건물의 벽에 부딪쳐서 나는 소리. 그러나 사람들의 소리는 아무것도 나지 않았다. 사람들은 불빛에 비쳐 무안당한 사람들처럼 붉은 얼굴로 정물처럼 서 있었다.

　우리는 발밑에 굴러 있는 페인트 통을 하나씩 궁둥이 밑에 깔고 웅크리고 앉아서 불구경을 했다. 나는 불이 좀더 오래 타기를 바랐다. 미용 학원이라는 간판에 불이 붙고 있었다. '원'자에 불이 붙기 시작했다. "김 형, 우리 얘기나 합시다."하고 안이 말했다. "화재 같은 건 아무것도 아닙니다. 내일 아침 신문에서 볼 것을 오늘 밤에 미리 봤다는 차이밖에 없습니다. 저 화재는 김 형의 것도 아니고 내 것도 아니고 이 아저씨 것도 아닙니다. 그렇기 때문에 난 화재엔 흥미가 없습니다. 김 형은 어떻게 생각하십니까?"

　－김승옥, 〈서울, 1964년 겨울〉－

---

114. 다음 글의 등장인물에 대한 설명으로 적절하지 않은 것은?

2015. 지방직 9급

　양반이라는 말은 선비 족속의 존칭이다. 강원도 정선군에 한 양반이 있었는데, 그는 어질면서도 글 읽기를 좋아하였다.

　군수가 새로 부임하면 반드시 그 집에 몸소 나아가서 경의를 표하였다. 그러나 그는 집안이 가난해서 해마다 관가에서 환곡을 빌려 먹다 보니 그 빚이 쌓여서 천 석에 이르렀다. 관찰사가 각 고을을 돌아다니다가 이곳의 환곡 출납을 검열하고는 매우 노하여, "어떤 놈의 양반이 군량을 이렇게 축내었느냐"라고 하였다. 그리고는 명령을 내려 그 양반을 잡아 가두라고 하였다. 군수는 마음속으로 그 양반이 가난해서 갚을 길이 없는 것을 불쌍히 여겼지만 그렇다고 해서 가두지 않을 수도 없었다.

　그 양반은 밤낮으로 훌쩍거리며 울었지만 별다른 대책도 생각해 낼 수 없었다. 그런 상황에서 그의 아내가 몰아 세우기를, "당신은 한평생 글 읽기를 좋아했지만 관가의 환곡을 갚는 데 아무런 도움이 못 되는구려. 양반 양반 하더니 양반은 한 푼 가치도 못 되는구려."라고 하였다.

　－박지원, 〈양반전〉 중에서－

① 양반은 자구책을 마련하지 못하고 있다.

② 군수는 양반에게 측은지심을 느끼고 있다.

③ 관찰사는 공평무사하게 일을 처리하고 있다.

④ 아내는 남편에 대해 외경하는 마음을 지니고 있다.

115. 이 글의 서술상의 특징으로 가장 적절한 것은?

① 내면 의식의 서술을 통해 주인공의 성격을 드러내고 있다.
② 서술자를 작중 인물로 설정하여 사건의 현장감을 부각하고 있다.
③ 등장인물이 주인공의 행동과 사건을 관찰하여 신빙성을 획득하고 있다.
④ 장면의 잦은 전환을 통해 인물의 가치관이 달라지고 있음을 드러내고 있다.

116. 〈보기〉가 들어갈 가장 적절한 곳은?

> 보기
>
> 중국집에서 거리로 나왔을 때는 우리는 모두 취해 있었고, 돈은 천 원이 없어졌고, 사내는 한쪽 눈으로는 울고 다른 쪽 눈으로는 웃고 있었고, 안은 도망갈 궁리를 하기에도 지쳐 버렸다고 내게 말하고 있었고, 나는 "악센트 찍는 문제를 모두 틀려 버렸단 말야. 악센트 말야."라고 중얼거리고 있었고, 거리는 영화에서 본 식민지의 거리처럼 춥고 한산했고, 그러나 여전히 소주 광고는 부지런히, 약 광고는 게으름을 피우며 반짝이고 있었고, 전봇대의 아가씨는 '그저 그래요'라고 웃고 있었다. "이제 어디로 갈까?"하고 아저씨가 말했다. "어디로 갈까?" 안이 말하고, "어디로 갈까?"라고 나도 그들의 말을 흉내 냈다.

① (가)와 (나) 사이   ② (나)와 (다) 사이
③ (다)와 (라) 사이   ④ (라) 뒤

117. 〈보기〉에서 ㄱ～ㅁ의 상황을 바르게 이해한 것으로 묶은 것은?

> 보기
>
> ㄱ. 사내가 ⓒ를 한 이유는 ⓐ 때문이다.
> ㄴ. 나는 ⓒ의 상황을 알지 못해 ⓑ로 되묻고 있다.
> ㄷ. 사내는 ⓒ의 결과로 ⓓ를 갖게 되었다.
> ㄹ. 사내의 ⓓ는 ⓔ를 요청하는 계기가 되고 있다.
> ㅁ. 사내가 ①처럼 반응한 것은 ⓔ가 좌절되었기 때문이다.

① ㄱ, ㄴ, ㅁ   ② ㄱ, ㄷ, ㄹ
③ ㄱ, ㄴ, ㄷ, ㄹ   ④ ㄱ, ㄴ, ㄷ, ㄹ, ㅁ

118. 윗글을 감상한 내용으로 가장 적절하지 않은 것은?

① 알록달록 넥타이를 하나씩 사주는 사내의 모습에서 냉혹해진 사회 속에서 인간성 회복의 가능성을 엿볼 수 있군.
② 아무데도 갈 데가 없어서 방황하는 세 인물들의 모습을 통해 삶의 목표를 찾지 못하고 방황하는 도시인의 비애가 드러나고 있군.
③ 불이 좀더 오래 타기를 바라는 나의 태도에서 타인의 아픔을 이해하지 못하는 현대인의 이기적인 태도를 엿볼 수 있군.
④ 화재가 본인과 상관없어 화재 같은 건 아무것도 아니라는 안의 말에서 연대감을 상실한 현대인의 모습이 제시되고 있군.

❖ 시대적 상황에 대한 배경 지식

현대 소설은 역사적 사건을 시대적 배경으로 설정하는 경우가 많은데, 이때 특정 역사적 사건은 사건 전개에 중요한 역할을 담당한다. 또 같은 사건을 배경으로 하는 소설에서는 유사한 주제를 다루기도 한다. 따라서 각 시대별 우리 사회의 특성을 알아두면 그 시대를 배경으로 하는 작품의 주제를 좀 더 쉽게 파악할 수 있다.

작품 읽기	주제 탐색
"옳습니다. <u>교육으로, 실행으로 저들을 가르쳐야지요</u>. 인도해야지요. 그러나 그것은 누가 하나요?" 하고 형식은 입을 꼭 다문다. 세 처녀는 몸에 소름이 끼친다. 형식은 한 번 더 힘있게, "그것을 누가 하나요?" 하고 세 처녀를 골고루 본다. 세 처녀는 아직도 경험하여 보지 못한 듯 말할 수 없는 정신의 감동을 깨달았다. … (중략) … 형식은 한 번 더, "그것을 누가 하나요?" / 하였다. / "우리가 하지요!" <div align="right">- 이광수, 〈무정〉 -</div>	▶ 신교육 사상 ▶ 개화 의식 고취
그러나 세상이 뒤바뀌자 그 땅은 전부가 <u>동양 척식 주식 회사</u>의 소유에 들어가고 말았다. ……동척엔 소작료를 물고 나서 또 중간 소작인에게 긁히고 보니, 실직인의 손에는 소출의 삼 할도 떨어지지 않았다. 그 후로 '죽겠다. 못 살겠다' 하는 소리는 중이 염불하듯 그들의 입길에서 오르내리게 되었다. 남부여대하고 타처로 유리하는 사람만 늘고, 동리는 점점 쇠진해 갔다. <div align="right">- 현진건, 〈고향〉 -</div>	▶ 민족의 수난과 고통 ▶ 일제에 대한 저항
<u>독립?</u> 신통할 것이 없었다. 독립이 되기로서니, 가난뱅이 농투성이가 별안간 나으리 주사될 리 만무하였다. 가난뱅이 농투성이가 남의 세토(貰土) 얻어 비지땀 흘려 가면서 일 년 농사 지어 절반도 넘는 도지 물고, 나머지로 굶으며 먹으며 연명이나 하여 가기는 독립이 되거나 말거나 매양 일반일 터이었다. <div align="right">- 채만식, 〈논 이야기〉 -</div>	▶ 해방 이후의 혼란한 사회상 ▶ 식민지 삶의 극복
소속 사단은? 학벌은? 고향은? 군인에 나온 동기는? <u>공산주의</u>를 어떻게 생각하시오? 미국에 대한 감정은? 그럼…… 동무의 말은 하나도 이치에 닿지 않소. 동무는 아직도 <u>계급 의식</u>이 그대로 남아 있소. 출신 계급을 탓하지는 않소. 오해하지 마시오. 그 근성이 나쁘다는 것뿐이오. 다시 한 번 생각할 여유를 주겠소. 한 시간 후, 동무의 답변이 모든 것을 결정지을 거요. <div align="right">- 오상원, 〈유예〉 -</div>	▶ 이념의 갈등 ▶ 전쟁의 잔혹함
"인간을 위해 일한다면서 인간을 소외시켰어." "형이 말하는 걸 들어 보면 참 근사해." 내가 말했다. "사실은, 공장을 지어 일을 주고 돈을 주었지. 제일 많은 혜택을 입은 게 바로 이들야." 사촌이 웃었다. 그 시간에 그 법정에서 웃은 사람은 사촌밖에 없었다. … (중략) … <u>은강 공장 노동 조합</u> 간부인 듯한 여자아이가 내가 모르는 그 난장이의 부인과 아들, 딸을 피고석 뒤쪽 나무의자로 이끌어 앉혔다. <div align="right">- 조세희, 〈내 그물로 오는 가시고기〉 -</div>	▶ 인간 소외 ▶ 자본가와 노동자의 갈등

1 서술자

소설은 이야기 형식의 문학으로 작품 속에는 이야기를 이끌어가는 사람이 있다. 이 사람은 일어난 일에 대해 설명하거나 묘사하는 것뿐만 아니라 등장 인물의 말도 전달한다. 이처럼 소설의 내용과 독자 사이에서 이야기를 전달하는 사람을 서술자라 한다.

> 병화는 담배를 천천히 피워서 맛이 나는 듯이 흠뻑 빨아 후우 뿜어 내면서,
> "여보게, 난 먼저 나가서 기다림세. 영감님이 나와서 흰 동자로 위아랠 훑어보면 될 일도 안 될 테니까!"
> 하고 뚜벅뚜벅 사랑문 밖으로 나간다.
> 아닌게 아니라, 덕기도 조부가 나오기 전에 얼른 빠져 나가려던 차이다. 덕기는 병화의 말에 혼자 픽 웃으며 벽에 걸린 학생복을 부리나케 떼어 입고 외투를 들쓰며 나왔다. 조부는 병화가 누구인지도 모르면서, 다만 양복 꼴이나 머리를 덥수룩하게 하고 다니는 것으로 보아 무어나 뜯으려 다니는 위인일 것이요. 그런 축과 어울려서 술을 배우고 돈을 쓰러 다닐까 보아서 걱정을 하는 것이었다.
>
> ─ 염상섭, 〈삼대〉─

제시된 장면에서는 '병화, 덕기, 조부'의 세 인물이 등장하고, 이 세 사람의 관계가 단편적으로나마 암시되고 있다. 이러한 내용을 전달하는 것이 서술자인데, 앞에서는 제3자의 입장에서, 뒷부분에서는 등장 인물인 덕기의 내면으로 들어가 그의 시각으로 이야기를 전달하고 있다.

기출 | 따라잡기

119. 〈보기〉의 밑줄 친 부분을 통해 파악할 수 있는 서술자의 의도로 가장 적절한 것은?

2022. 서울시 9급

보기

선불이에요? 근데…… 곱빼기면 오천오백 원 아니에요? 소희가 메뉴판을 가리키며 묻자 여자가 역시 메뉴판을 가리키며 맵게 추가하면 오백 원이라고 말했다. 모든 메뉴 아래에 빨간 고추가 그려져 있고 그 옆에 조그맣게 오백 냥이라고 적혀 있었다.

오백 원이나요?

여자가 앞치마 주머니에서 계산지를 꺼내 표시를 하고는 큰 인심 쓰듯이 말했다.

여기는 매운맛 소스를 안 쓰고 청양고추 유기농으로 맛을 내거든.

청양고추요?

그러니까 다만 오백 원이라도 안 받으면 장사가 안된다고.

장사가 안될지 어떨지는 알 수 없지만 육천 원이면 찌개용 돼지고기 한 근을 살 수 있다. 곱빼기도 말고 맵게도 말고 그냥 사천오백 원짜리 짬뽕을 먹을까 하다 소희는 자리에서 일어났다.

다음에 올게요.

⊕ 플러스 | 서술자와 서술 시점

서술자는 작가가 만들어낸 허구적 인물로, 어린 아이, 어른, 농민, 지식인 등의 다양한 입장에서 이야기를 전달한다. 즉 정보 전달자를 서술자라 할 수 있다. 이때 누구의 입장에서 어떤 위치에서 정보를 전달하는가가 시점이다.

그럼 그러든지, 하더니 여자는 아니, 그럴 거면 빨리빨리 결정을 져야지, 젊은 사람이 어째 매가리가 없어, 하고는 계산지를 구겨 쓰레기통에 던져 넣었다. 계단을 내려오면서 소희는, 매가리가 없이, 매가리가 없이, 하고 중얼거려 보지만 그게 무슨 말인지 모른다.

① 추가 요금을 받지 않으면 장사하기 어려운 현실을 적극적으로 비판하려 했다.
② 쉽게 결정을 내리지 못하는 사람들로 인해 식당 종업원들이 겪는 고충을 전하려 했다.
③ 짬뽕 한 그릇을 사먹는 것도 망설여야 하는 청년 세대의 가난을 간접적으로 드러내려 했다.
④ 소극적인 젊은이들의 의사 표현 방식을 비판하고 적극적인 태도를 가지도록 독려하려 했다.

2 서술 시점

시점 설정은 구성의 결과를 표현으로 옮기는 데 필요한 단계이고 문체는 구성과 시점 설정에 따른 결과이다. 한 작품이 주로 일정한 시점으로 서술하는 경우가 많지만 표현 효과를 높이기 위해 장면에 따라 각각 다른 시점으로 서술하기도 한다.

(1) 1인칭 주인공 시점

"제에미 키두!"

하고 논둑에다 침을 퉤, 뱉는다. 아무리 잘 봐야 내 겨드랑(다른 사람보다 좀 크긴 하지만) 밑에서 넘을락말락 밤낮 요 모양이다.

개 돼지는 푹푹 크는데 왜 이리도 사람은 안 크는지, 한동안 머리가 아프도록 궁리도 해보았다. 아하, 물동이를 자꾸 이니까 뼉다귀가 움츠라드나보다, 하고 내가 내외를 하며 넌지시 그 물을 대신 길어도 주었다. 뿐만 아니라 나무를 하러 가면 서낭당에 돌을 올려 놓고 '점순이의 키 좀 크게 해줍소사. 그러면 담엔 떡 갖다 놓고 고사드립죠니까.' 하고 치성도 한두 번 드린 것이 아니다. 어떻게 되먹은 킨지 이래도 막무가내니……

— 김유정, 〈봄봄〉 —

이야기를 전달하는 사람이 등장 인물인 '나'로 사건의 전개와 나의 내면 심리를 자유롭게 서술하고 있다. 그러나 다른 인물의 심리는 추측은 할 수 있을지라도 직접적으로 설명하지는 못한다.

기출 │ 따라잡기

120. 다음 글의 시점에 대한 설명으로 가장 적절한 것은? 2014. 경찰직 9급(1차)

보기

파도는 높고 하늘은 흐렸지만 그 속에 솟구막 치면서 흐르는 나의 머릿속을 스치고 지나가는 영상은 푸르고 맑은 희망이었다. 나는 어떻게 누구의 손에 의해서 구원됐는지도 모른다. 병원에서 내 의식이 회복되었을 땐 다만 한 쪽 다리에 관통상을 입었다는 것을 알았을 뿐이다.

① 주인공 '나'가 자신의 체험을 이야기하고 있다.
② 작가가 주인공 '그'에 대해 관찰하여 서술하고 있다.
③ 작가가 제3의 인물 '그'에 대해 자세히 묘사하고 있다.
④ 주인공 '나'가 다른 인물에 대해 관찰하여 서술하고 있다.

> 그러나 웬일인지 나를 그렇게도 귀여워해 주던 아저씨도 아랫방에 외삼촌이 들어오면 갑자기 태도가 달라지지요. 이것저것 묻지도 않고, 나를 껴안지도 않고 점잖게 앉아서 그림책이나 보여주고 그러지요. 이때는 그 레슬링 하는 그림책이 아니어요. 아마 아저씨가 우리 외삼촌을 무서워하나 봐요.

① 사건의 내적 분석에 의존한 의식의 흐름 서술이 된다.
② 주요섭의 〈사랑손님과 어머니〉, 이상의 〈날개〉 등이 대표작이다.
③ 작가가 작품 속에 직접 개입하여 사건을 진행시키고 인물을 논평한다.
④ 외부관찰에 의거하여 해설이나 평가를 하지 않고 있는 그대로 제시한다.
⑤ 부수적 인물인 '나'가 주인공의 이야기를 서술한다.

＋ **플러스** │ 작가 관찰자 시점의 한계

독자는 연극의 관객처럼 겉으로 드러나는 것만을 통해 상황을 파악해야 한다. 그러나 연극에서도 독백이나 방백을 활용하는 것처럼 보여주기만으로 사건을 진행하면, 즉 인물의 심리나 사건을 설명하지 않고는 사건이 원활하게 진행될 수 없다. 따라서 작품 전체보다는 작품의 일부에서만 이 시점이 나타나는 경우가 많다.

---

(2) 1인칭 관찰자 시점

1인칭 관찰자 시점은 부수적 인물인 '나'가 주인공의 성격과 사건을 말하는 형태로, 주인공의 내면을 숨김으로써 긴장감과 경이감을 자아낸다. 주인공의 내면에 다가가기 어렵고 볼 수 있는 것도 한정되어 있으므로, 주인공의 비밀에 대한 호기심이나 주인공의 신비함을 돋보이게 하는 데 효과적인 면이 있다.

> 그러나, 그것도 잠시 다시 어머니는 무엇에 놀랐는지 흠칫하더니, 금시에 얼굴이 새하얘지고 입술이 바르르 떨렸습니다. 어머니의 손을 바라다보니 거기에는 지전 몇 장 외에 네모로 접은 하얀 종이가 한 장 잡혀 있는 것이었습니다.
>
> 어머니는 한참을 망설이는 모양이었습니다. 그러나 무슨 결심을 한 듯이 입술을 악물고, 그 종이를 차근차근 펴 들고 그 안에 쓰인 글을 읽었습니다. 나는 그 안에 무슨 글이 씌어 있는지 알 도리가 없었으나, 어머니는 그 글을 읽으면서 금시에 얼굴이 파랬다 발갰다 하고, 그 종이를 든 손은 이제는 바들바들이 아니라 와들와들 떨리어서 그 종이가 부석부석 소리를 내게 되었습니다.
>
> — 주요섭, 〈사랑 손님과 어머니〉 —

> 위 글에서 서술되고 있는 내용의 초점은 어머니이다. 즉 주인공은 '어머니'로 서술자인 '나'는 관찰자일 뿐이다. 어른들의 세계를 이해할 수 없는 어린 아이의 시점으로 미묘한 어른들의 심리를 감각적으로 형상화하고 있다.

(3) 작가 관찰자 시점

3인칭 관찰자 시점은 서술자가 인물과 사건의 바깥에서 객관적으로 전달하는 형식이다. 따라서 냉철한 묘사가 중심을 이룬다. 서술자는 단지 보이고 들리는 것만을 말하므로 심리 묘사가 없다.

> 복녀의 송장은 사흘이 지나도록 무덤으로 못 갔다. 왕 서방은 몇 번을 복녀의 남편을 찾아갔다. 복녀의 남편도 때때로 왕 서방을 찾아갔다. 둘의 사이에는 무슨 교섭하는 일이 있었다. 사흘이 지났다.
>
> 밤중 복녀의 시체는 왕 서방의 집에서 남편의 집으로 옮겼다.
>
> 그리고 시체에는 세 사람이 둘러앉았다. 한 사람은 복녀의 남편, 한 사람은 왕 서방, 또 한 사람은 어떤 한방 의사―왕 서방은 말없이 돈주머니를 꺼내어, 십 원짜리 지폐 석 장을 복녀의 남편에게 주었다. 한방 의사의 손에도 십 원짜리 두 장이 갔다.
>
> 이튿날, 복녀는 뇌일혈로 죽었다는 한방의의 진단으로 공동묘지로 가져갔다
>
> — 김동인, 〈감자〉 —

> 서술자가 상황에 대해 일체의 해설이나 평가를 내리지 않음으로써 독자가 그 상황이나 사건을 판단하도록 유도하고 있다. 작품 전체적으로는 전지적 작가 시점이지만 제시된 장면은 결말 부분으로 작가의 개입이 없이 서술되고 있다.

(4) 전지적 작가 시점

3인칭 전지적 시점은 전지적이고 분석적인 서술자가 작중 인물의 사상과 감정 속에 뛰어 들어가서 이야기를 서술하는 시점이다.

> "흐유, 산다는 게 대체 뭇이간디……"
>
> 불현듯 누군가 나직이 내뱉었다.
>
> 그러자 사람들은 그 말꼬리를 붙잡고 저마다 곰곰이 생각해 보기 시작한다. 정말이지 산다는게 도대체 무엇일까……
>
> 중년 사내에겐 산다는 일이 그저 벽돌담 같은 것이라고 여겨진다.
>
> 햇볕도 바람도 흘러들지 않는 폐쇄된 공간. 그곳엔 시간마저도 아무런 흔적을 남기지 않는다. 마치 이 작은 산골 간이역을 빠른 속도로 무심히 지나쳐 가 버리는 특급 열차처럼……
>
> 사내는 그 열차를 세울 수도 탈 수도 없다는 것을 잘 알고 있다. 그러면서도 여전히 기다릴 도리밖에 없다는 것, 그것이 바로 앞으로 남겨진 자기 몫의 삶이라고 사내는 생각한다.
>
> 농부의 생각엔 삶이란 그저 누가 뭐라해도 흙과 일뿐이다. 계절도 없이 쳇바퀴로 이어지는 노동. 농한기라는 겨울철마저도 융자금 상환과 농약값이며 비료값으로부터 시작하여 중학교에 보낸 큰 아들놈의 학비에 이르기까지 이런저런 걱정만 하다가 보내고 마는 한숨 철이 되고만 지도 오래였다. 삶이란 필시 등뼈가 휘도록 일하고 근심하다가 끝내는 늙고 병들어 죽는 것이리라고 여겨졌으므로, 드디어 어려운 문제를 풀어냈다는 듯이 농부는 한숨을 길게 내쉰다.
>
> — 임철우, 〈사평역에서〉 —

서술자는 작중 인물이 아니며, 등장 인물 개개인의 내면을 자유롭게 서술하고 있다. 작가 관찰자 시점과 달리 전지적 작가 시점은 제3자의 입장에서 등장 인물의 내면 심리를 자유롭게 서술할 수 있다.

➕ 플러스) 전지적 시점

주인공의 감정과 심리적 변화를 설명하는 데 장점이 있는 기법이다. 또한 다른 시점보다 이동이 쉽고 자유자재여서, 여러 소재를 다양하게 다룰 수 있다. 이 시점에서는 작가의 개입이 뚜렷하게 드러난다.

기출 | 따라잡기

122. 〈보기〉에 대한 설명으로 가장 옳은 것은?　　　2018. 서울시 9급 특별채용

보기

> 대저 이 세상같이 억울하고 고르지 못한 세상이 없는지라. 가난코 약한 사람은 그 부모가 낳은 몸과 하늘이 주신 귀중한 목숨도 보전치 못하고, 심청 같은 출천대효가 필경 임당수 물에 가련한 몸을 잠겼도다. 그러나 그 잠긴 곳은 이 세상을 이별하고 간 상계니, 하나님의 능력이 한없이 큰 세상이라. 이욕에 눈이 어둔 세상 사람과 말 못하는 부처는 심청을 도웁지 못하였거니와, 임당수 물귀신이야 어찌 심청을 모르리오.

① 서술자가 개입하여 자신의 견해를 나타내고 있다.
② 대화를 통해 인물 간 대립의 양상을 드러내고 있다.
③ 인물의 외양 묘사를 통해 인물의 심리를 보여 주고 있다.
④ 서술자가 주인공으로 등장하여 자신의 체험을 서술하고 있다.

3 전지적 시점의 다양한 양상

인물이나 사건에 대해 객관적으로 말하는 것은 관찰자의 입장이고 사건의 의미나 인물의 심리까지 직접적으로 분석하여 알려 주는 것이 전지적 작가 시점이다. 그런데 전지적 작가 시점의 작품에서 작가가 작품 속에 들어가 인물이나 사건에 대해 논평을 하거나 특정 인물의 시각으로 서술하여 정서적 거리를 조절하는 경우가 있다.

• 편집자적 논평(서술자 개입)

현대 소설에서는 드물지만 고전 소설에서는 자주 서술자가 마치 등장 인물처럼 작품 속에 직접 나타나 인물이나 사건에 대해 논평을 하는 경우가 있다. 이를 편집자적 논평이라 한다. 편집자적 논평은 작가의 개입 방법 중 하나이다.

> 이렇듯 통곡하니, 피 같은 저 눈물은 소상강 저문 비가 검은 색깔이 아롱진 대나무 뿌리는듯, 가련하다 만승의 황후는 올해로 이십 팔세라. 옥빈홍안(玉鬢紅顔) 고운 얼굴, 월태화용(月態花容) 귀한 몸이 여러 날 잠 못 자고 굶어서 형용이 초췌한 중에, 호왕이 잡아낼 때 흉악한 군사놈이 억지로 끌어내어 얼굴 가득히 피가 흐르고 옷이 남루하니, 푸른 하늘의 밝은 달이 검은 구름 속에 잠긴 듯, 푸른 물의 붉은 연꽃이 흙비를 머금은 듯, 가련하고 슬픈 모습 차마 보지 못할레라.
>
> — 〈유충렬전〉 —

> 황태후 일행이 호왕에게 붙잡혀 사형을 당하게 되는 위기 상황의 장면이다. 전체적으로는 전지적 작가 시점으로 작가의 개입이 드러난다. 이 중 '가련하다, 차마 보지 못할레라' 등은 서술자가 작중 상황에 대해 논평하는 편집자적 논평이다.

> 아아, 우리 땅은 날로 아름다와 간다. 우리의 연약하던 팔뚝에는 날로 힘이 오르고 우리의 어둡던 정신에는 날로 빛이 난다. 우리는 마침내 남과 같이 번쩍하게 될 것이로다.
>
> 그러할수록에 우리는 더욱 힘을 써야 하겠고, 더욱 큰 인물—큰 학자, 큰 교육가, 큰 실업가, 큰 예술가, 큰 발명가, 큰 종교가가 나야 할 터인데, 더욱더욱 나야 할 터인데 마침 금년 가을에는 사방으로 돌아오는 유학생과 함께 형식, 병욱, 영채, 선형 같은 훌륭한 인물을 맞아들일 것이니 어찌 아니 기쁠까.
>
> — 이광수, 〈무정〉 —

> 작품의 결말에서 서술자가 개입을 하고 있다. 나라를 위해 교육과 예술 등에 힘써야 함을 논평으로 밝히고 있다.

"해가 서쪽에서 뜨겠구나?"

윤 직원 영감이 아들의 이렇듯 부르지도 않은 걸음을, 더욱이나 안방까지 들어온 것을 이상타고 꼬집는 소립니다.

"……멋허러 오냐? 돈 달래러 오지?"

지체를 바꾸어, 윤 주사는 점잖고 너그러운 아버지로, 윤직원 영감을 속 사납고 경망스런 어린 아들로, 돌려놓았으면 꼬옥 맞겠습니다.

– 채만식, 〈태평천하〉 –

> 서술자가 판소리의 창에서처럼 독자와 가까운 위치에 서서 작중 인물을 조롱하고 있는 편집자적 논평이 드러난다. '판소리 창자의 직접 개입'이라고도 한다.

기출 | 따라잡기

123. ㉠~㉣ 중 서술자가 개입되어 있지 않은 것은?

2019. 국가직 9급

> 님을 생각하여 우는데, ㉠생각지 못할 우환을 당하려 하니 소리가 화평할 수 있겠는가. 한때나마 빈 방살이 할 계집아이라 목소리에 청승이 끼어 자연히 슬픈 애원성이 되니 ㉡보고 듣는 사람의 심장인들 아니 상할 것인가. 임 그리워 서러운 마음 밥맛없어 밥 못 먹고 불안한 잠자리에 잠 못 자고 도련님 생각으로 상처가 쌓여 피골이 상접하고 양기가 쇠진하여 진양조 울음이 되어 노래를 부른다. 갈까 보다 갈까 보다, 임을 따라 갈까 보다. 천 리라도 갈까 보다. 만 리라도 갈까 보다. 바람도 쉬어 넘고 수진이 날진이 해동청 보라매도 쉬어 넘는 높은 고개 동선령 고개라도 임이 와 날 찾으면 신발 벗어 손에 들고 아니 쉬고 달려가리. ㉢한양 계신 우리 낭군 나와 같이 그리워하는가, 무정하여 아주 잊고 나의 사랑 옮겨다가 다른 임을 사랑하는가? ㉣이렇게 한참을 서럽게 울 때 사령 등이 춘향의 슬픈 목소리를 들으니 목석이라도 어찌 감동을 받지 않겠는가? 봄눈 녹듯 온몸에 맥이 탁 풀렸다.
>
> – 작자 미상, 〈춘향전〉에서 –

① ㉠   ② ㉡

③ ㉢   ④ ㉣

---

4 시점에 따른 정서적 거리

거리는 서술자와 인물, 독자 사이에 가깝고 멀게 느끼는 심적(心的) 거리를 말한다. 소설에서 거리는 서술자의 위치는 서술자가 대상을 바라보는 각도에 따라 달라진다.

시점 관계에 따른 거리	1인칭 주인공 시점	전지적 작가 시점	1인칭 관찰자 시점 작가 관찰자 시점
서술자-인물 사이	가깝다	가깝다	멀다
서술자-독자 사이	가깝다	가깝다	멀다
독자-인물 사이	가깝다	멀다	가깝다

관계에 따른 거리 ＼ 서술 방법	말하기	보여 주기
서술자－인물 사이	가깝다	멀다
서술자－독자 사이	가깝다	멀다
독자－인물 사이	멀다	가깝다

• 말하기: 서술자가 인물의 내면까지 속속들이 알고 있으므로 서술자와 인물의 거리는 가깝다. 독자는 서술자의 상세한 설명을 통해 인물을 파악할 수 있으므로, 인물에 다가서려고 노력할 필요가 없다. 따라서 독자와 인물의 거리는 멀다.

• 보여주기: 서술자가 인물의 외양만을 묘사하므로 서술자와 인물의 거리는 멀다. 독자는 인물에 바짝 다가서서 인물의 내면을 추리해야 하므로 독자와 인물의 거리는 가깝다.

(1) 서술자와 인물 사이의 거리

1인칭 주인공 시점은 '서술자('나')＝주인공'이므로 서술자와 인물 사이의 거리는 거의 존재하지 않는다. 따라서 서술자와 인물 사이의 거리는 1인칭 주인공 시점에서 가장 가깝다. 작가 관찰자 시점은 서술자가 인물의 외면만을 객관적으로 전달하기 때문에 서술자와 인물 사이의 거리가 가장 멀다.

(2) 서술자와 독자 사이의 거리

서술자와 독자 사이의 거리는 보여주기(showing)의 서술 방식보다 말하기(telling)의 서술 방식일 때 더 가깝다. 비교적 1인칭 주인공 시점과 전지적 시점의 경우에 서술자와 독자 사이의 거리가 가깝다.

(3) 독자와 인물 사이의 거리

일반적으로 독자와 인물 사이의 거리는 서술자와 인물 사이의 거리에 반비례한다. 서술자가 등장 인물의 모든 것을 알려 줄 때, 서술자와 등장 인물 사이의 거리는 가까우나 독자와 인물 사이의 거리는 멀다. 서술자가 등장 인물의 외면만을 관찰하는 경우에 서술자와 인물 사이의 거리는 멀지만 독자와 인물 사이의 거리는 가깝다. 단 1인칭 주인공 시점은 주인공이 자신이 직접 체험한 일을 이야기하기 때문에 독자와 인물 사이의 거리가 가깝게 설정된다.

> 그냥 감은 송 영감의 눈에서 다시 썩은 물 같은, 그러나 뜨거운 새 눈물 줄기가 흘러내렸다. 그러는데 어디선가 애의 훌쩍훌쩍 우는 소리가 들리는 듯했다. 눈을 떴다. 아무도 있을 리 없었다. 지어 놓은 독이라도 한 개 있었으면 싶었다. 순간, 뜸막 속 전체만한 공허가 송 영감의 파리한 가슴을 억눌렀다. 온 몸이 오므라들고 차옴을 송 영감은 느꼈다.
>
> 그러는 송 영감의 눈앞에 독가마가 떠올랐다. 그러자, 송 영감은 그리로 가리라는 생각이 불현듯 일었다. 거기에만 가면 몸이 녹여지리라. 송 영감은 기는 걸음으로 뜸막을 나섰다.
>
> 거지들이 초입에 누워 있다가, 지금 기어 들어오는 게 누구라는 것도 알려 하지 않고, 구무럭거려 자리를 내주었다. 송 영감은 한 옆에 몸을 쓰러뜨렸다. 우선 몸이 녹는 듯해 좋았다.
>
> 그러나 송 영감은 다시 일어나 가마 안 쪽으로 기기 시작했다. 무언가 지금의 온기로써는 부족이라도 한 듯이. 곧 예삿사람으로는 더 견딜 수 없는 뜨거운 데까지 이르렀다. 그런데도 송 영감은 기기를 멈추지 않았다.
>
> －황순원, 〈독 짓는 늙은이〉－

> 이 작품은 전지적 작가 시점을 취하고 있다. 아들을 보내고 슬픔과 공허함을 느끼는 송 영감의 심리를 잘 드러내고 있으므로 서술자와 인물 사이의 거리는 가깝다. 이렇게 서술자가 인물의 내면을 자세하게 보여 주는 경우에는 독자가 인물 파악에 별 관심을 기울일 필요가 없게 되므로 독자와 인물 사이의 거리는 멀게 된다. 또 말하기의 서술 방식을 사용하여 인물의 행동을 드러내고 있으므로 서술자와 독자 사이의 거리는 가깝다.

124. 다음 글을 감상한 것으로 적절한 것은?　　　　　　　　　2020. 국회직 9급

> 　말대가리 윤용규 그는 삼십이 넘도록 탈망바람으로 삿갓 하나를 의관 삼아 촌 노름방으로 으실으실 돌아다니면서 개평푼이나 뜯으면 그걸로 돌아앉아 투전장이나 뽑기, 방퉁이질이나 하기, 또 그도 저도 못하면 가난한 아내가 주린 배를 틀어쥐고서 바느질품을 팔아 어린 자식과(이 어린 자식이라는 게 그러니까 지금의 윤직원 영감입니다.) 입에 풀칠을 하는 것을 얻어먹고는, 밤이나 낮이나 질펀히 드러누워, 소대성이 여대치게 낮잠이나 자기…… 이 지경으로 반생을 살았습니다. 좀 호협한 구석이 있고 담보가 클 뿐 물론 판무식꾼이구요.
> 　그런데, 그런 게 다 운수라고 하는 건지 어느 해 연분인가는 난데없는 돈 2백 냥이 생겼더랍니다. 시골돈 2백 냥이면 서울 돈으로 2천 냥이요, 그때만 해도 웬만한 새끼부자 하나가 왔다갔다 할 큰 돈입니다.
> 　노름을 해서 딴 돈이라고 하기도 하고, 혹은 그 아내가 친정의 머언 일가집 백부한테 분재를 타온 돈이라고 하기도 하고, 또 누구는 도깨비가 져다 준 돈이라고 하기도 하고 하여 자못 출처가 모호했습니다. 시방이야 가난하던 사람이 불시로 큰 돈이 생기면 경찰서 양반들이 우선 그 내력을 밝히려 들지만, 그때만 해도 60년 저짝 일이니 누가 지날 말로라도 시비 한마딘들 하나요. 그저 그야말로 도깨비가 져다 주었나 보다 하고 한갓 부러워하기나 했지요.
>
> 　　　　　　　　　　　　　　　　　　　　　　　　　－ 채만식, 〈태평천하〉에서 －

① 현재의 사건을 작중인물이 회상하는 방식으로 제시한다.
② 서술자가 작중인물에 대해 풍자적 거리를 유지하고 있다.
③ 1인칭의 서술자가 작중인물에 대해 객관적으로 평가한다.
④ 판소리에서 창자와 같은 작중인물이 등장해 사건을 주도한다.
⑤ 서술자가 작중인물의 내면에 초점을 맞추어 사건을 서술한다.

125. 다음 작품에 대한 설명으로 적절한 것은?　　　　　　　　　2024. 국회직 8급

> 　창틀에 동그마니 올라앉은 그는, 등을 한껏 꼬부리고 무릎을 세운 자세 때문에 어린아이처럼, 혹은 늙은 곱추처럼 보인다. 어쩌면 표면장력으로 동그랗게 오므라든 한 방울의 수은을 연상시켜 그 자체의 중량으로 도르르 미끄러져 내리지나 않을까 하는 아찔한 의구심을 갖게도 한다. 그러나 창에는 철창이 둘려 있기 때문에 나는 마치 렌즈의 22 핀을 맞출 때처럼 객관적인 거리를 유지하며 냉정한 눈으로 그를 살필 수 있다.
> 　그의 살갗 밑을 흐르는 혈액 속에는 표면장력이 있어 그는 늘 그렇게 자신의 표면적을 최소한으로 줄이려는 염원으로 잔뜩 웅크린 채 조심스럽게 살아가고 있는 것 같다. 미안합니다. 아주 죄송스럽군요, 하는 듯한 웃음을 언제든 필요할 때 즉시 내보낼 수 있도록 입 안쪽 어디쯤에 고여두고 있는 것 같기도 하다.
> 　허공을 정확히 정육각형으로 조각조각 가르고 있는 창살 너머 잔잔히 깔린 비늘구름에 노을빛이 묻어 불그레하게 빛나고 있다. 나는 때때로, 특히 달 밝은 밤 창 바깥쪽에서 잠자리나 초파리의 수많은 겹눈이 안을 들여다보고 있는 듯한 느낌에 잠에서 깨어나 거의 유아적인 공포에 사로잡히곤 한다.
> 　그는 여전히 웅크린 채 창틀에 앉아 휘익휘익 휘파람을 불고 있다. 바람 때문에 공기의 진동은 내가 있는 곳에 채 닿기도 전에 소리의 형태를 스러뜨리고 사라져버려 나는 그가 어떠한 곡조를 휘파람으로 불고 있는지 알 수 없다.
>
> 　　　　　　　　　　　　　　　　　　　　　　　　　－ 오정희, 〈불의 강〉에서 －

① '나'의 '냉정한 눈'을 통해 대상의 객관적 이미지를 형상화하고 있다.
② '나'를 통한 1인칭 서술 방식으로 초점화 대상의 심리를 직접적으로 드러내고 있다.
③ 사건을 압축적으로 요약함으로써 전체 서사의 배경을 제시하고 있다.
④ 사건의 서술이 없이 인물의 외양과 시공간에 대한 묘사에 치중하고 있다.
⑤ 작품 속 장면이 '그'를 초점화하는 '나'의 시선이 움직이는 동선에 따라 바뀌고 있다.

(가)와 (나)에 대한 설명으로 가장 적절한 것은?

(가)

　가차히 와 보니. 과연 나의 짐작대로 우리 숫닭이 피를 흘리고 거의 빈사지경에 이르럿다. 닭도 닭이려니와 그러함에도 불구하고 눈 하나 깜짝 없이 고대로 앉아서 호드기만 부는 그 꼴에 더욱 치가 떨린다. 동네에서도 소문이 났거니와 나도 한때는 걱실걱실히 일 잘 하고 얼골 이뿐 계집애인 줄 알았드니, 시방 보니까 그 눈깔이 꼭 여호 새끼 같다. 나는 대뜸 달겨 들어서 나도 모르는 사이에 큰 숫닭을 단매로 때려 엎었다. 닭은 푹엎어진 채 대리 하나 꼼짝 못 하고 그대로 죽어 버렸다. 그리고 나는 멍하니 섰다가 점순이가 매섭게 눈을 흡뜨고 닥치는 바람에 뒤로 벌렁 나자빠졌다.

　　　　　　　　　　　　　　　　　　　　　　　　　　　　　　　－ 김유정의 〈동백꽃〉 －

(나)

　저녁때였다. 닭이 우리 안에 들어 각각 잠자리를 차지하였을 때 마을 갔던 수탉이 어슬어슬 돌아왔다. 또 싸운 모양이다. 찢어진 맨드라미에는 피가 생생하고 퉁겨진 쭉지의 깃이 거꾸로 뻗쳤다. 다리를 저는 것은 일반이나 걸어오는 방향이 단정치 못하다. 자세히 보니 눈이 한쪽이 찌그러진 것이었다. 감긴 눈으로 피가 흘러 털을 물들였다. 참혹한 꼴이었다. 측은한 생각은 금시에 미운 감정으로 변하였을손은 불같은 화가 버럭 났다.

　　　　　　　　　　　　　　　　　　　　　　　　　　　　　　　－ 이효석 〈수닭〉 －

---

① (가)가 (나)보다 더 현실감과 박진감을 주는 것은 구체적이고 묘사적인 문체를 사용하기 때문이다.

② (가)에서 보여주기의 방식을 (나)에서 말하기의 방식을 사용하여 등장인물의 성격을 드러내고 있다.

③ (가)와 달리 (나)에서는 시점의 변화가 일어나고 있다.

④ (나)와 달리 (가)에서는 서술자가 객관적 태도로 인물의 행동이나 외부적 사실을 전달하고 있다.

✤ 시점의 혼합

작가는 사건 전개나 이야기의 전달 효과를 높이기 위해 시점을 알맞게 혼용하기도 한다. 즉 특정 시점을 택해 전체 이야기를 이끌어 가면서도 필요에 따라 부분적으로 다른 시점을 활용함으로써 사건 구성에 변화를 꾀할 수 있다.

(1) 액자식 구성

사건이 전개, 진행되는 과정에서 인물이나 사건을 대하는 서술자의 시점이 변하기도 하는데, 특히 액자식 구성의 소설에서 이러한 경우를 찾아볼 수 있다. 액자식 구성은 하나의 이야기 속에 또 하나의 이야기가 들어 있는 구성으로 외부 이야기에서 내부 이야기로 전환될 때, 내부 이야기의 전달 효과를 높이기 위해 시점에 변화를 주게 된다.

(가)

운명의 힘이 제일 세다는 그의 소리엔 삭이지 못할 원한과 뉘우침이 섞여 있다.

"그래요?"

나는 다만 그를 쳐다볼 뿐이었다.

한참 잠잠히 있다가 나는 다시 말하였다.

"자, 노형의 경험담이나 한번 들어봅시다. 감출 일이 아니면 한번 이야기해 보소."

"뭐 감출 일은……"

"그럼 어디 한번 들어 봅시다 그려."

그는 다시 하늘을 쳐다보았다. 그러나 좀 있다가. / "하디요."

하면서 내가 담배를 붙이는 것을 보고, 자기도 담배를 붙여 물고 이야기를 꺼낸다.

"닞히디두 않는 십구 년 전 팔월 열 하룻날 일인데요……"

하면서 그가 이야기한 바는 대략 이와 같은 것이다.

(나)

그가 살던 마을은 영유 고을서 한 20리 떠나 있는 바다를 향한 조그만 동리이다. 그의 살던 그 조그만 마을(서른 집쯤 되는)에서 그는 꽤 유명한 사람이었다.

··· (중략) ···

그리하여 낮쯤, 한 3, 4리 내려간 바닷가에서 겨우 아내를 찾기는 찾았지만, 그 아내는 이전과 같은 생기로 찬 산 아내가 아니요, 몸은 물에 불어서 곱이나 크게 되고, 이전에 늘 웃음을 흘리던 예쁜 입에는 거품을 잔뜩 물은 죽은 아내였다.

그는 아내를 업고 집에 오기까지에 정신이 없었다.

이튿날 간단하게 장사를 하였다. 뒤에 따라오는 아우의 얼굴에는,

"형님 이게 웬일이오니까?"

하는 듯한 원망이 있었다.

– 김동인, 〈배따라기〉 –

앞부분인 (가)는 외부 이야기로 관찰자인 '나'가 '그'의 이야기를 전하는 1인칭 관찰자 시점을 취하고 있다. 그런데 내부 이야기인 (나)는 시점이 전지적 작가 시점으로 바뀌고 있다. 즉 죽은 아내를 업고 집으로 돌아오기까지의 '그'의 심정과 형에 대한 아우의 원망이 서술자를 통해 드러나고 있다.

(2) 1인칭 시점과 3인칭 시점의 혼용

1인칭 시점은 주인공이 자신의 이야기를 들려주는 것으로 인물의 내면 세계를 드러내는 데 효과적이지만, 자신의 입장에서만 서술하기 때문에 이야기의 내용에 객관성이 떨어지게 된다. 따라서 작가는 어떤 상황을 좀 더 객관적인 시각에서 전달하고자 할 때, 1인칭에서 3인칭으로 시점에 변화를 주기도 한다.

눈에 함빡 싸인 흰 둑길이다. 오오 이 둑길…… 몇 사람이나 이 둑길을 걸었을 거냐. 훤칠히 트인 벌판 너머로 마주선 언덕, 흰 눈이다. 가슴이 탁 트이는 것 같다. 똑바로 걸어가시오. 남쪽으로 내 닿은 길이오. 그처럼 가고 싶어하는 길이니 유감없을 거요. 걸음마다 흰 눈 위에 발자국이 따른다. 한 걸음 두 걸음, 명확히 걸어야 한다. 사수(射手) 준비! 총탄 재는 소리가 바람처럼 차갑다. 눈앞에 흰 눈뿐, 아무 것도 없다. 인제 모든 것은 끝난다. 끝나는 그 순간까지 정확히 끝을 맺어야 한다. 끝나는 일 초, 일 각까지 나를, 자기를 잊어서는 안 된다.

걸음걸이는 <u>그의 의지처럼 또한</u> 정확했다. 아무리 한 걸음, 한 걸음 다가가는 걸음걸이가 죽음에 접근하여 가는 마지막 길일지라도 결코 허튼, 불안한, 절망적인 것일 수는 없었다. 흰 눈, 그 속을 걷고 있다. 훤칠히 트인 벌판 너머로, 마주선 언덕, 흰 눈이다. 연발하는 총성, 마치 외부 세계의 잡음만 같다. 아니 아무 것도 아닌 것이다. 그는 흰 눈 속을 그대로 한 걸음, 한 걸음 정확히 걸어가고 있었다. 눈 속에 부서지는 발자국 소리가 어렴풋이 들려 온다. 두런두런 이야기 소리가 난다. 누가 뒤통수서 잡아 일으키는 것 같다. 뒷허리에 충격을 느꼈다. 아니 아무것도 아니다. 아무것도 아닌 것이다.

－오상원, 〈유예〉－

이 작품은 1인칭 시점으로 서술자인 주인공이 자신의 내면을 서술하다가, 자신의 행동을 '그의 의지처럼 또한 정확했다.'와 같이 3인칭으로 서술하기도 한다. 이처럼 '나'가 총살당하는 부분에는 주로 3인칭 시점을 사용함으로써 주인공이 처한 상황을 객관적으로 파악할 수 있게 하였다.

(3) 전지적 작가 시점과 작가 관찰자 시점의 혼용

여러 등장 인물 중 한 사람의 내면 심리를 묘사하면서 특정 인물을 작가가 개입한 인물의 시각으로 관찰하기도 한다. 이는 바로 전지적 작가 시점과 작가 관찰자 시점이 교묘하게 섞여 있는 것으로, 제한 전지적 작가 시점이라고도 한다.

(가)

정례 모친은 눈물이 핑 돌았다. 스물예닐곱까지 동경 바닥에서 신여성 운동이네, 연애네, 어쩌네 하고 멋대로 놀다가, 지금 영감의 후실로 들어앉아서 세상 고생을 알까. 아이를 한 번 낳아 보았을까. 사십 전의 젊은 한때를 도지사 대감의 실내 마님으로 떠받들려 제멋대로 호강도 하여 본 옥임이다. 지금도 어디가 사십이 훨씬 넘은 중늙은이로 보이랴.

(나)

옥임이는 정례 모친이 혼쭐이 나서 달아나는 꼴을 그것 보라는 듯이 곁눈으로 흘겨보고는, 입귀를 샐룩하며 비웃고 버젓이 사람 틈을 헤치고 종로편으로 내려갔다. 의기 양양할 것도 없지마는, 가슴 속이 후련하니, 머릿속이고 가슴 속이고 뭉치고 비비꼬이던 것이 확 풀어져 스러지고, 피가 제대로 도는 것같이 기분이 시원하다.

－염상섭, 〈두 파산〉－

이 작품은 전지적 작가 시점을 취해 사실적이고도 정확하게 상황과 인물의 심리를 묘사하고 있는 것이 특징이다. 하지만 서술자가 특정 인물의 관점에서 서술하여 인물이 처한 상황이나 심리를 잘 드러내고 있는 부분이 많다. 제시된 부분을 보면 (가)는 정례 모친의 관점에서, (나)는 옥임의 관점에서 서술되고 있음을 알 수 있다.

제5절 서술 방식과 서술 태도

1 서술상의 특징

서술상의 특징은 소설의 표현 기법을 포함한 문체적 특징을 말한다. 소설에서 문장 이상의 단위에서 문체의 기본적인 요소는 설명과 묘사와 대화라 할 수 있다. 설명적 서술이나 묘사를 사용하고 대화를 인용하면서, 사건의 경과를 동적(動的)으로 제시한다.

> 바다를 본 것도 처음이었고, 그처럼 큰 배에 몸을 실어 본 것은 더구나 처음이었다. 배 밑창에 엎드려서 꽥꽥 게워내는 사람들이 많았으나, 만도는 그저 골이 좀 띵했을 뿐 아무렇지도 않았다. 더러는 하루에 두 개씩 주는 뭉치밥을 남기기도 했으나, 그는 한꺼번에 하룻 것을 뚝딱해도 시원찮았다. 모두 내릴 준비를 하라는 명령이 떨어진 것은 사흘째 되는 날 황혼때였다. 제가끔 봇짐을 챙기기에 바빴다. 만도도 호박덩이만한 보따리를 옆구리에 덜렁 찼다. 갑판 위에 올라가 보니 하늘은 활활 타오르고 있고, 바닷물은 불에 녹은 쇠처럼 벌겋게 출렁거리고 있었다. 지금 막 태양이 물위로 뚝딱 떨어져가는 것이었다. 햇덩어리가 어쩌면 그렇게 크고 붉은지 정말 처음이었다. 그리고 바다 위에 주황빛으로 번쩍거리는 커다란 산이 둥둥 떠 있는 것이었다. 무시무시하도록 황홀한 광경에 모두들 딱 벌어진 입을 다물 줄 몰랐다. 만도는 어깨마루를 버쩍 들러 올리면서, 히야 고함을 질러댔다. 그러나, 섬에서 그들을 기다리고 있는 것은 숨막히는 더위와 강제 노동과 그리고, 잠자리만씩이나 한 모기 떼⋯⋯. 그런 것뿐이었다.
>
> −하근찬, 〈수난 이대〉−

> 남양 군도로 끌려가는 만도와 그 일행을 요약적으로 설명하고 있다. 그런데 중간의 일몰 장면의 묘사는 이야기의 진행을 멈추고 잠시 한 장면에 집중하게 만든다. 이 아름다운 일몰의 묘사는 '그러나 그처럼 좋아할 건덕지는 못 되는 것이었다.'라는 서술자의 논평에서 보듯 만도 일행이 다음에 겪을 고통을 강조하는 역설적 표현이라고 할 수 있다.

(1) 설명

인물, 사건, 배경 등을 직접 이야기하는 방식의 문장이다. 등장 인물의 성격이나 행위의 의미를 직접 설명하거나, 인물의 심리를 분석하기도 하며 인물이나 사건에 관한 정보를 독자에게 정확히 전달해 주기도 한다. 인물이나 사건에 대한 서술이 어느 정도의 시간과 공간 속에서 이루어지느냐에 따라 사건의 진행 속도가 달라진다.

예-1

　젊은 시절에는 알뜰하게 벌어 돈푼이나 모아 본 적도 있기는 하였으나, 읍내에 백중이 열린 해 호탕스럽게 놀고 투전을 하여 사흘 동안에 다 털어 버렸다. 나귀까지 팔게 된 판이었으나 애끊는 정분에 그것만은 이를 악물고 단념하였다. 결국 도로아미타불로 장돌이를 다시 시작할 수밖에는 없었다. 짐승을 데리고 읍내를 도망해 나왔을 때에는, 너를 팔지 않기 다행이었다고 길가에서 울면서 짐승의 등을 어루만졌던 것이었다. 빚을 지기 시작하니 재산을 모을 염은 당초에 틀리고, 간신히 입에 풀칠을 하러 장에서 장으로 돌아다니게 되었다.

　　　　　　　　　　　　　　　　　　　　　　　－이효석, 〈메밀꽃 필 무렵〉－

> 생원의 삶이 서술자의 해설적이고 요약적인 설명을 통해 빠르게 제시되고 있다. 젊은 시절부터 늙은 현재까지의 긴 세월에 걸쳐 일어난 사건 중에서 중요한 사건들을 인과 관계를 전제로 서술함으로써 사건 반전을 쉽게 이해할 수 있도록 제시하고 있다.

예-2

　그 날도 나는 명선이와 함께 부서진 다리에 가서 놀고 있었다. 예의 그 위험천만한 곡예 장난을 명선이는 한창 즐기는 중이었다. 콘크리트 부위를 벗어나 그 애가 앙상한 철근을 타고 거미처럼 지옥의 가장귀를 향해 조마조마하게 건너갈 때였다. 이때 우리들 머리 위의 하늘을 두 쪽으로 가르는 굉장한 폭음이 귀뺨을 갈기는 기세로 갑자기 울렸다. 푸른 하늘 바탕을 질러 하얗게 호주기 편대가 떠가고 있었다. 비행기의 폭음에 가려 나는 철근 사이에서 울리는 비명을 거의 듣지 못하였다. 다른 것은 도무지 무서워할 줄 모르면서도 유독 비행기만은 병적으로 겁을 내는 서울 아이한테 얼핏 생각이 미쳐 눈길을 하늘에서 허리가 동강이 난 다리로 끌어냈을 때 내가 본 것은 강심을 겨냥하고 빠른 속도로 멀어져가는 한 송이 쥐바라숭꽃이었다.

　　　　　　　　　　　　　　　　　　　　　　　－윤흥길, 〈기억 속의 들꽃〉－

> 그날 명선이가 죽기까지의 사건을 서술하고 있다. (예-1)의 메밀꽃 필 무렵이 요약적 설명이라면, (예-2)는 그보다는 짧은 시간에 일어난 일을 길게, 자세하게 서술하고 있다.

기출 따라잡기

127. 다음 글에 드러난 서술상의 특징으로 알맞지 않은 것은?

2020. 소방직

> 이튿날 출근 끝에 가까운 읍의 수령들이 모여든다. 운봉의 장관, 구례, 곡성, 순창, 옥과, 진안, 장수 원님이 차례로 모여든다. 왼쪽에 행수 군관, 오른쪽에 청령, 사령이 있고 본관 사또는 주인이 되어 한가운데 있어 하인 불러 분부하되,
>
> "관청색 불러 다과를 올리라. 육고자 불러 큰 소를 잡고, 예방(禮房) 불러 악공을 대령하고, 승발 불러 천막을 대령하라. 사령 불러 잡인을 금하라."
>
> 이렇듯 요란할 제 온갖 깃발이며 삼현육각 풍류 소리 공중에 떠 있고, 붉은 옷 붉은 치마 입은 기생들은 흰 손 비단 치마 높이 들어 춤을 추고, 지화자 둥덩실하는 소리에 어사의 마음이 심란하구나.
>
> "여봐라 사령들아, 너의 사또에게 여쭈어라. 먼 데 있는 걸인이 좋은 잔치에 왔으니 술과 안주나 좀 얻어 먹자고 여쭈어라."
>
> 저 사령의 거동 보소.
>
> "우리 사또님이 걸인을 금하였으니, 어느 양반인지는 모르오만 그런 말은 내지도 마오."
>
> 등을 밀쳐 내니 어찌 아니 명관(名官)인가.
>
> 운봉 영장이 그 거동을 보고 본관 사또에게 청하는 말이,
>
> "저 걸인의 의관은 남루하나 양반의 후예인 듯하니 말석에 앉히고 술잔이나 먹여 보냄이 어떠하뇨?" 하는 말이.
>
> 본관 사또 하는 말이,
>
> "운봉의 소견대로 하오마는."
>
> '마는' 하는 끝말을 내뱉고는 입맛이 사납겠다. 어사또 속으로,
>
> "오냐, 도적질은 내가 하마. 오라는 네가 받아라."
>
> 운봉 영장이 분부하여,
>
> "저 양반 듭시라고 하여라."
>
> — 작자 미상, 〈춘향전(春香傳)〉 —

① 잔치가 열리는 장면이 묘사되어 있다.

② 인물의 심리가 표면적으로 드러나 있다.

③ 인물의 말과 행동을 통해 갈등이 해소되고 있다.

④ 서술자는 직접 말을 건네며 독자와의 거리를 좁히고 있다.

(2) 묘사

눈에 보이는 것처럼 그려 보임으로써 독자에게 생생한 이미지를 전달하는 방식의 문장이다. 인물을 생생하게 묘사할 수 있고, 사건을 현장감 있게 제시할 수 있다.

① 배경이나 인물의 외양과 심리 묘사는 사건의 전개를 직접적으로 보여주지 못한다. 시간적·공간적 배경이나 사건을 둘러싼 인물들의 심리는 그 사건을 고정시켜 놓은 채 묘사가 될 수밖에 없기 때문에 사건은 그러한 묘사가 끝날 때까지 진행되지 못한다.

> 마을 동구 앞에는 조갑지 같은 초가 세 채가 신작로를 가운데로하여 따로 떨어져 있었다. 한 채는 눈깔사탕이며 엿과 성냥을 팔던 송방으로 불린 구멍가게였고, 주인은 술장수 퇴물인 채씨 부부였다. 그 맞은 편 집은 사철 풀무질이 바쁘던 원애꾸네 대장간이었으며, 그 옆으로 저만치 물러나 있던, 대낮에도 볕살이 추녀 끝에서만 맴돌다 어둡던 옴팡집은 장중철이네가 차린 주막이었다. 부엌은 도가술에 물타서 느루 팔던 술청이었고, 손바닥만하던 명색 마당 귀퉁이는 이발기계와 면도 하나로 깎고 도스리던, 장에 가는 장꾼들만 바라보던 무허가 노천 이발소였다. 주막과 대장간 어중간에는 사철 시커멓게 그슬린 드럼통

➕ 플러스 주관적 묘사와 객관적 묘사

머리 위에 향로를 이고 두 손을 합장한, 고개와 등이 앞으로 좀 수그러진, 입도 조금 헤벌어진, 그것은 불상이라고 할 수도 없는, 형편없이 초라한, 그러면서도 무언지 보는 사람의 가슴을 쥐어짜는 듯한, 사무치게 애절한 느낌을 주는 등신대(等身大)의 결가부좌상(結跏趺坐像)이었다.

→ 앞 부분의 묘사가 주관적 묘사라면, 뒷 부분은 객관적 묘사이다.

기출 | 따라잡기

128. 다음 글의 내용에 대한 설명으로 옳지 <u>않은</u> 것은? 2002. 국가직 7급

> 보름에 둥근 달은 모든 영화와 끝없는 숭배를 받는 여왕과 같은 달이지마는, 그믐달은 애인을 잃고 쫓겨남을 당한 공주와 같은 달이다.

① 달의 여러 특징을 여인의 모습으로 비유하였다.
② 그믐달의 특성을 보름달과 대비하여 그 특성을 드러내고 있다.
③ 직유법을 사용하여 달을 묘사하였다.
④ 은유법을 사용하여 달을 묘사하였다.

기출 | 따라잡기

129. 문학의 특성으로 <u>틀린</u> 것은? 2001. 경남 9급

① 현실세계를 모사한다.
② 상상의 세계
③ 사상과 감정 표현
④ 실제 경험의 표현
⑤ 사실을 묘사한다.

솥이 걸리어 있어, 장날마다 싸잡아 나무를 때어 끓이면서 장으로 들어가는 옷가지나 바랜 이불잇 따위를 염색하던 검정 염색터가 전봇대 밑에 웅크리고 있게 마련이었다.

— 이문구, 〈관촌수필〉 —

> 마을 동구에 있었던 '초가 세 채'에 대한 묘사이다. 그 초가 세 채는 각각 구멍가게, 대장간, 주막이었고 그 주인은 채씨 부부, 원애꾸네, 장중철이네라고 지시하고 있다. 그리고 세 채의 위치와 겉모양에 대해 간략히 묘사하고 있다. 이렇듯 이 글은 사물에 대한 객관적 지시와 겉으로 드러난 모습에 대한 묘사로 이루어져 있다. 그에 따라 독자들은 마을 동구에 있던 초가 세 채에 대한 분명한 인상을 받게 된다.

흥부 이 말을 듣고 형의 집에 건너갈 제, 치장을 볼작시면 편자 없는 헌 망건에 박쪼가리 관자 달고, 물렛줄로 당끈 달아 대고리 터지게 동이고, 깃만 남은 중치막 동강 이은 헌술띠를 흥복통에 눌로 띠고, 떨어진 헌 고의(袴依)에 청올치로 대님 매고, 헌 짚신 감발하고 세 살부채 손에 쥐고, 서홉들이 오망자루 꽁무늬에 비슥 차고, 바람 맞은 병인같이 잘 쓰는 쇄소(灑掃)같이 어슥비슥 건너 달고 형의 집에 들어가서 전후좌우 바라보니, 앞노적, 뒷노적, 멍에노적 담불담불 쌓았으니,

— 〈흥보전〉 —

> 흥부가 형의 집을 찾아갈 때의 차림새와 놀부 집안의 모습을 묘사하고 있다. 사건의 설명인 '형의 집에 건너갈 제'와 '형의 집에 들어가서'는 시간의 흐름에 따른 사건의 전개를 보여주지만 묘사는 사건 전개에 직접 관여하지 못한다.

② 인물의 행동 묘사는 감정이나 생각을 직접 드러내는 것에 비해 그 인물의 구체적인 형상을 인상적으로 그려내며 인물을 직접 관찰하는 듯한 느낌을 줌으로써 사실성을 높인다.

> 놀부 심사를 볼작시면 초상난 데 춤추기, 불붙는 데 부채질하기, 해산한 데 개 잡기, 장에가면 억매(抑賣) 흥정하기, 집에서 몹쓸 노릇하기, 우는 아해 볼기 치기, 갓난 아해 똥 먹이기, 무죄한 놈 뺨 치기, 빚값에 계집 빼앗기, 늙은 영감 덜미 잡기, 아해 밴 계집 배 차기, 우물 밑에 똥 누기, 오려 논에 물 터놓기, 잦힌 밥에 돌 퍼붓기, 패는 곡식 이삭 자르기, 논두렁에 구멍 뚫기, 호박에 말뚝 박기, 곱사장이 엎어 놓고 발꿈치로 탕탕치기, 심사가 모과나무의 아들이라. 이놈의 심술은 이러하되, 집은 부자라 호의호식하는구나.
>
> — 〈흥보전〉 —

> 놀부의 심술을 놀부의 평소 행동들을 나열함으로써 그 성격을 구체적으로 보여주고 있다. 제시된 행동 하나하나는 일종의 개별적인 사건이지만 이를 통해 놀부의 성격을 감각적으로 생생하게 드러낸다는 점에서 행동 묘사라 할 수 있다.

130. 다음 중 〈보기〉와 같은 서술 방식이 쓰인 문장은?　　　　　2015. 서울시 9급

> **보기**
>
> 　포장한 지 너무 오래되어 길에는 흙먼지가 일고 돌이 여기저기 굴러 있었다. 길 양쪽에 다 쓰러져가는 집들, 날품팔이 일꾼들이 찾아가는 장국밥집, 녹슨 함석지붕이 찌그러져 있었고, 흙먼지가 쌓인 책방, 조선기와를 올린 비틀어진 이층집, 복덕방 포장이 찢기어 너풀거린다.

① 탈피 후 조금 쉬었다가 두 번째 먹이를 먹고 자리를 떠났다.
② 잎은 어긋나게 붙고 위로 올라갈수록 작아지면서 윗줄기를 감싼다.
③ 사람을 접대하는 것은 글을 잘 짓는 것과 같다.
④ 성장이 둔화되어 일자리가 늘지 않았기 때문이다.

③ 대화

등장 인물이 하는 말을 가리킨다. 소설에서의 대화는 크게 두 가지 기능을 한다. 하나는 인물의 행동, 성격, 심리를 제시하는 것이고 둘째는 사건을 전개하는 기능이다.

> "어서 오시오."
> 댓방 아줌마가 배추를 다듬으며 말했다.
> "날세."
> 사내가 탁자 위에 쭈그러진 가방을 팽개치듯 내려놓고 그 앞 의자에 걸터 앉으면서 말했다. 가게 안에 딴 손님은 없었다.
> "아이고! 뭣할라고 또 오요?"
> 여자가 배추 포기를 내던지고 일어서서 두 팔을 늘어뜨리고 말했다.
> "막걸리나 한 잔 주소, 서울서 지금 막 내려오는 길이네."
> "어서 가시오, 영달이가 학교 파하고 들어올 때가 됐소. 가 오기 전에 얼렁 가시오."
> "어디서 만 원 두 개만 만들 수 없을랑가 모르겠네."
> "돈은 한 푼도 없소. 있어도 당신 줄 돈은 없소."
> "영달이 많이 컸제? 가가 지금도 나를 그렇게 미워헝가?"
> "한 달에 월사금 육천 원 벌라고 신문 배달허요."
> "신문 배달이야 애비 있는 자식도 허네."
> "가가 애비 없는 자석이요?"
> "새마을 몇 갑 살 돈도 없능가?"
>
> 　　　　　　　　　　　　　　　　　　　－서정인, 〈뒷개〉－

> 위 글은 주로 대화를 통해 '여자와 사내는 부부이며 영달은 그들의 자식이고, 넉넉한 형편이 아니며 부부 관계는 별로 좋지 않다.'와 '사내는 서울에서 아내는 고향에서 살고 있으며, 사내는 돈을 마련하기 위해 내려왔고 아내는 그것을 못마땅하게 생각한다.'라는 정도의 내용을 파악할 수 있다. '또'라는 말과 이만 원을 요구하다 새마을 몇 갑 살 돈을 요구하는 말에서 돈을 뜯으러 내려오는 남편의 행위가 상습적인 것이라는 것과 남편의 뻔뻔한 성격이 암시되기도 한다.

➕ 플러스　대화의 특징

- 작중 상황과 인물 간의 관계를 보여 준다.
- 인물의 심리와 태도를 드러내며 성격을 제시하고 있다.
- 서술자의 개입이 없이 보여주기의 방식으로 장면을 제시하고 있다.

태후 가라사대,

"이는 불가하니, 같은 여염집 여자는 한가지로 부인이 됨이 방해롭지 아니하거니와 너는 바로 선제(先帝)의 끼치신 몸이라, 하물며 상이 사랑하시는 누이요 일신이 가볍지 아니하니 어찌 여염의 소소한 여자로 더불어 나란히 설 수 있으리요."

공주 아뢰되,

"소녀 또한 소녀의 몸이 존중한 줄 아오되 옛 성스럽고 밝은 제왕(帝王)도 어진 사람을 공경하며 천자(天子)도 필부(匹夫)로 벗한 이 있으니, 소녀 물으니 정씨 여자가 얼굴 재조와 덕이 다 갖추어져 옛사람에게 내리지 아니리라 하니, 진실로 그러할진대 저와 더불어 어깨를 나란히 함이 무슨 혐의 있으리이꼬. 비록 그러하나 전문(傳聞)이 실상에 지나기 쉬우니 소녀의 뜻에는 아무 길로나 정씨 여자를 보아 용모 재덕이 소녀보다 나으면 마땅히 몸이 다하도록 우러러 섬기려니와, 만일 직접 보아 소문과 같이 못할 양이면 첩으로 삼으나 종으로 삼으나 낭랑의 임의로 처치하소서."

– 김만중, 〈구운몽〉 –

'정씨 여자'를 공주와 마찬가지로 부인으로 삼을 것인가 아니면 첩으로 할 것인가의 문제에 대하여 대화를 나누는 장면이다. 태후는 공주가 여염집 여자와 같은 지위에 있을 수 없음을 내세워 '정씨'를 '첩'으로 하자고 하고, 공주는 제왕과 천자의 사례를 들어 '용모재덕'을 기준으로 삼아 정식 부인으로 삼고자 했다. 대화 속에 드러난 '판단 기준'을 통해 인물의 가치관을 짐작할 수 있으며, 전개되는 사건도 알 수 있다.

기출 | 따라잡기

131. 다음 글에 대한 설명으로 적절한 것은?

2015. 사회복지직 9급

"그래 일인들이 죄다 내놓구 가는 것을, 백성들더러 돈을 내구 사라구 마련을 했다면서?"

"아직 자세힌 모르겠어두, 아마 그렇게 되기가 쉬우리라구들 하드군요."

해방 후에 새로 난 구장의 대답이었다.

"그런 놈의 법이 어딨단 말인가? 그래, 누가 그렇게 마련을 했구?"

"나라에서 그랬을 테죠."

"나라?"

"우리 조선 나라요."

"나라가 다 무어 말라비틀어진 거야? 나라 명색이 내게 무얼 해 준 게 있길래, 이번엔 일인이 내 놓구 가는 내 땅을 저이가 팔아먹으려구 들어? 그게 나라야?"

"일인의 재산이 우리 조선 나라 재산이 되는 거야 당연한 일이죠."

"당연?"

"그렇죠."

"흥, 가만 둬두면 저절루 백성의 것이 될 걸 나라 명색은 가만히 앉었다 어디서 툭 튀어나와 가지구, 걸 뺏어서 팔아먹어? 그따위 행사가 어딨단가?"

"한 생원은, 그 논이랑 멧갓이랑 길천이한테 돈을 받구 파셨으니깐 임자로 말하면 길천이지 한 생원인가요?"

"암만 팔았어두, 길천이가 내 놓구 쫓겨 갔은깐, 도루 내 것이 돼야 옳지, 무슨 말야. 걸, 무슨 탁에 나라가 뺏을 영으루 들어?"

"한 생원한테 뺏는 게 아니라, 길천이한테 뺏는 겁니다."

① 독백과 대화를 혼용하여 이야기를 이끌어가고 있다.
② 서술자가 인물의 성격을 직접적으로 평가하고 있다.
③ 특정한 단어를 활용하여 시대적 배경을 나타내고 있다.
④ 작가는 국민의 도덕성과 국가의 비도덕성을 대조하여 보여준다.

핵심정리

1. **작품**: 논 이야기
2. **줄거리**: 주인공 한 생원의 아버지는 부지런한 농군이었다. 그는 제대로 입지 않고 먹지 않으면서 푼푼이 모은 돈으로 열세 마지기와 일곱 마지기의 두 자리의 논을 장만하였다. 이렇게 논을 장만한 지 5년만에 그는 열세 마지기 논을 고을 원에게 빼앗기고 말았다. 동학에 가담했다는 혐의를 씌워 강제로 빼앗긴 것이다. 한 생원이 스물한 살 때 일이었다. 이렇게 해서 한 생원은 가난한 소작농으로 근근이 입에 풀칠을 해나간다. 부친이 작고한 지 몇 해 안 되어 그는 힘에 겨운 빚을 지게 되었다. 일본인 요시카와가 땅을 비싸게 사들인다는 소문을 듣고 남은 일곱 마지기를 팔아 버린다. 그럭저럭 세월이 흘러 8 · 15광복을 맞았으나 크게 기쁠 것이 없었다. 그에게는 나라를 도로 찾았다는 것은 구한국 시절로 다시 돌아가는 것으로밖에는 달리 생각할 수가 없었다. 한 생원은 일인들이 쫓겨가자 다시 농토를 되찾을 수 있으리라고 생각하였다. 그러나 8 · 15광복의 혼란한 틈을 타 잇속에 눈이 밝은 무리들이 일본인 농장이나 회사의 관리자들과 부동이 되어 가지고 일인의 재산을 부당 처분하여 이미 다른 자의 소유가 되어 있었다.
3. **주제**: 역사의식이 결여된 개인의 소시민성과, 국가가 농민의 삶에 기여하지 못하고 있는 현실에 대한 풍자

---

2 서술자의 어조와 태도

(1) 어조

어조는 인물이나 상황에 대한 서술자의 태도를 드러내는 문체적 요소이다. 똑같은 사람이나 상황에 대해서도 서술자의 어조에 따라 의미나 느낌이 달라진다. 어조는 인간의 심리 만큼이나 다양한데, 다음과 같은 몇 가지 유형은 소설 감상과 문제 해결에 도움이 된다.

① **해학과 반어**

'해학'은 대상에 대한 호감이나 연민을 느끼게 하는 익살과 웃음이 중심을 이루는 어조이고, '반어'는 표현하는 것과 의미하는 것이 대립 · 상충 · 모순되는 어조이다.

② **풍자와 냉소**

풍자는 인물이나 현실의 부정적인 현상이나 모순 따위를 빗대어 재치 있게 경계하거나 비판하는 어조로 반어나 해학, 과장된 표현을 통해 주로 드러난다. 냉소는 대상에 대해 거리감을 두고 쌀쌀한 태도로 비웃는 냉정한 심리를 드러내는 어조이다.

③ **과장과 완곡**

과장은 어떤 내용이나 대상을 실제의 것보다 크게 또는 작게 표현하여 전달의 의도를 강화하는 어조이고, 완곡은 심각한 것을 덜 심각하게 하거나 전혀 심각하지 않게 표현하는 어조이다. 완곡한 어조는 서술자의 의도 표현을 절제하여 대상에 대한 판단과 평가를 독자에게 떠넘기는 객관적 태도의 진술로 드러난다.

기출 **따라잡기**

132. 표현론적 관점에서 김유정의 소설 「봄 · 봄」을 감상한 것으로 가장 적절한 것은? 2015. 경찰직(2차) 9급

① 이 작품은 1930년대 일제 강점기 하층민들이 소작농으로 전락해 어떤 삶을 살았는지를 알 수 있게 해.

② 작가 김유정은 강원도가 고향이야. 그래서 '짜증, 안죽' 등의 토속적 어휘와 사투리를 사용해 향토적인 느낌을 불러일으켰어.

③ '나'와 장인의 갈등, 점순이의 이중적인 태도로 인한 상황 반전, 절정을 결말에 삽입한 역순행적 구성 등은 작품의 해학성을 부각시키고 있어.

④ '나'와 장인이 화해를 한 것처럼 보이지만 현실의 문제가 근본적으로 해결된 상태가 아니기에 욕심 많은 장인이 앞으로도 '나'를 속일 것이라고 짐작할 수 있어.

점순이는 뭐 그리 썩 예쁜 계집애는 못 된다. 그렇다구 또 개떡이냐 하면 그런 것도 아니고 꼭 내 아내가 돼야 할 만큼 그저 튑튑하게 생긴 얼굴이다. 나보다 십 년이 아래니까 올해 열 여섯인데 몸은 남보다 두 살이나 덜 자랐다. 남은 잘도 헌칠히들 크건만 이건 위 아래가 몽통한 것이 내 눈에는 하릴없이 감참외 같다. 참외 중에는 감참외가 제일 맛 좋고 예쁘니까 말이다. 둥글고 커단 눈은 서글서글하니 좋고 좀 지쳐 찢어졌지만 입은 밥술이나 톡톡히 먹음직하니 좋다. 아따 밥만 많이 먹게 되면 팔자는 고만 아냐.

― 김유정, 〈동백꽃〉 ―

해학적인 어조가 잘 드러난다. 채만식의 '태평천하'처럼 해학적 어조는 풍자적 효과를 드러내기도 한다.

<table>
</table>

플러스 반어

반어는 표현의 반어와 상황의 반어가 있다. 표현의 반어는 의도와 반대되는 표현을 사용하는 경우이고, 상황의 반어는 제시된 상황이 상식적으로 기대되는 상황과 반대로 나타나는 경우이다. '운수 좋은 날'에서 김 첨지의 아침부터 계속되는 행운이 아내가 죽어 있는 상황으로 마무리되는 것이 상황의 비극적 아이러니라 할 수 있다.

제일 재미있고 유명한 소설이 무엇이냐고 물어서, '추월색'이라고 대답하였고, 그럼 그것을 한 권 사고 싶다고 하여서, 여러 날 사러 다니다 못해 동네 노마네 집에 치를 이 원에 사주었다. 이 밖에도 미스터 방은 S소위에게 조선을 소개한 공로가 여러 가지로 많으나, 대강은 그러하였다.

그 공로에 정비례해서, 미스터 방은 나날이 훌륭하여져 갔다. 8 · 15 이전에 어떤 은행의 중역의 사택이라던 지금의 이 집으로, 현저동 그 집에서 옮아오는 S소위의 통역이 되는 사흘 후였다. 위아래층을 다, 양식 절반 일본식 절반으로 꾸민 호화스런 저택이었다. 정원엔 때마침 단풍과 가을 화초가 아름다웠고, 연못에선 잉어가 뛰놀고 하였다.

― 채만식, 〈미스터 방〉 ―

미스터 방은 훌륭한 인물이 아니라 강자에게 아부하고 해방 직후임에도 일본식을 추구한다. 반어적 어조를 느낄 수 있으며, 이는 대상에 대한 비판적 어조이기도 하다.

플러스 풍자의 대상

보통 풍자의 대상이 되는 것은 잘못된 가치관을 가지고 살아가는 사람이거나, 잘못된 가치관을 긍정적으로 수용하는 상황이 될 수 있다. 예를 들어 '꺼삐딴 리'에서는 이인국 박사의 삶의 궤적이, 박지원의 '양반전'에서는 무능한 양반이나 금전으로 신분 상승을 꾀하는 상인이, '태평천하'에서 윤직원의 시국관이 풍자의 대상으로 비판되고 있다.

이 집 자식 기르는 법은 덕석을 엮을 때에 세 줄로 구멍을 내어 한 줄로 열 구멍씩 첫 구멍은 조그맣고 차차 구멍이 커 간다. 한 배에 낳은 자식 둘이 되나 셋이 되나 앉혀 보아 앉으면은 첫 구멍에 목을 넣고, 하루 몇 대씩을 암죽만 떠 넣으면 불쌍한 이것들이 울어도 앉아 울고, 자도 앉아 자고, 똥 오줌이 마려우면 덕석 쓴 채 앉아 누어, 세상에 난 연후에 실오라기 하나라도 몸에 걸쳐 본 일 없고, 한 번도 문턱 밖에 발 디뎌 본 일 없고, 다른 사람의 얼굴을 보거나 소리 들어 본 일 없고, 그저 앉아 큰 것이라. 때 묻은 여윈 낯이 터럭이 거칠거칠.

― 〈흥부전〉 ―

흥보 가족의 비참한 생활상을 과장되게 표현하고 있다. 비극적 상황을 해학적으로 제시함으로써 청자(독자)의 긴장감을 이완시키는 기능을 하고 있다.

(2) 서술 태도의 양상

태도란 인물 또는 사물이나 상황을 대하는 자세가 말이나 행동 생각 심리 등을 통해 겉으로 드러나는 것을 말한다.

> 허생은 몸소 이천 명이 1년 먹을 양식을 준비하고 기다렸다. 군도들이 빠짐없이 모두 돌아왔다. 드디어 다들 배에 싣고 그 빈 섬으로 들어갔다. 허생이 도둑을 몽땅 쓸어가서 나라 안에 시끄러운 일이 없었다.
>
> — 박지원, 〈허생전〉 —

서술자의 태도는 명시적으로 드러나기도 하지만 위 글과 같이 암시적으로 드러나기도 한다. '도둑을 몽땅 쓸어가 나라 안에 시끄러울 일이 없었다.'는 서술의 이면에는 도둑이 창궐하는 현실에 대한 비판적 태도를 암시하며, 이를 해결한 허생에 대한 긍정적 인식을 보여 준다.

① 긍정적 · 우호적 · 동정적 태도

> 서희는 아버지의 눈을 피하기만 하면 당장에 천둥이 치고 벼락이 떨어질 것처럼 애처롭게 그를 마주본 채 고개를 저었다. 치수는 웃었다. 그 웃음은 도리어 서희의 마음을 얼어붙게 했다.
>
> 서희로부터 시선을 돌린 치수는 서안 위에 펼쳐놓은 책의 갈피를 넘긴다. 허약한 체질에 비하면 뼈마디는 굵은 편이었다. 그러나 가엾을 만큼 여위고 창백한 그의 손이 책갈피를 누르면서 눈은 글자를 더듬어 내려간다. 손뿐인가, 뜰 아래 물기잃은 목련의 앙상한 가지처럼, 그러나 동정을 받을 수 있는 비참한 느낌이기보다는 도리어 상대에게 견딜 수없는, 숨 막혀서 견딜 수 없이 결국은 공포심을 불러일으키게 하는 강한 분위기를 그는 내어뿜고 있었다. 어떤 일에도 감동되지 않을 눈 빛, 철저하게 스스로를 거부하는 눈빛, 눈빛에서만 그랬던 것이 아니다. 뼈만 남은 몸 전체가 거부로써 남을 학대하는 분위기의 응결이었다.
>
> — 박경리, 〈토지〉 —

최치수의 모습이나 서희의 모습을 묘사한 부분에서 서술자의 동정적 시선을 느낄 수 있다. '당장에 천둥이 치고 벼락이 떨어질 것처럼 애처롭게 그를 마주 본 채 고기를 저었다'라는 진술은 서술자의 주관이 개입된 표현이며, '가엾을 만큼 여위고 창백한 그의 손' 역시 서술자의 인물에 대한 태도를 엿볼 수 있는 표현이다.

PART 02
문학 편-1

➕ 플러스 │ 동정적 태도

동정적 태도는 서술자가 서술자와 대상을 동일시하거나 대상과 동류의식을 지님으로써 독자에게도 대상에 대하여 같은 의식을 지니게 한다.

② 부정적 · 비판적 · 냉소적 태도

> 나는 처음 관상소에서 그를 보았을 때부터 "하도 지모가 나지 않아 육호를 뽑아 보았노라." 한 것을 들은 일이 있어서, 그가 평소 얼마나 이 '지략'과 '조화'를 부려 보고 싶어 하는 위인인가를 짐작은 할 수 있었지만, 이와 같이 언제나 몸에 지닌 솔잎 한 줌과 네 귀 모지라진 주역 속에서 우러난 음양오행의 지모 조화가 겨우 '쇠똥 위에 개똥 눈' 흙가루 약과, 친구의 책상을 들리고 다니는 것쯤인가 하고 생각할 때, 나 자신도 모르게 한숨이 새어 나왔다.
>
> —김동리, 〈화랑의 후예〉—

> 서술자인 '나'는, 지략과 조화를 부려보고 싶어 하지만 겨우 엉터리 약이나 파는 데 그치고 있는 '황 진사'라는 인물에 대해 비판적으로 진술하고 있다. 황 진사를 가리켜 '위인'이라고 지칭하는 데서도 그를 탐탁하게 여기지 않는 태도를 짐작할 수 있다.

③ 객관적 · 중립적 태도

> 화수분은 양평서 오정이 거의 되어서 떠나서 해 져 갈 즈음해서 백 리를 거의 와서 어떤 높은 고개에 올라섰다. 칼날 같은 바람이 뺨을 친다. 그는 고개를 숙여 앞을 내려다보다가, 소나무 밑에 희끄무레한 사람의 모양을 보았다. 그것에 곧 달려가 보았다. 가 본즉 그것은 옥분과 그의 어머니다. 나무 밑 눈 위에 나뭇가지를 깔고, 어린 것 업은 헌 누더기를 쓰고 한 끝으로 어린것을 꼭 안아 가지고 웅크리고 떨고 있다. 화수분은 왁 달려들어 안았다. 어멈은 눈은 떴으나 말은 못한다. 화수분도 말을 못한다. 어린 것을 가운데 두고 그냥 껴안고 밤을 지낸 모양이다…….
>
> 이튿날 아침에 나무장사가 지나다가 그 고개에 젊은 남녀의 껴안은 시체와, 그 가운데 아직 막 자다 깨인 어린애가 등에 따뜻한 햇볕을 받고 앉아서 시체를 툭툭 치고 있는 것을 발견하여 어린것만 소에 싣고 갔다.
>
> — 전영택, 〈화수분〉—

> 서술자는 상황에 대해 아무런 의미를 부여하지 않고 객관적인 태도로 서술하고 있다. '비참하다'라는 느낌과 부모의 희생 덕에 살아난 어린 아이의 모습에 아직 희망이 남아 있음을 암시하는 판단을 모두 독자에게 맡기고 있다. 구구한 설명보다 객관적인 서술로 주제를 전달하고 있다.

3 문체의 종류

(1) 문장이 긴 문체

길이가 긴 문장들을 반복적으로 사용하여 차분하고 설명적인 느낌을 준다.

> 아버지나 조상의 덕택으로 글자나 얻어 배웠거나, 소설 권이나 들춰보았다고, 인생이니 자연이니 시(詩)니 소설이니 한 대야 결국은 배가 불러서 투정질하는 수작이요, 실인생·실사회의 이면의 이면, 진상의 진상과는 얼마만한 관련이 있다는 것인가? 하고 보면 내가 지금 하는 것, 이로부터 하려는 일이 결국 무엇인가 하는 의문과 불안을 느끼지 않을 수가 없었다. 일 년 열두 달 죽도록 농사를 지어야 반 년짝은 시래기로 목숨을 이어 나가지 않으면 안 되겠으니까…… 하는 말을 들을 제, 그것이 과연 사실일까 하는 의심이 날 만큼, 나의 귀가 번쩍하리만큼 조선의 현실을 몰랐다. 나도 열 살 전까지는 부모의 충청도 촌 속에서 자라났고, 그 후에도 일 년에 한두 번씩은 촌락에 발을 들여 놓아 보았지만, 설사 그렇게까지 소작인의 생활이 참혹하리라고는 꿈에도 생각해 본 일이 없었다.
>
> ─ 염상섭, 〈만세전〉 ─

> 이 작품은 "아버지나 조상의─수가 없었다."와 같이 호흡이 긴 문장을 쉼표를 활용해 사용하고 있다. 이는 염상섭의 대표적인 문체상 특징으로, 그는 이러한 긴 문장을 통해 일제 현실의 참담함을 사실적으로 드러내었다.

(2) 문장이 짧은 문체

짧은 문장들을 연속적으로 사용하여 속도감과 긴장감을 느끼게 한다.

> 순간 벽시계가 열두 시를 치기 시작했다. 세 사람은 일제히 시계 쪽으로 시선을 돌렸다. 방안이 술렁술렁해졌다. 시계를 쳐다보던 세 사람의 시선이 다시 늙은 주인 쪽으로 향했다. 코앞의 사마귀를 만지던 늙은 주인이 어리둥절하게 아들과 며느리와 딸을 번갈아 쳐다보았다. 복도로 통한 문이 열리며 방안의 불빛이 복도 건너편 흰 벽에 말갛게 삐어져 나갔다. 열두 시가 다 쳤다. 네 사람의 시선이 그 쪽으로 옮겨졌다. 조용했다. 왼편 벽으로부터 서서히 식모가 나타났다
>
> ─ 이호철, 〈닳아지는 살들〉 ─

> 제시된 부분은 별다른 수식이 없는 짧은 문장들로 구성되어 있다. 작가는 가족들이 12시를 가리키는 시계 종소리를 들으며 느끼는 ─ 언니가 올지도 모른다는 ─ 기대와 긴장감이 식모의 등장으로 일시에 무너지는 과정을 군더더기 없는 짧은 문장을 사용해 속도감 있게 제시하고 있다.

---

(3) 예스러운 문체

한자어와 고어를 많이 사용하여 옛글을 보는 것 같은 느낌을 준다.

> 마을의 주인(왕소나무)이 세상을 떴으니 오죽해졌으랴 싶던 것이다. 하루에도 몇 차 례씩, 더욱이 퍼서지로 한몫 해 온 탓에, 해수욕장이 개장된 여름이면 밤낮 기적 소리 가 잘 틈 없던 철로가에 서서, 그 숱한 소음과 매연을 마시다 지쳐 영물의 예우도 내던 지고 고사(枯死)해 버린 왕소나무의 운명은, 되새기면 되새길수록 가슴이 쓰리고 아파 참을 수가 없었다. 물론 왕소나무의 비운에 대한 조상(弔喪)만으로 비감에 젖어 있었다 고는 말할 수 없겠지만.
>
> — 이문구, 〈관촌수필〉 —

> 이문구의 문체적 특징을 드러내는 요소 가운데 하나가 한문투의 어휘이다. 이 작품에서도 '영 물', '예우', '고사', '비운', '조상', '비감' 등 다양한 한자어를 사용하고 있다. 〈관촌수필〉은 '일락 서산(日落西山)'처럼 각 편의 제목이 모두 네 자의 한자어로 구성되어 있는데, 이는 작품의 내 용과 주제를 함축적으로 드러내면서 고풍스러운 분위기를 연출한다.

(4) 토속어나 방언, 비속어의 구사

사투리나 저속한 표현 등을 사용하여 향토적인 느낌을 주기도 하고 인물의 특성을 구체화하기도 한다.

> "제기럴!"
> "허허, 기막힐 노릇이네. 세상에 축지법을 쓰지 않고서야, 날아갔지 걸어갔다 할 수 있나."
> 땅바닥에 주질러 앉아 가쁜 숨을 쉬며 돌이는 감탄해 마지 않는다.
> "빌어묵을 자식 니 땜에 놓쳤다! 따라옴서 내내 방정을 떨더마는."
> 혀를 두들기며 삼수는 화를 낸다.
>
> … 〈중략〉 …
>
> "도망쳐 댕기 본 놈 아니믄 그리 산을 잘 탈 수 없을 긴데?"
> "절 머슴 살았다 칸께 산이사 잘 타겠지. 발 없는 말이 천 리 간다고, 그런 말이 사 람 때리잡는기라."
> "동학당이믄 어떻노? 윤보도 동학당 했는데. 다 생각는 일이 있인께, 아마 내 생각 이 틀림없는 거로?"
>
> — 박경리, 〈토지〉 —

> 이 작품은 경남 하동의 평사리 마을을 주된 공간적 배경으로 하고 있다. 드앙 인물들은 경상 도 지방 특유의 구수한 사투리를 구사하고 있는데, '~기라', '~노', '-ㄴ께' 등이 경상도 사투 리 어미이다. 또 '제기럴', '빌어묵을 자식' 등과 같은 저속한 표현을 사용하여 작품의 사실성 을 높이고 있다.

(5) 감각적인 문체

인물이나 배경 등 대상을 감각적으로 표현하여 이를 구체적이고 생생하게 전달한다.

> 그것은 안개다. 아침에 잠자리에서 일어나서 밖으로 나오면, 밤 사이에 진주해 온 적군들처럼 안개가 무진을 빙 둘러싸고 있는 것이었다. 무진을 둘러싸고 있던 산들도 안개에 의하여 보이지 않는 먼 곳으로 유배당해 버리고 없었다. 안개는 마치 이승에 한(恨)이 있어서 매일 밤 찾아오는 여귀(女鬼)가 뿜어 내놓은 입김과 같았다.
>
> — 김승옥, 〈무진 기행〉 —

> 모호하고 뿌연 안개를 여귀가 뿜어 놓은 입김과 같다고 묘사하여, 무진의 배경을 형성하는 데 핵심이 되는 안개의 이미지를 시각적으로 보여 주고 있다.

기출 | 따라잡기

133. 다음 글에 대한 설명으로 가장 적절한 것은?　　　2014. 지방직 7급

> 진주, 산호, 비취, 청옥, 백옥, 밀화의 구슬들이 일렁거리는 촛불 빛을 받아 오색의 빛을 찬연하게 뿜는다.
> 금방이라도 좌르르 소리를 내며 쏟아질 것처럼 소담한 구슬 무더기가 꽃밭이라도 되는가. 실낱같이 가냘픈 가지 끝에서 청강석나비가 날개를 하염없이 떨고 있다.
> 큰 비녀를 감으며 양 어깨 위로 드리워져 가슴으로 흘러내린 고운 검자주 비단 앞 댕기도 보이지 않게 떨리고 있다.
> 앞 댕기에 물려진 금박과 진주, 산호 구슬들이 파르르 빛을 떤다.
> 마당을 가득 채우며 넘치던 웃음소리, 부산한 발자국 소리, 그리고 사랑에서 간간이 터지던 홍소의 소리들도 이제는 잠잠하다.
> 온 집안을 뒤덮던 음식 냄새조차도 싸늘한 밤공기에 씻기운 듯 어느 결에 차갑게 가라앉아 있다.
> 점봉이네가 부엌 바라지를 걸어 잠그는 삐이거억 소리가 난 것도 벌써 한참 전의 일이다.
> 밤이 깊을 대로 깊은 모양이다.
> 그러나 방 안의 두 사람은 아직도 말이 없다.
>
> — 최명희, 〈혼불〉 중에서 —

① 여주인공의 당당함을 드러내기 위해 사물들을 구체적으로 묘사하고 있다.
② 서사 시간의 흐름을 지연하는 서술자의 감정 이입이 강하게 나타나 있다.
③ 서술자가 관찰한 사실을 감각적으로 묘사하면서 담담하게 서술하고 있다.
④ 간결한 문체를 사용하여 서사 정보를 보다 명확하게 보여 준다.

핵심정리

1. **작품**: 최명희, 〈혼불〉
2. **해설**: 1988년 9월부터 1995년 10월 사이에 월간 《신동아》에 연재되었고 1996년 한길사에서 10권의 결정본이 발간된 최명희의 미완성 대하소설이다. 일제시대를 배경으로 우리 민족의 끈질긴 생명력과 당시의 풍속사를 수려한 문체와 서정성으로 나타낸 대하 소설이다. 일제 강점기인 1930~1940년대 남원 지방의 한 유서 깊은 가문인 '매안 이씨' 문중에서 무너져 가는 종가를 지키는 종부 3대와, 이씨 문중의 땅을 부치면서 살아가는 상민마을 거멍굴 사람들의 삶을 그린 소설이다. 어려운 근대 사회에서도 양반 사회를 지켜나가려는 기품, 평민과 천민의 고난과 애환을 매우 치밀하게 묘사하고 있으며, 소설의 무대를 만주로 넓혀 그곳에 사는 조선 사람들의 비극적 삶과 강탈당한 민족혼의 회복을 제목 '혼불'에 담아 염원하고 있다.

※ 다음 글을 읽고 물음에 답하시오. [134~135]

2020. 소방직 9급

"호오, 호오." 어린 마음에 할머니나 어머니의 입김이 와 닿기는 비단 다쳐서 아파할 때만이 아니었다. 화롯불에 파묻어 말랑말랑 익힌 감자나 밤을 꺼내 껍질을 벗겨 주시면서도 "호오, 호오." 입김을 불어 알맞게 식혀 주셨고, 끓는 국이나 찌개도 그렇게 식혀 주셨다. 먹고 싶은 걸 참느라 침을 꼴깍 삼키며 그분들의 입을 쳐다보면서도 어린 마음속엔 그분들에 대한 신뢰감이 싹텄었다.

어찌 상처나 뜨거운 먹을 것에만 그분들의 입김이 서렸을까? 그분들의 입김은 온 집안에 서렸었다. 학교 갔다가 집에 돌아왔을 때 간혹 어머니가 집에 안 계시면 나는 그것을 대문간에 들어서자마자 알아맞힐 수가 있었다. 집안 전체가 썰렁했다. 썰렁하다는 건 실제의 기온과는 상관없는 순전히 마음의 느낌이었고, 이 마음의 느낌은 한 번도 어긋난 적이 없었다. 학교에서 먹는 도시락에도 어머니의 입김은 서려 있었고, 입고 다니는 옷에도 어머니의 입김은 서려 있었다. 나는 그때 '다꾸앙'이나 달고 끈적끈적해 보이는 멸치볶음, 콩자반 등등 반찬 가게에서 파는 도시락 찬만 가지고 다니는 아이를 속으로 무척 불쌍하게 여기고 나중엔 경멸하는 마음까지 품었던 것이 지금까지 생각난다. 어머니의 입김이 들어가지 않은 걸 허구한 날 먹는 아이가 마치 헐벗은 아이처럼 보였던 것이다.

어린 날, 내가 누렸던 평화를 생각할 때마다 어린 날의 커다란 상처로부터 일용할 양식, 필요한 물건, 입고 다니던 옷, 그리고 식구들 사이, 집안 속 가득히 고루 스며있던 어머니의 입김, 그 따스한 숨결이 어제인 듯 되살아난다. 그것을 빼놓고 평화란 상상도 할 수 없다. 싸우지 않고 다투지 않고 슬퍼하지 않은 어린 날이 어디 있으랴. 다만 그런 일이 어머니의 입김 속에서 이루어졌기 때문에 행복과 평화로 회상되는 것이 아닐까?

그러고 보니 내 자식들이나 내 손자들이 훗날 그들의 어린 날을 어떻게 기억할지 문득 궁금하고 한편 조심스러워진다. 나보다는 내 자식들이, 내 자식들보다는 내 손자들이 따뜻한 입김의 덕을 덜 보고 자라는 게 아닌가 싶다. 하지만 그것이 부모의 허물만은 아니다. 요즘에는 아이들에게 필요한 모든 것이 구태여 입김을 거칠 필요 없이 대량으로 생산되기 때문이다. 아이들을 가르치는 법까지도 매스컴이나 그 밖의 정보를 통해 대량으로 전달되기 때문에 집집마다 대대로 물려오는 입김이 서린 가풍(家風)마저 소멸해 가고 있다. 아이들은 어머니의 입김이 서리지 않은 음식을 먹고도 배부르고, 어머니의 입김이 서리지 않은 옷을 입고도 등이 따뜻하고 예쁘다.

다쳐서 피가 났을 때 입김보다는 충분한 소독과 적당한 약이 더 좋다는 것도 잘 알고 있다. 그러나 텔레비전과 냉장고 속에 먹을 것 있다면 어머니의 입김이 서리지 않은 집에서도 허전한 걸 모르는 아이들이 많아져 가고 있다는 것은 문제가 아닐 수 없다. 그런 아이는 처음부터 입김이 주는 살아 있는 평화를 모르는 아이일지도 모르기 때문이다. 입김이란 곧 살아 있는 표시인 숨결이고 사랑이 아닐까? 싸우지 않고 미워하지 않고 심심해하지 않는 것이 평화가 아니라 그런 일이 입김 속에서, 즉 사랑 속에서 될 수 있는 대로 활발하게 일어나는 것이 평화가 아닐는지.

세상이 아무리 달라져도 사랑이 없는 곳에 평화가 있다는 것은 억지밖에 안 되리라. 숨결이 없는 곳에 생명이 있다면 억지인 것처럼.

– 박완서, 〈사랑의 입김〉 –

134. 이 글의 서술상 특징에 대한 설명으로 가장 적절한 것은?

① 과거와 현재의 대비를 통해 주제 의식을 부각하고 있다.
② 내부의 이야기와 외부의 이야기를 반복적으로 교차하고 있다.
③ 공간적 배경을 구체적으로 묘사하여 인물의 성격 변화를 강조하고 있다.
④ 어린 시절의 경험을 바탕으로 인물 간의 갈등을 직접적으로 드러내고 있다.

135. 이 글의 '입김'에 대한 이해로 적절하지 않은 것은?

① 어머니에 대한 신뢰감을 가지게 한다.
② 유년 시절의 추억 속에 따뜻하게 스며들어 있다.
③ 요즘의 아이들에게 그 가치를 더욱 인정받고 있다.
④ 물질적 풍요로 점점 그 중요성이 잊히는 데 대한 안타까움이 담겨 있다.

1 제재

제재는 주제를 드러내기 위해 동원되는 재료나 근거를 말한다. 제재는 사건의 전개나 인물의 심리와 매우 밀접한 관련을 가지면서 주제 형성에 기여하게 된다.

(1) 제재와 사건의 전개

> 드디어 화차가 오고 몇 번의 덜컹거림으로 완전히 숨을 놓으면 우리들은 재빨리 바퀴 사이로 기어들어가 석탄 가루를 훑고 이가 벌어진 문짝 틈에 갈퀴처럼 팔을 들이밀어 조개탄을 후벼내었다. 철도 건너 저탄장에서 밀 차를 밀며 나오는 인부들이 시커멓게 모습을 나타낼 즈음이면 우리는 대개 신발주머니에, 보다 크고 몸놀림이 잽싼 아이들은 시멘트 부대에 가득 석탄을 팔에 안고 낮은 철조망을 깨금발로 뛰어넘었다.
>
> 선창의 간이 음식점 문을 밀고 들어가 구석 자리의 테이블을 와글와글 점거하고 앉으면 그날의 노획량에 따라 가락국수, 만두, 찐빵등이 날라져 왔다.
>
> 석탄은 때로 군고구마, 딱지, 사탕 따위가 되기도 했다. 어쨌든 석탄이 선창 주변에서는 무엇과도 바꿀 수 있는 현금과 마찬가지라는 것을 우리는 알고 있었고, 때문에 우리 동네 아이들은 사철 검정 강아지였다.
>
> 해안촌(海岸村) 혹은 중국인 거리라고도 불이어지는 우리 동네는 겨우내 북풍이 실어 나르는 탄가루로 그늘지고, 거무죽죽한 공기 속에 해는 낮달처럼 희미하게 걸려 있었다.
>
> 할머니는 언제나 짚수세미에 아궁이에서 긁어낸 고운 재를 묻혀 번쩍 광이 날 만큼 대야를 닦았다. 아버지의 와이셔츠만을 따로 빨기 위해서였다. 그러나 바람을 들이지 않은 차양 안쪽 깊숙이 넌 와이셔츠는 몇 번이고 다시 헹구어 푸새를 새로 하지 않으면 안 되었다.
>
> 망할 놈의 탄가루들. 못 살 동네야.
>
> – 오정희, 〈중국인 거리〉 –

'석탄'은 (학교가 파한 후의) '우리'의 모습, '할머니'의 모습을 보여 주는 장면에 서술되는 행동과 생각에 공통적으로 관련되어 있다. 즉 여러 장면을 묶어 주는 연결 고리가 된다.

플러스 '소재'와 '제재'

소설에서 소재와 제재는 모두 글을 쓰는 데 필요한 재료, 즉 '글감'이라는 점에서 비슷한 용어이다 소재는 시, 소설 등의 문학 작품을 쓰는 데 선택된 잡다한 모든 재료를 말하며, 제재는 그중에서 작가가 의도적으로 선택하여 작품의 중심 내용을 이루는 재료를 말한다. 예를 들어, 소설을 쓸 때 선택한 다양한 인물, 사건, 배경 등은 모두 소재에 해당하지만, 그중에서 작가가 중점적으로 다루려는 인물이나 사건은 제재가 된다. 이 둘은 모두 작품의 주제를 구현하는 데 중요한 역할을 하며, 작가의 의도와 메시지를 전달하는 데 핵심적인 역할을 한다.

자동차 속에서 이인국 박사는 들고 나온 석간을 펼쳤다. 일면의 제목을 대강 훑고 난 그는 신문을 뒤집어 꺾어 삼면으로 눈을 옮겼다

'북한 소련 유학생 서독으로 탈출'

바둑돌 같은 굵은 활자의 제목. 왼편 전단을 차지한 외신 기사. 손바닥만한 사진까지 곁들여 있다. 그는 코허리에 내려온 안경을 올리면서 눈을 부릅떴다. 그의 시각은 활자 속을 헤치고 머릿속에는 아들의 환상이 뒤엉켜 들이차 왔다. 아들을 모스크바로 유학시킨 것은 자기의 억지에서였던 것만 같았다.

출신 계급, 성분, 어디 하나나 부합될 조건이 있었단 말인가. 고급 중학을 졸업하고 의과 대학에 입학된 바로 그해다.

— 전광용, 〈꺼삐딴 리〉 —

> 석간 신문은 이인국 박사가 과거를 회상하게 만드는 매개체의 역할을 한다. '신문'이라는 특성상 그 안에 실린 기사가 회상의 근거를 제시하고 있다.

(2) 제재와 인물의 심리

그러나 나는 그렇다고 남의 집에 뛰어들어가 계집애하고 싸울 수도 없는 노릇이고, 형편이 썩 불리함을 알았다. 그래 닭이 맞을 적마다 지게 막대기로 울타리를 후려칠 수밖에 별 도리가 없다. 왜냐하면, 울타리를 치면 칠수록 울섶이 물러앉으며 뼈대만 남기 때문이다. 허나, 아무리 생각하여도 나만 밑지는 노릇이다.

— 김유정, 〈동백꽃〉 —

> 닭이 맞는 것을 보면서도 '나'는 '울타리'를 칠 뿐 넘어서 직접 점순에게 다가가지 못하고 있다. 즉 울타리는 화자의 행동을 제약하는 심리적 금기와도 같다.

핵심정리

1. 작품: 이태준, 〈패강랭(浿江冷)〉
2. 배경: 1930년대 평양 대동강변
3. 시점: 전지적 작가 시점
4. 주제: 식민지 시대를 살고 있는 예술가의 비애
5. 해설: 이 작품은 소설가인 현이 평양에서 교사 일을 하는 친구 박과 평양 부회 의원이 된 친일적 실업가 김을 오랜만에 만나 요릿집에서 회포를 푸는 내용의 단편 소설이다. 친일적으로 변절한 김과 조선의 주체성을 지키려고 고뇌하는 현의 대화를 통해 작가는 일제에 의해 말살되어 가는 우리의 전통적 가치에 대한 애정과 굳은 민족 의식을 보여 주고 있다. 제목으로 쓰인 패강(浿江)은 대동강을 의미하며, '패강랭'이라는 말의 뜻은 '대동강이 얼었다'는 뜻이다.

기출 | 따라잡기

136. 다음 글에 대한 이해로 적절하지 않은 것은?

2022. 국가직 9급

정거장에 나온 박은 수염도 깎은 지 오래어 터부룩한 데다 버릇처럼 자주 찡그려지는 비웃는 웃음은 전에 못 보던 표정이었다. 그 다니는 학교에서만 지싯지싯* 붙어 있는 것이 아니라 이 시대 전체에서 긴치 않게 여기는, 지싯지싯* 붙어 있는 존재 같았다. 현은 박의 그런 지싯지싯함에서 선뜻 자기를 느끼고 또 자기의 작품들을 느끼고 그만 더 울고 싶게 괴로워졌다.

한참이나 붙들고 섰던 손목을 놓고, 그들은 우선 대합실로 들어왔다. 할 말은 많은 듯하면서도 지껄여 보고 싶은 말은 골라낼 수가 없었다. 이내 다시 일어나 현은,

"나 좀 혼자 걸어 보구 싶네."

하였다. 그래서 박은 저녁에 김을 만나 가지고 대동강가에 있는 동일관이란 요정으로 나오기로 하고 현만이 모란봉으로 온 것이다.

오면서 자동차에서 시가도 가끔 내다보았다. 전에 본 기억이 없는 새 빌딩들이 꽤 많이 늘어섰다. 그중에 한 가지 인상이 깊은 것은 어느 큰 거리 한 뿌다귀*에 벽돌 공장도 아닐 테요 감옥도 아닐 터인데 시뻘건 벽돌만으로, 무슨 큰 분묘와 같이 된 건축이 웅크리고 있는 것이다. 현은 운전사에게 물어보니, 경찰서라고 했다.

— 이태준, 〈패강랭〉에서 —

* 지싯지싯: 남이 싫어하는지는 아랑곳하지 아니하고 제가 좋아하는 것만 짓궂게 자꾸 요구하는 모양.
* 뿌다귀: '뿌다구니'의 준말로, 쑥 내밀어 구부러지거나 꺾어져 들어간 자리.

① '현'은 예전과 달라진 '박'의 태도가 자신의 작품 때문이라고 생각하고 있다.
② '현'은 자신과 비슷한 처지에 있는 '박'을 통해 자신을 연민하고 있다.
③ '현'은 새 빌딩들을 보고 도시가 많이 변화하고 있음을 인지하고 있다.
④ '현'은 시뻘건 벽돌로 만든 경찰서를 보고 암울한 분위기를 느끼고 있다.

2 주제

작가가 주제를 제시하는 방법은 직접 제시와 간접 제시가 있다. 직접적 제시는 서술자가 직접 말하거나 등장 인물의 입을 통해서 명시적으로 드러내는 방법이고, 간접 제시는 인물간의 갈등이나 상징적인 사물을 통해 암시적으로 제시하는 방법이다.

> 하룻밤 비에 모든 것을 잃어버리고 발발 떠는 그네들이 어찌 보면 가련하기도 하지마는 또 어찌 보면 너무 약하고 어리석어 보인다. 그네의 얼굴을 보건댄 무슨 지혜가 있을 것 같지 아니하다. 모두 다 미련해 보이고 무감각해 보인다. 그네는 몇 푼어치 아니 되는 농사 한 지식을 가지고 그저 땅을 팔 뿐이다. 이리하여서 몇 해 동안 하느님이 가만히 두면 썩은 볏섬이나 모아 두었다가는 한번 물이 나면 다 씻겨 보내고 만다. 그래서 그네는 영구히 더 부(富)하여짐 없이 점점 더 약하여지고 머리는 점점 더 미련하여진다. 저대로 내어 버려두면 마침내 북해도에 '아이누'나 다름없는 종자가 되고 말 것 같다. 저들에게 힘을 주어야 하겠다. 지식을 주어야 하겠다. 그리하여서 생활의 근거를 완전하게 하여 주어야 하겠다.
>
> — 이광수, 〈무정〉 —

> 서술자가 '저들(민중)에게 힘을 주고 지식을 주어 생활의 근거를 마련해 주어야겠다'라고 직접적으로 주제를 말하고 있다.

> 만도는 잠시 멀뚱히 서서 아들의 하는 양을 내려다보고 있다가,
> "진수야, 그만두고 자아 업자." / 하는 것이었다.
> "업고 건그면 일이 다 되는 거 아닌가? 자아, 이거 받아라."
> 고등어 묶음을 진수 앞으로 민다.
> "……" / 진수는 퍽 난처해하면서 못 이기는 듯이 그것을 받아 들었다. 만도는 등어리를 아들 앞에 갖다 대고 하나밖에 없는 팔을 뒤로 버쩍 내밀며,
> "자아, 어서!"
> 진수는 지팡이와 고등어를 각각 한 손에 쥐고, 아버지의 등어리로 가서 슬그머니 업혔다. 만도는 팔뚝을 뒤로 돌려서 아들의 하나뿐인 다리를 꼭 안았다. 그리고
> "팔로 내 목을 감아야 될 끼다."
> 하는 것이었다. 진수는 무척 황송한 듯 한쪽 눈을 찍 감으면서 고등어와 지팡이를 든 두 팔로 아버지의 굵은 목줄기를 부둥켜안았다. 만도는 아랫배에 힘을 주며 '끙!' 하고 일어났다. 아랫도리가 약간 후들거렸으나 걸어갈 만은 하였다. 외나무다리 위로 조심조심 발을 내디디며 만도는 속으로

➕ 플러스 소설의 주제

고전 소설이나 근대 소설은 주제를 직접적으로 제시하는 것이 많다면, 현대 소설은 간접적으로 제시하는 것이 많다. 간접으로 제시하는 경우는 다양한 관점에서 주제를 각기 다르게 파악하기도 한다.
또한 주제가 불분명하여 파악하기 힘든 경우도 있는데, 이는 삶의 현실을 보여 주고 그에 대한 판단을 독자에게 맡기는 소설의 특징 때문이라고 할 수 있다.

'인제 새파랗게 젊은 놈이 벌써 이게 무슨 꼴이고? 세상을 잘못 타고나서 진수 니 신세도 참 똥이다, 똥.'

이런 소리를 주워 섬겼고, 아버지의 등에 업힌 진수는 곧장 미안스러운 얼굴을 하며,

'나꺼정 이렇게 되다니, 아부지도 참 복도 더럽게 없지. 차라리 내가 죽어 버렸더라면 나았을낀데……'

하고 중얼거렸다.

－하근찬, 〈수난 이대〉－

> 위 글은 한 쪽 팔을 잃은 만도와 한 쪽 다리를 잃은 진수가 서로 협동하여 외나무 다리를 건너는 장면이다. 외나무 다리를 건너야 하는 것은 두 인물이 처한 현실적인 시련과 고난이면서 상처의 원인이 되는 일제 강점기와 6 · 25로 인한 민중들의 고통을 상징한다. 이를 극복해 가는 모습을 제시하여 '민족적 수난 극복의 의지'라는 주제를 함축적으로 보여 준다.

3 감상의 관점

소설의 감상은 작품을 구성하는 각 요소의 의미를 파악하면서 이루어진다. 감상의 관점은 크게 두 가지로 나눌 수 있는데, 하나는 소설의 내적 요소에 주목하는 방법이고 둘째는 외적 요소와 관련하여 감상하는 방법이다.

(1) 외적인 관점

　① **표현론적 관점**: 작가의 성장 배경, 사상, 창작 동기 등에 초점을 두는 감상

　② **반영론적 관점**: 작품에 반영된 세계, 시대적 상황이나 현실에 초점을 두는 감상

　③ **효용론적 관점**: 독자에게 미치는 영향이나 독자로서 느끼는 감동에 초점을 두는 감상

(2) 내적인 관점

　④ **절대주의적 관점**: 작품을 이루는 구성 요소의 관계나 언어적 특징에 초점을 두는 감상

> '나'는 일제 말기 학병으로 끌려가 남경(南京)에 주둔해 있다가, 대학 선배인 진기수의 도움으로 탈출, 정원사라는 절에 몸을 의탁하게 된다. 그곳에서 금불각의 등신불을 보게 되는데, 그 불상은 옛날 소신 공양(燒身供養)으로 성불(成佛)한 '만적'이라는 스님의 타다가 굳어진 몸에 금을 씌운 것이었다. '나'는 원혜 대사를 통하여 신비로운 성불의 역사를 듣게 된다.
>
> 만적은 당나라 때 인물로, 자기를 위하여 이복 형제를 독살하려는 어머니로 말미암아 갈등을 겪는다. 자신 때문에 가책을 느끼고 집을 나간 이복형 '신'을 찾으려 자신도 집을 나왔다가 불가에 몸을 맡긴다. 10년이 지난 어느 날, 만적은 자기가 찾던 이복형을 만나게 되나, 그가 문둥병이라는 천형(天刑)으로 고통받고 있음을 알고 충격을 받는다. 만적은 인간사의 번뇌를 소신 공양으로 극복할 것을 결심한다. 그가 1년 동안의 준비 끝에 소신 공양하던 날, 여러 가지 이적(異蹟)이 일어나게 된다. 이를 본 사람들로부터 새전(賽錢)이 쏟아지기 시작하여 그 새전으로 만적의 타다 굳어진 몸에 금을 씌우고 금불각을 짓게 되었다.

이런 이야기를 들은 '나'는 그 불상에 인간적인 고뇌의 슬픔이 서려 있음을 이해하게 된다. 이야기를 마친 원혜 대사는 '나'에게 남경에서 진기수 씨에게 혈서(血書)를 바치느라 입으로 살을 물어 뜯었던 손가락을 들어 보라고 한다. 대사는 왜 그 손가락을 들어 보라고 했는지, 손가락과 '만적'의 소신 공양과 무슨 관계가 있는 것인지에 대해서 말이 없고 북 소리와 목어(木魚) 소리만 들려 온다.

– 김동리, 〈등신불〉 –

(1) **표현론적 관점에 의한 감상**: 이 소설의 작가는 주로 토속적 세계를 바탕으로 하여 인간 구원의 문제를 다루는 작품을 많이 썼지. 특히 '무녀도'나 '역마'를 보면 잘 알 수 있어. 이 소설에서도 역시 불교적 설화를 배경으로 인간 고뇌의 극복과 구원의 문제를 탐구하고 있군. → 작가의 사상적 배경이나 주된 관심사에 초점을 두어 감상하고 있다.

(2) **반영론적 관점에 의한 감상**: 작품에서 '나'는 태평양 전쟁에 학병으로 끌려갔다가 겨우 탈출했어. 이런 '나'의 상황을 볼 때 이 작품은 전쟁으로 인한 삶과 죽음의 극한 상황과 그로 인한 고뇌를 만적의 소신 공양 설화에 비추어 보여 주고 있는 것 같아.
→ 작품 속의 시대적 상황을 현실 세계와 관련시켜 감상하고 있어.

(3) **효용론적 관점에 의한 감상**: 만적이 이복 형을 찾아서 집을 나온 일이나 이복 형이 문둥병에 걸린 것을 알고는 괴로워하다가 소신 공양하는 데서 감동을 받았어. 자기 희생을 통해 인간적인 고뇌와 한계를 초월한 등신불이 오래도록 잊혀지지 않을 것 같아.
→ 작품을 읽고 얻게 되는 독자의 감동은 어떤 것인지에 초점을 두고 있다.

(4) **절대주의적 관점에 의한 감상**: 이 작품은 이야기 속에 또 하나의 이야기가 들어 있는 액자식 구성을 하고 있군. 만적의 이야기에서는 시점도 1인칭 시점에서 3인칭 시점으로 변하고 말이야. 이런 구성 때문인지 만적에 얽힌 설화가 더 신비롭게 다가오는 것 같아.
→ 작품의 내적 구조와 구성 요소에 초점을 두고 있다.

예제 | 따라잡기

137. 다음 글의 ㉠~㉢에 들어갈 말을 적절하게 나열한 것은? 2025 개편 예시문항

소설과 현실의 관계를 온당하게 살피기 위해서는 세계의 현실성, 문제의 현실성, 해결의 현실성을 구별해야 한다. 우리가 살고 있는 이 입체적인 시공간에서 특히 의미 있는 한 부분을 도려내어 서사의 무대로 삼을 경우 세계의 현실성이 확보된다. 그 세계 안의 인간이 자신을 둘러싼 세계와 고투하면서 당대의 공론장에서 기꺼이 논의해볼 만한 의제를 산출해낼 때 문제의 현실성이 확보된다. 한 사회가 완강하게 구조화하고 있는 '가능한 것'과 '불가능한 것'의 좌표를 흔들면서 특정한 선택지를 제출할 때 해결의 현실성이 확보된다.

최인훈의 〈광장〉은 밀실과 광장 사이에서 고뇌하는 주인공의 모습을 통해 '남(南)이냐 북(北)이냐'라는 민감한 주제를 격화된 이념 대립의 공론장에 던짐으로써 [㉠] 을 확보하였다. 작품의 시공간으로 당시 남한과 북한을 소설적 세계로 선택함으로써 동서 냉전 시대의 보편성과 한반도 분단 체제의 특수성을 동시에 포괄할 수 있는 [㉡] 도 확보하였다. 〈광장〉에서 주인공이 남과 북 모두를 거부하고 자살을 선택하는 결말은 남북으로 상징되는 당대의 이원화된 이데올로기를 근저에서 흔들었다. 이로써 [㉢] 을 확보할 수 있었다.

	㉠	㉡	㉢
①	문제의 현실성	세계의 현실성	해결의 현실성
②	문제의 현실성	해결의 현실성	세계의 현실성
③	세계의 현실성	문제의 현실성	해결의 현실성
④	세계의 현실성	해결의 현실성	문제의 현실성

138. 〈보기〉에 나타난 작품 감상의 관점으로 가장 옳은 것은?　　　2018. 서울시 9급

> 보기
>
> 　나는 지금도 이광수의 〈무정〉 작품을 읽으면 가슴이 뜨거워지는 것을 느껴. 특히 결말 부분에서 주인공 이형식이 "옳습니다. 우리가 해야지요! 우리가 공부하러 가는 뜻이 여기 있습니다. 우리가 지금 차를 타고 가는 돈이며 가서 공부할 학비를 누가 주나요? 조선이 주는 것입니다. 왜? 가서 힘을 얻어 오라고, 지식을 얻어 오라고, 문명을 얻어 오라고…… 그리하여 새로운 문명 위에 튼튼한 생활의 기초를 세워 달라고…… 이러한 뜻이 아닙니까?"라고 부르짖는 부분에 가면 금방 내 가슴도 울렁거려 나도 모르게 "네, 네, 네"라고 대답하고 싶단 말이야. 이 작품은 이 소설이 나왔던 1910년대 독자들의 가슴만이 아니라 아직 강대국에 싸여 있는 21세기 우리 시대 독자들에게도 조국을 생각하는 마음에 큰 감동을 주고 있다고 생각해.

① 반영론적 관점
② 효용론적 관점
③ 표현론적 관점
④ 객관론적 관점

139. 다음 글에 대한 이해로 적절한 것은?　　　2021. 지방직 7급

> 　바로 머리 위에서 불티처럼 박힌 앙증스러운 눈깔을 요모조모로 빛내면서 자꾸 대가리를 숙여 꺼뜩 꺼뜩 위협을 주는 커다란 구렁이를 보고도 외할머니는 조금도 두려워하지 않았다. 외할머니는 두 손을 천천히 가슴 앞으로 모아 합장했다.
> 　"에구 이 사람아, 집안일이 못 잊어서 이렇게 먼 질을 찾어왔능가?"
> 　꼭 울어 보채는 아이한테 자장가라도 불러 주는 투로 조용히 속삭이는 그 말을 듣고 누군가 큰 소리로 웃는 사람이 있었다. 그러자 외할머니는 눈이 단박에 세모꼴로 변했다.
> 　"어떤 창사구 빠진 잡놈이 그렇게 히득거리고 섰냐. 누구냐, 어서 이리 썩 나오니라. 주리 댈 놈!"
> 　외할머니의 대갈 호령에 사람들은 쥐 죽은 소리도 못 했다. 외할머니는 몸을 돌려 다시 구렁이를 상대로 했다.
> 　"자네 보다시피 노친께서는 기력이 여전허시고 따른 식구덜도 모다덜 잘 지내고 있네. 그러니께 집안일일랑 아모 염려 말고 어서어서 자네 가야 헐 디로 가소."
> 　구렁이는 움쩍도 하지 않았다. 철사 토막 같은 혓바닥을 날름거리면서 대가리만 두어 번 들었다 놓았다 했다.
> 　"가야 헐 디가 보통 먼 질이 아닌디 여그서 이러고 충그리고만 있어서야 되겠능가. 자꼬 이러려는 못쓰네, 못써. 자네 심정은 내 짐작을 허겄네만 집안 식구덜 생각도 혀야지. 자네 노친 양반께서 자네가 이러고 있는 꼴을 보면 얼매나 가슴이 미여지겠능가."
>
> 　　　　　　　　　　　　　　　　　　－윤흥길, 〈장마〉에서－

① 외할머니가 구렁이를 무서워하는 사람에게 야단을 치고 있다.
② 외할머니가 구렁이를 산 사람처럼 대하면서 말을 건네고 있다.
③ 외할머니가 구렁이를 혐오스럽게 생각해서 쫓아내려고 하고 있다.
④ 외할머니가 구렁이를 안심시키려고 음식을 대접하고 있다.

그러나 정작 큰오빠 스스로가 자신이 그려 놓은 신화에 발이 묶이고 말았다. 공장에서 돈을 찍어 내서라도 동생들을 책임져야 했던 시절에는 우리들이 그의 목표였다. 새로운 사업을 시작할 때마다 실패할 수 없도록 이를 악물게 했던 힘은 그가 거느린 대가족의 생계였다. 하지만 지금은 동생들이 모두 자립을 하였다. 돈도 벌 만큼 벌었다. 한때 그가 그렇게 했듯이 동생들 또한 젊고 탱탱한 활력으로 사회 속에서 뛰어가고 있었다. 저들이 두 발로 달릴 수 있게 된 것은 누구 때문인가, 라고는 묻고 싶지 않지만 노쇠해 가는 삶의 깊은 구멍은 큰오빠를 무너지게 하였다. 몇 년 전의 대수술로 겨우 목숨을 건진 이후부터는 눈에 띄게 큰오빠의 삶이 흔들거렸다. 이것도 해선 안 되고 저것도 위험하며 이러저러한 일은 금하여라, 는 생명의 금칙이 큰오빠를 옥죄었다. 열심히 뛰어 도달해 보니 기다리는 것은 허망함뿐이더라는 그의 잦은 한탄을 전해 들을 때마다 나는 큰오빠가 잃은 것이 무엇인가를 생각해 보지 않을 수 없었다. 내가 수없이 유년의 기록을 들추면서 위안을 받듯이 그 또한 끊임없이 과거의 페이지를 넘기며 현실을 잊고 싶어하는지도 모를 일이었다. 그러면서 한 발자국 한 발자국씩 이 시대에서 멀어지는 연습을 하는지도.

머지않아 여관으로 변해 버릴 집을 둘러보며, 집과 함께해 온 자신의 삶을 안주삼아 쓴 술을 들이켜는 큰오빠의 텅 빈 가슴을 생각하면 무력한 나 자신이 안타까웠다. 아버지 산소에 불쑥불쑥 찾아가서 죽은 자와 함께 한 병의 술을 비우는 큰오빠의 마음을 알 수 있을 것도 같았다. 한 인간의 뼈저린 고독은 살아 있는 자들 중 누구도 도울 수 없다는 것, 오직 땅에 묻힌 자만이 받아 줄 수 있다는 것은 의미심장하였다.

－양귀자, 〈한계령〉에서 －

① 인생의 큰 목표를 이룬 후에 자신의 삶을 돌아보고 있다.
② 과거보다는 미래의 모습이 더욱 기대되는 삶을 살고 있다.
③ 아버지를 미워했던 자신을 용서할 수 없다고 생각한다.
④ 최선을 다해 살아왔던 삶의 의미를 상실한 채 살고 있다.
⑤ 반복된 사업 실패로 자신을 지탱하던 가족들과 멀어졌다.

❖ 시대별 현대 소설의 주제

1920년대	1930년대	
• 감상적이고 퇴폐적인 낭만주의 소설의 유행 예 '배따라기'(김동인), '물레방아'(나도향) • 인간의 생태를 자연 현상으로 파악하는 자연주의 경향 예 '표본실의 청개구리'(염상섭) • 사회를 비판적으로 묘사한 사실주의 경향 예 '술 권하는 사회'(현진건), '만세 전'(염상섭), '화수분'(전영택)	• 도시적 삶의 모습을 섬세하게 묘사한 세태 · 풍속 소설 예 '날개'(이상), '천변 풍경'(박태원), '레디메이드 인생'(채만식) • 농촌을 소재로 하거나 계몽을 위한 농촌 소설 예 '모범 경작생'(박영준), '사하촌'(김정한) • 민족 의식 고취를 위한 역사 소설 예 '금삼의 피'(박종화), '무영탑'(현진건)	1919년 3 · 1운동
1940년대	1950년대	
• 해방의 참된 의식 예 '논 이야기'(채만식) • 해방 직후의 사회적 혼란 예 '해방 전후'(이태준), '민족의 죄인'(채만식) • 보편적인 삶을 다룬 순수 소설 예 '두 파산'(염상섭), '임종'(염상섭)	• 전후의 사회 현실에 대한 인식 예 '학'(황순원), '비 오는 날'(손창섭), '수난 이대'(하근찬), '유예'(오상원) • 부조리한 현실 고발과 참여 예 '바비도'(김성한) • 인간의 본질적 삶 추구 예 '갯마을'(오영수)	1945년 8 · 15광복 1950년 6 · 25전쟁
1960~1970년대	1980년대	
• 민족의 비극과 분단 현실에 대한 인식 예 '나무들 비탈에 서다'(황순원), '닳아지는 살들'(이호철), '광장'(최인훈) • 산업화에 의해 소외된 민중의 삶 예 '삼포가는 길'(황석영), '난장이가 쏘아올린 작은 공'(조세희), '관촌수필'(이문구)	• 소시민들의 삶의 애환 예 '원미동 사람들'(양귀자), '외딴 방'(신경숙) • 역사에 대한 재조명 예 '태백산맥'(조정래) • 산업화 과정에서 발생하는 문제 고발 예 '깊고 푸른 밤'(최인호)	1960년 4 · 19혁명 1962~1981년 경제 개발 5개년 계획

❖ 고전 소설에서 자주 접하는 주제

고전 소설의 주제는 대부분 착한 사람은 복을 받고 악한 사람은 벌을 받는다는 권선징악(勸善懲惡)으로, 그 바탕에는 조선 시대의 지배 이념인 유교 사상이 자리잡고 있다. 고전 소설은 기본적으로 이러한 주제를 유지하면서 각 작품에 따라 서로 다른 주제를 드러내고 있는데, 이를 다음의 몇 가지 항목으로 나누어 볼 수 있다.

(1) 유교적 덕목의 강조

고전 소설이 주로 창작되던 당시가 조선 시대라는 저에서 고전 소설에는 조선 시대의 지배적 질서인 유교 사상이 반영될 수밖에 없었다. 다라서 당시의 보편적인 윤리인 충(忠), 효(孝), 우애(友愛), 정절(貞節) 등을 강조하는 소설들이 많이 창작되었다.

① 국가에 대한 충성: 후손들을 가르치는 교훈의 덕목으로 첫손에 꼽는 것이 나라와 왕에 대한 충성이었다. 충(忠)을 주제로 하는 소설은 대체로 영웅을 주인공으로 삼는다는 것이 특징이다. 〈유충렬전〉, 〈임경업전〉, 〈임진록〉 등이 있다.

② 부모에 대한 효성: 조선 사회에서 효도는 아이들의 교육에서 뺄 수 없는 덕목이었다. '효녀 지은 설화' 등 어린아이에게 들려주는 이야기에는 효를 주제로 한 것들이 많았다. 효를 주제로 한 우리 고전 소설의 대표적인 작품에는 〈심청전〉이 있다.

③ 형제 간의 우애: 우리 조상들은 예부터 가족 간의 화목을 중시하여 형제 자매 간의 두터운 정을 강조하는 이야기가 많이 등장하였다. 형제 간의 우애를 강조한 대표적인 작품에는 〈흥부전〉이 있다.

④ 여인의 절개: '충신은 불사이군(忠臣不事二君)이요, 열녀는 불사이부(烈女不事二夫)라.'하여 정절을 여인이 갖추어야 할 중요한 덕목으로 삼았다. 대표적인 작품으로는 〈춘향전〉이 있다.

(2) 가족 간의 갈등

고전 소설에서는 가정 안에서의 생활을 다룬 작품이 많은데, 특히 일부다처제로 인한 처첩 간의 갈등이나 계모와 전처 소생 자녀 간의 비극이 자주 등장하고 있다. 이러한 작품들은 대체로 악인(惡人)들의 악행이 탄로나 징벌을 받거나 참회하여 선인(善人)이 되도록 하고, 선인이 행복을 다시 찾는다는 결말로 구성되어 있다. 처첩 간의 갈등을 다룬 작품으로는 김만중의 〈사씨남정기〉를 비롯해 〈월영낭자전〉, 〈조생원전〉 등이 있고, 계모와 전처 소생 간의 갈등을 다룬 것으로는 〈장화홍련전〉, 〈콩쥐팥쥐전〉 등이 있다.

(3) 남녀 간의 사랑

사랑은 시대를 초월하는 보편적인 감정으로, 고전 소설에서도 이를 주제로 한 작품들이 많이 등장하였다. 조선 시대는 자유연애가 금기시되고 부모에 의해 결혼이 성사되던 시기였는데 이러한 현실을 비판하며 진정한 남녀 간의 사랑을 보여 주는 소설들이 창작되었다. 이를 주제로 한 작품으로는 김시습의 〈이생규장전〉을 비롯해 〈춘향전〉, 〈운영전〉, 〈숙영낭자전〉, 〈채봉감별곡〉, 〈옥단춘전〉 등이 있다.

어느 날 저녁, 최랑이 이생에게 말하였다.

"세 번이나 아름다운 가약을 얻게 되었지만 세상 일이 뜻대로 되지 않아 즐거움이 다하기도 전에 갑자기 슬픈 이별의 때가 이르렀습니다."

이렇게 말하면서 여러 번 오열하였다. 이생이 놀라서

"무슨 까닭에 이러는가?"

라고 물으니, 최랑이 말하였다.

"저승으로 돌아갈 운명은 거역할 수 없습니다. 천제(天帝)께서 저와 낭군님의 연분이 아직 끊어지지 않았고, 또 전생에 아무런 죄악도 없었기에 이 몸을 환신시켜 낭군님과 더불어 맺힌 한을 풀게 하신 것입니다. 그러나 인간 세상에 오래 머물러 산 사람을 어지럽게 할 수는 없습니다."

이 작품은 여느 고전 소설과 달리 유교적 사회에서 금기시되던 자유연애를 통해 맺어진 두 남녀의 사랑을 그리고 있다. 죽음을 초월한 남녀의 사랑을 사실적으로 묘사하여 사랑의 애틋함을 강렬하게 부각시키고 있는 작품이다.

(4) 사회 제도의 모순 비판과 양반 계급의 위선 풍자

임진왜란과 병자호란을 계기로 신분 질서가 동요되고 평민들의 각성이 두드러지면서 당대 사회에 대한 비판의 목소리가 거세졌다. 또 실학 사상이 대두하면서 지식인으로서 선비의 사회적 책임을 자각하고 사회의 모순을 비판하며 그 개혁의 방향을 모색한 작품들이 다수 창작되었다. 대표적인 작품으로는 허균의 〈홍길동전〉, 박지원의 〈허생전〉, 〈호질〉, 〈양반전〉 등이 있다.

CHAPTER

04

수필론 · 극문학론

▌단원 길잡이

수필은 개인의 체험을 문학으로 작성한 글이며 극문학은 연기자의 대본이며 스토리가 존재하는 문학이다. 극문학은 연극의 대본인 희곡과 영화의 대본인 시나리오로 다시 나뉜다. 공무원 시험에서는 주로 수필이 출제되며, 극문학에서는 희곡이 주로 출제가 된다. 그러나 시나 소설에 비해 출제가 많지는 않다. 수필과 극문학을 접근하는 방법도 시나 소설과 같다. 단순 이론 형태의 지식형 문제를 출제하기 보다는 작품을 직접 읽고 감상하는 문제가 출제된다. 수필의 경우 다양한 주제와 형식의 수필을 읽어보며, 각 작품의 주제와 특징, 구성 등을 파악해야 한다. 극문학도 마찬가지다. 작품을 읽으며 각 작품의 인물, 사건, 배경 등을 파악한다. 그리고 극문학을 읽으면서 인물의 대사와 행동을 분석하고, 이를 통해 인물의 성격과 감정, 상황 등을 파악하도록 노력한다. 하지만 이렇게 작품을 능동적으로 감상하는 것은 어려운 일이다. 기출 문제를 풀고 작품의 내용을 이해하는 것이 가장 중요하다.

제1절 수필

인생과 자연에 대한 체험이나 생각을 형식에 얽매이지 않고 쓴 산문 문학의 한 갈래이다.

1 수필의 특성

① **자유로운 형식의 산문(무형식의 형식)**: 수필은 다른 문학에 비하여 형식이 자유롭다.

② **직접적 전달성**: 허구적 대리인을 거치지 않고, 작가가 자신의 생각이나 사상을 직접 전달한다. (나 = 작자 자신)

③ **제재의 다양성**: 인생이나 사회, 역사, 자연 등 무엇이든지 수필의 제재가 될 수 있다.

④ 유머, 위트, 비평 정신이 드러나는 글이다.

⑤ **비전문적·개방적인 글**: 수필은 누구나 쓸 수 있다.

⑥ **자기 고백적·독백의 문학**: 글쓴이의 내적 심성(心性)이 드러나는 글로 개성적이다.

⑦ **심미적·철학적인 글**: 인생과 자연의 관조에서 체득한 삶의 의미, 가치 등이 드러나는 글이다.

⑧ **설득의 실용적인 공리성의 문학**: 독자를 설득시키는 실용적인 목적으로 사용할 수 있다.

➕ 플러스 수필

수필은 인생과 사물에 대한 개인의 느낌과 사색을 자유로운 형식으로 쓴 대화적인 산문이다. 형식이 자유롭기 때문에 대단히 다양하고 폭넓은 경험을 직접 드러내기 쉬운 글이다. 개인의 작은 감상이나 깊은 사색은 물론, 사회 현상에 대한 비판까지도 내용으로 삼을 수 있다. 형식의 자유로움이 수필의 특징이지만, 문학이 되기 위해서 구체적인 형상화는 있어야 한다.

수필은 글쓴이의 개성이 짙게 드러나는 문학이다. 자신의 느낌이나 경험을 직접 고백하거나, 상대방에게 이야기하는 방식으로 전달한다. 이것은 소설이 가공의 인물을 설정하여 우회적으로 표현하는 방식을 위하는 것과 다른 특징이다. 여기서 작자의 개성적인 감각과 사물에 대한 독자적인 시각이 필요한 것이다. 독자들이 수필에 대해 흥미를 가지는 것은 이러한 데서 연유한다.

수필에서 극단적인 결론을 내리지 않는다. 글의 결말에 도달하기 위해, 작자는 사물에 대해 애정을 가지고 깊은 자성(自省)을 하게 되고, 자신이 내리는 결론에 대해 반추하면서 깊이 있는 명상을 하게 된다. 이는 수필이 철학성을 가지는 요인이 된다. 그러한 과정을 독자에게 보여 줌으로써 독자로 하여금 그 글 속에 몰입하도록 한다. 수필이 독자에게 친근감을 주고, 사물에 대한 생각을 깊게 해 주는 힘은 여기에서 나온다.

---

2 수필의 요소

① 주제: 수필 구조의 중심으로, 작품에 드러난 작가의 중심 사상이나 주된 의견
② 구성: 일정한 형식은 없으나 나름대로의 완결성과 통일성은 지니고 있다.
③ 문체: 문장상에 나타나는 작가의 개성적인 표현의 특이성
④ 제재(소재): 작품의 재료나 글감

➕ 플러스

소설은 사건과 갈등이 구조의 중심을 이루나 수필은 주제나 제재 중심이다.

3 수필의 제재

① 체험(體驗): 일상 생활에서 구체적으로 겪은 일
② 관찰(觀察): 어떤 대상에 대한 지배적 인상을 표현한다.
③ 독서(讀書): 독서를 통한 간접 체험이나 독서론
④ 사고(思考): 사물이나 인생에 대한 관조적·해석적 사고도 소재가 된다.

4 수필의 갈래

(1) 내용에 따라

경수필(미셀러니)	중수필(에세이)
• 필자가 생활 주변의 간단하고 흥미 있는 내용을 가볍게 쓴 서정적 수필	• 어떤 사물이나 사실에 대해 분석적·논리적 태도로 쓴 지적인 경향의 수필
• 전체적으로 가벼운 느낌을 줌.	• 무거운 느낌을 줌.
• 부드러운 문장[軟文章]	• 딱딱한 문장[硬文章]
• 개인적·주관적	• 사회적·객관적
• 몽테뉴적 수필	• 베이컨적 수필
• '나'가 겉으로 드러남.	• '나'가 겉으로 드러나지 않음.
• 신변적·개인적 감정, 정서를 다룸.	• 사회적 문제를 다룸.

① 경수필(miscellany, 비형식적 수필): 일정한 격식이 없이 작가의 체험을 개인적·주관적으로 표현하는 수필로, 개인적·신변잡기적(身邊雜記的)인 성격을 지닌다.

> 내가 잠시 낙향(落鄕)해서 있었을 때의 일이다.
>
> 어느 날 밤이었다. 달이 몹시 밝았다. 서울서 이사 온 윗마을 김군을 찾아갔다. 대문은 깊이 잠겨있고 주위는 고요했다. 나는 밖에서 혼자 머뭇거리다가 대문을 흔들지 않고 그대로 돌아섰다.
> 고요한 분위기를 깨뜨리지 않기 위해
>
> 맞은편 집 사랑 툇마루에 웬 노인이 한 분 책상다리를 하고 앉아서 달을 보고 있었다. 나는 걸음을 그리로 옮겼다. 그는 내가 가까이 가도 별 관심을 보이지 아니했다.
>
> "좀 쉬어 가겠습니다."
>
> 하며 걸터앉았다. 그는 이웃 사람이 아닌 것을 알자,
>
> "아랫마을서 오셨소?" / 하고 물었다.

"네, 달이 하도 밝기에……." / "음, 참 밝소."

허연 수염을 쓰다듬었다. 두 사람은 각각 말이 없었다.

달밤의 정취에 빠짐

푸른 하늘은 먼 마을에 덮여 있고, 뜰은 달빛에 젖어 있었다. 노인이 방으로 들어가
더니, 안으로 통한 문 소리가 나고, 얼마 후에 다시 문소리가 들리더니, 노인은 방에
서 상을 들고 나왔다. 소반에는 무청김치 한 그릇, 막걸리 두 사발이 놓여 있었다.

소박하지만 풍성한 시골 인심

"마침 잘 됐소. 농주(農酒) 두 사발이 남았더니…."

하고 권하며, 스스로 한 사발을 쭉 들이켰다. 「나는 그런 큰 사발의 술을 먹어 본
적은 일찍이 없었지만 그 노인이 마시는 바람에 따라 마셔 버렸다.」

「 」: 달밤의 분위기와 노인의 태도에 동화된 모습

이윽고, / "살펴 가우."

하는 노인의 인사를 들으며 내려왔다. 얼마쯤 내려오다 돌아보니 노인은 그대로 앉

달밤의 정경과 하나된 노인의 모습. 여운을 남기는 끝맺음

아 있었다.

– 윤오영, 〈달밤〉 –

② **중수필(essay, 형식적 수필):** 목적 의식을 가지고 사물과 현상에 대해 논리적·
지적으로 다루기 때문에 비평적 성격이 두드러지게 나타난다.

미국 영화가 전통적으로 당대의 시대 정신과 문화를 반영하고 있다는 사실은 이미
잘 알려져 있지만, 그 중에서도 1990년에 개봉되어 대성공을 거둔 '나 홀로 집에
(Home Alone)'와 '후크(Hook)'는 오늘날 미국 사회의 문제점을 잘 드러내 주고 있
다. 매컬리 컬킨이라는 아역 배우를 일약 유명하게 만들어준 '나 홀로 집에'는 케빈
맥컬리스터라는 여덟 살 난 소년이 우연히 홀로 집에 남겨져 겪게 되는 고독과 모
험을 그린 영화다. (중략)

미국의 아이들은 처음에는, 물론 그러한 자유를 즐기고 좋아한다. 그러나 오래지
않아 그들은 고독을 느끼게 되고, 이윽고 가정을 파괴하는 위협적인 요소들(소리
없이 스며들어와 집을 파괴하는 도둑들)과 대면하게 된다. 영화 속의 케빈은 다행
히도 그 사악한 요소들과 대면해 싸워서 그 위협을 이겨 내지만, 많은 아이들은 불
행히도 악의 힘에 밀려서 (예컨대 나쁜 친구, 마약, 고독, 텔레비전 등) 차츰 가정
으로부터 멀어져 간다. 그러므로 '나 홀로 집에'는 사실 모든 미국 어린이들의 현실
이자, 모든 미국 주부들의 악몽이라고 할 수 있다.

– 김성곤, 〈'나 홀로 집에'와 잊혀진 아이들〉 –

➕ 플러스 '나 홀로 집에'와 잊혀진
아이들

단순한 코미디 영화가 크게 성공한
이유를 미국 사회의 또 다른 모습
을 알리며 분석한 글이다. 글에서
언급한 영화들은 미국인들의 불안
심리를 자극했고, 당시 사회의 현
대인들에게 시사하는 바가 컸다.

(2) 유형에 따라

① **서정적 수필**: 일반적 감상을 솔직하게 표현하는 수필이다.

예 이양하의 '신록 예찬', 나도향의 '그믐달', 이효석의 '낙엽을 태우면서'

> 가난한 벌거숭이의 뜰은 벌써 꿈을 메우기에는 적당하지 않은 탓일까. 화려한 초록의 기억은 참으로 멀리 까마득하게 사라져 버렸다. 벌써 추억에 잠기고 감상에 젖어서는 안 된다. 가을이다. 가을은 생활의 계절이다. 나는 화단의 뒷자리를 깊게 파고 다 타 버린 낙엽의 재를 — 죽어 버린 꿈의 시체를 — 땅속 깊이 파묻고 엄연한 생활의 자세로 돌아서지 않으면 안 된다. 이야기 속의 소년같이 용감해지지 않으면 안 된다. 전에 없이 손수 목욕물을 긷고 혼자 불을 지피게 되는 것도 물론 이런 감격에서부터이다.
> — 이효석, 〈낙엽을 태우면서〉 —

② **교훈적 수필**: 자연이나 인간, 인생에 대한 지은이의 지혜를 바탕으로 교훈을 주는 내용을 담은 수필로 설득적 요소가 강하다.

예 • 이양하의 '나무': 나무의 덕성을 찬양하면서 인간이 그것을 배울 것을 강조
　• 조지훈의 '지조론': 혼란한 사회에서 우리가 바르게 살아가는 태도를 제시
　• 김진섭의 '생활인의 철학': 생활에서 우러나오는 삶의 예지와 철학의 소중함 강조
　• 이희승의 '딸깍발이': 현대인이 배워야 할 선비의 강직함

> 나무에 하나 더 원하는 것이 있다면, 그것은 천명(天命)을 다한 뒤에 하늘 뜻대로 다시 흙과 물로 돌아가는 것이다. 그러나 사람은 가다 장난삼아 칼로 제 이름을 새겨보고, 흔히 자기 소용(所用) 닿는 대로 가지를 쳐가고 송두리째 베어 가곤 한다. 나무는 그대로 원망(怨望)하지 않는다. 새긴 이름은 도로 그들의 원대로 키워지고, 베어간 재목이 혹 자기를 해칠 도끼 자루가 되고 톱 손잡이가 된다 하더라도, 이렇다 하는 법이 없다. 나무는 훌륭한 견인주의자(堅忍主義者)요, 고독의 철인(哲人)이요, 안분지족(安分知足)의 현인(賢人)이다. 불교의 소위 윤회설(輪回說)이 참말이라면, 나는 죽어서 나무가 되고 싶다. '무슨 나무가 될까?' 이미 나무를 뜻하였으니, 진달래가 될까 소나무가 될까는 가리지 않으련다.
> — 이양하, 〈나무〉 —

③ **희곡적 수필**: 경험한 내용이나 극적 요소를 지닌 사건을 극적 전개 위주로 서술하는 수필로 서사와 대화를 중심으로 진술한다.

예 계용묵의 '구두', 피천득의 '은전 한 닢'

> 어느 날 초으스름이었다. 좀 바쁜 일이 있어 창경원(昌慶苑) 곁담을 끼고 걸어 내려오노라니까, 앞에서 걸어가던 이십 내외의 어떤 한 젊은 여자가 이 이상히 또그닥거리는 구두 소리에 안심이 되지 않는 모양으로, 슬쩍 고개를 돌려 또그닥 소리의 주인공을 물색하고 나더니, 별안간 걸음이 빨라진다.
> 그러는 걸 나는 그저 그러는가 보다 하고, 내가 걸어야 할 길만 그대로 걷고 있었더니, 얼마쯤 가다가 이 여자는 또 뒤를 한번 힐끗 돌아다 본다. 그리고 자기와 나와의 거리가 불과 지척(咫尺)임을 알고는 빨라지는 걸음이 보통이 아니었다. 뛰다 싶은 걸음으로 치맛귀가 웅어하게 내닫는다. 나의 그 또그닥거리는 구두 소리는 분명 자기를 위협하느라고 일부러 그렇게 따악딱 땅바닥을 박아 내며 걷는 줄로만 아는 모양이다.
> — 계용묵, 〈구두〉 —

④ **서사적 수필**: 이야기 형식을 빌려 인간 사회나 자연 현상에 대하여 객관적으로 서술하는 수필. 서정적 수필과 달리, 글쓴이의 주관을 제한하고 담담하게 사건을 기술한다.

> **예** • 최남선의 '심춘순례' · '백두산 근참기', 이희승의 '딸깍발이'
> • 윤오영의 '방망이 깎던 노인', 김규련의 '거룩한 본능' 등

> 며칠 뒤, 무서리가 몹시 내린 어느 날 아침, 기이(奇異)하고 처참한 변이 또 일어났다. 마을 사람들이 그렇게도 알뜰히 보살펴 온 그 한 쌍의 황새가 서로 목을 감고 싸늘하게 죽어 있지 않은가. 마을 사람들은 이 슬픔 광경을 보자 숙연해졌다. 그리고 저마다 무엇을 느꼈음인지 착잡한 심정으로 한참이나 말이 없었다.
>
> – 김규련, 〈거룩한 본능〉 –

(3) **내용상의 종류**

① **개인적 수필**: 글쓴이 자신의 성격이나 개성, 신변잡기 성격의 글
② **담화 수필**: 시정(市井)의 잡다한 이야기나 글쓴이의 관념 등을 적은 글
③ **사색적 수필**: 인생의 철학적 문제를 다룬 글이나 감상문
④ **연단적 수필**: 실제의 연설 초고는 아니나, 연설적 · 웅변적인 글
⑤ **사설 수필**: 개인의 주관이나 의견이긴 하지만, 사회의 여론을 유도하는 글
⑥ **비평적 수필**: 작가에 관한 글이나, 문학 · 음악 · 미술 등 예술 작품에 대한 글쓴이의 소감을 밝힌 글

(4) **수필의 영역에 포함되는 글**

① **기행문**: 여행 중에 접한 견문(見聞)과 느낀 감상(感想)을 여정(旅程)에 따라 적은 글로 서사적인 수필에 해당한다.
② **감상문**: 인간의 삶이나 작품에 대한 감상을 적은 글이다.
③ **일기**: 날마다 그날 그날 겪은 일이나 생각, 느낌 따위를 적는 개인의 기록이다.
④ **편지**: 상대방에게 보내는 실용문의 일종으로 안부와 용건을 적어 보내는 글이다.
⑤ **평론**: 하나의 문학 작품을 해석하고 감상하고 평가하는 일체의 활동을 말한다.

(1) 은전 한 닢

가　내가 상해에서 본 일이다.
예전에 상해에서 본 일 - 사건의 사실성과 호기심 유발

나　늙은 거지 하나가 전장(錢莊)에 가서 떨리는 손으로 일 원짜리 은전 한 닢을 내
초조감, 불안감

놓으면서,

"황송하지만 이 돈이 못쓰는 것이나 아닌지 좀 보아 주십시오."

하고 그는 마치 선고를 기다리는 죄인과 같이 전장 사람의 입을 쳐다본다. 전장
초조한 심리 상태　　　　　　　　　　　　현재법
(생생한 현장감＋사실성 부각)

주인은 거지를 물끄러미 내려다보다가 돈을 두들겨 보고,

"좋소"

하고 내어 준다. 그는 '좋소'라는 말에 기쁜 얼굴로 돈을 받아서 가슴 깊이 집어

넣고 절을 몇 번이나 하며 간다. 그는 뒤를 자꾸 돌아다보며 얼마를 가더니, 또 다

른 전장을 찾아 들어갔다. 품 속에 손을 넣고 한참 꾸물거리다가 그 은전을 내어

놓으며,

"이것이 정말 은으로 만든 돈이오니까?"

하고 묻는다. 전장 주인도 호기심 있는 눈으로 바라보더니,

"이 돈을 어디서 훔쳤어?"

거지는 떨리는 목소리로,

"아닙니다. 아니에요."

"그러면 길바닥에서 주웠다는 말이냐?"

"누가 그렇게 큰 돈을 빠뜨립니까? 떨어지면 소리는 안 나나요? 어서 도로 주십
반어적 항변으로 자신의 주장을 뒷받침함.

시오."

거지는 손을 내밀었다. 전장 사람은 웃으면서

"좋소"하고 던져 주었다.

그는 얼른 집어서 가슴에 품고 황망히 달아난다. 뒤를 흘끔흘끔 돌아보며 얼마
급히

를 허덕이며 달아나더니 별안간 우뚝 선다. 서서 그 은전이 빠지지나 않았나 만져
불안한 심정

보는 것이다. 거친 손가락이 누더기 위로 그 돈을 쥘 때 그는 다시 웃는다. 그리고
흐뭇함.

또 얼마를 걸어가다가 어떤 으슥한 곳으로 찾아 들어가더니, 벽 돌담 밑에 쭈그리

고 앉아서 돈을 손바닥에 놓고 들여다보고 있었다. 그는 얼마나 열중해 있었는지

내가 가까이 간 줄도 모르는 모양이었다.

기출　따라잡기

**141. 이 글의 '그(거지)'에게 있어 '돈'
의 의미로 옳은 것은?**
2001. 국가직 9급

① 부귀의 상징
② 절대적 욕망
③ 생존의 수단
④ 부정적 가치

**142. 이 글의 표현상의 특징으로 적
절하지 않은 것은?** 2009. 법원직

① 인물 간의 대화를 통해 현장감과
　생동감을 느끼게 한다.
② 과거의 체험을 현재화하여 사건
　을 사실적으로 표현한다.
③ 결말을 간결하게 제시하면서 독
　자에게 여운을 남기고 있다.
④ 인물에 대한 직접적 설명과 주관
　적인 논평을 통해 교훈을 준다.

다　"누가 그렇게 많이 도와 줍디까?"
　　　　필자의 질문(궁금증)

　하고 나는 물었다. 그는 내 말소리에 움찔하면서 손을 가슴에 숨겼다. 그리고는 떨리는 다리로 일어서서 달아나려고 했다.

　"염려 마십시오. 뺏어가지 않소"

　하고 나는 그를 안심시키려고 하였다. 한참 머뭇거리다가 그는 나를 쳐다보고 이야기를 하였다.

　"이것은 훔친 것이 아닙니다. 길에서 얻은 것도 아닙니다. 누가 저 같은 놈에게
　　은전 한 닢을 갖게 된 과정(직접 화법)

일 원 짜릴 줍니까? 각전(角錢)한 닢을 받아 본 적이 없습니다. 동전 한 닢 주시는
　　　　　　　　　십 전짜리 같은 돈

분도 백에 한 분이 쉽지 않습니다. 나는 한 푼 한 푼 얻은 돈에서 몇 닢씩을 모았
　　　　　　　흔하지

습니다. 이렇게 모은 돈 마흔여덟 닢을 각전 한 닢과 바꾸었습니다. 이러기를 여섯 번을 하여 겨우 이 귀한 대양(大洋) 한 푼을 갖게 되었습니다. 이 돈을 얻느라
　　　　　　　　　　　　　　일 원짜리(은전의 이름)한 푼

고 여섯 달이 더 걸렸습니다."

　그의 뺨에는 눈물이 흘렀다. 나는,

　"왜 그렇게까지 애를 써서 그 돈을 만들었단 말이요? 그 돈으로 무엇을 하려오?"

　하고 물었다. 그는 다시 머뭇거리다가 대답했다.

　"이 돈, 한 개가 갖고 싶었습니다."
　　은전에 대한 맹목적 욕심과 집착(극도의 빈곤이 낳은 비애)

핵심정리

1. **작가**: 피천득

2. **갈래**: 경수필, 서사적 수필

3. **문체**: 간결체, 대화체

4. **성격**: 회상적 · 체험적

5. **제재**: 내가 상해에서 본 거지의 은전 한 닢

6. **주제**: 인간의 맹목적인 집착과 욕망에 대한 연민의 정

7. **특징**

① 줄거리를 갖춘 서사적 구조를 지님.

② 대화(직접 화법)를 통하여 생동감 있게 사건의 내용을 전달

③ 한 편의 콩트처럼 긴밀한 구성

④ 작가의 논평이나 설명을 생략한 기법으로 결말 처리 – 독자의 상상력에 호소하는 여운적인 효과

(2) 지조론(志操論)

가 지조란 것은 순일(純一)한 정신을 지키기 위한 불타는 신념이요, 눈물겨운 정성
다른 것이 섞이지 않고.순수함.

이며, 냉철한 확집(確執, 확고한 집념)이요, 고귀한 투쟁이기까지 하다. 지조가 교양인의 위의(威儀, 엄숙한 차림새)를 위하여 얼마나 값지고, 그것이 국민의 교화에 미치는 힘이 얼마나 크며, 따라서 지조를 지키기 위한 괴로움이 얼마나 가혹한가를 헤아리는 사람들은 한 나라의 지도자를 평가하는 기준으로서 먼저 그 지조의 강도(强度)를 살피려 한다.
센 정도.

지조가 없는 지도자는 믿을 수가 없고, 믿을 수 없는 지도자는 따를 수가 없기 때문이다. 자기의 명리(名利)만을 위하여 그 동지와 지지자와 추종자를 일조(一朝)
명예와 이익을 아울러 이르는 말   *하루아침. 갑작스럽도록 짧은 사이*

에 함정에 빠뜨리고 달아나는 지조 없는 지도자의 무절제와 배신 앞에 우리는 얼마나 많이 실망하였는가. 지조를 지킨다는 것이 참으로 어려운 일임을 아는 까닭에 우리는 지조 있는 지도자를 존경하고 그 곤고(困苦)를 이해할 뿐 아니라 안심
형편이나 처지 따위가 딱하고 어려움.

하고 그를 믿을 수도 있는 것이다, 이와 같이 생각하는 자기이기 때문에 지조 없는 지도자, 배신하는 변절자들을 개탄하고 연민하며 그와 같은 변절의 위기의 직전에 있는 인사들에게 경성(警醒,깨우침의 각성)이 있기를 바라는 마음이 간절하다.

지조는 선비의 것이요, 교양인의 것이다. 장사꾼에게 지조를 바라거나 창녀에게 지조를 바란다는 것은 옛날에도 없었던 일이지만, 선비와 교양인과 지도자에게 지조가 없다면 그가 인격적으로 장사꾼과 창녀와 가릴 바가 무엇이 있겠는가. 식견(識見)은 기술자와 장사꾼에게도 있을 수 있지 않은가 말이다.
학식과 견문. 사물을 분별할 수 있는 능력

물론 지사(志士)와 정치가가 완전히 같은 것은 아니다. 독립 운동을 할 때의 혁
나라와 민족을 위하여 제 몸을 바쳐 일하려는 뜻을 가진 사람.

명가와 정치인은 모두 다 지사였고 또 지사라야 했지만, 정당 운동의 단계에 들어간 오늘의 정치가들에게 선비의 삼엄한 지조를 요구하는 것은 지나친 일인 줄은
무서우리만큼 질서가 바로 서고 엄숙한

안다.(중략)

나 지조를 지키기란 참으로 어려운 일이다. 자기의 신념에 어긋날 때면 목숨을 걸어 항거하여 타협하지 않고, 부정과 불의한 권력 앞에는 최저의 생활, 최악의
순종하지 않고 맞서서 반항함.

곤욕을 무릅 쓸 각오가 없으면 섣불리 지조를 입에 담아서는 안된다.
참기 힘든 일

정신의 자존자시(自尊自恃)를 위해서는 자학과도 같은 생활을 견디는 힘이 없이
스스로 존중하고 스스로 믿음.   *자기 스스로 학대함.*

는 지조는 지켜지지 않는다. 그러므로 지조의 매운 향기를 지닌 분들은 심한 고집과 기벽(奇癖, 기이한 성벽)까지도 지녔던 것이다.

기출 따라잡기

143. 이 글에 대한 설명으로 가장 옳지 않은 것은?   2020. 법원직

① 자문자답의 형식을 빌려 자신의 삶을 성찰하고 있다.
② 구체적인 사례를 들어 자신의 논지를 강화하고 있다.
③ 비교와 대조를 통해 자신이 말하고자 하는 바를 부각하고 있다.
④ 인용의 방법을 통해 자신의 의도를 효과적으로 드러내고 있다.

PART 02
문학 편-1

신단재(신채호) 선생은 망명 생활 중 추운 겨울에 세수를 하는데 꼿꼿이 앉아서 두 손으로 물을 움켜다 얼굴을 씻기 때문에 찬물이 모두 소매 속으로 흘러 들어갔다고 한다. 어떤 제자가 그 까닭을 물으매, 내 동서남북 어느 곳에도 머리 숙일 곳이 없기 때문이라고 했다는 일화가 있다. 무서운 지조를 지킨 분의 한 분인 한용운 선생의 지조 때문에 낳은 많은 기벽의 일화도 마찬가지다. 오늘 우리가 지도자와 정치인들에게 바라는 지조는 이토록 삼엄한 것은 아니다. 다만 당신 뒤에는 당신들을 주시하는 국민이 있다는 것을 잊지 말고 자신의 위의와 정치적 생명을 위하여 좀더 어려운 것을 참고 견디라는 충고 정도다. 한 때의 적막을 받을지언정 만고에 처량한 이름이 되지 말라는 《채근담(菜根譚)》의 한 구절을 보내고 싶은 심정이란 것이다. 끝까지 참고 견딜 힘도 없으면서 뜻있는 백성을 속여 야당의 투사를 가장함으로써 권력의 미끼를 기다리다가 후딱 넘어가는 교지(狡智, 교활한 슬기)를 버리라는 말이다. 욕인(辱人)으로 출세의 바탕을 삼고 항거로써 최대의 아첨을 일삼는 본색을 탄로(綻露)시키지 말라는 것이다.

숨긴 일을 드러냄.

이러한 충언의 근원을 캐면 그 바닥에는 변절하지 말라, 지조의 힘을 기르란 뜻이다.(중략)

핵심정리

1. **작가**: 조지훈
2. **갈래**: 중수필, 교훈적 수필
3. **성격**: 논리적 · 사회적 · 공적(公的) · 경세적(警世的) · 교훈적 · 설득적
4. **문체**: 한문투의 강건체
5. **제재**: 지조
6. **주제**: 지조 있는 삶의 자세 강조. 정치인들에게 요구되는 지조 강조
7. **표현**
   ① 다양한 일화를 제시하여 지조와 변절의 의미를 이해시킴.
   ② 정치인의 옳지 못한 형태를 준열하게 비판함
   ③ 변절을 고정적인 잣대로 판단하지 않고, 대의를 위해 어쩔 수 없이 범한 범절이나 후에 자신의 행적을 반성한 경우는 그 변절이 용서될 수 있다는 열린 시각을 취함.
   ④ 비교와 대조 등의 표현 기교와 적절한 인용 및 예시 사용

(3) 딸깍발이

가　겨울이 오니 땔나무가 있을 리 만무하다. 동지 설상(雪上) 삼척 냉돌에 변변치도
　　　　　　　　　　　　　　　　추운 겨울

못한 이부자리를 깔고 누웠으니, 사뭇 뼈가 저려 올라오고 다리 팔마디에서 오도
독 소리가 나도록 온몸이 곤아오는 판에 사지를 웅크릴 대로 웅크리고 안간힘을
쓰면서 이를 악물다 못해 박박 갈면서 하는 말이,

　　"요놈, 괘씸한 추위란 놈 같으니, 네가 지금은 이렇게 기승을 부리지마는, 어디
내년 봄에 두고 보자."

하고 벼르더란 이야기가 전하지만 이것이 옛날 남산골 '딸깍발이'의 성격을 단적
으로 가장 잘 표현한 이야기다. 사실로 졌지마는 마음으로 안 졌다는 앙큼한 자존
심, 꼬장꼬장한 고지식, 양반은 얼어 죽어도 겻불을 안 쬔다는 지조, 이 몇 가지가
　　　　　　　　　　　　　　양반은 물에 빠져도 개헤엄은 안 한다. 어떤 경우에도 자기 체면을 꼭 지킴

그들의 생활 신조였다.　　　　　　　　　　　　　　　▶ 딸깍발이의 성격과 생활 신조

나　실상 그들은 가명인(假名人)이 아니었다. 우리 나라를 소중화(小中華)로 만든 것
　　　　　　사대주의에 젖어 명나라 사람처럼 처신하는 사람

은 어쭙지 않은 관료들의 죄요, 그들의 허물이 아니었다. 그들은 너무 강직하였
다. 목이 부러져도 굴하지 않는 기개, 사육신도 이 샌님의 부류요, 삼학사(三學士)
도 '딸깍발이'의 전형인 것이다. 올라가서는 포은(圃隱) 선생도 그요, 근세로는 민
충정(閔忠正)도 그다. 국위와 왕위 계승에 있어서 명(明)·청(淸)의 승낙을 얻어야
했고, 역서(曆書)의 연호를 그들의 것으로 하지 않으면 안 되었지마는, 역대 임금
의 시호를 제대로 올리고 행정 면에 있어서 내정의 간섭을 받지 않은 것은 그래도
이 샌님의 혼(魂)의 덕택일 것이다. 국사(國事)에 통탄할 사태가 벌어졌을 적에 직
언으로써 지존에게 직소(直訴)한 것도 이 샌님의 족속인 유림에서가 아니고 무엇
인가.　　　　　　　　　　　　　　　　　　　　　　　▶ 딸깍발이의 샌님 혼

다　현대인은 너무 약다. 전체를 위하여 약은 것이 아니라 자기 중심, 자기 본위로만
약다. 백년 대계를 위하여 영리한 것이 아니라 당장 눈앞의 일, 코앞의 일에만 아
름아름하는 고식지계(姑息之計)에 현명하다. 염결(廉潔)에 밝은 것이 아니라 극단
　　일을 엉터리로 하여 눈속임하는　　　　　　　　청렴하고 결백함

의 이기주의에 밝다. 이것은 실상은 현명한 것이 아니요 우매하기 짝이 없는 일이
다. 제 꾀에 제가 빠져서 속아 넘어갈 현명이라고나 할까. 우리 현대인도 '딸깍발
이'의 정신을 좀 배우자.

첫째 그 의기를 배울 것이요, 둘째 그 강직을 배우자. 그 지나치게 청렴한 미덕은
오히려 분간을 하여가며 배워야 할 것이다.　　　　　　　▶ 딸깍발이의 정신 계승

핵심정리

1. **작자**: 이희승

2. **성격**: 교훈적, 사회적, 해학적

3. **주제**: 남산골 샌님의 의기와 강직, 청렴한 미덕 계승

4. **특징**: 유머러스한 표현, 적절한 예시

**144. 다음 글의 괄호 안에 들어갈
말은?**　　　　　2003. 국가직 9급

　　현대인은 너무 약다. 전체를 위하
여 약은 것이 아니라 자기 중심, 자
기 본위로만 약다. 백년대계를 위하
여 영리한 것이 아니라 당장 눈앞
의 일, 코앞의 일에만 아름아름하는
고식지계(姑息之計)에 현명하다. 염
결(廉潔)에 밝은 것이 아니라 극단
의 이기주의에 밝다. 이것은 실상은
현명한 것이 아니요 우매하기 짝이
없는 일이다. 제 꾀에 제가 빠져서
속아 넘어갈 현명이라고나 할까. 우
리 현대인도 '딸깍발이'의 정신을 좀
배우자. 첫째 그 (　　)를 배울 것이
요. 둘째 그 강직을 배우자. 그 지나
치게 청렴한 미덕은 오히려 분간을
하여 가며 배워야 할 것이다.

① 의기
② 절개
③ 용기
④ 예의

145. 다음 글을 순서에 맞게 배열한 것은?   2010. 국회직 8급

> (가) 나는 그믐달을 몹시 사랑한다.
>
> (나) 어떻든지, 그믐달은 가장 정 있는 사람 중에, 또한 가장 한 있는 사람이 보아주고, 또 가장 무정한 사람이 보는 동시에 가장 무서운 사람들이 많이 보아 준다.
>
> (다) 내가 만일 여자로 태어날 수 있다 하면, 그믐달 같은 여자로 태어나고 싶다.
>
> (라) 서산 위에 잠깐 나타났다 숨어 버리는 초승달은 철모르는 처녀 같은 달이지마는, 그믐달은 원부와 같이 애절하고 애절한 맛이 있다.
>
> (마) 보름에 둥근 달은 모든 영화와 끝없는 숭배를 받는 여왕과 같은 달이지마는, 그믐달은 애인을 잃고 쫓겨남을 당한 공주와 같은 달이다.

① (가)-(라)-(마)-(나)-(다)   ② (가)-(마)-(나)-(라)-(다)

③ (가)-(다)-(나)-(라)-(마)   ④ (가)-(마)-(라)-(나)-(다)

⑤ (가)-(나)-(다)-(라)-(마)

146. 다음 괄호 안에 들어갈 알맞은 한자성어는?   2008. 서울시 9급

> 물론, 나에게 멀리 군속(群俗)을 떠나 고고(孤高)한 가운데 처하기를 원하는 선골(仙骨)이 있다거나, 또는 나의 성미가 남달리 괴팍하여 사람을 싫어한다거나 하는 것은 아니다. 나는 역시 사람 사이에 처하기를 즐거워하고, 사람을 그리워하는 (   )의 하나요, 또 사람이란 모든 결점이 있음에도 불구하고, 역시 가장 아름다운 존재의 하나라고 생각한다. 그리고 또, 사람으로서도 아름다운 사람이 되려면 반드시 사람 사이에 살고, 사람 사이에서 울고 웃고 부대껴야 한다고 생각한다.

① 人之常情   ② 竹馬故友

③ 八方美人   ④ 甲男乙女

⑤ 棟梁之材

147. 다음 글에서 말하고 있는 수필의 성격과 가장 거리가 먼 것은?   2011. 국가직 7급

> 수필은 청자연적이다. 수필은 난이요, 학이요, 청초하고 몸맵시 날렵한 여인이다. 수필은 그 여인이 걸어가는 숲속으로 난 평탄하고 고요한 길이다. 수필은 가로수 늘어진 페이브먼트가 될 수도 있다. 그러나 그 길은 깨끗하고 사람이 적게 다니는 주택가에 있다.
>
> … (중략) …
>
> 수필의 색깔은 황홀 찬란하거나 진하지 아니하며, 검거나 희지 않고 퇴락하여 추하지 않고, 언제나 온아우미하다. 수필의 빛은 비둘기 빛이거나 진주 빛이다. 수필이 비단이라면 번쩍거리지 않는 바탕에 약간의 무늬가 있는 것이다. 그 무늬는 읽는 사람의 얼굴에 미소를 띠게 한다.
>
> 수필은 한가하면서도 나태하지 아니하고, 속박을 벗어나고서도 산만하지 않으며, 찬란하지 않고 우아하며 날카롭지 않으나 산뜻한 문학이다.
>
> 수필의 재료는 생활 경험, 자연 관찰, 또는 사회 현상에 대한 새로운 발견, 무엇이나 다 좋을 것이다. 그 제재가 무엇이든지간에 쓰는 이의 독특한 개성과 그때의 무드에 따라 '누에의 입에서 나오는 액이 고치를 만들 듯이' 수필은 써지는 것이다. 수필은 플롯이나 클라이맥스를 필요로 하지 않는다. 가고 싶은 대로 가는 것이 수필의 행로이다. 그러나 차를 마시는 거와 같은 이 문학은 그 방향을 갖지 아니할 때에는 수돗물같이 무미한 것이 되어버리는 것이다.
>
> – 피천득, 〈수필〉 중에서 –

① 수필은 제재가 다양한 문학이다.

② 수필은 해학과 비판정신의 문학이다.

③ 수필은 일정한 형식이 없는 문학이다.

④ 수필은 필자의 개성이 드러나는 문학이다.

148. 다음 글의 이해로 적절하지 않은 것은?　　　　　　2013. 지방직 9급

> 　나무는 덕(德)을 지녔다. 나무는 주어진 분수에 만족할 줄 안다. 나무로 태어난 것을 탓하지 아니하고, 왜 여기 놓이고 저기 놓이지 않았는가를 말하지 아니한다. 등성이에 서면 햇살이 따사로울까, 골짜기에 내려서면 물이 좋을까 하여, 새로운 자리를 엿보는 일도 없다. 물과 흙과 태양의 아들로, 물과 흙과 태양이 주는 대로 받고, 후박(厚薄)과 불만족(不滿足)을 말하지 아니한다.
>
> 　　　　　　　　　　　　　　　　　　　　－ 이양하, 〈나무〉 중에서 －

① 대상에 인격을 부여하고 있다.

② 대상에서 인생의 교훈을 발견하고 있다.

③ 대상의 변화를 감각적으로 묘사하고 있다.

④ 대상을 예찬하는 태도를 취하고 있다.

149. 다음 수필에서 말하고자 하는 바가 가장 잘 드러난 시조는?　　　　　　2014. 서울시 7급

> 　나는 그림은 잘 모른다. 산수화나 수묵화 같은 동양화의 감식안을 갖추지 못한 나 자신을 부끄러워하는 처지다. 그러나 어느 전시회에서 검정색 하나만을 써서 그린 수묵화 앞에 섰을 때의 감동을 잊지 못한다. 현란한 컬러 텔레비전으로 오염된 나의 시각에, 아직 마비되지 않은 신경 오라기가 몇 줄 남아 있었을까? 검정색 하나의 그 그림에는 기운이 넘치고, 5색 7색의 찬란한 채색화를 능가하는 그 무엇이 있음을 발견했다. 오래 잊었던 잔잔한 호수의 거울같이 평정한 행복감이 수묵화에서 나에게 다가왔다. 병든 현대인에게는 고유한 마음으로 참다운 자기를 되찾게 하는 수묵화의 행복론이 인생의 내면을 살찌게 해 주는 보약이 되지 않을까?
>
> 　　　　　　　　　　　　　　　　　　　　－ 신일철, 〈수묵화 행복론〉 －

① 오백년 도읍지를 필마로 도라 드니/ 산천은 의구ᄒ되 인걸은 간듸 업다/ 어즈버 태평연월이 쑴이런가 ᄒ노라

② 이고 진 뎌 늘그니 짐 프러 나를 주오/ 나는 졈엇써니 돌히라 무거울가/ 늘거도 셜웨라커든 짐을 조차 지실가

③ 이화에 월백ᄒ고 은한이 삼경인지/ 일지춘심을 자규야 알냐마는/ 다정도 병인 양ᄒ야 좀못 일워 ᄒ노라

④ 추강에 밤이드니 물결이 ᄎ노ᄆ라/ 낙시 드리치니 고기 아니 무노ᄆ라/ 무심ᄒ 둘빗만 싯고 빈빅 저어 오노라

⑤ 동지ㅅ둘 기나긴 밤을 한 허리를 버혀내여/춘풍 니불아레 서리서리 너헛다가/어론님 오신날 밤이여든 구뷔구뷔 펴리라

150. 다음 글에 대한 설명으로 옳지 않은 것은?　　　　　　2016. 사회복지직 9급

> 　내가 어려서 최초로 대면한 중국 음식이 자장면이고 (자장면이 정말 중국의 전통적인 음식인지 어떤지는 따지지 말자.), 내가 맨 처음 가 본 내 고향의 중국집이 그런 집이고, 이따금 흑설탕을 한 봉지씩 싸 주며 "이거 먹어 해. 헤헤헤." 하던 그 집주인이 그런 사람이어서, 나는 중국 음식이라면 우선 자장면을 생각했고 중국집이나 중국 사람은 다 그런 줄로만 알고 컸다.
> 　　　　　　　　　　　… (중략) …
> 　그러나 적어도 우리 동네와 내 직장 근처에만은 좁고 깨끗지 못한 중국집과 내 어리던 날의 그 장궤(掌櫃) 같은 뚱뚱한 주인이 오래오래 몃만 남아 있었으면 한다.
>
> 　　　　　　　　　　　　　　　　　　　　－ 정진권, 〈자장면〉 중에서 －

① 일상적인 소재를 통해 추억을 회상하고 있다.

② 기억을 중심으로 편안하게 경험을 서술하고 있다.

③ 대상의 소박함과 정겨움을 중심으로 서술하고 있다.

④ 대상을 의인화하여 바람직한 삶의 자세를 이끌어 내고 있다.

제 2 절 ─ 희곡

희곡이란 무대 위에서 배우들이 말과 행동을 통해 직접적으로 관객에게 보여 주기 위해 꾸며낸 이야기를 말한다. 그러므로 희곡은 무대 상연을 전제로 창작된다.

1 희곡의 특성

① **무대 상연의 문학이다:** 무대 상연을 전제로 하는 까닭에 무대로 인한 제약이 따르며, 등장 인물이나 극중 장소를 실제 인물이나 실제 장소로 받아 들여야 한다.

② **행동의 문학이다:** 희곡은 인간의 행동을 모방한 것일 분만 아니라, 궁극적으로 등장 인물의 행동을 통해 삶을 형상화한다.

③ **대사의 문학이다:** 희곡은 행동을 동반하는 대사만으로 표출하는 문학으로, 지문을 통한 작가의 설명이나 묘사가 불가능하다. 사건과 줄거리도 대사를 통해서 전달된다.

④ **갈등의 문학이다:** 희곡은 인물의 성격과 의지가 빚어내는 극적 대립과 갈등을 주된 내용으로 한다.

⑤ **현재 진행형의 문학이다:** 모든 사건을 무대 위에서 배우의 행동을 통해, 눈앞에 일어나는 사건으로 현재화하여 표현한다.

하 주: 누가 당신더러 무료 병원 이얘기하랬소?

송달지: 하면 어때? 난 의견도 없구 생각두 없는 천치 짐승이란 말야? 난 제 이름 가지구 살 줄 모르는 인간이구? 왜 사람을 가지구 볶으는 거야.

하 주: 그러구두 잘했다구 되려 야단이야? 우리 집 망치구 뭣이 부족해서. 천치!

하 식: 누님!

하 주: 천치지 뭐야. 바본 바본 척 입이나 다물구 있으문 좋지 않어!

송달지: (하주의 뺨을 갈기며) 이것이?

하 연: 어마, 형부가!

송달지: 하식이, 내가 왜 자네 집 재산을 물에 타버리겠나? 재산두 귀하구 아버님의 명예와 지위두 소중하지만, 어떻게 나라를 속이구 법을 어긴단 말인가? 옳다구 생각하는 처사를 돕지는 못할 망정 방해까지 해서야 되겠나 말일세. 우리가 그러면 누가 국가의 사업을 돕구 우리들의 후배는 어떻게 되느냐 말일세. 아버지 일만 해두 한 사람의 욕심과 주변으로 해결할 수 있는 문젠가?

─오영진, 〈살아 있는 이중생 각하〉─

➕ 플러스 희곡의 구성 단계와 단위

희곡은 일반적으로 '발단─전개─위기─하강─대단원'의 다섯 단계로 이루어지며, 막과 장을 단위로 구성된다.

(1) 막(幕, act): 극의 길이와 행동을 구분하는 단위. 둘 이상의 '장'이 모여 이루어지는 것으로, 사건의 흐름을 매듭짓는 단위이다.

(2) 장(場, scene): 등장인물의 입장과 퇴장으로 구분되는 희곡의 기본 단위. 배경의 변화가 특징이며, 장이 모여 막을 이룬다.

- '하주'와 '송달지', '하식' 등이 등장하고 있다. 하주와 송달지가 극심한 갈등을 보이는 가운데 하연과 하식이 곁에서 이를 지켜보고 있으며, 송달지는 하주의 말에 화가 나서 그녀의 뺨을 때리기까지 한다.
- 주된 갈등의 주체는 하주와 송달지이며, 송달지의 마지막 대사로 보아 송달지는 '나라를 속이고 법을 어기는 짓은 하지 말아야 한다'는 생각을 가지고 있는 반면에, 하주는 그와는 반대되는 생각을 가지고 있기 때문에 둘은 갈등을 보인다.

2 희곡의 구성 요소

(1) 희곡의 형식적[外的] 구성 요소

① **해설**: 희곡의 처음에 나오는 일종의 지시문으로 등장 인물, 장소, 무대 등을 설명해 주는 부분이다.

② **지문**: 대화 사이에 짤막하게 넣어 인물의 동작, 표정, 심리 상태 등을 설명하거나 조명, 효과음 등을 지시하는 글을 말한다.

③ **대사**: 등장 인물이 실제로 행하는 발화를 말하며 대화, 독백, 방백이 있다.

　　㉠ 대화: 등장 인물들이 서로 간에 주고받는 말

　　㉡ 독백: 한 인물이 혼자 중얼거리는 말

　　㉢ 방백: 어떤 장면에서 한 인물이 다른 인물에게는 들리지 않는 것으로 약속하고 하는 독백. 실제로는 그 장면의 등장 인물에게도 들리지만, 사건 진행상 등장 인물에게는 들리지 않고 관객에게는 들리는 것으로 약속되어 있다.

(2) 희곡의 내용적[內的] 구성 요소

① **인물**: 의지적, 전형적, 개성적이어야 하며, 집중화되고 압축된 성격을 지닌 인물을 통해 인생의 단면을 집약적으로 그려야 한다. 따라서 등장 인물의 수나 성격 유형에 제한을 받게 된다.

② **행동**: 주제를 향해서 행동(사건의 줄거리)을 통일하여야 하기 때문에 생략, 압축, 집중, 통일된 행동이어야 하며, 갈등과 긴장을 동반하는 행동이어야 한다.

③ **주제**: 인생의 단면(斷面)을 압축, 집중시켜야 한다.

3 희곡과 소설의 차이점

구분		소설	희곡
공통점		• 자아와 세계와의 대립과 갈등을 다룬다. • 스토리가 있다. • 구성이 유사하다.	
차이점	시제	주로 과거형	반드시 현재형
	표현 방식	서술, 묘사, 대화	행동, 대사(서술과 묘사 불가)
	제약	비교적 제약이 없음	시간적, 공간적, 등장 인물 수의 제약
	인물 제시	직접적 제시 가능	간접적 제시(대화, 행동)로만 표현
	서술자의 개입 여부	서술자의 개입 가능	서술자의 개입 불가능
	성격	객관과 주관을 겸한 양식	가장 객관적인 양식
	전달 방법	읽는 것을 전제로 함	무대 상연을 전제로 함

4 희곡의 갈래

(1) 내용에 따른 갈래

① 비극

㉠ 인간이 운명, 성격, 상황 등에 의해 패배해 가는 모습을 제시하는 희곡을 말하며 비범한 개인인 주동 인물이 투쟁하다가 패배하여 좌절하는 내용이다.

㉡ 효과: 엄숙하고 진지하며 관객에게 연민과 공포를 불러일으켜 감정의 정화(카타르시스)를 느끼게 한다.

㉢ 비장미와 숭고미를 그 본질로 한다.

② 희극

㉠ 인간의 성격이나 행위에 내재하는 우둔함, 비리(非理), 모순과 같은 약점을 묘사하여 골계미(滑稽美)를 나타내는 희곡으로 해피 엔딩으로 끝난다.

㉡ 경쾌하고 흥미있는 줄거리와 인물을 등장시켜 인간성의 경직함과 사회의 불합리를 웃음으로 풀어가는 극이다.

㉢ 풍자와 해학, 그리고 기지[wit]로 표현되는 비평 정신을 느낄 수 있고 시대 현실을 비판하는 특성을 지닌다.

③ 희비극: 비극과 희극의 복합 형태로 대체로 처음에는 비극적으로 전개되나 작품의 전환점에 이르러 희극적인 상태로 전환되는 것이 많다.

예 셰익스피어의 '베니스의 상인'

(2) 창작 의도에 따른 분류

① 창작 희곡: 처음부터 무대 상연을 목적으로 창작한 희곡이다.

② 각색 희곡: 소설, 수기, 시나리오 등을 기초로 각색한 희곡이다.

③ 레제드라마(lesedrama): 상연되지 않고 읽기 만을 위한 독서용 희곡으로 연극성을 무시하고 문학성만을 중시한다.

④ 뷔넨드라마(bühnendrama): 반드시 무대 상연을 전제로 한 희곡이다.

(3) 기타

① 키노드라마(kinodrama): 영화의 기법을 섞어 사용하는 특수한 연극으로 연극과 영화의 연쇄극이라고 한다. '키노(kino)'는 영화를 뜻하는 러시아어이다.

② 멜로드라마(melodrama): 사랑을 주제로 하여 줄거리에 변화가 많고, 호화로운 무대로 관객을 대하는 감상적 통속적인 대중극이다.

③ 모노드라마(monodrama): 한 사람의 배우가 연출하는 극이다.

④ 팬터마임(pantomime): 대사가 없이 동작만으로 이루어진 극으로 '무언극(無言劇)'이라고 한다.

⑤ 소인극(素人劇): 전문적인 연극인이 아닌 사람들이 하는 연극이다.

⑥ 사이코드라마(psychodrama): 극적인 효과보다는 진단이나 치유의 효과를 기대하는 목적극으로 주로 사회적 부적응이나 인격 장애 진단 및 치료에 이용한다.

기출 따라잡기

151. 다음 글에 대한 이해로 적절하지 않은 것은? 2022. 간호직 8급

> 촌장: (관객들을 향해) 어서 오십시오, 주민 여러분. 이 애가 그 말을 꺼낸 파수꾼입니다. 저기 빙긋 웃고 있는 식량 운반인, 이 애가 틀림없지요? 네, 그렇다고 확인했습니다. 이리떼인지 아니면 흰 구름인지, 직접 이 아이의 입을 통하여 들어봅시다.
>
> 파수꾼 다, 쓰러질 것 같은 걸음으로 망루를 향해 걸어간다. 나가 근심스럽게 쫓아간다.
>
> 나: 얘야, 괜찮겠니?
> 다: …… 네.
> 나: 아무래도 걱정이 되는구나. 넌 이리떼란 말만 들어도 벌벌 떠는 겁쟁이인데. 망루 위에 올라가서 엎드리면 안돼. 이렇게 많은 사람들이 널 보러 오지 않았니? 얼마나 큰 영광이냐. 이 기회에 말이다. 넌 너 자신이 파수꾼이라는 걸 힘껏 자랑해야 한다. 알았지, 응?
> 촌장: 그만 올라가게 하십시오.
>
> 파수꾼 다는 망루 위에 올라간다. 긴 침묵. 마침내 부르짖는다.
>
> 다: 이리떼다, 이리떼! 이리떼가 몰려온다!
>
> 파수꾼 가의 손이 번쩍 들려지며 그도 외친다. 파수꾼 나는 신이 나서 양철북을 두드린다. 북소리, 한동안 계속된다.
>
> 가: 북소리 중지! 이리떼는 물러갔다.
>
> — 이강백, 〈파수꾼〉에서 —

① '나'는 양철북을 두드린 인물이다.
② '다'는 이리떼가 몰려온다고 외친 인물이다.
③ '촌장'은 '다'가 망루 위에 올라가는 것을 말린 인물이다.
④ '식량 운반인'은 이전에 '다'를 만난 적이 있는 인물이다.

핵심정리

1. 작품: 이강백, 〈파수꾼〉
2. 주제:
   ① 진실을 향한 열망
   ② 진실이 통하지 않는 사회의 비극.
3. 종류: 희곡(풍자극)
4. 특징: 이솝 우화인 '양치기 소년과 이리'를 바탕으로 하여, 1970년대 정치 상황을 풍자하고 권력의 위선과 허위를 풍자한 작품이다.
4. 해설: 이강백의 희곡 '파수꾼'은 우화를 소재로 한 작품으로 1970년대의 정치 상황을 풍자하고 권력의 위선과 허위를 폭로하고 있다. 작품 속 촌장은 거짓으로 공포감을 조성하여 마을을 통제하는 행동을 보이는데 이는 국가의 당면 과제(안보 논리)를 앞세워 개인의 자유를 억압하는 권력자를 상징한다.

제**3**절 시나리오

시나리오란 작가가 상상하여 꾸며 낸 이야기로 영화의 각본을 이르는 말이다. 그러므로 영화 촬영을 전제로 하며, 영상화를 통해 인생을 탐구하는 문학이다.

(1) 희곡과 시나리오의 차이점

구분	희곡	시나리오
공통점	• 문학의 한 장르이다. • 주로 음성 언어(대사)에 의존하면서도 다른 예술 영역의 도움을 받는 종합예술을 전제로 한다. • 직접적 심리 묘사가 불가능하다. • 정도의 차이는 있지만 길이의 제약이 있다.	
차이점	연극의 대본	영화의 대본
	무대에서 상연되는 것을 전제로 한다.	스크린을 통해 상영하는 것을 전제로 한다.
	막과 장이 단위이다.	신(scene)과 시퀀스(sequence)가 단위이다.
	행위 예술을 전제로 하여 입체적이다.	영상 예술을 전제로 하여 평면적이다.
	초점화된 행동. 집약미가 뛰어나다.	확산된 행동. 유동미가 뛰어나다.
	문학적 독자성이 약하다.	문학적 독자성이 강하다.
	등장 인물 수의 제약이 있다.	등장인물 수의 제약이 없다.
	시간 · 공간적 배경의 제한을 받는다.	시간 · 공간적 배경의 제한을 받지 않는다.

(2) 연극과 영화의 차이점

연극	영화
무대 위에서 상연된다.	스크린을 통해 상영된다.
시간적 · 공간적 제약이 심하다	시간적 · 공간적 제약이 거의 없다.
한 번 상연으로 소멸된다.	오래도록 보존된다.
입체적인 예술이다.	평면적인 예술이다.
창작 과정이 대중적이다.	전달력에 있어 대중성이 있다.
동호성(同好性)이 강하다.	보다 전문적인 자본과 기술이 필요하다.
구성 단위는 막과 장이다.	구성 단위는 컷(cut)이다.
역사가 길다.	과학의 발달로 태어났으므로 역사가 짧다.
관객과 배우가 직접 대면한다.	스크린을 통하여 배우와 관객이 대면한다.

[해설] 왜적에게 침략을 당한 지 10년 되던 해, 고정 황제 폐하의 국장(國葬)으로 인하여 서울로 모여든 기회를 이용하여, 기미년 3월 1일 우리 배달 민족의 울분은 드디어 터졌다.(E)

S# 15. 어느 길거리

군중과 학생들 합류되어, 만세 부르며 몰려온다.

한편, 헌병과 순사 달려온다. 일본 순사 한 명, 만세 부르는 학생을 환도(還刀)로 내리친다. 학생은 국기 든 손이 거의 끊어질 지경이다. 국기, 땅에 떨어지며 쓰러진다. 쓰러졌던 학생, 엉금엉금 기어서 왼손에 국기를 집어 들고, 억지로 힘차게 만세를 부르다 쓰러진다.

이 광경을 본 군중은 달려들어 순사를 얼싸끼고, 수라장이 된다.〈중략〉

S# 18. 화로와 주전자(Insert)

화로에 얹혀 있는 물이 펄펄 끓는다. 뚜껑이 들썩들썩하며 대소동을 상징한다.

－유봉춘, 〈유관순〉－

- 시나리오에는 내레이터(해설자)의 해설이 자유자재로 삽입될 수 있다. 위의 장면에서도 만세 운동이 일어난 배경, 만세 운동이 전개되어 가는 과정 등이 내레이터에 의해 충분히 서술되고 있다.
- 장면 전환이나 등장 인물에 제한이 없어 공간 이동이 자유롭고 많은 인원의 배우가 등장할 수 있다.
- 주전자에 갇혀 있던 물이 뜨거운 물로 팽창하여 들썩거리는 것처럼 온 나라 안이 독립을 향한 만세 운동의 열기가 가득함을 상징적으로 보여 주는 삽입(Insert) 장면(#18)은 희곡에서는 사용될 수 없는 기법이다.

---

(3) 시나리오 용어 해설

- Close－Up: 어떤 인물이나 사물을 집중적으로 확대하여 보여 주는 기법
- Effect: 효과. 음향이나 컴퓨터 그래픽, 애니메이션 등등의 효과
- Fade In(F.I): 화면이 점점 밝아 오는 것
- Fade Out(F.O): 화면이 점점 어두워지는 것
- I.I(Iris In): 화면 속의 임의의 한 점을 원형으로 확대시키면서 화면을 나타내는 것
- I.O(Iris Out): 화면이 천천히 닫히는 것
- Insert: 삽입 화면
- NAR(Narration): 해설. 등장 인물이 아닌 사람에게서 들려오는 설명형의 대사
- Over Lap(O.L): 한 화면 끝에 다음 화면의 시작을 합치면서 부드럽게 화면을 바꾸어 가는 기법
- Pan: 파노라마의 약칭. 카메라의 위치를 고정시켜 놓고 카메라만을 상하 좌우로 움직여 촬영하는 것
- Scene Number(S#): 장면 번호
- W.O(Wipe Out): 화면의 일부를 닦아 내듯이 없애고 다른 화면을 나타내는 기법

기출 | 따라잡기

152. 다음 중 시나리오에 대한 설명으로 가장 적절하지 않은 것은?
2018. 경찰직 1차

① 영화 상영과 드라마 방영을 목적으로 한 대본이며, 대본 구성의 단위는 '시퀀스(sequence)'와 '신(scene)'이다.
② F.I., F.O., 익스트림 롱 쇼트 등 촬영을 고려하여 시나리오만의 특수한 용어가 사용된다.
③ 등장인물의 대사와 행동은 인물의 성격을 드러내고 사건을 진행시킨다.
④ 시간적·공간적 배경의 제약으로 주제를 드러내는 데 한계가 있다.

153. 다음과 같은 글의 특성이 아닌 것은?　　　　　　　　　　　　　　　2003. 충남 지방직 9급

장면 2 영화반(낮) / 모여 있는 영화반 아이들

신화: 좋은 애 같던데…….
흥수: 네 눈에 안 좋아 보이는 애도 있나?
애라: 왜, 나도 멋있던데. 벌써 1학년 여자 애들이 구경 왔더라니까?
흥수: 눈에 깁스를 하라 그래라.
지민: (흥수 놀리려고 짐짓) 유진 걔, 어딘지 강렬하게 사람을 끌어당기는 뭔가가 있는 거 같지 않냐?
정연: (흥수 쪽 의식하며) 그러게 말야. 이유가 뭘까?
애라: 딴 건 몰라도 일단 얼굴이 되잖아. 솔직히 우리 학교 남학생들. 얼굴이 양심 불량인 애들이 좀
　　　많았냐?
유미: (수긍하듯 끄덕이고 진지하게) 사람은 일단 잘생기고 봐야겠구나.

---

① 영상화를 전제로 한다.
② 등장 인물, 장소 등의 제약이 적다.
③ 막과 장이 구성 단위로 이루어진다.
④ 해설, 지문, 대사, 장면 번호를 구성 요소로 한다.

제 4 절 　전통극

(1) 전통극의 종류

전통극이란 가장(假裝)한 배우가 대화와 몸짓으로 사건을 표현하는 전승 형태를 말한다. 전통극에는 '산대놀이', '오광대', '야류', '탈춤' 등 지역과 내용에 따라 다양한 명칭으로 불리는 탈춤 계통의 것과, '꼭두각시 놀음'으로 불리는 인형극 계통의 두 종류가 있다.

(2) 전통극의 특징

전통극에서 가장 중요한 것은 '풍자성'이다. 또한 악사들의 연주가 공연 중간에 삽입된다는 점도 중요하다. 특히 '탈춤'의 경우에는 공연되는 장소가 개방적인 마당이고 연희자들과 관객들 사이의 구별이 엄격하지 않아서, 연희자들이 관객들을 향해서 말을 하기도 하고 또 관객들이 공연 내용에 참가하도록 유도하기도 한다.

기출 ┃ 따라잡기

154. 다음 글에 대한 이해로 적절하지 않은 것은?　　　　　　2020. 지방직 9급

> 말뚝이: (벙거지를 쓰고 채찍을 들었다. 굿거리장단에 맞추어 양반 삼 형제를 인도하여 등장.)
>
> 양반 삼 형제: (말뚝이 뒤를 따라 굿거리장단에 맞추어 점잔을 피우나, 어색하게 춤을 추며 등장. 양반 삼 형제 맏이는 샌님[生員], 둘째는 서방님[書房], 끝은 도련님[道令]이다. 샌님과 서방님은 흰 창옷에 관을 썼다. 도련님은 남색 쾌자에 복건을 썼다. 샌님과 서방님은 언청이이며(샌님은 언청이 두 줄, 서방님은 한 줄이다.) 부채와 장죽을 가지고 있고, 도련님은 입이 삐뚤어졌고 부채만 가졌다. 도련님은 대사는 일절 없으며, 형들과 동작을 같이 하면서 형들의 면상을 부채로 때리며 방정맞게 군다.)
>
> 말뚝이: (가운데쯤에 나와서) 쉬이. (음악과 춤 멈춘다.) 양반 나오신다아! 양반이라고 하니까 노론, 소론, 호조, 병조, 옥당을 다 지내고 삼정승, 육판서를 다 지낸 퇴로 재상으로 계신 양반인 줄 알지 마시오. 개잘량이라는 '양'자에 개다리소반이라는 '반'자 쓰는 양반이 나오신단 말이오.
>
> 양반들: 야아, 이놈, 뭐야아!
>
> 말뚝이: 아, 이 양반들, 어찌 듣는지 모르갔소. 노론, 소론, 호조, 병조, 옥당을 다 지내고 삼정승, 육판서 다 지내고 퇴로 재상으로 계신 이 생원네 삼 형제 분이 나오신다고 그리 하였소.
>
> 양반들: (합창) 이 생원이라네. (굿거리장단으로 모두 춤을 춘다. 도령은 때때로 형들의 면상을 치며 논다. 끝까지 그런 행동을 한다.)
>
> 　　　　　　　　　　　　　　　　　　　－작자 미상, 〈봉산탈춤〉에서－

① 양반들이 자신들을 조롱하는 말뚝이에게 야단쳤군.
② 샌님과 서방님이 부채와 장죽을 들고 춤을 추며 등장했군.
③ 말뚝이가 굿거리장단에 맞춰 양반을 풍자하는 사설을 늘어놓았군.
④ 도련님이 방정맞게 굴면서 샌님과 서방님의 얼굴을 부채로 때렸군.

핵심정리

1. **작품**: 봉산탈춤
2. **갈래**: 가면극(탈춤)
3. **작가**: 미상
4. **구성**: 굿거리장단을 경계로 하여 7개의 재담으로 구성됨.
[말뚝이의 조롱－양반의 호령－말뚝이의 변명－일시적 화해(춤)]
4. **성격**: 풍자적, 해학적, 비판적, 골계적
5. **인물**
① 말뚝이: 당대 서민 의식의 대변자
② 양반 삼형제: 무능한 지배 계층을 대표함. 비판의 대상
③ 취발이: 조선 후기 상인의 전형
6. **주제**: 서민들의 양반에 대한 항거 정신과 풍자 의식

PART 03

문학 편-2
한국문학사

┃단원 길잡이

한국문학의 흐름을 이해하고 정리하는 단원이다. 공무원 국어 시험에서는 작품을 이해하고 감상하는 것이 가장 중요하다. 하지만 작품의 갈래와 시대적 흐름을 이해한다면 보다 쉬운 접근이 가능하다. 고전부터 현대까지 문학의 갈래와 흐름을 살펴보고 문학이 추구하는 가치를 이해하도록 노력해야 한다.

시험의 경향이 '읽기'로 변했지만, 고득점이 필요한 시점에서 기본적인 능력만을 키울 수는 없다. 작가, 작품, 시대에 대한 기본적인 지식이 필요하다.

CHAPTER

01

고전문학

.

❚ 단원 길잡이

고전문학은 우리의 옛 문화와 역사를 담고 있는 소중한 유산으로, 이를 공부함으로써 우리의 정체성을 확립하고 전통을 계승할 수 있다. 고전문학을 공부하기 위해서는 먼저 고전문학의 장르와 특징을 이해해야 한다. 고전문학은 시조, 가사, 판소리, 민속극 등 다양한 장르로 이루어져 있으며, 각 장르의 특징과 역사적 배경을 이해해야 작품을 제대로 감상할 수 있다. 또한 한문으로 기록한 소설과 수필이 있고, 한글로 기록한 소설 등의 문학도 있다. 무엇보다 중요한 것은 고전문학의 주요 작품을 감상하는 일이다. 고전문학의 주요 작품을 감상하면서 작품의 주제와 의미, 표현 방식 등을 이해하고, 이를 통해 우리의 옛 문화와 역사를 이해할 수 있다. 마지막으로 고전문학의 현대적 의미를 파악하는 것도 필요하다. 공무원 시험은 수능의 방향을 따르겠다고 언급했다. 수능은 고전문학의 현대적인 해석을 매우 중요하게 여긴다. 공무원 시험에도 이런 문제가 이미 출제되었다. 기출을 공부하면서 해결할 수 있는 문제이다. 고전문학은 시대적 배경과 문화적 배경이 다르기 때문에 현대적 관점에서 이해하기 어려운 부분이 있다.

예제 ┃ 따라잡기

1. 다음 중 고대 문학의 특징으로 알 맞지 않은 것은?

① 고대 문학은 제의(祭儀) 형식에서 행해진 집단 가무(集團歌舞)에서 싹텄다.

② 구비 전승되다가 2, 3세기경 한 자·한문이 유입되면서 문학으로 정착되었다.

③ 서정 문학에서 점차 서사 문학으로 발달했다.

④ 설화는 서사 문학의 원류가 되었고, 고대 가요는 서정 문학의 원형이 되었다.

1 특징

① 국문학의 태동기이다.

② 집단 서사시에서 개인 서정시로 발달하였다.

③ 구비 전승(口碑傳承)되다가 한자가 수입된 후에 문자로 정착되었다.

④ 무격 신앙(Shamanism)과 토테미즘(Totemism)을 바탕으로 불교 사상과 유교 사상이 사상적 기반을 이루었다.

⑤ 영고(迎鼓), 무천(舞天), 동맹(東盟) 등의 제천의식(祭天儀式)에서 행해진 집단 가무(ballad dance)로부터 문학이 발생했다.

2 설화 문학

(1) 신화

① 신적 존재가 등장하는 신성성의 이야기이다.

② 민족 단위로 전승되며 포괄적 증거물을 갖는다.

③ 분류

  ㉠ 북방계 신화: 호탕, 웅혼하고 천강(天降) 모티브를 갖고 있다.

    예 단군신화, 동명왕 신화, 해모수 신화, 금와 신화

  ㉡ 남방계 신화: 온화, 섬세하고 난생(卵生) 모티브를 갖고 있다.

    예 박혁거세 신화, 김알지 신화, 김수로왕 신화

(2) 전설

① 민간에 구술 전승(具述傳承)되는 이야기로 구체적 증거물이 있다.

② 전설의 서술 양식은 서두의 시간과 공간의 구체성 제시, 중간의 특출한 자연과 문화의 특징을 서술, 끝마무리의 물증 제시 등 3부로 서술된다.

(3) 민담

① 평범한 인간의 흥미 본위 이야기로 전세계적 분포를 보인다.

② 구체적 증거물이 없이 진실성보다는 흥미성을 추구한다.

(4) 갈래

구분	신화	전설	민담
전승자의 태도	신성하다고 믿음	진실하다고 믿음	흥미 본위
배경	태초의 신성한 장소	구체적인 시간과 장소	뚜렷하지 않음
증거물	포괄적(천지, 인간 등)	특정적(바위, 고개 등)	없음
주인공/행위	신적 존재/초인적	비범한 인간/영웅적	평범한 인간/일상적
전승범위	민족	특정지역	민족과 지역을 초월함
작품	'단군신화' 등	'연오랑 세오녀' 등	'콩쥐팥쥐' 등
미의식	신성 · 숭고미	비장 · 진실미	쾌락 · 해학미

(5) 근원 설화

① 열녀설화(도미의 처, 설씨녀 설화), 암행어사 설화(박문수), 신원설화(남원 추녀 설화, 박색 고개 전설, 아랑 설화), 염정 설화(성세창 설화), 신물 설화 (명경, 옥지환 교환 설화) ➡ '춘향전'

② 연권녀 설화(효녀 지은), 인신공희 설화, 거타지 설화 ➡ '심청전'의 근원 설화

③ 방이 설화, 박타는 처녀 설화 ➡ '흥부전'의 근원 설화

④ 구토 설화, 용원 설화 ➡ '별주부전'의 근원 설화

⑤ 조신의 꿈 ➡ 몽자류 소설(구운몽)의 근원 설화

3 고대 가요

(1) 개관

① 원시 종합 예술에서 개인적 서정을 노래하는 '시가'가 분리되면서 고대 서정 가요가 발생했다.

② 집단의 활동이나 의식(儀式)과 관련된 측면이 많아 의식요, 노동요의 성격을 지니고 집단적인 가무의 형태로 존재하였다.

③ 구전되다가 후대에 한자, 이두, 한글로 정착되는 과정에서 원래의 형태가 많이 변용(變容)되었다.

예제 │ 따라잡기

2. **다음 작품 중 영향을 주고받은 관계가 바르지 못한 것은?**

① 방이 설화(旁㐌說話) ➡ 흥부전
② 춘향전(春香傳) ➡ 옥중화
③ 구지가(龜旨歌) ➡ 해가
④ 목주가(木州歌) ➡ 가시리

기출 │ 따라잡기

3. **다음 중 한글로 전하지 않는 시는?**
2014. 서울시 7급

① 사미인곡
② 정읍사
③ 풍요
④ 누항사
⑤ 청산별곡

(2) 작품 일람

작품	연대	작자	내용	출전	비고
공무도하가	고조선	백수광부 (白首狂夫)의 처	물에 빠져 죽은 남편의 죽음을 애도	해동 역사	• 최고(最古)의 서정시 • 악곡명: 공후인
황조가	고구려	유리왕	치희를 잃은 유리왕의 실연의 슬픔을 노래	삼국 사기	• 확실한 연대를 알 수 있는 최초의 서정시
구지가	가락국	구간(九干) 등	새 생명(김수로왕)의 탄생을 기원	삼국 유사	• 제천의식의 형태를 보여 줌. • 서사시 · 노동요 · 주술가
해가(사)	신라 성덕왕	강릉 백성들	해룡에게 잡혀간 순정공의 부인을 구하기 위한 노래	삼국 유사	• '구지가'와 유사한 아류작
정읍사	백제	행상인의 처	행상 나간 남편이 돌아오기를 기다리는 아내의 노래	악학 궤범	• 현존하는 유일한 백제가요 • 한글로 기록된 가장 오래된 노래 • 후렴구를 빼면 3장 6구 형태로 시조와 유사함 • 조선 때까지 민간에서 '아롱곡'이라는 노래로 전승

[참고] 2000년 11월 부여능산리에서 기록된 '숙세가(宿世歌)'를 최초의 백제가요로 보기도 한다.

4 향가

신라에서 고려 초까지 향찰로 기록한 우리 고유의 시가로 현전하는 것은 진평왕 때 만들어진 '서동요'가 최고(最古)의 작품이다.

(1) 의의

① 향찰로 기록된 최초의 정형시이다.

② 최초의 국문 시가이자 개인 창작시이다.

③ 10구체 향가는 본격적인 기록 문학의 출발점이다.

(2) 형식

① 4구체: 향가의 초기 형태이며 민요와 동요의 정착형으로 '서동요, 풍요, 헌화가, 도솔가'가 있다.

② 8구체: 4구체에서 10구체로 진행되는 과도기 형식으로 '모죽지랑가, 처용가'가 있다.

기출 따라잡기

4. 다음 노래에 대한 설명으로 적절하지 않은 것은?
2006. 전북 9급

거북아, 거북아
머리를 내어라
내놓지 않으면
구워서 먹으리

① 소원성취 기원
② 주술적 노동요
③ 머리는 생명의 근원을 뜻함
④ 거북은 고구려의 임금을 뜻함
⑤ 난생설화이다. '구지가'는 가락국 김수로왕 설화와 관계가 있다.

➕ 플러스

4구체는 민요가 정착된 형식이나, '도솔가'는 주술성을 목적으로 지어졌다고 볼 때 민요라 볼 수 없다.

③ 10구체

  ㉠ 향가의 형식 중 가장 완성된 형식으로 '사뇌가'라 부른다.

  ㉡ 의미상 4·4·2구의 3단 구성을 일반적으로 취한다.

  ㉢ 마지막 2구(낙구)는 첫머리에 '아아' 등의 영탄구가 있는데 고려 속요나 시조에 영향을 끼쳤다.

(3) 내용

화랑에 대한 찬양, 불교적 분위기가 주류를 이룬다.

(4) 작가

승려와 화랑이 주류를 이루고 있다.

(5) 문헌

《삼국유사》에 14수, 《균여전》에 11수가 실려 전한다.

(6) 특성

서정성, 불교성, 주술성, 민요성, 정형성

 ① 민요의 정착: 서동요, 풍요, 헌화가, 처용가

 ② 가장 문학성이 뛰어난 작품: 제망매가, 찬기파랑가

 ③ 주술적 성격: 도솔가, 처용가, 혜성가, 원가

 ④ 유교적 성격: 안민가

(7) 작품 일람

작품	연대	작자	형식	내용
서동요	진평왕	백제 무왕	4구체	서동이 선화 공주를 얻기 위하여 궁중 주변의 아이들에게 부르게 한 동요(童謠). 참요(讖謠). 최초의 향가
풍요	선덕 여왕	만성(滿城) 남녀	4구체	양지(良志)가 영묘사의 장육존상을 만들 때 부역 온 남녀가 부른 불교적 노동요
헌화가	성덕왕	실명(失名) 노인	4구체	순정공의 아내 수로 부인이 벼랑에 핀 철쭉꽃을 탐하기에, 소를 끌고 가던 노인이 꽃을 꺾어 바치며 부른 노래. 민요
도솔가	경덕왕	월명사	4구체	해가 둘이 나타나 지어 불렀다는 주술가. 정치적인 위기 상황을 극복하기 위해 부른 작품
모죽지랑가	효소왕	득오	8구체	죽지랑의 고매한 인품을 사모하고, 인생의 무상을 노래한 만가(輓歌)
처용가	헌강왕	처용	8구체	아내를 범한 역신(疫神)을 굴복시켰다는 무가(巫歌). 주술적 성격, 축사(逐邪)·축신(逐神)의 노래. 신라 최후의 향가
제망매가	경덕왕	월명사	10구체	죽은 누이의 명복을 비는 재를 올릴 때 부른 추도의 노래. 의식요.

PART 03

문학 편-2

예제 | 따라잡기

5. 다음 중 10구체 향가에 대한 설명으로 틀린 것은?

① 가장 정제된 형식이다.

② 낙구 첫머리에 '아으'가 들어간다.

③ 찬기파랑가, 제망매가 등이 포함된다.

④ 상류층과 하류층이 같이 즐기는 형식이었다.

⑤ 사뇌가라고도 불린다.

6. 다음 중 10구체 향가가 아닌 것은?
  2006. 경기도 9급

① 祭亡妹歌

② 慕竹旨郎歌

③ 讚耆婆郎歌

④ 安民歌

➕ 플러스) 특성별 향가 정리

노동요	풍요
주술적	도솔가, 처용가, 혜성가, 원가
유교적	안민가
문학성	제망매가, 찬기파랑가

기출 | 따라잡기

7. 다음 향가 중 추모의 내용이 담긴 것은?
  2005. 강원도 9급

① 처용가 – 안민가

② 찬기파랑가 – 혜성가

③ 제망매가 – 모죽지랑가

④ 도천수관음가 – 우적가

찬기파랑가	경덕왕	충담사	10구체	충담사가 기파랑의 인품을 추모하며 부른 노래
안민가	경덕왕	충담사	10구체	경덕왕의 요청으로 군(君)·신(臣)·민(民)이 할 바를 노래한 치국안민(治國安民)의 노래. 유일한 유교적 성격의 노래
혜성가	진평왕	융천사	10구체	혜성이 심대성(心大星)을 범했을 때 이 노래를 지어 물리쳤다는 축사(逐邪)의 노래
원가	효성왕	신충	10구체	효성왕이 약속을 지키지 않으매, 노래를 지어 잣나무에 붙였다는 주가
천수대비가 (도천수관음가)	경덕왕	희명	10구체	희명이 실명(失明)한 자식을 위해 천수대비 앞에 나가 부른 기도의 노래. 기도가
원왕생가	문무왕	광덕	10구체	왕생(往生)을 원하는 광덕의 불교적인 신앙심을 읊은 노래
우적가	원성왕	영재	10구체	영재가 도둑 떼를 만나, 이를 깨우치고 회개시켰다는 설도(說道)의 노래

➕ 플러스 근체시와 절구

- 근체시(近體詩): 당나라 이전에 자유롭게 지어졌던 고체시와 달리, 당나라 초기에 엄격한 압운법과 평측법이 수립됨으로써 생긴 새로운 시형이다. 주로 5언(五言: 1구가 5자)과 7언(七言: 1구가 7자)의 4구로 이루어진 절구(絕句)와 8구(八句)로 이루어진 율시(律詩)가 있다.
- 절구(絕句): 단시형(短詩形)이기 때문에 찰나의 감정을 응축하여 표현하는 데 적절하며, 군더더기가 없는 표현이 많아 오랫동안 여운을 준다. 율시는 8구인데, 2구를 1연으로 하여 수함경미(首頷頸尾) 4연으로 이루어져 있다.

5 한문학

작품	시대	작자	내용	갈래
여수장 우중문시	고구려	을지문덕	수나라의 장군 우중문을 우롱한 한시. 현존하는 최고(最古)의 한시	한시
화왕계	신라 신문왕	설총	꽃을 의인화하여 임금을 풍간. 가전체의 효시이며, 고대 소설 '화사'에 영향을 미침. 소설적인 기록물의 효시. 《삼국사기》에 수록되어 있으며 《동문선》에서 '풍왕서'라는 제목으로 전함.	설화
계원필경	신라	최치원	현존하는 최고(最古)의 개인 문집	문집
토황소격문	신라	최치원	당나라 유학 중 황소에게 항복을 권유한 문서	한문
왕오천축국전	신라 성덕왕	혜초	구도(求道)를 위해 천축국을 순례한 기행문. 우리나라 최초의 기행문	한문 수필
화랑세기	신라 성덕왕	김대문	부전(不傳). 설화 문학서	설화
고승전	신라 성덕왕	김대문	이름난 고승(高僧)에 대한 전기	전기

(1) 정읍사

둘 하 노피곰 도두샤 _{광명 ↳ 높임 호격 조사}		달님이시어 높이높이 돋으시어
어긔야 머리곰 비취오시라. _{강세 접미사}	달님에의 기원	멀리멀리 비춰주소서.
어긔야 어강됴리		
아으 다롱디리 ▶ 후렴구		
져재 녀러신고요 _{시장에 가 계시는지요}		시장에 가 계시는지요.
어긔야, 즌 뒤롤 드뒤욜셰라. _{진 곳, ㄹ셰라(의구형 어미)} _{위험한 곳, 암흑}	남편의 신변 염려	위험한 곳을 디딜까 두렵습니다.
어긔야 어ᄀ됴리		
어느이다 노코시라. _{어느 곳에나}		어느 곳에나 놓으십시오.
어긔야, 내 가논 뒤 졈그롤셰라. _{나=남편 저물까 두렵습니다.} _(일심 동체)	남편의 무사 귀가 기원	당신 가시는 곳에 저물까 두렵습니다.
어긔야 어강됴리		
아으 다롱디리		

핵심정리

행상인의 아내가 '달(소망과 기원의 이미지, 광명의 이미지)'에 의탁하여 남편이 무사히 귀가하기를 바라며 읊은 망부가이다. 현재 전하는 유일한 백제 가요이며 한글로 전하는 가장 오래된 노래이다. 후렴구를 빼면 3장 6구체로 시조와 형식이 유사하다. 백제의 부전 가요 '선운산가' 및 신라의 부전 가요 '치술령곡'과 '망부석 설화'로 통한다. 민간에 '아롱곡'이라는 노래로 전승되었다.

1. **갈래**: 3장 6구의 시가
2. **출전**: 《악학궤범》권5 무고(舞鼓)
3. **별칭**: 아롱곡(《투호아가보》)
4. **주제**: 행상 나간 남편의 안전 기원

기출 | 따라잡기

8. 이 작품에 대한 설명으로 옳지 않은 것은? _{2011. 서울시 9급}

① 백제시대에 창작된 것으로 알려져 있다

② 행상나간 남편의 무사귀환을 빌고 있다.

③ 한글로 기록된 가장 오래된 가요이다.

④ 주술성을 지녀 집단적으로 불렸다.

⑤ 고려 시대 속요로 불리었다.

(2) 제망매가(祭亡妹歌)

生死路는

예 이샤매 저히고,
여기에, 이 세상에   두려워하고

나는 가느다 말ㅅ도
죽은 누이 간다, 죽는다

몯 다 닏고 가느닛고.

} 죽음의 허무함

어느 구ᅀᆞᆯ 이른 바ᄅᆞ매
                  누이의 요절 암시

이에 저에 떠딜 닙다이
                 떨어지는 잎(죽음)

ᄒᆞ든 가재 나고
한 부모

가논 곧 모ᄃᆞ온뎌
인생에 대한 허무감

} 삶의 무상함

아으 彌陀刹애 맛보올 내
깨달음의 감탄사   월명사 자신

道 닷가 기드리고다.
불교적 신앙심으로 슬픔을 극복하려는 의지 반영

} 불교에의 귀의

핵심정리

승려 월명사가 죽은 누이의 명복을 빈 추모의 노래로, 일명 '위망매영재가(爲亡妹營齋歌)'라고 한다. 슬픔을 겉으로 드러내지 않고, 내세에 대한 굳은 신념으로 극복한다.

1. **갈래**: 10구체 향가, 추모가
2. **출전**: 《삼국유사》권 5. 월명사 도솔가조
3. **주제**: 죽은 누이의 명복을 빎. 극락왕생에의 염원(인간고의 종교적 승화)
4. **의의**: 현존 향가 중 '찬기파랑가'와 함께 표현 기교와 서정성이 가장 뛰어난 작품이다.

기출 | 따라잡기

9. **다음 중 이 시에 대한 설명으로 적절한 것은?** 2017. 지방직 9급

① 시적 대상과의 재회에 대한 소망을 담고 있다.

② 반어적 표현을 통해 화자의 정서를 부각하고 있다.

③ 세속의 인연에 미련을 두지 않은 구도자의 자세를 드러내고 있다.

④ 상황 인식-객관적 서경 묘사-종교적 기원의 3단 구성으로 되어 있다.

(3) 찬기파랑가(讚耆婆郎歌) - 충담사

열치매

나토얀 **ᄃ리**
　　　달(기파랑에 대한 화자의 그리움 투영)

힌구름 조초 **뻐가는** **안디하.**
숭고한 이념이나 이상 세계　아닌가?

새파른 **나리여히**
　　　냇물(기파랑의 청순한 인품)

⎱ 기파랑의 고결한 모습

기랑(耆郞)이 즈싀 이슈라.

일로 나리ㅅ **지벽희**
　　　조약돌(기파랑의 원만한 인품)

낭(郞)이 디니다샤온

ᄆᄉ미 ᄀᆞ홀 좇누아져.
마음의 자취, 기파랑의 훌륭한 인품

⎱ 기파랑의 원만한 인품

아으 **잣ㅅ가지 노파**
　　　고고한 절개

⎫ 화자의 추모의 정 집약

서리 몯누올 화반(花判)이여.
속세의 시련이나 의혹

⎫ 기파랑의 고결한 절개 예찬

핵심정리

'달'과의 문답체를 통해 시상을 응축시켜 기파랑의 이상과 인품을 비유와 상징을 사용하여 찬양한 충담사의 작품이다.

1. **갈래**: 10구체 향가, 추모가, 예찬가
2. **주제**: 기파랑의 고매한 인품 추모
3. **표현**: 대상과의 문답을 통해 예찬의 효과 극대화와 다양한 자연물을 통해 대상의 모습 비유
4. **의의**: 표현 기교 및 서정성이 돋보이는 향가의 백미이며 순수 서정시이다.

기출 │ 따라잡기

10. 다음 이 작품에 대한 설명으로 가장 적절하지 않은 것은?

2017. 경찰직 1차

① 표현 기교가 뛰어난 작품으로 '제망매가'와 함께 향가 문학의 백미로 꼽힌다.

② 기파랑이라는 화랑을 추모하면서 그의 높은 덕을 기리고 있는 작품이다.

③ '이슬 밝힌 달이 흰 구름 따라 떠간 언저리에'에서 화자는 지금은 없는 기파랑의 자취를 찾으며 슬퍼하고 있다.

④ '아아, 잣나무 가지가 높아 눈이라도 덮지 못할 고깔이여'에서 화자는 기파랑의 높은 인품을 잣나무 가지와 눈에 비유하고 있다.

11. 향가 '찬기파랑가'에 대한 이해로 적절하지 않은 것은?

2022. 지역인재 9급

① 기파랑의 부재로 인한 화자의 신세를 한탄하고 있다.

② 10구체 향가로서 내용상 세 부분으로 구성되어 있다.

③ 기파랑의 고매한 인품을 구체적인 자연물에 비유하고 있다.

④ 낙구의 감탄사를 통해 감정을 집약하면서 시상을 마무리하고 있다.

(4) 제가야산독서당(題伽倻山讀書堂), 추야우중(秋夜雨中)

12. 다음 중 가의 한시에 대한 설명으로 바른 것은?

① 비유와 상징을 사용한 함축적인 작품이다.

② 동일한 시어를 반복적으로 사용하여 작자의 내면 정서를 드러내고 있다.

③ 현실을 좀더 적극적으로 살려는 의지를 노래하고 있다.

④ 대립적인 이미지를 지닌 시어를 사용하고 있다.

13. 다음 중 나의 한시 주제로 옳은 것은?

① 哀想

② 鄕愁

③ 志操

④ 感傷

가 제가야산독서당(題伽倻山讀書堂) – 최치원

첩첩 바위 사이를 미친 듯 달려 겹겹 봉우리 울리니,
　　　　　　　　　웅장한 시냇물 소리

지척에서 하는 말소리도 분간키 어려워라.

늘 시비(是非)하는 소리 귀에 들릴세라,
다툼뿐인 세상　　　　　　　세상의 소리와 단절하고 싶은 마음

짐짓 흐르는 물로 온 산을 둘러버렸다네.

산중에 은둔하고 싶은 심경

狂奔疊石吼重巒(광분첩석후중만) / 人語難分咫尺間(인어난분지척간)
常恐是非聲到耳(상공시비성도이) / 故敎流水盡籠山(고교류수진롱산)
⇨ 산중에 은둔하고 싶은 심경을 노래한 칠언 절구의 한시이다.

나 추야우중(秋夜雨中) – 최치원

가을 바람에 괴로이 읊조리나,

세상에 날 알아 주는 이 없네.
　　　　지음(知音)

창 밖엔 밤 깊도록 비만 내리는데,

등불 앞에 마음은 만리 밖을 내닫네.
　　　　세상과의 심리적 거리감/머나먼 고향을 그리는 향수

뜻을 펴지 못한 지성인의 고뇌와 고국에 대한 그리움

▶ 뜻을 펴지 못한 지성인의 고뇌와 고국에 대한 그리움

秋風唯苦吟(추풍유고음) / 世路少知音(세로소지음)
窓外三更雨(창외삼경우) / 燈前萬里心(등전만리심)
⇨ 시적 화자의 고독한 심회를 비에 이입시켜 형상화한 오언 절구의 한시이다.

14. ㉠~㉣ 중 적절하지 않은 것은?　　　　　　　　　　　2022. 지방직 7급

寂寞荒田側	적막한 묵정밭 가에
繁花壓柔枝	만발한 꽃이 보드라운 가지를 누르네
香經梅雨歇	향기는 장맛비 지나면 옅어지고
影帶麥風欹	그림자는 보리바람 맞으면 흔들리겠지
車馬誰見賞	수레 탄 사람들이 누가 보아 주리
蜂蝶徒相窺	벌과 나비만 기웃거리는구나
自慙生地賤	천한 땅에 태어난 것 부끄러우니
堪恨人棄遺	사람들에게 버림받은 것 어찌 원망하리오

　　　　　　　　　　　　　　　　　　　　　　　－최치원, 〈촉규화(蜀葵花)〉－

　이 시는 최치원이 당나라 유학 시절, 관직에 오르기 전에 지은 것으로 추정된다. 길가의 촉규화에 자신을 투영하여 출중한 능력에도 원하는 바를 성취할 수 없었던 서글픈 처지를 노래하였다. ㉠이 시에서 "만발한 꽃"은 작가 자신이 지니고 있는 빼어난 능력을 가리킨다고 할 수 있다. 그러나 능력이 있다고 해서 곧바로 등용될 수 있는 것은 아니었는데, ㉡그에게는 자신의 능력을 알아보고 등용의 기회를 부여해 줄 "수레 탄 사람들"이 필요했다. 뿐만 아니라 ㉢"수레 탄 사람들"과 자신을 이어줄 수 있는 "벌과 나비" 역시 절실했다. 이 작품에서 ㉣"천한 땅"은 시적 대상인 촉규화가 피어난 곳을 의미하기도 하고 작가 자신이 태어난 땅을 의미하기도 한다.

① ㉠

② ㉡

③ ㉢

④ ㉣

1 특징

① 과거 제도의 실시와 사학의 창설로 한문학이 융성하였다.
② 향가가 소멸되는 등 국문학이 위축되었다.

2 향가 및 향가계 고려 가요

(1) 향가

작품	작자	연대	형식	내용 및 출전
보현십원가 (보현십종원왕가)	균여 대사	고려 광종	10구체	표현 기교는 매우 세련되었으나, 찬불가로서 문학적 가치는 그리 높지 않다. 《균여전》에 수록

➕ 플러스) 보현십원가

(1) '보현십종원왕가(普賢十種願往歌)' 또는 '원왕가(願往歌)'라고도 한다.
(2) 11수의 제목은 〈예경제불가(禮敬諸佛歌)〉, 〈칭찬여래가(稱讚如來歌)〉, 〈광수공양가(廣修供養歌)〉, 〈참회업장가(懺悔業障歌)〉, 〈수희공덕가(隨喜功德歌)〉, 〈청전법륜가(請轉法輪歌)〉, 〈청불주세가(請佛住世歌)〉, 〈상수불학가(常隨佛學歌)〉, 〈항순중생가(恒順衆生歌)〉, 〈보개회향가(普皆廻向歌)〉, 〈총결무진가(總結無盡歌)〉 등이다.

(2) 향가계 고려 가요

작품	시대	작자	내용 및 출전
도이장가	예종	예종	8구체 형식으로 향찰로 표기된 마지막 작품이며 후렴구가 없다. 개국 공신 김낙과 신숭겸을 추모한 노래. 분장체.
정과정	의종	정서	10구체의 잔영으로 유배 문학의 효시이다. 인종의 총애를 받다가 의종이 즉위하자 조정의 참소로 동래로 귀양가 있었는데, 약속한 소명이 오래도록 내리지 않자 임금을 연모하고 억울함을 하소연한 충신연주지사(忠信戀主之詞). 곡조명은 '삼진작'이며 《악학궤범》에 수록되어 있다.

3 고려 속요

고려 시대 평민들이 부르던 민요적 시가로 '고려가요', '여요(麗謠)', 또는 '장가(長歌)', '고속가(古俗歌)'라고 한다.

(1) 의의

고려 가요는 적나라한 인간성과 풍부한 정서가 뛰어나게 형상화된 것이어서 국문학의 중요한 유산으로 평가된다.

(2) 형식

① 대부분 분장체(분연체, 연장체, 분절체)이다.

② 매끄러운 리듬감을 주는 후렴구가 발달되었다.

③ 음수율은 3·3·2조, 3·3·3조, 3·3·4조 등 다양하고 음보율은 3음보를 취한다.

➕ 플러스 고려 속요와 경기체가의 비교, 대조

구분		고려 속요	경기체가
공통점		형식-3음보, 후렴구 발달, 분절체, 내용-향락적, 현실 도피적	
차이점	양식	서정 양식(세계의 자아화)	교술 양식(자아의 세계화)
	계층	평민 문학(구비문학, 적층문학)	귀족 문학(기록 문학)
	표기	구전되다가 훈민정음으로 기록	한문구의 나열, 부분적으로 이두 사용
	음수율	3·3·2조, 3·3·3조, 3·3·4조 등 (다양한 율조)	3·3·4조가 기본(정형화된 율조)
	내용	남녀 간의 애정 등 평민들의 솔직한 생활 감정	사물이나 경치를 나열·서술
	영향	시조 발생에 영향을 줌	가사 발생에 영향을 줌
	정착 시기	고려 시대에 창작되었고 조선 시대에 문자로 정착	고려 시대와 조선 시대에 두루 정착

(3) 내용

향락적이며, 주로 남녀 간의 사랑, 이별의 아쉬움 등 평민들의 삶에 드러나는 정서를 진솔하게 표현하였다.

(4) 작가

고려 시대 평민들에 의해 불렸으며 정확한 작가나 창작 연대는 미상으로 집단적·민요적 성격을 갖고 있다.

(5) 특징

① 아름다운 우리말을 구사하여 순수하고 솔직한 생활 감정을 잘 드러냈다.

② 속요를 한시(漢詩)로 옮겨 놓은 것을 소악부라고 하는데, 이제현의 《익재난고》에 11편, 민사평의 《급암선생시고》에 6편이 전한다.

③ 문자로 정착되는 과정에서 '음사(淫詞)', '남녀상열지사(男女相悅之詞)'라 하여 사리부재(詞理不載)의 원칙에 따라 많은 작품이 손실되었다.

➕ 플러스

(1) 남녀상열지사(男女相悅之詞)

'남녀가 서로 사랑하면서 즐거워하는 가사'라는 뜻으로, 조선시대에 사대부들이 '고려가요'를 낮잡아 이르던 말

(2) 사리부재(詞理不載)

악학궤범에서 고려속요의 가사가 속되어 책에 싣지 않음을 말할 때 사용함.

➕ 플러스 비연시(非聯詩)

• 연이 구분되어 있지 않은 시
• 사모곡, 상저가, 처용가, 이상곡, 유구곡, 정과정

15. 다음 괄호 안에 알맞은 말은?
2002. 서울시 9급

구비문학(口碑文學)의 여러 영역 중에서 오랫동안 ( )만 홀로 우대를 받았다. 중세적인 지배체재를 다지는 예악(禮樂)을 이룩하면서 ( )을/를 받아들여 향악(鄕樂) 또는 속악(俗樂)을 편성하는 것이 오랜 관례였으며, 고려 후기에는 ( )에서 새롭게 상승한 속악(俗樂)이 새삼스럽게 커다란 구실을 하였다.

① 설화
② 신화
③ 민담
④ 시조
⑤ 민요

(6) 문헌

성종 이후 《악학궤범》, 《악장가사》, 《시용학악보》 등에 한글로 기록되어 전한다.

(7) 작품 일람

플러스 고려 가요가 수록된 문헌

(1) 악학궤범(樂學軌範)

1493년(성종 24) 왕명에 따라 제작된 악전(樂典)이다. 가사가 한글로 실려있으며 궁중음악은 물론 당악, 향악에 관한 이론 및 제도, 법식 등을 그림과 함께 설명하고 있다.

(2) 악장가사(樂章歌詞)

고려 이후 조선 초기에 걸쳐 악장으로 쓰인 아악(雅樂)과 속악(俗樂) 가사(歌詞)를 모아 엮은 가집(歌集)이다. 《악장가사》는 현재 전하는 가집 가운데 악장과 속악가사를 엮어 모은 순수 가집으로는 가장 오래된 것으로 문학사적 가치를 가진다. 특히 오랜 동안 노래로만 구비전승되어 오다가 훈민정음이 창제된 후 그 전문이 유일하게 기록된 고려가요가 <청산별곡>을 비롯하여 여러 편 실려 있어 자료적 가치를 더해 준다.

(3) 시용향악보(時用鄕樂譜)

시용향악보(時用鄕樂譜)는 향악의 악보를 기록한 악보집으로 1권 1책이다. 향악(鄕樂)이란 삼국시대부터 조선시대까지 사용하던 궁중음악의 한 갈래로, 삼국시대에 들어온 당나라 음악인 당악(唐樂)과 구별되는 한국고유의 음악을 말한다. 악장을 비롯한 민요, 창작가사 등의 악보가 실려 있는데, 그 가운데 악보가 있는 가사(歌詞) 총 26편이 실려 있다.

성격	작품	형식	비고	출전
孝心(효심)	사모곡	단연시	아버지의 사랑을 '호미', 어머니의 사랑을 '낫'에 비유하여 모정 칭송. 곡조명 '엇노리', '목주가'와 연관됨	악장가사, 시용향악보
	상저가	단연시	백결 선생의 '대악'의 후신. 방아 노래. 서동요	시용학악보
頌禱(송도)	동동	13연	월령체(달거리 형식) 노래의 효시. 세시 풍속에 따라 사모의 정을 노래	악학궤범
	정석가	6연	태평성대를 노래한 다음 불가능한 상황 설정으로 임 또는 임금과의 변함없는 사랑을 노래	악장가사, 시용향악보
逐邪(축사)	처용가	단연시	향가 '처용가'에서 발전한 희곡적 노래로 처용이 역신을 쫓아내는 내용. 처용무를 추면서 함께 불렀음	악학궤범, 악장가사
현실도피	청산별곡	8연	비애, 고독, 도피, 체념을 노래	악장가사, 시용향악보
이별의 정한	가시리	4연	이별의 한(恨), 체념, 기다림의 전통적 여심(女心)을 노래. 곡조명 '귀호곡'	악장가사, 시용향악보
	서경별곡	3연	서경, 즉 평양과 대동강을 배경으로 남녀 간의 이별의 정을 노래	악장가사, 시용향악보
솔직 대담한 사랑의 표현 (남여상열지사)	만전춘	5연	'만전춘별사(滿殿春別詞)'라고도 한다. 특히 2연과 5연은 후기의 시조 형식과 가까워 주목을 끈다. 비유법과 심상(心像)의 전개가 매우 뛰어나다.	악장가사, 시용향악보
	쌍화점	4연	남녀상열지사(男女相悅之詞). 남녀간의 사랑을 노골적으로 표현한 유녀(遊女)의 노래. '쌍화점'은 '만두가게'란 뜻. 고려 후기 사회상을 반영한 노래	악장가사, 시용향악보
	이상곡	단연시	남녀상열시자. 여읜 임에 대한 그리움과 현실적 번민의 갈등을 노래	악장가사
애조(愛鳥)	유구곡	단연시	비둘기와 뻐꾸기의 울음을 비교해, 뻐꾸기를 좋아하는 심경을 노래. 예종이 지은 것으로 추정되는 정치 풍자의 노래로 속칭 '비두리기 평조'라고도 함. 〈벌곡조〉	시용향악보

(8) 주요 작품

1) 정과정(鄭瓜亭)

내 님믈 그리ᅀᆞ와 우니다니

山(산) 졉동새 난 이슷ᄒᆞ요이다.

아니시며 거츠르신 ᄃᆞᆯ 아으

殘月曉星(잔월효성)이 아ᄅᆞ시리이다

넉시라고 님은 ᄒᆞᆫᄃᆡ 녀져라 아으

벼기더시니 뉘러시니잇가

過(과)도 허믈도 千萬(천만) 업소이다.

ᄆᆞᆯ힛마리신뎌

ᄉᆞᆯ읏븐뎌 아으

니미 나ᄅᆞᆯ ᄒᆞ마 니ᄌᆞ시니잇가

아소 님하, 도람 드르샤 괴오쇼셔

내가 임을 그리워하여 울고 지내더니 / 산(山) 두견(杜鵑)과 나는 비슷합니다./
(나를 모함하던 사람의 말이) 옳지 않다 하시고 허황된 줄 / 천지신명이 아실 것입니다.
넋이라도 임과 함께 살아가고 싶어라./ 우기던 사람이 누구였습니까? /
잘못도 허물도 전혀 없습니다./ (뭇사람들의) 참언이십니다. / 슬프구나
임께서 나를 벌써 잊으셨습니까? / 님이여, 돌이켜(혹은 사정 얘기를) 들으시어 다시 사랑하소서.

핵심정리

1. 성격: 유배문학, 충신연군지사
2. 주제: 연군의 정
3. 의의
   ① 유배 문학의 효시
   ② 향가의 잔영: 10구체, 비연시, 낙구 첫머리의 감탄사
4. 어휘 및 구절 연구
   - 우니다니: (늘) 울며 지내더니.
   - 이슷ᄒᆞ요이다: 비슷합니다.
   - 아니시며: (나를 모함한 말이 사실이) 아니며.
   - 거츠르신 ᄃᆞᆯ: 거짓인 줄을.
   - 殘月曉星(잔월 효성): 지새는 달과 새벽별(金星)로 자신의 억울함을 아는 달로 나타냄
   - ᄒᆞᆫᄃᆡ 녀져라: 함께 살아가고 싶구나
   - ᄉᆞᆯ읏븐뎌: 사뢰고 싶구나. 슬프구나. 사라지고 싶구나.
   - ᄒᆞ마: 벌써
   - 아소: 금지의 뜻
   - 내 님믈 그리ᅀᆞ와 ～ 이슷ᄒᆞ요이다.: 임을 그리워하며 울고 지내는 서러운 모습을 두견새와 같다고 여기는 작자의 심정을 엿볼 수 있다.

기출 따라잡기

16. 이 작품에 대한 설명으로 가장 옳은 것은? 2015. 서울시 7급
① 현재 자신의 처지에서 벗어나고 싶은 심정을 담고 있다.
② 이상과 현실의 괴리에 대한 담담한 마음을 담고 있다.
③ 다가올 미래에 대한 비관적인 심경을 담고 있다.
④ 일상적인 소재를 통해서 삶의 교훈을 담고 있다.

17. 이 작품을 감상한 내용으로 적절하지 않은 것은? 2024. 국가직 9급
① 자연물을 통해 화자의 처지를 드러내고 있다.
② 천상의 존재를 통해 화자의 결백함을 나타내고 있다.
③ 설의적 표현을 활용하여 화자의 정서를 부각하고 있다.
④ 큰 숫자를 활용하여 임을 향한 화자의 그리움을 강조하고 있다.

- **殘月孝星(잔월효성)이 아르시리이다**: 새벽달과 새벽별은 알 것이라는 뜻으로, 자신의 결백을 믿어 달라는 심정을 자연물에 빗대어 표현하고 있다.
- **넉시라고 님은 흔디 녀져라 아으**: 몸은 떨어져 있지만 영혼만이라도 임과 함께 가고 싶다는 의미로 충정이 잘 드러나 있다.
- **벼기더시니 뉘러시니잇가**: 나를 헐뜯고 우기던 사람에 대한 원망의 어조로 노래하고 있다.
- **물힛마리신겨**: '뭇사람보도 참소하지 말아 달라'는 청으로 볼 수도 있고, '말씀이 마르다. 즉 할 말이 없다'는 평서문의 의미로 볼 수도 있다.
- **아소 님하**: 그렇게 하지 말라는 금지어로서, 원망과 기원의 의미를 동시에 내포하고 있는 구절이다.
- **도람 드르샤 괴오쇼셔**: 임에 대한 간절한 소망을 기원하는 구절이다. 임금이 돌려 들어시어 사랑해 주기를 바란다는 의미이다.

2) 청산별곡(靑山別曲)

살어리 살어리랏다. 靑山(청산)애 살어리랏다.
멀위랑 두래랑 먹고, 靑山(청산)애 살어리랏다.
얄리얄리 얄랑셩, 얄라리 얄라.　　　　현실도피

우러라 우러라 새여, 자고 니러 우러라 새여.
널라와 시름 한 나도 자고 니러 우니노라.
얄리얄리 얄라셩, 얄라리 얄라.　　　　삶의 비애

가던 새 가던 새 본다. 믈 아래 가던 새 본다.
잉무든 장글란 가지고, 믈 아래 가던 새 본다.
얄리얄리 얄라셩, 얄라리 얄라.　　　　속세에의 미련

이링공 뎌링공 ᄒᆞ야 나즈란 디내와손뎌.
오리도 가리도 업슨 바므란 ᄯᅩ 엇디 호리라.
얄리얄리 얄라셩, 얄라리 얄라.　　　　처절한 고독

어듸라 더디던 돌코, 누리라 마치던 돌코.
믜리도 괴리도 업시 마자셔 우니노라.
얄리얄리 얄라셩, 얄라리 얄라.　　　　생의 체념

살어리 살어리랏다. 바르래 살어리랏다.
나마자기 구조개랑 먹고 바르래 살어리랏다.
얄리얄리 얄라셩, 얄라리 얄라.　　　　현실도피

가다가 가다가 드로라, 에졍지 가다가 드로라.
사스미 짒대예 올아셔 히금(奚琴)을 혀거를 드로라.
얄리얄리 얄라셩, 얄라리 얄라.　　　　생의 절박함

기출　따라잡기

18. (가) '정과정'과 (나) '청산별곡'에 관한 설명으로 가장 적절하지 않은 것은?
2016. 경찰 1차

① (가)와 (나)는 동일한 시구를 반복하여 리듬감을 드러내고 있다.
② (가)는 행상 나간 남편의 무사 귀환을, (나)는 자신의 처지에 대한 부정적 인식을 드러내고 있다.
③ (가)와 (나)는 현실의 삶에 토대를 두고 있는 작품으로서 한글로 기록되어 전해지고 있다.
④ (가)는 특정 대상에 감정을 이입하여 심화된 정서를 드러내고 (나)는 대립적인 이미지를 지닌 시어를 활용하여 정서를 강조하고 있다.

가다니 빈브른 도긔 설진 강수를 비조라.

조롱곳 누로기 미와 잡스와니, 내 엇디 ᄒᆞ리잇고.

얄리얄리 얄라셩, 얄라리 얄라.　　┐
　　　　　　　　　　　　　　　　　　├ 구원의 길(현실 도피)
　　　　　　　　　　　　　　　　　　┘

(청산에서) 살겠노라 살겠노라. 청산에서 살겠노라. 머루랑 다래랑 먹고 청산에 살겠노라.

우는구나 우는구나 새여, 자고 일어나 우는구나 새여. 너보다 시름이 많은 나도 자고 일어나 울며 지내노라.

가던 새 가던 새를 보았느냐? 물 아래쪽 들판으로 가던 새를 보았느냐? 이끼 묻은 연장을 가지고, 들판을 지나던 새를 보았느냐?

이럭저럭하여 낮이야 지내왔으나 올 사람도 갈 사람도 없는 밤은 어찌하리오.

어디에 던지던 돌인가? 누구를 맞히던 돌인가? 미워할 사람도 사랑할 사람도 없이 맞아서 울며 지내노라.

살겠노라 살겠노라. 바다에서 살겠노라. 나문재 굴조개랑 먹고 바다에서 살겠노라.

가다가 가다가 듣는다. 외딴 부엌을 가다가 듣는다. 사슴으로 분장한 광대가 장대에 올라서 해금을 타는 것을 듣는다.

(바다로) 가더니 불룩한 독에 술을 빚는다. 조롱박꽃 같은 누룩이 매워(강하여) 나를 붙잡으니 내가 어찌하겠느냐.

핵심정리

1. **형태**: 전 8연의 분절체. 각 장 4구 3음보, 음수율은 3 · 3 · 2조
2. **성격**: 평민 문학, 도피 문학
3. **주제**: 삶의 고뇌와 비애
4. **사상**: 현실 도피 내지 현실 부정의 사상
5. **표현**
　① 후렴구의 'ㄹ'음과 'ㅇ'음의 반복으로 밝고 명랑한 효과와 율동감을 준다.
　② 반복법과 상징법이 두드러진다.
6. **의의**
　① 고려 속요 중 '서경별곡'과 함께 문학성과 창작성이 가장 뛰어난 작품이다.
　② 현실 도피 내지 현실 부정의 사상이 잘 드러난다.
　③ 운율적 후렴구를 가진다.
7. **어휘 및 구절 연구**
　• **살어리**: '살어리랏다'의 생략형. 율조를 맞추기 위한 표현
　• **멀위랑**: 머루와. '멀위'는 '멀귀'에서 'ㄱ'이 탈락된 단어
　• **우러라**: ① 우는구나(감탄형) ② 울어라(명령형) ③ 노래하라(명령형)
　• **가던 새**: ① 날아가던 새 ② 갈던 밭
　• **믈 아래**: 평원 지대. 속세를 뜻함.
　• **이링공 뎌링공**: 이리고 저리고, 이럭저럭. '이리고 뎌리고'에 강세 접미사인 'ㅇ'이 첨가된 형태
　• **오리도 가리도**: 올 사람도 갈 사람도
　• **더디던**: 던지던. 기본형은 '더디다'
　• **돌코**: 돌인가? '돌ㅎ[石]'은 'ㅎ' 덧생김 체언
　• **우니노라**: 울고 있노라. 기본형은 '우니다(울다[泣]+니다[行]의 합성어)', '-노라'는 주어를 1인칭으로 하는 감탄형 종결 어미

- **바르래**: 바다에, 바를 + 애(처소격 조사)
- **구조개**: '굴'과 '조개'의 합성으로 '굴'의 'ㄹ'이 탈락함.
- **에정지**: 외딴 부엌. '에'의 어원을 정확히 알 수 없어, '정지(부엌), 들판, 마당' 등의 풀이와, '에'를 감탄사 내지 접두사로 보는 견해가 있음.
- **설진**: 살찐. (술의 농도가)진한, 독한
- **강수를**: 강술을. 덜 익은 술을
- **조롱곳 누로기**: 조롱박꽃 모양의 누룩이. '누룩'은 주로 밀을 굵게 갈아 반죽하여 띄운 술의 원료
- **살어리 살어리 살어리랏다 청산애 살어리랏다.**: 여기에 나오는 청산은 머루와 다래(쌀과 보리 등의 세속적인 것과 반대되는 개념)가 있는 청산이다. 청산에 대한 작중 화자의 소망은 '현실'에서 부딪치는 삶의 괴로움을 청산에 떨쳐 버리려는 희망에서 비롯된 것이다.
- **얄리얄리 얄랑셩 얄라리 얄라**: ① 악률에 맞추기 위한 후렴구 ② 악기의 의성어로 흥을 돋우고[조흥구(助興句)], 노래의 절주(節奏)에 맞추기 위한 것 ③ 'ㄹ'과 'ㅇ'의 연속음으로 매끄러운 음악적 효과(두드러진 활음조 현상)를 나타내며 낙천적이고 명항한 느낌을 준다. 제2연부터는 '얄랑셩'이 '얄라셩'으로 되어 있다.
- **우러라 우러라 새여 자고 니러 우러라 새여**: 새는 비탄 속에서 통곡하는 서정적 자아의 감정이 이입된 분신이자 그를 위로해 주는 새가 된다.
- **널라와 시름 한 나도 자고 니러 우니로라**: 적막한 산중에 홀로 지내는 고독한 새와 자신의 처지를 비교하여 '동병상련(同病相憐)'의 감정을 나타낸 구절이다.
- **잉 무든 장글란 가지고**: 여기서는 '이끼 묻은 쟁기'란 속세에서 살아가기 위해 필요한 도구를 의미한다. 이 구절에는 속세에 대한 미련이 나타나 있다.
- **이링공 뎌링공 ᄒᆞ야 나즈란 디내와손뎌**: '이링공 뎌링공'의 'ㅇ'음의 반복으로 절망과 체념속에 엄습하는 고독을 낙천적으로 승화시킨 묘미를 보여 주고 있다.
- **오리도 가리도 업슨 바므란 ᄯᅩ 엇디 호리라.**: 시름에 겨워 보내는 시간 속에서 '밤'은 시름을 극대화시키는 시간이다. 더욱이 올 사람도 갈 사람도 없는 철저한 고독의 상황이다. 그러기에 'ᄯᅩ'라는 부사어가 쓰였고, 'ᄯᅩ'를 통해 2연의 상황이 반복될 것임을 알 수 있다.
- **어듸라 더디던 돌코, 누리라 마치던 돌코.**: 마을에서 청산으로, 쌀과 보리에서 머루와 다래로, 그리고 이웃들로부터 도피를 한 시적 자아가 이 청산의 끝에서 만난 것이 무생명체인 돌이다. 방향도 목표도 없이 날아온 돌은 맹목적인 돌이요, 또 이유도 없이 그 돌에 맞아야 한다는 것은 인간의 운명이라 할 수밖에 없다.
- **믜리도 괴리도 업시 마자셔 우니노라.**: 지극히 담담한 마음으로 자신의 번민과 고독을 운명으로 여기며 체념하는 시적 자아의 모습을 상상할 수 있다.
- **바르래 살어리랏다.**: '바를'은 '청산'과는 다른 새로운 세계이며, 이러한 새로운 세계의 모색은 생에 대한 집념을 버릴 수 없다는 시적 자아의 안타까운 몸부림일 것이다. 청산에서 적응하지 못한 시적 자아는 이제 또 하나의 수평적 공간인 바다에서 무위자연(無爲自然)의 삶을 살고자 한다.
- **ᄂᆞ모자기 구조개랑**: 'ᄂᆞ모자기, 구조개'는 1연의 '멀위, ᄃᆞ래'와 마찬가지로 세속의 음식과 대비되는 자연 그대로의 삶을 표상하는 사물이다.
- **가다가 가다가 드로라 에정지 가다가 드로라**: '에정지'는 '부엌', 곧 속세의 비유로 풀이하기도 하고(속세를 멀리 피하여 가다가 듣노라), '외딴 부엌', 즉 속세와 단절된 공간으로 풀이하기도 한다.
- **가다니 ᄇᆡ 브른 도긔 설진 강수를 비조라.**: 시적 자아는 '가다가' 술을 접하게 된다. 즉, 그는 일정한 현실 공간에 정착한 자가 아니라, 도상(道上)에 있는 나그네로서 술잔을 잡는 것이다. 끊임없이 길을 떠나야 하는 외로운 방랑자로서의 모습이 잘 드러나 있다.

3) 사모곡(思母曲)

호미도 놀히언마ᄅᆞᆫ
낟ᄀᆞ티 들리도 업스니이다
아바님도 어이어신마ᄅᆞᆫ
위 덩더둥셩
어마님ᄀᆞ티 괴시리 업세라
아소 님하
어마님ᄀᆞ티 괴시리 업세라

호미도 날이지마는 / 낫같이 들 까닭이 없습니다. / 아버님도 부모이지마는 / 어머님처럼 사랑하실 사람이 없어라./ 아, 세상 사람들이여 / 어머님처럼 사랑하실 사람이 없어라.

핵심정리

1. **형태**: 6구체, 비연시(非聯詩)

2. **표현**: 비유법, 비교법

3. **주제**: 어머니의 사랑

4. **다른 문학 작품과의 관련**

   ① 목주가(木州歌): 신라 부전 가요. 사모곡과 내용에 있어서 유사점이 있음.

   ② 향가: 감탄사의 위치로 보아 4구체 향가에 직접 낙구(落句)가 결합된 형태

   ③ 고려 가요와의 관련성: 낙구 첫머리에 '아소 님하'가 쓰인 고려 가요 – 정과정, 사모곡, 만전춘, 이상곡 등

   ④ 시조: 승, 서, 결의 3장 배열 형태와 시상 전개법이 평시조의 형성과 관련

5. **작품의 이해**: 6구체 단연(單聯)의 짧은 형식에 어머니의 사랑을 예찬하는 마음이 소박하게 표현되고 있다. 단순하고 간결한 작품이지만 이 작품 속에는 일정한 목소리를 지닌 화자가 있어 주제를 압축하여 전달하고 있다. 주제면으로 보아 '오관산요(五冠山謠) – 불가능을 가능으로 설정해 놓고 거기에 맞추어 영원하기를 비는 수법의 노래)', '상저가(相杵歌) – 방아를 찧으며 부르는 노동요로서 시부모를 섬기는 효심을 노래한 고려가요)', '방아 타령'과 비슷하다 할 수 있다.

6. **어휘 및 구절 연구**

   • **어이어신마ᄅᆞᆫ**: 어버이이지마는.

   • **위 덩더둥셩**: 감탄사. 여음

   • **아소**: 애(감탄사)

   • **호미도 놀히언마ᄅᆞᆫ 낟ᄀᆞ티 들리도 업스니이다**: '날(놀)'은 '호미'와 '낟'이 다 같이 갖추고 있는 요소로서 이 둘을 포괄하는 존재로 어버이를 비유한다.

4) 상저가(相杵歌)

듥긔동 방해나 디히 히얘 / 게우즌 바비나 지서 히얘

아바님 어머님씌 받줍고 히야해 / 남거시든 내 머고리 히야해 히야해

덜커덩 방아나 찧어, / 거친 밥이나마 지어서,

아버님 어머님께 드리옵고, / 남거든 내가 먹으리.

> **핵심정리** ▮
>
> 1. **성격**: 노동요
> 2. **주제**: 효심(孝心). 부모를 위하는 시골 아녀자의 생활 감정
> 3. **의의**: 고려 속요 중 유일한 노동요

5) 가시리

가시리 가시리잇고 나는 ┐

브리고 가시리잇고 나는 │ 원망에 찬 하소연

위 증즐가 大平盛代(대평셩디) ┘

날러는 엇디 살라 하고 ┐

브리고 가시리잇고 나는 │ 하소연의 고조

위 증즐가 大平盛代(대평셩디) ┘

잡스와 두어리마ᄂᆞᆫ ┐

선ᄒᆞ면 아니 올셰라 │ 체념과 자제

위 증즐가 大平盛代(대평셩디) ┘

셜온 님 보내옵노니 나는 ┐

가시ᄂᆞᆫ 듯 도셔 오쇼셔 나는 │ 소망과 기원

위 증즐가 大平盛代(대평셩디) ┘

가시려 가시렵니까 / 버리고 가시렵니까 / 위 증즐가 태평성대

나는 어찌 살라 하고 / 버리고 가시렵니까. / 위 증즐가 태평성대

잡아 둘 것이지마는 / 서운하면 아니 올까 두렵습니다. / 위 증즐가 태평성대

설운 님 보내옵나니 / 가시는 듯 돌아서 오소서. / 위 증즐가 태평성대

> **핵심정리** ▮
>
> 1. **형태**: 전 4연의 연장체(분절체)
> 2. **운율**: 3·3·2조의 3음보
> 3. **구성**: 기·승·전·결의 4단 구성
> 4. **성격**: 이별의 노래, 민요풍

기출 | 따라잡기

19. 이 작품과 가장 유사한 정서를 지니는 것은? 2017. 서울시 사복직

① 한용운, 〈님의 침묵〉
② 김상용, 〈남으로 창을 내겠소〉
③ 서정주, 〈국화 옆에서〉
④ 김소월, 〈진달래꽃〉

20. 다음 중 김소월의 시 〈진달래꽃〉과 정서가 유사한 고려속요는? 2005. 인천시 9급

① 가시리
② 만전춘
③ 사모곡
④ 이상곡
⑤ 처용가

5. **표현**: 반복법의 사용. 간결하고 소박한 함축적 시어로 이별의 감정을 표현하였으며, 자기 희생적이고 미래지향적이다.

6. **주제**: 이별의 정한

7. **의의**: 함축성 있는 시어로 이별의 정한을 소박하게 표현한 이별가의 백미(白眉)

8. **특징**: 여성의 이별의 한을 노래한 이 작품은 황진이의 시조 '어져, 내 일이야.', '아리랑', '진달래꽃'으로 그 맥을 잇고 있는 것으로 볼 수 있다. 같은 고려 속요인 '서경별곡'과 주제면에서는 유사하나 보다 은근하고 내면적인 특징이 있다.

9. **어휘 및 구절 연구**

- **나ᄂᆞᆫ**: 의미가 없이 율을 맞추기 위한 여음. 조음구

- **잡ᄉᆞ와**: 잡아, 붙잡아

- **선ᄒᆞ면**: 서운하면. 마음이 토라지면

- **됫**: 하자마자 곧

- **가시리 가시리잇고 나ᄂᆞᆫ / ᄇᆞ리고 가시리잇고 나ᄂᆞᆫ**: 임이 떠나는 것을 차마 믿지 못하겠다는 듯이 이별의 사실을 거듭 확인하고 있다. 떠나지 말라는 애원을 담고 있는 표현이다.

- **위 증즐가 大平盛代(대평셩티)**: 의미 없는 여음구로 '위'는 감탄사. '증즐가'는 악기의 의성어로 악률에 맞추기 위해 삽입한 것이다.

- **날러는 엇디 살라 하고 / ᄇᆞ리고 가시리잇고 나ᄂᆞᆫ**: 이별에 대한 옛날 우리 여인의 전형적인 수동적 자세가 드러나 있다.

- **잡ᄉᆞ와 두어리마ᄂᆞᄂᆞᆫ / 선ᄒᆞ면 아니 올셰라**: 떠나는 임을 붙잡고 싶지만 그러면 임이 영원히 나를 떠나 버리지 않을까 하는 염려를 담고 있다. 임을 보내는 서러움이 절제된 가운데 드러나 있다.

- **셜온 님 보내옵노니 나ᄂᆞᆫ**: 서러운 임을 보내 드리오. '셜온'의 주체는 임이 아니고 임과 서러운 이별을 하는 서정적 자아이다.

- **가시ᄂᆞᆫ 됫 도셔 오쇼셔 나ᄂᆞᆫ**: '가시자마자' 돌아오기를 기원하는 은근한 표현으로, 언제까지나 떠난 임을 기다리겠다는 간절한 기다림의 정서를 드러내고 있다. 함축적으로 주제가 드러나 있는 부분이다.

① 한문학의 형식적 특성을 적극적으로 수용하고 있다.

② 역설적 상황의 제시를 통하여 시적 화자의 강한 의지를 나타내고 있다.

③ 화자의 내면 심리를 직설적으로 표현하고 있는 것이 특징이다.

④ 조선시대 선비들의 유교적 지조를 반영하고 있는 노래로 볼 수 있다.

6) 정석가(鄭石歌)

딩아 돌하 당금(當今)에 계샹이다.

딩아 돌하 당금(當今)에 계샹이다.

션왕셩디(先王聖代) 예 노니ᄋᆞ와지이다.

— 태평 성대 희구

삭삭기 셰몰애 별헤나는

삭삭기 셰몰애 별헤나는

구은 밤 닷 되를 심고이다.

그 바미 우미 도다 삭나거시아

그 바미 우미 도다 삭나거시아

유덕(有德)ᄒᆞ신 님믈 여히ᄋᆞ와지이다.

— 임과의 이별에 대한 거부

옥으로 련(蓮)ㅅ고즐 사교이다.

옥으로 련(蓮)ㅅ고즐 사교이다.

바회 우희 접듀(接柱)ᄒᆞ요이다.

그 고지 삼동(三同)이 퓌거시아

그 고지 삼동(三同)이 퓌거시아

유덕(有德)ᄒᆞ신 님 여히ᄋᆞ와지이다.

— 임과의 이별에 대한 거부

므쇠로 텰릭을 물아 나는

므쇠로 텰릭을 물아 나는

텰ㅅ(鐵絲)로 주롬 바고이다.

그 오시 다 헐어시아

그 오시 다 헐어시아

유덕(有德)ᄒᆞ신 님 여히ᄋᆞ와지이다.

— 임과의 이별에 대한 거부

므쇠로 한쇼를 디여다가

므쇠로 한쇼를 디여다가

텰슈산(鐵樹山)애 노호이다.

그쇼ㅣ 텰초(鐵草)를 머거아

그쇼ㅣ 텰초(텰草)를 머거아

유덕(有德)ᄒᆞ신 님 여히ᄋᆞ와지이다.

— 임과의 이별에 대한 거부

구스리 바회예 디신들

구스리 바회예 디신들

긴힛ᄃᆞᆫ 그츠리잇가

즈믄 히를 외오곰 녀신들

즈믄 히를 외오곰 녀신들

신(信)잇ᄃᆞᆫ 그츠리잇가.

— 영원한 사랑의 다짐

징이여 돌이여 지금에 계십니다 / 징이여 돌이여 지금에 계십니다 / 선왕성대에 놀고 싶습니다.

바삭바삭이 가는 모래 벼랑에 나는 / 바삭바삭이 가는 모래 벼랑에 나는

구은 밤 닷 되를 심고이다 / 그 밤이 움이 돋아 싹이 나야만 / 그 밤이 움이 돋아 싹이 나야만 / 유덕하신 임을 이별하고 싶습니다

옥으로 연꽃을 새깁니다 / 옥으로 연꽃을 새깁니다 / 바위 위에 접붙입니다

그 꽃이 세 묶음이 피어야 / 그 꽃이 세 묶음이 피어야 / 유덕하신 임을 이별하고 싶습니다

무쇠로 철릭(무관의 제복)을 마름하여 / 무쇠로 철릭을 마름하여 / 철사로 주름 박습니다

그 옷이 다 헐어야 / 그 옷이 다 헐어야 / 유덕하신 임을 이별하고 싶습니다

무쇠로 큰 소를 지어다가 / 무쇠로 큰 소를 지어다가 / 쇠나무 산에 놓습니다

그 소가 쇠풀을 먹어야 / 그 소가 쇠풀을 먹어야 / 유덕하신 임을 이별하고 싶습니다

구슬이 바위에 떨어진들 / 구슬이 바위에 떨어진들 / 끈이야 끊어지겠습니까

천 년을 외로이 살아간들 / 천 년을 외로이 살아간들 / 믿음이야 끊어지겠습니까

핵심정리

1. **형태**: 전 6연, 1연은 3구, 2~6연은 6구, 3음보
2. **표현**: 과장법, 역설법, 반어법

   ① 불가능한 것을 가능으로 설정해 놓고 영원한 사랑을 노래함.
   ② '딩아 돌하'의 '딩, 돌'은 '鄭石'의 차자(借字)로 볼 수 있음

3. **내용**: 태평성대를 구가하고, 남녀 간의 사랑이 무한함을 표현한 노래.

4. **주제**

   ① 임에 대한 영원한 연모의 정
   ② 영원한 해로를 축원하는 사랑의 충정
   ③ 임금의 만수무강을 축원

5. **의의**

   ① 영원 무궁한 사랑을 노래한 작품으로 가장 뛰어나다.
   ② 불가능한 사실을 전제로 한 완곡(婉曲)한 표현법을 살린 작품이다.

7) 서경별곡(西京別曲)

서경(西京)이 아즐가 서경(西京)이 셔울히 마르는
위 두어렁셩 두어렁셩 다링디리
닷곤딕 아즐가 닷곤딕 쇼셩경 고외마른
위 두어렁셩 두어렁셩 다링디리   ┐
여히해므론 아즐가 여히므론 질삼뵈 브리시고   │ 이별을 아쉬워하는 연모의 정
위 두어렁셩 두어렁셩 다링디리   │
괴시란딕 아즐가 괴시란딕 우러곰 좃니노이다.   ┘
위 두어렁셩 두어렁셩 다링디리

기출 | 따라잡기

22. (가) '공무도하가'와 (나) '서경별곡'에 대한 이해로 가장 적절한 것은?

2019. 지방직 7급

① (가)의 화자는 임과의 동행을, (나)의 화자는 임과의 이별을 선택한다.
② (가)의 '河'와 (나)의 '강'은 모두, 임과 나의 재회를 돕는 매개로 설정되었다.
③ (가), (나)의 화자 모두, 벌어질 상황에 대해 염려하는 마음을 드러내고 있다.
④ (가)와 (나) 모두, 화자의 상대방이 보이는 반응이 희극적 분위기를 조성하고 있다.

구스리 아즐가 구스리 바회예 디신돌
위 두어렁셩 두어렁셩 다링디리
긴히쫀 아즐가 긴힛쫀 그츠리잇가 나는
위 두어렁셩 두어렁셩 다링디리
즈믄히를 아즐가 즈믄히를 외오곰 녀신돌
위 두어렁셩 두어렁셩 다링디리
신(信)잇돈 아즐가 신(信)잇돈 그츠리잇가 나는
위 두어렁셩 두어렁셩 다링디리

끊임없는 사랑과 믿음의 맹세

대동강(大同江) 아즐가 대동강(大同江) 너븐디 몰라셔
위 두어렁셩 두어렁셩 다링디리
빅내여 아즐가 빅내여 노흔다 샤공아
위 두어렁셩 두어렁셩 다링디리
네가시 아즐가 네가시 럼난디 몰라셔
위 두어렁셩 두어렁셩 다링디리
녈빅예 아즐가 녈빅예 연즌다 샤공아
위 두어렁셩 두어렁셩 다링디리
대동강(大同江) 아즐가 대동강(大同江) 건너편 고즐여
위 두어렁셩 두어렁셩 다링디리
빅타들면 아즐가 빅타들면 것고리이다 나는
위 두어렁셩 두어렁셩 다링디리

떠나는 임에 대한 애원

西京(서경)이 서울이지마는 / 중수(重修)한 곳인 소성경(小城京)을 사랑합니다는
임을 이별한 것이라면 차라리(내 고장 서울과) 길쌈하던 베를 버리고서라도
사랑만 해 주신다면 울면서 따르겠습니다.
바위에 떨어진들 / 끈이야 끊어지겠습니까? / (임과 헤어져) 천년을 홀로 살아간들
임을 사랑하고 믿는 믿음이야 끊기고 변할 리가 있겠습니까?
대동강 넓은 줄을 몰라서 / 배를 내어 놓았느냐 사공아. / 네 아내가 놀아난 줄도 모르고
다니는 배에 몸을 실었느냐 사공아. / (나의 임은) 대동강 건너편 꽃을 / 배를 타면 꺾을 것입니다.

핵심정리

1. **형태**: 전 3연. 3 · 3 · 3조의 정형률
2. **성격**: 이별의 노래. 남녀상열지사(男女相悅之詞)
3. **표현**: 반복법, 설의법
4. **주제**: 이별의 정한(情恨)
5. **의의**: '청산별곡'과 함께 창작성과 문학성이 뛰어나다.

6. **작품 감상**: 배경은 대동강변이다. 푸른 물결을 앞에 두고 임과 이별하는 화자는 자신의 슬픔을 억제 하지 못하고 오직 임의 사랑만을 애원하며 하소연한다. 한편으로는 사랑에 대한 믿음을 보이면서도, '강만 건너면 혹시 다른 여인을 사귀지 않을까?'하는 불안과 질투의 감정을 숨기지 않고 드러낸다는 것은 사랑을 쟁취하려는 적극적인 삶의 태도와 현실적 생활 감정의 표현이 나타난다.

7. **어휘 및 구절 연구**

- **아즐가**: 감탄사. 악률(樂律)에 맞추기 위한 여음

- **닷곤듸**: 닦은 데. 닦은 곳

- **쇼셩경**: 수도인 송도(松都)에대하여 서경(西京)을 이름.

- **우러곰**: 울면서. '곰'은 강세 접미사

- **좃니노이다**: 따릅니다. 따르겠습니다.

- **네가시**: 너의 아내

- **럼난디**: 과욕한지. 음란한 마음이 난지

- **고즐여**: 꽃을. '여'는 감탄의 뜻을 지니는 호격조사. 여기서는 다른 여인

- **서경(西京)이 아즐가 서경(西京)이 셔울히 마르는**: 서경은 오늘날 평양(平壤)을 가리키며, '아즐가'는 감탄사이다. 이 노래 각 구절의 첫 구는 사설의 첫 구를 취한다. 즉, '서경(西京)'이 '아즐가'의 사설 다음에 '서경(西京)이 셔울히 마르는'으로 노래한다. 노래 전편에 이와 같은 구성을 취하고 있어 정형적인 율격을 느끼게 한다.

- **위 두어렁셩 두어렁셩 다링디리**: 이 작품에서 '나는'과 '아즐가' 이에 반복적으로 표현되고 있는 후렴구이다. '위 두어렁셩 두어렁셩 다링디리'는 북소리의 의성어로서 작품 전체에 경쾌한 리듬 감각을 더해 주는 요소이다.

- **구스리 바회예 디신돌 ～ 긴힛쑨 그츠리잇가 나는**: 변함없는 사랑을 다짐하는 이 구절은 '정석가'의 6연에도 나오고 있는데, '서경별곡'의 내용 전개상 관계가 없는 구절이 첨가되어 있는 것으로 보아, 당시 이와 같은 구절이 널리 유행했으리라 추측 할 수 있다. 혹은 구전되었으므로 작품 간의 첨삭, 중복이 있을 가능성도 생각할 수 있다.

- **네가시 럼난디 몰라셔**: 의미 해석이 난해한 부분으로 '네가시 럼난디 몰라셔'로 읽어서 '네가 시름이 큰 줄을 몰라서'로 보는 견해가 있다. 또 '네 가시 럼난디 몰라셔'로 읽어서 '네 각시 음란한지 몰라서' 또는 '네 각시가 과욕한지 몰라서'로 읽기도 한다. 이 밖에도 '네까짓 것이 주제 넘은 줄 몰라서'로 해석하기도 한다.

- **빗타들면 아즐가 빗타들면 것고리이다 나는**: 배를 타고 강 건너편에 들어가면 그 곳 여인과 사랑을 맺을 것입니다.

기출 | 따라잡기 ───○

23. 다음 글에 대한 설명으로 옳은 것은?

2013. 서울시 9급

紅牡丹(홍모단) 白牡丹(빅모단)
丁紅牡丹(뎡홍모단)
紅芍藥(홍쟉약) 白芍藥(빅쟉약)
丁紅芍藥(뎡홍쟉약)
御柳玉梅(어류옥믜) 黃紫薔薇(황즈쟝미) 芷芝冬柏(지지동빅)
위 間發(간발)ㅅ 景(경) 긔 엇더ᄒ니잇고.
葉(엽) 合竹桃花(합듁도화) 고온 두 분 合竹桃花(합듁도화) 고온 두 분
위 相映(샹영)ㅅ 景(경) 긔 엇더ᄒ니잇고.

① 삼국시대에 출현한 장르로서, 자연의 아름다움을 노래한 것이다.
② 고려 가요의 하나로, 유토피아적인 동경을 노래하였다.
③ 주로 사대부가 작가인 정형시로서, 조선 전기 이후 자취를 감추었다.
④ 조선 초기의 산문으로, 자연의 아름다움을 노래한 것이다.
⑤ 우리나라 고유의 정형시로, 고려 초기부터 발달하여 왔다.

4 경기체가

고려 고종 때 발생한 귀족 문학의 대표적 시가로 '경기하여(景幾何如)'라는 구절이 들어 있기 때문에 '경기체가' 혹은 '경기하여가'라 불린다.

(1) 형식

① 4구로 된 전대절(前大節)과 2구로 된 후소절(後小節)로 되어 있다.
② 3·3·4조 또는 4·4·4조를 기본 음수율로 하며, 음보율은 3음보이다.
③ 한문구가 나열되어 있고, 부분적으로 이두를 사용하였다.
④ 분장체이며 각 절 끝에 '위 景 긔 엇더ᄒ니잇고' 또는 '경기하여'라는 후렴구가 있다.

(2) 내용

① 글, 경치, 기상 등을 제재로 삼았다.
② 신흥 사대부 계층을 형성한 문인들의 득의에 찬 삶과 향락적 여흥을 나타난다.
③ 사물이나 경치를 나열하며 신흥 사대부의 호탕한 기상과 자부심을 드러낸다.

(3) 작품

작품	연대	작자	형식	내용
한림별곡	고려 고종 때	한림 제유	8연 3·3·4조	시부, 서적, 명필, 명주, 화훼(花卉), 음악, 누각, 추천(鞦韆)을 노래했다. 경기체가의 효시로 당시 문인들의 풍류적인 생활을 읊었다.
관동별곡	고려 충숙왕	안축	8연 3·3·4조	작자가 강원도 순무사로 있다가 돌아오는 길에 관동 지방의 절경을 보고 읊은 것으로, 모두 8장으로 되어 있다. 《근재집》에 그 내용이 전한다.
죽계별곡	고려 충숙왕	안축	5연	고향인 풍기 순흥의 절경을 읊었다.

5 시조

고려 중기에 발생하여 말엽에 완성된 우리 고유의 대표적인 정형시이다.

(1) 의의

① 우리 고유의 정형시이다.
② 조선 전기까지는 양반들만 향유했으나, 후기에는 평민들도 향유했다.
③ 현대 시조로 계승되어 오늘날까지 창작되고 있는 전승성이 뛰어난 양식이다.

(2) 명칭

'단가, 시여, 신번, 신조, 영언, 가요, 가곡' 등으로 불리다가 조선 영조 때의 가객 이세춘에 의해 시조라는 명칭이 처음 사용되었으며 '시절가조(時節歌調)'의 준말이다.

(3) 형식

3 · 4조, 4 · 4조의 4음보로 3장 6구 45자 내외의 정형시로 종장의 첫 음보 3음절은 규칙적으로 지켜진다.

(4) 종류

① 형식상의 종류

  ㉠ 평시조: 조선 전기에 성행하였고 3장 6구 12음보 45자 내외의 기본 형태이다.

  ㉡ 엇시조: 종장 첫 구 3자 이외에 3장 중 어느 한 장이 평시조의 자수보다 길어지는 시조

  ㉢ 사설시조: 3장 중 2장 이상이 평시조보다 구절수를 더 하여 길어지는 시조 (효시: 정철의 '장진주사')

② 분장에 따른 구분

  ㉠ 단시조: 하나의 연으로 이루어진 시조

  ㉡ 연시조: 두 개 이상의 연으로 이루어진 시조 (효시: 맹사성의 '강호사시가')

(5) 주요 작품

春山(춘산)에 눈 녹인 바름 건듯 불고 간 듸 업다.
봄 동산. 곧 '청춘'을 말함   얼핏, 잠깐   간 곳

겨근 덧 비러다가 마리 우희 불니고져
잠깐동안   머리 위에   불게 하고 싶다.

귀 밋틱 히묵은 서리롤 녹여 볼가 ᄒ노라.
'백발'을 뜻함

핵심정리 |

1. **작가**: 우탁   2. **갈래**: 평시조

3. **성격**: 의지적 · 긍정적   4. **제재**: 흰 머리

5. **주제**: 늙음을 한탄함.

흔 손에 막뒤 잡고 또 흔 손에 가싀 쥐고.
        막대기   가시가 돋친 나뭇가지

늙는 길 가싀로 막고, 오는 白髮(백발) 막뒤로 치려터니
              오는   하얗게 센 머리털   치려고 했더니

白髮(백발)이 제 몬져 알고 즈럼길노 오더라.
         먼저   지름길

핵심정리 |

1. **작자**: 우탁   2. **갈래**: 평시조

3. **성격**: 긍정적 · 달관적   4. **제재**: 백발

5. **주제**: 덧없이 늙은 것을 한탄함.

24. 시조 '이화에 월백하고'에 대한 설명으로 옳지 않은 것은?

2022. 국회직 9급

① '이화'는 배나무 꽃을 말한다.
② '은한'은 은하수를 말한다.
③ '삼경'은 해 질 무렵의 시간을 말한다.
④ '일지'는 한 나뭇가지를 말한다.
⑤ '자규'는 소쩍새를 말한다.

梨花(이화)에 月白(월백)ᄒ고 銀漢(은한)이 三更(삼경)인 제
　　　　　달빛이 희고　　　　　은하수　　　　　한밤중. 밤 11시~새벽 1시. 자시(子時)

一枝春心(일지춘심)을 子規(자규)ㅣ 알랴마ᄂᆞ,
한나뭇가지에 어린 봄뜻　　　소쩍새　　　알겠는가마는

多情(다정)도 病(병)인 양ᄒ여 잠 못 들어 하노라.
　　　　　병인듯하여

핵심정리

1. 작가: 이조년　　　　　　　2. 갈래: 평시조
3. 성격: 애상적　　　　　　　4. 제재: 봄밤
5. 주제: 봄밤의 애상적인 정한

구룸이 無心(무심)탄 말이 아마도 虛浪(허랑)ᄒ다.
간신　　　사심이 없다는 말이　　　　　말과 행동이 허황하고 착실하지 못하다.
(신돈을 뜻함)

中天(중천)에 써 任意(임의)로 ᄃᆞ니면셔,
임금의 총애를 받는 높은 권세　　　　　다니면서

구틔야 光明(광명)ᄒ 날빗츨 싸라가며 덥ᄂᆞ니.
　　　　　임금의 총명을 상징　　　　　　　덮는다. 가린다.

핵심정리

1. 작가: 이존오　　　　　　　2. 갈래: 평시조
3. 성격: 풍자적　　　　　　　4. 제재: 구름
5. 주제: 간신에 대한 질책

白雪(백설)이 ᄌᆞ자진 골에 구루미 머흐레라.
흰눈,　　　　　사라지고　　　구름이. 홍진사대부를 뜻함
고려 유신을 상징　조금 남은

반가온 梅花(매화)는 어ᄂᆡ 곳에 픠엿ᄂᆞᆫ고.
　　　　　　우국지사를 상징

夕陽(석양)에 홀로 셔 이셔 갈 곳 몰라 ᄒ노라
가을어져 가는 고려 왕조

핵심정리

1. 작가: 이색　　　　　　　　2. 갈래: 평시조
3. 성격: 감상적·상징적　　　4. 제재: 고려의 쇠잔
5. 주제: 우국지사의 고뇌

이런들 엇더ᄒ며 뎌런들 엇더하리

萬壽山(만수산) 드렁츩이 얼거진들 긔 엇더ᄒ리
개성의 성문 밖에 있는 산. 고려 왕실의 일곱 능이 있음.

우리도 이ᄀᆺ치 얼거져 百年(백년)까지 누리리라
백년 동안, 평생 동안

1. 작가: 이방원   2. 갈래: 평시조

3. 성격: 회유적   4. 제재: 회유

5. 주제: 조선의 건국에 참여하기를 권함.

이 몸이 죽어 죽어 일백 번 고쳐 죽어
다시[更]

白骨(백골)이 塵土(진토)되여 넉시라도 잇고 업고
티끌과 흙   넋이라도,   있고 없고 간에
              영혼이라도

님 향한 一片丹心(일편단심)이야 가싈 줄이 이시랴
진정에서 우러나오는   변할 줄, 바뀔 줄
충성된 마음

1. 작가: 정몽주   2. 갈래: 평시조

3. 성격: 의지적   4. 제재: 지조

5. 주제: 일편단심   6. 표현: 설의법, 반복법, 점층법

6 패관 문학

(1) **의의**: 소설 발달의 모태 역할을 하였다.

(2) **특징**

　① 항간에 구전되는 이야기를 한문으로 기록하면서 발달하였다.

　② 채록자의 견해가 가미되어 창의성도 드러나지만 완전한 개인의 창작은 아니다.

　③ 수필·평론적 성격을 띠게 된다.

(3) **작품집**

패관(稗官)이란 옛날 중국에서 임금이 민간의 풍속이나 정사를 살피기 위하여 거리의 소문을 모아 기록시키던 벼슬 이름으로 이야기를 짓는 사람도 패관이라 일컫게 되었다.

작품집	연대	작가	내용
수이전	문종	박인량	최초의 순수 설화집. 현재 전하지 않고, 여기에 실려 있는 설화 10여 편이 여러 문헌에 실려 전하고 있음.
백운소설	고종	이규보	삼국~고려까지의 시인들과 그들의 시에 대하여 논한 책. 일종의 수필집의 성격으로 시화(詩話)·문담(文談)을 기록. 여기서 '소설'이라 함은 조그마한 이야기의 뜻임.

파한집	고종	이인로	시화(詩話) · 문담(文談) · 기사(記事) · 자작(自作) · 고사(故事) · 풍물(風物) 등을 기록한 책. 비평의 출발로 평가됨.
보한집	고종	최자	3권 1책. 이인로의 〈파한집〉을 보충한 수필체의 시화들을 엮은 책. 아름다운 근체시(近體詩)와 시평(詩評), 거리에 떠도는 이야기, 흥미 있는 사실(史實), 부도(浮屠)와 부녀자들의 이야기를 수록한 것으로, 당시의 사회 상황을 살펴보는 데 좋은 참고가 됨.
역옹패설	고려 말	이제현	《익재난고》의 권말에 수록됨. '소악부'에 고려 속요가 한역되어 있음.

7 가전체 문학

(1) 특징

① 계세징인(戒世懲人: 세상 사람들을 경계하고 징벌함)을 목적으로 사물을 의인화해서 전기(轉記) 형식으로 구성하였다.

② 의인화라는 간접적이고 우회적인 수법으로 비평하고 있기 때문에 강한 풍자성을 갖는다.

③ 완전한 개인의 창작으로 패관 문학과 고대 소설의 교량 역할을 한다.

(2) 작품

작품집	연대	작가	내용
국순전	인종	임춘	술을 의인화하여 술이 사람에게 미치는 영향을 씀. '국선생전'에 영향을 줌.
공방전	인종	임춘	엽전을 의인화하여 탐재(貪財)를 경계함.
국선생전	고종	이규보	술을 의인화하여 군자(君子)의 처신을 경계함.
청강사자현부전	고종	이규보	거북을 의인화하여 어진 사람의 행적을 그림.
죽부인전	공민왕	이곡	대나무를 의인화하여 절개(節槪)를 나타냄.
저생전	고려 말	이첨	종이를 의인화하여 위정자들에게 올바른 정치를 권유하는 내용
정시자전	고려 말	석식영암	지팡이를 의인화하여 인세(人世)의 덕에 관하여 경계함.

➕ 플러스 ｜ '국순전(麴醇傳)'과 '국선생전(麴先生傳)'

'국순전'은 요사하고 아부하는 정객들을 꾸짖고 방탕한 군주(君主)를 풍자하는 것을 목적으로 했다면, '국선생전'은 미천한 몸으로 성실히 행동했기 때문에 관직에 등용되었고, 총애가 지나쳐서 잘못을 저질렀지만 물러난 후 반성하고 근신할 줄 아는 인간상을 그렸다. 즉 국난을 당해서 백의종군(白衣從軍)까지 하는 위국 충절의 대표적 인간상을 등장시켜 사회적 교훈을 강조하였다.

기출 | 따라잡기

25. 다음 중 '국순전, 국선생전, 공방전'에 대한 설명으로 바르지 않은 것은? 2006. 지방직 경기

① 가전체 작품이다.

② 사물의 부정적인 측면만을 강조하였다.

③ 사람의 일대기 형식으로 쓰되, 마지막엔 작가의 평을 덧붙였다.

④ 열전(列傳)의 형식으로 가상 인물의 일대기를 그렸다.

8 한문학

성격	작품집	연대	작가	내용
문집 (文集)	동국이상국집	고종	이규보	전집 41권, 후집 12권, 전 53권의 문집. 여기에 한문 서사시 '동명왕'이 실려 있음.
	익재난고	공민왕	이제현	이창로와 이보림이 엮은 이제현의 시문집. 유고(遺稿)가 흩어지고 빠져서 다 모으지 못했으므로 난고(亂藁)라고 함. 특히 4권에 실린 '소악부'는 고려 시대의 가요를 악주체로 번역한 것으로 국문학상 귀중한 자료임.
서사시	동명왕	명종 23	이규보	동명왕의 영웅적인 행적을 5언 한시로 쓴 것. 《동국이상국집》에 실려 있음.
	제왕운기	충렬왕	이승휴	상권에는 중국 역대 사적을, 하권에는 우리 나라 역대 사적을 7언 및 5언으로 씀.
전기 (傳記)	균여전	문종	혁련정	균여 대사의 행장기. '보현십원가(普賢十願歌)' 11수가 실려있음.
	해동고승전	고종	각훈	2권 1책. 승려 각훈(覺訓)이 왕명에 따라 지은 책으로 고구려에 불교를 전한 순도(順道)를 비롯하여 수십 명의 고승의 전기를 실었음.

➕ 플러스 | 이규보(李奎報)

1168년 출생, 1241년 사망. 고려 시대의 문신·문인. 명문장가로 그가 지은 시풍(詩風)은 당대를 풍미했다. 몽골군의 침입을 진정표(陳情表)로써 격퇴하기도 하였다. 저서에 《동국이상국집》, 《국선생전》 등이 있으며, 작품으로 〈동명왕편(東明王篇)〉등이 있다.

기출 | 따라잡기

26. 다음 글에서 다루고 있는 소재들의 관계가 다른 하나는?   2013. 지방직 9급

> 어떤 사람이 내게 말했다.
> "어제저녁, 어떤 사람이 몽둥이로 개를 때려 죽이는 것을 보았네. 그 모습이 불쌍해 마음이 매우 아팠네. 그래서 이제부터는 개고기나 돼지고기를 먹지 않을 생각이네."
> 그 말을 듣고 내가 말했다.
> "어제저녁, 어떤 사람이 화로에서 이[蝨]를 잡아 태워 죽이는 것을 보고 마음이 무척 아팠네. 그래서 다시는 이를 잡지 않겠다고 맹세를 하였네."
> 그러자 그 사람은 화를 내며 말했다.
> "이는 하찮은 존재가 아닌가? 나는 큰 동물이 죽는 것을 보고 불쌍한 생각이 들어 말한 것인데, 그대는 어찌 그런 사소한 것이 죽는 것과 비교하는가? 지금 나를 놀리는 것인가?"
> 나는 좀 구체적으로 설명할 필요를 느꼈다.
> "무릇 살아 있는 것은 사람으로부터 소, 말, 돼지, 양, 벌레, 개미에 이르기까지 모두 사는 것을 원하고 죽는 것을 싫어한다네. 어찌 큰 것만 죽음을 싫어하고 작은 것은 싫어하지 않겠는가? 그렇다면 개와 이의 죽음은 같은 것이겠지. 그래서 이를 들어 말한 것이지, 어찌 그대를 놀리려는 뜻이 있었겠는가? 내 말을 믿지 못하거든, 그대의 열 손가락을 깨물어 보게나. 엄지손가락만 아프고 나머지 손가락은 안 아프겠는가? 우리 몸에 있는 것은 크고 작은 마디를 막론하고 그 아픔은 모두 같은 것일세. 더구나 개나 이나 각기 생명을 받아 태어났는데, 어찌 하나는 죽음을 싫어하고 하나는 좋아하겠는가? 그대는 눈을 감고 조용히 생각해 보게. 그리하여 달팽이의 뿔을 소의 뿔과 같이 보고, 메추리를 큰 붕새와 동일하게 보도록 노력하게나. 그런 뒤에야 내가 그대와 더불어 도(道)를 말할 수 있을 걸세."
> – 이규보, 〈슬견설(蝨犬說)〉 중에서 –

① 이[蝨]: 개   ② 벌레: 개미
③ 달팽이의 뿔: 소의 뿔   ④ 메추리: 붕새

27. 다음 글에 대한 설명으로 적절하지 않은 것은? 2015. 국가직 9급

> 나는 집이 가난하여 말이 없어서 간혹 남의 말을 빌려 탄다. 노둔하고 여윈 말을 얻게 되면 일이 비록 급하더라도 감히 채찍을 대지 못하고 조심조심 금방 넘어질 듯 여겨서 개울이나 구렁을 지날 때는 말에서 내려 걸어가므로 후회할 일이 적었다. 발굽이 높고 귀가 쫑긋하여 날래고 빠른 말을 얻게 되면 의기양양 마음대로 채찍질하고 고삐를 늦추어 달리니 언덕과 골짜기가 평지처럼 보여 매우 장쾌하지만 말에서 위험하게 떨어지는 근심을 면치 못할 때가 있었다. 아! 사람의 마음이 옮겨지고 바뀌는 것이 이와 같을까? 남의 물건을 빌려서 하루아침의 소용에 쓰는 것도 이와 같은데, 하물며 참으로 자기가 가지고 있는 것이야 어떻겠는가?
>
> — 이곡, 〈차마설(借馬說)〉 —

① 경험을 통한 통찰력이 돋보인다.
② 우의적 기법을 적절히 활용하고 있다.
③ 대상들 사이의 유사점을 통해 대상의 특성을 설명하고 있다.
④ 일상사와 관련지어 글쓴이의 주장을 설득력 있게 드러내고 있다.

28. 다음 글에 대한 설명으로 옳지 않은 것은? 2016. 국가직 9급

> 거사는 이렇게 대답했다.
> "얼굴이 잘생기고 예쁜 사람은 맑고 아른아른한 거울을 좋아하겠지만, 얼굴이 못생겨서 추한 사람은 오히려 맑은 거울을 싫어할 것입니다. 그러나 잘생긴 사람은 적고 못생긴 사람은 많기 때문에, 만일 맑은 거울 속에 비친 추한 얼굴을 보기 싫어할 것인즉 흐려진 그대로 두는 것이 나을 것입니다. 그래서 차라리 깨쳐 버릴 바에야 먼지에 흐려진 그대로 두는 것이 나을 것입니다. 먼지로 흐리게 된 것은 겉뿐이지 거울의 맑은 바탕은 속에 그냥 남아 있는 것입니다. 만약 잘생기고 예쁜 사람을 만난 뒤에 닦고 갈아도 늦지 않습니다. 아! 옛날에 거울을 보는 사람들은 그 맑은 것을 취하기 위함이었지만, 내가 거울을 보는 것은 오히려 흐린 것을 취하는 것인데, 그대는 이를 어찌 이상스럽게 생각합니까?"
> 하니 나그네는 아무 대답이 없었다.
>
> — 이규보, 〈경설〉 중에서 —

① 잘생긴 사람이 적고 못생긴 사람이 많다는 말에서 거사의 현실인식을 알 수 있다.
② 용모에 대한 거사의 논의는 도덕성, 지혜, 안목 등을 비유한 것으로 볼 수 있다.
③ 잘생기고 예쁜 사람을 만난 후 거울을 닦겠다는 말에서 거사가 지닌 처세관을 엿볼 수 있다.
④ 이상주의적이고 결백한 자세로 현실에 맞서고자 하는 거사의 높은 의지가 드러나 있다.

제**3**절 조선 전기 문학

1 특징

① 세종 때 훈민정음이 창제됨으로써 진정한 의미의 국문학이 출발하였다.
② 문학의 향유 계층은 양반 귀족 계층이었다.
③ 시조가 발전되고 악장과 가사가 발생하는 등 운문 문학이 지배적이었다.
④ 성리학이 철학적인 사상적 배경을 이루었다.
⑤ 문학의 성격은 관념적 · 교훈적이었다.
⑥ 고려 속요와 같은 구비 문학이 훈민정음으로 기록되었다.
⑦ 경서와 문학서의 언해 사업이 활발했으며, 한문학은 도학파와 사장파가 대립한 이후 순정 문학파로 발전하였다.

➕ 플러스 조선 전기 문학과 후기 문학의 비교

구분		조선 전기	조선 후기
향유 계층		양반들만 향유	평민과 부녀자 중심
사상		유교(성리학)	실학(이용후생)
성격		관념적, 교훈적	사실적, 구체적
주제		연군, 안빈낙도, 강호한정	현실 비판, 구체적인 생활 감정, 애정
장르		운문 중심(악장, 가사 발생, 시조 융성)	산문 중심
시가	시조	양반 중심의 평시조	평민 중심의 사설시조, 가단 형성, 시조집 발간
	악장	세종 · 세조 때 성행, 성종 때 소멸	쓰이지 않음
	가사	서정 가사, 정격 가사, 양반 가사, 연군, 안빈낙도	서사 가사, 변격 가사, 평민가사, 내방 가사, 장편 기행 가사, 유배 가사
산문	소설	한문 소설, 양반 소설	한문 소설, 한글 소설, 평민 소설

2 악장

조선 초 궁중의 연악(宴樂)이나 종묘의 제악(祭樂) 등에 쓰이던 노래로 조선 건국을 송축한 교술시이다.

(1) **형식**: 기본형은 2절 4구이나 일정한 형식에 고정되어 있는 것이 아니라 다양한 형식으로 쓰였다.

① 악장체(신체, 2절 4구체): 악장으로 사용할 목적으로 만든 새로운 형식

  예 용비어천가, 월인천강지곡

29. 다음 글의 주제는?

> 불휘 기픈 남ᄀᆞᆫ ᄇᆞᄅᆞ매 아니 뮐씨,
> 곶 됴코 여름 하ᄂᆞ니.
> 싀미 기픈 므른 ᄀᆞ모래 아니 그츨씨,
> 내히 이러 바ᄅᆞ래 가ᄂᆞ니.

① 조선 왕조의 영원한 발전
② 조선 건국의 정당성
③ 조선 문화의 우수성
④ 이성계의 용맹성

30. 다음 중 용비어천가에 대한 설명으로 옳지 않은 것은?

2006. 서울시 9급

① 한문으로 된 본가에 국역시를 덧붙이고, 국문의 주해를 단 체제이다.
② 세종 27년인 1445년에 완성되었고, 주해와 간행은 세종 29년인 1447년에 이루어졌다.
③ 전체의 구성은 서사[開國頌], 본사[史蹟讚], 결사[戒王訓]의 총 125장으로 이루어져 있다.
④ 훈민정음으로 기록된 최초의 작품이다.
⑤ 최초의 국문 악장이다.

31. 다음 빈칸에 알맞은 것은?

2006. 서울시 9급

> 불휘 기픈 ( ) ᄇᆞᄅᆞ매 아니 뮐씨
> 곶 됴코 ( ) 하ᄂᆞ니
> 싀미 기픈 므른 ᄀᆞ모래 아니 그츨씨 내히 이러 ( ) 가ᄂᆞ니

① 남ᄀᆞᆫ–열음–바ᄅᆞ래
② 남ᄀᆞᆫ–여름–바라래
③ 남ᄀᆞᆫ–여름–바ᄅᆞ래
④ 남간–여름–바ᄅᆞ래
⑤ 남간–열음–바라래

② **경기체가체**: '景 긔 엇더ᄒᆞ니잇고' 등의 경기체가의 후렴구를 지닌 악장

> 예 화산별곡, 상대별곡, 오륜가

③ **한시체**: 한시에 우리말 토를 붙인 형태

> 예 정동방곡, 납씨가, 문덕곡, 봉황음

④ **속요체**: 분연되어 있고 후렴구를 지닌 악장

> 예 신도가, 감군은, 유림가

(2) **내용**: 조선 개국의 창업이나 왕업 또는 개국 문물을 찬양한 송축의 노래

(3) **작자**: 지배 계층에 속하는 신흥 사대부로 한정되었다.

(4) **작품 일람**

형식	작품	연대	작가	내용
신체	용비어천가	세종 27	정인지 안지 권제	훈민정음으로 쓴 최초의 작품으로, 조선을 세우기까지 6조의 사적(事跡)을 중국 고사와 대비하여 그 공덕을 기리어 지은 노래이다. 각 사적의 기술에 앞서 우리말 노래를 먼저 싣고 그에 대한 한역시를 뒤에 붙였다. 125장. 10권 5책
	월인천강지곡	세종 29	세종	《석보상절》의 석가 공덕을 보고 지은 석가모니의 찬송가
속요체	신도가	태조 3	정도전	새로운 도읍지 예찬과 태조의 만수무강 찬양
	유림가	세종	미상	조선의 창업 송축과 유교 정치를 찬양
	감군은	명종 1	상진	임금의 성덕과 성은 찬양
경기체가	상대별곡	정종~태종	권근	사헌부의 생활을 읊은 것으로, 조선의 제도 문물의 왕성함을 찬양
	화산별곡	세종 7	변계량	조선의 개국 창업을 찬양
	오륜가	세종	미상	오륜에 대해서 부른 송가
	연형제곡	세종	미상	형제의 우애를 기리고 조선의 문물 제도를 찬양
한시체	문덕곡	태조 2	정도전	태조의 문덕(文德)을 찬양
	궁수분곡	태조 2	정도전	태조가 지리산에서 왜구를 격퇴한 것을 찬양
	납씨가	태조 2	정도전	태조가 야인(나하추)을 격파한 무공을 찬양
	정동방곡	태조 2	정도전	태조의 위화도 회군을 찬양
	근천정	태조 2	하륜	시경의 아송체를 모방하여 지은 것으로 태조의 공덕을 찬양
	봉황음	세조	윤회	조선의 문물과 왕가의 태평 기원

3 번역 문학

(1) 석보상절(釋譜詳節)

조선 세종 29년(1447)에 수양 대군이 세종의 명에 따라 소헌 왕후의 심씨의 명복을 빌기 위하여 쓴 책이다. '석가씨보(釋迦氏譜)', '석가보(釋迦譜)', '법화경(法華經)', '지장경(地藏經)'에서 뽑아 한글로 풀이한 석가모니의 일대기로, 조선 초기 국어 국문학의 귀중한 자료이며, 국문으로 쓰인 최초의 산문이다.

(2) 월인석보(月印釋譜)

세조 5년(1459)에 '월인천강지곡'과 '석보상절'을 합본한 책으로 요절한 세자와 세종 대왕 및 소헌 왕후의 명복을 빌기 위해 간행하였다. 첫머리에 '훈민정음 언해본'이 수록되어 있으며, 국어 연구의 소중한 자료가 된다.

(3) 내훈(內訓)

성종 6년 소혜 왕후 한씨(인수대비)가 중국의 '열녀전(烈女傳)', '소학(小學)', '여교(女教)', '명감(明鑑)'에서 여자 행실에 절실한 것을 뽑아 번역한 것이다. 전체 7장으로 권1의 '언행'은 부녀자의 기본적인 말과 행실, '효친'은 부모 섬기기, '혼례'는 혼인의 예절에 대한 내용을 담고, 권2의 '부부'는 남편을 어떻게 대할 것인가를 담았으며, 권3의 '모의(母儀)'는 어머니로서의 자세, '돈목(敦睦)'은 친척과의 관계, '염검(廉儉)'은 사회·경제 생활의 자세를 담았다. 시기를 달리하면서 여러 번 간행되어 표기법은 물론 어휘와 문체의 변화가 잘 나타나 중세 국어의 연구에 중요한 자료가 된다.

(4) 삼강행실도(三綱行實圖)

조선 시대에 설순 등이 왕명에 따라 펴낸 책으로 우리 나라와 중국의 서적에서 군신, 부자(父子), 부부간에 모범이 될 충신, 효자, 열녀들을 각각 35명씩 뽑아 그 행적을 그림과 글로 칭송하였다. 세종 13년(1431)에 간행되었으며, 성종 12년(1481)에는 한글로 풀이한 언해본이 간행되었다.

(5) 소학언해(小學諺解)

선조 때 교정청에서 소학을 직역 중심으로 번역한 책으로 16세기 국어의 모습을 살피는 데 귀중한 자료가 된다.

(6) 두시언해

원명은 '분류두공부시언해(分類杜工部詩諺解)'로 원나라 때 편찬된 《찬주주분류두시(纂註分類杜詩)》를 원본으로 삼아 두보의 시 1,647편 전부와 다른 사람의 시 16편에 주석을 달고 풀이한 책이며 초간본과 중간본이 있다.

➕ 플러스   '소학언해'의 표기상 특징

(1) 방점 사용
(2) 모음 조화 혼란
(3) 'ㅿ'소멸, 'ㆁ'사용
(4) 분철 표기가 나타남.
(5) 선어말 어미 '오/우'의 사용 불규칙
(6) 사잇소리의 통일(모두 'ㅅ'으로 통일)
(7) 명사형 어미 '기'가 등장
(8) 한자 옆에 한글을 표기함.

기출   따라잡기

32. 다음 중 '두시언해'의 초간본과 중간본의 차이를 설명한 것 중 잘못 지적한 것은? 2016. 경찰직

① 초간본은 연철이 원칙적이었으나 중간본에는 모두 분철로 바뀌었다.
② 초간본은 활자본이고 중간본은 목판본으로 되어 있다.
③ 초간본에는 'ㅿ · ㆁ'이 쓰였으나 중간본에서는 'ㅇ'으로 바뀌었다.
④ 초간본에는 방점이 표시되었으나 중간본에는 방점이 사라졌다.

4 시조

시조가 그 영역을 확대하는 과정에서 강호가도가 뚜렷한 흐름을 형성, 영남 가단과 호남 가단을 이루었다.

(1) 강호가도의 두 계보

① **영남 가단(嶺南歌壇)**: 심성을 닦는 것을 내세웠고 이현보, 주세붕, 이황, 권호문 등이 있다.

② **호남 가단(湖南歌壇)**: 풍류 쪽에 기울었으며 송순, 김인후, 김성원, 정철 등이 있다.

(2) 작품

작품	연대	작자	내용	형식
회고가	조선 초	길재 등	고려 멸망을 회고함.	단시조
절의가	조선 초	성삼문 등	단종에 대한 충심을 굽히지 않음.	단시조
강호사시가	세종	맹사성	4수. 최초의 연시조. 일명 '사시한정가'	연시조
오륜가	중종	주세붕	6수. 삼강오륜(三綱五倫)을 노래한 교훈적인 내용	연시조
어부가	명종	이현보	5수. 윤선도의 '어부사시사(漁父四時詞)'에 영향을 줌.	연시조
자상특사 황국옥당가	명종	송순	명종이 옥당에 보낸 국화를 보고 지어 바친 즉흥 단시조	단시조
농암가	명종	이현보	고향의 농암이란 바위에서 지은 시조로 '귀거래사'를 연상케 하는 작품	단시조
도산십이곡	명종	이황	12수. 전6곡 – 언지(言志), 후6곡 – 언학(言學). 자연의 관조와 학문의 길	연시조
고산구곡가	선조	이이	10수. 일명 '석담구곡가'. 주자의 '무이구곡가(武夷九曲歌)'를 본뜸.	연시조
훈민가	선조	정철	16수. 오륜의 내용으로서 〈경민편(警民篇)〉에 전함.	연시조
장진주사	선조	정철	이백의 '장진주(將進酒)'에서 영향을 받은 권주가. 최초의 사설시조	사설 시조

➕플러스 강호가도(江湖歌道)

조선조 시대의 시가 생활의 한 경향. 조선조 초기의 문신들이 관직을 버리고 고향에 돌아와 강호 산수의 자연을 노래하였다. 이현보와 송순에서 시작하였고 자연에 도학적 의미를 부여하였으며 이현보의 '농암가', 맹사성의 '강호사시가' 등이 이 계열의 작품이다.

➕플러스 시조의 기원

• 민요 기원설: 〈모내기 노래〉와 같은 민요의 4음보격 2행시에 1행이 추가된 형태에서 기원을 찾는다.
• 향가 기원설: 10체 향가의 3장과 시조의 3장 형식이 유사하고, 낙구의 감탄사와 시조 종장의 첫구 3음절이 유사하다.
• 고려 가요 기원설: 고려 가요 〈사모곡〉의 경우 6구체 형식이 나타나고, 〈만전춘별사〉의 4음보와 3장 형식을 기원으로 본다.

(3) 주요 작품

1) 회고와 충절

<u>五百年(오백년) 都邑地(도읍지)</u>를 <u>匹馬(필마)</u>로 도라드니.
고려가 오백 년간 서울로 했던 개성 　　　한필의 말. 말 탄 혼자의 몸.
　　　　　　　　　　　　　　　　즉, 조선왕조에 협력하지 않아 벼슬하지 않는 외로운 신세

<u>山川(산천)</u>은 <u>依舊(의구)</u>하되 <u>人傑(인걸)</u>은 간 듸 업다.
　　　　　　옛 모양과　　　　뛰어난 인재. 고려 유신
　　　　　　다름이 없음.

<u>어즈버</u> <u>太平烟月(태평연월)</u>이 쑴이런가 ᄒ노라.
아아　　　태평한 세월, 고려가 융성했던 때

오백 년이나 이어온 옛 서울에 한 필의 말을 타고 들어가니. / 산천의 모습은 예나 다름없으나, 인걸은 간 데 없다. / 아,(슬프다!)고려의 태평한 시절이 한낱 꿈처럼 허무하도다.

핵심정리

1. 작자: 길재	2. 갈래: 단시조, 평시조
3. 성격: 회고적, 감상적	4. 제재: 오백 년 도읍지
5. 주제: 고려 왕조 회고	6. 표현: 대조법, 영탄법

<u>興亡(흥망)</u>이 <u>有數(유수)</u>ᄒ니 <u>滿月臺(만월대)</u>도 <u>秋草(추초)</u>로다.
흥하고 망하는 것이 운수에 달렸으니　개성 송악산 기슭에　가을이 되어 시들어 버린 풀로 '황폐함'을 의미함
　　　　　　　　　　　　　　　있는 고려의 왕궁 터

<u>오백 년(五百年)</u> 왕업이 <u>牧笛(목적)</u>에 부쳐시니
　　　　　　　　　　　목동의 피리 소리　남아 있으니. 깃들어 있으니

<u>夕陽(석양)</u>에 지나ᄂ <u>客(객)</u>이 눈물 계워 ᄒ드라.
　　　　　　　　　　　　눈물을 이기지 못해 하더라.

흥하고 망하는 것이 운수에 달려 있으니. 만원대도 가을 풀이 우거져 황폐하도다. / 고려 오백 년 왕조의 업적이 목동의 피리 소리에 깃들어 있으니, / 해지는 무렵에 이곳을 지나는 객(客)이 눈물을 이기지 못하여 하더라.

핵심정리

1. 작가: 원천석	2. 갈래: 단시조, 평시조
3. 성격: 회고적, 감상적	4. 제재: 만월대
5. 주제: 고려 왕조 회고	6. 표현: 은유법, 영탄법, 상징법

기출 │ 따라잡기

33. 다음 한시의 화자가 처한 상황을 고려할 때 시적 정서가 가장 유사한 것은?　2017. 경찰직 1차

鳥獸哀鳴海岳嚬
槿花世界已沈淪
秋燈掩卷懷千古
難作人間識字人

① 이화우(梨花雨) 훗쑫릴 제 울며 잡고 이별흔 님, / 추풍 낙엽(秋風落葉)에 저도 날 싱각는가. / 천 리에 외로운 쑴만 오락가락 ᄒ노매.

② 말 업슨 청산(青山)이요 태(態) 업슨 유수(流水) l 로다. / 갑 업슨 청풍(清風)이요 님즈 업슨 명월(明月)이라. / 이 중(中)에 병(病) 업슨 이 몸이 분별(分別) 업시 늘그리라.

③ 반중(盤中) 조홍(早紅)감이 고아도 보이ᄂ다. / 유자(柚子) l 안이라도 품염 즉도 ᄒ다마ᄂ / 품어 가 반기리 업슬시 글노 설워 ᄒ ᄂ이다.

④ 흥망(興亡)이 유수(有數)ᄒ니 만월대(滿月臺)도 추초(秋草) l 로다. / 오백 년(五百年) 왕업(王業)이 목적(牧笛)에 부쳐시니, / 석양(夕陽)에 지나ᄂ 객(客)이 눈물계워 ᄒ노라.

눈 마ᄌ 휘어진 딕를 뉘라셔 굽다턴고.
시련, 고난.   굽었다 하던고.
조선 왕조에 협력하기를 강요하는 압력

구블 節(절)이면 눈 속에 프를소냐?
       절이라면   푸른 채로 남아 있겠는가.

아마도 歲寒孤節(세한 고절)은 너뿐인가 ᄒ노라.
        한겨울 추울 때도 변치 않는 높은 절개

눈을 맞아 휘어진 대나무를 누가 굽엇다고 하던가. /
굽힐 절개라면 눈 속에 어찌 푸르겠는가. /
아마도 한 겨울의 추위를 이겨내는 절개를 가진 것은 너(대나무)뿐일 것이다.

핵심정리	
1. 작가: 원천석	2. 갈래: 단시조, 평시조
3. 성격: 지사적, 회고적	4. 제재: 대나무
5. 주제: 굳은 절개	6. 표현: 상징법, 설의법, 의인법

방(房) 안에 혓는 燭(촉)불 눌과 離別(이별)ᄒ엿관ᄃᆡ,
           켜 있는, 켜 놓은   누구와 이별 하였기에

것츠로 눈물 디고 속타는 줄 모로는고,
겉으로   지고, 떨어지고

뎌 燭(촉)불 날과 갓트여 속타는 줄 모르도다.
           나와   같아서

방안에 켜 있는 (놓은) 촛불은 누구와 이별을 하였기에, / 겉으로 눈물을 흘리면서 속이 타 들어가는 줄을 모르는가. / 저 촛불도 나와 같아서 (슬퍼 눈물만 흘릴 뿐) 속이 타는 줄을 모르는구나.

핵심정리	
1. 작가: 이개	2. 갈래: 평시조, 서정시
3. 성격: 절의적, 여성적, 감상적, 우의적	4. 제재: 燭(촉)불
5. 주제: 단종과 이별한 슬픔	6. 표현: 의인법, 감정이입

千萬里(천 만리) 머나먼 길히 고은 님 여희ᄋᆸ고,
어여쁜 임. 이별하옵고
여기서는 단종임.

ᄂᆡ ᄆᆞᄋᆷ 둘 ᄃᆡ 업셔 냇ᄀᆞ의 안쟈시니,
앉아 있으니

져 믈도 ᄂᆡ ᄋᆞᆫ ᄀᆞᆺᄒᆞ여 우러 밤길 녜놋다.
마음 속 같아서 울어 가도다.

천 리 만 리 머나먼 곳에 고운 임을 이별하고, / 나의 슬픈 마음을 붙일 데가 없어 냇가에 앉았더니, / 저 냇물도 내 마음 같아서 울며 불며 밤길을 흐르는구나.

핵심정리

1. 작가: 왕방연
2. 갈래: 평시조, 단시조
3. 성격: 감상적, 절의가
4. 제재: 단종의 유배
5. 주제: 임금을 이별한 애절한 마음
6. 표현: 의인법, 감정 이입

三冬(삼동)에 뵈옷 닙고 岩穴(암혈)에 눈비 마자
겨울의 석 달. 베옷. *암혈: 바위 굴, 외진 산촌
'벼슬하지 않는 사람'을 가리킴.

구름 ᄭᅵᆫ 볏뉘도 쬔 적이 업건마ᄂᆞᆫ
햇볕. 임금의 은혜를 상징

西山(서산)에 ᄒᆡ 지다 ᄒᆞ니 눈물겨워 ᄒᆞ노라.
여기서는 명종의 승하를 가리킴.

한겨울에 베로 지은 옷 입고, 바위 굴에서 눈비를 맞고 있으며 / 구름 사이에 비취는 햇볕도 쬔 적이 없지만 / 서산에 해가 졌다는 소식을 들으니 눈물이 난다.

핵심정리

1. 작가: 조식
2. 갈래: 평시조, 정형시
3. 성격: 유교적, 군신유의(君臣有義)
4. 제재: 임금의 승하
5. 주제: 임금님 승하의 애도
6. 특징: 은유법

기출 따라잡기

34. 다음 시와 같은 표현 기법이 쓰인 작품은? 2015. 서울시 9급

> 房(방) 안에 혓는 燭(촉)불 눌과 離別(이별) 하엿관대,
> 것흐로 눈물 디고 속타는줄 모로는고.
> 우리도 뎌 燭(촉)불 갓하야 속타는 줄 모르노라

① 풍상이 섯거친 날에 각 픠온 황국화를 / 금분(金盤)에 가득 담아 옥당에 보내오니 / 도리야 곳인 채 마라 님의 뜻을 알니라
② 천만리 머나먼 길에 고은 님 여희압고 / 내 마음 둘 데 없어 냇가에 앉아이다 / 저 물도 내 안 갓도다 울어 밤길 녜놋다
③ 마음이 어린 후니 하난 일이 다 어리다 / 만중운산에 어내 님 오리마난, / 지난 닢 부난 바람에 행여 귄가 하노라
④ 가노라 삼각산아 다시 보자 한강수야 / 고국산천을 떠나고자 하랴만은 / 시절이 하 수상하니 올동말동 하여라.

2) 연정

① 사랑하는 임의 안위에 대해 걱정하고 있다.

② 추상적인 시간을 구체화하여 제시하고 있다.

③ 의태어를 사용하여 생동감을 자아내고 있다.

④ '어론님 오신날'은 화자의 소망과 관련된 구절이다.

冬至(동지)ㅅ둘 기나긴 밤을 한 허리를 버혀 내여
　동짓달　　　　　　　　　　　　　한가운데를 베어 내어

春風(춘풍) 니불 아래 서리서리 너헛다가
　봄바람처럼 따뜻한 이불　　긴 끈 같은 것을 포개어 감아 놓은 모양

어론님 오신 날 밤이여든 구뷔구뷔 펴리라.
　정든 임. 임의 존칭

동짓달 긴긴 밤의 한가운데를 베어 내어 / 봄바람처럼 따뜻 이불 속에다 서리서리 넣어 두었다가 / 정든 임이 오신 밤이면 굽이굽이 펼쳐 내어 그 밤이 오래오래 새도록 이으리라.

핵심정리

1. **작가**: 황진이
2. **갈래**: 평시조, 단시조
3. **성격**: 낭만적, 감상적, 연정가
4. **제재**: 동짓달 밤
5. **주제**: 임을 기다리는 그리움
6. **표현**: 은유법, 의태법

보기

무음이 어린 後ㅣ니 ᄒᆞᄂᆞᆫ 일이 다 어리다
萬重雲山에 어늬 님 오리마ᄂᆞᆫ.
지ᄂᆞᆫ 닙 부ᄂᆞᆫ 부람에 ᄒᆡᆨ혀 귄가 ᄒᆞ노라.

① 風霜이 섯거 친 날에 ᄀᆞᆺ 픠온 黃菊花를 / 金盆에 ᄀᆞ득 다마 玉堂에 보ᄂᆡ오니, / 桃李야, 곳이오냥 마라, 님의 뜻을 알괘라.

② 말업슨 靑山이오 態업슨 流水ㅣ로다 / 갑업슨 淸風과 임ᄌᆞ업슨 明月이로다 / 이듕에 일업슨 ᄂᆡ 몸이 分別업시 늙그리라.

③ 靑草 우거진 골에 ᄌᆞᄂᆞᆫ다 누엇ᄂᆞᆫ다 / 紅顔을 어듸 두고 白骨만 뭇쳣ᄂᆞᆫ다 / 盞 잡아 勸ᄒᆞ리 업스니 글을 슬허 ᄒᆞ노라.

④ 묏버들 갈히 것거 보내노라 님의손ᄃᆡ / 자시ᄂᆞᆫ 窓 밧긔 심거 두고 보쇼셔 / 밤비예 새닙 곳 나거든 날인가도 너기쇼셔.

⑤ 늙고 病든 情을 菊花에 붓쳐두고 / 실갓치 헛튼 愁心 黑葡萄에 붓쳐노라 / 귀밋틱 흣ᄂᆞᆫ 白髮은 一長歌에 붓쳣노라.

마음이 어린 後(후)ㅣ니 하난 일이 다 어리다.
　　　　　어리석은

萬重雲山(만중 운산)에 어내 님 오리마난,
　여러 겹으로 겹쳐진 구름　　　어느 님

지난 닙 부난 바람에 행여 귄가 하노라.
　　　　　　　　　　그인가

마음이 어리석으니 하는 일마다 모두 어리석다. / 겹겹이 구름 낀 산중이니 임이 올 리 없건만 / 떨어지는 잎과 부는 바람 소리에도 행여나 임인가 하고 생각한다.

핵심정리

1. **작가**: 서경덕
2. **갈래**: 평시조, 단시조
3. **성격**: 감상적, 낭만적
4. **제재**: 기다림
5. **주제**: 임을 기다리는 간절한 마음
6. **특징**: 도치법, 과장법

묏버들 갈히 것거 보내노라 님의손ᄃᆡ,
　산버들　가리어 꺾어　　　　　임에게

자시ᄂᆞᆫ 窓(창) 밧긔 심거 두고 보쇼셔.
　주무시는

밤비예 새 닙곳 나거든 날인가도 너기쇼셔.
　　　　　새 잎만　　　　　　　여기소서.

산에 있는 버들가지 중 골라 꺾어 임에게 보내오니, / 주무시는 방의 창문 가에 심어 두고 살펴 주십시오. / 행여 밤비에 새 잎이라도 나면 마치 나를 본 것처럼 여겨 주십시오.

梨花雨(이화우) 흣쑐릴 제 울며 잡고 離別(이별)ㅎ 님
비처럼 날리는 배꽃　흩날릴 때

秋風落葉(추풍 낙엽)에 저도 날 싱각ㄴ가.
가을 바람에 떨어지는 잎　　임도 나를

千里(천 리)에 외로운 쑴만 오락가락 ㅎ노매.
　　　　　　　　　　오락가락 하는구나.

배꽃이 흩날리던 때에 손 잡고 울며 불며 헤어진 임 / 가을 바람에 낙엽 지는 것을 보며 나를 생각하여 주실까? / 천 리 길 머나먼 곳에 외로운 꿈만 오락가락 하는구나.

3) 교훈

靑山(청산)는 엇뎨ㅇ야 萬古(만고)애 프르르며,
　　　　어찌하여　영원히　　　푸르며, 음수율을 맞추기 위한 표기

流水(유수)는 엇뎨ㅎ야 晝夜(주야)애 긋디 아니ㄴ고.
　　　　　　　　그치지 아니하는가.

우리도 그치디 마라 萬古常靑(만고 상청)호리라.
　　　　　　영원히 늘 푸르리라.

　　　　　　　　　　　　　　　– '도산십이곡'의 열한 번째 수 –

푸른 산은 어찌하여 영원히 푸르며 / 흐르는 물은 또 어찌하여 밤낮으로 그치지 않는가. / 우리도 저 물같이 그치는 일 없이 저 산같이 언제나 푸르게 살리라.

4) 자연친화

말 업슨 靑山(청산)이요, 態(태) 업슨 流水(유수) ㅣ 로다.
　　　　푸른 산　　　　꾸밈　　없는 흐르는 물
　　　　　　　　　　　　(모양)이

갑 업슨 淸風(청풍)이요, 님즈 업슨 明月(명월)이라.
값　　　맑은 바람　　　주인　　　밝은 달

이 中(중)에 病(병) 업슨 이 몸이 分別(분별)업시 늘그리라.
　　　　　　　　　　　　　　　　걱정 없이

말이 없는 것은 청산이요, 모양이 없는 것은 유수로다. / 값 없는 것은 맑은 바람이요, 주인 없는 것은 밝은 달이라. / 이 아름다운 자연에 묻혀, 병 없는 이 몸은 걱정 없이 늙으리라.

핵심정리

1. **작가**: 성혼　　　　　　　　　2. **갈래**: 평시조, 단시조
3. **성격**: 전원적, 달관적, 풍류적, 한정가　4. **제재**: 청산, 유수, 청풍, 명월
5. **주제**: 자연을 벗 삼는 즐거움　　6. **표현**: 대구법, 의인법

秋江(추강)에 밤이 드니 물결이 추노민라.
가을 강　　　　　　　　　　차도다.

낙시 드리치니 고기 아니 무노민라.
　　드리우니　　　　무는구나.

無心(무심)혼 둘빗만 싯고 뷘 빈 저어 오노민라.
아무 근심이 없는. 사심이 없는　탈속의 모습

가을 강에 밤이 드니 물결이 차구나. / 낚시를 드리우니 고기가 물지 않는구나. / 무심한 달빛만 싣고 빈 배를 저어 온다.

핵심정리

1. **작가**: 월산대군　　　　　　2. **갈래**: 평시조, 단시조
3. **성격**: 낭만적, 풍류적, 전원적, 한정가　4. **제재**: 가을 달밤
5. **주제**: 가을 달밤의 정취와 풍류　6. **표현**: 영탄법, 역설법

十年(십 년)을 經營(경영)ᄒ여 草廬三間(초려삼간) 지여 내니
　　　　　계획을 세워　　세 칸 초가집
　　　　　일을 해 나감.

나 혼 간 들 혼 간에 淸風(청풍) 혼 간 맛겨 두고
　　　　　　　　　맑은 바람　　　　맡겨두고

江山(강산)은 들일 듸 업스니 둘러 두고 보리라.
　　　　　들일 곳

십년을 노력하여 세 칸짜리 초가집을 지어 내었느니 / 나 한 칸, 달 한 칸, 맑은 바람에 한 칸 맡겨 두고 / 강산은 들일 곳이 없으니 둘러 두고 보리라.

핵심정리

1. **작가**: 송순
2. **갈래**: 평시조, 단시조
3. **성격**: 전원적, 관조적, 풍류적, 낭만적
4. **제재**: 전원 생활
5. **주제**: 자연귀의, 안빈낙도
6. **표현**: 과장법

대쵸 볼 불근 골에 밤은 어이 뜻드르며
불그름하게, 붉게. 골짜기에　　　　떨어지며

벼 븬 그르헤 게는 어이 누리는고.
　　　　그루터기에　　　　내리는가.

술 닉쟈 체 쟝ᄉ 도라가니 아니 먹고 어이리.
술이 익자　체를 파는 장사

대추가 발갛게 익은 골짜기에 밤이 익어 뚝뚝 떨어지며. / 벼를 벤 그루에 게까지 어찌 나와 다니는 가? / 술이 익었는데 체 장수가 체를 팔고 돌아가니, 새 체로 술을 걸러서 먹지 않고 어찌하리.

핵심정리

1. **작가**: 황희
2. **갈래**: 평시조, 단시조
3. **성격**: 풍류적, 낭만적, 목가적, 한정가
4. **제재**: 늦가을 농촌 생활
5. **주제**: 농촌 생활의 풍요로운 정취
6. **표현**: 점층법

강호사시가(江湖四時歌)

江湖(강호)에 봄이 드니 미친 興(흥)이 절로 난다
강과 호수. 곧 '자연'　　　　솟구쳐 오르는 흥취

濁醪溪邊(탁료계변)에 金鱗魚(금린어)ㅣ 안주로다 ─ 춘
막걸리를 마시며　　　　쏘가리. 싱싱한 물고기
노는 강 놀이

이 몸이 閑暇(한가)ᄒ옴도 亦君恩(역군은)이샷다.
　　　　　　　　　　또 임금의 은혜이시다.

江湖(강호)에 녀름이 드니 草堂(초당)에 일이 업다
　　　　　　　　　짚이나 억새로 지붕을 이은 조그마한 집

有信(유신)한 江波(강파)는 보내ᄂ니 바람이로다 ─ 하
신의가 있는　　강 물결　　보내는 것이

이 몸이 서늘ᄒ옴도 亦君恩(역군은)이샷다.

江湖(강호)에 ᄀᆞ올이 드니 고기마다 술져 잇다
　　　　　　　　　　살져 있다.

小艇(소정)에 그믈 시러 흘리 띄워 더뎌 두고 ─ 추
작은 배　　　　　　흐르게　던져두고

이 몸이 消日(소일)ᄒ옴도 亦君恩(역군은)이샷다.
　　　　날을 보냄.

江湖(강호)에 겨월이 드니 눈 기픠 자히 남다
                              한자가 넘다.

삿갓 빗기 쓰고 누역으로 오슬 삼아
      비스듬히   도롱이(비옷의 한 가지)

이 몸이 칩지 아니히옴도 亦君恩(역군은)이샷다.
        춥지 아니하게 됨도

동

강호(자연)에 봄이 찾아오니 깊은 흥이 절로 일어난다. / 막걸리를 마시며 노는 시냇가에 싱싱한 물고기가 안주로다. / 이 몸이 이렇듯 한가하게 노니는 것도 역시 임금님의 은덕이시도다.

강호에 여름이 찾아오니 초당에 있는 이 몸은 할 일이 없다. / 신의가 있는 강물결은 보내는 것이 시원한 바람이로다. / 이 몸이 이렇듯 시원하게 지내는 것도 역시 임금님의 은덕이시도다.

강호에 가을이 찾아오니 물고기마다 살이 올라 있다. / 작은배에 그물을 싣고 가 물결 따라 흐르게 던져 놓고 / 이 몸이 이렇듯 소일하며 지내는 것도 임금님의 은덕이시도다.

강호에 겨울이 찾아오니 쌓인 눈의 깊이가 한 자가 넘는다. / 삿갓을 비스듬히 쓰고 도롱이를 둘러 덧옷을 삼으니 / 이 몸이 이렇듯 춥지 않게 지내는 것도 임금님의 은덕이시도다.

핵심정리

1. **작가**: 맹사성
2. **갈래**: 평시조, 연시조
3. **성격**: 강호한정가, 연군가
4. **제재**: 사계절의 강호 생활
5. **주제**: 자연을 즐기는 멋과 임금의 은혜에 대한 감사
6. **사상 전개**

   (1연) 춘사(春詞): 흥겹고 풍류스런 강호 생활

   (2연) 하사(夏詞): 한가한 초당 생활

   (3연) 추사(秋詞): 고기 잡으며 즐기는 생활

   (4연) 동사(冬詞): 안빈낙도하는 생활

5 가사

경기체가의 붕괴 과정에서 형성된 3(4)·4조의 연속체로 된 교술 양식이다.

(1) **성격**: 형식은 운문, 내용은 산문으로 운문에서 산문으로 넘어가는 과도기적 시형이다.

(2) **형식**

   ① 3(4)·4조, 4음보의 연속체로 된 율문으로 행(行) 수에는 제한이 없다.

   ② 정격 가사는 마지막 행이 대체로 시조의 종장(3·5·4·3)과 일치한다.

      예 • 아모타, 百年行樂(백년 행락)이 이만흔 둘 엇지흐리. (상춘곡)

        • 명월(明月)이 쳔산 만락(千山萬落)의 아니 비쵠 딕 업다. (관동별곡)

(3) **내용**: 자연 친화, 안빈낙도, 연군 등 수필적 성격이 강하다.

(4) **발생**: 경기체가의 연 구분이 없어지고, 운율이 3(4)·4조로 변형되면서 가사가 발생했다.

(5) 가사의 미의식

조선 전기에 나타난 가사인 정철의 '사미인곡', '속미인곡', 허난설헌의 '규원가'에는 비장미가 나타난다. 정철의 '관동별곡'과 정극인의 '상춘곡'에서는 대상에 순응하는 우아미를, 조선 후기 평민 가사인 '용부가'에서는 골계미를 느낄 수 있다.

(6) 가사의 영향 관계

① 서정가사: 상춘곡(정극인) ⇨ 면앙정가(송순) ⇨ 성산별곡(정철) ⇨ 노계가(박인로)

② 기행가사: 관서별곡(백광홍) ⇨ 관동별곡(정철) ⇨ 일동장유가(김인겸) ⇨ 연행가(홍순학)

③ 유배가사: 만분가(조위) ⇨ 만언사(안조원) ⇨ 북천가(김진형)

④ 내방가사: 선반가(권씨 부인) ⇨ 규원가(허난설헌) ⇨ 봉선화가(정일당)

(7) 작품

작품	연대	작자	내용
상춘곡	성종	정극인	우리나라 최초의 가사이며, 자연에 파묻힌 생활 속에서 봄날의 경치를 찬란한 내용으로, 《불우헌집》에 실려 있음. 후손 정효목에 의해 정조(18세기) 때 표기되었음.
만분가	연산군	조위	무오사화(1498) 때 순천에서 지은 최초의 유배 가사
면앙정가	중종 19	송순	향리인 담양에 면앙정(俛仰亭)을 짓고 나서, 자연과 정취를 노래함. 〈성산별곡〉에 영향을 주었음.
관서별곡	명종 11	백광홍	정철의 〈관동별곡〉에 영향을 줌. 최초의 기행 가사로 평안도 지방의 자연 풍물을 두루 돌아보고 그 아름다움을 읊었음.
성산별곡	명종 15	정철	전라남도 담양군 남면 지곡리에 있는 성산의 풍경과, 서하당과 식영정을 중심으로 한 사계절의 변화를 읊으면서 그 누각을 세운 김성원의 풍류를 칭송한 노래로 《송강가사》에 실려 있음.
관동별곡	선조 13	정철	강원도 관찰사로 부임하여 자연을 노래한 기행 가사
사미인곡	선조	정철	충신연주지사. 한 여인이 생이별한 남편을 그리워하는 독백체 형식. 〈정과정〉의 정서를 이어받은 여성적 어조의 작품
속미인곡	선조	정철	〈사미인곡〉의 속편. 두 여인의 대화체 형식으로 된 충신연주지사. 우리말의 묘미를 최대한 살려내고 있음.
규원가	선조	허난설헌	여자의 애원을 우아한 필체로 쓴 내방 가사
낙지가	중종	이서	담주의 미풍양속과 그 승경을 노래하고 태평성대가 오기를 기원
선반가	중종	권씨	농암 이현보를 영접하기 위해 창작. 최초의 내방 가사
미인별곡	명종	양사헌	한 여인의 아름다움을 노래
환산별곡	명종	이황	벼슬을 버리고 전원에서 유유자적하는 생활을 노래함.
자경별곡	선조	이이	향풍(鄕風)을 바로잡기 위한 교훈가
강촌별곡	선조	차천로	벼슬을 버리고 자연에 묻혀 생활하는 정경
서호별곡	선조	허강	한강의 풍치를 노래함.

기출 따라잡기

37. 다음 글에 대한 설명으로 옳지 않은 것은? 2001. 행자부 7급

> 松송根근을 볘여 누어 픗ᄌᆞᆷ을 얼픗 드니, ᄭᅮᆷ에 ᄒᆞᆫ 사ᄅᆞᆷ이 날ᄃᆞ려 닐온 말이, 그ᄃᆡᄅᆞᆯ 내 모ᄅᆞ랴. 上상界계예 眞진仙션이라. 黃황庭뎡經경 一일字ᄌᆞᄅᆞᆯ 엇디 그ᄅᆞᆺ 닐거 두고, 人인間간의 내려와서 우리ᄅᆞᆯ ᄯᆞᄅᆞ오ᄂᆞ다. 져근덧 가디 마오. 이 술 ᄒᆞᆫ 잔 머거 보오.

① 이 글은 가사로서 전형적인 4음보격을 주축으로 하고 있다.

② 작가 정철이 금강산과 관동 팔경을 유람하면서 지은 글이다.

③ 홍만종이 《순오지》에서 초(楚)의 〈백설곡(白雪曲)〉에 빗댄 작품이다.

④ 김만중이 동방의 이소(離騷)라 칭송한 작품이다.

> 지금 우리나라의 시문(詩文)은 자기
> 말을 버려두고 다른 나라의 말을
> 배워서 표현하므로, 설령 아주 비슷
> 하다 하더라도 이는 단지 앵무새가
> 사람의 말을 하는 것에 불과하다.
> 민간의 나무하는 아이들이나 물 긷
> 는 아낙네들이 소리 내어 서로 주
> 고받는 노래가 비록 속되고 촌스럽
> 다 할지라도, 그 참과 거짓을 논한
> 다면, 정녕 공부하는 선비들의 이른
> 바 시부(詩賦)라고 하는 것과는 비
> 교가 되지 않는다.
> – 김만중, 《서포만필》에서 –

① 나무하는 아이들이 부르는 노래
　의 가치를 인정하고 있다.
② 민간의 노래가 속되고 촌스럽다
　고 보는 견해를 부정하고 있다.
③ 아낙네들의 노래는 앵무새의 노
　래와 유사하다고 주장하고 있다.
④ 공부하는 선비의 시부가 민간의
　노래보다 참되다는 점을 강조하
　고 있다.

＋플러스 조선 시대의 주요 소설

조선 전기	최초의 한문 소설 김시습의 《금오신화》
조선 후기	• 최초의 한글 소설 허균의 〈홍길동전〉 • 한글 소설＋한문 소설 김만중의 〈구운몽〉 → 소설의 대중화 • 현실을 풍자하는 한문 소설 박지원의 소설

(8) 정철의 가사에 대한 평가

　① 홍만종의 《순오지》

　　속미인곡은 제갈공명의 '출사표'에 '사미인곡'은 초(楚)의 '백설곡(白雪曲)'에,
　　'관동별곡'은 '악보의 절조'라고 극찬하였다.

　② 김만중의 《서포만필》

　　㉠ '속미인곡, 사미인곡, 관동별곡'을 '左海眞文章只此三篇(좌해진문장지차삼
　　　편)'이라고 극찬하였다. 그 중에서 가장 뛰어난 작품은 '속미인곡'으로, 그
　　　이유는 순 우리말을 아름답게 살려 쓰고 있기 때문이라고 설명하고 있다.

　　㉡ '관동별곡, 사미인곡, 속미인곡'을 중국 초나라 굴원이 쓴 '이소(離騷)'에
　　　빗대어 '동방의 이소'라 극찬하였다.

6 　고대 소설

(1) 발생

설화, 패관문학, 가전체 등을 바탕으로 중국의 전기(傳奇), 화본(話本) 등의 영향을
받아 김시습과 임제 등에 의해 한문 소설이 나타났다.

(2) 특징

　① 주인공이 모두 재자가인적(才子佳人的) 인물이다.
　② 내용은 비현실적이고 주제는 권선징악(勸善懲惡)이다.
　③ 사건의 전개가 우연적이고, 사건의 결말은 행복하게 끝난다.

(3) 주요 작품

연대	작품	작자	내용
금오신화	세조	김시습	• 최초의 한문소설. 전 시대의 설화와 상당한 유사성을 가지나, 소설로서의 요건을 갖추었고 작가의 주제 의식이 분명함. • 명나라 구우의 〈전등 신화〉의 영향을 받음. • 단편 소설집으로 '만복사저포기, 이생규장전, 취유부벽정기, 남염부주지, 용궁부연록' 등 일부 작품만이 전함.
대관재 몽유록	중종	심의	주인공이 꿈 속에서 최치원이 천자가 되고 역대 문인들이 신하가 되어 있는 왕궁에 가서 벼슬하고 결혼까지 해서 행복하게 살았다는 이야기
화사	선조	임제	국가와 군신을 꽃에 비유하여 치국 흥망의 역사를 기록한 의인체 한문 소설
수성지	선조	임제	세상에 대한 불만과 현실에 대한 저주를 그린 의인체 한문 소설
원생몽유록	선조	임제	• 생육신의 한 사람인 남효온의 처지를 슬퍼하여 쓴 몽유록계 전기 소설(傳奇小說) • 세조의 왕위 찬탈을 배경으로 한 정치 권력의 모순을 묘사함.

(1) 만복사저포기(萬福寺樗蒲記): 시공(時空)을 초월한 남녀 간의 사랑 ⇨ 명혼 소설(冥婚小說)

[배경: 전라도 남원 → 춘향전과 같다.]

> **줄거리** 전라도 남원에 양생(梁生)이라는 노총각이 일찍이 부모를 여의고 만복사라는 절에서 외롭게 살고 있었다. 어느 날 그는 법당에 들어가 저포놀이를 해서 자신이 이기면 좋은 배필을 달라고 소원을 빈 다음 내기에서 이기게 되었다. 그 뒤 양생은 외로운 신세를 한탄하며 배필을 얻게 해달라고 축원하는 처녀와 가연을 맺은 뒤 다시 만날 것을 약속하고 헤어졌다. 얼마 뒤 양생은 약속 장소에서 기다리다가 딸의 대상을 치르러 가는 양반집 행차를 만나 자신이 3년 전에 죽은 그 집 딸과 인연을 맺었음을 알게 되었다. 양생은 처녀의 부모가 차려놓은 음식을 혼령과 함께 먹고 난 뒤 홀로 돌아왔다. 어느 날 밤 처녀의 혼령이 나타나 자신은 다른 나라에서 남자로 태어났으니 양생도 불도를 닦아 윤회에서 벗어나라고 한다. 양생은 처녀를 그리워하며 지리산에 들어가 약초를 캐며 혼자 살았다고 한다.

(2) 이생규장전(李生窺墻傳): 죽음을 초월한 남녀간의 사랑 ⇨ 명혼 소설(冥婚小說)

[가장 작품성이 뛰어남 → 사실적인 내용]

> **줄거리** 개성에 살던 이생이라는 젊은이가 글공부를 다니다 귀족 집안의 최랑이라는 아름다운 처녀를 발견하고 매혹된 나머지 사랑의 글을 써서 담 너머로 던진다. 그 뒤 그들은 사랑하는 사이가 되었지만 이생 부모의 반대로 시련을 겪게 된다. 최씨 부모와 노력으로 결국 두 사람은 부부가 되고 이생은 과거에 오른다. 그러나 얼마 안 되어 홍건적의 난으로 여인이 도적의 칼에 맞아 죽고 만다. 이생이 깊은 실의에 빠져 있던 어느 날 그 여인이 환신(幻身)하여 이생을 찾아와 두 사람은 다시 행복한 나날을 보낸다. 3년이 지난 날 여인은 자신의 해골을 거두어 장사 지내 줄 것을 부탁하며 이생과 작별한다. 이생은 아내의 말대로 시체를 거두어 장사를 지낸다. 그 후 이생은 아내를 지극히 생각한 나머지 병이 들어 세상을 떠나고 만다.

(3) 용궁부연록(龍宮赴宴錄): 화려한 용궁 체험과 삶의 무상감 [자전적 내용]

> **줄거리** 시문에 능한 한생(韓生)이 용왕이 보낸 사자를 따라 용궁으로 들어간다. 용왕은 한생을 초대하였는데, 그 이유는 용왕의 딸의 화촉동방을 꾸밀 가회각(佳會閣)을 새로 지었기로, 그 상량문을 부탁하기 위해서라고 한다. 이에 한생이 상량문을 지어 주자 용왕은 잔치를 벌여 한생을 대접하고, 여러 누각과 보물들을 두루 구경시켜 준다. 한생은 용왕이 주는 명주(明珠) 두 알과 빙초 두 필을 받아 가지고 나오다가 꿈에서 깨어나는데, 그 뒤 세상의 명리를 구하지 않고 자취를 감춘다.

(4) 남염부주지(南炎浮洲志): 선비들이 지녀야 할 정신적 자세와 당대의 현실 비판

> **줄거리** 경주에 사는 박생(朴生)은 유학(儒學)으로 대성하겠다는 포부를 지니고 열심히 공부하였으나 과거에 실패하였다. 그는 귀신, 무당, 불교 등의 이단에 빠지지 않으려고 유교 경전을 읽고, 세상의 이치는 하나뿐이라는 내용의 철학 논문인 '일리론(一理論)'을 썼다. 어느 날 꿈에 박생은 저승사자에게 인도되어 염부주(염부주)라는 별세계에 이르러 염왕(閻王)과 사상적인 담론을 벌였다. 유교, 불교, 미신, 우주, 정치 등 다방면에 걸친 문답을 통하여 염왕과 의견 일치에 이름으로써, 자신의 지식이 타당한 것임을 재확인하였다. 염왕은 박생의 참된 지식을 칭찬하고 그 능력을 인정하여 왕위를 물려주겠다며 선위문(禪位文)을 내려주고는 세상에 잠시 다녀오라고 하였다. 꿈을 깬 박생은 가사를 정리하고 지내다가 얼마 뒤 병이 들었다. 그는 의원과 무당을 불러 병을 고치지 않고 조용히 죽었다.

39. 다음 〈보기〉에서 설명하고 있는 작품은 무엇인가? 2007. 서울시 7급

> **보기**
>
> 이 작품은 김시습의 〈금오신화〉에 나온 다른 소설과 달리 남자 주인공만 등장하며, 따라서 남녀의 애정문제도 나타나지 않는다. 그리고 삽입시도 없이 작품의 대부분은 박생과 염왕의 문답식 토론으로 나누어져 있다. 그래서 작가의 생각이 비교적 직설적으로 제시된다. 주인공 박생은 귀신이나 지옥의 존재를 부정하는 유학자이다. 그럼에도 불구하고 그는 남염부주라는 지옥의 왕이 된다. 김시습이 이처럼 모순된 구성을 취하게 된 이면에는 현실과 이상 사이에서 그가 겪는 갈등과 번뇌가 숨어 있는 것으로 파악할 수 있다. 이것은 그 존재를 부정하면서도 인정 할 수밖에 없는 현실에 대한 고뇌의 표현인 것이다. 또, 이 작품은 세조의 왕이 찬탈을 풍자한 소설로 널리 알려져 있다.

① 만포사저포기
② 이생규장전
③ 취유부벽정기
④ 남염부주지
⑤ 용궁부연록

40. 다음 중 《금오신화》에 들어 있지 않은 작품은?

① 이생규장전
② 남염부주지
③ 원생몽유록
④ 용궁부연록

(5) 취유부벽정기(醉遊浮碧亭記): 기자 조선의 기씨 공주와 사랑(초현실적 세계와의 교환)

> **줄거리** 송도 부호의 아들 홍생이 평양 대동강에서 뱃놀이를 하다가, 취흥을 이기지 못하여 부벽정에 이르러 고국의 흥망을 탄식하는 시를 읊고 돌아가려고 하는데 좌우에 시녀를 거느린 미인이 나타난다. 그 미인은 기자왕의 딸로서, 부왕이 위만에게 왕위를 빼앗긴 후 정절을 지켜 죽기를 기다리다 불사약을 먹고 수정궁의 상아가 되었다고 말한다. 홍생이 그 선녀와 시를 주고받다가 날이 새자 선녀는 승천하고, 홍생은 선녀를 사모하던 끝에 병에 걸렸는데, 꿈속에서 하늘로 올라오라는 선녀의 계시를 받는다. 그후 홍생은 분향하고 누웠다가 세상을 떠났는데, 몇 달이 지나도 안색(顏色)이 변하지 않았다.

기출 │ 따라잡기

41. 다음 중 향수(享受) 계층이 나머지 셋과 현저하게 구별되는 것은?

2000. 국가직 9급

① 사설시조
② 고려 속요
③ 경기체가
④ 잡가

7 경기체가

작품	작자	연대	형식	내용	표기	출전
한림별곡 (翰林別曲)	한림제유 (翰林諸儒)	고려 고종 (1214~1259)	8장	시부(詩賦), 서적(書籍), 명필(名筆), 명주(名酒), 화훼(花卉), 음악(音樂), 누각(樓閣), 추천(鞦韆) 등	《악장가사》에는 국문, 《고려사 악지》에는 이두문(吏讀文)	악장가사, 고려사 악지
관동별곡 (關東別曲)	안축 (安軸)	고려 충숙왕 (1330)	8연	강원도 순찰사로 갔다 돌아오는 길에 관동의 절경을 읊음.	이두문 (吏讀文)	근재집 (謹齋集)
죽계별곡 (竹溪別曲)	안축 (安軸)	고려 충숙왕 (1330)	5연	고향인 풍기 땅 순흥[竹溪]의 경치를 읊음.	이두문 (吏讀文)	근재집 (謹齋集)
상대별곡 (霜臺別曲)	권근 (權近)	조선 세종	5장	조선의 문물 제도의 왕성함을 칭송함.	국문(國文)	악장가사
화산별곡 (華山別曲)	변계량 (卞季良)	조선 세종	8장	조선 건국 창업을 찬양함.	국문(國文)	세종실록 악사(樂詞)
불우헌곡 (不憂軒曲)	정극인 (丁克仁)	조선 성종	6장	전원의 한정(閑情)과 성은(聖恩)을 노래함.	이두문 (吏讀文)	불우헌집 (不憂軒集)

➕ 플러스

철종 때 지어진 민규의 '충효가'를 최후의 경기체가로 보기도 한다.

8 패관 문학

작품	연대	작자	내용 및 특성
동인시화	성종	서거정	역대 시문에 대한 일화, 수필, 시화 등을 모아 엮은 비평서
필원잡기	성종	서거정	일화, 한담(閑談) 등을 모아 엮은 수필집
태평한화골계전	성종	서거정	시정(市井)에 떠돌아다니는 이야기를 수집·기록한 일화집
동문선	성종	서거정	신라 때부터 조선 초까지의 시문을 모아 엮은 것. 명작 문학 선집
용재총화	성종	성현	수필 문학의 백미. 문화(文話), 시화(詩話), 서론(書論), 사화(史話) 등이 실린 수필집

촌담해이	성종	강희맹	소화집(笑話集)
패관잡기	명종	어숙권	우리 나라 각종 시화, 설화 등을 편집한 것
어면순(禦眠楯)	미상	송세림	소화집(笑話集), 본격적인 음담집

9 한문학

성리학을 배경으로 윤리 · 도덕에 치중하는 도학파와 문학성을 중시하는 사장파가 대립되었다가 사장파의 승리로 내면적 자기 심화를 위해 고문, 즉 당송팔대가의 문장과 경전에 의거하여 관념적으로 흐르는, 예술을 중심으로 철학이 가미된 순정 문학파로 발전하였다.

(1) 관각문학(館閣文學)

① 개념: 사장파(詞章派)의 문학으로 관각에 종사하는 선비들의 손에 의해 이루어진 문학이다.

② 전성기: 《동문선》을 편 서거정에 와서 전성기를 이루었고, 그 후에는 성현, 남곤, 이행 등의 학자가 뒤를 이었다.

(2) 사림문학(士林文學)

① 개념: 지방의 사대부로서 도학(道學)이 문학의 근본임을 주장했던 사림파의 문학이다.

② 중심인물: 길재, 김종직, 김일손, 김굉필, 조광조, 서경덕, 이황, 이이 등이 활약했다.

(3) 방외인(方外人) 문학

방외인은 체제 밖의 인물로서 세상을 증진 채 방랑과 비판으로 일생을 보낸 사람으로 독자적인 문학 세계를 구축했다. 선구자는 김시습이며 남효온이나 서경덕, 조식이 포함된다.

(4) 삼당(三唐) 시인

백광훈, 최경창, 이달(李達)이 당시(唐詩)에 몹시 뛰어났다. 고려 시대 이래 대개 중국 송(宋)나라의 소동파(蘇東坡) · 황산곡(黃山谷) 등을 배웠는데, 이 세 사람은 당시(唐詩)를 배우는 데 힘을 기울였다.

➕ 플러스 한문학

(1) 조선 전기
• 유학 중심의 학문적 환경 때문에 한문학은 고려 시대에 이어서 계속 발전한다. 감성과 서정을 중시한 당 · 송의 시풍을 따른 사장파(詞章派)와, 이성적이고 실천적인 도학파(道學派)가 대립한다.
• 작품집:
서거정 《필원잡기(筆苑雜記)》,
서거정 《동문선(東文選)》,
강희맹 《촌담해이(村談解頤)》,
어숙권 《패관잡기(稗官雜記)》

(2) 조선 후기
• 조선 전기의 사장파 문학을 계승하며, 경전을 바탕으로 한 관념적인 문학을 추구한다. 또한 현실적인 학풍, 실리를 추구, 평이하고도 사실적인 표현, 고문체 배격 등의 특징을 지닌 실학파 문학도 나타난다.
• 작품집:
허균 《성소부부고(惺所覆瓿藁)》,
홍만종 《순오지(旬五志)》,
김만중 《서포만필(西浦漫筆)》,
박제가 《북학의(北學議)》,
박지원 《열하일기(熱河日記)》,
정약용 《목민심서(牧民心書)》

42. 다음 중 ②글의 내용 전개의 기준이 되는 것은?

① 시선의 이동
② 공간의 이동
③ 심정의 변화
④ 시점의 변화

43. 다음 중 밑줄 친 ⊙~㉣에 대한 해석이 틀린 것은?

① ⊙: 천석고황의 자세를 알 수 있다.
② ⓒ: 임금이 관찰사의 소임을 맡겼다.
③ ㉢: 충신 연주지사임을 알 수 있다.
④ ㉣: 큰 나라를 섬기는 사대주의 사상을 엿볼 수 있다.

44. 다음 중 ④의「 」부분이 묘사하고 있는 것은?

① 폭포
② 봉우리
③ 눈
④ 무지개

45. 다음 중 ⑩ '楓풍岳악'을 ④에 나타난 계절에 맞는 명칭으로 고친 것은?

① 금강산
② 기달산
③ 풍악산
④ 개골산

관동별곡(關東別曲)

가 ⊙ 江강湖호애 病병이 깁퍼 竹듁林님의 누엇더니, ⓒ 關관東동 八팔百빅里리에
　　자연, 은거지, 자연을 사랑하는　　　　은거지 창평　　　　　　　　관찰사의 소임
　　마음(천석고황, 연하고질)

方방面면을 맛디시니, 어와 聖셩恩은이야 가디록 罔망極극ᄒ다. 延연秋츄門문
　　　　　　　　　　　　　　　　　　　　　갈수록 그지 없다.　　　　「　」: 출발 준비가
　　　　　　　　　　　　　　　　　　　　　　　　　　　　　　　　　　　다 되었다.

드리ᄃ라 慶경會회 南남門문 ᄇ라보며 下하直딕고 믈너나니「玉옥節졀이 알픠 셧다.」
　　달려 들어가(성은에 대한 감격의 표현)　　　　　　　　　　관찰사의 신표

平평丘구驛역 믈을 ᄀ라 黑흑水슈로 도라드니, 蟾셤江강은 어듸메오, 雉티岳악이
　　　　　　　　　　타고

여긔로다. ㉢ 昭쇼陽양江강 ᄂ린 믈이 어드러로 든단 말고.「孤고臣신 去거國국에
　　　　　　↗「　」: 임금의 곁을 떠난 작자의 우국지정

白빅髮발도 하도 할샤.」東동洲쥐 밤 계오 새와 北븍寬관亭뎡의 올나ᄒ니, 三삼
　　우국, 객회의　　　　많기도 많구나　　철원　　　　　거우　　　　　오르니
　　상징

角각山산 第뎨一일峰봉이 ᄒ마면 뵈리로다.「弓궁王왕大대闕궐터희 鳥오鵲쟉이 지
　　　　　　　　웬만하면 뵈리로다.　　　　　　　　　　　감정 이입

지괴니, 千천古고興흥亡망을 아ᄂ다, 몰으ᄂ다.」㉣ 准회陽양 녜 일홈이 ⓐ 마초
　　　　　　　　　　　　　아느냐, 모르느냐　　「」: 무상감의 표현

아 ᄀ톨시고.「汲급長댱孺유 風풍彩치를 고텨 아니 볼게이고.」
　　같구나　　　　　선정을 베푼 한 무제 때의 목민관　　　　　　　「」: 선정에 대한 작가의 포부

▶ 관찰사 부임과 관내 순력(서사)

나 營영中듕이 無무事ᄉᄒ고 時시節졀이 三삼月월인 제, 花화川쳔 시내길히 ⑩ 楓풍
　　　　　　　　　　　　　　　　　　　　　　　　　　　　　　금강산의 가을 명칭

岳악으로 버더 잇다.「行ᅙ裝장을 다 썰티고 石셕逕경의 막대 디퍼, 百뵉川쳔洞
　　　　　　　　　　　간편한 여행 차림

동 겨틔 두고 萬만瀑폭洞동 드러가니, 銀은ᄀ튼 무지게, 玉옥ᄀ튼 龍룡의 초리,
섯돌며 ᄲᆞᆷᄂ 소ᄅᆡ 十십里리의 ᄌ자시니, 들을제ᄂ 우레러니 보니ᄂ 눈이로다.」
　　　　　　　　　　　　　　　　　　　　　　감각적 묘사, 은유·대구

金금剛강臺ᄃᆡ 민 우層층의 仙션鶴학이 삿기치니, 春츈風풍 玉옥笛뎍聲셩의 쳣ᄌ
　　　　　　　　　　　　　　　　　　　　　봄바람 소리(미화법)

을 ᄭᆡ돗던디, 縞호衣의玄현裳샹이 半반空공의 소소 ᄯ니, 西셔湖호 녯 主쥬人인
　　깨었던지　　　학의 모습 의인화　　　　　　　　　　　　송의 풍류 시인 임포

을 반겨셔 넘노ᄂ 듯.
▶ 만폭동 폭포와 금강대의 장관(본사)

다 小쇼香향爐노 大대香향爐노 눈 아래 구버보고, 正졍陽양寺ᄉ 眞진歇헐臺ᄃᆡ 고텨
　　크고 작은 봉우리　　　　　　　　　　　　　　　　　　　　다시(부사)

올나 ⓑ 안ᄌ마리, 廬녀山산眞진面면目목이 여긔야 다 뵈ᄂ다. 어와, 造조化화
　　　　　　　　금강산의 참모습　　　　여기(진헐대)서야

翁옹이 헌스토 ⓒ 헌스홀샤. 놀거든 쀠디 마나, 셧거든 솟디 마나. 「ⓓ 芙부蓉용을
야단스럽기도 야단스럽구나

고잣눈 듯, 白빅玉옥을 뭇것눈 듯, 東동溟명을 박츠눈 듯 北북極극을 괴왓눈 듯.」
ᴶ: 산봉우리들의 천태만상의 기묘한 장관 묘사
북극성, 임금의 상징

놉흘시고 望망高고臺딕, 외로올샤 穴혈望망峰봉이 하눌의 추미러 므스 일을 ⓔ 스
로리라 千쳔萬만劫겁 디나두록 구필 줄 모루눈다. 어와 너여이고, 너 ᄀ토니 쏘
잇눈가.

▶ 진헐대에서의 조망(본사)

가 자연을 사랑하는 마음이 고치지 못할 병처럼 되어 창평에서 한가로이 지내고 있었는데, 800리
나 되는 강원도의 관찰사 직분을 (임금님께서) 맡기시니. 아, 임금의 은혜야말로 갈수록 그지없
다. 연추문으로 달려 들어가 임금을 뵙고, 경희루 남쪽 문을 바라보며 임금께 하직하고 물러나오
니, 이미 관찰사의 신표가 앞에 서 있다. 평구역(양주)에서 말을 갈아 타고 흑수(여주)를 돌아드
니, 섬강(원주)은 어디인가? 치악산(원주)이 여기로구나. 소양강에서 흘러내린 물이 어디로 간다
는 말인가? 외로운 신하가 임금 곁을 떠남에 근심 걱정이 많기도 많구나. 철원의 하룻밤을 겨우
새우고 북관정에 오르니 삼각산 제일 높은 봉우리가 웬만하면 보일 것도 같다. 궁예의 대궐 터
에 까막까치가 지저귀니 먼 옛날 흥하고 망하던 역사를 아느냐 모르느냐? 한(漢)나라 회양이라
는 곳과 이 곳이 마침 이름이 같구나. 회양에서 선정을 베풀었던 급장유의 모습을 다시 보게 되
지 않겠는가?

▶ '서사' 부분, 강원도 관찰사로 부임하는 작자가 부임지까지 이르는 과정과 목민관으로서의 포부

나 감영 안이 무사하고, 시절이 3월인 때 화천(花川)의 시냇길이 금강산으로 뻗어 있다. 행장을 간
편히 하고, 돌길에 지팡이를 짚고, 백천동을 지나서 만폭동 계곡으로 들어가니, 은 같은 무지개
옥같이 희고, 고운 용의 꼬리 같은 폭포가 섞여 돌며 내뿜는 소리가 십 리 밖까지 퍼졌으니, 멀
리서 들을 때에는 우렛소리(천둥소리) 같더니, 가까이서 보니 눈이 날리는 것 같구나! 금강대 맨
꼭대기에 학이 새끼를 치니 봄바람에 들려오는 옥피리 소리에 선잠을 깨웠던지, 흰 저고리 검은
치마로 단장한 학이 공중에 솟아 뜨니, 서호의 옛 주인 임포를 반기듯 나를 반겨 넘나들며 노는
듯하구나! ▶ 만폭동 폭포의 장관과 금강대에서의 신선적 풍모

다 소향로봉과 대향로봉을 눈 아래 굽어보고, 정양사 뒤 진헐대에 다시 올라 앉으니 금강산 만이천
봉의 모습이 다 보이는구나. 아, 조물주가 야단스럽기도 하구나. 봉우리들이 하늘로 날거든 뛰지
말거나, 섰거든 솟지 말거나. 부용을 꽂았는 듯, 백옥을 묶었는 듯, 동해를 박차는 듯, 북극성을
괴고 있는 듯하구나. 높기도 하구나 망고대. 외롭기도 하구나 혈망봉이 하늘에 치밀어 무슨 일을
알리려고 오랜 세월 지나도록 굽힐 줄을 모르는가? 아, 너로구나 너 같은 것이 또 있는가.

▶ 진헐대에서 바라본 금강산의 장관과 작자의 직간신(直諫臣)으로서의 풍모가 함축

46. 다음 중 이 글의 내용이 아닌 것은?

① 憂國之情
② 戀君之情
③ 善政의 포부
④ 懷古之情
⑤ 相思之情

47. 다음 중 밑줄 친 ⓐ~ⓔ의 뜻풀이가 틀린 것은?

① ⓐ 마초아 – 마침
② ⓑ 안준마리 – 앉아서 하는 말이
③ ⓒ 헌사홀샤 – 야단스럽구나
④ ⓓ 부용 – 연꽃
⑤ ⓔ 스로리라 – 말하려고

예제 | 따라잡기

48. 다음 중 라의 ㉠이 드러내는 바를 바르게 말한 것은?

① 인생의 덧없음
② 임금에 대한 그리움
③ 자연에 대한 무한한 사랑
④ 애민 선정(愛民善政)의 포부

49. 다음 중 마의 ⓐ '백년화'의 원관념은?

① 달
② 해
③ 샛별
④ 구름

라 圓원通통골 ᄀᆞᄂᆞᆫ 길로 獅ᄉᆞ子ᄌᆞ峰봉을 ᄎᆞ자가니, 그 알ᄑᆡ 너러바회 化화龍룡쇠 되어셰라. 千쳔年년 老노龍룡이 구비구비 서려 이셔, 晝듀夜야의 흘녀 내여 滄창

되었구나

海ᄒᆡ예 니어시니, 風풍雲운을 언제 어더 三삼日일雨우를 디련ᄂᆞᆫ다. ㉠「陰음崖애예

내리려 하느냐

이온 플을 다 살와 내여ᄉᆞ라.」磨마訶하衍연 妙묘吉길祥샹雁안門문재 너머 디여,

그늘진 벼랑에 시든 풀   「　」: 애민·선정에의 포부   넘어 내려가

외나모 ᄲᅥ근 ᄃ리 佛블頂뎡臺ᄃ 올라ᄒᆞ니,「千쳔尋심絕졀壁벽을 半반空공애 셰여

천 길이나 되는 절벽을 공중에 세워 두고

두고, 銀은河하水슈 한 구비를 촌촌이 버혀 내여, 실ᄀᆞ티 플텨이셔 뵈ᄀᆞ티 거러

폭포①   마디마디   폭포②   풀어서   폭포③

시니」, 圖도經경 열두 구비, 내 보매ᄂᆞᆫ 여러히라. 李니謫뎍仙션 이제 이셔 고텨

「　」: 십이폭포의 장관 묘사

의논ᄒᆞ게 되면, 廬녀山산이 여긔도곤 낫단말 못ᄒᆞ려니

여기보다(비교격)

▶ 화룡소에서의 감회와 십이폭포의 장관(본사)

마 져근덧 밤이 드러 風풍浪낭이 定뎡ᄒᆞ거ᄂᆞᆯ, 扶부桑상 咫지尺척의 明명月월을 기ᄃ

가라앉거늘   해돋는 곳

리니, 瑞셔光광 千쳔丈댱이 뵈ᄂᆞᆫ 듯 숨ᄂᆞᆫ고야. 珠쥬簾렴을 고텨 것고, 玉옥階계를

보이자마자 곧 숨는구나

다시 쓸며, 啓계明명星셩 돗도록 곳초 안자ᄇᆞ라보니, ⓐ 白ᄇᆡᆨ蓮년花화 ᄒᆞᆫ 가지를

샛별(시간의 경과)   달(미화법)

뉘라셔 보내신고. 일이 됴흔 世셰界계 ᄂᆞᆷ대되 다 뵈고져. 流뉴霞하酒쥬 ᄀᆞ득 부어

목민관으로서의 애민 정신 표출   신선의 술

둘ᄃ려 무론 말이, 英영雄웅은 어ᄃᆡ 가며, 四ᄉᆞ仙션은 긔 뉘러니, 아ᄆᆞ나 맛나 보

달에게   묻는   이백

아 녯 긔별 뭇쟈 ᄒᆞ니, 仙션山산 東동海ᄒᆡ예 갈 길히 머도 멀샤.

사선에 관한 소식

▶ 동해에서의 달맞이(결사)

바 松숑根근을 볘여 누어 픗ᄌᆞᆷ을 얼픗 드니, 쑴애 ᄒᆞᆫ 사ᄅᆞᆷ이 날ᄃ려 닐온 말이, "그

선잠

ᄃᆡ를 내 모ᄅᆞ랴, 上샹界계예 眞진仙션이라. 黃황庭뎡經경一일字ᄌᆞ를 엇디 그릇

도를 성취한   도교의 경전
참된 신선

닐거 두고, 人인間간의 내려와셔 우리를 ᄯᆞ오ᄂᆞᆫ다. 져근덧 가디 마오. 이 술 ᄒᆞᆫ

잠시

잔 머거 보오." 北북斗두星셩 기우려 滄챵海ᄒᆡ水슈부어 내여, 저먹고 날 머겨ᄂᆞᆯ

국자 모양의 별   술(뉴하수)

머서너 잔 거후로니, 「和화風풍이 習습習습ᄒᆞ야 兩냥腋익을 추혀 드니, 九구萬만

산들산들 불어   양 겨드랑이

里리 長댱空공애 져기면 눌리로다.」"이 술 가져다가 四 소海 호 예 고로 눈화, 億억

ㄴ: 羽化 흐仙   송강의 애민 정신, 목민관의 선정 포부
(소동파의 '적벽부')

萬만 蒼창生싱을 다 醉취케 밍근 후의, 그제야 고텨 맛나 또 흔 잔 호쟛고야." 말

하쟈꾸나(청유)

디쟈 鶴학을 트고 九구空공의 올나가니, 空공中듕 玉옥蕭쇼 소리 어제런가 그제
런가. 나도 줌을 끼여 바다훌 구버보니, 기픠롤 모르거니 고인들 엇디 알리. 明명
月월이 千천山산萬만落낙의 아니 비쵠 뒤 업다.

시조의 종장과 유사. 4음보

▶ 꿈 속의 선연(仙緣)과 갈등 해소(결사)

라 원통골의 좁은 길로 사자봉을 찾아가니, 그 앞의 넓은 바위가 화룡소(化龍沼)가 되었구나. 마치
천 년 묵은 늙은 용이 굽이굽이 서려있는 것같이 밤낮으로 물을 흘러 내어 넓은 바다에 이었으
니, (저 용은) 바람과 구름을 언제 얻어 흡족한 비를 내리려느냐? 그늘진 낭떠러지에 시든풀을
다 살려 내려무나. 마하연, 묘길상, 안문재를 넘어 내려가 썩은 외나무다리를 건너 불정대에 오
르니 (조물주가) 천 길이나 되는 절벽을 공중에 세워 두고, (거기에 십이 폭이 걸렸는데) 은하수
큰 굽이를 마디마디 잘라내어 실처럼 풀어서 베처럼 걸어 놓았으니, 산수도경에는 열 두 굽이라
하였으나, 내가 보기에는 그보다 더 되어 보인다. 만일, 이백이 지금 있어서 다시 의논하게 되면,
여산 폭포가 여기보다 낫다는 말은 못할 것이다.

▶ 화룡소에서 선정에의 포부를 다짐하는 내용과 십이폭포의 장관에 경탄하는 내용

마 잠깐 사이에 밤이 되어 바람과 물결이 가라앉기에, 해 뜨는 곳이 가까운 동해 바닷가에서 명월
을 기다리니, 상서로운 빛줄기가 보이는 듯하다가 숨는구나. 구슬을 꿰어 만든 발을 다시 걷어올
리고 옥돌같이 고운 층계를 다시 쓸며, 샛별이 돋아 오를 때까지 꼿꼿이 앉아 바라보니, 저 바다
에서 솟아오르는 흰 연꽃 같은 달덩이를 어느 누가 보내셨는가? 이렇게 좋은 세상을 다른 사람
모두에게 보이고 싶구나. (온 백성에게 은혜가 골고루 미치도록 선정을 베풀고 싶다.) 신선주를
가득 부어 손에 들고 달에게 묻는 말이, "옛날의 영웅은 어디 갔으며, 신라 때 사선은 누구더
냐?" 아무나 만나 보아 영웅과 사선에 관한 옛 소식을 묻고자 하니, 선산이 있다는 동해로 갈
길이 멀기도 하구나.   ▶ 결사의 전반부, 선정에의 포부와 신선에 대한 동경

바 소나무 뿌리를 베고 누워 선잠이 얼핏 들었는데, 꿈에 한 사람이 나에게 이르기를, "그대를 내가
모르랴? 그대는 하늘 나라의 참 신선이라. 황정경 한 글자를 어찌 잘못 읽고 인간 세상에 내려
와서 우리를 따르는가? 잠시 가지 말고 이 술 한 잔 먹어 보오." 북두 칠성과 같은 국자를 기울
여 동해물 같은 술을 부어 저 먹고 나에게도 먹이거늘, 서너 잔을 기울이니 온화한 봄바람이 산
들산들 불어 양 겨드랑이를 추켜올리니, 아득한 하늘도 웬만하면 날 것 같구나. "이 신선주를 가
져다가 온 세사에 고루 나눠 온 백성을 다취하게 만든 후에, 그 때에야 다시 만나 또 한 잔 하자
꾸나." 말이 끝나자, 신선은 학을 타고 높은 하늘에 올라가니, 공중의 옥통소 소리가 어제던가 그
제던가 어렴풋하네. 나도 잠을 깨어 바다를 굽어보니, 깊이를 모르는데 하물며 가인들 어찌 알
리. 명월이 온 세상이 아니 비친 곳이 없다.   ▶ 결사의 후반부, 충군·연군의 세계로 귀환하면서 현
실을 벗어나지 않고 자신의 이상인 신선적 풍모를 과시함으로써 갈등을 해소

기출 | 따라잡기

50. 다음 중 문맥상 의미가 대조를
이루는 것끼리 가장 잘 연결한 것은?
2011. 국회직 8급

梨니花화는 볼셔 디고 접동새 슬피
울 제, 洛낙山산東동畔반으로 義의
相상臺되예 올라 안자 日일出출을
보리라 밤듕만 니러호니 祥샹雲운
이 집픠는 둥, 六뉵龍뇽이 바퇴는
둥, 바다히 써날제는 萬만國국이
일위더니 天텬中듕의 티쒸니 毫호
髮발을 혜리로다. 아마도 녈구름 근
쳐의 머물셰라. 詩시仙션은 어딘
가고 咳히唾타만 나맛느니. 天텬地
디間간 壯장흔 긔별 주셔히도 홀셔
이고.

① 日일出출 – 詩시仙션
② 梨니花화 – 접동새
③ 六뉵龍뇽 – 녈구름
④ 東동畔반 – 萬만國국
⑤ 祥샹雲운 – 天텬中듕

기출 | 따라잡기

51. 조선 시대 후기의 문학에 대한 다음 설명 중 잘못된 것은?

2005. 국회직 8급

① '봉산탈춤'과 같은 민속극이 성행하였다.
② '한중록', '인현왕후전' 등의 궁중 수필이 창작되었다.
③ 실사구시의 사상을 배경으로 구체적 현실을 대상으로 한 작품들이 양산되었다.
④ 강호가도(江湖歌道) 계열의 작품이 유행하고 개인 시조집의 편찬이 시작되었다.
⑤ 서민 정신과 산문 정신의 발흥으로 엄격한 정격(定格) 형식보다는 느슨한 변격(變格) 형식이 유행했다.

52. 다음 중 임진왜란 이후 조선 후기 문학의 경향으로 틀린 것은?

2005. 경북 9급

① 문학 담당층의 확대로 소설의 독자층이 넓어졌다.
② 유배가사와 기행가사가 대거 등장하였다.
③ 현실적 삶의 이치보다 초월적 관념이 긍정적으로 인정되었다.
④ 전통극이 일반 대중들에게 연희물로서 크게 인기를 얻어 각광을 받았다.

---

1 특징

① 문학의 향유 계층은 평민, 부녀자 중심이다.
② 관념적인 운문 문학에서 사실적인 산문 문학으로 발전했다.
③ 작품의 제재 및 주제의 변화와 함께 작자의 범위가 확대되었다.
④ 임진왜란 이후 평민 의식의 성장에 따라 평민 문학이 발전하였다.
⑤ 실학사상의 영향으로 구체적이고 사실적인 평민 문학으로 진행되었다.

2 시조

박인로, 윤선도 등의 출현으로 양반 시조도 계속 발전하였지만, 숙·영조 때 평민들의 대거 참여로 대중화되고 산문 정신의 영향으로 사설시조가 등장하였으며, 18세기 무렵에는 평민 가객이 출현하여, 가단을 형성하고 시조집을 편찬하였다.

(1) **가단**: 창법과 작시법을 연구하고 후진을 길러내던 단체

① **경정산 가단**: 김천택, 김수장 중심
② **노가재 가단**: 김수장(호: 노가재) 중심
③ **승평계**: 박효관, 안민영 중심.

➕ 플러스 | 사설시조

① 평민 의식과 산문 정신의 소산이다.
② 사용 어휘: 일상어, 비속어, 재담, 욕설 등
③ 일상 생활에서 소재를 취하여 사실적이며 대화체가 많다.
④ 표현기교: 과장, 나열, 직설적 상징과 비유 사용
⑤ 지배층에 대한 비판을 풍자와 해학의 방법으로 표현하여 골계미가 두드러진다.
⑥ 대체로 17세기에 이르러 등장하였으며, 18세기 영·정조 시대에 크게 성행하였다.
⑦ 내용: 서민층의 진솔한 생활 감정과 적나라한 자기폭로, 강렬한 애정·패륜·욕정 등

(2) 시조집

시가집	연대	편찬자	편수	내용·기타
청구영언	영조 4년	김천택	시조 998수 가사 17편	시조 998수를 곡조별로 분류하여 편찬하고, 권말에 가사 17편을 수록함. 시조집의 효시
해동가요	영조 39년	김수장	시조 883수	작가별로 분류하여 편찬

가곡 원류	고종 13년	박효관, 안민영	시조 839수	곡조의 종류에 따라 남창과 여창으로 나누었고, 뒤에 여창유취(女唱類聚)를 붙였음. 일명 '해동악장(海東樂章)'
고금 가곡	미상 (영조 40?)	송계연월옹 (松桂烟月翁)	시조 294수 가사 11편	주제에 따라 인륜·권계·송축·정조·연군 등 21항목으로 분류하여 편찬함.
병와 가곡집	정조	이형상	시조1109수	일명 '악학습령' 가장 많은 시조가 실려 있다.

➕ 플러스 남훈태평가

순국문 시조집, 종장의 끝구가 생략됨(운율감 고려)

(3) 작품

작품집	작가	연대	내용
조홍시가	박인로	선조	4수. 작가가 이덕형을 찾아갔을 때, 조홍감을 대접 받고 '회귤의 고사'를 생각하여 지음.
우후요	윤선도	광해군	1수. 유배 때의 작품
산중신곡	윤선도	인조	18수. 오우가(五友歌) 6수 등이 실려 있음.
어부사시사	윤선도	효종	40수. 춘사(春詞), 하사(夏詞), 추사(秋詞), 동사(動詞). 각 10수씩으로 되어 있음. 전남 해남의 부용동에서 은거할 때 지은 한정가. 순 우리말로 된 후렴구가 뛰어남.
영매가	안민영	고종	8수. 작가의 스승인 박효관이 가꾼 매화를 보고 지은 것이라 함. 일명 '매화사'라고도 함.

(4) 주요 작품

1) 우국의 정

가노라 三角山(삼각산)아, 다시보쟈 漢江水(한강수)] 야.
　　　　　　북한산 여기서는 '조국의 산하'를 의미함

故國山川(고국산천)을 써나고쟈 ᄒ랴마ᄂ,
　　　　하도, 몹시 ㄱ　　　　떠나고 싶지 않지마는

時節(시절)이 하 殊常(수상)ᄒ니 올동말동ᄒ여라.
때, 여기서는　　예사롭지 않으니　돌아오기 어렵다는 의미
'시국의 뜻'

가노라 삼각산아! 다시보자 한강수야! / 고국의 산천을 떠나고자 하랴마는 /
시절이 하도 험하니 올동말동하여라.

핵심정리

1. **작가**: 김상헌
2. **갈래**: 평시조, 단시조
3. **성격**: 우국적
4. **제재**: 고국을 떠나가는 비장감
5. **주제**: 우국지사의 비분강개
6. **표현**: 영탄법

예제 따라잡기

53. 다음 중 조선 후기 문학의 특징으로 틀린 것은?

① 운문 중심에서 벗어나 산문 중심의 문학으로 발전하였다.
② 판소리가 성립되어 국민 문학으로 자리를 잡았다.
③ 작가의 범위가 확대되어 작품의 제재 및 주제에 변화가 있었다.
④ 국문 소설 '홍길동전'이 출현하였다.
⑤ 사회의 변동에 따라 사대부의 권위가 강화되고 유교 문학이 발전하였다.

기출 따라잡기

54. 시조 '가노라 삼각산아'를 이해한 내용으로 가장 옳지 않은 것은?
　　　　　　　　　　2018. 서울시 9급

① '三角山'의 다른 명칭은 '인왕산'이다.
② '漢江水'는 여전히 사용하는 명칭이다.
③ '古國'의 당시 국호는 '조선'이다.
④ '殊常ᄒ니'는 병자호란 직후의 상황을 뜻한다.

鐵嶺(철령) 노픈 峰(봉)에 쉬여 넘는 저 구룸아.
<small>강원도 화양군과 함경남도 사이에 있는 큰 고개   감정 이입의 대상</small>

孤臣冤淚(고신 원루)를 비 삼아 띄워다가
<small>외로운 신하의 억울한 눈물. 지은이 자신의 눈물</small>

님 계신 九重深處(구중 심처)에 뿌려본들 엇더리.
<small>임금   대궐의 깊은 곳, 대궐문이 아홉 겹으로 되어 있어 대궐을 구중이라 함.
(광해군)   여기서는 임금이 계신 곳을 말함.</small>

철령 높은 고개를 쉬어 넘는 저 구름아 / 외로운 신하의 억울한 눈물을 비 삼아 띄웠다가 /
임계신 궁궐에 뿌려 보면 어떠냐?

핵심정리

1. **작가**: 이항복   2. **갈래**: 평시조, 단시조
3. **성격**: 감상적   4. **제재**: 고신원루
5. **주제**: 억울함의 호소   6. **표현**: 감정 이입

➕ 플러스 김천택(金天澤)

조선 후기의 시조작가이며 가객이다. 《해동가요》에 시조 57수를 남겼고 1728년에는 시가집 《청구영언》을 편찬하여 국문학사상 귀중한 자료가 되고 있다. 같은 평민 출신 김수장(金壽長)과 함께 '경정산가단(敬亭山歌壇)'에 동인(同人)을 결집, 시조에 신풍을 불어넣었다. 그때까지 시조계의 주류를 이루었던 학자·문인의 시조가 한정(閑情)을 즉흥적으로 노래한 도학적·관념적인 틀에서 벗어나지 못하고 있었는데, 그들의 시조는 제재를 일상생활 속에서 찾았고, 그 묘사가 사실적이었으며 해학이 풍부하였다. 후진양성과 시조의 정리·발전에 많은 공헌을 하였다.

2) 자연친화

江山(강산) 죠흔 景(경)을 힘센 이 닷톨 양이면,
<small>   좋은 경치   힘센   다툴 것이면
                         사람이</small>

닉 힘과 닉 分(분)으로 어이ᄒ여 엇을쏜이.
<small>   얻겠느냐.</small>

眞實(진실)로 禁(금)ᄒ리 업쓸씌 나도 두고 논이노라.
<small>   금할 사람이   없으므로, 없기에   노니노라. 즐긴다.</small>

자연의 아름다운 경치를 힘이 센 사람들이 서로 자기 것으로 만들고자 다툰다면 /
나같이 힘도 없고 가난한 분수로 어지 차지할 수 있겠는가? /
자연은 이를 사랑하고 즐기는 것을 막는 사람이 없으므로 나 같은 사람도 즐기며 노닐 수 있다.

핵심정리

1. **작가**: 김천택   2. **갈래**: 평시조, 서정시
3. **성격**: 한정가(閑情歌)   4. **제재**: 자연의 아름다움
5. **주제**: 자연애, 은자(隱者)의 삶

어리고 셩근 梅花(매화) 너를 밋지 안얏더니
<small>연약하고 성긴,   믿지,   아니하였더니
        듬성듬성한   7종성법</small>

눈 期約(기약) 能(능)히 직켜 두세 송이 퓌엿구나.
<small>눈 속에 꽃을 피우리라는 약속</small>

燭(촉) 잡고 갓가이 사랑할 졔 暗香浮動(암향부동)하더라.
<small>   사랑할 때, 15세기에는 '사랑'이 '생각'의 의미이지만 후기에는 어의가 전성되었음.</small>

연약하고 엉성한 가지이기에 어찌 꽃을 피울까 하고 믿지 아니하였더니 / 눈 올 때 피겠다고하던 약속을 능히 지켜 두세 송이가 피었구나. / 촛불 잡고 너를 가까이 완상(玩賞)할 때 그윽한 향기조차 떠도는구나.

오우가

제1수

내 버디 볏치나 ᄒ니 水石(수석)과 松竹(송죽)이라.
　　내 벗이

東山(동산)의 ᄃ 오르니 긔 더욱 반갑고야.
　　　　　　　　　　그것이　　반갑구나

두어라 이 다ᄉᆺ 밧긔 또 더ᄒ야 머엇ᄒ리.
　　　　　　다섯외에

제2수

구룸 빗치 조타 ᄒ나 검기를 ᄌ로 ᄒ다.
　　　　　깨끗하다　　　　　자주

ᄇ람 소릭 ᄆ다 ᄒ나 그칠 적이 하노매라.
　　　　　　　　　　끊어질 때가　많구나

조코도 그츨 뉘 업기ᄂ 믈분인가 ᄒ노라.
　　　　끊어질 때가 없는 것은

제3수

고즌 므스 일로 퓌며셔 쉬이 디고

풀은 어이ᄒ야 프르ᄂ 듯 누르ᄂ니.

아마도 변티 아닐 순 바회뿐인가 ᄒ노라.
　　　　　　　　　　바위

제4수

더우면 곳 퓌고 치우면 닙 디거눌
　　　　　꽃 피고

솔아 너ᄂ 얻디 눈서리롤 모르ᄂ다.
　　　　어찌　　　　　모르느냐.

🖙 깊은 땅속, 또는 사람이 죽어서 간다는 곳
九泉(구천)의 불휘 고ᄃ 줄을 글로 ᄒ야 아노라.
　　　불휘: 고ᄂ:　　　그것으로 하여
　　　뿌리　곧은

기출 따라잡기

55. 작품의 내용으로 볼 때 '오우가' 의 제1수의 역할로 가장 적절한 것은?
2022. 국가직 9급

① 앞으로 등장할 대상들을 소개하는 성격을 지니고 있다.
② 수미상관의 표현 기법을 통해 형태적 안정감을 주고 있다.
③ 점층적인 시상 전개로 주제를 요약적으로 제시하고 있다.
④ 문답법과 설의법을 활용하여 시적 대상을 모호화하고 있다.

제5수

나모도 아닌 거시 플도 아닌 거시

<u>곳기</u>는 뉘 시기며 속은 어이 <u>뷔연</u>는다.
곧기는   누가 시켰으며   어찌 비었느냐.

<u>뎌러코</u> 四時(사시)에 프르니 그를 <u>됴하</u>노라.
저러하고 사계절, 사철   좋아하노라.

제6수

<u>쟈근</u> 거시 <u>노피</u> 떠서 萬物(만물)을 다 비취니
                  높이(부사). 명사는 노픠(높 + 의)

밤듕의 光明(광명)이 너만호니 또 잇느냐.
                  너만한 것이

보고도 말 아니 호니 내 벋인가 호노라.

나의 벗이 몇이나 헤아려 보니, 물과 돌과 소나무과 대나무로다! / 동산에 달이 떠오르니 그것은 더욱 반가운 일이로구나! / 그만두자. 이 다섯밖에 또 더하여 무엇하리오.

구름 빛이 깨끗하다지만 검기를 자주 한다. / 바람 소리가 맑기는 하지만 끊어질 때가 많도다. / 깨끗하고도 끊어질 때가 없는 것은 오직 물뿐인가 하노라.

꽃은 무슨 일로 피자마자 곧 져 버리고, / 풀은 어찌하여 푸른 듯 하다가 곧 누른빛을 띠는가? / 아무리 생각해 보아도 변하지 않는 것은 바위뿐인가 하노라.

더우면 꽃 피우고 추우면 잎 지거늘 / 솔아 너는 어찌 눈서리를 모르느냐? / 깊은 땅 속에 뿌리 곧은 줄을 그것으로 하여 안다.

나무도 아닌 것이 풀도 아닌 것이 / 곧기는 누가 시켰으며 속은 어찌 비었는가? / 저렇게 사계절에 푸르니 그를 좋아한다.

작은 것이 높이 떠서 만물(萬物)을 다 비추니 / 밤중의 광명(光明)이 너만한 것이 또 있느냐. / 보고도 말 아니 하니 내 벗인가 하노라.

핵심정리

1. 작가: 윤선도
2. 갈래: 평시조, 연시조
3. 제재: 水, 石, 松, 竹, 月
4. 주재: 오우(水, 石, 松, 竹, 月)를 예찬

기출 따라잡기

56. 밑줄 친 '白蓮花'가 가리키는 대상을 노래한 것은? 2020. 지방직 7급

珠簾을 고텨 것고 玉階를 다시 쓸며
啓明星 돗도록 곳초 안자 브라보니
<u>白蓮花</u> 호 가지를 뉘라셔 보내신고
 – 정철 〈관동별곡(關東別曲)〉에서 –

① 구롬 빗치 조타 호나 검기를 주로 혼다 / 브람 소리 묽다 호나 그칠 적이 하노매라 / 조코도 그츨 뉘 업기는 믈뿐인가 호노라
② 고즌 므스 일로 퓌며셔 쉬이 디고 / 플은 어이호야 프르는 둧 누르느니 / 아마도 변티 아닐순 바회뿐인가 호노라
③ 나모도 아닌 거시 플도 아닌 거시 / 곳기는 뉘 시기며 속은 어이 뷔연는다 / 뎌러코 四時예 프르니 그를 됴하호노라
④ 쟈근 거시 노픠 떠서 萬物을 다 비취니 / 밤듕의 光明이 너만호니 또 잇느냐 / 보고도 말 아니 호니 내 벋인가 호노라

어부사시사

춘사(春詞) 4

<u>우는</u> 거시 벅구기가 <u>프른</u> 거시 버들숩가
청각적 심상   시각적 심상

이어라 이어라   ▶ '노를 저어라'라는 의미의 여음구

漁村(어촌) 두어 집이 <u>닛</u> 속의 <u>나락들락</u>.
                  안개 속에 들락날락(나타났다 사라졌다)

至菊悤(지국총) 至菊悤(지국총) 於思臥(어사와)   ▶ 찌거덩 찌거덩 어야차

말가흔 기픈 소희 온간 고기 뛰노는다.
> 연못에, 못에, 늪에.

하사(夏詞) 2

년닙히 밥 싸 두고 반찬으란 쟝만 마라
> 안분지족(安分知足)하는 모습

닫 드러라 닫 드러라

靑蒻笠(청약립)은 써 잇노라, 綠蓑衣(녹사의) 가져오냐.
> 푸른 대껍질로 만든갓. 짚이나 띠 따위로 엮어 어깨에 걸쳐 두르는 재래식 우장의 하나.
> 햇빛을 막기위해 머리에 씀. 푸른색 도롱이

至匊悤(지국총) 至匊悤(지국총) 於思臥(어사와)

무심흔 白鷗(백구)는 내 좃는가 제 좃는가.
> 물아일체(物我一體)의 경지, 白鷗(빅구): 갈매기

추사(秋詞) 1

物外(물외)예 조흔 일이 漁夫生涯(어부 생애) 아니러냐.
> 세속을 떠난 곳 깨끗한

빈 떠라 빈 떠라

漁翁(어옹)을 욷디 마라, 그림마다 그렷더라.
> 늙은 어부

至匊悤(지국총) 至匊悤(지국총) 於思臥(어사와)

四時興(사시흥)이 흔가지나 추강(秋江)이 은듬이라.
> 사계절에 느끼는 흥취 가을 강물

동사(冬詞) 4

간 밤의 눈 갠 後(후)의 景物(경물)이 달란고야.
> 계절에 따라 달라지는 풍경

이어라 이어라

압희는 萬頃琉璃(만경유리) 뒤희는 千疊玉山(천첩옥산),
> 비유 – 넓은 겨울바다 비유 – 눈 덮인 산

至匊悤(지국총) 至匊悤(지국총) 於思臥(어사와)

仙界(선계)ㄴ가 佛界(불계)ㄴ가 人間(인간)이 아니로다.
> 신선이 사는 세계 부처의 세계 인간 세상

우는 것이 뻐꾸기인가, 푸른 것이 버드나무 숲인가. / 노 저어라 노 저어라 / 어촌의 두어 집이 안개 속에 들락날락 하는구나. / 지국총 지국총 어기여차 / 맑고 깊은 못에 온갖 고기 뛰논다.

연잎에 밥을 싸고 반찬은 준비하지 마라 / 닻 올려라, 닻 올려라. / 삿갓은 이미 쓰고 있노라, 도롱이를 가져 오느냐. / 지국총 지국총 어기여차 / 무심한 갈매기는 내가 저를 좇는가, 제가 나를 좇아오는가.

세속을 떠난 곳에서 좋은 일이 어부의 생활이 아니더냐. / 배띄워라, 배띄워라. 고기 잡는 늙은이를 비웃지 마라. 그림마다 그렸더라. / 지국총 지국총 어기여차 / 사계절의 흥취가 다 좋지만 그 중에도 가을 강이 제일이라.

기출 | 따라잡기

57. 윤선도의 시조 〈어부사시사〉에 대한 설명으로 옳지 않은 것은?
2019. 서울시 9급

① 임금에 대한 그리움을 함축적으로 표현하고 있다.
② 청각적 이미지를 활용하고 있다.
③ 대구법을 사용하고 있다.
④ 후렴구를 제외하면 전형적인 3장 6구의 시조 형식을 갖추고 있다.

지난 밤 눈이 갠 후에 경치가 달라졌구나. / 노 저어라. 노 저어라. /
앞에는 넓고 맑은 바다. 뒤에는 겹겹이 둘러 있는 흰 산. / 지국총 지국총 어기여차 /
신선의 세계인지 부처의 세계인지 속세는 아니로다.

1. **작가**: 윤선도
2. **갈래**: 연시조, 평시조(강호가, 한정가, 어부가)
3. **성격**: 탈속적 , 전원적, 서정적
4. **제재**: 어부의 생활
5. **주제**: 자연 속에서 한가롭게 살아가는 여유와 즐거움
6. **표현**
　① 춘하추동 각10수씩 계절에 맞춰 시상을 전개하고 있다. (총 40수)
　② 초장과 중장, 중장과 종장 사이에 후렴구가 들어 있다.
　③ 대구법, 반복법, 의성법이 쓰였다.

3) 교훈

盤中(반중) 早紅(조홍)감이 고아도 보이ᄂ다.
쟁반 속　　　일찍 익은 감

柚子(유자) ㅣ 안이라도 품엄 즉도 ᄒ다마ᄂ

품어 가 반기리 업슬식 글노 셜워ᄒᄂ이다.
품어 가서 반길 사람, 즉 부모님이 돌아가셨기 때문에

소반에 놓인 붉은 감이 곱게도 보이는구나! / 비록 유자가 아니라도 품어 갈 마음이 있지마는 /
품어 가도 반가워해 주실 부모님이 안계시기 때문에 그를 서러워합니다.

1. **작가**: 박인로		2. **갈래**: 평시조, 단시조	
3. **성격**: 사친가(思親歌)		4. **제재**: 조홍감	
5. **주제**: 효심[風樹之嘆]		6. **표현**: 인용법	

4) 해학 · 풍자와 연정

귓도리 져 귓도리 에엿부다 져 귓도리
　　　　　　　　　　가엾다. 불쌍하다. 가련하다.

어인 귓도리 지ᄂ 들 새ᄂ 밤의 긴 소ᄅ 쟈른 소ᄅ 節節(절절)이 슬픈 소ᄅ 제 혼자
우러 녜어 紗窓(사창) 여윈 ᄌᆞᆷ을 슬ᄃ리도 ᄭᆡ오ᄂ고야.
　　　　　　　비단을 붙인 창　살풋 든 잠　잘도
　　　　　　　여인이 거처하는 방

두어라 제 비록 微物(미물)이나 無人洞房(무인동방)에 내 뜻 알리ᄂ 져 ᄲᅵᆫ인가 ᄒ노라.
　　　　　　　자질구레한 것.　　　임이 없는 외로운 여인의 방
　　　　　　　즉, 귀뚜라미

귀뚜라미, 저 귀뚜라미, 불쌍하다 저 귀뚜라미 / 어찌된 귀뚜라미가, 지는 달, 새는 밤에 긴 소리 짧은 소리, 마디마디 슬픈 소리로 저 혼자 계속 울어, 비단 창문 안에 옅은 잠을 잘도 깨우는구나. / 두어라, 제가 비록 미물이지만 공방하는 나의 뜻을 아는 이는 저 귀뚜라미뿐인가 하노라.

1. **작가**: 미상　　　　　　　　　　　2. **갈래**: 사설시조
3. **성격**: 연모가　　　　　　　　　　4. **제재**: 귀뚜라미
5. **주제**: 가을 밤 임 그리는 외로운 여심　6. **표현**: 의인법, 감정 이입, 반복법

나모도　바히돌도 업슨 뫼헤 매게 쏘친 가토릐 안과,
　　　　　　　　　　　매에게 쫓긴 까투리의 속마음과

大川(대천) 바다 한가온대 一千石(일천 석) 시른 빅에 노도 일코 닷도 일코 농총도
　　　　　　　　　　　　　　　　　　　　　　　　　　　　　돛줄

근코 돗대도 것고 치도 싸지고 브람 부러 물결 치고 안개 뒤섯겨 즈자진 날에 갈 길은
　　　　　　　키　　　　　　　　　　　　　　뒤섞여

千里萬里(천리만리) 나믄 듸 四面(사면)이 거머 어득 져뭇 天地寂寞(천지적막) 가치노을
　　　　　　　　　　　　　　　　　　　　　저물어　　　　　　　사나운 파도

썻눈듸 水賊(수적) 만난 都沙工(도사공)의 안과,
　　　　　　　　　　뱃사공의 우두머리

엊그제 님 여흰 내 안히야 엇다가 ᄀ을ᄒ리오.
　　　　　대 속 마음이야　　　비교하리오.

나무도 바윗돌도 없는 산에서 매에게 쫓긴 까투리의 마음 속과 / 넓은 바다의 한가운데에 일천 석 실은 배에 노도 잃고 닻줄도 잃고 용총줄도 끊어지고 돛대도 걷히고, 키도 빠지고 바람 불어 물결치고 안개 뒤섞여 자욱한 날에 갈 길은 천 리 만 리나 남았으며, 사면이 검게 어두워 저물어 가고 천지가 고요하고 쓸쓸하며 사나운 파도가 떠 있는데 수적을 만난 도사공의 마음 속과 / 엊그제 임을 이별한 내 마음 속이야 어디에다가 비할 수가 있으리오.

1. **작가**: 미상　　　　　　　　　　　2. **갈래**: 사설시조
3. **성격**: 이별가　　　　　　　　　　4. **제재**: 이별
5. **주제**: 임을 잃은 처절한 심정　　　6. **표현**: 비교법

뒥들에 <u>동난지이</u> 사오, 져 <u>쟝스야</u>, 네 <u>황후</u> 그 무서시라 <u>웨는다</u>, 사쟈.
　　　　 계젓　　　　　　　　　　　　　 팔기 위해 내놓은　　　외치느냐
　　　　　　　　　　　　　　　　　　　 잡다한 물건. 황화

<u>外骨內肉(외골내육)</u> <u>兩目(양목)</u>이 <u>上天(상천)</u>, <u>前行(전행)</u>, <u>後行(후행)</u>, <u>小(소)아리</u> <u>八足</u>
'게'의 모습을 가리키는 말　　　　　　　　　　　　　　　　　　　　 작은 다리('아리'는
　　　　　　　　　　　　　　　　　　　　　　　　　　　　　　　　　　 '다리'의 옛말)

(팔족) <u>大(대)아리 二足(이족)</u>, <u>淸醬(청장)</u> <u>으스슥</u> 흐는 동난지이 사오.
　　　　　　　　　　　　　 진하지 않은　 게를 씹을 때 나는 소리(의성어)
　　　　　　　　　　　　　 간장

쟝스야, 하 <u>거복</u>이 웨지 말고 게젓이라 흐렴은.
　　　　　 나무

────────────

여러 사람들이여, 동난젓 사시오. 저 장수야, 네 물건 그 무엇이라고 외치는가, 사자.

밖은 단단하고 안은 물렁하며, 두 눈은 하늘로 솟아 올랐으며 앞뒤로 기는 작은 발이 여덟, 큰 발은 두 개, 푸른 장이 아스슥하는 동난젓 사오.

장수야, 하 거북하게 말하지 말고 게젓이라 하려므나.

1. **작가**: 미상
2. **갈래**: 사설시조
3. **성격**: 해학적, 풍자적
4. **제재**: 동난지이(게젓)
5. **주제**: 현학적인 태도에 대한 풍자
6. **표현**: 대화체, 돈호법

58. 아래의 시조를 먼저 창작된 순서 대로 나열한 것은? 2015. 기상직 7급

(가) 두터비 푸리를 물고 두험 우희 치두라 안자
　　 것넌 산(山) 부라보니 백송골(白松骨)이 써잇거놀 가슴이 금즉
　　 ㅎ여 풀덕 쮜여 내둧다가 두험 아래 쟛바지거고
　　 모쳐라 놀낸 낼싀만졍 에헐질 번ㅎ괘라

(나) 간밤에 우던 여흘 슬피 우러 지내여다
　　 이제야 생각하니 님이 우러 보내도다
　　 저 물이 거스리 흐르고져 나도 우러 녜니라

(다) 오백년 도읍지를 필마(匹馬)로 도라드니
　　 산천(山川)은 의구(依舊)하되 인걸(人傑)은 간 듸 업다
　　 어즈버 태평연월(太平烟月)이 꿈이런가 하노라

① (가) – (다) – (나)
② (나) – (다) – (가)
③ (나) – (가) – (다)
④ (다) – (나) – (가)

┌ 서민과 권력자의 중간층 – 서민을 수탈하고 권력자 앞에서는 약한 관리 상징(혹은 양반)
<u>두터비</u> <u>푸리</u>롤 물고 <u>두험</u> 우희 치두라 안자,
　　　　 푸리: 약한　　　　 퇴비, 거름. '백성을 착취해서 축재한 재물'을 상징
　　　　 서민(백성)

건넌 <u>山(산)</u> 부라보니 <u>白松骨(백송골)</u>이 써잇거놀, 가슴이 <u>금즉ㅎ여</u> 풀덕 쮜여 내둧
　　 막강한 권력을 가지고 있는　　　　　　　　　　　 섬뜩하여
　　 상층 지배층 상징(혹은 외세)

다가 두험 아래 쟛바지거고.

모쳐라, 놀낸 낼싀만졍 <u>에헐질</u> 번ㅎ괘라.
　　　　　　　　　　　　 어혈질. 다쳐 멍들

────────────

두꺼비 파리를 물고 두엄 위에 뛰어올라 앉아

건너편 산을 바라보니 흰 송골매가 떠 있으므로 가슴이 섬뜩해서 풀쩍 뛰어 내딛다가 두엄 아래로 자빠졌구나.

아차, 날랜 나이기 망정이지 어혈이 질 뻔하였도다.

1. **작가**: 미상
2. **갈래**: 사설시조
3. **성격**: 우의적(寓意的), 풍자적, 희화적
4. **제재**: 양반들의 위선
5. **주제**: 약육강식의 세태 풍자(탐관 오리의 횡포 풍자, 양반의 허세 풍자)

바룸도 쉬어 넘는 고기 구름이라도 쉬여 넘는 고기

┌ 수지니. 손으로 길들인 매, 또는 새매, '水'는 '手'의 오기

山眞(산진)이 水眞(수진)이 海東靑(해동청) 보르미라도 다 쉬여 넘느 高峰(고봉)

산지니, 산에서 자라 　　　　송골매　　　　새끼를 잡아 길들여　　　　높은 봉우리
여러해 묵은 매, 또는 새매　　　　　　　　　　사냥에 쓰는 매

長城嶺(장성령) 고개

고개이름

　그 너머 님이 왓다 ㅎ면 나는 아니 흔 番(번)도 쉬여 넘으리라.

────────

바람도 쉬어 넘는 고개. 구름이라도 쉬어 넘는 고개

산지니, 수지니, 송골매, 보라매라도 다 쉬어 넘는 높은 산봉우리 장성령 고개

그 너머에 임이 왔다 하면 나는 한 번도 쉬지않고 넘으리라.

핵심정리 |

1. **작가**: 미상 　　　　　　　　　2. **갈래**: 사설시조

3. **성격**: 감상적, 의지적 　　　　　4. **제재**: 기다림

5. **주제**: 임을 간절히 기다리는 마음

6. **감상**: 임을 몹시 기다리는 애타는 심정을 읊은 작품이다.

　창(窓) 내고쟈 창(窓) 내고쟈 이 내 가슴에 창(窓) 내고쟈.　▶ 은유, 반복법

　　┌ 가는 살의 장지　┌ 좌우로 열어젖히는 장지　┌ 문짝에 박는 톨쩌귀

고모장지 세살장지 들장지 열장지 암돌져귀 수돌져귀 빈목걸새 크나큰 쟝도리로 똥

고무래 장지　　　　들어 올려　　　　문설주에 박는　　　　문고리에　　　　쟝도리 : 못을 박거나
　　　　　　　　　　메달게 된 장지　구멍난 톨쩌귀　　　꿰는 쇠　　　　　뽑을 때 쓰는 도구

닥 바가 이 내 가슴에 창(窓) 내고쟈.

잇다감 하 답답홀 제면 여다져 볼가 ㅎ노라.

이따금　　너무

　　　　　　＊ 장지: 방에 칸을 막아 끼운 미닫이. 미닫이와 비슷하나 문두가 높고 문지방이 낮게 된 문

────────

창문을 내고 싶다. 창문을 내고 싶다. 이 내 가슴에 창문을 내고 싶다.

고모장지, 세 살장지, 들창문, 여닫이창문, 암수돌쩌귀 문고리를 다는 못을 커다란 망치로 뚝딱 박아
서 이 내 가슴에 창문을 내고 싶다.

가끔씩 가슴이 몹시 답답할 때면 열고 닫아 볼까 하노라.

핵심정리 |

1. **작가**: 미상 　　　　　　　　　2. **갈래**: 사설시조

3. **성격**: 해학적 　　　　　　　　4. **제재**: 창

5. **주제**: 마음 속에 쌓인 비애와 고통　6. **표현**: 열거법, 반복법, 과장법, 점층법

59. 다음 작품에 대한 이해가 올바르지 않은 것은?

무상(無狀)한 이 몸애 무슨 지취(志趣) 이스리마는 두세 이렁 밧논을 다 무겨 더뎌 두고 이시면 죽(粥)이오 업시면 굴물망정 남의 집 남의 거슨 전혀 부러 말롓노라 뇌 빈천(貧賤) 슬히 너겨 손을 헤다 물너가며 남의 부귀(富貴) 불리 너겨 손을 치다 나아오랴 인간(人間) 어뇌 일이 명(命) 밧긔 삼겨시리 빈이무원(貧而無怨)을 어렵다 ᄒᆞ건마ᄂᆞᆫ 뇌 생애 이러호ᄃᆡ 설온 뜻은 업노왜라 단사표음(簞食瓢飮)을 이도 족(足)히 너기로라 평생 ᄒᆞᆫ 뜻이 온포(溫飽)애ᄂᆞᆫ 업노왜라 태평천하(太平天下)애 충효(忠孝)를 일을 삼아 화형제(和兄弟) 신붕우(信朋友) 외다 ᄒᆞ리 뉘 이시리 그 밧긔 남은 일이야 삼긴ᄃᆡ로 살렷노라

— 박인로, 〈누항사陋巷詞〉 —

① 안분지족(安分知足)적 삶의 자세가 드러나 있다.

② 양반의 지배적 이념을 추구하는 모습이 엿보인다.

③ 서로 대비되는 시어를 통해 주제를 부각하고 있다.

④ 주객이 전도된 표현을 통해 화자의 태도를 드러내고 있다.

---

3 가사

(1) 조선 후기 가사의 특징

① 주제와 표현 양식이 다변화되었다.

② 양반 중심의 정격 가사에서 평민 중심의 변격 가사로 발전하였다.

③ 서사적 · 교술적으로 내용이 바뀌었고, 작가층도 평민에까지 확대되었다.

④ 평민의식의 성장과 실학 사상의 영향으로 평민가사, 장편 기행 가사, 유배 가사, 내방 가사 등이 출현하면서 가사가 지닌 산문 정신을 발휘하였다.

(2) 가사의 변모 양상

시대	조선 전기		조선 후기	
성격	서정가사, 관념적		서사 가사, 체험의 구체성	
작가	양반 가사		평민 가사, 내방 가사(규방가사)	
형식	정격 가사	음수율 3 · 4조	변격 가사	음수율 4 · 4조
		결사 음수율 3 · 5 · 4 · 3 (시조의 종장 음수율과 유사)		결사 음수율 4 · 4 · 4 · 4
내용	연군, 강호한정, 안빈낙도		교훈, 유배, 신세 한탄, 풍자 등	

(3) 성격

① **기행 가사**: 일동장유가, 연행가 (조선 전기: 관서별곡, 관동별곡)

② **유배 가사**: 북천가, 만언사, 북관곡 (조선 전기: 만분가)

③ **전쟁 가사**: 태평사, 선상탄

④ **내방 가사**: 계녀가, 봉선화가 (조선 전기: 규원가)

(4) 주요 작품

작품	연대	작가	내용
고공가	임란 직후	허전	당시 국정의 부패와 무능을 개탄하고, 만조백관을 머슴에 비유하여 부지런하고 검소하기를 권장하는 내용.(나랏 일을 농사에 빗대어 표현)
고공답주인가	임란 직후	이원익	허전(許墺)의 '고공가'에 화답하는 형식이다. 작가가 영의정의 처지에서 당파싸움을 일삼는 신하를 꾸짖고 임금에게 간(諫)하려는 목적으로 지었음.
태평사	선조 31	박인로	전쟁 가사. 왜구의 토벌과 태평을 갈구함.
선상탄	선조 38	박인로	전쟁가사. 임진왜란 뒤 전쟁의 비애와 평화를 추구
사제곡	광해군 3	박인로	사제의 승경과 이덕형의 풍모를 읊음.
누항사	광해군 3	박인로	안빈낙도(安貧樂道)를 노래함.
독락당	광해군 11	박인로	독락당을 찾아 이언적을 추모하고 서원의 경치를 읊음.
영남가	인조 13	박인로	이근원의 선정을 백성들이 숭앙함을 표현함.
노계가	인조 14	박인로	지은이가 말년에 숨어 살던 '노계'의 경치를 읊음.

일동장유가	영조 39	김인겸	일본 통신사로 갔다 견문한 바를 적은 장편 기행 가사
만언사	정조	안조환	추자도에 귀양 가서 노래한 장편 유배 가사
농가월령가	헌종	정학유	계절에 따른 농가의 월중 행사와 세시풍속을 월령체 형식으로 교훈적으로 노래함. 조선 시대 농촌의 생활사 및 풍속 연구에 귀중한 자료가 되며, 광해군 때 고상안이 지었다는 설도 있음.
북천가	철종4	김진형	명천에 귀양 생활을 하면서 견문을 쓴 유배 가사
연행가	고종3	홍순학	청나라 북경에서의 견문을 적은 장편 기행 가사

➕ 플러스 그 밖의 가사 작품

작품	연대	작가	내용
조천가	선조	이수광	가사를 알 수 없고, '상촌집'에 기록만 전함.
매호별곡	광해군	조우인	경북 상주 매호에서 자연을 벗삼아 생활하는 정경을 노래
북관곡	숙종	송주석	조부 송시열이 함경도 덕원에 유배되었을 때 따라갔다가 와서 지은 유배가사
봉선화가	헌종	정일당	손톱에 봉선화 물을 들이는 풍습 따위를 여인의 감정과 연관하여 읊은 것으로, 모두 100구로 되어 있음.
한양가	헌종	한산거사	한양의 문물 제도를 읊음.

4 고대 소설

(1) 전개 양상

① 임란 · 병란을 전후하여 평민의 자각, 산문 정신, 현실주의의 사고 등의 영향으로 소설이 발전하였다.

② 광해군 때 최초의 국문 소설인 '홍길동전'이 나오기 시작하면서 한글 소설이 쓰였다.

③ 숙종 때 김만중의 '구운몽'과 '사씨남정기'가 나오면서 소설의 수준이 한층 격상되었다.

④ 영 · 정조 시대에 연암 박지원의 풍자 단편과 많은 평민 소설이 나타나 고대 소설의 전성기를 이루었다.

(2) 형식

고대 소설은 주인공이 태어나서부터 죽을 때까지 사건을 차례대로 서술하는 일대기 소설(一代記小說)의 형식이 대부분이다.

(3) 배경

고대 소설의 지역적 배경은 중국과 한국으로 나눌 수 있는데, 그 외의 장소는 흔하지 않다. 보수적 경향을 지닌 소설이 주로 중국을 무대로 한 데 비하여, 평민 소설과 비판적 지식인의 소설은 한국을 무대로 하고 있다.

기출 따라잡기

60. 다음 빈칸에 들어갈 시구로 가장 적절한 것은? 2016. 기상직 9급

> 사월이라 맹하되니 (   )
> 비온 끝에 볕이 나니 일기도 청화하다
> 떡갈잎 퍼질 때에 뻐꾹새 자로 울고
> 보리 이삭 패어나니 꾀꼬리 소리 난다
>   – 정학유, 〈농가월령가〉 –

① 입춘 우수 절기로다
② 경칩 춘분 절기로다
③ 청명 곡우 절기로다
④ 입하 소만 절기로다

PART 03 문학 편-2

(4) 인물

고대 소설에 등장하는 인물은 영웅적 인물과 일상적 인물의 두 가지로 갈라진다. 김덕령, 유충렬, 양소유처럼 탁월한 능력을 가진 것으로 설정된 인물은 영웅적이라 할 수 있고, 놀부, 이춘풍처럼 범속한 인물은 일상적이라 할 수 있다.

➕ 플러스 고대 소설의 일반적 특징

(1) 주제: 권선징악, 인과응보
(2) 구성: 평면적(추보적, 순행적, 순차적)구성, 일대기적 구성, 행복한 결말
(3) 문체: 문어체, 설화체, 담화체, 구송체, 서술체(운문체도 있음)
(4) 인물: 평면적, 전형적, 비범한 인물 재자가인(才子佳人)
(5) 사건: 비현실적, 우연적
(6) 배경: 양반 소설은 중국, 평민 소설은 우리나라를 배경으로 한 것이 많음.
(7) 소재: 설화에서 많이 취함.
(8) 사상적 배경: 무속화된 유·불·선

(5) 주제

고대 소설에는 기존 질서를 존중하고 봉건적인 도덕률과 세계관을 긍정하는 것도 있고, 이와는 달리 기존 질서와 도덕률 및 세계관을 비판하고 부정하는 것도 있다.

① '금오신화'와 '홍길동전'이 나타난 15·16세기의 소설은 봉건 사회에 대한 회의와 비판을 내용으로 한다.

② '구운몽', '창선감의록', '숙향전', '유충렬전' 등이 나타난 17세기의 소설은 전 시기의 소설보다 형식과 문체는 발전하였으나, 주제면에서는 오히려 관념적·운명론적인 성격이 나타났다.

③ 연암(燕巖)의 소설, 판소리계 소설 및 '천수석(泉水石)' 등의 작품이 나타난 18·19세기의 소설은 장르적 성격이 뚜렷해졌고, 봉건 사회의 해체 과정을 적극적으로 반영하는 경향이 두드러졌다.

(6) 갈래

① **군담소설(軍談小說)**: 주인공의 군사적 활약상을 주요 내용으로 하는 소설

　㉠ 창작 군담 소설: 중국을 무대로 가공적 영웅을 허구화한 소설

　　예 '유충렬전', '조웅전', '장국진전', '소대성전', '장백전'

　㉡ 역사 군담 소설: 실존했던 인물이나 실재 사건을 바탕으로 허구화한 소설

　　예 • 임진왜란을 배경으로 한 작품: '임진록', '곽재우전'

　　　　• 병자호란을 배경으로 한 작품: '임경업전', '박씨전'

② **풍자 소설**: 시대, 사회, 인물의 결함이나 과오 등을 풍자

　예 '배비장전', '이춘풍전'

③ **판소리계 소설**: 판소리가 소설로 정착된 작품

　예 '흥부전', '신청전', '별주부전(토끼전)', '춘향전', '변강쇠전(가루지기전)', '장끼전', '배비장전', '옹고집전', '숙영낭자전', '화용도'

④ **가정 소설**: 봉건적인 가정 내의 등을 다룬 소설

　예 '사씨남정기', '장화홍련전', '장풍운전'

⑤ **몽자류 소설**

　예 '구운몽', '옥루몽', '옥련몽' 등

⑥ **사회 소설**: 사회 제도의 모순을 비판한 소설

　예 '홍길동전', '전우치전', '허생전', '양반전'

⑦ **설화 소설**: 구비 전승되어 온 설화를 소재로 한 소설

　예 '흥부전', '장끼전', '왕랑반혼전'

⑧ **염정 소설**: 남녀 간의 애정 문제를 다룬 소설

　예 '운영전', '숙향전', '숙영낭자전', '옥단춘전'

61. 〈보기〉의 작품에 대한 설명으로 가장 옳지 않은 것은? 2024. 서울시 9급

> **보기**
>
> 마침 공(公, 홍판서를 가리킴)이 또한 월색(月色)을 구경하다가 길동의 배회함을 보고 즉시 불러 문왈(問日)
>
> "네 무슨 흥이 있어 야심(夜深)토록 잠을 자지 아니하난다?"
>
> 길동이 공경(恭敬) 대왈(對日)
>
> "소인이 마침 월색을 사랑함이어니와 대개 하늘이 만물을 내시매 오직 사람이 귀하오나 소인에게 이르러는 귀하옴이 없사오니 어찌 사람이라 하오리잇가 …… 소인이 평생 설운 바는 대감 정기(精氣)로 당당하온 남자 되었사오매 부생모육지은(父生母育之恩)이 갚삽거늘 그 부친을 부친이라 못하옵고 그 형을 형이라 못하오니 어찌 사람이라 하오리잇가."
>
> – 〈홍길동전〉 –

① 신화나 전설에서 발견되는 영웅의 일대기와 상통하는 구조를 지니고 있다.
② 주인공은 천상인(天上人)의 하강으로 태어나 하늘의 도움을 받는다.
③ 적서 차별, 농민 저항과 같은 당대 사회의 문제를 다루고 있다.
④ 이후 〈임쩍정〉이나 〈장길산〉과 같은 의적소설로 계승된다.

(7) 작품 일람

① 한글 소설

㉠ 설화 소설

작품	연대	작가	내용
심청전	미상	미상	주인공 심청의 효성이 아버지 심학규의 눈을 뜨게 하였다는 내용
장끼전	미상	미상	우화 소설. 당시 사회의 가부장적 권위와 과부의 재가 금지를 풍자한 작품
흥부전	미상	미상	판소리계 소설. 형제간의 우애와 선악의 문제를 다루었음.
옹고집전	미상	미상	판소리계 소설. 부자이면서 인색하고 불효자인 옹고집이 잘못을 뉘우치고 착한 사람이 된다는 이야기.
왕랑반혼전	미상	미상	왕사궤라는 인물을 통해 불교에의 귀의와 윤회 사상을 강조한 작품

㉡ 사회 소설

작품	연대	작가	내용
홍길동전	광해군	허균	최초의 한글 소설. 당시 사회 제도의 결함, 특히 적서차별(嫡庶差別)을 타파하고 부패한 정치를 개혁하려는 의도로 지은 사회 소설
전우치전	미상	미상	담양(潭陽)에 실존하였던 전우치를 주인공으로 하고 있으며, '홍길동전'의 아류작임.

➕ 플러스 장끼전

조선 후기의 작품으로, 장끼·까투리 등 조류(鳥類)를 의인화한 우화적 작품이다. 여자의 말이라고 까투리의 말을 무시하다가 죽은 장끼와, 장끼가 죽은 뒤 장례가 끝나자 곧바로 개가한 까투리를 통하여 서민적 입장에서 남존여비와 개가금지라는 당시의 완고한 유교 도덕을 비판풍자한, 조선 후기 서민의식이 반영된 작품이다. 그리고 양반사회의 위선을 폭로하고, 여권의 신장을 도모하여, 인간의 본능적 정욕을 중시하는 시대의식이 표출된 교훈적·풍자적 주제를 지닌 작품이다.

➕ 플러스

채수의 '설공찬전'을 최초의 한글 소설로 주장하는 견해도 있으나 학계의 인정은 받지 못하고 있다.

© 군담 소설

작품	연대	작가	내용
임진록	임란 후	미상	역사 소설. 임진왜란을 배경으로 하면서도 실재의 사실과는 다소 다르게 영웅적 과장을 덧붙여 허구화한 것
곽재우전	임란 후	미상	곽재우가 임진왜란 때에 기묘한 전술로 왜군을 무찌른 무용담
임경업전	미상	미상	역사 군담 소설. 임진왜란과 병자호란을 겪은 뒤의 척왜사상이 드러나 있음.
박씨전	미상	미상	여성 영웅 소설. 병자호란의 치욕을 소설을 통하여 씻고자 하는 작가 의식이 잘 드러난 역사 소설
유충렬전	미상	미상	위기에까지 처한 천자를 구하고 나라를 바로 잡아 부귀영화를 누린다는 내용
조웅전	미상	미상	위기에 처한 태자를 구출하고 수십만 대군으로 송나라를 구해 낸다는 내용
장국진전	미상	미상	중국 명나라를 배경으로 하여 장국진의 결혼담과 그 부인의 무용담을 그린 것
장백전	미상	미상	원나라 말기를 배경으로 장백과 딸 장소저의 기구한 운명을 다루고 있음.
소대성전	미상	미상	위기에 처한 천자를 구해 주고는 노나라의 왕이 된 뒤 행복하게 살았다는 내용

② 염정 소설

작품	연대	작가	내용
춘향전	영조~정조	미상	판소리계 소설. 춘향의 정절을 찬양하면서, 천민의 신분 상승 욕구도 나타내었음.
옥단춘전	영조~정조	미상	'춘향전'의 아류작임. 평양기생 옥단춘의 순정과 절의를 그린 작품
숙향전	영조~정조	미상	숙향이 고생하다가 초왕(楚王)이 되는 이선과 결혼하여 정렬 부인이 된다는 이야기
숙영낭자전	영조~정조	미상	판소리계 소설. 도선(道仙) 사상에 입각한 설화적 형식을 취한 애정 소설
운영전	선조	유영?	일명 '수성궁 몽유록'이라 하며 고대 소설 중 유일한 비극 소설임.
구운몽	숙종	김만중	장편 소설. 불교적 인생관을 주제로 하고 있음. 몽자류 소설의 효시
옥루몽	숙종	남익훈	몽자류 소설. '구운몽'의 아류작임.
채봉감별곡	미상	미상	장회 소설. '추풍감별곡'이라고 함.

➕ 플러스 판소리계 소설

(1) 판소리계 소설
판소리로 불렸거나 판소리와 밀접하게 관련을 맺고 있는 소설로 '배비장전', '옹고집전', '장끼전', '춘향전', '심청전', '흥부전', '별주부전', '화용도', '숙영낭자전' 등이 있다. 이 중 '배비장전', '옹고집전', '장끼전', '숙영낭자전' 등은 판소리 사설은 전하지 않고 소설본으로만 남아 있다.

(2) 판소리계 소설의 특징
① 전지적 시점에서 서술된다.
② 묘사보다는 주로 대화에 의해 내용이 전개된다.
③ 많은 이본이 존재하며, 표면적 주제와 이면적 주제의 양면성이 두드러진다.
④ 문체에 있어서 운문과 산문이 혼합되어 있으나, 운문적인 요소가 더 강하여 낭독하기 좋다.
⑤ 세련된 한문투의 언어와 평민층의 발랄한 속어 및 재담 등이 섞여 있는 문체의 이중성을 보인다.

ⓜ 가정 소설

작품	연대	작가	내용
사씨남정기	숙종	김만중	인형 왕후를 폐하고 장희빈을 왕비로 맞아들인 숙종의 마음을 바로 잡아 보려고 지은 것
장화홍련전	미상	미상	세종 대에 부사 정동우가 억울하게 죽은 장화와 홍련의 원한을 풀어 주었다는 내용
콩쥐팥쥐전	미상	미상	착하고 예쁜 콩쥐가 계모와 이복 동생 팥쥐에게 심한 구박을 받으나 감사(監司)와 혼인 한다는 내용으로, 권선징악을 주제로 하고 있음.

기출 | 따라잡기

62. 다음 글을 이해한 내용으로 가장 적절한 것은?   2024. 국가직 9급

> 부사는 장화와 홍련이 꿈에 나타나 자신들의 원통한 사정에 대해 고한 말을 듣고 배 좌수를 관아로 불러들였다. 부사가 물었다. "딸들이 무슨 병으로 죽었소?" 배 좌수는 머뭇거리며 답하지 못했다. 그러자 후처가 엿보고 있다가 남편이 사실을 누설할까 싶어 곧장 들어와 답했다. "제 친정은 이곳의 양반 가문입니다. 장녀 장화는 음행을 저질러 낙태한 뒤 부끄러움을 못 이기고 밤을 틈타 스스로 물에 빠져 죽었습니다. 차녀 홍련은 언니의 일이 부끄러워 스스로 목숨을 끊었습니다. 이렇게 낙태한 증거물을 바치니 부디 살펴봐 주시기 바랍니다." 부사는 그것을 보고 미심쩍어하며 모두 물러가게 했다.
> 이날 밤 운무가 뜰에 가득한데 장화와 홍련이 다시 나타났다. "계모가 바친 것은 실제로 제가 낙태해서 나온 것이 아니라 계모가 죽은 쥐의 가죽을 벗겨 제 이불 안에 몰래 넣어 둔 것입니다. 다시 그것을 가져다 배를 갈라 보시면 분명 허실을 알게 되실 겁니다." 이에 부사가 그 말대로 했더니 과연 쥐가 분명했다.
>
> ─ 〈장화홍련전〉에서 ─

① 부사는 배 좌수의 후처가 제시한 증거를 보고 장화와 홍련의 말이 거짓이라고 확신했다.
② 배 좌수의 후처는 음행을 저지른 홍련이 스스로 물에 빠져 죽었다고 부사에게 거짓말을 하였다.
③ 장화는 배 좌수의 후처가 제시한 증거가 거짓임을 확인할 수 있는 계책을 부사에게 알려 주었다.
④ 배 좌수는 장화와 홍련이 스스로 목숨을 끊은 이유를 물어보는 부사에게 머뭇거리며 대답하지 못했다.

ⓗ 풍자 소설

작품	연대	작가	내용
배비장전	순조~철종?	미상	판소리계 소설. '배비장'을 소설화한 것
이춘풍전	영조~정조	미상	양반들의 위선적인 생활과 정치의 부패상을 폭로, 풍자한 작품

63. 박지원의 한문 소설로, 유학대가의 위선과 정절부인의 가식을 폭로한 작품은?
2001. 서울시

① 호질
② 양반전
③ 허생전
④ 민옹전

64. 다음 밑줄 친 내용과 한자 성어가 바르게 연결되지 못한 것은?
2007. 서울시

"이건 너희들이 알 바 아니다. 대체로 남에게 무엇을 빌리러 오는 사람은 ⑦으레 자기 뜻을 대단히 선전하고, 신용을 자랑하면서도 비굴한 빛이 얼굴에 나타나고 ⑥말을 중언부언하게 마련이다. 그런데 저 객은 형색은 허술하지만, 말이 간단하고, 눈을 오만하게 뜨며, ⑥얼굴에 부끄러운 기색이 없는 것으로 보아, ②재물이 없어도 스스로 만족할 수 있는 사람이다. 그 사람이 해보겠다는 일이 작을 일이 아닐 것이매, ⑩나 또한 그를 시험해 보려는 것이다. 안 주면 모르되, 이왕 만냥을 주는 바에 성명은 물어 무엇하겠느냐?"

– 박지원, 〈허생전〉 –

① ⑦: 虛張聲勢
② ⑥: 巧言令色
③ ⑥: 自信滿滿
④ ②: 安分知足
⑤ ⑩: 守株待兔

② 한문 소설

분류	작품	연대	작가	비고
가정 소설	창선감의록	순조	조성기	효와 우애를 강조한 도덕 소설. 한글본도 전함.
풍자 소설	호질	정조	박지원	도학자와 수절 과부, 무당, 의사 비판. 《열하일기》에 수록
	허생전	정조	박지원	상행위(商行爲)를 통한 이용 후생의 실학 사상 반영. 《열하일기》에 수록
	양반전	정조	박지원	양반 사회의 허례허식 및 그 부패성의 폭로. 《방경각외전》에 수록
	광문자전	정조	박지원	기만과 교만에 찬 양반 생활의 풍자. 《방경각외전》에 수록
	예덕선생전	정조	박지원	직업 차별의 타파와 천인(賤人)의 성실성 예찬. 《방경각외전》에 수록
	마장전	정조	박지원	교제술에 관하여 논한 것. 《방경각외전》에 수록
	민옹전	정조	박지원	세태에 대한 민옹의 풍자. 《방경각외전》에 수록
	우상전	정조	박지원	뛰어난 통역관이 비천한 처우로 일생을 마침. 《방경각외전》에 수록
	김신선전	정조	박지원	김홍기의 신출귀몰하는 행색을 그리고, 신선이 곡식을 안 먹음은 불우한 선비가 굶주려 산에서 노는 일이라고 풍자함. 《방경각외전》에 수록
	열녀함양박씨전	영조	박지원	열녀 풍습을 비판. 《연상각선본》에 수록

5 고대 수필

분류	작품	연대	작자	비고
궁정수상 (宮廷隨想)	계축일기 (서궁록)	광해군 5 (1613)	궁녀	광해군이 영창대군을 죽이고 대비를 폐하여 서궁에 감금했던 사실을 기록
	한중록	정조 20~ 순조 4	혜경궁 홍씨	사도 세자의 비극과 궁중의 음모, 당쟁 자신의 기구한 생애를 회갑 때 회고하여 적은 자서전적 회고록
	인현왕후전	숙종~ 정조	궁녀	인현왕후의 폐비 사건과 숙종과 장희빈과의 관계를 그림.
일기	산성일기	인조	궁녀	병자호란 때 남한산성에서의 치욕을 서술한 일기체
	화성일기	정조	이의평	정조의 능행(陵幸)시 화성(수원)에 수행하여 왕대비의 회갑연에 참가했던 것을 엮은 글
	의유당일기	영조	의령 남씨	원제는 '의유당관북유람일기'로 '동명일기'가 이 안에 수록되어 있음.
전기	윤씨행장	숙종	김만중	어머니 윤씨의 생전의 행장
기행	무오연행록	정조 22	서유문	서장관으로 중국에 갔다가 그 견문·감상을 자세히 기록한 완전한 산문체 작품
제문	조침문	순조	유씨	바늘을 의인화
기타	요로원야화기	숙종	박두세	대화체의 수필집
	어우야담	광해군	유몽인	해학과 기지가 넘침.
	규중칠우 쟁론기	미상	미상	규중 부인들의 손에서 떨어지지 않는 바늘(세요각시), 자(척부인), 가위(교두각시), 실(청홍흑백각시), 다리미(울낭자), 골무(감토할미), 인두(인화부인)들의 쟁론을 그린 글

＋ 플러스 의유당관북유람일기(意幽堂關北遊覽日記)에 수록된 작품

작품	연대	내용
낙민루(樂民樓)	기행문	함흥의 낙민루에 올라 그 경치와 간단한 묘사를 보여 줌.
북산루(北山樓)	기행문	북산루에 올라 본 조망과 누각에 대한 모습을 생생하게 표현하고 있음. 한편, 무검루에 올라 돌아올 때까지의 정경도 나타내었음.
동명일기(東溟日記)	기행문	대부분 귀경대에서 일출(日出)과 월출(月出)을 구경한 이야기인데, 그 묘사와 상황의 표현이 사실적(寫實的)으로 되어 있음.
춘일소흥(春日笑興)	전기문	여러 층의 인물 열 사람에 대해 적은 간단한 전기로 주로 일화를 중심으로 엮어 흥미 있게 나타내었음.
영명사 득월루 상량문 (永明寺得月樓上樑文)	번역문	평양 영명사 득월루 상량문을 번역한 글

65. 다음 중 작가가 다른 작품은?
2006. 서울시 9급

① 윤씨행장
② 구운몽
③ 서포만필
④ 사씨남정기
⑤ 계축일기

1. **작품**: 박지원, 〈일야구도하기〉
2. **연대**: 조선 영조 때
3. **갈래**: 중수필. 기행문
4. **성격**: 비유적. 교훈적. 사색적. 분석적. 설득적
5. **표현**: 치밀한 관찰력으로 사물의 본질을 꿰뚫어 본 사색적이고 관조적인 글이다. 체험의 적절한 예시 및 반론으로 자기의 주장을 뒷받침하였다. 추상적, 개념적인 서술을 피하고, 구체적인 체험을 바탕으로 자연스럽게 결론을 이끌어 낸. 설득력이 있는 글이다.
6. **짜임**
   ① 기 – 물 소리와 듣는 이의 마음가짐
   ② 승 – 흉중의 뜻에 따라 달리 들리는 물 소리
   ③ 전 – 강을 건너는 자세와 내가 깨달은 진리
   ④ 결 – 인생의 태도와 세인들에 대한 경계
7. **제재**: 물
8. **주제**: 외물(外物)에 현혹되지 않는 삶의 자세. 이목(耳目)에 구애됨이 없는 초연한 마음
9. **출전**: 《열하일기(熱河日記)》 중 〈산장잡기(山莊雜記)〉

67. 이 글은 바느질 도구를 의인화하여 쓴 〈규중칠우쟁론기〉이다. 이 글에서 설명하는 대상은 무엇인가?

2006. 충북 9급

> 교두(交頭)각시 양각(兩脚)을 빨리 놀려 내다라 이르되, "척(尺)부인은 너무 공치사 하지 마소. 내 입이 한 번 가야 모양과 격식이 나나니. 내 공이 진실로 으뜸되리로다."

① 바늘
② 실
③ 자
④ 가위

---

66. 글쓴이가 밑줄 친 부분에서 깨달은 바로 적절한 것은?

2014. 사회복지직 9급

> 물을 건널 때 사람들은 모두 머리를 들어 하늘을 본다. 나는 사람들이 머리를 들고 하늘에 묵도(黙禱)한다고 생각하였다. 오랜 뒤에 알게 되었다. 물을 건너는 사람이 물이 돌아 콸콸 흐르는 것을 보면, 몸은 물을 거슬러 올라 가는 것 같고 눈은 강물을 따라 내려가는 것 같아서 갑자기 현기(眩氣)가 일면서 물에 빠지게 된다. 머리를 드는 것은 하늘에 비는 것이 아니라 물을 피하여 보지 않으려 한 것일 뿐이었다. 또한 어느 겨를에 잠깐 동안의 목숨을 위해 조용히 기도할 수 있으랴?
>
> 그 위험이 이와 같은데도 물소리는 듣지 못하고 모두들 "요동의 들이 평평하고 넓어서 물이 성내어 울지 않는다."라고 말한다. 이는 물을 알지 못한 것이다. 요하(遼河)가 일찍이 울지 않은 것이 아니라 단지 밤에 건너지 않았기 때문일 뿐이다. 낮에는 눈으로 물을 볼 수 있기 때문에 눈이 오로지 위험한 데에만 집중하여 벌벌 떨면서 눈이 있는 것을 오히려 걱정하니 다시 어찌 들리는 소리가 있겠는가?
>
> 지금 나는 밤중에 물을 건너는지라 눈으로 위험한 것을 볼 수 없으니, 위험이 오로지 듣는 데에만 있다. 바야흐로 귀가 무서워하여 걱정을 이기지 못한다. 나는 이제야 도(道)를 알았도다. 마음을 잠잠하게 하면 귀와 눈이 누(累)가 되지 않고, 귀와 눈만을 믿으면 보고 듣는 것이 더욱 밝아져서 더욱 병이 된다.
>
> — 박지원, 〈일야구도하기〉 중에서 —

① 다른 사람의 말을 귀담아 들어야 한다.
② 모든 일을 보고 듣는 대로 처리해야 한다.
③ 외물(外物)에 현혹되지 말고 본질에 주목해야 한다.
④ 대상(對象)을 관찰할 때에는 다양한 방법을 사용해야 한다.

➕ 플러스 '규중칠우쟁론기'와 '조침문'

(1) '규중칠우쟁론기'
   ① **갈래**: 고대 수필, 한글 수필
   ② **성격**: 우화적
   ③ **표현**: 의인법, 풍유법
   ④ **주제**: 직분에 따른 성실한 삶 추구
   ⑤ **의의**: '조침문'과 함께 의인화 된 내간체로 고대 수필의 쌍벽을 이룸.
   ⑥ **작품 본문**

> 이른바 규중칠우(閨中七友)는 부인내 방 가온데 일곱 벗이니 글하는 선배는 필묵(筆墨)과 조희 벼루로 문방사우(文房四友)를 삼았나니 규중 녀잰들 홀로 어찌 벗이 없으리오.
> 이러므로 침선(沈船) 돕는 유를 각각 명호를 정하여 벗을 삼을 새, 바늘로 세요 각시(細腰閣氏)라 하고, 척을 척부인(戚夫人)이라 하고, 가위로 교두 각시(交頭閣氏)라 하고 인도로 인화부인(引火夫人)이라 하고, 달우리로 울랑자(娘子)라 하고, 실로 청홍흑백각시(靑紅黑白閣氏)라 하며, 골모로 감토 할미라 하여, 칠우를 삼아 규중 부인 내 아츰 소세를 마칠매 칠위 일제히 모혀 종시하기를 한가로 의논하여 각각 소임을 일워 내느지라.
> 일일(一日)은 칠위 모혀 침선의 공을 의논하더니 척 부인이 긴 허리를 자히며 이르되,
> "제우(諸友)는 들으라. 나는 세명지 굵은 명지 백저포(白紵布) 세승포(細升布)와, 청홍녹라(靑紅綠羅) 자라(紫羅) 홍단(緞紅)을 다 내여 펼처 놓고 남녀의(男女衣)를 마련할 새, 장단광협(長短廣狹)이며 수품제도(手品制度)를 곧 아니면 어찌 일으리오. 이러므로 의지공(衣之功)이 내 으뜸되리라."
> 교두 각시 양각(兩脚)을 발리 놀려 내다라 이르되,
> "척 부인아, 그대 아모리 마련을 잘 한들 버혀 내지 아니하면 모양 제되 되겠느냐. 내 공과 내 덕이니 네 공만 자랑마라." (후략)

(2) '조침문' 본문

> 유세차(維歲次: 제문이나 축문에 쓰는 말) 모년(某年) 모월(某月) 모일(某日)에 미망인(未亡人)
> 모씨(某氏)는 두어 자 글로서 침자(針子. 바늘)에게 고(告)하노니, 인간 부녀의 손 가운데 종요로
> 운(중요한) 것이 바늘이로대. 세상 사람이 귀히 아니 여기는 것은 도처에 흔한 바이로다. 이 바
> 늘은 한낱 작은 물건이나 이렇듯이 슬퍼함은 나의 정회(情懷: 감정과 회포)가 남과 다름이라. 오
> 호통재(嗚呼痛哉)라, 아깝고 불쌍하다. 너를 얻어 손 가운데 지닌 지 우금(이제까지) 이십칠 년이
> 라. 어이 인정이 그렇지 아니하리요. 슬프다. 눈물을 잠깐 거두고 심신(心神)을 겨우 진정하여 너
> 의 행장(行狀)과 나의 회포를 총총히(바삐) 적어 영결(永訣)하노라. (후략)

6 판소리

18세기에 전문적 소리꾼인 광대에 의해 불리어진 음악, 문학, 연극이 결합된 종합
예술 양식으로, 사설은 설화로부터 발전하여 서사성을 지녔고, 노래 부르기에 알맞
은 음조로 구성되어 있다.

(1) 특징

① **구비 문학**: 구전 되어 온 적층 문학, 유동 문학이다.

② **전문성**: 전문적인 광대에 의해 행해진다.

③ 평민 문학이지만 후대에는 중인층, 양반도 향유하였다.(향유 계층의 다변화)

④ 주제의 양면성을 띤다. 즉, 양반도 향유하는 과정에서 봉건 윤리가 강조되어
표면적 주제는 유교 이념이다. 그러나 내면에는 현실 및 양반 풍자의 내용도
스며 있다.

⑤ **언어 사용의 계층적 양면성**: 언어 사용에 있어서 평민들의 일상어나 비속어가
쓰이나, 한자어나 한시 등도 쓰여 양반성도 드러난다.

춘향가	양반의 말투	• 이 도령이 지은 한시 • '혼금', '단좌' 등의 한자어 • 한자어의 관직명
	민중의 말투	• 등채로 휘닥딱, 애고 중다, 애고, 박 터졌네 • 갓 잃고 소반 쓰고, 칼집 쥐고 오줌 누기 • 본관이 똥을 싸고 멍석 구멍 생쥐 눈 뜨듯 하고

⑥ **장면의 극대화**: 각 대목 자체의 흥미나 감동에 기초하여 판소리 창자에 따라
어느 사설 부분을 확대하기도 한다.

⑦ 풍자와 해학을 통한 골계미가 두드러진다.

⑧ **종합예술**: 문학적 요소(아니리), 음악적 요소(창), 연극적 요소(발림)가 결합
된 종합 예술이다.

⑨ 창과 아니리를 통해 긴장과 이완을 반복시키는 독특한 서사 구조이다.

기출 따라잡기

68. 다음 중 판소리계 소설이 아닌 것은? 2005. 인천시 9급

① 심청전
② 흥부전
③ 춘향전
④ 토끼전
⑤ 허생전

69. 다음은 설화와 판소리 그리고 고 전소설과 신소설로 이어지는 계보이다. 잘못된 것은? 2005. 경북 9급

① 도미설화 – 춘향가 – 춘향전 –
혈의누
② 방이설화 – 박타령 – 흥부전 –
연의각
③ 구토지설 – 수궁가 – 별주부전
– 토의간
④ 효녀지은설화 – 심청가 – 심청
전 – 강상련

70. 다음 중 판소리의 특징이 아닌 것은? 2005. 충북 9급

① 흥미나 감동에 치중하는 경향으
로 부분의 독자성(獨自性)을 지
닌다.
② 주제의 양면성(兩面性)을 가지고
있어 국민문학(國民文學)으로 성
장할 수 있었다.
③ 전문성(專門性)을 지닌 소리꾼인
사계축의 노래였다.
④ 음악적 요소, 문학적 요소, 연극
적 요소를 갖춘 종합예술의 성격
이었다.

71. 다음 중 판소리의 구성요소에 대한 설명이 잘못 연결된 것은?

2006. 경기도 9급

① 아니리 – 판소리에서 하는 노래

② 발림 – 판소리에서 창자가 하는 몸짓

③ 추임새 – 고수가 내는 얼씨구 소리

④ 광대 – 노래를 부르는 사람

72. 다음 중 판소리와 서양음악에 대한 설명으로 틀린 것은?

2005. 경기도 9급

① 판소리에서 소리의 빠르기를 조정하는 사람을 '고수(鼓手)'라고 하며, 서양음악의 지휘자와 같은 역할을 한다.

② 판소리에서 '더늠'은 서양음악의 '못갖춘마디'와 같다.

③ 판소리는 서양음악과 달리 짜여진 각본이 없다.

④ 판소리는 관객의 개입이 가능하지만, 서양음악은 그렇지 못하다.

(2) 구성 요소

> 창, 아니리(사설), 발림 + 추임새
> (행위주체: 광대)　너름새　(주체: 고수, 관객)

① 소리판의 구성

　㉠ 광대(소리꾼): 노래를 부르는 사람

　㉡ 고수(鼓手): 북을 치며 장단을 맞추는 사람

　㉢ 청중: 관객

② 판소리의 구성 요소

　㉠ 창: 판소리에서 노래로 부르는 부분을 가리킨다.

　㉡ 아니리: 시간의 흐름이나 장면의 전환 등 주로 이야기를 진행시키는 구실을 한다.

　㉢ 발림: 소리의 극적인 전개를 돕기 위하여 몸짓이나 손짓을 하는 동작

　㉣ 추임새: 소리 도중에 고수가 발하는 '얼씨구', '좋다!', '으이!', '그렇지!' 등의 감탄사를 말한다.

③ 기본 장단

　㉠ 진양조: 가장 느린 곡조로 애연조(哀然調)의 서글픈 느낌을 주는 계면조(界面調)이다.

　㉡ 중모리: 어떤 사연을 담담히 서술하는 대목이나 서정적인 대목에 흔히 쓰이는 장단으로 안정감이 있다.

　㉢ 중중모리: 춤추는 대목, 활보하는 대목 등에 쓰이어 흥을 돋우며 우아한 느낌을 준다.

　㉣ 자진모리: 어떤 일이 차례로 벌어지거나 여러 가지 사건을 늘어 놓는 대목, 그리고 격동하는 대목에서 흔히 쓰이며, 섬세하면서도 명랑하고 상쾌한 느낌을 준다.

　㉤ 엇모리: 평조음(平調音)으로 평화스럽고 경쾌한 느낌을 준다.

　㉥ 휘모리: 가장 빠른 곡조로 어떤 일이 매우 빠르게 벌어지는 대목, 사건이 절정에 이를 때나 흥분 또는 긴박감을 줄 때 나타난다.

④ 기타 판소리 용어

　㉠ 더늠: 명창이 자신의 독특한 방식으로 다듬어 부르는 어떤 마당의 한 대목이다.

　㉡ 허두가(虛頭歌): 판소리의 '단가'를 달리 이르는 말로 판소리를 부르기 전에 목을 풀기 위하여 부르는 짧은 노래를 뜻한다.

　㉢ 일고수이광대(一鼓手二廣大): 한 사람의 뛰어난 고수는 두 사람의 광대(명창) 몫을 한다는 말로, 고수의 중요성을 뜻한다.

(3) 전개 양상

① **형성**: 숙종 말~영조 초, 최선달과 하한담에 의해 판소리 12마당이 불려졌다.

> 예 춘향가, 심청가, 흥부가, 수궁가, 변강쇠타령, 적벽가(화용도타령), 배비장타령, 무숙이타령(혹은 왈짜타령), 숙영낭자타령(혹은 신선타령), 옹고집타령, 강릉매화타령, 장끼타령

② **전성기**: 고종 때 신재효가 12마당을 6마당으로 개작하였다.

> 예 춘향가, 심청가, 흥부가(박타령), 수궁가(토별가), 적벽가, 변강쇠타령(가루지기타령)

③ **쇠퇴기**: 6마당 중 '변강쇠타령'을 제외하여 현재는 판소리 5가만 남아 있다.

(4) 판소리계 소설

흥부전, 심청전, 별주부전(토끼전), 춘향전, 변강쇠전(가루지기전), 장끼전, 배비장전, 옹고집전, 숙영낭자전, 화용도

판소리계 소설의 형성과 발달

근원설화	판소리	판소리계 소설	신소설(이해조가 개작)
① 구토 설화 ⇨	수궁가(토별가) ⇨	별주부전 ⇨	토의 간
② 방이 설화 ⇨	흥부가(박타령) ⇨	흥부전 ⇨	연의 각
③ 연권녀 설화 ⇨ (효녀 지은 설화)	심청가 ⇨	심청전 ⇨	강상련
④ 열녀 설화 신원 설화 ⇨ 암행어사 설화 염정 설화	춘향가 ⇨	춘향전 ⇨	옥중화

---

7 전통극

(1) 전통극의 특징

① **민중성**: 양반이 향유하지 않은 전통극은 평민의 의식을 잘 드러낸다.

② **해학과 풍자**: 야유와 골계, 인물을 희화화하는 방법으로 현실을 간접적으로 비판하였다.

③ **비판성**: 봉건 사회 제도의 모순을 비판하고 있다.

④ **건강성**: 바람직한 근대 사회를 지향하는 건강한 의식이 담겨 있다.

⑤ **축제성**: 서민들의 애환을 대변해 주는 축제적 성격을 가진다.

(2) 가면극

① 특성

㉠ 가면극은 특별한 무대 장치가 필요 없기 때문에 시간과 공간을 자유롭게 선택, 변화시킬 수 있다.

㉡ 관중이나 악사는 극에 개입함으로써 극적 환상이 차단된다.

㉢ 관중은 객관적 비판자의 입장에 서게 된다.

기출 따라잡기

73. 다음의 판소리 작품 가운데, 먼저 소설로 쓰였다가 나중에 판소리로 불린 작품은? 2004. 서울시 9급

① 변강쇠가
② 박타령
③ 춘향가
④ 적벽가
⑤ 토별가

+ 플러스 적벽가

'적벽가'는 중국 소설 '삼국지연의' 가운데 적벽대전에서 조조가 화용도까지 달아나는 장면을 중심으로 한 판소리로 '화용도'라고도 한다. 이는 소설의 내용을 판소리화한 것이므로 다른 판소리와는 형성과정이 다르다.

    ⓔ 대사는 말과 노래가 섞여 있고, 극적 요소(춤, 행동)가 풍부하다.

    ⓜ 언어는 관용적인 한문구나 직설적인 비속어가 사용되는 등 양반성과 평민성이 함께 드러난다.

  ② 종류

    ㉠ 농촌 탈춤: 강릉 관노 가면극, 북청 사자놀이, 하회별신굿 탈놀이

    ㉡ 도시 탈춤

      ㉮ 산대놀이: 서울 및 서울 근처의 가면극 ⇨ 양주 별산대, 송파 산대 놀이

      ㉯ 해서 탈춤: 황해도 일대의 가면극 ⇨ 봉산 탈춤, 강령 탈춤, 은율 탈춤

      ㉰ 오광대(五廣大): 경남 지방 ⇨ 고성, 진주, 통영의 오광대

      ㉱ 들놀음[야유(野遊)]: 부산 근처에 분포된 가면극 ⇨ 수영, 동래 야유

  ③ 내용

    양반 계층에 대한 풍자, 승려의 파계에 대한 조소, 처첩 간의 갈등, 서민들의 빈궁상 등 평민들의 저항 의식을 담아 골계미가 넘친다.

(3) **인형극**: 남사당패에 의해 공연된 전통극으로 '꼭두각시 놀음, 박첨지 놀음, 홍동지 놀음, 덜미' 라고 한다. 내용상 조선 후기 기존의 도덕이나 권위를 공격하고 비판하였다.

(4) **그림자극**: 인형에 빛을 쏘여 생긴 그림자를 막에 비추어서 공연하는 연극으로 현전하지 않는다.

(5) **무극(巫劇)**: 무당굿놀이로서 대개 무의(巫儀)의 일부로서 행해진다. 동해안 별신굿의 '거리굿'과 '탈굿', 제주도의 무의 중 '세경 놀이', '영감 놀이' 등이 있다. 무극의 주요 특성은 제의성과 연극성의 결합에서 찾아볼 수 있다.

기출 | 따라잡기

74. 남사당놀이에 대한 설명이 잘못된 것은?
      2019. 군무원 9급

① 버나: 사발이나 대접 따위를 돌리는 묘기
② 어름: 줄타기 재주
③ 덜미: 인형극인 '꼭두각시놀음'을 뜻하는 말
④ 살판: 마당에서 판소리를 부르는 놀이

➕ 플러스   남사당패(男寺黨牌)

(1) 우리나라에서 예로부터 전래하는 자연 발생적인 떠돌이 예인집단(藝人集團)

(2) 수렵, 유목, 농경의 과정을 거치는 동안 민중 취향의 떠돌이 놀이 집단이 생겨난 것으로 추정되며 1900년대 중반까지 명맥을 이어 옴.

(3) 주로 농어촌 지역이나 도성 부근의 성 밖에서 저녁 후에 연희함.

(4) 마당굿 형식으로 한 마당에서 여섯 가지 놀이를 연속하여 놂.
 ① 풍물: 꽹과리, 징, 북, 날라리 등의 악기를 동원한 24판 내외의 농악
 ② 버나: 대접과 체바퀴, 대야 등을 앵두나무 막대기로 돌리는 뫼, 버나잡이와 소리꾼(어릿광대)사이의 재담과 창이 있음.
 ③ 살판: 잡이의 장단에 맞추어 정해진 차례대로 땅재주를 넘는 것
 ④ 어름: 줄타기. 줄 위에서 잡이의 장담에 맞추어 가창(歌唱)
 ⑤ 덧뵈기: 탈놀음. 춤 보다는 재담과 동작이 우세하며, 양반과 상놈의 갈등을 상놈의 편에서 저항적으로 풍자함.
 ⑥ 덜미: 꼭두각시 놀음

구분	탈춤	서양 연극
무대와 관객	무대와 관객 사이에 거리감이 없다. 널찍한 공터만 공연장이 된다.	무대와 객석 사이에 거리를 두어 엄격히 구분한다.
배우와 관객	관객이 극이 진행되는 도중에 추임새나 대화로 참여할 수 있다. 따라서 관객은 말뚝이와 공모자가 되어 양반 및 현실을 비판할 수 있다.	관객은 철저히 구경꾼이어야 한다. 극이 진행되는 동안 관객은 정숙을 유지하여야 하며, 극이 끝난 뒤에 박수치는 것이 전부이다.
극중 장소와 공연 장소	극중 장소와 공연 장소가 일치 한다. 따라서 특별한 무대 장치가 필요 없고 이에 따라 연극이 갖는 공간적 제약을 극복한다.	극중 장소와 공연 장소가 일치하지 않는다. 따라서 특별한 무대 장치가 필요하고 공간적 제약이 있다.
극중 대사	그때그때 공연장 분위기에 따라 바뀔 수도 있다.	정해진 대사에 따라 엄격하게 진행된다.
극적 환상	극적 환상이 존재하지 않는다. 따라서 관객은 객관적 비판자의 입장에서 극적 현실을 보게 된다.	극적 환상이 존재한다. 따라서 관객은 극적 상황에 대한 감동을 더욱 받을 수 있다.
미의식	• 골계미가 뛰어나다. • 희극적 요소가 강하다.	• 숭고미, 비장미가 뛰어나다. • 비극적 요소가 강하다.
사건	사건과 사건의 인과 관계가 느슨하다.	철저하게 인과 관계에 의해 진행된다.
계층성	평민 문화를 바탕으로 한다.	귀족 문화를 바탕으로 한다.
문학적 형태	구비 문학을 바탕으로 한다.	기록 문학을 바탕으로 한다.
구성 방법	각 과장이 독립되어 있다(독립적 구성)	막과 장이 연속적으로 진행된다.

8 민요

한 개인의 창작이 아니라, 과거로부터 전통적인 운율감을 기초로 일반 민중들이 자신의 감정을 자연스럽게 표현한 민족의 노래이다.

(1) 특징

① 구비 문학　② 비전문성　③ 창자(唱者)와 청자(聽者)의 일치
④ 형식미　⑤ 서정성

(2) 갈래

① 기능상

　㉠ 기능요: 일정한 기능을 담당하는 노래
　　• 노동요: 농사 등의 노동에 쓰이는 흥을 돋우기 위한 노래
　　　예 모심기 노래, 베틀 노래
　　• 의식요: 행사나 의례에서 불리는 노래
　　• 유희요: 오락이나 아이들이 놀 때 부르는 노래
　㉡ 비기능요: 일정한 기능을 담당하지 않고 단지 즐기기 위한 민요
② 창자(唱者)에 따른 갈래: 남요(男謠), 부요(婦謠), 동요(童謠)

(3) 형식

① 가창 방식: 선후창(先後唱), 교환창(交換唱), 제창(齊唱)

② 율격

  ㉠ 4음보: 4음보의 민요가 가장 많으며 3음보보다 장중한 느낌을 준다.

  ㉡ 3음보: 4음보보다 좀 더 경쾌한 느낌을 준다.

  ㉢ 2음보: 급박한 느낌을 준다.

(4) 내용: 평민들의 삶의 애환, 노동, 남녀 간의 애정 등 평민들의 생활 감정이 잘 드러나 있다. **예** 시집살이 노래, 잠 노래

예제 | 따라잡기

75. 다음 중 밑줄 친 ㉠~㉣의 설명 중 잘못된 것은?

(가)
형님 온다 형님 온다   분고개로 형님 온다.
형님 마중 누가 갈까   형님 동생 내가 가지.
형님 형님 사촌 형님   시집살이 어떱뎁까?

(나)
이애 이애 그 말 마라   시집살이 개집살이.
앞밭에는 당추[唐椒] 심고   뒷밭에는 고추 심어,
고추 당추 맵다 해도   시집살이 더 맵더라.
둥글둥글 수박 식기(食器)   밥 담기도 어렵더라.
도리도리 도리 소반(小盤)   수저 놓기 더 어렵더라.
오리(五里) 물을 길어다가   십 리(十里) 방아 찧어다가,
아홉 솥에 불을 때고   열두 방에 자리 걷고,
외나무다리 어렵대야   시아버니같이 어려우랴?
나뭇잎이 푸르대야   시어머니보다 더 푸르랴?
시아버니 ㉠호랑새요   시어머니 ㉡꾸중새요,
동세 하나 ㉢할림새요   시누 하나 뾰족새요,
시아지비 뾰중새요   남편 하나 미련새요,
자식 하난 우는 새요   나 하나만 ㉣썩는 샐세.
귀먹어서 삼 년이요   눈 어두워 삼 년이요,
말 못해서 삼 년이요   석 삼 년을 살고 나니,
배꽃 같던 요내 얼굴   호박꽃이 다 되었네.
삼단 같던 요내 머리   비사리춤이 다 되었네.
백옥 같던 요내 손길   오리발이 다 되었네.
열새 무명 반물 치마   눈물 씻기 다 젖었네.
두 폭붙이 행주치마   콧물 받기 다 젖었네.

(다)
울었던가 말았던가   베개머리 소(沼)이 졌네.
그것도 소이라고   거위 한 쌍 오리 한 쌍
쌍쌍이 때들어오네.

                                    － 시집살이 노래 －

① ㉠ 호랑새 – 호랑이처럼 무서운 사람
② ㉡ 꾸중새 – 매사에 야단만 치는 사람
③ ㉢ 할림새 – 성격이 모나고 까다로운 사람
④ ㉣ 썩는 새 – 마음속으로만 애를 태우는 사람

9 잡가

18세기 조선 후기에 발생하여 개화기까지 전면적 소리꾼에 의해 불리었던 창곡의 한 형태로 주로 하류 계층의 유흥적인 노래이다.

(1) 특징

상층 문화를 모방한 하층 문화(한자어, 한자 성어의 과다한 사용)

(2) 형식

4·4조의 가사 형식이나, 파격이 심하고 한자어나 중국 고사 등의 유식한 표현이 많다.

(3) 내용

자연의 경치, 남녀 간의 애정, 풍자, 익살, 해학, 삶의 애환 등

(4) 종류

① 경기 잡가
  ㉠ 지역: 서울, 경기 지방
  ㉡ 특징: 맑고 깨끗한 느낌
  ㉢ 작품: 12잡가와 휘모리 잡가

② 서도 잡가
  ㉠ 지역: 황해도, 평안도 일대
  ㉡ 특징: 탄식의 느낌을 주는 애절함.
  ㉢ 작품: 수심가, 영변가

③ 남도 잡가
  ㉠ 지역: 전라도 지방
  ㉡ 특징: 억양이 분명하고 강함.
  ㉢ 작품: 새타령, 육자배기

➕ 플러스 **12잡가**

유산가, 적벽가, 제비가, 소춘향가, 집장가, 형장가, 평양가, 선유가, 출인가, 십장가, 방물가, 월령가

※ 다음 글을 읽고 물음에 답하시오. [76~78]

(가)	화란 춘성(花爛春城)하고 만화 방창(萬化方暢)이라. 때 좋다 벗님네야, 산천 경개(山川景槪)를 구경을 가세.
(나)	죽장망혜(竹杖芒鞋) 단표자(單瓢子)로 천리 강산을 들어를 가니, 만산 홍록(滿山紅綠)들은 일년일도(一年一度) 다시 피어 춘색(春色)을 자랑노라 색색이 붉었는데, 창송 취죽(蒼松翠竹)은 창창 울울(蒼蒼鬱鬱)한데, 기화 요초(琪花瑤草) 난만 중(爛漫中)에 꽃 속에 잠든 나비 자취 없어 날아난다. 유상 앵비(柳上鶯飛)는 ㉠편편금(片片金)이요, 화간 접무(花間蝶舞)는 ㉡분분설(紛紛雪)이라. 삼춘가절(三春佳節)이 좋을씨고. 도화만발 점점홍(桃花滿發點點紅)이로구나. 어주축수 애삼춘(漁舟逐水愛三春) 이어든 무릉 도원(武陵桃源)이 예 아니냐. 양류세지 사사록(楊柳細枝絲絲綠)하니 황산곡리 당춘절(黃山谷裏當春節)에 ㉢연명 오류(淵明五柳)가 예 아니냐.
(다)	제비는 물을 차고, 기러기 무리져서 ㉣거지중천(居之中天)에 높이 떠서 두 나래 훨씬 펴고, 팔팔펄 백운간(白雲間)에 높이 떠서 천리 강산 머나먼 길을 어이 갈꼬 슬피 운다.
(라)	원산(遠山)은 첩첩(疊疊), 태산(泰山)은 주춤하여, 기암(奇巖)은 층층(層層), 장송(長松)은 낙락(落落), 에이구부러져 광풍(狂風)에 흥을 겨워 우줄우줄 춤을춘다.
(마)	층암 절벽상(層巖絶壁上)의 폭포수(瀑布水)는 콸콸, 수정렴(水晶簾) 드리운 듯, 이 골 물이 주루루룩, 저 골 물이 쌀쌀, 열에 열 골 물이 한데 합수(合水)하여 천방져 지방져 소쿠라지고 펑퍼져, 넌출지고 방울져, 저 건너 병풍석(屛風石)으로 으르렁 콸콸 흐르는 물결이 은옥(銀玉)같이 흩어지니, 소부 허유(巢父許由)문답하던 기산 영수(箕山潁水)가 예 아니냐.
(바)	주곡제금(奏穀啼禽)은 천고절(千古節)이요, 적다정조(積多鼎鳥)는 일년풍(一年豊)이라. 일출 낙조(日出落照)가 눈앞에 벌여나 경개 무궁(景槪無窮) 좋을씨고.

- 〈유산가(遊山歌)〉 -

76. 다음 중 이 글에 대한 설명으로 옳지 않은 것은?

① 조선 후기에 유흥의 자리에서 주로 직업적 소리꾼들에 의해 가창된 노래이다.

② 4·4조, 4음보가 기본 율조를 이루고 있다.

③ 좋은 절기에 경승(景勝)을 찾는 산 놀이의 노래이다.

④ 경상, 전라 등 남도 12잡가 중 대표적 노래이다.

77. 다음 중 (다)와 분위기가 유사한 것은?

① 梨花(이화)에 月白(월백)ᄒᆞ고 銀漢(은한)이 三更(삼경)인 제, / 一枝春心(일지 춘심)을 子規(자규) ㅣ야 아랴마ᄂᆞᆫ, / 多情(다정)도 病(병)인 냥ᄒᆞ여 ᄌᆞᆷ 못 들어 ᄒᆞ노라.

② 五百年(오백년) 都邑地(도읍지)를 匹馬(필마)로 도라드니, / 山川(산천)은 依舊(의구)ᄒᆞ되 人傑(인걸)은 간 듸 업다. / 어즈버 太平烟月(태평연월)은 ᄭᅮᆷ이런가 ᄒᆞ노라.

③ ᄆᆞᄋᆞᆷ이 어린 後(후) ㅣ니 ᄒᆞᄂᆞᆫ 일이 다 어리다. / 萬重雲山(만중 운산)에 어닌 님 오리마ᄂᆞᆫ, / 지ᄂᆞᆫ 닙 부ᄂᆞᆫ ᄇᆞ람에 힝여 건가 ᄒᆞ노라.

④ 가노라 三角山(삼각산)아, 다시 보쟈 漢江水(한강수)야, / 故國山川(고국산천)을 ᄯᅥ나고쟈 ᄒᆞ랴마ᄂᆞᆫ, / 時節(시절)이 하 殊常(수상)ᄒᆞ니 올동말동ᄒᆞ여라.

78. 다음 중 ㉠~㉣의 풀이로 옳지 않은 것은?

① ㉠ 편편금(片片金) - 청각의 시각화

② ㉡ 분분설(紛紛雪) - 어지러이 날리는 눈

③ ㉢ 연명 오류(淵明五柳) - 도연명이 살던 자연 세계

④ ㉣ 거지 중천(居之中天) - 공중 한가운데

10 한문학

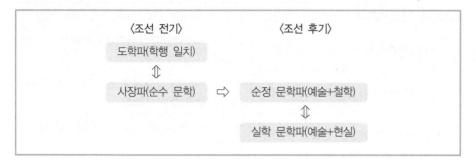

〈조선 전기〉 / 〈조선 후기〉

도학파(학행 일치)
⇕
사장파(순수 문학) ⇨ 순정 문학파(예술+철학)
⇕
실학 문학파(예술+현실)

(1) 순정 문학파

예술+철학 ⇨ 한학 4대가 중심 – 이정구(호, 월사), 신흠(호, 상촌), 장유(호, 계곡), 이식(호, 택당)

(2) 실학 문학파

예술+현실 ⇨ 실학 4대가 중심 – 이덕무(호, 청장관), 유득공(호, 영재), 박제가 (호, 정유), 이서구(호, 강산)

(3) 주요 저서

저서	연대	작가	형태	내용
순오지	현종	홍만종	평론집	정철, 송순의 시가와 〈서유기〉에 대하여 평론하였으며, 부록으로 130여 종의 속담을 실었음. 특히 송강의 〈속미인곡〉을 공명(孔明)의 출사표(出師表)와 더불어 백중(伯仲)이 된다고 평하였음.
서포만필	숙종	김만중	평론집	제자백가(諸子百家) 가운데서 의심스러운 점을 궁구하여 밝히고, 신라 이후의 유명한 시에 대하여 평론한 것을 붙였음. 국어 존중론 중 대표적인 평론집임. 송강의 가사를 극찬하였음.
열하일기	정조	박지원	기행문	26권. 정조 4년에 청에 가는 사신을 따라 연경까지 갔을 때의 기행문으로 그 곳의 풍속, 경제, 병사, 천문, 문학 등에 대한 내용을 담고 있다. '허생전'과 '호질'이 수록되어 있음.
학산초담	선조	허균	평론집	• 그가 살았던 선조 무렵의 시인들에 대한 시화·시평 99칙과 시인에 대한 9칙, 총 108칙으로 구성되어 있음. • 삼당 시인, 허봉, 허난설헌 등 이른바 학당파 시인을 중점적으로 다루고 있는 점이 특징임. • 〈패림〉 6집에 기술되어 있으며, 그의 다른 평론서인 〈성수시화〉와 함께 허균의 비평 정신을 엿볼 수 있음.

PART 03

문학 편-2

79. 다음 각 사항들을 시대 순으로 바르게 배열한 것은?

> ㉠ 정도전의 〈신도가〉
> ㉡ 윤선도의 〈어부사시사〉
> ㉢ 김만중의 〈사씨남정기〉
> ㉣ 박지원의 〈양반전〉

① ㉠-㉡-㉢-㉣
② ㉠-㉢-㉡-㉣
③ ㉠-㉣-㉢-㉡
④ ㉠-㉡-㉣-㉢

80. 다음 글에 대한 설명으로 적절하지 않은 것은? 2022. 국가직 9급

> 말똥구리는 스스로 말똥을 아껴 여룡(驪龍)의 여의주를 부러워하지 않는다. 여룡은 여의주가 있다고 하여 뽐내거나 교만하지 않고, 말똥을 보고 비웃지도 않는다.
> – 이덕무, 〈선귤당농소(蟬橘堂濃笑)〉에서 –

① 사물에 빗대어 진리를 설파한다.
② 사물의 가치에 우열을 두어야 한다고 주장한다.
③ 곤충과 신화적 동물을 비교하여 주장하는 바를 드러낸다.
④ 사소해 보인다고 해서 가치가 없는 것이 아니라고 말한다.

저서	연대	작가	내용
성소부부고(惺所覆瓿藁)	광해군	허균	문인(文人), 재자(才子)의 한화(閑話)를 수록한 문집
상촌집(象村集)	인조	신흠	한글로 된 시가(詩歌)를 한문학의 여기(餘技)로 인정한 시문집
시화총림(時話叢林)	효종	홍만종	역옹패설, 어우야담, 지봉유설 등 10여 종의 책에서 시화만을 초록(抄錄)한 시화집
반계수록(磻溪隧錄)	영조	유형원	여러 제도에 대한 고증을 적고, 그 개혁의 경위를 기록한 책
성호사설(星湖僿設)	영조	이익	천지문(天地門), 만물문(萬物門), 인사문(人事門), 경사문(經史門), 시문문(詩文門) 등으로 나누어 고증한 책
북학의(北學議)	정조	박제가	청나라의 풍속과 제도를 시찰하고 돌아와서, 우리 사회 개혁의 필요성을 적은 기행록
연려실기술(練藜室記述)	순조	이긍익	조선의 야사(野史)로, 사견 없는 사관(史觀)에 입각하여 공정하게 기술한 문집
목민심서(牧民心書)	순조	정약용	지방 장관의 사적을 수록하여, 치민(治民)에 관한 도리를 논한 책

(4) 주요 작품

저서	연대	작가	내용
봄비	허난설헌	조선 명종 때	비 내리는 봄날의 시적 화자의 고독한 정서를 읊은 오언 절구(五言絕句)
습수요(拾穗謠)	이달	조선 중기	수탈에 시달리는 농촌의 모습을 노래한 칠언 절구(七言絕句)
보리타작(打麥行)	정약용	조선 정조 때	농민들의 모습을 사실적으로 묘사한 노래로, 정겹고도 따스한 시선이 느껴짐.
고시(古時)8	정약용	조선 후기	조선 후기의 사회상을 풍자한 오언시(五言詩). 지배층이 서민들을 착취하는 모습을 우화적인 수법으로 드러냄.
탐진촌요(耽津村謠)	정약용	조선 순조 때	관리들의 횡포에 시달리는 농민들의 힘겨운 삶과 관리들의 횡포를 고발한 칠언 절구(七言絕句)
절명시(絕命時)	황현	1910년 한일합방 때	국권 피탈의 비보를 접하고 죽음을 결심하면서 남긴 작품으로, 지식인의 사명과 참담한 심경을 노래한 칠언 절구(七言絕句)

81. 다음에서 강호가도의 시조를 고른 것으로 옳은 것은?　　　2006. 서울시 9급

> ㉠ 잔 들고 혼자 앉아 먼 뫼를 바라보니
> 그리던 님이 오다 반가옴이 이러하랴.
> 말씀도 우움도 아녀도 몯내 됴하하노라. (윤선도)
>
> ㉡ 말 업슨 靑山이요, 態 업슨 流水ㅣ로다
> 갑 업슨 淸風이요, 님ㅈ 업슨 明月이라.
> 이 中에 病 업슨 이 몸이 分別 업시 늘그리라 (성혼)
>
> ㉢ 十年(십 년)을 經營(경영)ᄒᆞ야 草廬三間(초려 삼간) 지어 닉니,
> 나 ᄒᆞᆫ 간 ᄃᆞᆯ ᄒᆞᆫ 간에 淸風(청풍) ᄒᆞᆫ 간 맛져 두고,
> 江山(강산)은 드릴 듸 업스니 둘너 두고 보리라. (송순)
>
> ㉣ 房(방) 안에 혓논 燭(촉)불 눌과 離別(이별)ᄒᆞ엿관듸,
> 것흐로 눈물 디고 속타ᄂᆞᆫ 줄 모로ᄂᆞᆫ고.
> 우리도 뎌 燭(촉)불 갓ᄒᆞ야 속타는 줄 모르노라. (이개)
>
> ㉤ ᄆᆞ음이 어린 後(후)ㅣ니 ᄒᆞᄂᆞᆫ 일이 다 어리다.
> 萬重雲山(만중 운산)에 어늬 님 오리마ᄂᆞᆫ
> 지ᄂᆞᆫ 닙 부ᄂᆞᆫ ᄇᆞ람에 힝여 귄가 ᄒᆞ노라. (서경덕)

① ㉠　　　　　　　　　　　　② ㉠, ㉡

③ ㉠, ㉡, ㉢　　　　　　　　④ ㉠, ㉡, ㉢, ㉣

⑤ ㉠, ㉡, ㉢, ㉣, ㉤

82. 다음 중 연결 관계가 옳은 것은?　　　2006. 서울시 9급

① 박지원 – 호질 – 국문소설　　② 정철 – 면앙정가 – 시조

③ 박인로 – 성산별곡 – 가사　　④ 수양대군 – 석보상절 – 전기

⑤ 허균 – 홍길동전 – 한문소설

83. 다음 중 화자가 자연을 바라보는 태도가 다른 것은?　　　2016. 기상직 9급

① 청하(靑荷)애 바볼 ᄡᆞ고 녹류(綠柳)에 고기 ᄢᅦ여
　노적화총(蘆荻花叢)에 ᄇᆡ ᄆᆡ야 두고
　일반청의미(一般淸意味)를 어늬 부니 아ᄅᆞ실가

② 짚 방석(方席) 내지 마라 낙엽(落葉)엔들 못 안즈랴
　솔불 혀지 마라 어제 진 ᄃᆞᆯ 도다 온다
　아ᄒᆡ야 박주산채(薄酒山菜)ㄹ망졍 업다 말고 내여라

③ 백설(白雪)이 ᄌᆞ자진 골에 구르미 머흐레라
　반가온 매화(梅花)ᄂᆞᆫ 어늬 곳에 픠엿ᄂᆞᆫ고
　석양(夕陽)에 홀로 셔 이셔 갈 곳 몰라 ᄒᆞ노라

④ 말 업슨 청산(靑山)이요, (態) 업슨 유수(流水)ㅣ로다
　갑 업슨 청풍(淸風)이요, 님ㅈ 업슨 명월(明月)이라
　이 중(中)에 병(病) 업슨 이 몸이 분별(分別) 업시 늙으리라

(가) 房(방) 안에 혓는 ㉠燭(촉)불 눌과 離別(이별)ᄒ엿관듸
　　　 것초로 눈물 디고 속 타는 쥴 모르는고
　　　 뎌 燭(촉)불 날과 갓트여 속 타는 쥴 모로도다　　　　 – 〈이개의 시조〉 –

(나) 十年(십 년)을 經營(경영)ᄒ여 草廬三間(초려삼간) 지여내니
　　　 나 ᄒ간 ㉡돌 ᄒ간에 淸風(청풍) ᄒ간 맛져 두고
　　　 江山(강산)은 들일 듸 업스니 둘러 두고 보리라　　　　 – 〈송순의 시조〉 –

(다) 冬至(동지)ㅅ돌 기나긴 밤을 한 허리를 버혀내여
　　　 春風(춘풍) 니불 아레 서리서리 너헛다가
　　　 ㉢어론님 오신 날 밤이여든 구뷔구뷔 펴리라　　　　 – 〈황진이의 시조〉 –

(라) ㉣江湖(강호)에 봄이 드니 미친 興(흥)이 절로난다
　　　 濁醪溪邊(탁료계변)에 錦鱗魚(금린어)ㅣ 안주로다
　　　 이 몸이 閒暇(한가)히옴도 亦君恩(역군은)이샷다　 – 〈맹사성, 강호사시가(江湖四時歌) 제1수〉 –

84. (가)~(라)에 대한 설명으로 가장 적절하지 않은 것은?

① (가): 무생물을 생물로 치환하여 표현하고 있다.
② (나): 선경후정의 방식을 통해 자연에 대한 사랑을 보여주고 있다.
③ (다): 추상적인 개념인 시간을 구체적 사물로 형상화하여 표현하였다.
④ (라): 화자가 자연을 즐기면서도 그것이 궁극적으로 임금의 은혜라고 여기는 태도로 볼 때, 유교적 가치관이 반영되었다.

85. ㉠~㉣에 대한 화자의 태도와 정서가 가장 이질적인 것은?

① ㉠　　　　　② ㉡　　　　　③ ㉢　　　　　④ ㉣

86. (가)~(라)에서 안분지족과 물아일체의 삶을 보여주는 작품끼리 묶은 것은?

① (가), (나)　　　② (가), (다)　　　③ (나), (다)　　　④ (나), (라)

87. (가)~(라)에서 임에 대한 그리움을 표현한 작품끼리 묶은 것은?

① (가), (나)　　　② (가), (다)　　　③ (나), (다)　　　④ (나), (라)

88. (가) 시조와 가장 유사한 정서가 나타난 것은?   2015. 서울시 9급

① 이화에 월백ᄒ고 은한이 삼경인 제 / 일지춘심을 자규야 알랴마는 / 다정도 병인냥ᄒ여 줌 못 드러 ᄒ노라
② 흔 손에 막되 잡고 또 흔 손에 가싀 쥐고 / 늙는 길은 가싀로 막고 오는 백발은 막되로 칠엿 튼이 / 백발이 제 몬져 알고 지름길로 오건야
③ 이화우 훗샏릴 제 울며 잡고 이별흔 님 / 추풍낙엽에 저도 날 싱각ᄂ는가 / 천리에 외로운 쑴만 오락가락 ᄒ노매
④ ᄆᆞᆯ 사름들아 올흔 일 ᄒ쟈스라 / 사름이 되어 나셔 올티옷 못ᄒ면 / ᄆᆞ쇼를 갓 곳갈 싀워 밥머기나 다르랴

89. 다음 글의 내용과 시적 상황이 가장 유사한 것은? 2015. 지방직 9급

이때는 추구월망간(秋九月望間)이라. 월색이 명랑하여 남창에 비치고, 공중에 외기러기 응응한 긴 소리로 짝을 찾아 날아가고, 동산의 송림 사이에 두견이 슬피 울어 불여귀를 화답하니, 무심한 사람도 마음이 상하거든 독수공방에 눈물로 세월을 보내는 송이야 오죽할까. 송이가 모든 심사를 저버리고 책 상머리에 의지하여 잠깐 졸다가 기러기 소리에 놀라 눈을 뜨고 보니, 남창에 밝은 달 허리에 가득하고 쓸쓸한 낙엽송은 심회를 돕는지라. 잊었던 심사가 다시 가슴에 가득해지며 눈물이 무심히 떨어진다. 송이가 남창을 가만히 열고 달빛을 내다보며 위연탄식 하는데,

"달아, 너는 내 심사를 알리라. 작년 이때 뒷동산 명월 아래 우리 임을 만났더니, 달은 다시 보건마는 임을 어찌 보지 못하는고. 심양강의 탄금녀는 만고문장 백낙천을 달 아래 만날 적에, 설진심중무한 사(設盡心中無限事)를 세세히 하였건마는, 나는 어찌 박명하여 명랑한 저 달 아래서 부득설진심중사 (不得設盡心中事)하니 가련하지 아니할까. 사람은 없어 말하지 못하나, 차라리 심중사를 종이 위에나 그리리라."

하고 연상을 내어 먹을 흠씬 갈고 청황모 무심필을 듬뿍 풀어 백능화주지를 책상에 펼쳐 놓고, 섬섬옥 수로 붓대를 곱게 쥐고 탄식하면서 맥맥이 앉았다가, 고개를 돌려 벽공의 높은 달을 두세 번 우러러보 더니, 서두에 '추충감별곡(秋風感別曲)' 다섯 자를 쓰고, 상사가 생각 되고, 생각이 노래 되고, 노래가 글이 되어 붓끝을 따라오니, 붓대가 쉴새 없이 쓴다.

– 〈채봉감별곡〉 중에서 –

① 임이여 물을 건너지 마오 / 임은 기어이 물을 건너갔네 / 물에 빠져 돌아가시니 / 이제 임이여 어이할꼬.

② 가위로 싹둑싹둑 옷 마르노라 / 추운 밤 열 손가락 모두 굳었네 / 남 위해 시집갈 옷 항상 짓건만 / 해마다 이내 몸은 홀로 잔다네.

③ 펄펄 나는 저 꾀꼬리 / 암수 서로 정다운데 / 외로울사 이내 몸은 / 누구와 함께 돌아갈꼬.

④ 비 개인 긴 언덕에 풀빛 짙은데 / 님 보내는 남포에는 서러운 노래 퍼지네 / 대동강 물은 언제나 마를까 / 이별의 눈물 해마다 푸른 물결 더하니.

90. 밑줄 친 ㉠~㉣에 대한 설명으로 옳지 않은 것은? 2011. 국가직 9급

모든 수령 도망할 제 거동 보소. 인궤(印櫃) 잃고 과줄 들고, 병부(兵符)잃고 송편 들고, 탕건(宕巾) 잃고 용수 쓰고, 갓 잃고 소반(小盤) 쓰고, 칼집 쥐고 오줌 누기. 부서지니 거문고요, 깨지느니 북, 장구라. 본관이 똥을 싸고 멍석 구멍 새앙쥐 눈 뜨듯 하고 내아(內我)로 들어가서

㉠"어 추워라, 문 들어온다. 바람 닫아라. 물 마른다. 목 들여라."

관청색은 상을 잃고 문짝 이고 내달으니, 서리, 역졸 달려들어 후닥딱

"애고, 나 죽네!"

이때 수의 사또 분부하되,

"이 골은 대감이 좌정하시던 골이라. ㉡훤화(喧譁)를 금하고 객사로 사처(徙處)하라."

좌정(坐定)후에 "본관은 봉고파직(封庫罷職)하라." 분부하니

"본관은 봉고파직(封庫罷職)이오!"

사대문에 방 붙이고 옥 형리 불러 분부하되,

"네 골 옥수(獄囚)를 다 올리라." 호령하니 죄인을 올리거늘, 다 각각 문죄(問罪) 후에 ㉢무죄자 방송 (放送)할새,

㉣"저 계집은 무엇인다?"

– 완판본(完板本) 〈열녀 춘향 수절가(烈女春香守節歌)〉 중에서 –

① ㉠: 인물의 다급한 심리를 해학적으로 표현했다.

② ㉡: 담배를 금하고 객사로 장소를 옮기라는 뜻이다.

③ ㉢: 죄 없는 자를 감옥에서 나가도록 풀어준다는 뜻이다.

④ ㉣: 의문형 문장 종결 방식이 현대 국어와 다름을 보여준다.

1. **작품**: 작자 미상, 〈전우치전〉 (고대 소설)

2. **주제**: 전우치의 의로운 행동을 통한 지방 관료의 부패 척결과 백성의 곤궁한 생활 구제

3. **내용**: 담양에 실존하였던 전우치를 주인공으로 하고 있으며, 도술을 배운 전우치가 탐관오리를 괴롭히고 빈민을 구제하다가 서경덕(화담)에게 혼난 후 그의 제자가 되어 태백산에 들어갔다는 내용이다.

91. 다음 작품에 대한 설명으로 가장 적절한 것은?

2016. 기상직 9급

우치는 화담의 소문을 듣고 찾아가 이야기를 나누었다. 우치가 화담을 보니 얼굴은 연꽃 같고, 두 눈은 가을날의 물처럼 맑았다. 또한 그 정신이 우뚝 솟아 함부로 대하기 어려웠다. 화담 역시 우치의 그릇을 알아보고 그를 반겼다.

"전공(田公)께 내 부탁이 하나 있는데 들어주시겠소?"

"선생께서 부탁하신다면 당연히 들어야지요."

"고맙소. 그런데 전공에게 조금 무리하지 않을까 하오."

"말씀이나 하시지요."

"좋소. 남해에 큰 산이 있는데 그 산에 운수 선생이라는 도인이 살고 있소. 그 선생에게 그동안 안부를 전하지 못해 사람을 찾고 있는데 그대가 들어줄 수 있겠소?"

"하하, 소생이 비록 재주가 없지만 그 정도는 순식간에 다녀오겠습니다."

"쉽게 다녀오지 못할까 두렵소."

화담이 믿지 못하는 듯한 눈치를 보이자 우치는,

"제가 만약 다녀오지 못하면 죽을 때까지 이곳을 벗어나지 않겠습니다." 하고 맹세했다.

화담은 웃으며 서찰을 내주었다. 우치는 보란 듯이 서찰을 받자마자 해동청 보라매가 되어 공중으로 치올랐다. 바다를 얼마쯤 갔을까. 공중에 난데없이 그물이 앞을 막았다. 우치가 날아오르려 하자 그물이 따라 높이 올랐다. 우치가 돌아가려 하는데 그물 역시 우치를 따라왔다. 우치는 다시 도술을 써 모기가 되어 그물을 뚫고자했다. 그런데 그물이 갑자기 거미줄로 변하며 다시 앞을 가로막는 것이 아닌가. 우치는 결국 십여 일을 애쓰다가 가지 못하고 돌아오고 말았다.

화담은 우치가 돌아오는 것을 보고 크게 웃었다.

"그대는 다시 이곳에서 나가지 못하리라."

우치는 속았다는 생각에 황급히 도망쳤다. 우선 해동청 보라매가 되어 달아나니, 화담은 커다란 수리가 되어 쫓았다. 우치가 다시 갈범이 되어 도망치니 화담은 커다란 청사자가 되어 마침내 갈범을 물었다.

"네가 몇 가지 재주를 가지고 옳은 일을 하는 것은 기특하지만 좋지 않은 재주는 결코 옳지 않은 일에 쓰이게 마련이다. 재주 또한 반드시 윗길이 있으니 세상을 돌아다니다 보면 반드시 화를 입으리라. 내가 태백산에 들어가 정대(正大)한 도리를 구하려 하니 너는 나를 따르는 것이 좋을 것이다."

우치는 화담의 말을 듣고 그 말에 따르기로 했다. 이후 두 사람은 태백산으로 들어가 신선의 도를 닦았고, 우치는 보배로운 글을 많이 지어 석실(石室)에 감추었다.

– 작자 미상 〈전우치전〉 –

① 상세한 배경 묘사를 통해 인물의 심리 변화를 암시하고 있다.

② 인물들의 대사보다는 내면 서술을 중심으로 사건을 전달하고 있다.

③ 인물 간의 갈등을 부각시킴으로써 사건의 긴장감을 고조시키고 있다.

④ 전기적(傳奇的)인 요소가 사건 전개에 있어 중요한 역할을 하고 있다.

92. 다음 글에 대한 설명으로 적절하지 않은 것은?

2015. 지방직 9급

"심청은 시각이 급하니 어서 바삐 물에 들라."

심청이 거동 보소. 두 손을 합장하고 일어나서 하느님 전에 비는 말이,

"비나이다. 비나이다. 하느님 전에 비나이다. 심청이 죽는 일은 추호라도 섧지 아니하되, 병든 아비 깊은 한을 생전에 풀려 하고 이 죽음을 당하오니 명천(明天)은 감동하사 어두운 아비 눈을 밝게 띄워 주옵소서."

눈물지며 하는 말이,

"여러 선인네 평안히 가옵시고, 억십만금 이문 남겨 이 물가를 지나거든 나의 혼백 불러내어 물밥이나 주시오."

하며 안색을 변치 않고 뱃전에 나서 보니 티 없이 푸른 물은 월러넝 쾅넝 뒤둥구리 굽이쳐서 물거품 뱃전을 다시 잡고 기절하여 엎딘 양은 차마 보지 못할 지경이었다.

– 〈심청가〉 중에서 –

① 사건에 대한 서술자의 주관적 서술이 나타나 있다.

② 등장인물들의 발화를 통해 사건의 상황을 보여준다.

③ 죽음을 초월한 심청의 면모와 효심이 드러나 있다.

④ 대상을 나열하여 장면을 다양하게 제시하고 있다.

CHAPTER

02

현대문학

단원 길잡이

공부 방법은 고전문학과 같다. 한국의 현대문학을 시기별로 정리하고 각 작품을 이해하는 단원이다. 단순히 작품을 감상하는 차원을 넘어서 한국문학사의 시기별 이해와 정리도 함께 해야 한다. 중·고등 학생 시기에는 개별 작품을 감상하는 정도의 공부가 필요했지만, 공무원 문학에서는 한국문학사 중에서 현대문학사를 이해하고 정리하는 공부가 필요하다. 학습자 입장에서는 정리와 암기의 어려움이 있겠지만, 문학을 공부하는 즐거움에 빠진다면 보다 쉽게 공부를 할 수 있으리라 본다.

제 **1** 절 개화기의 문학(1894~1908년)

➕ 플러스 개화기 문학의 시대 구분

개화기 문학의 시기에 대해서는 이견이 많다. 갑오개혁(1894년)부터 최남선의 신체시 '해에게서 소년에게'(1908년)가 발표되던 시기까지로 보기도 하고, 1900년대 전후의 계몽주의 문학을 개화기 문학으로 보기도 한다.

1 시대 개관

① 고전 문학에서 현대 문학으로 넘어가는 과도기적 문학이다.
② 개화·계몽과 자주 독립, 애국 등이 문학의 주제로 부각되었다.
③ 언문일치 운동이 시작되었다.[유길준의 〈서유견문〉]

2 갈래별 전개 양상

(1) 개화 가사(開化歌辭)

개화 가사는 전통 시가의 한 형식인 가사체에 개화기의 새로운 사상을 담은 시가를 말한다. 이는 조선 초기의 양반 가사, 조선 후기의 평민 가사를 거쳐, 개화기의 새로운 과제를 띠고 창작되었다.

① **형식**: 대부분 고전 시가의 가사 형식을 그대로 계승하여 3·4조 또는 4·4조의 음수율을 유지하였지만, 그 길이는 현저히 짧아지고 분연되는 등의 특징도 나타내었다.
② **내용**: 애국 계몽과 자주독립, 부국강병이 주류를 이루었다.
③ **특징**: 개화 가사는《대한매일신보》의 '사회등 가사' 등 다른 개화기 시가 장르인 창가나 신체시에 비해 다수의 창작을 보인다. 그것은 별도의 전문적인 지식 없이 누구나 쓸 수 있었다는 점, 우리 사회의 쟁점과 변화에 민감하게 반응할 수 있는 문학 양식이라는 점에서 기인한 것으로 볼 수 있다.
④ **의의**: 외세의 침략으로 국가가 위기에 직면했을 때 가사가 역사적 사명을 담당했다는 데 중요한 의미가 있다. 동시에 이 시기의 노래가 가사의 형식을 빌렸다는 것은 한국 문학사의 연속성을 보여 주는 실례가 된다.(개화가사 → 창가 → 신체시)
⑤ **작품**: 이중원의 〈동심가〉, 작자 미상의 〈가요 풍송〉, 이필균의 〈애국하는 노래〉 등이 있다.

> 잠을 끼세, 잠을 끼세, / 스천 년이 꿈 속이라.
> 만국(萬國)이 회동(會同)ㅎ야 / 스히(四海)가 일가(一家)로다.
> 구구세절(區區細節) 다 ㅂ리고 / 샹하(上下) 동심(同心) 동덕(同德)ㅎ세.
> 늠으 부강 불어ㅎ고 / 근본 업시 회빈(回賓)ㅎ랴.
>
>> 이중원의 〈동심가〉이다. 어둡고 암울한 상태에서 벗어나 문명 개화를 이룩하기 위해 모든 동포들이 한마음으로 힘써야 함을 노래한 개화 가사이다. 4·3조의 기본 율조로서 전통적인 가사의 형식을 갖추고 있으면서도 분절이 된 점은 전통 시가와 다르다.

(2) 창가(唱歌)

창가는 종래의 우리 율조(3음보)에 바탕을 두면서 조금 변형을 시도하여, 가창을 전제로 창작한 시 형식을 말한다. 개화 가사가 신체시로 넘어가는 데 교량 구실을 하였다.

① **발생**: 개화 가사가 짧아지면서 분연되고 후렴이 붙는 양식으로 변모하는 과정에서, 기독교의 찬송가나 신교육 기관을 통해 보급된 서양 음악 등이 결합되어 형성되었다.

② **형식**: 초기에는 주로 3 · 4조, 4 · 4조였으나 후에 7 · 5조 등으로 바뀌었다.

③ **내용**: 애국 독립 정신의 고취와 새로운 사조 예찬과 그 선전으로 이루어졌다. 주로 문명 개화의 필요성과 신교육 예찬, 진취적 기상의 고무와 계몽에 치중하였다.

④ **작품**

작품	작자	연대	형식	내용	출전
경부철도가	최남선	1904	7 · 5조	경부 철도의 개통을 보고 신문명을 찬양한 노래. 최초의 창가	단행본
한양가	최남선	1905	7 · 5조	서울을 찬양하고 애국 사상을 고취한 노래	단행본
대한조선	최남선	1908	7 · 5조	대한 소년들의 이상과 기개를 나타낸 노래	소년
태백산가(太白山歌)	최남선	1910	7 · 5조	태백산의 웅자(雄姿)와 그 생성의 역사를 이념화하여 민족 정기를 앙양하려고 지은 노래	소년
세계일주가	최남선	1914	7 · 5조	세계적 역사와 지리를 노래한 장편 창가	청춘
표모가(漂母歌)	최남선	미상	7 · 5조	한국적 정취를 드러내는 빨래하는 여인을 그린 노래.	보통 창가집

우렁탸게 토하난 긔뎍(汽笛) 소리에 / 남대문을 등디고 써나 나가서
쌜리 부난 바람의 형세 갓흐니 / 날개 가딘 새라도 못 싸르겟네.
늙은이와 뎖은이 셕겨 안졋고 / 우리네와 외국인 갓티 탓스나
내외 틴소(親疎) 다갓티 익히 디내니 / 됴고마한 쌴 세상 뎔노 일웟네.

최남선의 〈경부 텰도 노래〉이다. 근대 문명의 이기(체己)인 철도 개통을 찬양한 노래로, 한 연이 4행씩 총 67절로 되어 있는 장편의 창가인데, 여기서는 제 1절과 2절만 수록하였다. 일본의 철도 개통의 노래를 본받아 지었다는 이 작품은 우리 나라 시가 사상 4 · 4조의 율조를 깨뜨린 최초의 7 · 5조 노래라는 데 그 의의가 크다.

(3) 신체시(新體詩)

신체시는 창가의 정형성을 깨고 새로운 율조 속에 새로운 내용을 담고자 했던 시 형식으로, '신시(新詩)'라고도 한다. 창가와 근대 자유시의 교량적 구실을 한 시이다.

① 형식: 7·5조의 새로운 형태를 취하고 있으며, 부분적 정형률은 가졌지만 전체가 일률적 음조로 된 것은 아니라는 점에서 자유시에 다가선 것이다.

② 내용: 신체시는 새 시대의 인간상과 포부를 노래하고 있으며, 개인적 정서의 표출로까지 나아가지는 못했으나 형식의 자유로움이 두드러진다. 외래 지향적인 사상적 바탕 위에, 새 시대와 새 문명을 예찬하며, 계몽주의적 입장을 취하고 있다. 따라서 개화 의식, 자주독립, 남녀평등, 신교육 등의 사상을 담고 있다.

③ 의의: 전대의 정형 시가에서 현대 자유시로 넘어가는 교량 구실을 하였다.

④ 대표 작품

작품	작자	연대	내용	출전
해에게서 소년에게	최남선	1908	소년의 씩씩한 기상을 노래. 최초의 신체시	소년
신 대한 소년	최남선	1909	소년이 늠름한 기상을 가지기를 희망한 노래	소년
구작 삼편	최남선	1909	소년의 기상. 순결. 정의를 노래	소년
꽃 두고	최남선	1909	새로운 근대 문명에 대한 동경을 노래	소년

> 텨……ㄹ썩, 텨……ㄹ썩, 텩, 쏴……아.
>
> 따린다, 부슨다, 문허 바린다.
>
> 태산(泰山) 갓흔 놉흔 뫼, 딥태 갓흔 바위ㅅ돌이나,
>
> 요것이 무어야, 요게 무어야.
>
> 나의 큰 힘 아나냐, 모르나냐, 호통까디 하면서,
>
> 따린다, 부슨다, 문허 바린다.
>
> 텨……ㄹ썩, 텨……ㄹ썩, 텩, 튜르릉, 콱.
>
> 최남선의 〈해(海)에게서 소년(小年)에게〉이다. 1908년 〈소년〉지에 발펴된 최초의 신체시로, 창가의 요소를 완전히 탈피하지는 못했으나, 형식의 자유로움과 구시대를 개혁하려는 개화 의식을 담고 있다.

(4) 신소설(新小說)

① **개념**: 갑오개혁 이전의 고대 소설에 대하여 새로운 내용·형식·문체로 이루어진 소설로 1917년 이광수의 '무정'이 발표되기 전까지의 소설을 말한다.

② **발생**: 1906년 《만세보》에 연재된 이인직의 '혈의 누'가 최초의 신소설이다.

③ **특징**: 현대 소설적 요소를 보이나, 고대 소설의 요소를 완전히 탈피하지는 못하였다.

➕ 플러스 | 고대 소설, 신소설, 현대 소설의 비교

구분	고대 소설	신소설	현대 소설
주제	권선 징악	계몽사상	새 인간형의 탐구 및 창조
구성	순행적, 행복한 결말	역전적(역순행적), 해피 엔딩이 많음.	역전적(인과 관계), 다양한 결말
문체	문어체, 운문적이며, 상투어가 많음, 설화체, 담화체, 구송체, 서술체, 설명체, 과장적 표현	언문 일치의 방향으로 나아감, 묘사체, 산문체	완전한 언문 일치, 산문체, 묘사체
인물	전형적·유형적·평면적	선구자적	다양한 인간형, 개성적·입체적(원형적)
사건	비현실적·전기적·우연적	현실적·우연적	진실한 사건, 합리적·필연적
배경	비현실적·추상적, 중국이 많음	현실적 장소와 세계	현실적·구체적, 진실의 세계
소재	설화 등에서 취함.	현실에서 취함.	현실에서 취함.
체제	주인공의 일대기	한 과제를 다루려 함.	한 과제의 필연적인 전개

④ **내용**: 당시의 현실에서 취재하고, 당시의 현실적 인물을 등장시켜 자주 독립, 신교육 사상, 근대적 문명에 대한 동경, 남녀 평등, 자유 결혼, 미신 타파 등 개화 사상을 고취하였다.

⑤ **의의**: 고대 소설과 현대 소설을 연결하는 교량적 구실을 하였다.

⑥ **한계**: 현실에 대한 깊은 인식으로 발전하지 못하고 낙관적인 문명 개화의 꿈에 그치고 말았다. 또한 낙관적인 문명 개화의 성격 때문에 친일적 경향도 띠게 되었다.

➕ 플러스 | 신소설의 등장 배경

신소설은 1900~1910년대에 많이 창작되었다. 신소설이 성행하게 된 배경은 우리 소설문학의 전통이 축적되고, 갑오개혁을 기점으로 근대화를 지향하는 풍속 개량 물결이 도래했기 때문이다. 이 시기 일본을 통해 서구소설이 유입되었는데, 《황성신문》, 《대한매일신보》, 《만세보》 등 근대적 신문이 발간되어 소설을 연재할 수 있는 발표 지면이 늘어났고, 인쇄술의 발달 등이 영향을 미쳤다.

기출 | 따라잡기

93. 다음 중 '혈의 누'와 관련이 없는 것은? 2003. 전북

① 신소설의 효시가 된 작품이다.

② 민족 의식을 고취하고 있다.

③ 언문 일치의 시도가 엿보인다.

④ 전지적 작가 시점이다.

⑤ 계몽적 성격을 지닌다.

94. 다음 중 여성 화자들이 등장하여 자주 독립, 남녀 평등, 여권 신장 등의 시사 문제에 대해 토론하고, 이상 사회의 건설을 꿈꾸는 토론체 소설은?

2003. 전남 교육청

① 금수회의록
② 은세계
③ 자유종
④ 경세종

⑦ 작품

㉠ 창작 신소설

작자	작품	연대	내용
이인직	혈(血)의 누(淚)	1906	신교육 사상 고취와 자유 결혼을 내세움. 최초의 신소설. 《만세보》에 연재되었으나 친일적 경향이 있음
이인직	모란봉(牡丹峯)	1913	'혈의 누'의 속편. 한 여인과 두 남자 사이의 삼각 관계를 그린 애정 소설. 미완성 작품
이인직	은세계(銀世界)	1908	미국의 유학중인 남매를 통하여 국민의 동등한 권리와 자주 독립을 고취한 정치 소설. 원각사에서 각색 상연됨. 신극의 기점
안국선	금수회의록 (禽獸會議錄)	1908	각종 동물들의 입을 빌려 인간 세계를 풍자한 우화 소설. 이 책은 당국에 의해 압수되었음. 일본 정치 소설의 번안이라고도 함.
안국선	공진회(共進會)	1915	우리 나라 최초의 근대적 단편 소설집. '기생', '인력거꾼', '시골 노인 이야기' 등 3편이 수록되어 있음.
이해조	자유종(自由鍾)	1910	부녀자의 해방, 한자 폐지 문제, 애국 정신과 자주 교육 등을 토론 형식으로 쓴 정치 소설
최찬식	추월색(秋月色)	1912	남녀 주인공의 파란 만장한 일생과 외국에의 유학 및 애정의 기복을 다룬 소설

㉡ 번안 신소설: 외국 소설을 빌려 와 등장인물, 장소 등을 우리나라 명칭으로 바꾸어, 옮긴 사람의 창의력이 가미되어 원작과는 다른 면모를 지녔다.

작품	연대	작자	내용
장한몽(長恨夢)	1913	조중환	일본의 오자끼의 '곤지기야차[金色夜又]'를 번안한 애정 소설. 〈이수일과 심순애〉를 주인공으로 각색
설중매(雪中梅)	1908	구연학	일본의 스에히로의 '설중매'를 번안한 정치 소설. 원각사에서 공연
해왕성(海王星)	1916	이상협	프랑스의 뒤마의 '몽테크리스토 백작'을 번안한 것
애사(哀史)	1919	민태원	프랑스의 위고의 '레미제라블'을 번안한 것

㉢ 고대 소설의 개작

작품(신소설)	연대	작자	원작(고대 소설)
옥중화(獄中花)	1912	이해조	춘향전
강상련(江上蓮)	1912	이해조	심청전
연(燕)의 각(脚)	1913	이해조	흥부전
토(兎)의 간(肝)	1916	이해조	별주부전
소양정(昭陽亭)	1912	이해조	소양정기

(5) 역사 · 전기 소설

① 개념: 신소설의 유행과 함께 당시의 암울한 시대적 분위기를 극복하기 위해 역사상의 영웅과 일생을 그린 소설이다.

② 내용: 민족주의적 역사 의식의 자강, 구국 등 계몽적 성격을 띠었다.

③ 의의: 주체적 민족주의의 저항 의식이 강하게 나타나 있다.

④ 작품

　　㉠ 국내: 우기선의 '강감찬전', 신채호의 '을지문덕전' · '이순신전'

　　㉡ 번역 · 번안: 신채호의 '이태리 건국 삼걸전', 장지연의 '애국 부인전', 박은식의 '서사건국지', 이해조의 '화성돈전'

(6) 신문

신문명	발행기간	발행인	주요 사항
한성 순보	1883~1884	민영목	최초의 신문. 순간(旬刊), 순한문, 관보
한성 주보	1886~1888	김윤식	최초의 주간신문, 한문 기사외에 국한문혼용과 때로는 순한글 기사도 실음.
독립 신문	1896~1899	서재필, 윤치호	최초의 민간 신문. 최초의 순한글 신문. 처음에는 격일간으로 발행하다가 1899년 7월 1일부터 일간(日刊). 1~3면은 순한글. 4면은 영문. 독립 협회 기관지.
매일 신문	1898~1899	양흥묵	순한글의 최초 일간 신문. 민중의 대변지
황성 신문	1898~1910	남궁억	국한문 혼용 일간지. 애국적 논조. 1905년 을사조약 체결을 보고 당시 사장 장지연이 쓴 '시일야방성대곡(是日也放聲大哭)'이 유명함.
만세보	1906~1907	오세창	국한문 혼용 일간지. 신소설 '혈의 누' 연재

1 특징

① 최남선과 이광수의 문학 활동이 두드러진 2인 문단 시대였다.
② 서구의 근대 의식과 문화를 적극적으로 수용하고자 하며, 자주 독립 국가를 건설하고자 하는 민족 의식을 고취시키는 민족주의적 계몽주의가 주류를 이루었다.

2 갈래별 전개 양상

(1) 시

① **출발**: 신체시를 계승하고 서구의 시를 수용하면서 1918년 무렵부터 현대적 자유시가 등장하였다.
② **형식**: 외형률의 규칙성에서 탈피하여 내재율이 지배하는 형식을 지녔다.
③ **작품**: 1918년 《태서 문예 신보》에 김억의 '봄은 간다'가 발표되고, 1919년 《창조》에 '불놀이'가 등장하는 등 현대적 자유시가 등장한다.

아아, 날이 저문다. 서편(西便) 하늘에, 외로운 강물 위에, 스러져 가는 분홍빛 놀 …… …. 아아, 해가 저물면, 해가 저물면, 날마다 살구나무 그늘에 혼자 우는 밤이 또 오건마는, 오늘은 4월이라 파일날, 큰 길을 물밀어가는 사람 소리는 듣기만 하여도 흥성스러운 것을, 왜 나만 혼자 가슴에 눈물을 참을 수 없는고?

아아, 춤을 춘다, 춤을 춘다. 시뻘건 불덩이가 춤을 춘다. 잠잠한 성문(城門) 위에서 내려다보니, 물 냄새, 모래 냄새, 밤을 깨물고 하늘을 깨물고 하늘을 깨무는 횃불이 그래도 무엇이 부족하여 제 몸까지 물고 뜯을 때, 혼자서 어두운 가슴 품은 젊은 사람은 과거(過去)의 퍼런 꿈을 찬 강물 위에 내어던지나 무정(無情)한 물결이 그 그림자를 멈출 리가 있으랴? ─ 아아, 꺾어서 시들지 않는 꽃도 없건마는, 가신 임 생각에 살아도 죽은 이 마음이야. 에라, 모르겠다. 저 불길로 이 가슴 태워 버릴까, 이 설움 살라 버릴까? (하략)
　　　　　　　　　　　　　　　　　　　　　　　　　　─ 주요한, 〈불놀이〉 ─

이전의 정형성에서 완전히 탈피한 산문시이다. 또 계몽성을 극복하고 개인 정서를 다루고 있다는 점에서도 신체시와는 사뭇 다른 시 자체의 미감과 예술성을 추구하였다.

---

95. 작품 창작 연대가 앞선 것부터 순서대로 나열한 것은?　　　　2018. 국회직 8급

> ㄱ. 아아, 날이 저믄다. 서편(西便) 하늘에, 외로운 강물 우에, 스러져 가는 분홍빗 놀…… 아아 해가 저믈면 해가 저믈면, 날마다 살구나무 그늘에 혼자 우는 밤이 쏘 오것마는, 오늘은 사월(四月)이라 파일날, 큰길을 물밀어 가는 사람 소리는 듯기만 하여도 흥성시러운 거슬 웨 나만 혼자 가슴에 눈물을 참을 수 업는고?
>
> ㄴ. 잘 있거라, 짧았던 밤들아 / 창밖을 떠돌던 겨울안개들아 / 아무것도 모르던 촛불들아, 잘 있거라 / 공포를 기다리던 흰 종이들아 / 망설임을 대신하던 눈물들아 / 잘 있거라, 더 이상 내 것이 아닌 열망들아 // 장님처럼 나 이제 더듬거리며 문을 잠그네 / 가엾은 내 사랑 빈집에 갇혔네
>
> ㄷ. "가고 오지 못한다"는 말을 / 철업든 내 귀로 드럿노라 / 만수산(萬壽山)을 나서서 / 옛날에 갈라선 그 내 님도 / 오늘날 뵈올 수 잇엇스면 / 나는 세상 모르고 사랏노라 / 고락(苦樂)에 겨운 입술로는 / 갓튼 말도 죠금 더 영리하게 / 말하게도 지금은 되엇건만 / 오히려 세상 모르고 사랏스면!
>
> ㄹ. 풀이 눕는다 / 비를 몰아오는 동풍에 나부껴 / 풀은 눕고 / 드디어 울었다 / 날이 흐려서 더 울다가 / 다시 누웠다 // 풀이 눕는다 / 바람보다도 더 빨리 눕는다 / 바람보다 도 더 빨리 울고 / 바람보다 먼저 일어난다
>
> ㅁ. 낙엽은 폴―란드 망명정부의 지폐 / 포화(砲火)에 이즈러진 / 도룬 시의 가을 하늘을 생각케 한다 / 길은 한줄기 구겨진 넥타이처럼 풀어져 / 일광(日光)의 폭포 속으로 사라지고 / 조그만 담배 연기를 내어 뿜으며 / 새로 두 시의 급행열차가 들을 달린다

① ㄱ-ㄴ-ㄷ-ㄷ-ㄹ-ㅁ　　　　② ㄱ-ㄷ-ㅁ-ㄴ-ㄹ
③ ㄱ-ㄷ-ㅁ-ㄹ-ㄴ　　　　④ ㄷ-ㄱ-ㄴ-ㅁ-ㄹ
⑤ ㄷ-ㄱ-ㅁ-ㄹ-ㄴ

(2) 소설

① 단편 소설: 1910년 이광수에 의해 '어린 희생', 1917년 '소년의 비애' 등이 발표되었다.

② 장편 소설: 최초의 현대 장편 소설인 '무정'이 1917년 《매일 신보》에 연재되었다.

(3) 희곡

① 민속극의 쇠퇴

② 창극

창극이란 판소리를 무대 위에서 배역을 나누어 대화창으로 부르는 연극으로, 협률사(1902), 원각사(1908) 등에서 '춘향전', '심청가', '최명도 타령' 등을 공연하였다.

③ 신극의 태동

신극은 창극과 달리 산문으로 된 대사를 사용한 본격적인 연극이다. 1908년 원각사가 창립되면서 이인직의 '은세계'를 공연하였고, 구연학의 번안 소설인 '설중매'를 연극으로 각색하여 원각사에서 상연하였다. 계몽적인 주제가 많았고 예술성보다는 대중의 흥미에 맞추었다.

➕ 플러스 │ 원각사

이인직, 박정동, 김창선 등이 협률사를 인수하여 1908년에 설립한 우리나라 최초의 서양식 사설 극장이다. 〈은세계〉, 〈설중매〉 등의 작품을 공연했다.

기출 따라잡기

96. 다음 중 신파극에 대한 설명으로 틀린 것은?
                                    2001. 서울시

① 일본의 용어를 그대로 사용하였다.

② 1910~1930년까지 대중적으로 확산되었다.

③ 신파극의 본격적 출발은 임성구의 혁신단이다.

④ 토월회, 극예술 협회는 신파극에 주력하였다.

⑤ 개화 사상 또는 계몽적인 내용을 다루었다.

➕ 플러스

• 최초의 창작 희곡: 조중환의 '병자(病者) 3인'(1912)

• 신파극 극단: 혁신단(1911. 임성구), 문수성(1912. 윤백남), 유일단(1912. 이기세)

④ 신파극 공연

신파극이란 1911년에 임성구가 '혁신단'이라는 극단을 창단하고, 1912년에 윤백남이 '문수성'이라는 극단을 만들면서 공연되기 시작한 통속적 대중 연극을 말한다.

➕ 플러스

극장명	연대	대표자	특징
협률사	1902	장봉환	최초의 국립 극장. 연극 상연은 없었음.
원각사	1908	이인직	최초의 민간 극장. 신극이 최초로 공연. '은세계', '설중매' 공연

(4) 발표지

지명	연대	발행인	주요 사항
소년(少年)	1908	최남선	최초의 문예 종합지로 신문화 운동의 선구자가 됨.
청춘(靑春)	1914	최남선	월간 종합지. 이광수의 '소년의 비애' · '방황' 등 단편 소설 발표
학지광(學之光)	1914	현상윤, 최팔용	동경 유학생회의 기관지
유심(惟心)	1918	한용운	불교의 계몽과 교리의 근대적 이해를 도모함.
태서 문예 신보 (泰西文藝新報)	1918	장두철	최초의 순국문의 문예 주간지. 외국 문예의 동향, 작가소개, 번역 작품 등을 실음. 김억이 프랑스 상징시 소개

3 주요 작가 및 작품

(1) 최남선

호는 육당(六堂)으로 개화기의 계몽 운동가, 사학자, 문인이며, '기미 독립 선언서' 기초자이다.

① 신문학 개척 운동의 선구자

② 창가: '경부철도가', '한양가', '세계 일주가'

③ 신체시의 창시: 최초의 신체시 '해에게서 소년에게'(1908)

④ 근대적인 수필의 개척: 수필집 《심춘 순례》(1926)와 《백두산 근참기》, 《금강 예찬》

⑤ 시조의 부흥: 최초의 개인 현대 시조집 《백팔 번뇌》(1926), 고시조집 《시조유취》(1928)

⑥ 논설: '조선독립운동사', '기미 독립 선언서' 기초, 논설집 〈불함 문화론〉

⑦ 잡지 간행: 《소년》(1908), 《청춘》(1914)

아동 잡지: 《붉은 저고리》(1912), 《아이들 보이》(1913), 《샛별》(1913)

⑧ 국학 관계의 사료 발견(진흥왕 순수비)

기출 따라잡기

97. 다음 설명 중 가장 적절한 것은?
                                    2019. 경찰 2차

① 〈상저가〉· 〈도솔가〉· 〈가시리〉 모두 고려가요이다.

② 1910년대를 최남선과 이광수 2인 문단시대라 해도 과언은 아니다.

③ 문학에서 개연성이란 현실 모사(模寫)를 뜻한다.

④ 1920년대에 순수 문학을 추구하는 '카프' 단체가 결성되었다.

(2) 이광수

호는 춘원(春園)으로 육당 최남선과 더불어 한국 신문학 개척의 선구자로 불리고 있다.

① **한국 최초의 현대 장편 소설**: '무정'(1917) 발표

② **작품**

　㉠ 초기의 단편 소설: '어린 희생', '소년의 비애', '어린 벗에게'

　㉡ 장편 소설: '개척자', '무정', '유정', '흙'

　㉢ 역사 소설: '단종애사', '마의 태자', '이순신', '이차돈의 사(死)'

　㉣ 수필집: 《돌베개》, 기행문 '금강산 유기', 논설 '민족 개조론'

　㉤ 기타: 《춘원시가집》, 《삼인시가집》, 《나의 고백》, 《백범일지》

그네는 과연 아무 힘이 없다. 자연(自然)의 폭력(暴力)에 대하여서야 누구라서 능히 저항(抵抗)하리요마는 그네는 너무도 힘이 없다. 일생에 뼈가 휘도록 애써서 쌓아 놓은 생활의 근거를 하룻밤 비에 다 씻겨 내려 보내고 말리만큼 그네는 힘이 없다. 그네의 생활의 근거는 마치 모래로 쌓아 놓은 것 같다. 이제 비가 그치고 물이 나가면 그네는 흩어진 모래를 긁어 모아서 새 생활의 근거를 쌓는다. 마치 개미가 그 가늘고 연약한 발로 땅을 파서 둥지를 만드는 것과 같다. 하룻밤 비에 모든 것을 잃어버리고 발발 떠는 그네들이 어찌 보면 가련하기도 하지마는 또 어찌 보면 너무 약하고 어리석어 보인다. 그네의 얼굴을 보건대 무슨 지혜가 있을 것 같지 아니하다. 모두 다 미련해 보이고 무감각(無感覺)해 보인다. 그네는 몇 푼어치 아니 되는 농사한 지식을 가지고 그저 땅을 팔 뿐이다. 이리하여서 몇 해 동안 하느님이 가만히 두면 썩은 볏섬이나 모아 두었다가는 한번 물이 나면 다 씻겨 보내고 만다. 그래서 그네는 영원히 더 부(富)하여짐 없이 점점 더 가난하여진다. 그래서 (몸은 점점 더 약하여지고 머리는 점점 더) 미련하여진다. 저대로 내어버려 두면 마침내 북해도의 '아이누'나 다름없는 종자가 되고 말 것 같다. 저들에게 힘을 주어야 하겠다. 지식을 주어야 하겠다. 그리해서 생활의 근거를 안전하게 하여 주어야 하겠다.

－ 이광수, 〈무정〉 －

이광수의 '무정'은 개화 사상, 남녀평등 사상, 신교육의 육성 등의 계몽 의식을 전달하기 위해 대중적이고 쉬운 설교조의 문체를 사용하였다. 제시문에서 보이는 것처럼, '그네'의 상태를 자세하게 서술하여 '그네'에게 왜 '힘'과 '지식'이 필요한지를 설득하고 있는 것이다.

1 특징

① 다수(多數)동인지 시대: 《창조》를 비롯한 《백조》, 《폐허》, 《장미촌》 등의 문학 동인지가 속출하면서 전문적인 문인들이 등장하여 문학의 저변이 확대되었다.

② 반계몽주의 순문학: 1910년대의 계몽주의 문학에 대한 반발로 예술로서의 문학의 독자성이 추구되었다.

③ 언문 일치가 확립되었다.(김동인, '약한자의 슬픔')

④ 서구 문예 사조의 혼입: 이 시기에 서구의 문예 사조인 낭만주의, 사실주의, 자연주의, 상징주의 등이 한꺼번에 유입되어 우리 문학의 서구화 · 현대화를 촉진하였다.

2 계급주의 문학 [카프(KAPF)]

1922년 9월 이호, 이적효, 김두수, 최승일, 박용대, 김영팔, 심훈, 송영, 김홍파 등이 조직한 염군사(焰群社)와 1923년 박영희, 안석영, 김형원, 이익상, 김기진, 김복진, 연학년 등이 조직한 파스큘라(PASKYULA)가 결합하여 1925년 8월 결성되었다. 에스페란토식 표기의 머리 글자를 따서 '카프(KAPF)'로 약칭한다.

(1) 내용 · 형식 논쟁

① 프로 문단의 선두 주자이던 김기진(소설 건축론)이 동료인 박영희(계급론)의 소설('철야', '지옥 순례' 등)이 계급 의식에만 치우쳐 있다며 혹평을 가하면서 벌어진 논쟁(1926. 12.~1927. 2.)이다.

> 김기진: 소설 건축론("소설은 하나의 건축이다. 기둥도 서까래도 없이 붉은 지붕만 입혀 놓은 건축이 어디 있는가")을 제기하면서, 프로 문학도 하나의 문학 예술인 이상 묘사와 실감이 부여되어야 한다고 문학의 특수성을 강조했다.

> 박영희: 문학 활동은 노동 계급 활동의 한 부분으로 계급적 지향이 명확해야 한다며, 문학의 계급성 · 당파성을 강조했다.

② 계급주의 내부에서 시작된 내용 · 형식론은 김기진과 박영희의 논쟁에 절충파가 가담해 오히려 가열되었다가 결국 김기진과 박영희의 결별로 이어지고, 뒤에 박영희는 '얻은 것은 이데올로기요, 잃은 것은 예술'이라는 말과 함께 카프에서 탈퇴해 버렸다.

예제 | 따라잡기

98. 다음 중 '조선 프로 예술 동맹(KAPF)'에 대한 설명으로 잘못된 것은?

① 1925년 8월, 김기진, 박영희, 이상화 등에 의해 결성된 경향적 예술 단체이다.

② 예술을 무기로 하여 조선 민족의 계급적 해방을 목적으로 하는 대규모의 문학 운동을 벌였다.

③ 1930년대 초 해외 문학파인 김진섭, 이하윤 등과 대립하여 소설 건축론을 중심으로 내용 · 형식 논쟁을 전개했다.

④ 1930년대 들어서 일제의 탄압에 의해 제1차, 제2차 검거 사건을 겪고 1935년 6월 해산되었다.

(2) 대중화론

정치 투쟁에 참가하기 위해 카프가 문학. 예술인 중심의 조직 구도에서 대중 조직으로 개편되면서, 투쟁적인 예술 작품을 대중에게 전달하고 의식을 각성시키는 문학. 예술의 대중화 문제가 김기진과, 새로 카프의 주도권을 쥐에 된 소장파 그룹(임화, 김남천, 권환 등)에 의해 전개되었다.

- 김기진: 극도의 재미없는 정세에서 연장으로서의 문학은 그 정도를 수그려야 하며, 구체적인 운동 방식으로 노동자. 농민을 대상으로 한 대중 소설이 필요하다며 대중화론을 제기했고, 임화의 '우리 오빠와 화로'를 단편 서사시로 높이 평가했다.
- 임 화: 탄압기를 헤쳐가는 것은 문학의 형식 문제가 아닌 혁명적 투쟁이라며, 김기진의 견해를 반박했다.

사랑하는 우리 오빠 어저께 그만 그렇게 위하시던 오빠의 거북 무늬 질화로가 깨어졌어요.

언제나 오빠가 우리들의 '피오닐' 조그만 기수라 부르던 영남(永男)이가

지구에 해가 비친 하루의 모─든 시간을 담배의 독기 속에다

어린 몸을 잠그시 사 온 그 거북 무늬 화로가 깨어졌어요.

그리하여 지금은 화젓가락만이 불쌍한 영남이하고 저하고처럼

똑 우리 사랑하는 오빠를 잃은 남매와 같이 외롭게 벽에 가 나란히 걸렸어요.

(중략)

화로는 깨어져도 화젓갈은 깃대처럼 남지 않았어요.

우리 오빠는 가셨어도 귀여운 '피오닐' 영남이가 있고

그리고 모─든 어린 '피오닐'의 따뜻한 누이 품 제 가슴이 아직도 더웁습니다.

그리고 오빠……

저뿐이 사랑하는 오빠를 잃고 영남이 뿐이 굳세인 형님을 보낸 것이겠습니까?

섧지도 않고 외롭지도 않습니다.

세상에 고마운 청년 오빠의 무수한 위대한 친구가 있고 오빠와 형님을 잃은 수 없는 계집아이와 동생

저희들의 귀한 동무가 있습니다.

그리하여 이 다음 일은 지금 섭섭한 분한 사건을 안고 있는 우리 동무 손에서 싸워질 것입니다. (하략)

— 임화, 〈우리 오빠와 화로〉 —

편지 형식인 임화의 '단편 서사시'로 식민 치하에서 민중들에게 계급 의식을 고취함으로써 해방 투쟁에 나설 것을 부추기는 의도의 작품이다. '화로'가 지니는 의미는 민족 해방의 불씨가 노동자에게 있다는 뜻이고, 화로가 깨졌다는 것은 그 불씨가 확산된다는 뜻이다.

플러스

이밖에 KAPF와 관련된 주요 논쟁으로는 박영희와 일본 유학생 그룹인 제3전선파 사이의 '목적 의식 방향 전환 논쟁', 카프의 조중곤과 아나카즘 계열의 김화산이 벌인 '아나카즘 논쟁', 안함광과 백철 사이의 '농민 문학 논쟁' 등이 있다.

기출 | 따라잡기

99. 〈보기〉의 문학사적 사실들을 발생 순서대로 배열한 것은?

2016. 서울시 9급

보기

㉠ 〈삼대〉, 〈흙〉, 〈태평천하〉 등 다양한 장편소설들이 발표되었다.

㉡ 이광수의 〈무정〉이 《매일신보》에 연재되어 세간의 화제를 불러 일으켰다.

㉢ 《창조》, 《백조》, 《폐허》 등의 동인지가 등장하고 《조선일보》, 《동아일보》와 같은 민간 신문들이 발행되었다.

㉣ 《인문평론》, 《문장》 등 유수한 문학잡지들과 한글 신문 등의 발행이 어려워지게 되었다.

㉤ 이인직의 〈혈의 누〉, 이해조의 〈자유종〉과 같은 소설 들이 발표되었다.

① ㉡-㉤-㉠-㉢-㉣
② ㉡-㉤-㉢-㉣-㉠
③ ㉤-㉡-㉢-㉠-㉣
④ ㉤-㉢-㉠-㉡-㉣

(3) 활동의 의의
① 노동자, 농민 등 프롤레타리아 계급이 문학의 주체 내지 객체로 가담함으로써 문학 대중화에 기여하였다.
② 문학 이론의 과학적 토대를 마련하였다.

(4) 대표 작가 및 작품
① 시: 임화, 박세영, 이찬, 안함광, 권환, 박팔양 등.
② 소설: 최서해, 〈홍염〉·〈기아와 살육〉·〈탈출기〉 / 조명희, 〈땅 속으로〉 / 박영희, 〈철야〉·〈지옥순례〉·〈사냥개〉 / 김팔봉, 〈붉은 쥐〉 / 이북명, 〈암모니아 탱크〉 / 김남천, 〈물〉 / 한설야, 〈황혼〉 / 송영, 〈용광로〉 / 이기영, 〈가난한 사람들〉·〈농부 정도령〉·〈고향〉·〈민촌〉 / 이효석, 〈도시와 유령〉 / 주요섭, 〈인력거꾼〉·〈살인〉 / 강경애, 〈인간 문제〉 등

3 국민 문학파의 역할

(1) 의의: 민족주의 바탕하에 국민 의식의 필요성을 역설하고, 우리의 전통을 계승하고자 하였다.

(2) 결성: 계급주의 문학이 문단이 주류를 이루자, 1926년 결성하여 카프와 대립하였다.

(3) 활동 작가: 최남선, 이병기, 염상섭, 조운, 김영진, 이은상, 이광수, 주요한, 양주동 등이 참여했으며 주로 《조선 문단》에서 활동했다.

(4) 경향
① 국민 의식을 진작할 수 있는 시조(時調) 부흥 운동을 전개하였다.
② 역사 소설을 제작하여 대중이 민족사에 눈뜨게 하였다.
③ 애국 의식의 고취를 위해 국토 기행 수필을 쓰고 읽게 하였다.
④ '가갸날(한글날)'을 제정하였다.

4 갈래별 전개 양상

(1) 시의 전개

① **자유시의 본격화**: 주요한의 '불놀이'가 발표된 이래 자유시가 본격화된다.

② **낭만적·감상적 경향**: 초기에는 3·1 운동의 실패, 서구의 세기말 사조의 영향 등으로 말미암아 우울한 정서와 감상적인 경향을 중심으로 한 퇴폐적 낭만주의 시가 주류를 이루었다.

> '마돈나' 지금은 밤도 모든 목거지에 다니노라 피곤하여 돌아가련도다.
>
> 아, 너도 먼동이 트기 전으로 수밀도(水蜜桃)의 네 가슴에 이슬이 맺도록 달려오너라.
>
> '마돈나' 오려무나. 네 집에서 눈으로 유전(遺傳)하던 진주(眞珠)는 다 두고 몸만 오너라. 빨리 가자.
>
> 우리는 밝음이 오면 어딘지 모르게 숨는 두 별이어라.
>
> '마돈나' 구석지고도 어두운 마음의 거리에서 나는 두려워 떨며 기다리노라.
>
> 아, 어느덧 첫닭이 울고 — 뭇 개가 짖도다. 나의 아씨여, 너도 듣느냐.
>
> '마돈나' 지난 밤이 새도록 내 손수 닦아 둔 침실로 가자, 침실로!
>
> 낡은 달은 빠지려는데 내 귀가 듣는 발자국 — 오 너의 것이냐? (하략)
>
> – 이상화, 〈나의 침실로〉 –

> • **주제**: 아름답고 영원한 안식처의 희구
> • 낭만적·감상적·격정적·현실 도피적 경향을 띠어 서구적 퇴폐주의와 탐미적 정조를 상징적 수법으로 표현했다.

③ **전통 지향의 흐름**

  ㉠ **민요시 운동**: 김억, 주요한, 김동환, 김소월, 이상화, 홍사용 등에 의해 민요시 운동이 일어났다.

  ㉡ **시조 부흥 운동**: 최남선이 주도한 시조 부흥 운동은 민족주의적 경향에 바탕을 두고 전통 시형인 시조를 계승·발전시키고자 한 것으로 시조의 현대화 작업이다. 가람 이병기, 노산 이은상, 위당 정인보 등이 참여하였다.

④ **경향시의 등장**

  초기의 감상적 낭만주의 시에 대한 반발로 사회주의 이데올로기에 바탕을 둔 현실 인식을 형상화하려는 경향시가 등장하였다. 그러나 이들 경향시는 지나치게 이데올로기를 강조함으로써 시로서는 예술적 형상화가 이루어지지 못했기 때문에 문학적 성과를 거두지 못했다.

➕ 플러스 · 김억

(1) 호는 안서(岸曙). 초기의 감상적인 시에서 민요시로 전환하였다.

(2) 1923년 간행된 시집 《해파리의 노래》는 인생과 자연을 7·4조, 4·4조 등의 민요 형식으로 담담하게 노래한 최초의 근대 개인 시집이다.

(3) 최초의 현대 번역 시집 《오뇌의 무도》는 베를렌, 보들레르의 시를 번역한 것으로서 한국 시단에 퇴폐적·상징적 경향을 낳게 한 촉매제 역할을 담당하였다.

⑤ 기타

김동환의 '국경의 밤'을 계기로 한 서사시가 등장했으며, 김억의 '오뇌의 무도'를 비롯하여 서구의 시가 번역 소개되었다.

➕ 플러스 김동환, 〈국경의 밤〉(1925)

1925년에 발행된 김동환(金東煥)의 첫 서사시집이다. 표제작 〈국경의 밤〉은 두만강의 겨울밤을 배경으로 밀수를 떠난 남편을 걱정하는 아내의 애타는 마음을 통해 일제 치하 우리 민족의 비운을 노래한 서사시이다. 우리나라 근대 문학사상 최초의 서사시라 할 수 있다. 전문 3부 72절로 된 장시로서, 조국을 상실한 민족의 비애와 애환을 잘 드러낸다. 시집 《국경의 밤》은 민족주의적인 사상과 북국적인 정열이 융합된 낭만적인 특성을 지닌 서사시집이라는 평가를 받는다.

(1장)

"아하, 무사히 건넜을까/이 한 밤에 남편은

두만강을 탈없이 건넜을까?//

저리 국경 강안(江岸)을 경비하는/외투(外套) 쓴 검은 순사(巡査)가

왔다―갔다―/오르명 내리명 분주히 하는데

발각도 안 되고 무사히 건넜을까?//

소금실이 밀수출(密輸出) 마차를 띄워 놓고/밤새 가며 속태우는 젊은 아낙네

물레 젓던 손도 맥이 풀려서/'파!' 하고 붙는 어유(魚油) 등잔만 바라본다.

북국(北國)의 겨울 밤은 차차 깊어 가는데.

(2장)

어디서 불시에 땅 밑으로 울려 나오는 듯

"어―이" 하는 날카로운 소리 들린다.

저 서쪽으로 무엇이 오는 군호(軍號)라고

촌민(村民)들이 넋을 잃고 우두두 떨 적에 처녀(妻女)만은 잡히우는 남편의 소리라고

가슴 뜯으며 긴 한숨을 쉰다.―

눈보라에 늦게 내리는

영림창(營林廠) 산림(山林)실이 벌부(筏夫)떼 소리언만. (하략)

– 김동환, 〈국경의 밤〉 –

> 전체 3부 72장으로 이루어져 있는 최초의 근대 서사시로 우리 민족의 애환과 비애를 극적으로 형상화한 작품이다.

(2) 소설의 전개

① **소설의 예술성 추구**: 문학 본래의 순수성을 추구함으로써 계몽주의 경향을 극복했다.

② **사실주의 · 자연주의적 경향**: 식민지의 사회 현실을 객관적으로 묘사하였다.

③ **경향 소설의 등장**: 일제 하의 암울한 상황에서 삶의 극한에 몰린 빈민들의 방화, 살인 등을 다루었다.

④ **기법의 발전**: 완전한 언문 일치의 문장, 구성의 긴밀성, 묘사의 객관성 등 표현 방법의 발전이 이루어졌다.

⑤ **동반자(同伴者) 작가의 활동**: 카프(KAPF)에 가담하지는 않았으나 프로 문학에 동조하는 작가들로 채만식, 박화성, 이효석, 유진오 등이다.

(1) 호는 금동(琴童)으로 동인지 《창조》를 발간하였다.

(2) 사투리와 비속어를 많이 사용하였고, 주로 간결체를 사용하였다.

(3) 언문 일치(구어체) 문장을 확립하였다. 즉, '더라' '이라' 등의 문어체를 탈피하였다.

(4) 과거 시제를 정착시켰다.

(5) 대명사 '그'를 정착시켰다. 특히 남자(He)와 여자(She)를 구별하지 않고 모두 '그'를 사용하였다.

(6) 단일 묘사법: 작가는 전지전능한 신(神)의 입장에 서서 미리 소재와 주제를 결정해 놓고 작중 인물을 인형 놀리듯 조정해야 한다고 주장하였는데, 이를 '인형 조정술'이라 한다.

(7) 진시황적 유토피아 제시

(8) 소설: '약한 자의 슬픔'(사실주의), '배따라기'(낭만주의, 유미주의), '감자'(자연주의), '광염소나타'(유미주의), '광화사'(유미주의), '붉은 산'(민족주의), '발가락이 닮았다'(사실주의), '운현궁의 봄'(역사 소설), '대수양'(역사 소설), '젊은 그들'(역사 소설)

(9) 논설: '조선 근대 소설고', '춘원 연구'

(3) 극문학

1920년대 들어 여러 개의 연극 단체가 결성되면서 신파극을 탈피하여 현대극은 뿌리를 내리기 시작한다.

연극 단체	연대	주요 동인	공연 작품	의의
극예술협회	1921	김우진, 홍해성, 마해송, 조명희	김영일의 사, 최후의 악수	동경 유학생을 중심으로 조직된 지상인 연극 단체
토월회	1922	박승희, 김기진, 이서구, 윤심덕	부활, 카르멘, 춘향전	동경 유학생이 발기하여 확장된 현대극 단체. 최장기 공연 기록을 세움.

(4) 수필

최남선, 이광수 등의 기행 수필이 발표되어 수필 문학도 어느 정도 독자성을 확보하였다. 대표적인 작품으로는 최남선의 '심춘 순례'·'백두산 근참기', 이광수의 '금강산 유기', 나도향의 '그믐달', 민태원의 '청춘 예찬' 등이 있다.

(5) 비평

① **김동인**: 《근대 소설고》에서 춘원의 소설을 비판하였다.

② **염상섭**: '개성과 예술'을 통해 사실주의 문학 이론을 소개하였다.

③ **양주동**: '문예상의 내용과 형식 문제'를 통해 계급 문학과 민족 문학의 관계를 설명하였다.

④ 카프(KAPF) 내부에서 김기진과 박영희가 내용·형식 논쟁을 벌였다.

1920년대에는 영화가 연극에서 본격적으로 분리되면서 〈춘향전〉, 〈장화홍련전〉, 〈운영전〉 등의 고전 소설이 시나리오로 각색된다. 나운규의 항일 의식이 반영된 〈아리랑〉이 대표작이다. 〈아리랑〉은 1926년에 발표한 무성 영화로, 작품의 주제가 항일 민족정신으로 일관하면서도 우리의 전통 민요인 '아리랑'과 접맥하여 민족의 혼을 되살리겠다고 발표한 작품이다.

플러스 | 주요 발표지 발간 순서

창조(1919) - 개벽(1920) -
폐허(1920) - 장미촌(1921) -
백조(1922) - 금성(1923) -
영대(1924) - 조선 문단(1924) -
해외 문학(1927) -문예 공론(1929) -
시문학(1930) - 삼사 문학(1934) -
시인부락(1936) - 문장(1939) -
인문 평론(1939)

기출 | 따라잡기

100. 다음 동인지 중 간행 시기가 가
장 빠른 것은? 2005. 서울시 9급

① 백조
② 장미촌
③ 영대
④ 시인부락
⑤ 문장

5 주요 발표지

지명	연대	주요 동인	경향	특징
창조	1919	김동인, 주요한, 전영택	사실주의 상징주의	• 최초의 순문예 동인지 • 구어체 문장의 확립 • 이광수, 최남선의 계몽 문학을 배척, 예술적 순수 문학 지향 • 소설에서의 사실주의, 자연주의를 도입하였고, 시에서는 상징주의, 낭만주의를 추구 • 김동인의 처녀작 '약한 자의 슬픔', 주요한의 '불놀이'가 실림.
개벽	1920	박영희, 김기진	계급주의	월간 종합지(동인지가 아님). 천도교에서 발행. '진달래꽃', '빼앗긴 들에도 봄은 오는가', '표본실의 청개구리' 등 발표
폐허	1920	김억, 염상섭 황석우, 오상순	퇴폐적 낭만주의	시 중심의 활동
장미촌	1921	황석우, 변영로 박종화, 박영희	낭만주의	최초의 시 전문 동인지. 《폐허》와 《백조》의 교량적 역할을 하였음.
백조	1922	박종화, 현진건 이상화, 나도향 홍사용, 박영희	낭만주의	시에서 감상적 낭만주의가 주조를 이루었고, 소설에서는 사실주의 경향을 띠었음.
금성	1923	양주동, 이장희	낭만주의	시 중심 동인지
영대	1924	주요한, 김억, 김소월, 이광수	다양	순문예지. 《창조》의 후신
조선 문단	1924	방인근, 이광수	민족주의	동인지의 성격을 탈피하고, 신인 추천제를 둔 문예 종합지. 국민 문학파가 활동했으며, 시조 부흥 운동 전개
해외 문학	1927	김진섭, 정인섭, 김광섭, 이하윤	순수 문학	외국 문학에 대한 최초의 본격적인 번역 소개지. 해외 문학파가 활동. 순수 문학의 모태. 극예술연구회 조직
문예 공론	1929	양주동, 염상섭, 정노풍	절충주의	문예 종합지. 계급주의와 민족주의를 절충하려는 경향
삼천리	1929	김동환		교양 종합 잡지(동인지가 아님). 문예에 많은 지면을 할애

제 4 절 1930년대 문학(1930~1945년)

1 특징

① 사회적 문단 시대 (유파별 시대)
② 순수 문학의 지향(계급 문학의 퇴조): 일제의 탄압이 가중됨에 따라 카프 (KAPF)가 해체되고, 문학의 순수성과 예술성을 지향하는 세력이 문단의 주류를 형성하였다.
③ 문학이 역사적 가치의 대상에서 예술적 가치의 대상으로 바뀐다.
④ 주지주의, 초현실주의 등 20세기 현대 문예 사조가 유입되었다.
⑤ 기교와 내용의 발전으로 문학적 소재와 형식이 다양해지며 예술적 수준이 향상되었다.

2 갈래별 전개 양상

(1) 시

① 시문학파(詩文學派) - 순수시 운동
  ㉠ 1930년 《시문학》 동인이었던 박용철, 김영랑, 정지용, 정인보, 신석정, 이하윤 등을 가리키며, 카프의 계급주의에 반발하여 순수시를 썼다.
  ㉡ 시는 언어 예술임을 내세워 언어의 조탁에 주력하였다.
  ㉢ 시어의 음악성을 중시하였다.
  ㉣ 기교를 중시하였다.
  ㉤ 맑고하고 섬세한 정서를 투명하게 잘 표현했다.
  ㉥ 고향의 삶을 주요 제재로 채택하였다.
  ㉦ 예술 지상주의, 유미주의적 경향을 보인다.

> 내 마음을 아실 이 / 내 혼자 마음 날같이 아실 이
> 그래도 어디나 계실 것이면,
> 내 마음에 때때로 어리우는 티끌과 / 속임 없는 눈물의 간곡한 방울방울,
> 푸른 밤 고이 맺는 이슬 같은 보람을
> 보밴 듯 감추었다 내어 드리지.
> 아! 그립다 / 내 혼자 마음 날같이 아실 이
> 꿈에나 아득히 보이는가.
> 향 맑은 옥돌에 불이 달아 / 사랑은 타기도 하오련만,
> 불빛에 연긴 듯 희미론 마음은 / 사랑도 모르리, 내 혼자 마음은.
> — 김영랑, 〈내 마음을 아실 이〉 —

기출 따라잡기

101. 다음 중 1930년대 문학의 특징에 해당하는 것은? 2005. 충북 9급
① 계몽성을 거부한 순수 문학적 성격이었다.
② 계급주의(階級主義) 문학과 민족주의(民族主義) 문학의 대립관계가 형성되었다.
③ 민족의식을 고취하기 위한 농촌 계몽(啓蒙) 소설이 창작되었다.
④ 중세에서 근대로의 이행기 문학이었다.

➕ 플러스 1930년대 시 유파의 전개 순서

시문학파(1930~)
⇨ 주지시파(1934~)
⇨ 생명파(1936~)
⇨ 청록파(1939~)

기 · 승 · 전 · 결 형식의 네 연으로 구성된 이 작품은 임에 대한 간절한 그리움을 주제로 하여 언어의 기교와 순수한 서정을 중시한 영랑의 시 세계를 한눈에 볼 수 있다.

기출 | 따라잡기

102. 1930년대 문단의 상황에 대한 다음 진술 중 잘못된 것은?
2014. 서울시 9급

① 김동리, 김유정 등 동반자작가들이 활동했다.
② 예술성을 강조하는 순수 문학이 크게 유행했다.
③ 모더니즘 문학이 도입되고 다양한 기법이 실험되었다.
④ 전원파, 청록파, 생명파 등이 등장했다.
⑤ 일제의 탄압으로 카프(KAPF)가 해체되었다.

103. 각 시대별로 나타난 문학의 특징을 설명한 것으로 적절하지 않은 것은?
2015. 기상직 9급

① 1910년대 – 전근대적 사회를 극복하고자 하였으며, 서구문학의 유입에 따라 우리 민족의 역량을 길러야 한다는 민족주의적 계몽주의가 주류를 이루었다.
② 1920년대 – '백조', '장미촌', '폐허' 등과 같은 문예 동인지가 발간되면서 전문적인 문인들이 등장하여 문학의 저변이 확대되었다.
③ 1930년대 – 문학의 순수성과 예술성을 지향하는 문인들이 문단의 주류를 형성하였고, 브나로드 운동의 영향으로 농촌 계몽을 목적으로 하는 문학이 등장하였다.
④ 1950년대 – 정치적 격동기를 배경으로 사회 현실에 대한 통찰과 인식, 역사에 대한 반성과 비판을 주류로 하는 참여문학이 형성되었다.

② 주지파(主知派) – 모더니즘 시 운동

㉠ 1934년 최재서에 의해 소개된 후 활발하게 전개되었다
㉡ 사물에 대한 지적 인식을 중시하였다.
㉢ 회화적 심상(이미지)을 중시하는 경향을 보였다.
㉣ 도시 문명, 이국적 정서 등 형식과 내용 면에서 근대적인 성격을 보인다.
㉤ 외국의 작품에서는 문명 비판적 성격이 두드러지나 우리는 상대적으로 약하다.
㉥ 최재서가 소개했으며, 정지용은 모더니즘의 선구자로 평가되며, 김광균을 완성자로 평가하고, 김기림, 장만영, 이상 등이 대표적 작가이다.

가
낙엽은 폴란드 망명 정부의 지폐 / 포화(砲火)에 이지러진
도룬 시의 가을 하늘을 생각게 한다.
길은 한 줄기 구겨진 넥타이처럼 풀어져 / 일광(日光)의 폭포 속으로 사라지고
조그만 담배 연기를 내뿜으며 / 새로 두 시의 급행 열차가 들을 달린다.
포플라 나무의 근골(筋骨) 사이로 / 공장의 지붕은 흰 이빨을 드러낸 채
한 가닥 구부러진 철책(鐵柵)이 바람에 나부끼고 / 그 위에 셀로판지로 만든 구름이 하나.
자욱한 풀벌레 소리 발길로 차며 / 호올로 황량(荒凉)한 생각 버릴 곳 없어
허공에 띄우는 돌팔매 하나 / 기울어진 풍경의 장막(帳幕) 저쪽에
고독한 반원(半圓)을 긋고 잠기어 간다.　　　　– 김광균, 〈추일서정〉 –

쓸쓸하고 황량한 가을날의 비정한 도시의 풍경 속에서 이리저리 방황하는 화자의 모습을 시각적 이미지를 통해 잘 형상화하고 있다.

나
十三人의兒孩가道路로疾走하오. / (길은막다른골목이適當하오.)
第一의兒孩가무섭다고그리오. / 第二의兒孩도무섭다고그리오.
第三의兒孩도무섭다고그리오. / 第四의兒孩도무섭다고그리오.
第五의兒孩도무섭다고그리오. / 第六의兒孩도무섭다고그리오.
第七의兒孩도무섭다고그리오. / 第八의兒孩도무섭다고그리오.
第九의兒孩도무섭다고그리오. / 第十의兒孩도무섭다고그리오. (하략)
　　　　　　　　　　　　　　　　　　　　　　– 이상, 〈오감도〉 –

식민지 지식인의 공포 의식과 좌절 의식을 그 주제로 억압된 실존적 불안을 그린 작품으로 자동 기술법의 실험적 수법을 사용하여 다다이즘, 초현실주의의 경향을 보이는 난해한 시이다. 삶의 의미와 방향을 잃고 상호 불신과 치열한 경쟁 속에 현대인의 소외와 불안, 고독, 절망적이고 암담한 현실 상황을 보여 주고 있으며, 진정한 의미의 참다운 인간 관계를 열망하는 시인의 마음을 역설적으로 표현한 것이라 할 수 있다.

③ 생명파(生命派)[인생파(人生派)]

   ⊙ 생명 의식의 고양과 인생의 궁극적 의미의 추구에 주력하였다.

   ⓒ 경향파의 목적 의식, 순수시파의 기교주의, 주지시파의 비생명적 메커니즘에 대한 반발로 나타난다.

   ⓒ 유치환, 서정주, 김동리, 오장환 등

가   사향(麝香) 박하(薄荷)의 뒤안길이다. / 아름다운 배암…….

     얼마나 커다란 슬픔으로 태어났기에, 저리도 징그러운 몸뚱어리냐.

     꽃대님 같다.

     너의 할아버지가 이브를 꼬여 내던 달변(達辯)의 혓바닥이

     소리 잃은 채 낼룽거리는 붉은 아가리로

     푸른 하늘이다……. 물어 뜯어라, 원통히 물어 뜯어,

     달아나거라, 저놈의 대가리!

     돌팔매를 쏘면서, 쏘면서, 사향 방초(芳草) 길 / 저놈의 뒤를 따르는 것은

     우리 할아버지의 아내가 이브라서 그러는 게 아니라

     석유 먹은 듯…… 석유 먹은 듯…… 가쁜 숨결이야

     바늘에 꼬여 두를까 보다. 꽃대님보다도 아름다운 빛……

     클레오파트라의 피 먹은 양 붉게 타오르는

     고운 입술이다……. 스며라! 배암.

     우리 순네는 스물 난 색시, 고양이같이 고운 입술…… / 스며라! 배암.

                                             - 서정주, 〈화사〉 -

> 이 시는 원시적 생명력의 상징인 뱀을 매우 감각적으로 표현하여 악의 아름다움을 추구하고 있다. '몸뚱어리', '아가리', '대가리' 등의 비속한 용어를 씀으로써 지적ㆍ문명적 경향에 강하게 맞서 원시적이고 퇴폐적인 생명력을 강조하는 수법을 쓰고 있다.

나   내 죽으면 한 개 바위가 되리라.

     아예 애련(哀憐)에 물들지 않고 / 희로(喜怒)에 움직이지 않고

     비와 바람에 깎이는 대로 / 억년(億年) 비정(非情)의 함묵(緘默)에

     안으로 안으로만 채찍질하여 / 드디어 생명도 망각(忘却)하고

     흐르는 구름 / 먼 원뢰(遠雷)

     꿈꾸어도 노래하지 않고 / 두 쪽으로 깨뜨려져도

     소리하지 않는 바위가 되리라.   - 유치환, 〈바위〉 -

> '허무와 초극의 시인'이라 평가받는 유치환의 경향이 잘 드러난 작품으로 삶의 허무 속에서 그것을 극복하고, 궁극적인 생명의 의미를 파악하여 이를 지켜 나가려는 의지를 드러내고 있다.

④ 청록파(靑鹿派)

　㉠ 박목월, 조지훈, 박두진을 일컫는 명칭으로 '자연파(自然派)'라고도 한다.

　㉡ 자연을 소재로 한 자연 친화적인 태도를 표출하고, 향토적 정조와 전통 회귀 정신을 강조한다.

⑤ 전원파

　목가적 전원시(田園詩)를 쓴 김동명, 신석정, 김상용 등장하여 도시적 삶에서 벗어나 농촌 또는 자연의 세계에 대한 동경을 표현함으로써 자연 친화적 태도를 보였다. 즉, 이상향으로서의 전원 생활에 대한 동경과 안빈낙도의 세계관을 보였다.

⑥ 저항과 참회의 시인

　이육사와 윤동주는 일제 말기의 문학적 공백기에 민족적인 의지와 양심을 지켜 준 대표적 시인이며, 일제 치하에 한국 저항시의 맥을 형성하고 있다는 데 의의가 있다.

⑦ 기타

작가	경향	대표작
김현승	인간의 절대 고독, 영혼의 순결성을 노래	가을의 기도, 눈물, 가을, 절대 고독
김광섭	고요한 서정과 지적 경향	해바라기, 성북동 비둘기, 생의 감각
이용악	식민지 치하의 뿌리 뽑힌 향토민의 삶을 노래. 짓밟히면서도 일어나는 민중의 끈질긴 생명력을 다룸.	낡은 집, 오랑캐꽃, 전라도 가시내, 분수령
백석	평안도 지방의 향토적 생활과 민속을 객관적 태도로서 사실적으로 그림. 식민지 상황에서 유랑하는 민중의 삶을 다룸.	여우난 곬족, 사슴, 고향, 여승

예제 따라잡기

104. 다음 글을 이해한 내용으로 가장 적절한 것은?　　2025 개편 예시문항

　이육사의 시에는 시인의 길과 투사의 길을 동시에 걸었던 작가의 면모가 고스란히 담겨 있다. 가령, 〈절정〉은 크게 두 부분으로 나누어지는데, 투사가 처한 냉엄한 현실적 조건이 3개의 연에 걸쳐 먼저 제시된 후, 시인이 품고 있는 인간과 역사에 대한 희망이 마지막 연에 제시된다.

　우선, 투사 이육사가 처한 상황은 대단히 위태로워 보인다. 그는 "매운 계절의 채찍에 갈겨 / 마침내 북방으로 휩쓸려" 왔고, "서릿발 칼날진 그 위에 서" 바라본 세상은 "하늘도 그만 지쳐 끝난 고원"이어서 가냘픈 희망을 품는 것조차 불가능해 보인다. 이러한 상황은 "한발 제겨디딜 곳조차 없다"는 데에 이르러 극한에 도달하게 된다. 여기서 그는 더 이상 피할 수 없는 존재의 위기를 깨닫게 되는데, 이때 시인 이육사가 나서면서 시는 반전의 계기를 마련한다.

　마지막 4연에서 시인은 3연까지 치달아 온 극한의 위기를 담담히 대면한 채, "이러매 눈감아 생각해" 보면서 현실을 새롭게 규정한다. 여기서 눈을 감는 행위는 외면이나 도피가 아니라 피할 수 없는 현실적 조건을 새롭게 반성함으로써 현실의 진정한 면모와 마주하려는 적극적인 행위로 읽힌다. 이는 다음 행, "겨울은 강철로 된 무지갠가보다"라는 시구로 이어지면서 현실에 대한 새로운 성찰로 마무리된다. 이 마지막 구절은 인간과 역사에 대한 희망을 놓지 않으려는 시인의 안간힘으로 보인다.

① 〈절정〉에는 투사가 처한 극한의 상황이 뚜렷한 계절의 변화로 드러난다.

② 〈절정〉에서 시인은 투사가 처한 현실적 조건을 외면하지 않고 새롭게 인식한다.

③ 〈절정〉은 시의 구성이 두 부분으로 나누어지면서 투사와 시인이 반목과 화해를 거듭한다.

④ 〈절정〉에는 냉엄한 현실에 절망하는 시인의 면모와 인간과 역사에 대한 희망을 놓지 않으려는 투사의 면모가 동시에 담겨 있다.

가　날로 밤으로 / 왕거미 줄치기에 분주한 집
　　사람이 살지 않는 폐가

마을서 흉집이라고 꺼리는 낡은 집 / 이 집에 살았다는 백성들은
　　일제하 우리 민족(농민, 유이민)의 비참한 현실

대대손손에 물려줄 / 은동곳도 산호관자도 갖지 못했니라
　　양반들이 애용하던 도구, 재력과 권력의 상징
　　　　　　　　　　　　　　　▶ 어른들이 들려 준 낡은 집 이야기

재를 넘어 무곡을 다니던 당나귀 / 항구로 가는 콩실이에 늙은 둥글소
　　장사하려고　　　　　식민지 수탈의 공간　　　일제의 수탈에 시달리는 농민.
　　많은 곡식을 사들임　　　　　　　　　　　　'둥글소'는 황소의 방언

모두 없어진 지 오랜 / 외양간엔 아직 초라한 내음새 그윽하다만

털보네 간 곳은 아무도 모른다.
　　　　　　　　　　　　　　　▶ 자취를 감춘 털보네의 낡은 집 묘사

찻길이 놓이기 전 / 노루 멧돼지 족제비 이런 것들이
일제의 문명

앞 뒤 산을 마음놓고 뛰어다니던 시절 / 털보의 셋째아들은 / 나의 싸리말 동무는
　　　　　　　　　　　　　　　　　　　　　　　죽마고우

이 집 안방 짓두광주리 옆에서 / 첫울음을 울었다고 한다.
　　반짇고리의 함경 방언　　　출생의 의미
　　　　　　　　　　　　　　　▶ 싸리말 동무의 출생

"털보네는 또 아들을 봤다우 / 송아지래두 붙었으면 팔아나 먹지"
　　당시 민중의 비참한 가정 형편

마을 아낙네들은 무심코 / 차거운 이야기를 가을 냇물에 실어보냈다는 / 그날 밤
저릎등이 시름시름 타들어가고 / 소주에 취한 털보의 눈도 일층 붉더란다.
겨릎등, 속타는 농민의 심정
　　　　　　　　　　　　　　　▶ 축복받지 못한 동무의 출생

갓주지 이야기와 / 무서운 전설 가운데서 가난 속에서
갓을 쓴 주지 스님

나의 동무는 늘 마음 졸이며 자랐다.
당나귀 몰고 간 애비 돌아오지 않는 밤 / 노랑고양이 울어 울어
종시 잠 이루지 못하는 밤이면 / 어미 분주히 일하는 방앗간 한구석에서
나의 동무는 / 도토리의 꿈을 키웠다.
　　소박하고 작은 꿈
　　　　　　　　　　　　　　　▶ 가난과 근심 속에 성장한 동무의 삶

그가 아홉살 되던 해 / 사냥개 꿩을 쫓아다니는 겨울
이 집에 살던 일곱 식솔이 / 어데론지 사라지고 이튿날 아침
북쪽을 향한 발자국만 눈 위에 떨고 있었다.
한겨울 유랑의 길을 떠나는 냉혹한 현실
　　　　　　　　　　　　　　　▶ 고향을 떠난 털보네 가족

➕ 플러스　이용악(1914년 ~ 미상)

1930년대 후반에 서정주·오장환 등과 함께 3대시인으로 불리기도 하였다. 이후 그가 월북하기까지 《오랑캐꽃》(1947)과 《이용악집》(1949) 등 2권의 시집을 더 간행하였다. 그는 유학시절에 여러 가지 품팔이 노동을 하면서 학비를 조달했는가 하면, 민족해방을 위한 혁명운동에 참여하여 활동하다가 몇 차례 일본 관헌에 잡혀가 고초를 겪기도 하였다고 한다. 이런 생활 체험을 바탕으로 이룩한 그의 시세계는 보다 절박한 시대적 상황의식을 형상화하고 있다. 식민치하의 우리 민족, 특히 간도 유이민(流移民)들이 겪었던 비참한 생활실상을 밝혀 신랄하게 비판하고 있다. 또한 그 유이민들이 고국에 돌아와서도 소외되어 궁핍한 삶을 살아가는 모습과 좌절감을 노래하기도 하였다. 그는 암담했던 한 시대사를 고발한 시인으로, 항시 없는 자의 편에 서서 그들의 아픔을 함께 한 시인일 뿐만 아니라, 단형서사시(短形敍事詩)의 형식을 실험한 작가로 근대 시사에 공적을 남기고 있다.

더러는 오랑캐령 쪽으로 갔으리라고
더러는 아라사로 갔으리라고
이웃 늙은이들은 / 모두 무서운 곳을 짚었다.

▶ 털보네가 간 곳을 짚어 보는 이웃들

지금은 아무도 살지 않는 집 / 마을서 흉집이라고 꺼리는 낡은 집
제철마다 먹음직한 열매 / 탐스럽게 열던 살구 / 살구나무도 글거리만 남았길래
꽃피는 철이 와도 가도 뒤울안에 / 꿀벌 하나 날아들지 않는다.

▶ 황폐해진 낡은 집의 모습

– 이용악, 〈낡은 집〉 –

> 폐허가 된 낡은 집을 제재로 하여 일제 때 처절한 민족의 아픔을 설화 형식을 빌어 표현한 시이다.

나   나는 북관(北關)에 혼자 앓아 누워서
어느 아침 의원(議員)을 뵈이었다.

▶ 북관에서 병이 들어 의원을 뵘.

의원은 여래(如來) 같은 상을 하고 관공(關公)의 수염을 드리워서
<small>인자한 모습을 하고   관운장 같은 긴 수염</small>

먼 옛적 어느 나라 신선 같은데 / 새끼 손톱 길게 돋은 손을 내어
<small>동화적 요소 삽입</small>

묵묵하니 한참 맥을 짚더니 / 문득 물어 고향이 어데냐 한다.

▶ 신선 같은 의원이 고향을 물음

평안도(平安道) 정주(定州)라는 곳이라 한즉
그러면 아무개 씨(氏)고향이란다.
<small>   시적 화자의 아버지의 존함</small>

그러면 아무개 씨(氏) 아느냐 한즉 / 의원은 빙긋이 웃음을 띠고
막역지간이라며 수염을 쓸는다.
<small>허물없는 친구</small>

▶ 아무개 씨와 막역지간이라는 의원

나는 아버지로 섬기는 이라 한즉 / 의원은 또다시 넌지시 웃고
말없이 팔을 잡아 맥을 보는데

▶ 아버지의 친구로서 진맥하는 의원

손길은 따스하고 부드러워
고향도 아버지도 아버지의 친구도 다 있었다.

▶ 의원의 손길에서 느끼는 향수

– 백석, 〈고향(故鄕)〉 –

> 고향을 끈끈한 혈연 공동체로서 파악하며, 단순한 고향 풍물을 그리워하는 것이 아니라 공동체 구성원들과의 삶을 그리워하고 있다.

기출 | 따라잡기

105. 백석의 시 '고향'에 대한 설명으로 적절한 것은? 2022. 국가직 9급
① 의원은 냉정한 성격의 소유자이다.
② 3인칭 화자의 진술로 시상이 전개되고 있다.
③ 시적 화자는 객지에서 쓸쓸하게 지내고 있다.
④ 의원은 시적 화자와 고향에서 알고 지내던 사이이다.

(2) 소설

① **사실적 소설**: 유진오, 이효석, 김유정, 채만식 등이 한층 심화된 사실적 묘사로 일제 치하 지식인의 문제와 농민이 삶을 작품화하였다.

② **장편 소설**: 깊이 있는 현실 탐구와 사회적 전형의 창조가 이루어졌다. 염상섭의 '삼대(三代)', 심훈의 '상록수', 채만식의 '탁류'·'태평천하', 현진건의 '무영탑', 강경애의 '인간 문제' 등.

③ **풍자 소설**: 식민지 현실을 우회적으로 풍자한 소설이 쓰였다.

④ **심리 소설**: 지적인 실험 정신에 입각한 심리주의 작품이 쓰였다.

⑤ **농촌 소설**: 브나로드 운동의 영향으로 농촌의 삶과 문제를 다룬 작품이 출현했다.

⑥ **역사 소설**

일제의 탄압에 대응하는 한 방식으로 역사 소설이 쓰였다. 이광수의 '단종애사'·'이순신', 김동인의 '운현궁의 봄', 박종화의 '금삼의 피', 현진건의 '무영탑' 등.

⑦ **가족사 소설**

역사적 흐름 속에 놓인 가족의 운명을 그린 소설들이 쓰였다. 염상섭의 '삼대', 채만식의 '태평 천하' 등

⑧ **도시 소설**

도시성(都市性)이 내포하고 있는 병리적인 제요소와 도시적인 세태를 제시하고 관찰하고자 한 도시 소설이 쓰였다. 이상의 '날개', 박태원의 '천변 풍경'·'소설가 구보 씨의 일일', 채만식의 '레디 메이드 인생', 이효석의 '장미 병들다', 유진오의 '김 강사와 T 교수' 등.

⑨ **구인회**

㉠ 1933년에 결성된 순수 문학을 지향한 문학 동호회로 '예술파'라고도 불린다.

㉡ 문단 및 예술계 작가인 이종명, 김유영의 발기로 이효석, 이무영, 유치진, 이태준, 조용만, 김기림, 정지용 등 9명이었다.

㉢ 김유영, 이종명, 이효석, 유치진, 조용만이 탈퇴하고 박태원, 이상, 박팔양, 김유정, 김환태가 가입하여 언제나 인원수는 9명이었다.

➕ 플러스 ▶ 농촌 계몽 소설

(1) 농민 교화 소설: 이광수의 '흙', 심훈의 '상록수'

(2) 리얼리즘적 농민 소설: 박영준의 '모범 경작생', '목화씨 뿌릴 때', 김정한의 '사하촌(寺下村)', 박화성의 '한귀'

(3) 목가적 농민 소설: 이무영의 '제일과 제일장'·'흙의 노예'

106. 다음 중 각 지방별로 문화인을 지정하고자 할 때 그 연결이 바르지 않은 것은?

2005. 부산시 9급

① 부산광역시 – 김정한: 사실적 농민 소설
② 강원도 – 김유정: 토속적 농촌 소설
③ 전라남도 – 김영랑: 남도의 구수한 순수 서정문학
④ 경상남도 – 이육사: 현실 비판과 저항의 문학

107. 다음 작품을 발표 연대순으로 올바르게 연결한 것은?

2005. 경기도 9급

① 운수좋은 날 – 태평천하 – 광장 – 난장이가 쏘아 올린 작은 공
② 태평천하 – 운수좋은 날 – 광장 – 난장이가 쏘아 올린 작은 공
③ 운수좋은 날 – 광장 – 태평천하 – 난장이가 쏘아 올린 작은 공
④ 난장이가 쏘아 올린 작은 공 – 운수좋은 날 – 태평천하 – 광장

⊕ **플러스** 작품 해설

(1) 김유정 '만무방'

단편 소설. 형인 응칠은 부채 때문에 파산을 선언하고 도박과 절도로 전전하며 아우인 응오의 동네로 와서 무위도식하는 인물이다. 응오는 순박하고 성실하지만, 가혹한 지주의 착취에 맞서 추수를 거부한다. 이러한 상황에서 응칠은 응오 논의 벼가 도둑질 당하고 있다는 사실을 알게 된다. 응칠은 전과자인 자신이 마을 사람들에 의해 도둑으로 지목될 혐의를 벗어나기 위해서도 그 범인을 잡아내려고 논 가까이에 은신하여 밤을 새운다. 그런데 깊은 밤중 격투 끝에 도둑을 잡고 보니 범인은 다른 사람이 아닌 바로 이 논의 농사를 지은 동생 응오였다.

1930년대 강원도 산골 마을을 배경으로 하여 식민지 농촌의 궁핍한 실상과 그것으로 인한 왜곡된 삶을 심도있게 그려 낸 소설이다.

(2) 채만식 '탁류'

장편 소설. 공간적 배경인 '금강'의 흐름과 '군산'이라는 배경 설정에 이어 본격적 이야기가 시작되는 소설로서, 일제 강점하의 억압적 현실과 그 속을 살아가는 인물 군상들의 다양한 삶을 그린 작품이다. 가계가 어려워 약국에 다니는 초봉이는 혼기가 다된 미모의 처녀이기 때문에 뭇 남자들의 표적이 된다. 그러다가 고태수에게 시집갔으나, 꼽추 장형보의 흉계로 남편을 잃고 강간까지 당한 후 서울로 올라가 박재호의 첩이 되어 누구의 자식인지도 모를 딸을 낳았는데, 꼽추는 아이마저 빼앗아 버린다. 그 뒤 자기의 비극이 장형보의 흉계에 의한 것이었음을 안 초봉은 꼽추에게 극약을 먹여 죽이고, 경찰에 자수한다. 고향을 잃은 혼탁한 세류에 휘말려 무너지는 한 가족과 주변 인물들을 그린 작품으로 1930년대의 사회적 삶을 리얼하게 그려 낸 풍속 소설로 평가된다.

(3) 김동리 '무녀도'

단편 소설. 우리 고유의 민속 신앙에서 그 독특한 삶과 죽음의 의식을 다뤘다. 모화의 무속 신앙과 기독교인인 아들 욱이와의 대립을 통하여, 무속 신앙의 정신 세계를 탐색하여 한국인의 사상적 기저를 이해하려고 한 작품이다. 모화라는 무녀(巫女)가 기독교를 믿는 아들 욱이와 갈등을 일으킨 끝에 아들을 죽이고, 그의 넋을 달래는 넋풀이를 하면서 끝내는 자신도 물에 빠져 죽고 만다. 토착 신앙과 외래 신앙의 갈등에서 빚어진 비극을 그린 작품이다. 서화와 골동품을 좋아하던 '나'의 할아버지 생존시, '나'의 집에 나그네로 들렀던 벙어리 소녀와 그녀의 아버지가 남기고 간 '무녀도'라는 그림에 담긴 내력으로 전개된 액자 소설이다. '을화'라는 장편 소설로 개작되었다.

(4) 김동리 '역마'

화개 장터에서 주막을 운영하며 살고 있는, 마음 착하고 인심 좋은 옥화는 아들 성기의 타고난 역마살을 없애기 위해 갖은 노력을 기울인다. 역마살이 끼면 집에 머물지 못한다기에 아들 성기를 쌍계사로 보내고 장날만 집에 오게 한다.

어느 날, 체 장수 영감이 딸 계연을 데리고 와 옥화네 주막에 맡기고 떠난다. 옥화는 계연을 성기와 가까이하게 해서 둘을 결혼시켜 역마살을 극복, 아들 성기를 정착시키려 한다. 그러던 어느 날, 옥화는 계연의 왼쪽 귓바퀴 위에 난 사마귀를 발견, 자신의 동생이 아닐까 의심한다.

체 장수 영감이 돌아와 들려준 이야기로 예감은 현실로 증명된다. 즉, 36년 전 화개 장터에서 어떤 떠돌이 여인과 하룻밤 관계한 일로 태어난 딸이 옥화이며, 계연은 결국 옥화의 이복 동생임이 밝혀진다. 계연과 성기의 사랑은 천륜에 의해 운명적으로 좌절된다. 그 일이 있은 후, 계연은 아버지인 체 장수를 따라 아버지의 고향인 여수로 떠나고, 성기는 중병을 앓는다. 병이 낫자 성기는 운명에 순응, 역마살에 따라 화개 장터를 떠난다.

'역마'는 사회에 정착하지 못하고 유랑할 수밖에 없는 운명을 상징하고, 이 소설에서 주된 갈등은 역마살을 제거하려는 인간들의 노력과 운명적인 역마살과의 대결이다.

(5) 김정한 '사하촌'

일제하의 모순된 농촌 현실 속에서 가뭄과 무자비한 소작료로 인해 고통을 겪으면서, 어려운 사람들끼리의 연대를 깨닫게 되는 농민들을 그렸다.

일제 강점하의 극성을 부리는 여름날, 보광사란 절 논을 소작하는 성동리 농민들은 가뭄으로 논물이 말라가자 물을 대기 위해 고심한다. 마침 저수지의 물을 터놓는 바람에 소작인들과 보광사 중들과의

사이에 치열한 물싸움이 벌어지게 되고 중들의 횡포에 반발하여 들깨·철한이 등 젊은 청년들이 밤에 중들의 논물을 터놓게 되어 고 서방이 곤욕을 치르고 주재소에 끌려간다. 가뭄은 더욱 극심해져서 기우제나 불공이니 야단을 피우지만 결국 논의 대부분이 대파를 면할 수 없게 된다. 가을이 되어 어린 마을 소년이 나무를 해 오다가 산지기 중에서 쫓겨 절벽에 떨어져 죽는다. 수확기가 되어 가뭄을 고려하지 않은 지주들의 지나치게 과대한 소작료 책정에 농민들이 불만을 토로하게 되고, 마침내는 절을 태울 짚단 등을 들고 차압 취소와 소작료 면제를 탄원하려 보광사로 몰려간다.

(6) 김정한 '모래톱 이야기'

단편 소설. 비극적인 현대사의 흐름 속에서 선량하게 살아온 섬마을 주민들이, 점점 그들의 생활 터전을 빼앗기며 소외당하는 상황과 이를 극복하려는 강인한 의지를 사실적으로 그렸다.

(7) 황순원 '목넘이 마을의 개'

단편 소설. 목넘이 마을에 나타난 신둥이라는 개는 방앗간의 겨를 훔쳐 먹으면서 사람을 피해 산에서 산다. 모든 사람들이 이 개를 잡으려 하나 간난이 할아버지만은 오히려 신둥이를 보호하고, 그 개가 낳은 강아지까지 데려다 마을에서 기르게 한다는 이야기로 신둥이를 통해 일제의 수탈과 압박에 시달리는 우리 민족을 그리고 있으며, 언젠가는 생명력을 회복할 것을 암시하고 있다.

(8) 박화성 '한귀'

1935년 《조광》에 게재된 단편 소설 극단적인 농촌의 빈궁과 가뭄에 시달리는 농민의 비참한 생활을 그린 소설이다.

(9) 박태원 '천변 풍경'

'천변 풍경'은 제목대로 서울 청계천변이라는 공간을 무대로, 거기서 살고 있는 사람들의 외면 풍경을 마치 카메라로 찍듯이 묘사해 나간 일종의 세태 소설이다. 남정네들이 모여드는 이발소와 여인네들이 모여드는 빨래터를 주무대로 하여 일어나는 대소사(大小事)들을 50개의 삽화로 그물망처럼 직조하였다.

주색잡기에 골몰하는 재력가 민 주사나 한약방 주인, 포목점 주인, 카페 여급 하나꼬, 결혼했다 친정으로 쫓겨 온 이쁜이, 순박한 시골 색시 금순이, 그리고 만돌 어멈이나 점룡 모친, 창수나 동팔이 등의 인물을 통해 축첩·결혼·선거·직업 등 서울 중인 및 하층민 토박이들의 삶과 생활 풍속을 뛰어나게 묘사하였다.

(10) 박태원 '소설가 구보 씨의 일일'

민족 항일기에 문학을 하는 당대 지식인의 무기력한 자의식에 비치는 일상의 모습을 형상화한 작품이다. 1930년대 문학인의 정신 구조를 직접적으로 묘사하고 있는 작가 자신의 자서전적인 작품이기도 하며 그 당시 지식인의 사회를 이해하는 데 중요한 지표를 제공하고 있다. 또한 인물의 심리를 면밀하게 탐구했던 초기 단편들의 세계와 후기 장편 소설 '천변 풍경'에서 나타나는 철저한 관찰적 방법들이 혼합되어 있는 중편 소설로서 작가의 작품 변화 과정을 이해하는 데 중요한 의의를 가진 작품이다. 직업과 아내를 갖지 않은 26세의 구보는 오후에 집을 나와 광교, 종로 거리를 걷는다. 귀도 잘 들리지 않고 시력에도 문제가 있다는 신체적인 불안감을 느낀다. 그리고 무작정 동대문행 전차를 탄 뒤 거기서 선을 본 여자를 발견하나 모른 체한다. 혼자 다방에 앉아 차를 마시면서 자기에게 여행비만 있다면 행복할 것 같다고 생각한다. 그리고 고독을 피하려고 경성역 삼등 대합실에 간다. 거기서 온정을 찾을 수 없는 냉정한 눈길들에 슬픔을 느낀다. 거기서 중학 시절 열등생이 예쁜 여자와 동행인 것을 보고 물질에 약한 여자의 허영심을 생각한다. 또 다방에서 만난 시인이자 사회부 기자인 친구가 돈 때문에 매일 살인 강도와 방화 범인의 기사를 써야 한다는 사실을 애달파하고, 즐겁게 차를 마시는 연인들을 바라보면서 질투와 고독을 동시에 느낀다. 다방을 나온 구보는 동경에서 만났던 옛사랑을 추억한다. 자신의 용기없는 약한 기질로 인해 여자를 불행하게 만들었다는 죄책감을 느낀다. 또 전보 배달의 자동차가 지나가는 것을 보며 오랜 벗에게서 한 장의 편지를 받고 싶다는 생각을 한다. 그리고 여급이 있는 종로 술집에서 친구와 술을 마시며 세상 사람들을 모두 정신 병자로 간주하고 싶은 충동을 느낀다. 하얀 소복을 입은 아낙이 카페 창 옆에 붙은 여급 대모집에 대하여 물어 오던 일을 기억하며 가난에서 오는 불행에 대해서 생각한다. 오전 2시의 종로 네거리. 구보는 제 자신의 행복보다 어머니의 행복을 생각한다. 이제는 생활도 갖고 창작도 하리라 다짐하며 집으로 향한다.

기출 | 따라잡기

108. 서울에 있는 대표적인 문학관이나 작가의 유적과 그 소재지가 잘못 짝지어진 것은? 2015. 서울시 7급

① 종로구의 윤동주 문학관
② 용산구의 황순원 문학관
③ 성북구의 만해 한용운 심우장
④ 도봉구의 김수영 문학관

PART 03

문학 론-2

109. 다음 글을 이해한 내용으로 가장 적절한 것은?   2024. 국가직 9급

> 문득, 제비와 같이 경쾌하게 전보 배달의 자전거가 지나간다. 그의 허리에 찬 조그만 가방 속에 어떠한 인생이 압축되어 있을 것인고, 불안과, 초조와, 기대와…… 그 조그만 종이 위의, 그 짧은 문면(文面)은 그렇게도 용이하게, 또 확실하게, 사람의 감정을 지배한다. 사람은 제게 온 전보를 받아 들 때 그 손이 가만히 떨림을 스스로 깨닫지 못한다. 구보는 갑자기 자기에게 온 한 장의 전보를 그 봉함(封緘)을 떼지 않은 채 손에 들고 감동하고 싶은 충동을 느꼈다. 전보가 못 되면, 보통우편물이라도 좋았다. 이제 한 장의 엽서에라도, 구보는 거의 감격을 가질 수 있을 게다.
> 흥, 하고 구보는 코웃음쳐 보았다. 그 사상은 역시 성욕의, 어느 형태로서의, 한 발현에 틀림없었다. 그러나 물론 결코 부자연하지 않은 생리적 현상을 무턱대고 업신여길 의사는 구보에게 없었다. 사실 서울에 있지 않은 모든 벗을 구보는 잊은 지 오래였고 또 그 벗들도 이미 오랫동안 소식을 전하여 오지 않았다. 그들은, 모두, 지금, 무엇들을 하고 있을꼬. 한 해에 단 한 번 연하장을 보내 줄 따름의 벗에까지, 문득 구보는 그리움을 가지려 한다. 이제 수천 매의 엽서를 사서, 그 다방 구석진 탁자 위에서…… 어느 틈엔가 구보는 가장 열정을 가져, 벗들에게 편지를 쓰고 있는 제 자신을 보았다. 한 장. 또 한 장, 구보는 재떨이 위에 생담배가 타고 있는 것도 깨닫지 못하고, 그가 기억하고 있는 온갖 벗의 이름과 또 주소를 엽서 위에 흘려 썼다…… 구보는 거의 만족한 웃음조차 입가에 띠며, 이것은 한 개 단편소설의 결말로는 결코 비속하지 않다, 생각하였다. 어떠한 단편소설의—물론, 구보는, 아직 그 내용을 생각하지 않았다.
> 　　　　　　　　　　　　　　　　　　　　　　　　　　－박태원, 〈소설가 구보 씨의 일일〉에서－

① 벗들과의 추억을 시간순으로 회상하고 있다.
② 주인공인 서술자가 주변 거리를 재현하고 있다.
③ 연상 작용에 의해 인물의 생각이 연속되고 있다.
④ 전보가 이동된 경로를 따라 사건이 전개되고 있다.

＋ 플러스　극예술 연구회

(1) 1931년 창립된 사실주의극 단체이다.
(2) 창립 동인은 김진섭, 유치진, 이헌구, 서항석, 윤백남, 이하윤, 함대훈, 홍해성, 정인섭 등 대부분 해외 문학파이다.
(3) 예술과 인생 본위의 기치 아래 초창기의 번역극, 소인극에서 탈피할 것을 주장하고, 창작극, 전문극을 적극 전개하여 연극 발전에 큰 공적을 남겼다.
(4) 창립 작품으로 고골리의 '검찰관'을 공연했으며, 유치진의 '토막', '소' 등이 공연되었다.

(3) 희곡

① 해외 문학파를 중심으로 근대 사실주의극 단체인 '극예술 연구회(劇藝術硏究會)'(1931)가 결성되어 본격적 현대극이 공연되었다.

② 식민지 상황에서 허덕이는 농민들의 비참한 삶과 사회적 모순을 파헤친 사실주의 희곡이 성행하였다.

③ 유치진의 '토막', '소'를 극예술 연구회에서 공연했다.

(4) 수필

① **서구 이론의 도입**: 해외 문학파에 의해 외국의 수필 작품 및 이론이 도입되어 수필의 양상이 보다 다양해졌다.

② **수필 문학의 본격화**: 전문적 수필가들이 등장했으며, 수필의 독자성을 확보했다.

③ 이양하의 '신록 예찬', 김진섭의 '인생 예찬', 이희승의 '청추 수제' 등의 수준 높은 작품이 발표되었다.

(5) 비평

① 순수 문학 논의: 예술주의 비평가들인 박용철, 김환태, 김문집 등에 의해 제기되었다.

② 주지주의 비평: 최재서, 김기림 등이 주지주의 비평을 소개하였다.

③ 휴머니즘론 전개: 백철, 이헌구 등이 인간성의 회복을 표방한 휴머니즘론을 제기하였다.

3 주요 발표지

지명	창간 연대	동인	주요 활동
시문학	1930	박용철, 김영랑, 신석정, 이하윤, 정지용	시 전문 동인지. 1920년대의 목적 문학에 반발하여 언어의 미감과 음악성을 추구하는 순수 서정시를 지향하여 시의 수준을 높임.《문예 월간》(1931),《시원》(1935) 등으로 계승됨.
삼사 문학	1934	신백수, 조풍연	의식의 흐름 수법을 보인 초현실주의적 경향
시인 부락	1935	서정주, 김동리	시 전문 동인지. 인간과 생명 자체의 근원성에 대한 집요한 관심을 보임.
자오선	1937	김광균, 이육사, 서정주	시 전문지. 모든 경향과 유파를 초월
문장	1939	이병기	월간 종합 문예지. 범문단적인 작품 발표 및 고전 발굴에 주력. 특히 신인 추천 제도를 두어 우수한 신인을 발굴. 청록파와 김상옥, 이호우 등 시조 시인 배출
인문평론	1939	최재서	주지주의 문학이론 소개

1 해방 공간의 문학(8 · 15 광복~6 · 25 전쟁)

(1) 특징

① 8 · 15 직후부터 이데올로기의 갈등이 일어나, 문단은 우익과 좌익으로 양분되었다. 좌익 진영에서는 임화, 김남천, 이태준, 이용악, 김동석 등이 활동했으며, 우익 진영에서는 김동리, 조지훈, 서정주, 조연현 등이 활동하였다. 반면에 두 경향을 절충한 작가로는 염상섭이 있다.

② **문학 논쟁:** 김동석의 '순수 문학의 정체'와 김동리의 '독자 문학의 본질'로 시작되었다. 민족 문학파의 입장은 당의 문학에 대하여 인간의 문학을, 정치주의 문학에 대하여 순수 문학을 지향하는 것이었다. 계급주의 문학의 논자는 임화였고, 염상섭은 양자를 절충하였다.

③ 일제 치하에서의 절박한 삶의 체험, 고향을 잃은 자들의 귀향 의식을 주로 표현하였다.

➕ 플러스 중간파

좌우 문학, 절충 문학: 염상섭

구분	사회주의 문학 진영(좌익)	민족주의 문학 진영(우익)
사회관	계급간의 문제 해결 중시	민족의 통합성 중시
문학관	• 문학이 당면한 시대적 과제 인식과 투쟁적 역할 강조 • 예술의 순수성 부정	• 문학의 순수성과 보편적 가치 중시 • 문학의 시대적 의의 수용
단체	1945년 8월에 '조선 문학 건설 본부', 9월에 '전국 프롤레타리아 예술 동맹', 12월에는 이 두 단체가 통합된 '조선 문학가 동맹'을 발족	1945년에 '중앙 문화 협회', 1946년 4월에 '조선 청년 문필가 협회'를 조직, 1947년 좌익계의 월북으로 우익만 남아 1947년 2월 '전국 문화 단체 총연합회(문총)'을 결성
문학의 건설 방향	민족 문학(계급주의에 입각)	민족 문학(휴머니즘에 바탕을 둔 순수문학)
작가	임화, 김남천, 이태준, 이용악, 김동석	김동리, 조지훈, 서정주, 조연현

광복 후 40여 년간 근대사 연구에 어려움이 있었는데, 그 이유 중의 하나가 남북 분단으로 인해 월북(혹은 납북) 문인들에 대한 논의가 사실상 불가능했기 때문이다. 그러나 1988년 7월 월북 문인에 대한 대대적 해금 조치로 인해 문학사의 복원이 가능해졌다.

(1) 월북 및 납북 시기: '조선 문학가 동맹(조선 프롤레타리아 문학 동맹＋조선 문학 건설 본부)'~ 6·25 전쟁

(2) 1차 월북자: 조선 문학 건설 본부와 연결하면서 주도권을 상실하여 월북하였다. ⇨ 이기영, 한설야, 한효, 이동규, 윤기정, 박세영, 안함광, 송영, 안막

(3) 2차 월북자: 미군정이 공산당을 불법 단체로 인정, 탄압한(1947년) 이후부터 정부 수립 직전 ⇨ 임화, 김남천, 이원조, 오장환, 이태준, 임학수, 박팔양, 김오성, 윤세중, 안회남

(4) 3차 월북자: 정지용, 김기림, 박태원, 설정식, 이용악, 송완순, 홍효민, 김용호, 이광수, 김동환, 박영희, 김진섭, 김억(납북자도 끼어 있음.)

(2) 갈래별 전개 양상

① 시

ㄱ 시의 새로운 모습: 전대 시인의 유고 시집이 간행되었고, 민족주의적 경향, 인생파, 모더니즘 계열, 청록파 시인 등의 활동이 두드러졌다.

ㄴ 민족주의적 정조: 우리 민족의 전통적 정서를 계승하고 민족에 대한 애정을 주제로 하였다.

ㄷ 후반기 동인 시집: 1930년대 모더니즘의 시의 계승을 내세운 '후반기' 동인인 박인환, 김수영, 김경린 등이 시집 《새로운 도시와 시민들의 합창》을 간행하였다.

ㄹ 유고 시집: 이육사와 윤동주의 유고 시집 《육사 시집》(1946)과 《하늘과 바람과 별과 시》(1948)가 간행 되었다.

태양을 의논하는 거룩한 이야기는
조국의 광복

항상 태양을 등진 곳에서만 비롯하였다.
독립에 대한 이야기를 숨어서 했던 불행한 과거

달빛이 흡사 비오듯 쏟아지는 밤에도

우리는 헐어진 성터를 헤매이면서
빼앗긴 조국의 공간(⇨ 꽃덤불)

언제 참으로 그 언제 우리 하늘에

오롯한 태양을 모시겠느냐고

가슴을 쥐어뜯으며 이야기하며 이야기하며
애타게 광복을 염원함.

가슴을 쥐어뜯지 않았느냐?

그러는 동안에 영영 잃어 버린 벗도 있다.
애국 지사의 죽음

그러는 동안에 멀리 떠나 버린 벗도 있다.
애국 지사의 방랑

그러는 동안에 <u>몸을 팔아 버린</u> 벗도 있다.
애국 지사의 변절

그러는 동안에 <u>맘을 팔아 버린</u> 벗도 있다.
애국 지사의 전향

그러는 동안에 드디어 서른 여섯 해가 지나갔다.

다시 우러러보는 이 하늘에

<u>겨울밤 달이 아직도 차거니</u>
일본 침략의 후유증, 좌우의 이념 대립 등에 기인

오는 봄엔 분수처럼 쏟아지는 태양을 안고

<u>그 어느 언덕 꽃덤불</u>에 아늑히 안겨 보리라.
참된 광복의 공간, 이상향

– 신석정, 〈꽃덤불〉 –

> 좌·우익의 이념 갈등으로 혼란스러운 정국이 계속됨을 안타까워하면서 '꽃덤불'에 비유하여 조화로운 민족 국가 건설을 간절히 염원한 시이다. 광복의 기쁨과 새로운 민족 국가 수립의 염원을 노래한 해방 기념시 (해방 기념 시집, 1946)

② 소설
　㉠ 식민지적 삶의 극복: 일제 시대를 반성하고 그 체험을 승화시켜 광복의 의미를 되새기고자 하였다.
　㉡ 귀향 의식과 현실적 삶의 모습: 해방이 되면서 고향을 찾게 되는 의식을 그린 당시의 사회 현실을 담은 소설이 쓰였다.
　㉢ 분단 의식: 삼팔선의 분단 문제 및 미·소 양군의 진주와 군정을 그린 소설이 쓰였다.
　㉣ 순수 의식: 시대를 초월한 보편적인 문제를 다룬 소설이 쓰였다.
③ 수필: 이광수의 '돌베개', 김진섭의 '인생 예찬', 이양하의 《이양하 수필집》 등이 수필집이 간행 되었다.

2 1950년대 전후 문학(戰後文學)

(1) 특징
① 참여 문학과 순수 문학이 한국 문학에 커다란 두 가지 흐름을 형성하게 되었다.
② 전후 문학이 등장하여 전쟁으로 인한 경제적·정신적 피폐상과 인간성 상실의 문제, 분단 현실의 아픔, 절망적인 시대 상황 등을 혁신적인 기법으로 형상화한 작품들이 발표되었다.
③ 서구의 실존주의 문학을 본격적으로 수용하면서 인간의 본질 문제, 인간 존재의 해명 등을 담은 작품들이 등장하였다.

기출 따라잡기

110. 다음 설명에 부합되는 작품이 아닌 것은?

1950년대는 전쟁이 끝난 후의 사회 현실에 대한 인식을 바탕으로 새로운 인간상의 제시라는 특징을 보인다. 전쟁의 상흔, 전후의 사회상, 민족 분단의 비극, 전후의 가치관의 변동 등을 형상화한 수작들이 발표되었다. 또한 개인과 사회의 갈등 문제를 다루면서 소외된 삶의 문제, 부조리한 현실 인식, 행동을 통한 현실 참여 문제를 다루었다.

① 불꽃
② 카인의 후예
③ 꺼삐딴 리
④ 무진기행

111. 다음 〈보기〉는 일제강점기 시대 문학에 대한 설명이다. 다음 중 그 시대적 양상을 기술한 것으로 가장 적절하지 않은 것은?

2015. 경찰직(1차) 9급

> **보기**
>
> ㉠ 1920년대 초기는 동인지를 중심으로 문학 활동이 전개되었으며, 시에서는 3·1운동의 실패와 좌절로 인한 허무와 패배의식의 영향으로 병적·퇴폐적 낭만주의 경향의 시들이 나타났고 소설에서는 유미주의를 추구하는 소설들이 나타났다.
>
> ㉡ 1920년대 중반에는 전통적인 운율과 정서를 계승한 김소월과 불교 사상을 바탕으로 부재한 현실과 그 극복 의지를 보여준 한용운 등의 시적 성과가 있었으며, 카프(KAPF)의 결성으로 계급 문학, 사실주의 문학의 토대를 형성하기도 하였다.
>
> ㉢ 1930년대 시에서는 순수 문학의 지향, 모더니즘적 실험, 생의 본질 탐구 등의 주요 경향이 나타났으며, 시문학파의 시인들은 언어적 감각과 문학의 순수성을 중심으로 하는 순수시를 강조하였다. 한편, 소설에서는 도시 문명에 대한 관심, 농촌 현실의 제시, 역사 소설의 재조명, 가족사 소설의 등장 등과 같은 특징을 보여 주었다.
>
> ㉣ 1940년을 전후 한 해방 이전까지는 김수영, 박인환, 김경린 등의 후반기 동인에 의해 도시 감각과 지적 태도를 중시한 모더니즘 경향이 새롭게 등장하였으며, 손창섭, 장용학 등 극한 상황에서의 인간 심리와 인간의 실존을 탐구한 소설들과 오상원, 선우휘 등 소외된 삶의 문제를 다루면서 부조리한 현실을 고발한 소설들이 있었다.

① ㉠   ② ㉡   ③ ㉢   ④ ㉣

(2) 갈래별 전개 양상

① 시

㉠ 6·25라는 전쟁의 체험을 시적으로 형상화하였다. 유치환의 '보병과 더불어', 조지훈의 '다부원에서', 구상의 '적군 묘지 앞에서' 등이 있다.

㉡ 현실 의식과 문명 비판적 성격을 보이는 작품들이 발표되었다. 전후의 비참한 현실이나 사회 부조리, 불안 의식 등을 작품화하였다. 구상, 신동문, 신동엽 등은 현실 인식과 문명 비판적 성격을 보였다.

㉢ 모더니스트들의 활동: 1930년대의 모더니즘을 심화·발전시켜 시적 이미지 추구에 초점을 맞추면서 다양한 현실 의식과 문명 비판의 태도를 보였다. 박인환, 김수영 등이 대표적 시인이다.

㉣ 전통적 순수시를 추구하였다. 현실 인식의 주지적 경향과 함께 한국 현대시의 맥을 형성한 것은 전통적 순수시를 계승·발전 시킨 것이다. 유치환, 박목월, 박두진, 박성룡, 서정주, 박재삼, 이성교 등이 이런 경향을 대표한다.

㉤ 주지적 서정시를 발표하였다. 현실에 대한 지적 인식을 바탕으로 도회적 서정시를 썼다. 기법면에서 주지주의적 경향을 보이면서도 주로 서정성을 추구하는 데 초점을 맞추었다. 김광림, 전봉건, 김종삼 등이 이런 경향을 대표한다.

➕ 플러스 실존주의 작품

장용학의 '요한 시집', 이범선의 '오발탄', 손창섭의 '잉여 인간'·'비오는 날', 김성한의 '오분간', 오상원의 '유예', 김춘수의 '꽃'·'꽃을 위한 서시'

PART 03

문학 편-2

➕ 플러스) 대표적인 작가

(1) **구상**: 본명은 상준(常浚). 그의 시는 현실 고발이 작품의 주조를 이루고 시의 생명을 기법보다 사상에 두고 있다. 작품으로는 '폐허에서', '적군 묘지'와 시집으로 《초토의 시》가 있다.

(2) **김수영**: 초기에는 5인 합동 시집 《새로운 도시와 시민들의 합창》을 간행하는 등 모더니즘 성향을 강하게 드러냈으나, 점차로 강렬한 현실 인식과 저항 정신에 뿌리박은 새로운 경향을 띠었다. 대표작으로 '풀', '폭포', '눈', '푸른 하늘을', 시집으로 《달나라의 장난》, 《거대한 뿌리》 등이 있다.

(3) **김현승**: 호는 다형. 1930년대 민족적 감상주의, 낭만주의로 출발했고, 이후 모더니즘 경향을 띠기도 했다. 인간의 내면 세계에 관심을 기울여 기독교적인 고독의 세계를 추구하였다. 작품으로 '눈물', '가을의 기도', '플라타너스', '견고한 고독' 등이 있으며, 시집으로 《김현승시초》, 《견고한 고독》 등이 있다.

(4) **박재삼**: 일상적 소재를 깊은 한과 슬픔을 섬세한 서정적 감각으로 그려 냈다. 한국 시의 전통적 서정을 가장 친밀하게 계승한 시인이란 평가를 받았다. 작품으로는 '춘향의 마음', '울음이 타는 가을 강', '추억에서' 등이 있다.

(5) **신동집**: 휴머니즘을 바탕으로 한 인간의 존재 의식을 추구하였다. 작품으로 '목숨', '오렌지' 등이 있다.

(6) **전봉건**: 감각적인 언어 사용을 특색으로 하는 시를 발표하였고, 작품에 '사랑을 위한 되풀이', '검은 항아리' 등이 있다.

(7) **정한모**: 그의 시는 휴머니즘을 바탕으로 인간의 본질적 순수 서정을 노래하고 있다. 작품으로 '가을에', '나비의 여행' 등이 있으며, 시집으로 《카오스의 사족》, 《아가의 방》 등이 있다.

➕ 플러스) 전후 문학의 개념

세계 제1·2차 대전 후의 문학을 말하는데 최근에는 제2차 대전 후의 문학을 특히 '전후 문학'이라 한다. 전후의 비참한 현실, 사회의 부조리, 불안 의식을 형상화하는 데 본질적 특색이 있다. 한국의 전후 문학은 6·25 전쟁 이후에 본격화되고 한국 문학의 중요한 제재와 테마가 되었다.

기출 | 따라잡기

112. 다음 중 한국 전쟁을 배경으로 쓰인 작품이 아닌 것은?

2005. 전남 9급

① 오상원 〈유예〉
② 박태원 〈천변풍경〉
③ 황순원 〈학〉
④ 박완서 〈나목〉

② **소설**

㉠ 전쟁을 배경으로 한 작품이 많이 쓰였다. 6·25 전쟁을 배경으로 한 작품이 후반 이후 많이 발표되면서 한국 현대 소설의 영역이 확대되었다. 황순원의 장편 '카인의 후예'·'나무들 비탈에 서다', 단편 '학', 이범선의 '학마을 사람들', 김동리의 '귀환 장정', 오상원의 '유예' 등이 대표작이다.

㉡ 전후 사회와 현실에 대한 다양한 인식과 새로운 인간상을 제시하였다. 전쟁이 끝난 후의 사회 현실에 대한 인식을 바탕으로 새로운 인간상의 제시라는 특징을 보인다. 전쟁의 상흔, 전후의 사회상, 민족 분단의 비극, 전후의 가치관이 변동 등을 형상화한 수작(秀作)들이 발표되었다. 황순원의 '카인의 후예', 안수길의 '제3인간형', 손창섭의 '비 오는 날', 이범선의 '학마을 사람들', 하근찬의 '수난 이대' 등 많은 작품들이 있다.

㉢ 부조리한 현실을 고발하고 적극적 참여 의식을 보였다. 개인과 사회의 갈등 문제를 다루면서 소외된 삶의 문제, 부조리한 현실 인식, 행동을 통한 현실 참여 문제를 다루었다. 김성한의 '바비도', 전광용의 '꺼삐딴 리', 선우휘의 '불꽃', 박경리의 '불신 시대', 송병수의 '쑈리킴' 등이 대표적이다.

㉣ 인간의 본질적인 삶을 다룬 순수 소설도 쓰였다. 문학의 사회적 기능이나 관계는 고려함이 없이, 현실 인식과 참여 의식 보다는 인간의 본질적인 삶을 다룬 소설이 쓰였다. 오영수의 '갯마을', 전광용의 '흑산도', 강신재의 '절벽' 등이 그것이다.

③ **희곡**

㉠ 서구의 표현 기법을 도입하여 다양하고 새롭게 발전했다.

㉡ 전후의 현실 인식과 현실 참여 의식을 보였다.

㉢ 인간의 삶과 감동을 다룬 순수 희곡도 발표되었다.

④ 수필

    ㉠ 문학적 향기가 높은 작품들이 많이 발표되었다.

    ㉡ 사회적 불안이나 가치관의 상실을 다룬 교훈적 수필이 발표되었다.

    ㉢ 예술적 기교를 바탕으로 한 서정적 수필도 발표되었다.

    ㉣ 작가와 작품: 이희승의 '벙어리 냉가슴', 피천득의 '산호와 진주', 조지훈의 '지조론' 등이 있다.

⑤ 비평

    서구의 구조주의 비평 방법이 유입되면서 작품의 예술적 가치를 규명하려는 경향으로 순수·참여의 문제, 전통의 계승 문제, 현대 문학의 기점 문제 등의 논쟁이 활발하게 논의되었다.

➕ 플러스   작품 해설

(1) 김성한 '오분간'

사슬을 끊은 프로메테우스는 신(神)에게 반항적으로 나온다. 마침내 천사의 중재로 협상에 나선 신(神)은 세상을 수습하자고 제안하나, 프로메테우스는 그것이 역사의 본래의 모습이라고 응수한다. 회담은 5분 만에 끝나고 신(神)은 제3의 존재가 나타나 이 혼돈을 해결해 주기를 기다릴 뿐이다. 진정한 인간적 의미의 자유가 무엇인지를 묻고 있는 작품이다. 동시 묘사법을 사용한 작품이다.

(2) 선우휘 '불꽃'

보수적인 할아버지 밑에서 자라난 고현은 모든 일에 국외자(局外者)로 남아 있다. 그러나 전쟁을 겪으면서 죄 없는 사람이 무참히 살해당하는 것을 보고 분노가 폭발하여 총을 빼앗아 동굴 속으로 은신한다. 공산주의자 연호는 할아버지를 인질로 현을 위협하는데, 투항을 종용하던 할아버지가 태도를 바꾸고 죽음을 택한다. 이에 현은 연호를 죽이고 떳떳한 삶을 살 것을 다짐한다. 민족의 수난기를 통하여 한 인간이 적극적으로 현실에 참여하는, 인간의 변모하는 과정을 그린 작품이다. 인간주의 사상을 행동으로 실현하는 주인공을 형상화하여 광복 당시의 사상적 분열상의 비극적 국면을 묘파하였다.

(3) 손창섭 '잉여 인간'

1958년 《사상계》에 발표된 단편 소설로 인간 모멸의 특이한 주제를 구축해 나간 작품으로 비교적 휴머니티가 풍기는 작품이라 할 수 있다. 비정한 사회 현실로부터 추방당한 선의의 인간군을 남아돌아가는 쓸모없는 인간으로 규정함으로써, 그들을 소외시킨 사회를 역설적으로 고발하고 그에 대한 저항 의식을 보인 소설이다. 모든 일에 비분강개하는 채익준, 늘 무기력하고 간호원을 짝사랑하는 천봉우, 이들을 모두 용납하면서 살아가는 치과 의사 서만기, 그는 잉여 인간들의 울타리가 되어 주고 있는 것이다.

(4) 손창섭 '비 오는 날'

단편 소설. 피난지 부산에서 리어카 생활을 하고 원구는 비 오는 날이면, 불구자인 동욱 남매를 생각한다. 동욱은 원구에게 동생 동옥과 결혼하라고까지 한다. 장마가 끝난 어느 날 그들의 집을 찾아가니 그들은 어디론가 떠나고 집은 텅 비어 있었다. 전쟁에 찌들려 무기력하게 살아가는 인간의 모습을 비 오는 날이라는 상황을 통해 암시하고 있다.

(5) 이범선 '오발탄'

1959년 《현대문학》에 발표한 이범선의 단편 소설. 6·25 후의 암담한 현실 속에서 양심적으로 성실하게 살아가야 한다고 믿는 한 가정의 가장을 등장시켜 주인공의 절망적인 삶을 사실적으로 그림으로써 정신적 지주를 잃은 불행한 인간들에 대한 고발과 증언이 무리 없이 그려진 작품이다. 양심과 성실을 모토로 살아가는 형(철호)과 양심 따위는 아랑곳없이 세상 돌아가는 대로 사는 것이 옳다는 동생(영호), 미쳐 있는 어머니, 만삭의 아내, 양공주 일가의 생활에 보탬을 주는 누이동생, 이러한 가족 상황이 빚어내는 사건의 연속, 끝내 아내는 병원에서 죽고 동생은 강도죄로 잡혀가고,

기출   따라잡기

113. 다음 중 〈보기〉와 작품 속 시대적 배경이 같은 것은?

2016. 서울시 9급

보기

오호, 여기 줄지어 누웠는 넋들은 눈도 감지 못하였겠구나.

어제까지 너의 목숨을 겨눠 방아쇠를 당기던 우리의 그 손으로 썩어 문드러진 살덩이와 뼈를 추려 그래도 양지 바른 두메를 골라 고이 파묻어 떼마저 입혔거니 죽음은 이렇듯 미움보다도 사랑보다도 더욱 너그러운 것이로다.

① 김주영의 〈객주〉
② 이범선의 〈오발탄〉
③ 박경리의 〈토지〉
④ 황석영의 〈장길산〉

병원으로 달려간 주인공은 허탈증에 걸려 사람이 세상에 태어난 것을 '조물주의 오발탄'이라고 내뱉는다.

(6) 장용학 '요한 시집'

단편 소설로 프랑스 철학자 사르트르의 소설 '구토'를 읽고 영향을 받아 쓴 작품이다. 전쟁 포로 누혜가 철조망에 목을 매고 죽기까지의 생애를 다룬 작품으로 사건보다 등장 인물의 의식 추구에 치중하였다. 한 마리 토끼가 동굴을 빠져 나오면서 겪는 좌절, 고통, 죽음을 우화식으로 삽입하여, 동호와 그의 전우인 누혜의 삶을 암시하고 있다. 자유가 있는 한 그 자유는 구속이 되고, 거기서 탈피하는 것은 죽음뿐이라며 자살하는 누혜는 관념적 인간의 표본이라 할 수 있다.

시점도 형식도 없이 쓰인 파격적인 작품이다. 전쟁의 혼란 속에서 실존적 자각을 통하여 한 인격적 주체가 겪는 도덕적 갈등을 묘사하였고, 이는 분열된 자아를 통합하려는 시도이다.

3 1960년대 이후의 문학

(1) 특징

① 정치적 소용돌이를 거치는 동안 현실 참여적 성격의 문학이 강력하게 대두되었다.

② 사회 현실에 대한 통찰과 인식, 역사에 대한 반성과 비판 등은 사실주의 경향의 문학이 이 시기의 주류를 형성하도록 만들었다.

③ 여전히 문학의 순수성을 옹호하는 전통적 서정주의와 기교주의 문학이 발표되었다.

(2) 갈래별 전개 양상

① 시

ㄱ 현실에 대한 참여의 확대

1960년대의 참여시가 주로 관심을 기울인 것은 분단 극복의 열망과 시민적 자유와 권리에 대한 열망이었다. 신동엽은 4.19 혁명 이후 폭발적으로 분출되었던 분단 체재의 극복에 대한 열망을 적극 수용하였고, 김수영은 민주주의와 시민적 자유에 대한 시적 관심을 강하게 드러냈다. 이성부, 최하림, 신경림, 조태일 등도 이러한 계열에 속하는 시인들이다. 이러한 1960년대의 시 경향은 1970년대 이후 본격적으로 대두되는 '민중시'의 중요한 흐름을 형성하게 된다.

ㄴ 전통적 서정주의의 계승

1960년대는 민요적 형식의 현대적 수용, 토속적 삶에 대한 지적 추구, 자연에 대한 서정적 접근 등 전통적인 서정의 세계를 새롭게 조명한 작품들이 많이 발표되었다. 서정주, 박재삼, 박목월 등은 그 중심적인 줄기를 형성하였으며, 이성교, 박성룡, 김관식, 고은 등도 이러한 계열의 시를 쓴 시인들이다.

ㄷ 새로운 기법에 대한 실험

김종삼, 황동규, 신동집, 문덕수, 이승훈 등 새로운 언어와 기법을 실험하고 관념적인 주제를 탐구하였으며, 시적 순수에 대한 열정을 통해 시의 현대성을 확보하였다.

플러스 1960년대 참여시

1960년대 정치 현실과 사회 상황에 적극 대응하면서 현실 참여를 주장했던 한국 현대시의 한 경향을 말한다. 한국 현대시는 1960년 4·19 학생혁명을 거치면서 현실 인식 방법의 변화를 드러낸다. 시 자체에 대한 인식도 바뀌고, 시인의 태도 역시 변모되기에 이른다. 시가 오로지 시일뿐이라고 믿었던 순수시에 대한 관념이 무너지면서, 생명력과 의지와 감동을 지닌 시가 요구되기도 한다. 시단의 일부에서는 전후시가 보여준 정서적 폐쇄성을 거부하면서 이른바 '현실 참여'의 목소리를 높이기 시작한다. 여기서 말하는 참여는 진실한 삶의 가치를 구현하기 위한 의지의 표현이라고 할 수 있는데, 이러한 시적 변화와 그 성과를 참여시 운동이라고 말한다. 신동엽은 4·19 혁명 이후 폭발적으로 분출되었던 분단 체재의 극복에 대한 열망을 적극 수용하였고, 김수영은 민족주의와 시민적 자유에 관한 시적 관심을 강하게 드러냈다. 이성부, 최하림, 신경림, 조태일 등도 이러한 계열에 속하는 시인들이다.

(1) 신경림: 초기에는 인간 존재를 관념적으로 다루었으나, 후기에는 농촌 현실의 모순을 고발함으로써 민중들의 척박한 삶을 다루었다. 시집으로 《농무(農舞)》, 《새재》, 시 작품으로 '목계 장터', '갈대', '가난한 사랑의 노래', '농무' 등이 있다.

(2) 조태일: 초기 시의 경향은 모더니즘적 경향이었으나, 이후 현실의 문제에 관심을 두었다. '식칼', '국토 서시'에서 이런 자각은 더욱 세련되고 발전하여, 1960년대 이후의 어두운 사회 현실과 과감하게 대결하였다. 시집으로 《식칼론》(1970) 등이 있다.

(3) 김지하: 1963년 첫 시 '저녁 이야기'를 발표한 이후, '황톳길' 계열의 초기 민중 서정시와 권력층이 부정 부패를 판소리 가락에 실어 통렬하게 비판한 특유의 장시(長詩) '오적(五賊)' 계열의 시들, '빈산' 등의 빼어난 1970년대의 서정시들, 그리고 1980년대의 생명에의 외경(畏敬)과 그 실천적 일치를 꿈꾸는 아름답고 도저한 '생명'의 시편들을 만들어 냈다. 기타 '타는 목마름으로' 등의 작품이 있다.

(4) 이성부: 1966년 《동아 일보》 신춘 문예 당선 시 '우리들의 양식'과 연작시 '전라도'를 통해 1970년대 사회파 시의 흐름을 주도하였다. 그의 시는 개성과 생기 있는 남도적 향토색과 저항적인 현실 의식을 밑바닥에 깔고 있다. 작품으로 '벼' 등이 있다.

(5) 김광섭: 《해외 문학》, 《문예 월간》, 《시원》의 동인으로 초기 시는 일제하의 암담한 시대 상황이 반영된 작품을 썼으나, 후기에는 생경한 관념 세계를 예술적으로 승화시킨 원숙한 경지의 작품을 썼다. 시집에 《동경》, 《성북동 비둘기》, 《마음》 등이 있다.

(6) 이동주: 한국적인 정서를 섬세한 리듬으로 읊었고, '현대시와 서정의 문제' 등의 평론과 많은 월평(月評)을 남겼다. 시집으로 《혼야(婚夜)》, 《강강술래》가 있다.

② 소설

㉠ 전쟁의 상흔(傷痕)

1960년대에도 전쟁으로 인한 민족적 고통과 정신적 충격을 형상화한 작품이 다수 발표되었는데, 황순원의 '나무들 비탈에 서다', 최인훈의 '광장(廣場)'등이 대표적인 작품들이다.

㉡ 현실에 대한 비판

4 · 19혁명과 5 · 16군사 정변을 경험하면서 소설 문학도 현실에 대한 비판적 안목을 본격적으로 갖추게 되었다. 이러한 경향의 작품들은 사회의 모순과 부조리한 현실, 그리고 소외된 민중들의 삶의 진솔함 등을 형상화하였는데, 대표적인 작품으로는 김정한의 '모래톱이야기', 전광용의 '꺼삐딴 리', 이호철의 '소시민' 등이 있다.

㉢ 역사에 대한 반성

1960년대에는 지나간 역사에 대한 냉정하고 객관적인 성찰 아래 우리 민족의 정체성을 확인하고 외세 및 수탈 계급과 싸워 온 민족 의식에 대한 탐구가 본격화되었다. 대표적 작품은 안수길의 '북간도(北間島)'이며 1960년대 말에 시작하여 1990년대에 완성된 박경리의 '토지(土地)'도 이러한 맥락에서 이해할 수 있다.

㉣ 내성적 기교주의

1960년대에는 현실에 대한 치열한 고발과 비판보다는 문학의 예술적 형상화 및 문체의 우수성으로 문학의 질적 심화에 기여한 순수 소설들이 많이 나왔다. 이러한 작품들은 새로운 기법과 세련된 언어적 감수성을 바탕으로 소설 문체의 변혁을 꾀하고, 주제의 폭을 개인주의적 내성의 영역으로

＋ 플러스 ｜ 안수길의 '북간도'

이한복 일가 4대의 북간도 이민사를 중심으로 우리 민족의 수난과 항일 독립 투쟁사를 그린 서사시적 성격을 띠는 대하 소설이다. 19세기 후반부터 광복될 때까지 우리의 역사를 배경으로, 간도를 개척하고 삶의 근거지를 마련했던 이주민들이 보호해 줄 정부를 가지지 못하여 망국인으로서의 통한을 처절하게 겪는 과정이 서술된다.

① 이 시기 계급문학과 모더니즘 문학, 그리고 새로이 순수 문학파가 대두되면서 나름대로 견제와 균형이 이루어졌고, 작품 경향도 기존의 역사, 정치, 사회, 이념 등을 다루던 데에서 나아가 일상, 개인의 내면과 욕망, 여성 등으로 다양화되는 경향이 있었다.

② 이 시기 소설은 황순원, 안수길 같은 기성 작가들의 활발한 활동이 있었으며, 〈무진기행〉의 김승옥, 〈병신과 머저리〉의 이청준, 서정인, 박태순 등 지식인의 세련된 감수성과 언어 구사를 보여주는 작가들이 등장하기도 했다.

③ 이 시기 시는 사회의 부조리에 대한 비판과 고발을 주된 내용으로 하는 현실 참여시와 언어의 예술성과 기교를 바탕으로 전통적 서정을 노래하는 순수 서정시가 양대 산맥을 형성하면서 발전하였다.

④ 이 시기 문학은 4·19 혁명, 5·16 군사 정변의 역사적 체험을 바탕으로 동시대의 삶의 문제를 깊이 탐구하면서 본격적으로 성장하였고 산업화에 따른 여러 가지 문제 등을 중심으로 문학 활동이 전개되었다.

까지 넓혀 놓았다. 대표적인 작품으로는 김승옥의 '무진 기행', '서울 1964년 겨울', 강신재의 '젊은 느티나무', 이청준의 '병신과 머저리' 등이 있다.

➕ 플러스 대표적인 작가

(1) 김승옥: 작품 세계는 주로 자기 존재 이유의 확인을 통해 지적 패배주의나 윤리적인 자기 도피를 극복해 보려는 작가 의식을 보이고 있다. 그는 한국 소설의 언어적 감수성을 세련시킨 작가로 평가받고 있으며, 평자들은 흔히 그를 내성적이고 기교주의자의 대표적 작가로 내세운다. 주요 작품으로는 '환상 수첩'(1962), '무진 기행'(1964), '서울, 1964년 겨울'(1965)등이 있다.

(2) 박경리: 초기에는 젊은 미망인들이 운명 앞에서 무너지는 약한 인간상을 그렸으나, '김 약국의 딸들' 이후 사회와 현실 의식이 확대되고 기법과 제재도 다양해졌다. '불신 시대', '시장과 전장', '토지' 등의 작품이 있다.

(3) 이문구: 산업 사회 속에서 사라져 가는 전통적인 삶에 따스한 애착을 개성적 문체 속에 담아 낸 작품세계를 보였다. 작품으로는 '관촌 수필', '우리 동네' 등이 있다.

(4) 이청준: 지적 방법으로 현실 세계의 부조리와 불합리를 정밀하게 해부하고, 인간 존재의 본질적 조건과 진실에 대해 성찰하는 경향을 보였다. 대표작으로는 '매잡이', '당신들의 천국', '낮은 데로 임하소서', '소문의 벽', '병신과 머저리' 등이 있다.

(5) 황석영: 1962년 《사상계》 신인문학상에 '입석부근'으로 입선, 1970년 《조선 일보》 신춘 문예에 '탑'이 당선되어 등단하였다. 황석영은 1970년대 '객지'와 '삼포 가는 길', 1980년대의 '무기의 그늘', '장길산'을 남긴 문제의 작가이다. '객지'가 보여 주는 문학적 중요성은 그것이 부랑 노동자가 지니는 사회적 관계의 핵심을 포착했다는 점에 있다. '삼포 가는 길' 역시 '객지'가 제기한 문제의 연장선상에 있다. 여기에서 '삼포'라는 고유 명사는 이내 산업화에 의해 해체되고 있던 고향이라는 보통 명사로 확장되며, 다시 1970년대 한국 사회 일반으로 읽혀질 수 있다. 장편 '무기의 그늘'은 월남전을 통해 분단의 모순과 이데올로기의 문제를 객관적인 시각에서 다룬 역작이며, 대하 역사 소설 '장길산'은 십 년여에 걸쳐 《한국 일보》에 연재된 것으로, 조선 시대 민중들의 힘없는 삶과 그 안에 미륵 신앙의 형태로 존재하고 있던 유토피아적 의식을 치밀하게 그려낸 작품이다.

(6) 조세희: 1965년 《경향 신문》 신춘 문예에 소설 '돛대 없는 장선'이 당선되어 등단하였고 1970년대 주로 활동한 작가이다. 1970년대 중반 '칼날', '뫼비우스의 띠', '난장이가 쏘아올린 작은 공' 등으로 이어지는 난쟁이 연작을 발표하면서 문단의 각광을 받기 시작했다. 그의 연작은 1970년대 한국 사회의 모습을 정면으로 접근하고 있다. 난쟁이는 정상인과 화해할 수 없는 대립적 존재를 상징한다. 이를 통해 그는 빈부와 노사의 대립을 화해 불가능한 것으로 제시하고 있다. 그것은 한국의 1970년대가 이 두 대립항의 화해를 가능케 할 만큼의 성숙에 이르지 못했다는 것을 의미한다. 아울러 그는 환상적 기법을 소설에 도입함으로써 화해 불가능성이 비논리의 세계나 동화의 세계에 존재하는 것처럼 묘사하고 있다.

4 1970년대 이후의 문학

(1) 개관

① **시대 배경**: 1970년대는 군사 독재 정권의 유산으로 특징지어지는 정치적 암흑기로, 급격한 산업화와 고도 성장에 따른 사회의 부조화 현상이 만연해 있었다. 그러나 민주화 운동의 대두로 1980년대 후반 이후 민주주의를 부분적으로 성취할 수 있었고 대중들의 역량도 크게 성장하였다.

② **특징**: 1970년대 문학의 가장 큰 특징은 '민중 문학'의 대두로, 이 시기에는 급속하게 진행되었던 산업화와 도시화 과정에서 발생된 여러 가지 사회의 문제들을 형상화한 작품들이 많이 창작되었다. 이러한 경향은 1980년대에 이

르러서는 현실에 대한 비판과 문학을 통한 실천을 강조하는 경향으로 변모하면서 '현장문학'을 탄생시키기도 하였다. 한편 1970년대 이후에는 모더니즘 문학이 크게 발전하였으며, 포스트모더니즘의 바탕이 되기도 하였다. 1970년대에 들어서도 1960년대의 '순수－참여' 문학 논쟁의 연장선상에서 시의 현실 참여 문제가 본격적으로 논의되는데, '순수－참여'의 대립적 인식이 어느 정도 극복되는 모습을 보인다.

(2) 시

① **민중시**: 1970년대의 '민중시'에서 빼놓을 수 없는 시인은 김지하로, '오적(五賊)'은 전통적인 운문 양식인 가사, 타령, 판소리 사설 등을 변용함으로써 새로운 장시의 가능성을 선보인 담시(譚詩)이다. 조태일, 신경림, 고은, 이성부 등도 이러한 계열의 시인들이며, 이러한 경향은 1980년대에 들어서 노동자 출신의 시인 '박노해'로 이어진다.

② **모더니즘 시**: 1970년대의 모더니즘시의 경향은 한 단계 발전되어 새롭고 혁신적인 경향의 작품들이 창작되기도 하였다. 황동규, 오규원, 정현종, 이승훈 등이 이러한 경향의 시를 발표하였으며, 1980년대에 들어서는 황지우, 김광규 등이 맥을 이었다.

(3) 소설

1970년대의 한국 소설은 내용과 형식 면에서 질적인 향상을 보인다. 내용 면에서는 농촌의 궁핍함에 대한 검토에서부터 전쟁의 비극이 끼친 상흔의 극복에 이르기까지 실로 광범위한 영역을 다루었으며, 형식면에서는 단편중심에서 벗어나 대하 소설 등 본격적인 소설로 지향해 가는 움직임을 뚜렷하게 나타내었다.

① **경제 성장과 사회 변동에 대한 비판**: 1970년대 이후 급격한 경제 성장에 따른 배금주의적 경향과 사회 질서의 재편을 비판적인 시각으로 그리고 있다. 최일남의 '우화', 박완서의 '도시의 흉년', 황석영의 '객지', '삼포가는 길', 최인호의 '타인의 방' 등이 대표적인 작품이다.

② **소외 계층에 대한 관심**: 급격한 산업화 이후 빈부 격차의 심화로 인한 소외 계층에 대한 관심은 1970년대 이후 문학의 대표적인 주제이다. 황석영의 '삼포 가는 길', '객지', 조세희의 '난장이가 쏘아 올린 작은 공' 등이 대표적인 작품이며, 이문구의 '관촌수필', '장한몽' 등도 이런한 계열에 속하는 작품이다.

③ **대중 소설의 등장**: 1970년대 이후 새로운 세계관과 감수성을 보이는 소설이 등장하는데, 이러한 작품들은 본격 문학보다는 대중 소설에 가까웠다. 최인호의 '별들의 고향', 조해일의 '겨울 여자', 조선작의 '영자의 전성 시대' 등의 작품을 필두로, 박범신, 한수산 등의 작품들이 발표되었다.

④ **대하 소설의 본격적 등장**: 1970년대 이후에는 역사와 시대에 대한 성찰의 결과와 더불어 축적된 우리 문학의 문학적 역량이 발휘된 대하 소설들이 많이 등장한다. 황석영의 '장길산', 박경리의 '토지', 최명희의 '혼불', 조정래의 '태백산맥', '아리랑' 등이 대표적인 작품이다.

정답 및 해설

─────────────────────────

• 기출 및 예제 따라잡기

정답 및 해설

Part 01 | 비문학 편

1 ④

풀이 제시문은 글을 읽는 속도(㉠)에 따라 독서 방법을 분류하였다. 훑어 읽는 독서는 '통독'이므로 ㉣만 올바른 설명이다.

㉡ 속독(速讀): 책 따위를 빠른 속도로 읽음.

㉢ 발췌독(拔萃讀): 책, 글 따위에서 필요하거나 중요한 부분을 가려 뽑아 읽음.

㉣ 통독(通讀): 처음부터 끝까지 훑어 읽음.

2 ④

풀이 ④가 주제 통합적 읽기의 과정이다. 나머지는 주제 통합적 읽기의 순서를 잘못 밝힌 것들이다. 읽기의 종류 중에서 '주제 통합적 읽기'는 고등학교 2학년 '독서' 교과 과정에서 언급하고 있는 항목이다. 주제 통합적 읽기란 하나의 화제나 주제, 쟁점에 대해 다양한 관점과 형식으로 쓰인 글들을 비판적·통합적으로 읽으며, 새로운 주제를 도출하거나 의미를 재구성해 나가는 읽기를 말한다.

3 ③

풀이 <보기>는 독서 외적 문제의 해결을 위한 독서를 설명하고 있다. 보고서를 쓰기 위해서나 전자제품의 사용을 위해서 하는 독서는 생활에 필요한 정보를 얻기 위한 독서로 볼 수 있다.

4 ②

풀이 첫째 문단에서 언급한 '특히, 가난한 나라보다 식량, 주거, 의료 서비스 등 기본적 필요를 충족한 상태인 부유한 나라들은 더욱 그렇다.'로 보아 사람들의 생활수준을 측정하는 것은 가난한 나라보다 부유한 나라에서 더 어렵다고 할 수 있다.

오답

① 둘째 문단에서 언급한 '행복은 가치의 영역으로서 그에 대해 부여하는 우리의 관념과 욕망, 선호의 지점이 각기 다를 뿐만 아니라 비금전적인 요인 등 복잡한 차이가 존재하므로 행복 측정 연구와 같은 영역은 그 대상을 측정하는 것이 그만큼 어려워진다.'로 보아 행복측정 연구에서 선호의 문제로 측정의 어려움이 있으므로 보완될 수 있다는 말은 적절하지 않다.

③ 제시문에서 내용을 찾을 수 없다.

④ 마지막 셋째 문단에서 언급한 '물론 이렇게 문제가 있다고 해서 경제학에서 숫자를 사용하면 안 된다는 말이 아니다. 생산량, 성장률, 실업률, 불평등 수준 등에 관한 주요 숫자를 모르고서는 우리는 실제 세상의 경제를 제대로 이해할 수 없다.'로 보아 경제학에서 사용하는 숫자가 객관서이 부족하다고 언급한 부분은 찾을 수 없으며 실제 경제를 이해하기 위해서는 숫자를 알아야 한다.

5 ①

풀이 빈칸은 읽기 능력이 부족한 독자의 문제점을 언급해야 한다. 읽기 능력이 부족한 독자가 읽기 능력이 평균인 독자에 비해 난해하다고 느끼는 단어가 무엇인지를 밝혀야 한다. 읽기 능력이 부족한 집단 A는 읽기 능력 평균 집단 B에 비해 고정 빈도가 많다. A가 더 많은 단어에 고정한다는 뜻이며, 이는 난해하다고 느끼는 단어가 더 많음을 알 수 있다. 또한 A는 B에 비해 눈동자의 평균 고정 시간은 낮다. 그런데 평균 고정 시간은 총 고정 시간을 총 고정 빈도로 나눈 값이다. 이는 한 단어를 이해하는 데 들어가는 평균적인 시간을 의미한다. 따라서 A는 B에 비해 각각의 단어를 이해하는 과정에 들이는 평균 시간이 더 적음을 알 수 있다. 쉽게 말하면, 읽기 능력이 부족한 독자는 읽기 능력이 평균인 독자에 비해 어렵다고 느끼는 단어가 더 많음에도 불구하고, 이를 이해하려는 노력을 덜 들인다는 말이다.

6 ④

풀이 ㈎에서 한국은 북한과 비교하여 아이스하키 실력이 열세임에도 불구하고 북한을 이겼다. 한국이 북한을 이기고 3위에 입상을 한 것은 아쉬운 결과라고 할 수 없다. ㈏에서 한국 아이스하키는 '예상을 뒤엎고' 북한을 이겨 동메달을 획득했다. ㈎와 ㈏에 드러난 한국의 경기 결과는 아쉬운 경기 결과로 볼 수 없다. 오히려 자랑스러운 결과로 보아야 한다. '3위에 입상했다'와 '동메달을 획득했다'는 모두 객관적 사실을 나타낸 표현이다.

7 ③

풀이 ㉢은 자신의 신념과 일치하는 정보이며 기존의 믿음이나 견해와 일치하는 정보이다. 따라서 ㉢은 주체가 마음의 휴식을 취할 수 있도록 해 주는 정보이다. 나머지는 자신의 신념과 반대되는 정보이다.

8 ③

풀이 레이첼 카슨의 책 《침묵의 봄》을 설명한 글이다. 디디티의 문제점을 알리고, 동물 보호의 필요성과 당국을 비판하는 내용이 들어있는 책이다. 이와 같은 글은 핵심을 파악하며 읽어야 하고(①), 디디티의 문제점을 사실과 주장으로 구별하며 읽어야 한다(②). 또한 인용된 자료의 출처를 따져가며 읽어야 한다(④). ③은 독서의 방법 중에서 감상적 읽기에 해당된다. 감상적 읽기는 주로 문학 작품에서 특정 인물을 자신과 동일시하여 그 사람의 처지를 실감하거나 인물들의 행동과 사건에 공감하는 것, 아름다운 표현에 감탄하는 것 등이 감상적 읽기에 해당한다.

9 ③

풀이 글의 흐름을 파악하여 앞의 내용을 이어가는 방식으로 순서를 찾는다면 어렵지 않은 문제이다. 시는 사람의 마음을 담기 때문에 시를 감상하는 것은 마음을 읽는다는 ㈐의 내용으로 글을 시작해야 한다. ㈎는 ㈐의 내용을 구체화하였다. 시가 사람의 마음을 담기 때문에 시의 내용은 다양할 수밖에 없음을 언급했다. ㈏에서는 자주 등장하는 인간의 마음 중에서 '그리움'을 언급했다. 마지막으로 ㈑는 그리움을 담은 시가 많은 이유를 제시하고 있다.

10 ②

풀이 독서의 목적과 방법이 다양하기 때문에 목적에 맞는 책을 선택하고 그에 맞게 독서할 것을 주장한 글이다. 글에서 다양한 종류의 책을 예로 들지 않았다. 독서의 목적이 다양하다는 것을 강조하고 있으나 독서의 가치를 강조하고 있지는 않다.

오답
① '~고 ~다'의 대구 문장을 활용하여 내용을 전달하고 있다.
③ 글의 시작 '그렇다면 책은 어떻게 읽어야 할까? 목적에 맞으며 가치 있는 책을 선택하고 적절한 방법을 찾아 읽어야 한다'
④ 글의 마지막에서 독서 방법을 소와 고래에 비유하였다.

11 ⑤

풀이 ㉤은 ㉢, ㉣에 나타난, 우리나라의 글에서 사실을 채집하고 살펴 글을 써야하고, 그래야 이름나고 후세에 전해진다는 것에 대한 근거가 되는 문장이다.

12 ①

풀이 최초의 IQ 검사는 학습 능력이 우수한 아이를 고르기 위해 시행된 것이 아니라, 프랑스에서 의무교육 제도를 실시하면서 정규학교에 입학하기 어려운 지적장애아, 학습부진아를 가려내기 위한 목적으로 실시되었다.

오답
② '비로소 인간의 지능을 구체적으로 수치화하고 객관적으로 비교할 수 있게 되었다'
③ '인간의 지능 중 일부만을 측정한다'를 보면 IQ가 높더라도 전체 지능이 높다고 말할 수는 없다.
④ '기초 학습에 필요한 최소 능력인 언어 이해력, 어휘력, 수리력 등을 측정'

13 ⑤

풀이 우리나라 축제의 변화 과정을 시대별로 설명한 글이다. 먼저 부여와 고구려 때의 고대 축제를 설명하고, 이후의 시대인 조선조 축제를 설명했다.

오답
② 시대별 특징이 나타나기는 하지만 비판과 대안을 서술하지 않았다.
③ 글에는 시대별 축제의 사례가 제시되어 있다. 개념을 정당화하기 위한 사례로 볼 수 없다.

14 ⑤

풀이 둘째 문단에서 영국의 일부 의사들은 아무 근거도 없이 접종하기 전에 환자에게서 피를 뽑고 설사를 시키며 저열량식을 주었다. 이렇게 면역력이 떨어진 상태에서 받는 접종은 곧 독이 될 수 있었고 부작용이 발생하게 되었다고 설명했다.

오답
① 접종하기 전 피를 뽑으면 면역력이 떨어져 부작용이 발생할 수 있다.
② 남자와 여자에게 접종 방식을 달리 한 것은 고대 중국과 인도의 의사들이었다.
③ 1700년대 공주를 비롯한 귀족 자녀들은 접종을 하고 효과가 나타났다.
④ 우두균은 인체에서 자연적으로 치유되고 이때 만들어진 항체가 천연두균에 대해서도 효과를 발휘한다.

15 ②

풀이 반신의 경우 왕을 죽인 부정적 행적을 드러내는 사람이어야 했다. 그러나 '고구려의 연개소문은 반신이지만, 당나라에 당당히 대적한 민족적 영웅의 모습도 포함'되어 《삼국사기》는 기존 평가와 달리 다면적이고 중층적인 역사 텍스트라고 할 수 있다.

오답
① 열전에 고구려인과 백제인도 수록되어 있기는 하지만, 둘째 문단에서 '신라 정통론에 기반'해 있다고 언급했기 때문에 신라 정통론을 계승하지 않았다는 내용은 잘못되었다.

③ 첫째 문단 끝에서 '관직에 있지는 않았으나 기릴 만한 사람을 실었다.'라고 언급했다.
④ 본기가 가장 많은 권수를 차지하고 있다.

16 ②

풀이 빛의 공해로 인한 문제점과 결과를 설명한 글이다. 인공조명의 누출 원인은 제시되지 않았다. 제시문에서 빛 공해의 요인을 인공조명의 과도한 빛으로 언급하기는 했으나 인공조명의 누출 원인은 글을 통해 알 수 없다.

오답
① 글의 첫 문장에 제시되어 있다.
③ 《사이언스 어드밴스》의 내용을 인용하여 우리나라가 빛 공해가 심각한 상황임을 제시하였다.
④ 수면 부족, 면역력 저하, 농작물의 생산량 저하, 생태계 교란 등을 사례로 제시했다.

17 ①

풀이 글쓴이는 자신이 벼슬을 추구했던 과거를 '나를 잘못 간직했다가 잃어버렸던' 모습으로 되돌아 보고 있다. 벼슬을 얻은 12년 동안은 '미친 듯이 큰길을 뛰어다닌' 삶이었고, 이 삶을 돌아보며 '여우나 도깨비에게 홀렸던' 삶이며 '귀신이 불렀던' 삶으로 회상했다. 글쓴이는 자신의 지난 행적을 떠올리며 현재를 성찰하고 있다.

오답
② 시간의 순서대로 과거를 돌아보고 있으나 인물 간의 갈등이 드러나지는 않았다.
③ 타인의 심리를 추측하지 않았다. 자신의 과거와 자신의 심정을 돌아보며 성찰하고 있다.
④ 주변 인물과의 대화가 드러나지 않았다. 자신의 또 다른 자아를 '너'로 설정하여 자문자답을 하고 있다.

18 ②

풀이 '지구를 중심으로 공전하는 원 궤도에 중심을 두고 있는 원, 즉 주전원(周轉圓)을 따라 공전 궤도를 그리면서 행성들이 운동한다고 주장하였다.'에서 알 수 있다. 지구를 중심으로 공전하는 원 궤도에 중심을 두고 있는 원인 주전원(周轉圓)은 관찰 결과를 행성의 역행 운동을 허용하지 않는 천동설을 설명하기 위한 것이다.

오답
① 과학 혁명 이전 시기에는 아리스토텔레스의 세계관에 따라 모든 천체는 원운동을 하면서 지구의 주위를 공전한다는 천동설이 정설이었다.
③ 천동설은 우주의 중심은 지구이며, 천체는 원운동을 하면서 지구의 주위를 공전한다고 주장한다. 그러나 지동설은 우주의 중심은 태양이며, 지구가 태양의 주위를 공전한다고 주장한다.

④ 마지막 문장에서 알 수 있다. 코페르니쿠스의 지동설은 프톨레마이오스보다 수학적으로 단순하게 설명하였다. 따라서 행성의 공전에 대한 프톨레마이오스의 설명은 코페르니쿠스의 설명보다 수학적으로 복잡하다고 추론할 수 있다.

19 ④

풀어 티코와 케플러의 예는 동일한 어둠에서 동일한 사물을 경험의 차이에 의해 다르게 인식함을 보여 주고 있기 때문에 본다는 것은 총체적 경험을 통해 풀이해 보는 행위이다.

20 ③

풀이 최근 '혐오'라는 말이 만들어낸 역사와 사회적 문제를 언급한 글이다. 혐오의 문제를 특정 감정에 집중하여 집착하여 바라보지 말고, 혐오가 발생하게 된 사회문제의 기원이나 원인을 찾는 것이 중요하다고 주장한다. 나머지는 모두 글의 주제가 될 수 없다.

오답
① 혐오의 문제를 바라볼 때 인과관계를 혼동하지 않도록 주의해야 한다. 그러나 인과관계가 존재하지 않는다는 내용은 없다.
② 혐오를 선량한 마음으로 바라보는 것도 문제의 성격을 오인하게 만들 수 있다고 주장했다.
④ 혐오를 감정에 집착해서 바라보지 않도록 주의하고 있다.

21 ②

풀이 글의 시작에서 약물의 개념을 정의했다. 그리고 약물이 오남용되는 현실을 지적했다. (나)와 (라)는 모두 약물의 오남용과 관련된 내용이다. (나)는 '오남용'이라는 단어의 뜻을 설명했고, (라)는 약물을 오남용했을 때의 문제점을 설명했다. (나) 뒤에 (라)를 연결하는 것이 가장 자연스럽다. (가)는 (라)에서 언급한 약물 오남용의 문제점을 더욱 심화하여 설명했다. 마지막 (다)는 문제점을 해결하기 위한 방안을 설명했다. '(나)―(라)―(가)―(다)'가 가장 올바른 순서이다.

22 ④

풀이 '인과적 분석'이란 해당 개념이나 현상을 원인과 결과의 관계를 파악하여 분석하는 것이다. 이 지문은 과학과 예술의 공통점을 찾아 이들이 모두 표현적 특징이 있으며 사물에 질서를 주는 방법임을 설명했다. 하지만 과학과 예술이 서로 어떤 영향 관계를 주고 받는지를 설명하지 않았으며 여기에 인과적 분석을 하지도 않았다.

오답
① ㉠에 대한 예시로 '모나리자'를 들고 있다.
② '예술의 본질은 무엇은 표현하는 것'이라며 예술의 개념을 밝히고 있다.

③ '예술이 과학과 마찬가지로 일종의 설명적 기능을 하고 있다'
를 통해 지문에서 과학과 예술과의 공통점을 기술하고 있음
을 알 수 있다.

23 ④

풀이 실험 참가자가 따돌림을 당했을 때 뇌의 어떤 부위가 활성
화되는지를 알고자 준비한 실험이다. '연구팀은 실험 참가자가
따돌림을 당할 때 그의 뇌에서 전두엽의 전대상피질 부위가 활
성화된다는 것을 확인했다. 이는 인간이 물리적 폭력을 당할 때
활성화되는 뇌의 부위이다.'는 내용이 있다. 따돌림을 당했을 때
와 물리적 폭력을 당했을 때 모두 전두엽의 전대상피질 부위가
활성화된다. 결국 따돌림을 당할 때와 물리적 폭력을 당할 때의
심리적 상태가 같다는 결론을 내릴 수 있다.

오답

① 이미 알고 있는 사실이다. 추론한 결론이 아니다.
② 사회적 문제와 관련이 없다.
③ 따돌림과 물리적 폭력을 비교할 근거가 없다.

24 ③

풀이 글은 먼저 세상이 빨라지고 있다는 점을 언급했다. 이와
반대로 시조창이나 수제천과 같은 음악은 느려서 사람들이 답답
해 한다. 그리고 다음 문단에서 우리는 많은 것을 잃어버렸다고
했으니, 이 글 뒤에 이어질 내용은 천천히 즐기는 삶과 관련된
사례이어야 한다. 그러나 ③은 오래된 것을 위해 속성(速成: 빨
리 이룸)으로 기술을 배우는 일이므로 글의 흐름과 어긋난다. 오
래된 것을 목적으로 삼는 일도 잘못되었고, 속성으로 기술을 배
우는 일도 글의 내용에 어울리지 않는다.

25 ①

풀이

• 영성하다(盈盛一): 풍성하고 그득하다. / (집안이) 번성하다.
• 영성하다(零星一): 수효가 적어서 보잘것없다.

26 ③

풀이 진화 개념에 대한 오해를 두 가지 측면에서 언급한 글이다.
첫 번째의 언급은 인간의 행동은 유전적인 적응 성향과 환경의
입력이 상호작용한 결과라는 것이다. 따라서 같은 조상을 두었기
때문에 유전적 성향이 같더라도 환경에서 얻은 정보가 다를 수
있으므로 행동은 다르게 나타날 수 있다.

오답

① 인간의 행동은 유전과 환경이 상호작용한 결과이다. 또한 마
음이 유전의 방향으로 결정되었다는 내용도 알 수 없다.

② 두 번째 언급에서 구석기시대의 적응 방식을 오늘날 인간이
지니고 있어서 문제가 발생한다고 했다. 상황의 복잡성이 커
지더라도 인간의 인지적 전략이 그대로 남아 있기 때문에 '인
지적 전략의 최적화'가 이루어지는 것은 아니다.
④ 첫째 언급에서, 인간의 행동은 유전적 성향과 환경으로부터
입력이 상호작용한 결과라고 설명했다. 과거 환경이 인간의
진화 방향을 '우선적'으로 결정한다고 볼 수 없다.

27 ②

풀이 ②에서 전기·가스 사고는 아직 발생하지 않은 사고이다.
현재 사고가 발생하지 않았고, 사고나 날까 두려운 것은 미래에
일어날지 모르는 불명확한 위협에 의해 야기된 상태인 '불안'을
의미한다.

오답

① 자신이 위험한 상황에 놓여있다는 사실을 정확히 아는 경우
는 '공포'이다. 또한 공포와 불안의 감정을 비교한다는 내용
은 글에서 찾을 수 없다.
③ '시험에 불합격'한다는 사실은 아직 발생하지 않았기 때문에
'불안'이다.
④ 과거에 큰 교통사고를 실재로 경험했고, 이 일은 미래에 일어
날 수 있는 위협이 되기 때문에 공포감과 불안감은 모두 크다.

28 ④

풀이 사회 관계망 서비스로 인해 개인의 사생활이 침해되고 인
격 훼손되며, 개인 정보가 범죄에 악용되는 부작용이 발생하고
있음을 설명했다. 개인의 사생활 침해나 인격 훼손은 '개인의 인
권'과 관련된 내용이므로, 이 글이 주장하는 바는 ④가 적절하다.

오답

① 사회 관계망 서비스가 사회적 정의 실현을 위해 생각과 정보
를 공유한다는 측면에서 긍정적 가치를 인정받는다고 언급은
하고 있지만, 이를 통해 사회 정의를 실현할 수 있다는 것은
글의 주장과 관련이 없다.
② 이 글은 공공의 이익을 주장하고 있지 않다.
③ 공익을 위한다는 생각으로 사건의 사실 여부를 제대로 확인
하지도 않은 채 개인 신상 정보부터 무분별하게 유출하는 행
위가 끊이지 않는다는 점은 확인할 수 있지만, 이는 글쓴이가
결론적으로 주장하는 바에 해당하지 않는다.

29 ④

풀이 ④ (개)의 마지막 문장 내용으로 비판의 타당성 성립

오답

① 입증되지 않은 주장
② 무지에 호소하는 오류
③ 입증되지 않은 근거

30 ④

풀이 ㉠은 언어가 의식, 사고, 세계관을 결정한다는 견해이다. ㄱ, ㄴ, ㄷ 모두 올바른 평가이다.

ㄱ: 눈을 가리키는 단어가 4개인 이누이트족은 1개인 영어 화자들보다 더 섬세하게 눈과 관련된 세계를 경험할 수 있다.

ㄴ: 피라하족은 수를 세는 단어가 3개뿐이다. 피라하족보다 수를 세는 단어가 많은 사람들이 수의 세계를 더 다양하게 경험할 수 있다.

ㄷ: 색채 어휘가 많은 자연언어 화자들은 그렇지 못한 자연언어 화자들에 비해 색채를 구별할 수 있는 능력이 더 뛰어나다.

31 ③

풀이 (대)는 정보의 파편화 현상을 언급하면서 독자의 관심을 유도하고 있으니 글의 처음으로 적절하다. (내)는 (개)에서 언급한 정보와 정보 사이를 연결하는 사례를 제시한 문장이고, (배)는 (내)에서 언급한 글들의 특징을 구체화한 문장이다. (매)는 (배)의 부연이고, (래)는 이로 인한 문제점을 지적한 문장이다. 그리고 (개)의 결과로 마무리하는 것이 글의 흐름상 적절하다. 따라서 정답은 '(대)－(내)－(배)－(매)－(래)－(개)가 된다.

32 ②

풀이 ㉢은 ㉡의 적용이 아니라, ㉡에 대한 일반적 반론에 해당한다.

33 ①

풀이 에리히 프롬의 <자유로부터의 도피>와 관련된 글이며, '원인-결과'의 구조로 되어 있다. '자유를 누리고자 하는 인간이 사회로부터 고립되며 새로운 도전에 직면하기 때문에(원인) 오히려 자유로부터 도피하게 된다(결과).'라고 말하고 있다.

오답
② '보편－특수'는 일반적인 이론에 예외적인 특수한 상황이 나오는 경우여야 하므로 제시문과 관계가 없다.
④ 이 글에는 주장이 없으므로 적절하지 않다.

34 ③

풀이 연쇄적인 흐름을 잘 파악해야 한다. 'ㄷ'의 '도구' → 'ㄱ'의 '도구, 자연' → 'ㄴ'의 '자연, 극복' → 'ㄹ'의 '자연, 극복, 그 좋은 예' 등을 자연스럽게 이어가면 적절한 전개 순서가 된다.

35 ③

풀이 단락이 들어가는 위치는 문장의 앞뒤 문맥을 고려해야 한다. <보기> 앞에는 '사람'과 같다는 내용이 나오고, <보기> 뒤에는 '인형의 실체'가 구체적으로 나와야 하므로 ㉢에 내용이 들어가야 한다.

36 ①

풀이 (개)는 문화의 힘이 있어야 한다는 주장을 전개하고, (내)는 이에 대한 부연 설명을 하고 있다.

37 ③

풀이 (내)와 (래)를 시작의 기준으로 놓고 지문을 읽어야 한다. (내)는 '스토리텔링 전략'을 위해 해야 할 일을 구체적으로 밝히고 있다. (래)는 '스토리텔링 전략'을 소개하며 필요성을 강조하고 있다. (내)와 (래)를 놓고 본다면 (래)가 시작으로 가장 알맞다. (내)는 (래)에서 언급한 '스토리텔링 전략'의 구체적인 할 일을 언급하기 때문에 (래)의 뒤에 이어져야 한다. (개)는 (내)에서 언급한 '스토리텔링'의 두 번째 과제이다. 그리고 (대)는 (개)에서 언급한 '인물 창조'의 구체적인 주제를 설명하고 있다. 참고로 선택지만 분석해 볼 때 (내)와 (래)에서 글이 시작되어야 하고, (대)로 글을 마무리한다는 ①과 ③을 정답으로 설정하며 글을 읽는 것도 현명한 접근 방법이다.

38 ③

풀이 제시문은 '사업가들이 말하는 생존경쟁의 의미'에 대한 글이다. 실제로는 생존경쟁이 아니라 성공을 위한 경쟁이라고 말하고 있다. (래)는 도입 부분, (내)는 '생존경쟁'의 일반적 상황, (대)는 '생존경쟁'의 실질적 의미, (개)는 '성공을 위한 경쟁'이다. 따라서 글의 순서는 '(래)－(내)－(대)－(개)가 된다.

39 ①

풀이 글의 제목은 전체의 내용을 포괄하는 중심 소재가 반드시 있어야 하며, 주제를 집약해야 한다. 따라서 글의 제목은 일반적으로 'A와 B' 또는 'A의 B'의 형태를 취하며 첫 단락과 마지막 단락을 특히 주목해서 보아야 한다. 따라서 이 글의 앞부분은 '허균의 천(天)'과 관련된 내용이고, 중간부터 마지막 부분은 '인간의 본연지성'과 관련된 내용이다. <홍길동전>의 저자로 잘 알려진 허균은 광해군 때 개혁적인 글을 많이 썼으며, 이 글에서도 "천품의 본성은 감히 어길 수 없는 일이다."라고 하면서 낡은 사상에서 벗어나 보다 근원적인 천(天)과의 관련에 있어서 인간성의 진면목을 드러내고자 했다.

오답
② 중심 소재가 구체적이지 못하고 막연하다.
④ 너무 포괄적이므로 답이 아니다.

40 ③

풀이 <보기>는 우리말의 구조 중 '문장'에 대해 설명하는 글이다. 전체의 내용 중 ⓒ이 문장의 개념을 설명하는 핵심 내용이므로 두괄식 구성에 의해 첫 번째로 나와야 하고, ㉠에서 문장을 구성하는 어절을 설명하므로 두 번째로 나와야 한다. 이어서 ⓒ과 ㉣에서 구체화하고 있는데 ⓒ은 '어절과 문장 성분의 관계'를 설명하고 ㉣에서 '구와 문장의 차이'로 이어지고 있다. 따라서 글의 순서는 'ⓒ－㉠－ⓒ－㉣'이 되어야 한다.

41 ②

풀이 ⓒ을 경계로, 앞부분에는 개고기를 섭취하게 된 역사적 배경을, 뒷부분에서는 음식 문화 전반에 대한 문화적 편견이 타당하지 않음을 기술하고 있다.

42 ①

풀이 제시문은 한국 한자음의 독특한 모습을 알아본 글이다. 중국, 일본, 베트남 한자음과 다른 특성에 대해 설명하고 있다.

오답

③ 한국 한자음이 중국 한자어나 일본 한자어에 기원을 둔 것이 아니라 특수한 성질을 지니고 있다고 말한 글이다. 즉, '기원' 자체를 설명하는 글이라고 볼 수 없다.

43 ④

풀이 ㉠ 다음은 새로운 내용을 언급한 후 부정을 통해 자신의 의견을 강화하는 내용이다. ㉠ 뒤의 '있었다 해도'를 통해 '물론'을 알 수 있다. '물론(勿論)'은 '말할 것도 없이'를 뜻한다. ⓒ 뒤는 '세 시기'와 관련시키면서 구체적으로 이끌어 나가고 있으므로 전환의 '그런데'가 들어가야 하고, ⓒ은 앞 내용과 다름이 없음을 통해 어문 운동의 가치를 설명하는 부분이므로 '이와 같이'가 적절하다.

44 ①

풀이 제시문은 '언어 기호의 자의성'에 대한 글이다. 언어 기호의 대상은 실체가 아니라 관계이므로 기호를 둘러싼 맥락을 파악해야 한다고 말하고 있다. 글의 맨 마지막 단락에 직접 나타나 있다.

오답

② 기의는 같지만 기표가 다른 경우가 있다고 했다. 예를 들어, 실제의 개(기의)를 나타내는 여러 이름(기표)이 있다고 보았다.

③ 기의와 기표가 자의적인 관계에 있다고 동의하는 글이다.

④ 실체적 사고가 아니라 행간의 의미를 이해해야 한다고 말하고 있다.

45 ③

풀이 잘못을 알고서도 바로 고치지 않으면 곧 자신이 나쁘게 되는 것이 마치 나무가 썩어서 못 쓰게 되는 것과 같다고 했다. '물실호기(勿失好機)'라 하였으니, 때를 놓치지 말라는 것이다.

46 ③

풀이 주제는 글의 중간 이후에 주로 나타난다. 글에 나타난 부처의 가르침을 일반화하면 주제가 된다. 즉, '걷고 있을 때는 걸어라. 앉아 있을 때는 앉아 있어라'와 '당신이 하는 모든 일은 당신의 온전한 주의를 받을 가치가 있는 것이어야 합니다.'라는 문장을 통해 ③을 이끌어 낼 수 있다.

오답

나머지는 지엽적인 내용이거나 일치하지 않는 정보이다.

47 ④

풀이 첫 번째 단락에 나오는 '예술의 의미', 두 번째 단락에 나오는 '예술의 개념'을 중심 소재로 삼아 제목을 만들면 된다. 특히 두 번째 단락에서 '18세기에 들어와서 의미를 한정해서 썼다'는 것으로 보아 '예술의 어원과 그 의미의 변화'가 제목으로 적절하다.

48 ③

풀이 <보기>에 따르면 이원론에서 마음은 몸과 같이 하나의 대상이며 독립되어 존재하는 실체이다. 또한 몸이 마음 없이도 그리고 마음이 몸 없이도 존재할 수 있다는 주장이 실체이원론이다. 따라서 이원론은 마음과 몸이 서로 독립된 실체이므로 마음이 없는 몸은 가능하다고 본다.

49 ③

풀이 인간의 유전자는 이기적이라고 했지만 '철저하게 냉혹한 이기주의자라는 것이 아니다'라고 끝에서 부정했다. 비문학 일치 문제와 관련된 세 가지 유의 사항이 모두 반영된 문제이다. '때문에'라는 인과 관계의 함정, '그러나' 이후의 핵심 정보, '부정 서술어'의 중요성 등 일치 문제를 풀 때 주의해야 할 내용에 해당하는 문제였다.

50 ①

풀이 실험 결과를 통해 알 수 있는 것은 사람들은 공평한 대우를 받을 때 더 행복해 한다는 것이다. 다른 사람과 비교했을 때 과도한 보상을 받아도 부담을 느끼고, 덜 보상을 받을 때도 덜 행복해 했다. '공평성의 원리'가 중요하다는 글이다.

51 ①

풀이 순풍이 불 때와 역풍이 불 때, 각각 풍압과 양력이라는 서로 다른 원리를 이용하지만 결과적으로는 전진력을 통해 앞으로 나아가게 된다. 횡류력은 진행 방향이 아닌, 양옆의 방향으로 분산되는 힘으로 순풍, 역풍의 두 경우에 모두 발생하지만, 센터보드나 킬 등의 횡류방지장치에 의해 억제된다.

52 ②

풀이 유엔은 6개가 공용어이고 유럽연합은 10개가 넘는 공용어를 사용하고 있으나 이 공용어 중 하나만 알아도 공식 업무상 불편이 없게끔 한다는 것이지 모든 공용어를 전부 다 배워야 하는 것은 아니다. 이는 여러 공용어 중 하나만 알고 있더라도 공무를 집행할 수 있도록 유럽 연합이 편의를 도모했다고 볼 수 있으므로 ②는 적절한 설명이다.

오답
① 1문단에 따르면, 유엔의 모든 외교관이 많은 공용어를 전부 다 잘해야 하는 것은 아니다.
③ 2문단에 따르면, 우리가 영어를 한국어와 함께 공용어로 지정해서 한국인들이 영어를 다 잘할 수 있게 되리라는 믿음은 망상에 불과하다.
④ 글의 내용과 관련이 없다.

53 ③

풀이 이 글은 우리말을 가꾸기 위해서 국어에 대한 우리의 관심과 의식이 중요하다고 주장한다. 그 주장의 전제는 언어에는 민족의 정신과 얼이 있다고 보는 것이다. 그렇기에 우리말을 가꾸자고 한 것이다.

54 ④

풀이 '조선 시대 재판관과 행정관의 역할'은 글에서 알 수 없다. 즉, 조선 시대는 입법, 사법, 행정의 권력 분립이 제도화되어 있지 않았기에 재판관과 행정관의 구별이 없었다고 나와 있을 뿐이다.

55 ①

풀이 몽타주는 상형문자의 형성 원리를 바탕으로 만들어진 것이 아니다. 제시문에서는 에이젠슈테인이 몽타주의 개념을 설명하기 위해 상형문자가 합해져서 회의문자가 만들어지는 과정에서 아이디어를 빌려 왔다고 했을 뿐이다. 즉, '아이디어를 빌려 온' 것이지 진짜 그런 원리를 바탕으로 한 것이 아니다.

56 ⑤

풀이 '인간의 두뇌 활용도'와 관련된 글이다. 재능을 사장시키는 내용과 관련되어야 한다. 그런데 ⑤는 '개성적인 인간, 조기 교육'과 관련된 내용이므로 적절하지 않다.

57 ④

풀이 제시문은 각 지역어의 특성과 기능을 설명하며 인위적인 표준어 정책에 반대하는 글이다. 추론 또한 주제와 관련된 문제이므로 ④가 적절하다.

58 ④

풀이 박지원이 <초정집서>에서 말한 '법고창신(法古創新)'과 관련된 글이다. '법고창신'은 '온고지신(溫故知新)'과 같은 말로, 옛 것을 본받아 새로운 것을 창조한다는 뜻이다. 옛것에 토대를 두되 그것을 변화시킬 줄 알고 새 것을 만들어 가되 근본을 잃지 않아야 한다는 말이다. 이와 같이 '정(正)－반(反)－합(合)'의 변증법적으로 전개되는 순서가 '(나)－(라)－(가)－(다)'이다.

59 ②

풀이 <보기 1>의 내용은 학문의 세계에서 하나의 객관적 진실 때문에 모든 다른 견해를 하나로 귀결시킬 수 없다는 것이다. ⓒ의 앞에서는 <보기 1>의 내용의 구체적인 사례로 역사를 언급하였다. 역사학을 포함한 학문의 세계에서 통합은 성립되기 어렵기 때문에 ⓒ에는 <보기 1>의 내용을 삽입하는 것이 가장 적절하다.

60 ③

풀이 '디지털 트윈의 이용자는 가상 세계에서의 시뮬레이션을 통해 미래 상황을 예측할 수 있게 된다.'와 '디지털 트윈을 도입하여 사전에 위험 요소를 제거하고 수익 모델의 효율성을 높이고 있다.'를 통해 알 수 있다.

오답
① 디지털 트윈과 글로벌 기업들의 고용률과의 관계는 지문에 제시되지 않았다.
② 디지털 트윈의 과정은 실제 실험보다 매우 빠르고 정밀하며 안전할 뿐 아니라 비용도 적게 든다.
④ 메타버스는 가상 세계와 현실 세계가 융합된 플랫폼으로 이용자들에게 새로운 경제·사회·문화적 경험을 제공하는 데 목적을 두고 있다. 그러나 디지털 트윈은 현실 세계에 존재하는 사물, 공간, 환경, 공정 등을 컴퓨터상에 디지털 데이터 모델로 표현하여 똑같이 복제하고 실시간으로 서로 반응할 수 있도록 한다.

61 ②

풀이 뇌인지심리학자인 이상아의 글 <삶의 가치는 내가 구성하는 것> 중 일부이다.

㉮ <보기 1>에서 첫째 문단은 인간과 동물의 차이를 설명하며 화제를 제시하고 있다. 인간은 본능적으로 생존에 이롭고 해로운 대상을 구분하는 능력이 있지만, 동물은 경험에 따라 좋고 나쁜 것을 학습하는 능력을 가지고 있다.

㉯ 먼저 인간의 특징을 예를 들어 설명하고 있다. 초콜릿 케이크를 먹어서 경험한 사람은 케이크의 냄새, 색, 촉감 등을 넘어서 밸런타인데이와 같이 특정 기호만으로도 초콜릿을 떠올릴 수 있다.

㉰ 그러나 동물은 생존과 번식에 대한 생물학적 조건을 기반으로 진화했다. 새끼도 보호해야 하고 먹이도 구해야 하는 상황에서 여우는 재빨리 반응을 한다. 동물의 뇌는 여러 세부적인 동기와 감정적, 인지적 반응을 합쳐서 선택지에 가치를 매긴다. 따라서 순간적인 위험을 피하고 기회를 잡을 수 있다.

62 ④

풀이 중심내용을 찾는 문제이다. 글에서 궁극적으로 의도한 바를 찾아야 한다. 댓글과 같이 다른 사람들의 말에 휩쓸려 소비를 한 사례는 사용가치를 잘못 판단한 경우이다. 그리고 글에서는 건강한 소비를 위해서는 '나'를 위해 얼마나 필요한가에 대해 고민하라고 조언하고 있다.

오답
① 글에 제시되지 않은 내용이다. 첫째 문단에서 교환가치가 아무리 높아도 소비자에게 사용가치가 없다면 해당 상품을 구매하지 않을 것이라고 했으므로 글의 내용과도 부합하지 않는다.
② 글에서 사용가치와 교환가치를 모두 설명하고 있기 때문에 추론이 가능한 선택지이다. 그러나 글에서는 상품의 사용가치가 거친 과정을 고려하여 자신에게 필요한 것인지를 생각해야 한다고 강조했다. 글의 중심내용이라고 볼 수 없다.
③ 글에서는 다른 사람들의 말에 휩쓸리지 않도록 경계할 것을 언급했다.

63 ④

풀이 앳킨슨은 스톤헨지를 세운 사람들을 야만인으로 묘사하며 비난했다. 앳킨슨은 그들이 과학적 사고를 할 줄 모른다고 주장했다. 따라서 스톤헨지를 세운 사람들에게 천문학적 지식이 있었다는 증거가 발견된다면 앳킨슨의 주장은 약화될 것이다.

오답
① 호킨스는 스톤헨지를 천문학적 지식과 관련된 기구로 보고 있다. 제사를 지낸다는 것과는 관련이 없다.
② 호일은 스톤헨지가 일종의 연산장치라는 주장을 했다. 건설 당시 사람들이 숫자를 사용했다는 증거가 발견되면 호일의 주장은 강화될 것이다.

③ 마지막 문단이 글쓴이의 주장이라면, 글쓴이는 그들에게는 수학과 천문학의 지식을 보존할 문자가 없었다고 주장했다. ③은 글쓴이의 주장은 '약화될 것이다'로 고쳐야 한다.

64 ②

풀이
㉠: 호일, 톰, 호킨스(천문학자들)
㉡: 스톤헨지를 세운 사람들(기원전 3,000년경 사람들)
㉢: 호킨스를 옹호하는 학자들
㉣: 스톤헨지를 세운 사람들(기원전 3,000년경 사람들)

65 ②

풀이 차람은 개인들 사이에서 문헌을 유통하는 방식이다. 둘째 문단에서 따르면 '차람은 소설을 소유하고 있는 사람에게 직접 빌려서 보는 것으로, 알고 지내던 개인들 사이에서 이루어'진 것이기 때문에 대가를 지불했다는 내용은 알 수 없다.

오답
① 전기수는 '소설 구연을 통해 돈을 벌던 전문적 직업인'이었다. 이들은 '글을 모르는 사람들과 글을 읽을 수 있지만 남이 읽어주는 것을 선호하는 이들을 대상'으로 소설을 구연하였다.
③ '이 방식(구연에 의한 유통)은 문헌에 의한 유통에 비해 시간과 공간의 제약이 많아서 유통 범위를 넓히는 데 뚜렷한 한계가 있었다.'
④ '세책가에서는 소설을 구매하는 것보다 훨씬 적은 비용으로 빌려 볼 수 있었기 때문에 경제적으로 넉넉하지 않은 사람도 소설을 쉽게 접할 수 있었'에서 근거를 찾을 수 있다.

66 ①

풀이 헤이안 시대의 여성들은 읽을거리를 늘리기 위해 그들만의 고유한 문학을 창조해 냈다. 여성들은 언어를 음성으로 옮긴 가나분카쿠를 개발하였고 《겐지 이야기》, 《마쿠라노소시》 같은 작품을 남겼다. 읽을거리에 대한 열망이 문학 창작의 동력이 된 사례이다.

오답
② 언어를 음성으로 옮긴 가나분카쿠를 개발하여 사용했다.
③ 《겐지 이야기》와 《마쿠라노소시》를 보면, 남자 관리들이 대부분 시간을 할애했던 정치적 술책에 대해서는 거의 관심을 보이지 않았다.
④ 여성들이 개발한 언어인 가나분카쿠는 한자 구조가 거의 배제된 것이 특징이다.
⑤ 이 글은 여성들에게만 국한 된 문학을 소개하고 있다.

67 ①

풀이 글에 제시되지 않은 내용이다. 한자는 개별 글자를 말하고, 한자어는 한자로 이루어진 단어이다. 그리고 한문은 한자어로 이루어진 문장을 의미한다. 이 글에서는 한문이나 한국어 문장의 문장성분을 언급하지 않았다.

오답

② '愛人'의 사례에서 '愛'는 '人'을 수식하는 관형어일 때도 있고 '人'을 목적어로 삼는 서술어일 때도 있다는 사례와 같다. '정수(淨 깨끗할 정, 水 물 수)'

③ 한자는 문맥에 따라 같은 글자가 다른 뜻으로 쓰이지는 않지만 다른 문장성분으로 사용되는 경우가 있다. '愛人'에서 '愛'의 문장성분이 바뀌더라도 동음이의어가 되는 것은 아니다.

④ '사고'의 사례와 같다.

68 ③

풀이 한국어는 오로지 한글로만 표기할 수 있다는 내용은 글에 제시되어 있지 않다. 고구려 때의 광개토대왕비를 보면 한자를 빌려 우리말을 적을 수도 있다.

오답

세종대왕 당시에도 '우리말'은 있었다. 그러나 '우리글'인 문자가 없었고 이를 대신하여 한자를 빌려 썼다. 당연히 우리말과 중국의 말이 달랐고 문자로 통하지 않기 때문에 세종대왕은 '우리글'을 적기 위해 《훈민정음》으로 한글을 만들었다. 세종대왕이 만든 것은 '우리글'이며(②), 여기서 한글은 언어가 아니라 문자이다(①). 하지만 한글은 오로지 우리나라에서 우리말을 적는 데만 쓰다 보니 한글로 적힌 것은 곧 우리말이라는 등식이 성립되어 한글과 우리말을 같은 것으로 여기게 되었다(④).

69 ③

풀이 돈을 나누어 B가 수용하도록 제안할 권리는 A에게 있다. 그러나 B는 A의 제안을 거절할 권리가 있다. 기회는 단 한번 뿐이다. A가 B에게 1,000원을 제안한다면 B는 그 제안을 받거나, 거절했을 경우 한 푼도 받지 못할 것이다. 두 사람이 모두 자기 이익에 충실한 개인이라면 A는 가장 작은 금액을 줄 것이며, B는 그 제안을 받거나, 거절했을 경우 한 푼도 받지 못할 것이다 (㉠). 하지만 현실에서는 이런 상황은 절대 일어나지 않는다. 사람들은 자기의 이익이 최대화되지 않더라도 제안이 불공평하다면 거절한다. 결국 인간의 행동은 경제적 이득에 의해서만 움직이지 않는다는 것을 알 수 있다(㉡).

70 ④

풀이 논리적인 추론이 필요한 문제이다.

ㄱ. 셋째 문단에서, A는 출생 이후 약 2세까지의 아이가 언어 이전의 '환상적 사고'의 단계에 머물러 있다고 보고, 이 단계의 아이가 보여주는 타인과의 상호작용을 의사소통 행위가 아니라고 주장한다. 반면, B의 경우 출생 이후 약 2세까지의 상호작용을 의사소통 행위로 판단한다.

ㄴ. 첫째 문단에서, A는 8세경에 학령이 되면서 자기중심적 언어는 소멸한다고 보았다. 그러나 둘째 문단에서, B는 자기중심적 언어가 학령이 되면서 소멸하는 게 아니라 내면화되어 소리 없는 '내적 언어'를 구성한다고 보았다.

ㄷ. 첫째 문단에서, A는 8세경에 학령이 되면서 사회적 언어의 단계로 진입한다고 보았다. 그러나 셋째 문단에서, B는 출생 이후 약 2세까지의 상호작용을 의사소통 행위로 판단하였다.

1 ④

풀이 문학은 실제의 현실을 재료로 사용하여 허구의 세계를 구성하는데, 이 글에서는 이를 '현실을 재창조, 재구성'한다고 표현하고 있다. 이러한 의미를 가장 잘 담고 있는 것은 '유추적(類推的)'이다.

2 ①

풀이 문학은 개연성 있는 허구이기 때문에 현실을 반영하기는 하지만, 완전히 '모사(模寫)'하지는 않는다. 이때, '모사'라는 말은 무엇을 흉내 내어 그대로 본뜬다는 뜻이다. 주의해야 할 것은 ⑤의 '묘사'라는 표현인데, 이는 배경이나 상황을 그림 그리듯이 나타낸다는 뜻이다.

3 ②

풀이 가전 문학인 '공방전'은 '돈'의 부정적인 면을 부각하고 있다. 따라서 '세상을 살아가는 임기응변의 지혜'는 이 작품의 교훈으로 적절하지 않다. '공방전'은 '돈'을 의인화하여 간접적으로 세태를 비판하기 때문에 '우의적' 성격이 있다. 가전체 소설은 역사서의 '열전'의 형식을 빌려, 주인공(의인화된 사물)의 가계와 생애 및 성품, 사관의 평을 전한다. 구체적 사물(돈)과 경험을 중시하면서 그것들을 해석한다는 점에서 교술적 성격이 있고 사물과 경험을 어떤 인물의 구체적인 생애로 서술한다는 점에서 서사적 성격도 있다.

4 ①

풀이 이 시는 자연 친화적인 삶의 즐거움을 소박하고 친근한 대화체의 어조로 그리고 있다. 시적 화자는 현재의 상황에서 자신이 지향하는 이상적인 삶을 누리고 있다. 이러한 '물아일체'의 삶은 질서와 조화에서 드러나는 미의식인 '우아미'를 보여주는 전형적인 예이다.

5 ①

풀이 '어와 너여이고'는 지조 있는 신하를 망고대와 혈망봉에 비유하여 자연의 질서를 현실에서 추구하고자 하는 아름다움인 '숭고미'가 돋보인다. 한편, '지조있는 충신'이 되기 위해서 현실의 시련과 어려움을 극복하겠다는 작가의 비장한 의지가 담겨져 있으므로 '비장미'도 느낄 수 있다.

6 ④

풀이 한국 문학의 미적 범주 중 풍자와 해학에 대해 설명하고 있다. '골계(滑稽)'는 대조적 개념인 '있어야 할 것'과 '있는 것' 사이에서 '있어야 할 것'을 외면하고 부정적 현실을 수용하는 미적 범주이다. 따라서 '있어야 할 것'을 부정하고, '있는 것'은 그대로 긍정한다는 ⊙에 들어갈 적절한 단어는 '골계(滑稽)'이다. '풍자(諷刺)'는 대상이 지닌 결점이나 악행을 부정적인 것으로 인식하고 이를 비판적으로 꼬집어냄으로써 웃음을 유발한다. 즉, '있어야 할 것'이라는 대상을 부정적으로 인식하고 깨뜨리는 것에 관심을 집중하는 것이 ⓒ이므로 ⓒ에 적절한 단어는 '풍자(諷刺)'이다. '해학(諧謔)'은 익살스럽고도 품위가 있는 말이나 행동을 뜻하는 개념이다. 풍자와 달리 대상을 비판하려는 의도보다는 독자들에게 동정심과 공감을 유발하려는 의도가 큰 미적 범주이다. 이를 통해 본다면 해학은 비판이나 비난의 성격 이전에 나타나는 웃음을 목적으로 한다고 볼 수 있다. ⓒ에 들어갈 적절한 단어는 '해학(諧謔)'이다.

7 ④

풀이 외재론적 관점 중에서 독자를 고려하여 문학 작품을 해석하는 관점은 효용론적 관점이다.

8 ②

풀이 ②는 '조국광복'과 연관시킨 '반영론적 관점'으로, 작품과 작품의 대상이 되는 현실 세계와의 관계를 중시하고 있다.

오답
절대주의적 관점은 작품을 작품 외적인 요소와 연관시키지 않고, 작품 그 자체에 주목하여 가치를 내부에서 찾고자 하는 관점으로, '내재적 관점, 구조론적 관점'이라고도 한다. 이 관점은 문학의 언어가 지니는 특징, 문체, 운율 ,구성, 표현 기법, 화자, 청자 등이 중시된다.

작품 김소월, <먼 후일>(현대시)

• 주제: 떠난 임에 대한 그리움
• 표현 방법: 반어법

9 ①

풀이 작가의 삶을 바탕으로 작품을 감상하는 것을 표현론적 관점에 의한 감상이라고 한다. 이 관점은 작가의 삶과 정신 세계를 잘못 이해했을 때 의도(작가의 의도)의 오류가 발생할 수 있다.

10 ②

풀이 작품 자체에 초점을 두느냐, 작품을 둘러싼 외적 요소에 초점을 두느냐에 따라 문학 작품 해석 방법이 갈릴 수 있는데, ②는 외재적 관점이며, 나머지는 모두 내재적 관점이다.

11 ①

풀이 작품을 그 자체만이 아니라 하나의 역사적 산물로 보고 사회, 역사, 시대 등의 상관관계를 고찰하는 것은 역사주의 비평 방법이다.

12 ②

풀이 형식주의 비평, 분석 비평, 신비평, 구조주의 비평, 절대론적 관점이 내재적 방법에 의한 비평이다.

13 ②

풀이 ②는 '시어의 상징성'에 대해 감상하고 있으므로 내재적 관점에서 보고 있다.

오답

①, ③ '시인' = 외재적 관점 중 <표현론적>
④ '현실 인식' = 외재적 관점 중 <반영론적>

14 ③

풀이 서울 사람과 시골 사람이 서로 사용하는 어휘가 다름을 보여주고 있어 지역에 따른 표현 양식이 다름을 나타낸다.

15 ①

풀이 '그 혼탁을 걱정스럽게 생각하지는 않는다'에서 화자의 생각을 알 수 있듯이, 제시문의 화자는 언어순결주의를 반대하고 있다. 따라서 언어순결주의자들의 생각과 반대되는 것을 긍정적으로 평가하는 것으로 엮으면 된다. '언어순결주의-전체주의-집단주의-순수한 토박이말과 문체-순화' 등이 지은이가 생각하는 부정적인 것이고, '혼탁-불순함-타인에 대한 이해' 등이 긍정적인 것이다. 따라서 답은 ①이다.

16 ②

풀이 제시된 소설 작품은 판소리 문체를 활용하여 주로 4·4조의 음수율과 4음보 음보율이 나타난다. 고향집에 와서 농사를 짓는 삶의 어려움을 사투리를 사용하여 표현하고 있다. 또한 고향과 농사와 관련된 용어에서 전통적이고 향토적인 정서가 환기되며 사투리에서 민중적 성격이 드러난다.

17 ③

풀이 ①, ②, ④에는 '은유법'이 쓰였으며, ③에는 '대유법'이 쓰였다.

18 ③

풀이 ① 은유법, ② 직유법, ④ 의인법

19 ②

풀이 의인법을 묻는 문제이다. '양은 그릇에 멱살을 잡히고', '플라스틱류에 따귀를 얻어맞았다'는 사물을 의인화한 표현이다.

오답

① 대유법, ③ 점층법, ④ 도치법, ④ 은유법

20 ④

풀이 ④ 풍유법, 대조법이 사용되었다. 풍유법은 비유법에 해당한다.

오답

① 정몽주의 어머니로 알려져 있으나 정몽주 어머니는 이방원이 태어나기 전에 세상을 떠났으므로 연대가 맞지 않는다.
② 까마귀를 부정적 이미지로 보고 있다.
③ '새올세라'는 '샘낼까 두렵다'는 뜻이다.

21 ②

풀이 점층법(漸層法)은 표현 대상에 대한 어구를 나열해 가면서 작은 것, 약한 것에서 점점 큰 것, 강한 것으로 표현을 확대하는 방법이다. 이 글에는 점층법이 사용되지 않았다.

오답

① '당신 같으면 어느 쪽을 선택할 것인가.'는 질문이고 이후의 내용을 이에 대한 답이므로 문답법이 사용되었다.
③ '불빛들은 갓 핀 달리아 꽃송이이다.'에서 '불빛들은'이 원관념, '꽃송이'가 보조관념이므로 은유법이 사용되었다.
④ '어떤 불빛들은 밤을 새우기도 한다.'에서 의인법을 확인할 수 있다.

22 ④

풀이 ④는 황소의 울음을 금빛이라고 표현한 공감각적 표현(청각의 시각화)이다. 나머지는 모두 역설법(逆說法. =모순 어법=모순 형용)이 사용되었다.

23 ④

풀이 죽어도 눈물을 흘리지 않겠다는 것은 화자의 속마음과 반대로 표현하는 '반어법'이 쓰인 것이다. 황동규의 <즐거운 편지>에는 그대를 생각함이 사소한 것이라 표현되었지만 속마음과 반대로 표현한 것으로 보아 '반어법'이 쓰인 것이라 볼 수 있다.

24 ①

풀이 제시문에서 설명하는 수사법은 역설이다. ①은 사랑을 위해서는 만남이 아니라 이별이 필요하다는 모순적 진술을 하고 있으므로, 취하는 역설에 해당한다. ②와 ③은 반어, ④는 시각적 대비, ⑤는 의인법이 드러나 있다.

25 ②

풀이 문예 사조 중 '낭만주의(浪漫主義)'는 고전주의 다음에 발생한 사조로, 18세기 말부터 19세기 전반에 유럽에 전파된 사조이다. 대표적인 작가로는 '괴테, 빅토르 위고, 워즈워스, 노발리스' 등이 있다. 참고로, '말라르메, 보들레르, 랭보'는 상징주의 작가이다.

26 ⑤

풀이 '현대풍'에서도 힌트를 얻을 수 있다. 모더니즘은, 기성세대의 모든 도덕과 전통, 권위에서 벗어나 근대적 가치와 문명을 주요한 문학적 제재로 삼는다.

27 ②

풀이 고전주의(17세기) – 낭만주의(18세기 말~19세기 초) – 사실주의(19세기) – 상징주의(19세기 말)

28 ②

풀이 시의 언어는 지시적(사전적) 의미보다 함축적 의미를 중시하는 내포적 언어이며, 운율로 음악적 효과를 나타낸다.

29 ③

풀이 무가치하게 느낄 수 있는 자신의 삶을 되돌아보게 하는 작품이다. 플라스틱처럼 마구 쓰다 버리는 존재가 아니라 고통의 과정을 통해 자신을 단련하는 '무쇠낫'과 같은 가치 있는 존재가 되길 소망하는 내용을 담고 있다. '플라스틱 물건'과 '똥덩이'는 무가치한 존재를 비유한 시어이다. '찾아가고 싶다'와 '바꾸고 싶다'는 무가치한 존재에서 벗어나 가치 있는 존재가 되고 싶은 소망을 드러내고 있다. '무쇠낫'과 '꼬부랑 호미'는 가치 있는 존재의 시어로서 '플라스틱 물건', '똥덩이'와 대조된다. '털보네 대장간'은 무가치한 존재에 변화를 주는 공간으로 '직지사 해우소'와 대조된다. '직지사 해우소'는 '똥덩이'가 되어 무가치한 존재로 떨어지는 공간이다.

30 ①

풀이 자연의 순환과 거기서 느끼는 인생의 근원적 고독을 노래한 김소월의 시이다. 산에서 피고 지는 '산유화'는 인생의 탄생과 고독, 소멸을 상징한다. '산'은 탄생과 소멸을 포함하는 인생이자 자연이다. 일시적인 인간의 삶만을 대변한다고 볼 수 없다.

오답
② 꽃이 피고 지는 것은 인생의 탄생과 소멸을 의미한다.
③ '꽃'은 저만치 혼자서 피어 있는 것은 인생의 고독을 의미한다.
④ '갈(가을) 봄 여름 없이' 꽃이 피는 것은 끝없이 순환하는 자연의 모습을 의미한다.

31 ②

풀이 '나타샤'는 톨스토이의 장편 소설 '전쟁과 평화'의 여주인공이지만, 여기서는 가난한 나와 대비되는 사랑하는 여인이다. 그리고 이 작품은 '눈이 푹푹 나리고'를 반복적으로 사용하여 눈이 주는 흰색의 색채 이미지를 그려내고 있다. 이러한 흰색의 색채 이미지는 순백의 이미지를 떠오르게 하여 작품 전반적으로 순수한 이미지를 조성해 주고 있다. 또한 '눈이 푹푹 쌓이는 밤 흰 당나귀를 타고 산골로 가자'에서는 눈의 흰색에 더해진 흰 당나귀의 모습을 표현하고 있는데, 이는 환상적인 분위기를 만드는 데 기여하고 있다. 따라서 '눈', '나타샤', '흰 당나귀' 등이 현실적 괴로움을 상징한다는 ②의 설명은 적절하지 않다.

오답
① '소주'는 현실의 시련과 외로움을 잊게 하는 매개이다.
③ '산골'은 세상을 떠난 깨끗한 공간이며, '나'와 '나타샤'가 가고자 하는 이상적인 공간이다.
④ '세상'은 '산골'과 대비되어 화자가 벗어나고자 하는 세속적 공간이다.

32 ②

풀이 시에서 할머니는 '살아온 추위와 떨고 있는' 가난한 존재이다. 가난한 대상인 할머니에게 무관심한 태도를 보이는 대상은 '너'이다. 할머니가 '너'의 무관심을 사랑으로 승화하지는 않는다. 시적 화자인 '나'가 '너'에게 슬픔의 평등한 얼굴로 기다림을 깨닫게 한다.

오답
① '내가 어둠 속에서 너를 부를 때'는 화자가 '너'에게 말을 건네는 대화적 상황을 가정한 표현이다.
③ '가마니'는 동사자가 간신히 살아갈 수 있는 관심이며 배려이다.
④ '주겠다'를 반복하여 더불어 사는 삶의 소중함을 강조하고 있다.
⑤ 소외된 존재를 배려하지 못하는 '너'에게 기다림은 주위를 둘러볼 수 있는 시간이다.

33 ②

풀이 '져재'는 '시장(市場)에'로 해석하고, 여기서 '져자'는 '시장'으로 해석한다. 이 작품에는 곡조가 기록되어 있는데, 곡조의 명칭인 '후강전(後腔全)'의 마지막 글자 '전(全)'과 '져재'를 붙여 '전 져재'로 읽는다면 '전주 시장'으로 해석될 수도 있다(정읍은 당시 전주에 속해 있던 마을). '전쟁터'로 해석할 수는 없다.

오답
① '노피곰'과 '머리곰'에 있는 '곰'은 강조를 나타내는 접미사이다. '머리곰'은 '멀리멀리'로, '노피곰'은 '높이높이'로 해석할 수 있다.

달님이시여, 높이 높이 돋으시어
멀리 멀리 비춰 주소서.

(기: 달을 통해 남편의 안녕을 기원)

시장에 가 계신가요?
위험한 곳을 디딜까 두렵습니다.

(서: 남편에 대한 야행침해 염려)

어느 곳에서나 놓으십시오.
당신 가시는 곳에 저물까 두렵습니다.

(결: 남편의 무사 귀가 기원)

34 ④

풀이 '가시리'는 이별의 정한을 주제로 담고 있는 고려 속요이다. '가시리'에 나타나는 3음보 운율은 민요적 율격으로 볼 수 있다.

오답

① (가)는 행상 나간 남편의 안전을 기원하고 있다. 원망과 비판과는 관련이 없다.

② (나)는 '가시리/가시리/있고'로 끊어서 3음보 율격이 나타난다. 그러나 '가시리'는 4개 연으로 구성된 분연체는 맞다.

③ (가)는 행상 나간 남편을 기다리는 아내의 독백이다.

35 ①

풀이 이 구절은 동일한 시 구절과 여음구 등을 반복하고 있다. ①도 '해야 솟아라'라는 구절을 반복하여 운율을 형성하고 있다. 다른 작품에서는 반복에 의해 운율이 드러나지 않고 있다.

36 ③

풀이 제시된 시에서는 사물을 의인화하지 않았다. 모닥불을 쪼이는 개나 강아지가 나올 뿐 의인화한 것은 아니다. 맨 마지막에 나온 '슬픈 역사'는 사물을 의인화한 것이 아니라 할아버지를 통해 '우리 민족의 슬픈 역사, 수난의 역사'를 말하고 있는 것이다.

37 ①

풀이 '유산가(遊山歌)'는 찬란한 봄의 경치를 완상하는 화자의 유흥적인 삶의 태도가 드러나 있다. 재연을 좋아하고 풍류를 즐기려는 태도와 관련이 깊다. 자연을 즐기며 봄의 애상감을 노래한 ①과 가장 분위기가 유사하다. ①은 봄밤의 애상적인 정한(情恨)을 노래한 이조년의 다정가(多情歌)이다.

오답

② 인세(人世) 무상과 망국(亡國)의 한(恨)을 노래한 길재의 회고가

③ 연모의 정을 노래한 서경덕의 연정가

④ 적국에 잡혀 가는 우국지사의 비분 강개를 노래한 김상헌의 비분가

38 ①

풀이 칸트는 미(美)에 대해 자율적 견해를 지니고 있다. 내재적인 예술 작품의 특성을 밝히고, 어떤 맥락으로부터도 자율적이어야 한다고 본다. 이것을 '시'에 적용하면 현실, 도덕, 목적과 무관하게 시어나 운율 등 내적으로 감상하는 ①과 부합한다.

오답

나머지는 시대 상황을 고려하는 반영론, 독자의 정서적 성장과 관련된 효용론, 목적론 등에 해당하므로 칸트와 상반된다.

39 ③

풀이 (가)는 2연에서 이별을 체념한다. 하지만 3연에서 임을 붙잡지 못하고 보내야 하는 자기 희생적 태도가 드러난다. (나)에서 화자는 떠나는 임을 '말없이 고이 보내' 주며 이별을 체념한다. 그러나 4연에서 자신의 분신인 진달래꽃을 '사뿐히 즈려밟고' 가라며 자기 희생적 태도를 드러낸다.

오답

① (가)는 '가시는 듯 도셔 오쇼셔'에서 재회를 희망한다고 볼 수 있으나 (나)에서는 이 내용을 찾을 수 없다.

② (나)에는 '영변'이라는 구체적인 지명이 드러나지만 (가)에는 지명을 찾을 수 없다. 참고로 '영변'은 평안북도 남부의 군에 속하며 '약산'은 영변에 존재하는 산이다. 약산은 진달래꽃으로 유명하다.

④ (가)와 (나) 모두 이별의 원인을 외부에서 찾고 있지 않다.

40 ②

풀이 '셜온 님'은 '서러운 임'으로 해석할 수 있다. 구문상으로는 '셜온'이 '님'을 수식하므로 '서러운'의 주체를 임으로 볼 수 있다. 그러나 화자를 버리고 떠나는 임을 생각한다면 실질적 주체를 화자로 볼 수도 있다. 어떠한 상황에서도 화자는 이별을 아쉬워하고 있으나 임이 이별을 아쉬워한다고 해석할 수는 없다. 임은 화자를 버리고 떠난 존재이다.

오답

① 떠나는 임을 붙잡고 싶지만 그러면 임이 영원히 나를 떠나버리지 않을까 하는 염려를 담고 있다. 임을 보내는 서러움이 절제된 가운데 드러나 있다.

③ 임께서 밟고 가시는 그 붉은 진달래꽃은 임에 대한 나의 뜨거운 사랑이며, 그 사랑을 버리고 가실 때에도 임에 대한 원망을 하지 않겠다는 뜻. 희생을 통한 사랑의 승화 과정이 나타난다.

④ 화자는 임을 보내며 눈물을 흘리지 않겠다고 다짐한다. 슬픔을 절제하는 인고의 자세이며 반어적 표현이다.

41 ④

풀이 ⑺와 ⑷ 모두 각각의 연이 '기─승─전─결'의 4단 구성으로 시상을 전개하고 있다. ⑺는 '원망적 하소연─하소연의 고조─절제와 체념─재회를 소망'의 구성이며, ⑷는 '체념을 통한 이별의 정한─떠나는 임에 대한 축도(祝禱)─원망(怨望)을 초극(超克)한 사랑─인고(忍苦)의 의지로 이별의 정한 극복'의 구성이다.

오답
① 수미 상관의 형식은 ⑷에만 드러난다.
② ⑺에 대한 설명이다. ⑷는 시어의 반복으로 운율을 형성하고 있지 않다.
③ ⑷에만 해당하는 설명이다.

42 ②

풀이 '내 마음은 호수요'에서 쓰인 수사법은 원관념과 보조 관념과의 동일성에 기초한 은유법이다. 이러한 은유법이 쓰인 예는 ②인데, '근심'과 '한'을 각각 '산'과 '바다'라는 보조 관념과 동일시했기 때문이다.

오답
① '─같은'이라는 표현으로 직접적인 연관성을 밝힌 직유법이다.
③ '목숨을 빼앗다'라는 표현과 '죽음을 주지 않다'는 표현이 모순적 진술이므로, 역설법이다.

43 ③

풀이 '태양'과 '꽃덤불'은 민족의 궁극적 목표인 조국의 찬란한 미래상을 상징한다. 또한 '봄'은 화자의 염원인 새로운 민족 국가가 건설되는 때를 가리킨다. 즉, 세 시어는 모두 암울한 현실을 극복한 뒤의 희망찬 세계를 의미하는 것이다.

44 ③

풀이 공감각적 표현이 나타나지 않은 것을 찾아야 한다. 밑줄 친 부분은 청각의 시각화를 표현한 공감각적 표현이며, ③은 시각적 표현만 드러나 있다.

오답
① '파아란 바람이 불고'─촉각의 시각화
② '태양의 즐거운 울림'─시각의 청각화
④ '자욱한 풀벌레 소리 발길로 차며'─청각의 촉각화('차다'를 시각적 행동으로 볼 수도 있다.)

45 ②

풀이 문학 작품 해석의 관점 중 작품과 작품의 대상이 되는 현실 세계와의 관계를 중시하는 것을 '반영론적 관점'이라고 한다. ②는 '삶의 고통스러운 단면을 외면했다.'고 하면서 반영론적 관점에서 비판하고 있다.

오답
나머지는 모두 작품 자체에 주목하여 가치를 내부에서 찾고자 하는 내재적 관점(=절대론적 관점)에서 감상하고 있다.

46 ③

풀이 유치환의 시 <깃발>이다. 이 시는 원관념인 '깃발'을 다양한 보조관념으로 비유하였는데, '아우성, 손수건, 순정, 애수, 마음'이 '깃발'의 보조관념이다. '푯대'는 깃발을 비유한 표현이 아니다.

47 ④

풀이 '눈'은 고향을 그리워하는 매개체이자 포근한 이미지로 그려져 있다. '화물차의 검은 지붕'은 '눈'과 색채 대비가 있다고 볼 수 있지만 문명에 대한 비판적 인식이 아니라, 힘겹고 고달픈 고향의 모습을 떠올리게 하는 이미지로 볼 수 있다.

오답
① '내리는가'의 설의법을 통해 고향을 떠올리며 시상을 전개한다.
② 4연에서 '차마'는 부정적인 말과 호응하는 부사임에도 불구하고 '그리운 곳'이라는 긍정적인 말과 어울려 사용했다.
③ '눈'은 추운 계절이면서도 그리움의 매개체로 쓰이고 있으므로 긍정적인 이미지라 할 수 있다.

48 ①

풀이 '초가 정자'는 시간의 흐름과 관련이 없다. 시의 화자가 머무는 공간이며 자연과 조화를 이루는 소재이다.

오답
② 화자는 자연에서 술을 마시고 시를 지으며 유유자적한 삶을 즐기고 있다. 현실에서 벗어나 초연한 삶의 태도가 드러난다.
③ '산과 계곡'인 자연은 세월이 지나도 변하지 않지만, 인간의 '누대'는 과거와 달리 비어 있다.
④ 화자는 꽃잎이 흔들리는 것을 원하지 않는다. '봄바람'은 꽃잎을 흔드는 부정적 이미지로 볼 수 있다.

49 ②

풀이 첫사랑과 관련된 시어는 '산골 물소리'이며 첫사랑의 환희와 설렘을 형상화한 이미지이다. 하지만 첫사랑이 이제 '사라졌다'고 표현했을 뿐 관련된 시어를 반복하거나 운율을 형성한 것은 아니다. 시의 내용과 관련된 문제는 단어만 단편적으로 찾으려 하지 말고 논리적으로 의미를 이해해야 한다. '첫사랑'과 '반복된 시어'를 끊어서 읽지 말고 '첫사랑과 관련된 시어 반복 사용'을 묶어서 함께 읽어야 한다. 참고로, '불빛도 불빛이지만', '저것 봐', '네보담도 내보담도'와 같은 시어의 반복은 운율을 형성하는 동시에 서러움의 정서를 부각하는 효과가 있다.

오답
① '해 질 녘 타는 강(시각)'을 '울음(청각)'으로 표현해 공감각적 이미지를 활용했다.
③ '불'(햇볕, 불빛, 타는)과 '물'(강, 눈물, 울음)의 대조적 속성을 통해 슬픔, 한(恨), 서러움의 정서를 부각하고 있다.
④ '-고나', '-것네' 등 판소리나 민요의 전통적인 종결 어미를 사용해 예스러운 정감을 살리고 있다.

50 ①

풀이 생산직에 종사하는 육체 노동자 전체를 뜻하는 '블루칼라'는 대유법이다. 대유법은 원관념과 연관성이 있는 보조 관념이 원관념을 대신 나타내는 표현 방법이다. 이와 같은 표현으로 '백의(白衣) 민족'으로 우리 민족 전체를 뜻하는 경우 '흰옷'은 우리 민족 전체를 뜻하는 대유법이 있다. 나머지는 모두 은유법 해당된다.

오답
은유법(隱喩法)은 보통 "A는 B이다."의 형식을 통해 원관념과 보조관념을 표현하는 비유의 하나로 설명한다. 은유는 표현 속에 포함된 비유를 숨기는 기법으로, 원관념과 보조관념의 동일성(同一性)에 기반하여 표현하는 방법이다. 그래서 숨을 은(隱)을 써, 은유(隱喩)라고 하는 것이다. 은유법의 특징은 원관념이나 보조관념 중 하나를 숨기고 나머지를 드러내는 경우가 있다.
② 그의 '마음'이 원관념이고 보조관념은 '산산조각'이 난 물건이다. 보조관념인 '물건'을 숨긴 은유이다.
③ '유리 천장'이 보조관념이고 원관념은 생략했다. 여성이 상위 진출을 하기 위한 '사회적 제약'을 원관념으로 볼 수 있다. 원관념을 숨긴 은유이다.
④ '밑바닥'이 보조관념이고 원관념을 생략했다. 원관념은 그의 '사회적 위치' 또는 '자존심', '경제력' 등으로 볼 수 있다. 원관념을 숨긴 은유이다.

51 ②

풀이 의인법을 묻는 문제이다. '양은 그릇에 멱살을 잡히고', '플라스틱류에 따귀를 얻어맞았다'는 사물을 의인화한 표현이다. '강물은 말없이'에도 의인법이 드러난다.

오답
① 대유법 ③ 점층법 ④ 도치법 ④ 은유법

52 ①

풀이 장만영의 시 <달, 포도, 잎사귀>이다. 달이 '고요히 앉아 있다'는 '고요히'를 '모습이나 마음이 조용하고 평화롭다'로 해석하여 의인법이 사용된 표현이다. 달빛에 드러난 아름다운 뜰의 풍경을 표현한 구절이다. ①의 풀이 '울었다'는 의인법이다. ①은 김수영의 시 <풀>이다.

오답
② 설의법. 신경림, <가난한 사랑 노래>
③ 은유법. 김광균, <데생>
④ 비교법, 영탄법. 변영로, <논개>

53 ③

풀이 ⓒ의 '일월'은 임금을 상징하는 반면, 나머지는 임금 주위를 둘러싼 간신 혹은 임금에게 가지 못하게 하는 장애물을 상징한다.

54 ①

풀이 <보기>에서 설명하는 수사법은 역설이다. ①은 사랑을 위해서는 만남이 아니라 이별이 필요하다는 모순적 진술을 하고 있으므로, 역설에 해당한다. ②, ③은 반어, ④는 시각적 대비, ⑤는 의인법이 드러난다.

55 ④

풀이 <보기>는 반어를 설명한 글이다. 반어(反語)는 '아이러니 irony'라고도 한다. 겉으로 드러난 표현과 속에 숨겨져 있는 내용을 반대로 나타내는 표현 방법으로, 의도적으로 본뜻과 반대되게 표현하는 방법이다. ④에서 화자는 임과의 이별에 슬퍼하지만 '죽어도 아니 눈물 흘리오리다'라며 자신의 감정을 반어적으로 드러내고 있다.

오답
① 직유법 ② 의인법 ③ 반복법과 의인법

56 ④

풀이 '동짓달 기나긴 밤'은 추상적이며 관념적인 개념이며, '(밤의) 한 허리를 베어내어'는 구체화(사물화)한 표현이다. ④에서 '내 마음 속 우리 님'은 추상적인 개념이며, '눈썹'은 구체화한 표현이다. '꿈으로 맑게 씻어'도 추상적인 개념을 구체화한 표현이다. ④는 서정주의 시 <동천>이다.

오답
① 역설법, 영탄법. 한용운, <님의 침묵>
② '치료를 기다리는 무병(無病: 병이 없이 건강함)'은 역설법이다. 이상, <지비(紙碑)>
③ 직유법. 함형수, <해바라기의 비명>

57 ⑤

풀이 역설법(逆說法, paradox)은 표면적으로 이치에 어긋나거나 모순되는 진술을 하지만 그 속에 보다 깊은 뜻을 담고 있는 표현 방법이다. 이 시는 역설적인 표현을 사용하지 않았다. 또한 죽음을 미화한 표현도 사용되지 않았다.

오답
① 이 시에 사용된 시어는 일상적이고 평범한 단어들이다. 그러나 시어에 담긴 의미는 자유와 정의를 추구하는 강한 시대 정신이 있다.
② '기침을 하자', '마음껏 뱉자' 등의 청유형 표현은 이 시를 읽는 독자를 포함한 청자에게 자유와 정의를 함께 추구하도록 동참을 요구하고 있다.
③ 강한 남성적 어조로 단정적인 표현을 사용하고 있다.
④ '살아 있다'를 반복하여 시상을 전개하였다. 참고로 1연은 반복과 점층으로 시상을 전개하고 있다.

58 ④

풀이 《고려사(高麗史)》 권71 악지에 전하는 서경(西京) 이하의 속악(俗樂) 24편 중의 하나. '목계가(木鷄歌)'라고도 한다. 오관산(五冠山) 밑에 살던 효자 문충이 어머니가 늙어감을 탄식하여 지은 노래이다. 이제현(李齊賢)의 한역시가 《익재난고(益齋亂藁)》에 실려 한시로 전한다. 어머니가 늙지 않기를 간절히 바라는 시적 자아의 심정이 담겨 있다.

오답
① 몽환적(夢幻的): 현실이 아닌 꿈이나 환상과 같은 것. ② 이상적(理想的): 생각할 수 있는 범위 안에서 가장 완전하다고 여겨지는 것.
③ 허망(虛妄)하다: 「1」 거짓되고 망령되다.
　　　　　　　　「2」 어이없고 허무하다.

59 ①

풀이 ㉠은 역설법(逆說法)을 사용하고 있다. 표면적으로 이치에 어긋나거나 모순되는 진술을 하지만 그 속에 보다 깊은 뜻을 담고 있는 표현 방법으로, 모순 어법 또는 모순 형용이라고도 한다. 하지만 ⓛ은 반어법(反語法)이다. 사실은 잊지 않았는데 "잊었노라."라고 말하고 있으므로 반대로 표현한 경우이다.

오답
④ '남강이 흐르고 흐른다'와 '남강은 가지 않는다'가 모순되므로 역설법이다. 시적 내용에 따르면 남강은 본디 흐르지만 남강에 있는 논개의 정신은 영원할 것이기 때문에 모순되게 표현하고 있다.

60 ②

풀이 '외우기도 좋아라 하급반 교과서'는 반어법의 예이다. ①은 역설법, ②는 반어법, ③은 과장법, ④는 풍유법의 예이다.

61 ③

풀이 '은장도'나 '머리털'은 여인의 정절이나 생명을 상징한다. 은장도로 머리털을 베어 '육날 메투리'를 삼아 떠나는 임에게 신겨 드린다는 것은 임이 부재하는 세상에서는 자신의 삶도 부질없고 의미 없는 것임을 암시한다. '회한(悔恨: 뉘우치고 한탄함)'과 관련이 없다.

62 ④

풀이 '이냥'은 '이 모양대로, 이대로 내쳐'의 뜻이다.

63 ①

풀이 감정이입(感情移入)의 방법이 나타나 있다. 화자의 슬픈 감정을 '서럽게 우는 산꿩'에 이입하였고, ① 역시 울고 싶은 내 마음을 '울면서 흘러가는 물'에 이입하였다.

64 ①

풀이 이 시에서 '텔레비전'은 문명을 상징하는 시어이고 '풀벌레'는 자연을 상징하는 시어이다. 텔레비전이 뿜어낸 빛과 소리로 인해 자연의 풀벌레 소리는 단절되었다. 화자는 문명의 즐거움이 만들어 낸 단단한 벽 때문에 자연을 느낄 수 없었던 자신의 삶을 되돌아보고 있다. 이 시에서 문명은 자연을 차단하는 존재이기 때문에 자연과 문명을 호혜적 관계로 볼 수 없다.
• 호혜적(互惠的): 서로 특별한 혜택을 주고받는 것.

오답
② '벌레 소리들 환하다'에서 청각인 '벌레 소리'를 시각화하여 '환하다'로 표현했다. 자연의 실재감을 벌레 소리로 표현했다.

③ 화자는 텔레비전을 끄기 전에는 현란한 텔레비전의 빛과 소리들로 저녁 시간을 보냈다. 그러나 텔레비전을 끈 후에는 풀벌레 소리에 귀를 기울이며 듣고 있다.

④ 화자는 현대 문명인 텔레비전을 끄고, 그동안 문명에 가려 듣지 못했던 풀벌레 소리들이 허파 속으로 들어옴을 느낀다. 따라서 화자가 그동안 잊고 있었던 자연에 관심을 가지려는 태도가 나타나 있다고 볼 수 있다.

65 ④

풀이 시집살이하는 며느리의 힘든 상황을 표현하기 위해 가족들을 비유적으로 표현하며 해학적인 내용을 담고 있다. 과거 여인의 힘든 시집살이를 풍자했다고 볼 수는 있으나 자기 반성적 태도가 나타나지는 않았다. 화자는 자신의 힘든 상황을 한탄하고 있다.

오답
① 해당 노래는 후렴구가 없다. '형님 온다 / 형님 온다 / 분고개로 / 형님 온다'로 끊어 읽는 4음보 율격이 나타난다. 4음보로 계속 노래를 부르기 때문에 연속체이다.
② 시집살이를 '개집살이'에 비유하고, 시집살이를 고추보다 맵다는 등 익살과 해학이 드러난다.
③ '오 리 물을 길어다가 십 리 방아 찧어다가'는 과장, '형님 마중 누가 갈까 / 형님 동생 내가 가지'는 대구, '시집살이 개집살이'는 은유와 언어유희.

66 ③

풀이 이 노래에서 남편은 '미련새'로 비유되었다. 남편은 아내의 고된 시집살이를 위로해 주기 보다는 상황을 이해하지 못하는 어리석은 대상으로 보아야 한다.

오답
① '형님 마중 누가 갈까 형님 동생 내가 가지'는 시집간 형님을 반갑게 맞이하는 동생의 모습이다.
② '둥그둥글 수박 식기 밥 담기도 어렵더라'
④ '삼단 같던 요내 머리 비사리춤이 다 되었네'
• 삼단: 삼[麻(마)]의 묶음. 숱이 많고 긴 물건의 비유.
• 비사리춤: '비사리'는 싸리나무의 껍질로 노끈을 꼬거나 미투리 바닥을 삼을 때 쓴 다. 아주 거칠다는 의미.

67 ③

풀이 이 시는 일제 강점기에 어려운 삶을 살았던 한 여인의 삶을 축약하여 보여주고 있다. 각 연이 시간성을 내포하고 있으나 시간적 순서에 따라 배열되지 않고 역순행적인 구성으로 내용이 전개되었다. 1연은 여승이 된 현재의 모습을 그렸다. 합장을 한 여승은 이미 속세를 잊은 듯 불경과 산나물에 흠씬 젖어 있다.

2연은 돈을 벌기 위해 집을 떠나 귀가하지 않는 남편을 찾으러 금점판에서 옥수수 행상을 하는 여인과의 첫 만남을 그렸다. 3연은 광부로 나간 지아비는 돌아오지 않고 딸은 죽어 더욱 외로운 처지가 된 여인의 삶을 그렸다. 4연은 한 많은 여인이 여승이 되는 모습을 그렸다. 내용을 정리하면 1연은 여승이 된 현재의 모습을, 2, 3, 4연은 여승이 되기까지 여인의 삶의 궤적을 더듬은 것이다. 따라서 역순행적 구성 방식을 취한 시임을 알 수 있다.

오답
① '가지취, 옥수수, 섶벌, 도라지꽃, 산꿩, 산절, 마당귀' 등으로로 보아 토속적인 시어를 사용하여 현장감을 높이고 있음을 알 수 있다.
② '어린 딸은 도라지꽃이 좋아 돌무덤으로 갔다'로 보아 어린 딸아이의 죽음을 우회적으로 표현하고 있음을 알 수 있다.
④ '가을밤같이 차게 울었다'는 '울었다'인 청각을 '차게'로 촉각화한 공감각적인 표현이다.

68 ③

풀이 '북관(北關)'은 '함경도'의 다른 이름이다. 고향이 평안도 정주인데, '나는 북관(北關)에 혼자 앓아누워서'라는 표현을 통해 화자는 객지에서 쓸쓸하게 지내고 있음을 알 수 있다.

오답
① 의원은 여래(如來: 석가모니 부처)같은 상을 하고 관공(關公: 삼국지의 '관운장')의 수염을 드리웠다. 의원이 맥을 보자 고향과 아버지와 친구를 생각하게 되었다. 의원은 냉정한 성격이 아니라 따뜻하고 부드러운 성격이라고 볼 수 있다.
② 시적 화자가 '나'로 등장한다. 1인칭 화자의 진술이다.
④ 시적 화자인 '나'의 아버지와 의원이 막역지간(莫逆之間: 서로 거스르지 않는 사이라는 뜻으로, 허물없는 아주 친한 사이를 이르는 말)이다.

69 ①

풀이 이 시는 죽은 아우를 땅에 묻는 비극적 상황을 담담한 어조로 표현하여 슬픔의 감정을 절제하고 있다. '내렸다, 달아 내리듯, 하직했다'라는 시어는 하강적 이미지이다. 이러한 시어는 시적 화자의 어떠한 상황에서 갖는 슬픔과 그것의 수용적 의미를 지닌다고 본다.

70 ②

풀이 나무에 대한 여러 느낌이 드러나기는 하지만 대비나 대조법이 나타나지는 않았다. 이 시는 유성에서 조치원으로 가는 과장을 공간의 이동에 따라 전개하고 있다.

71 ①

풀이 박목월의 <청노루>는 원경에서 근경으로의 시선의 이동에 따라 시상이 전개되고 있다. '머언 산 청운사 낡은 기와집'의 원경에서 '청노루 맑은 눈에 도는 구름'이라는 근경으로 시선이 이동하며 시상을 전개하는 것이다.

72 ④

풀이 ㈎는 길재의 시조이고, ㈐는 조지훈의 현대시 <봉황수(鳳凰愁)>이다. 정해진 율격과 음보에 맞춰 시상을 전개한 시는 ㈎이다. ㈎는 시조이기 때문에 3·4조의 음수율과 4음보의 음보율을 지켜 시상을 전개하고 있으나 ㈐는 율격에 구애받지 않고 자유롭게 시상을 전개한다.

오답
① 자연인 '산천'의 영원함과 인간인 '인걸'의 유한함을 대비하여 인생의 무상함을 드러내고 있다.
② '쌍룡'은 중국의 황제를 뜻하며 '봉황'은 조선의 왕을 뜻한다. 조선에는 중국의 황제처럼 '쌍룡'을 틀지 못하고 '봉황'을 대신 틀어 올렸다는 사대주의에 대한 비판 의식이 드러난다.
③ ㈎에서는 초장에서 오백 년 도읍지의 모습을 경치로 보여준 후에 이를 안타까워하는 화자의 심정이 나타나며, ㈐에서는 황폐해진 궁궐의 정경(전반부)이 제시된 뒤 망해 버린 옛 왕조에 대한 화자의 심회(후반부)가 나타난다.

73 ②

풀이 여러 소재를 사용하지 않고 '낙타'에 집중하고 있으며, 시련에 대한 내용은 없다.

오답
① 어렸을 때의 '선생님'과 '낙타'를 동일시하고 있다. '내가 여읜 동심(童心)의 옛 이야기'를 통해 자신이 잃어버린 동심을 그리워한다는 것을 알 수 있다.
③ '눈을 감으면'은 현재, 어렸을 적 선생님을 떠올린 내용은 과거, '동물원의 오후'는 다시 현재에 해당한다.
④ '떨어져 있음직한 동물원(動物園)의 오후(午後)'를 통해 시적 배경을 제시하였다.

74 ①

풀이 이 작품은 조국 광복에 대한 의지와 신념을 노래한 이육사의 '광야(曠野)'로, 비유와 상징 등의 표현을 통해 시적 의미를 드러내고 있다. '닭 우는 소리(생명체의 소리), 강물(역사, 문명), 눈(암울한 시대 상황, 시련), 매화 향기(가혹한 상황을 이겨내려는 지조와 절개), 노래의 씨(시련 극복의 의지), 백마(조국의 번영과 영광), 초인(민족의 새 역사를 꽃 피울 존재)' 등의 시어에서 그 함축적 의미가 두드러진다. 이 시에는 감정 이입된 자연물은 없다.

75 ④

풀이 ㈎는 '서산에는 해 진다고'에서, ㈐는 '겨울밤 거리에서'에서 시간적 배경을 확인할 수 있다.

76 ②

풀이 화자는 상대를 그리워하고 있다. 그러나 '강물'은 따라오라며 이별을 재촉하고 있다. 화자의 감정과 대조된다.

오답
① ㈎의 '까마귀'는 ⓑ에 해당된다.
③ ㈐의 '할머니'는 화자의 한을 대변하지 않는다.
④ ㈐의 '함박눈'은 화자의 새하얀 마음과 관련이 없다.

77 ④

풀이 '살아 있다' '기침을 하자' 등을 단정의 어조로 볼 수는 있다. 그러나 다짐을 하는 어조는 드러나지 않았다. 또한 절망감과 무력감을 표현하고 있지 않다. 정의롭고 순수한 생명력을 회복하기를 소망하고 있으며 의지적인 어조가 드러난다.

오답
① '살아 있다'와 '죽음', '새벽'과 '밤' 등 대립적인 이미지의 시어를 통해 시상을 전개하고 있다.
② 이 작품의 핵심적 대상인 '눈'은 살아 있는 순결한 생명력의 상징이다.
③ 1연에서 '눈은 살아 있다'를 점층적으로 반복하여 시적 의미를 강조하고 있다.

78 ③

풀이 화자는 나비를 '세상 물정 모르는 공주'와 같은 존재로 보고 비판하고 있다. 시에서 나비는 바다의 냉혹함을 모르는 순진하고 연약한 존재이므로 '의지 부족'이나 '방관적 태도'로 보는 것은 적절하지 않다.

오답
① '청무우밭'은 '바다'와 대립되는 긍정적 공간이다. '바다'는 '비생명성의 공간, 거대 도시 문명, 거칠고 냉혹한 현실'을 상징한다.
② '흰나비'는 바다의 냉혹함을 알지 못하는 연약한 존재이다.
④ '삼월'과 '새파란'은 바다의 차가운 속성을 반영하고 있다.

79 ④

풀이 '1, 2행 / 3, 4행 / 5, 6, 7, 8, 9, 10행 / 11, 12행'의 구조이다. '3, 4, 5, 6행'이 아니라 '5, 6, 7, 8, 9, 10행'(모란이 지고 난 다음 슬픔과 절망감에 빠짐)이 하나의 의미 단락으로 묶인다고 할 수 있다.

① 서술 구조상 2행 6연으로 총 12행 형태이다.
② 모란이 지고 기다리는 심정을 짧고 긴 호흡의 반복적 교체로 음악성을 구현했다고 할 수 있다.
③ 가시적 현상(모란이 짐) → 정서(슬픔과 절망) → 정서 변화 (모란이 피기를 간절히 기다림)
⑤ 모란이 지는 상황: 슬픔과 절망감에 빠짐 / 모란이 피는 상황: 모란이 피기를 간절히 기다림.

80 ③

풀이 고려속요 중 <가시리>이다. ③은 행간 걸침을 설명한 내용이다. 이 시는 행간 걸침을 사용하지 않았다.

오답
① 2연과 3연에서 화자의 원망의 정서가 드러난다.
② 3음보의 음보율과 3·3·2조의 음수율로 한 행의 길이를 일정하게 맞추고 있다.
④ 후렴구 '위 증즐가 태평성대'는 시에 통일감을 준다.
⑤ 각각의 연은 '기—승—전—결'의 구조이다.

81 ④

풀이 이 시에서 두꺼비 두 마리는 갖은 고생으로 우툴두툴한 아버지의 양손을 비유한 보조 관념이다. '두꺼비'는 자식을 위해 고생하신 아버지를 의미한다.

오답
① 두꺼비와 같은 손이 되도록 일하는 아버지를 보며 화자인 자식은 아버지에 대한 연민을 느낀다.
② 화자는 아버지의 자식이며 시에서 1인칭 관찰자 역할을 한다.
③ 시의 첫 줄과 마지막 줄에서 두꺼비를 드러내며 아버지의 고생과 자식의 연민을 강조하고 있다.
⑤ 아버지와 두꺼비가 겨울잠에 들어갔고 봄이 지나도 잔디만 깨어났다는 내용은 아버지의 죽음을 의미한다.

82 ④

풀이 ㉠과 ㉡에서 '바람'은 소통을 방해하는 단절의 의미를 지녔지만 화자는 '하직을 말자'를 반복하며 이별을 강하게 거부한다. 따라서 ㉣의 '바람'은 화자와 시적 대상이 '강'을 사이에 두고 단절되어 있지만 갈밭을 건너는 바람, 즉 단절에도 구애받지 않고 공기 중에 왔다 갔다 하는 바람처럼 우리의 인연이 계속될 거라는 것을 의미한다. 곧 ㉣의 '바람'은 이승과 저승을 넘나드는 '인연'을 가리키므로 나머지 셋과 의미가 가장 다르다.

83 ②

풀이 <보기>에서 글쓴이는 이광수의 <무정>을 읽고 자신(독자)의 가슴이 뜨거워지는 것을 느꼈다고 언급했다. 그리고 작품의 주인공인 이형식의 말을 통해 독자들에게도 감동을 주고 있다고 지적했으므로 이 글은 효용론적 관점이다. 문학 작품 감상의 관점으로는 '표현론', '반영론', '효용론', '절대론(구조론, 내재적)'이 있다. 효용론적 관점에 의한 문학 감상은 문학 작품을 독자의 측면에서 감상하는 것이다. 독자가 작품을 읽고 어떠한 감동과 깨달음 등을 느꼈는지의 측면에서 감상하는 것이 효용론적 관점이다.

오답
① '1910년대', '21세기 우리 시대'가 나왔다고 해서 다 반영론적 관점인 것은 아니다. 작품을 통해 그 시대를 알 수 있다는 것이 반영론이다. 하지만 <보기>에서는 '독자(감상하는 '나')'에게 주는 교훈, 감동, 깨달음을 말하는 것이므로 효용론적 관점이 되어야 한다.

84 ③

풀이 두 시 모두 현재형 어미('타는', '쪼인다', '간다', '잡는')를 사용하여 시의 내용에 현장감을 부여하고 있다.

오답
① 명사로 연을 종결한 것은 (가)와 (나) 모두에 해당된다.
② (가)에는 '서러운', '불쌍하니도', '슬픈'을 통해 감정을 직접 표출했고, (나)에는 '부끄러운'을 통해 감정을 직접 표출했다. ②는 (가)와 (나) 모두에 해당된다.
④ (나)의 '위안', '악수'를 통해 확인할 수 있다. (가)는 해당되지 않는다.

85 ②

풀이 두 번째 연의 '재당 초시', '문장 늙은이', '주인' 들도 모닥불을 쬐고 있으므로 이들이 모두 소외 계층이라고 볼 수는 없다. 모닥불은 모두가 평등하게 쬘 수 있는 것으로 해석해야 적절하다.

오답
① 모닥불은 버려지거나 하찮은 것들이 모여 사람들에게 따뜻함을 주고 있다.
③ 3연을 보면 모닥불은 할아버지가 겪었던 슬픈 역사와 관련이 있음을 알 수 있다.
④ 2연을 보면 모닥불은 모든 사람이 아무런 차별 없이 쬘 수 있으므로 합일의 가치관이라고 말 할 수 있다.

86 ④

풀이 ④에서 문학 작품을 읽고 나의 삶을 되돌아보는 계기가 되었다고 했으니 효용론적 관점으로 적절하다.

오답

① 반영론적 관점
② 내재적, 절대적 관점
③ 표현론적 관점

87 ①

풀이 <보기>의 밑줄 친 시어는 봄밤의 쓸쓸함과 애상을 부각하는 시간적 배경이다. (내의 '밤비'도 일제 강점기 지식인의 쓸쓸한 심정을 드러내기에 적절한 시간적 배경이다.

오답

② 무기력한 지식인의 모습을 드러내기 위한 시어이다.
③ 희망적 미래를 예견하는 화자의 의지를 담고 있는 시어이다.
④ 분열된 자아의 화해와 희망적 미래를 위한 의지를 담고 있는 시어이다.

88 ④

풀이 대상을 나열하는 것이 판소리의 특징이기는 하지만, 제시된 부분에는 드러나지 않는다. 제시된 부분은 춘향이가 인당수에 빠지기 전에 아비 눈을 뜨게 해주시기를 비는 장면이다. 장면을 다양하게 제시한다는 설명도 잘못되었다.

오답

① '심청이 거동 보소', '그리하여서야 효녀 죽음 될 수 있나'에서 서술자가 안타까워하는 주관적 서술을 확인할 수 있다.
② 심청의 발화를 통해 사건의 상황이 드러난다.
③ 심청이 하느님 전에 비는 말을 통해 지극한 효심이 드러난다.

89 ②

풀이 처음 '승상(양소유)'은 노승이 사라지고 자신이 소화상으로 변한 사실에 놀라 어찌할 바를 몰랐기는 하지만 비로소 자신이 '성진'임을 깨달았다. 그리고 이러한 일이 벌어지게 된 이유는 사부가 자신에게 인간 부귀와 남녀 정욕의 허무함을 깨닫도록 함이었음을 알게 된다. '양소유'가 인간 세상에 환멸을 느꼈다는 설명은 잘못된 내용이다.

오답

① '장원급제를 하여 한림학사가 된 후'
③ '처음에 스승에게 책망을 듣고 풍도옥으로 가서 인간 세상에 환도'하였다는 내용으로 봤을 때, 이미 '성진'으로 변한 곳은 인간 세상이 아니다.

④ '자신의 몸을 보니 백팔염주가 걸려 있고 머리를 손으로 만져 보니 갓 깎은 머리털이 까칠까칠하더라. ~ 이에 제 몸이 인간 세상의 승상 양소유가 아니라 연화도량의 행자 성진임을 비로소 깨달았다.'

90 ③

풀이 감상문에서 말하고 있는 '작품 속 세계에 자신을 비추어 보는 것'이란, 등장인물의 욕망이나 언행을 긍정적으로 보거나 비판적으로 바라봄으로써 자아 성찰의 계기로 삼는 것을 말한다. ①, ②, ④, ⑤는 작품에 자기를 비추어 봄으로써 깨달음을 얻은 예이나, ③은 새로운 사실을 안 예에 해당한다.

91 ③

풀이 제시문에서 복선을 확인할 수 없다.

오답

① 조부가 덕기에게 하는 말에서 조부와 덕기의 갈등을 알 수 있다.
② '삼동주 이불', '주속'을 통해 시대적 배경을 알 수 있다.(1930년대)
④ 조부가 덕기에게 하는 말을 통해 보수적인 조부의 성격을 짐작할 수 있다.

92 ④

풀이 길동이 수레에서 탈출하는 모습은 나타나지만 '천천히 걸어갔다'고 했으므로 비유적으로 표현하지 않았다.

오답

① '어찌 그 기미를 모르리오', '어찌 당하랴.' 등은 서술자의 개입에 의한 표현이다.
② 마지막 문단에서 자기를 잡아온 장교가 문죄 당하지 않도록 배려하고 있다.
③ 도술을 부리는 장면, 축지법을 쓰는 장면 등은 길동의 비범함을 드러내는 전기적(傳奇的)인 요소이다.

93 ④

풀이 유명한 기생인 운심은 권세가들이 춤을 추라고 해도 추지 않을 정도로 고고한 기생이다. 그러나 광문과는 잘 어울리며, 광문이에게는 춤을 춘다. 운심은 광문이의 겉모습이 아닌 내면을 중요시 여기는 인물이어서 광문이와 어울린다. '익살과 기지'란 '상황을 웃기게 만드는 능력'인데 운심에게 그런 점은 찾을 수 없다.

오답

① 광문이는 외모에 대하여 남녀 구별을 하지 않았다.
② 서울 안에 명기(名妓)들이 아무리 곱고 아름다워도, 광문이 성원해 주어야 인정받을 수 있다. 광문이는 사람을 보는 안목이 있다.

94 ③

풀이 이 작품은 김승옥의 <서울, 1964년 겨울>이다. 이 작품은 현실을 초월한 삶을 다루고 있지 않다. 등장 인물들이 여관으로 들어가 잠을 자는 것은 단순히 수면을 취하는 행동이며 타인에 대해 관심을 두지 않고 따로 방에 들어가게 되는 이유이기도 하다. 초월적 세계와는 관련이 없다.

오답

① 이 소설은 1960년대의 비인간화와 권태를 다루고 있다.
② 인물들은 숙박계에 거짓 이름, 거짓 주소, 거짓 나이, 거짓 직업을 쓰면서 자신을 익명으로 드러내려고 한다.

95 ①

풀이 영달은 다친 백화를 업으면서도 불편하지 않았고 오히려 가뿐한 느낌이다. 백화가 좋은 여자 같다는 정 씨의 말에 영달은 그런 것 같다고 대답한다. 가난하고 능력이 없는 영달은 백화의 고향으로 함께 가고 싶지만 그럴 수 없어 백화를 보낸다.

오답

② 백화는 정 씨와 영달에게 자신의 고향에 함께 가면 일자리를 주선해 주겠다고 제안을 한다. 그러나 정 씨는 "내야 삼포로 가는 길이지만,"이라고 말한다. 정 씨는 자신의 고향인 삼포에 가면 정착할 수 있을 것이라 생각한다.
③ 정 씨와 영달이 대합실에서 대화를 나눌 때 백화가 그 둘을 불안한 마음으로 지켜보고 있다. 백화는 정 씨와 영달이 자신과 동행하지 않을까 불안해 하고 있다.
④ 백화는 영달에게 자신의 고향에 함께 가자고 권유한다. 또한 영달이 준 빵과 달걀을 받고 눈이 붉게 충혈된다. 백화가 영달에게 호감이 있다는 것을 상상할 수 있다.

96 ②

풀이 소설에서 말하기 기법은 작가가 서술자가 되어 인물의 성격이나 특성을 직접적, 요약적으로 설명하는 방식이다. 인물의 성격과 감정을 서술자가 직접 논평하기 때문에 해설적이고 요약적이며 분석적인 특징을 지닌다. 요약적 제시, 해설적 제시, 분석적 제시라고도 한다. 반면에 극적 제시는 인물의 '행동'이나 '대화', '장면 묘사' 등을 통하여 인물의 성격을 암시적, 간접적으로 보여 줌으로써, 독자로 하여금 인물의 성격과 감정을 판단하게 하는 방법이다. 간접적 제시, 보여주기(showing) 기법이라고도 한다. 소설에서 간접적 제시를 통해 극적 효과를 이루기 때문에 말하기 기법과 극적 효과는 관련이 없다. 참고로 <삼포 가는 길>은 전체적으로는 전지적 작가 시점을 취하여 말하기 기법을 사용하고 있다.

오답

③ 눈이 젖은 채로 웃고 있는 표현은 백화의 복잡한 심정은 역설적으로 드러낸 것이다.

④ 소설에 자주 나타나는 말줄임표에서 인물의 감정의 여운을 알 수 있다.

97 ①

풀이 '도요새'를 동진강 삼각주에서 발견하면서 북쪽 고향을 그리워하게 된다. 그리고 자신은 북쪽 고향을 갈 수 없지만 '철새나 나그네새'는 자유로이 휴전선을 넘을 수 있어 자신과 대비되고 있다.

98 ③

풀이 채만식의 단편 <레디메이드 인생>은 1930년대 식민지 현실을 배경으로 왜곡된 식민지 문화 정책의 희생양이 된 인물들을 다루고 있다. 따라서 이 작품에서 주로 살펴볼 수 있는 갈등은 개인과 사회 사이의 갈등이라고 볼 수 있다.

99 ③

풀이 ③은 전운(성진)에 싸인 혼란한 세상에서 남북풍진(남쪽 왜구와 북쪽 여진족)을 평정하겠다는 장부의 피 끓는 기개가 잘 나타나 있는, 남이 장군의 구국충정의 노래이다. ⊙과 잘 어울리는 시조이다.

오답

① 단종에 대한 일편단심의 충절을 노래한, 박팽년의 시조이다.
② 계유정난으로 인해 충신들이 희생되고 있는 현실을 개탄한, 유응부의 시조이다.
④ 맹자의 성선설에 바탕을 두고 성리학적인 도의를 추구하는 삶의 방식을 교훈적으로 일깨우는, 변계량의 작품이다.

100 ④

풀이 '꽝 당 꽝 당'은 쇠붙이 두드리는 소리이며, 가족들이 겪고 있는 정신적 불안을 상징적으로 나타낸다. 또 이것은 가족이 겪고 있는 분단의 비극으로 인한 정신적 고통을 고조시키는 장치라고 볼 수도 있다. 이 소리는 '갈등 해소'가 아니라 '갈등의 지속과 고조'를 암시적으로 드러낸 것이다.

101 ①

풀이 액자 속에 사진이나 그림이 있듯이 '외화' 속에 '내화'가 있는 구성을 '액자식 구성', 일명 '격자식 구성'이라고도 하고, 그러한 구성의 소설을 '액자 소설'이라고 한다.

102 ②

풀이 <보기>에 따르면 ㉠은 '인과관계에 역점을 둔 사건의 서술'에 대한 용어가 들어가야 한다. ㉠에는 '플롯(plot)'이 적절하다. ㉡에는 '스토리'에 따라 다음에 일어날 일을 물어볼 때 쓰는 말인 '그 다음엔?'이 적절하다. 또한 ㉢에 들어갈 말은 '플롯'에 따라 인과관계를 추론할 때 쓰는 말인 '왜?'가 적절하다.
- 플롯(plot): 문학 작품에서 형상화를 위한 여러 요소들을 유기적으로 배열하거나 서술하는 일.
- 테마(theme): 창작이나 논의의 중심 과제나 주된 내용. '주제'로 순화.

103 ④

풀이 이청준의 소설 <병신과 머저리>이다. 혜인은 아픔이 오는 곳이 없으면 아픔도 없어야 할 것이라고 말했다. 아픔의 원인을 알지 못하고 단순히 아픔이 없어야 한다는 말은 상대에게 위로를 주지 못한다. 혜인이 동생의 아픔을 충분히 이해하고 있다는 설명은 잘못되었다. 또한 동생은 아픔이 어디서 온 것인가를 모르고 있으므로 혜인의 말은 '나(동생)'를 이해해 주는 것이 아니다.

오답
① 앞 부분에 '나의 추리는 완전히 빗나갔다'는 설명이 있다.
② 형은 6·25의 전상자로서, 그 상처를 소설 쓰기를 통해 돌아보고 극복한다.
③ 동생은 형과 대비가 되어, 자신의 아픔은 어디서 온 것인 모르며, 자신의 힘으로는 영영 찾아내지 못하고 말 것이라고 생각한다.

104 ③

풀이 <보기>는 소설의 요소 중에서 '복선(伏線)'을 설명한 글이다. 참고로 '암시(暗示)'는 사건 전개의 방향이나 주인공의 운명 등을 독자가 예감할 수 있도록 어떤 느낌을 넌지시 제시하는 기법으로, 복선과는 달리 인과적 필연성이 없다.

오답
① 갈등(葛藤), ② 은유(隱喩), ④ 반영(反映)

105 ⑤

풀이 이 작품의 주인공 '나'를 고통 받는 지식인으로 볼 수는 있다. 그러나 '나'가 사회 변혁에 대한 욕구가 있다고 할 수 없다. 주인공 '나'는 자신에게 아달린을 먹인 아내에게 배신감을 느끼고 내적 갈등을 겪고 있다. 글의 마지막에서 '나'는 날개가 돋길 소망하며 하늘로 날아오르려 한다. 그러나 이것을 사회 변혁에 대한 욕구로 볼 수는 없다. 결말의 내용을 주인공의 희망에 대한 의식으로 보기도 하고, 절망적 심리 상태에서 자살을 결심한 것으로 보기도 한다. 그러나 이 행동이 사회 변혁과 관련이 있다는 것은 잘못된 해석이다.

오답
① 1인칭 '나'의 내적 의식에 따라 서술된 작품이다.
② 정오의 '사이렌' 소리는 '나'가 내적 각성을 하게 되는 상징적 표현이다. 그리고 날개를 돋는 행위는 폐쇄적이고 수동적인 삶에서 벗어나 자신의 의지가 담긴 생활을 하고자 하는 나의 의식 전환을 암시하는 구절이다.
③ 이 기법은 감각 지각이 의식적 혹은 무의식 적인 사고, 기억, 연상 등과 뒤섞이게 되는 등장 인물의 끊임없는 의식의 흐름을 표현하는 것이라 할 수 있다. 그러므로 이것은 인물의 무한한 사고를 통해서 의식과 무의식의 연속적인 흐름을 제시하는 것이다. 이 작품은 일정한 사건의 흐름이 중요하지 않고 '나'의 내적 심리와 의식의 흐름이 내용의 주된 요소이다.
④ 아내에게 돌아갈 것인 말아야 할 것인가의 내적 갈등으로 자아 분열이 일어난 상황에서, 불현 듯 겨드랑이에 날개를 달고 날아 오르려는 행위는, 분열된 자아를 극복하려는 화자의 의지로 보아야 한다.

106 ④

풀이 철호는 병원에서 경찰서로 방향을 바꿨다가 결국 가자는 말만 반복한다. 그리고 아무 말도 하지 못하고 침묵한다. 철호는 목적지를 정하지 못한 상태에서 갈 곳을 잃었다.

오답
① 삶의 의지를 회복했다고 볼 수 없다. 삶의 의지를 잃고 방황하고 있는 상황이다.
② 운전수는 철호의 이상한 행동 두고 '오발탄' 같은 손님이라 말하고 있다. 운전수는 철호에게 공감하지 못 하고 있다.
③ 철호와 운전수에게서 계급 차이를 발견할 수 없다. 단순히 승객과 운전수의 관계일 뿐이다.
⑤ 철호는 병원과 경찰서에 모두 가지 못하고 방황하고 있다. 이 상향으로 볼 수 없다.

107 ④

풀이 '무진에 오기만 하면 내가 하는 생각이란 항상 그렇게 엉뚱한 공상들이었고 뒤죽박죽이었던 것이다.'에서 알 수 있다.

오답
① 아내는 '나'가 무진에 다녀와서 대회생제약회사의 전무가 되기를 소망한다. '나'는 아직 전무로 근무하고 있지 않다.
② 글에는 무진에서 경험한 '나'와 아내의 기억이 제시되어 있지 않다.
③ '나'가 무진에서 벌초를 하려는 계획은 글에 제시되어 있지 않다. '나'가 무진을 가려는 이유는 아내의 권유, 엉뚱한 공상을 할 수 있어서, 서울에서의 실패로부터 도망하기 위해서 등을 추론할 수 있다.

108 ①

[풀이] 이청준의 소설 '흰 철쭉'의 일부이다. 제시문에는 인물들 사이의 갈등이 나타나 있지 않다. 이 글 전체의 내용을 보면 아주머니가 강남에서 쫓겨날 때 인물들 사이에 갈등이 나타난다고 말할 수는 있으나 제시문에서는 갈등을 찾을 수 없다. 흰 철쭉을 보러 우리집에 오는 아주머니에게 '가져선 안 되는 것을 빼앗아 가진 사람처럼 송구스러워지고'로 생각하는 '나'의 심리는 갈등과는 전혀 관련이 없다.

[오답]

② 흰 철쭉꽃은 아주머니의 고향의 모습이자 친정어머니의 모습이다.

③ '친정어머니가 행여 이남으로 넘어와'는 시대적 배경이 한국전쟁부터 전쟁이 끝난 이후임을 알 수 있다.

④ '우리'와 '나는'을 통해 이 작품은 1인칭 시점임을 알 수 있다. 참고로 '아주머니'가 주인공이므로 이 작품은 1인칭 관찰자 시점이다.

109 ①

[풀이] 제시문은 박태원의 소설 <소설가 구보 씨의 일일>이다. 구보는 전차를 타고 주변을 돌아보며 다양한 생각을 하고 있다. 구보는 행복을 생각하기도, 사람들이 축구나 야구를 하지 않고 있다고 생각한다. 이후에 구보는 전차 안에서 고독을 느낀다. 모두 전차 안에서 겪은 체험이기 때문에 제시문에는 다양한 체험이 나타나지 않았다. 또한 인물 간의 극적 갈등이 나타나지도 않았다. 제시문에는 구보의 의식의 흐름과 내적 갈등이 나타난다.

[오답]

② '동대문 → 경성 운동장 → 장충단 → 청량리 → 성북동'을 다니는 구보의 여전과 의식의 흐름이 드러난다.

③ '전차', '경성(京城)'이란 단어를 통해 일제 시대임을 알 수 있다. '경성(京城)'은 일본이 조선을 침략하면서 '한성(漢城)'을 고친 이름이다.

④ 쉼표와 말줄임표를 빈번하게 사용하여 읽기 속도에 변화를 주고 있다.

110 ③

[풀이] 속담 '울며 겨자 먹기'는 '싫은 일을 억지로 마지못하여 함'을 의미한다. 김유정의 소설 <동백꽃>은 적극적인 점순이의 구애에 어쩔 수 없이 따르는 '나'의 태도를 해학적으로 다루고 있는 소설이다.

[오답]

① 간에 붙었다 쓸개에 붙었다 한다: 자기에게 조금이라도 이익이 되면 지조 없이 이편에 붙었다 저편에 붙었다 함을 비유적으로 이르는 말.

② 닭 쫓던 개 지붕 쳐다보듯: 개에게 쫓기던 닭이 지붕으로 올라가자 개가 쫓아 올라가지 못하고 지붕만 쳐다본다는 뜻으로, 애써 하던 일이 실패로 돌아가거나 남보다 뒤떨어져 어찌할 도리가 없이 됨을 비유적으로 이르는 말.

③ 소 잃고 외양간 고친다: 소를 도둑맞은 다음에서야 빈 외양간의 허물어진 데를 고치느라 수선을 떤다는 뜻으로, 일이 이미 잘못된 뒤에는 손을 써도 소용이 없음을 비꼬는 말.

111 ①

[풀이] 고전소설 '심청전'의 한 부분으로 심청이가 죽은 엄마를 만나는 부분이다. 제시문에 나오는 대사는 심청이 엄마(곽씨 부인)가 광한전 옥진 부인이 되어 딸 심청이에게 하는 대사이다. 따라서 작중 인물 간의 갈등이 표출한다는 ①은 틀린 설명이다.

112 ②

[풀이] '학'에서는 암시와 여운으로 결말을 제시하고 있다. '등신불'에서도 이와 같은 양상을 확인할 수 있다. ①에서는 행동 묘사를 통해 운명에 순응하고자 하는 인물의 심리를 드러내고 있다. 또한, ③, ④에서는 서술자이자 주인공의 고백을 통해 작품의 주제가 제시되는 방식을 취하고 있다.

113 ④

[풀이] 화개장터의 위치를 소개한 후 화개장터의 멋과 명성을 통해 호기심 어린 배경을 제시하고 있다.

[오답]

단순한 역사나 어원을 설명하는 것이 아니다.

114 ④

[풀이] '외경(畏敬)'은 공경하면서, 두려워한다는 뜻이다. 그런데 제시문의 마지막 문단에서 아내는 무기력하게 앉아서 울고만 있는 남편을 몰아세우며 비웃고 있다. 따라서 '아내는 남편에 대해 외경하는 마음을 지니고 있다'는 말은 틀렸다.

[오답]

① '그 양반은 밤낮으로 훌쩍거리며 울었지만 별다른 대책도 생각해 낼 수 없었다.'를 통해 스스로를 구원할 방도 즉 자구책이 없음을 알 수 있다.

②, ③ 군수는 마음속으로 그 양반이 가난해서 갚을 길이 없는 것을 불쌍히 여겼지만(측은지심) 그렇다고 해서 가두지 않을 수도 없었다.(공과 사의 구분이 있음)

115 ②

풀이 동행인 세 사람('나', 안, 사내) 중의 한 사람인 작품 속의 인물 '나'가 서술자인 1인칭 주인공 시점의 소설이다. 주인공인 '나'가 서사 내용에 직접 깊숙이 개입하고 있어 사건의 현장감을 잘 드러내고 있다.

오답

① 이 작품은 의식의 서술과 관련이 없다.

③ 1인칭 관찰자적 경향이 뚜렷하게 드러나지 않는다. '나'가 주인공이자 서술자에 해당한다.

116 ②

풀이 <보기>의 내용 세 사람이 중국집에서 술을 마신 뒤 거리로 막 나온 내용이다. (내)에서 사내는 자신의 돈을 오늘 저녁에 다 써버리길 원한다. 그리고 (대)에 보면 '방금 우리가 나온 중국집'이란 말도 있기 때문에 (대) 앞에 놓는 것이 적절하다.

오답

① <보기> 다음에 (내)가 이어지는 것은 연결이 부자연스럽다.

117 ③

풀이 ⓓ만 사실과 관련이 없다. 사내가 ⓕ처럼 반응한 것은 ⓔ가 좌절되었기 때문이 아니다. '우리는 승낙했다'는 말이 이어진 것을 보면 함께 있기를 원했던 사내의 소망인 ⓔ는 실현되었음을 알 수 있다. 사내가 ⓕ처럼 반응한 것은 아무래도 아내를 잃은 상실감과 시신을 해부용으로 넘긴 것에 대한 죄책감 같은 심정 때문이라고 짐작할 수 있다.

118 ①

풀이 주제와 관련된 의미로 내용을 해석해야 한다. 연대성이 없는 세 사내가 우연히 만난 하룻밤을 지낸 일을 통해 현실에 적응하지 못하여 느끼는 삶의 공동성(空洞性)과 파편적 개인성을 주제로 보아야 한다. ②, ③, ④는 주제와 관련된 의미로 작품을 설명한 내용이다. 하지만 ①의 경우, 넥타이를 사는 행위는 방황하는 도시인의 무의미한 소비 행위일 뿐 따뜻한 인간미 차원이 아니다.

119 ③

풀이 제시문은 권여선의 소설 <손톱>의 일부이다. 서술자의 의도를 찾는 문제이다. 음식점의 주인 여자는 메뉴를 빨리 결정하지 못하는 소희에게 불평을 드러내고 있다. 여자는 짬뽕의 가격이 부담스러웠던 소희의 행동에 매가리가 없다며 빈정거렸다. 서술자는 가난한 젊은 세대의 어려움을 드러내려 했다.

• 매가리: '맥(脈)'을 낮잡아 이르는 말.

120 ①

풀이 <보기>의 소설은 정한숙의 <이어도>의 일부이다. 주인공 '나'를 중심으로 이야기가 전개되므로 '1인칭 주인공시점'이다.

오답

② 3인칭 작가 관찰자 시점

③ 3인칭 전지적 작가 시점

④ 1인칭 관찰자 시점

121 ⑤

풀이 이 작품은 주요섭의 <사랑손님과 어머니>로, 옥희의 눈을 통해 본 어머니와 사랑손님 간의 사랑을 다룬 1인칭 관찰자 시점이다. '나(옥희)'는 소설 속의 부수적 인물로 그의 시각에 따라 이야기를 서술하고 있다. 1인칭 관찰자 시점은 소설 속에 등장하는 부수적 인물이 주인공의 이야기를 하는 경우의 시점이다. 이러한 경우에는 서술자는 주인공의 외면 세계만 묘사할 수 있다. 그래서 주인공 행동에 대한 해석, 설명자가 될 수 있다.

122 ①

풀이 판소리 <심청가>에는 서술자의 직접적 개입, 편집자적 논평이 많이 등장한다. 첫 문장 '대저 ~ 없는지라'와 마지막 문장 '~ 어찌 심청을 모르리오' 부분만으로도 알 수 있다.

오답

대화나 인물의 외양 묘사가 없다. 그리고 1인칭 주인공 시점이 아니라 전지적 작가 시점에 해당한다.

123 ③

풀이 서술자의 개입(편집자의 논평)은 서술자가 인물의 성격을 직접 평가하여 사건에 대해 작가의 주관적인 태도를 드러내는 것이다. ③은 서술자의 직접적 개입이 아니라 춘향이가 서럽게 울면서 직접 한 말일 뿐이다. 서술자의 개입은 말투를 통해 확인할 수 있다. ㉠, ㉢, ㉣의 끝부분에 나오는 '~할 수 있겠는가'를 통해 나타난다.

오답

① ㉣에서 춘향이의 슬픈 목소리에 목석도 감동을 받을 것이라고 한 것은 서술자의 주관적인 의견이므로 서술자가 개입된 것이다.

③ ㉢은 춘향이가 우는 소리에 '보고 듣는 사람의 심장인들 아니 상할 것인가'라고 주관적인 태도를 드러냈으므로 서술자가 개입된 것이다.

④ ㉠은 서술자가 춘향이의 처지를 연민하여 '생각지 못할 우환을 당하려니 소리가 화평할 수 있겠느냐'라고 주관적인 태도를 드러냈으므로 서술자가 개입된 것이다.

124 ②

풀이 이 소설은 3인칭 전지적 작가 시점이다. 3인칭 서술자는 작품에 직접 등장하지 않기 때문에 등장 인물과 거리가 유지된다. 그러나 여기서 서술자는 주인공인 윤직원 영감을 조롱하며 풍자하고 있다.

오답
① 제시문은 윤직원 영감의 과거 사건을 3인칭 서술자가 서술하고 있다.
③ 3인칭 서술자가 작중인무에 대해 주관적으로 평가하고 있다.
④ 판소리에서 창자는 제3자의 입장에서 작중인물에 대해 풍자적 서술을 한다. 여기서도 서술자가 판소리에서 창자와 같이 '~구요, ~지요' 등 비꼬는 듯한 경어체를 사용하여 윤직원 영감을 비판적으로 표현하고 있다. 그러나 이 작품에서 판소리의 창자와 같은 인물은 서술자이고 서술자는 작품 밖의 제3자이다.
⑤ 서술자는 작중인물인 윤직원 영감의 부정인 행동에 초점을 맞추어 사건을 서술하고 있다.

125 ④

풀이 제시문에 구체적인 사건이 드러나지 않았다. 사건의 서술이 없이, '그'의 외양과 시공간에 대한 묘사만 드러내고 있다.

오답
① '그'를 '늙은 꼽추'로 비유하고 있다. '나'의 시선이 냉정하다고 할 수는 있다. 그러나 대상을 객관적으로 형상화하고 있지는 않다. 대상을 주관적으로 형상화하고 있다.
② 작품에 '나'가 등장하며 1인칭 서술 방식이다. '그'를 초첨화된 대상으로 삼고 있다. 그러나 대상의 심리를 직접적으로 드러내고 있지 않다. '나'의 입장에서 대상인 '그'가 지니고 있을 심리를 간접적으로 드러내고 있다.
③ 사건을 압축적으로 요약하지 않았다. 서술자는 '그'를 묘사하고 있으며 여기서 떠오른 생각을 주관적으로 표현하고 있다.
⑤ '나'는 그를 관찰하고 있다. '나'의 시선이 움직이고 있지 않다. 고정된 '그'를 바라보고 있다.

126 ①

풀이 방언의 구사는 사실성, 현장감, 생동감을 부여하므로 ①이 적절하다.

오답
② ㉮와 ㉯는 말하기의 방식을 사용하고 있지만 등장인물의 성격이 아닌 사건의 전개를 하고 있다.
③ ㉮와 ㉯에는 시점의 변화가 없다.
④ ㉮가 주관적, ㉯에서는 객관적 태도로 인물의 행동이나 외부적 사실을 전달하고 있다.

127 ③

풀이 제시된 내용은 <춘향전>에서 이몽룡이 거지 분장을 하고 변 사또의 생일 잔치에 참석한 부분이다. 어사인 이몽룡은 화려한 잔치를 보며 '마음이 심란하구나'로 내적 갈등이 점점 높아지고 있다. 갈등이 해소된다는 것은 잘못된 설명이다.

오답
① '이튿날 출근 끝에 가까운 읍의 수령들이 모여든다.' '온갖 깃발이며 삼현육각 풍류 소리 공중에 떠 있고' 등은 모두 잔치를 묘사한 장면이다.
② '어사의 마음이 심란하구나'는 이몽룡의 내적 갈등을 서술자가 직접 설명한 것이다.
④ '저 사령 거동 보소', '어찌 아니 명관(名官)인가'는 서술자가 직접 개입하여 인물의 행동에 논평을 붙인 것이다. 이처럼 서술자가 개입하면 독자는 글의 내용을 쉽게 이해할 수 있고 등장 인물의 심리를 쉽게 파악할 수 있으므로, 서술자와 독자의 거리는 가깝게 된다.

128 ④

풀이 '숭배를 받는 여왕과 같은 달', '공주와 같은 달'에서 직유법을 확인할 수 있지만, 은유법은 나오지 않는다.

129 ①

풀이 문학은 개연성 있는 허구이기 때문에 현실을 반영하기는 하지만, 완전히 '모사(模寫)'하지는 않는다. 이때, '모사'라는 말은 무엇을 흉내 내어 그대로 본뜬다는 뜻이다. 주의해야 할 것은 ⑤의 '묘사'라는 표현인데, 이는 배경이나 상황을 그림 그리듯이 나타낸다는 뜻이다.

130 ②

풀이 제시문의 '길과 길 주변의 풍경'을 자세하게 하나하나 그림 그리듯이 묘사하고 있다. 따라서 잎이 붙은 줄기의 모습을 그림 그리듯이 묘사하고 있다. ②는 잎사귀와 윗줄기의 모습을 자세하게 설명하는 묘사의 서술 방식을 쓰고 있다.

오답
① 곤충의 탈피 과정을 순서대로 서술하고 있다.
③ 사람 접대하는 일을 범주가 다른 글을 잘 짓는 일에 확장시켜 적용하는 유추(비유)의 방법이 사용되었다.
④ '성장 둔화(원인)'로 일자리가 늘지 않는 현실(결과)을 설명하고 있다.

131 ③

풀이 채만식의 소설 '논 이야기'의 일부이다. 1946년 "해방 문학 선집"에 실린 단편 소설로 광복 직후 과도 기적 사회 모습을 풍자적으로 그리고 있다. '해방', '멧갓' 등의 단어를 통해 시대가 일제 강점기임을 알 수 있다.

오답

① 대화 위주로 서술하고 있다.

② 대화 위주로 서술했으므로 성격을 간접적으로 제시하고 있다.

④ 국가의 비도덕성도 있지만 한 생원도 개인의 욕심만 생각하므로 틀린 말이다.

132 ②

풀이 표현론적 관점은 작품 속에 작가의 체험, 사상, 감정 등이 표현되어 있다고 보는 관점이다. ②번도 작가 김유정에 초점을 맞추어 감상하고 있다.

오답

① 반영론적 관점

③ 내재적 관점(＝절대론적 관점)

④ 내재적 관점, 효용론적 관점

133 ③

풀이 이 소설은 전지적 작가 시점이며, 작가가 구슬에 대한 묘사, 깊은 밤에 대한 묘사 등을 통해 혼례를 치른 날의 분위기를 담담하게 서술하고 있다.

오답

① 여주인공의 당당함은 나오지 않았다.

② 특별한 감정 이입은 나오지 않았다.

④ 긴 문장과 짧은 문장이 섞여서 나올 뿐 간결체로 단언할 수 없다.

134 ①

풀이 이 글은 박완서 작가의 어린 시절을 회상은 수필이다. 글쓴이는 과거 부모의 모습과 현대 부모의 모습을 대비하였다. 어린 시절 할머니와 어머니의 입김은 자식에 대한 사랑과 정성이 있었고 그로 인해 현재 글쓴이는 행복과 평화를 회상할 수 있다. 그러나 요즘에는 아이들의 물건이 대량으로 생산되고, 아이들을 가르치는 법까지도 대량으로 전달되고 있음을 화자는 문제로 지적했다. 과거와 달리 요즘의 아이들은 입김이 주는 평화와 사랑을 접하지 못하고 있다.

• 대비(對比): 두 가지의 차이를 밝히기 위하여 서로 맞대어 비교함. 또는 그런 비교.

② 글쓴이가 과거를 회상하고 있으나 내부 이야기와 외부 이야기가 분리되지는 않았다. 또한 과거와 현재가 반복적으로 교차하지도 않았다.

③ 공간적 배경을 구체적으로 묘사하지 않았다. 이 글에는 과거의 학교가 공간적 배경으로 나타나기는 하지만 학교를 구체적으로 묘사하지는 않았다.

④ 인물간의 갈등이 드러나지 않았다.

135 ③

풀이 글쓴이는 요즘 아이들이 사랑의 '입김'을 알지 못하고 자라고 있음을 부정적인 시선으로 바라보고 있다.

136 ①

풀이 '박'의 비웃는 웃음은 예전과 달라진 태도로 볼 수 있다. 그러나 '현'은 그러한 박의 변한 표정을 자신의 작품 때문으로 생각하지는 않는다. '현'은 '박'의 처지를 생각하며 자신의 작품을 느끼고 슬퍼하고 있다.

오답

② '현'은 '박'의 모습에서 '선뜻 자기를 느끼고 또 자기의 작품들을 느끼고 그만 더 울고 싶게 괴로워졌다'라며 자신을 연민하고 있다.

③ '전에 본 기억이 없는 새 빌딩들이 꽤 많이 늘어섰다'

④ '시뻘건 벽돌만으로, 무슨 큰 분묘와 같이 된 건축이 웅크리고 있는 것'

137 ①

풀이 소설과 현실의 관계를 주제로 삼은 지문이며, 최인훈의 소설 <광장>을 예로 들어 이 주제를 설명하고 있다. '고뇌하는 주인공', '남이냐 북이냐', '이념 대립'은 '문제의 현실성'(㉠)과 관련된 내용이다. '남한과 북한을 소설적 세계'는 '세계의 현실성'(㉡)이다. '당대의 이원화된 이데올로기를 근저에서 흔들었다'는 '해결의 현실성'(㉢)이다. 여기서 '흔들었다'는 남북의 이데올로기 문제를 근본적인 측면에서 생각하도록 '움직이다'의 뜻이다. 모두 지문에서 정답을 찾을 수 있는 문제이다. 문학 문제이지만 비문학과 같이 지문을 정확하게 읽으면 쉽게 정답을 알 수 있는 문제이다.

138 ②

풀이 <보기>에서 글쓴이는 이광수의 <무정>을 읽고 자신(독자)의 가슴이 뜨거워지는 것을 느꼈다고 언급했다. 그리고 작품의 주인공인 이형식의 말을 통해 독자들에게도 감동을 주고 있다고 지적했으므로 이 글은 효용론적 관점이다. 문학 작품 감상의 관점으로는 '표현론', '반영론', '효용론', '절대론(구조론, 내재적)'이 있다. 효용론적 관점에 의한 문학 감상은 문학 작품을 독자의 측면에서 감상하는 것이다. 독자가 작품을 읽고 어떠한 감동과 깨달음 등을 느꼈는지의 측면에서 감상하는 것이 효용론적 관점이다.

오답

① '1910년대', '21세기 우리 시대'가 나왔다고 해서 다 반영론적 관점인 것은 아니다. 작품을 통해 그 시대를 알 수 있다는 것이 반영론이다. 하지만 <보기>에서는 '독자(감상하는 '나')'에게 주는 교훈, 감동, 깨달음을 말하는 것이므로 효용론적 관점이 되어야 한다.

139 ②

풀이 소설에서 '구렁이'는 샤머니즘적인 요소이며, 두 할머니가 화해를 하게 되는 우리 전통의 무속 신앙을 의미한다. 외할머니는 친할머니의 아들이 죽었지만 구렁이로 현신하여 집에 돌아왔다고 생각한다. 친할머니 아들의 현신인 구렁이를 외할머니가 잘 달래주고 있는 장면이다.

오답

① 외할머니는 자신의 행동을 보고 큰 소리로 웃는 사람을 향해 야단을 치고 있다.

③ 외할머니에게 있어 구렁이는 죽은 가족의 현신이다. 구렁이가 혐오스러워 쫓아내려는 것이 아니라, 구렁이가 집안일을 걱정하지 않고 안심하도록 설득하고 있다.

④ 제시문에 외할머니가 구렁이에게 음식을 대접하는 장면은 없다.

140 ④

풀이 큰오빠는 과거에 대가족의 생계를 책임지기 위해 열심히 살았다. 그러나 현재는 노쇠해 가고 있으며 대수술을 해서 겨우 목숨을 건진 상황이다. '나'는 큰오빠가 현재는 생명의 금칙으로 하지 못하는 일들이 많아지며 현실을 잊고 싶어하는지 모른다고 생각한다. 큰오빠는 동생들을 위해 최선을 다해 살았지만 현재는 노쇠함과 병으로 인해 삶의 의미를 상실한 상황이다.

오답

① 큰오빠가 동생들이 자립할 수 있도록 키운 일을 인생의 큰 목표를 이룬 것이라 볼 수 있다. 그러나 현재 자신의 삶을 돌아보고 있지는 않다.

② 큰오빠는 현실을 잊으려 한다. 미래의 모습이 기대된다고 볼 수 없다.

③ 아버지를 미워했다는 내용은 글에 제시되어 있지 않다. 큰오빠는 오히려 아버지의 산소에 불쑥 찾아간다.

⑤ 큰오빠의 사업이 반복적으로 실패했다는 내용은 글에 제시되어 있지 않다.

141 ②

풀이 글에서 '은전 한 닢'에 대한 거지의 의식은 마지막 문장에서 두드러진다. 곧, "이 돈 한 개가 갖고 싶었습니다."는 표현에서 '그(거지)'는 돈을 생존의 수단이 아닌 절대적 욕망(목표)으로 여기고 있음을 알 수 있다. 이러한 거지의 모습을 보면서 필자는 동정과 연민을 느끼고 있다.

142 ④

풀이 인물에 대해 직접 설명하거나 주관적 논평 형태를 취하지 않고, 구체적인 행동 묘사를 통해 사실성과 흥미를 돋우고 있는 수필이다.

143 ①

풀이 이 글은 "변절이란 무엇인가"라며 묻고 이에 대해 답하는 자문자답의 글이다. 그러나 이 글은 글쓴이가 자신을 성찰하기 위해 쓴 글이 아니다. 지조 없이 변절을 일삼는 부정한 사람들을 꾸짖기 위해 쓴 글이다.

144 ①

풀이 현대인들은 고식지계에 현명하고 극단의 이기주의에 밝다고 전제한 이 글은 딸각발이의 의기, 강직, 청렴한 미덕을 배우고 계승하자는 이희승의 교훈적 수필이다.

145 ①

풀이 내용의 흐름에 맞게 배열해야 한다. (가)는 글의 시작이며 주제이다. (라)와 (마)는 그믐달을 다른 대상과 비교하였다. (나)에서 글을 마무리하고, (다)에서 소망을 드러냈다.

146 ④

풀이 앞뒤의 문맥을 고려할 때, '평범한 사람'을 뜻하는 한자성어가 들어가야 한다. ④의 '갑남을녀(甲男乙女)'는 갑이란 남자와 을이란 여자라는 뜻으로, 평범한 사람들을 이른다.

147 ②

풀이 해학과 비판정신에 대한 언급은 없다. 나머지는 모두 이 글에서 말한 수필의 특징과 일치한다.

작품 피천득, <수필>

작품 피천득, <수필>

작품 피천득, <수필>

1. 갈래: 경수필
2. 성격: 평론적, 비유적, 단정적, 주관적, 설득적, 주정적
3. 구성: 간결하면서 화려하고 다채로운 문체
4. 표현: 참신하고 기발한 위트가 돋보이는 문장. 생활에 얽힌 서정적이고 주관적·명상적인 것을 소재로 삼으며 섬세하고 다감한 문체로써 서정의 세계를 보여 줌. 수필의 성격을 설명하면서도, 독특한 문체와 단정적인 표현을 구사하여 문학적인 수필문으로서의 성격을 살림
5. 구성: 병렬식 구성
6. 제재: 수필
7. 주제: 수필의 본질과 특성

148 ③

풀이 '따사롭다'는 등의 '감각적'인 구절이 일부 있지만 '대상(나무)의 변화'도 없고, '대상의 변화에 대한 감각적 묘사'도 나타나 있지 않다. 특정 단어만으로 답을 찾지 말고 문장을 전체적으로 읽어 논리적으로 풀어야 한다.

149 ④

풀이 '잔잔한 호수의 거울같이 평정한 행복이 느껴지는 수묵화'와 비슷한 내용의 시조를 찾으면 된다. ④는 월산대군의 시조로, 주제는 '가을 달밤의 풍류와 정취'이다. 욕심 없는 달관의 태도와 분위기가 제시문과 유사하다.

오답
① 길재의 시조로, '사라져 가는 고려 왕조에 대한 안타까움'을 주제로 한다.
② 정철의 연시조 <훈민가(訓民歌)>의 일부로, 이 부분은 '경로(敬老)사상'을 주제로 한다.
③ 이조년의 시조로, '봄밤의 애상적 정감'을 주제로 한다.
⑤ 황진이의 시조로, '임에 대한 간절한 기다림과 그리움'을 주제로 한다.

150 ④

풀이 자장면과 관련된 에피소드를 중심으로 정겹게 서술하고 있을 뿐, 대상을 의인화하거나 바람직한 삶의 자세를 드러낸 것은 아니다.

작품 정진권, <자장면>
• 주제: 자장면에 얽힌 소박한 추억.

151 ③

풀이 촌장의 처음 대사에서 '그 말'을 꺼낸 사람이자 '이 애'는 파수꾼 '다'이다. '이리떼인지 흰 구름인지'를 확인하자는 촌장의 대사를 본다면, '다'는 마을에 이리떼가 나타나는 사실을 거짓이라고 말했음을 추측할 수 있다. 촌장은 파수꾼 '다'가 망루 위에 올라가서 주민들에게 이리떼가 있다는 것이 사실임을 말하도록 강요한다. 촌장의 두 번째 대사인 '그만 올라가게 하십시오'는 파수꾼 '다'가 망루위에 올라가지 못하도록 막는 것이 아니다. 파수꾼 '나'가 계속 말을 하자, 파수꾼 '나'의 말을 끊고 파수꾼 '다'가 망루 위에 올라가도록 강요하는 대사이다.

오답
① '파수꾼 나는 신이 나서 양철북을 두드린다.'
② '다: 이리떼다, 이리떼! 이리떼가 몰려온다!'
④ '식량 운반인, 이 애가 틀림없지요? 네, 그렇다고 확인했습니다.'에서 알 수 있다.

152 ④

풀이 ④는 희곡의 특징이면서 단점으로 지적되고 있는 설명이다. 시나리오의 경우 시간적·공간적 제약이나 지배를 전혀 받지 않는 장점이 있다.

153 ③

풀이 제시된 지문은 드라마 <학교 2>의 대본인 시나리오에 해당한다. ③은 희곡에 대한 설명이고, 시나리오의 구성 단위는 시퀀스(sequence)와 신(scene)으로 이루어진다. 부자지간이면서 동시에 교사와 학생의 관계에 있는 광도와 흥수를 중심으로 전개되는 갈등과 화해의 시나리오로, 공간적인 배경은 학교이다. 흥수와 광도와의 갈등, 흥수가 광도에 대해 갖고 있는 불만을 표출하고 있는 언어와 행동들, 학생들 간의 대화 등을 통해 우리의 언어 생활을 되돌아보고, 부모의 사랑을 통해서 가족 간의 정에 대해 생각하게 한다. 막과 장은 희곡의 구성 단위이다.

154 ③

풀이 말뚝이가 사설을 늘어놓는 대목은 음악과 춤을 멈춘 상태이므로 '굿거리장단'에 맞출 수 없다. 굿거리장단은 느린 4박자의 장단인데, 보통 행진곡과 춤의 반주에 쓴다.

오답
① 양반들은 말뚝이에게 '야아, 이놈, 뭐야어!'라며 자신을 조롱하는 행위에 야단을 치고 있다.
② 양반 삼 형제 중 맏이가 샌님, 둘째가 서방님이다. 이들이 어색하게 춤을 추며 등장할 때 샌님과 서방님은 부채와 장죽을 가지고 있다고 제시되어 있다.
④ 도령은 때때로 형들의 면상을 치며 놀고 있다.

1 ③

풀이 고대 문학은 집단적인 서사 문학에서 개인적인 서정 문학으로 발달했다.

2 ④

풀이 ④ <목주가(木州歌)>는 '효심'을 주제로 한 신라의 부전 가요로, 고려가요 <사모곡>과 관계가 있다.

3 ③

풀이 <풍요(風謠)>는 4구체 향가로, 한자의 음과 훈을 빌려 적은 향찰로 표기되었기 때문에 한글로 전해지는 것이 아니다.

오답

정철의 <사미인곡>, 박인로의 <누항사>는 조선 시대 가사(歌辭) 작품으로, 한글로 전해진다. 그리고 <정읍사>는 현전하는 유일한 백제 가요이며 한글로 기록된 가장 오래된 작품이다. 마지막으로, <청산별곡>은 고려의 가요이며 구전되다가 조선 시대에 와서 한글로 기록되었다.

4 ④

풀이 '거북'은 소원을 들어줄 신령스러운 존재이다.

5 ④

풀이 향가는 승려, 화랑 등 주로 당대의 지배층이 향유하였다.

6 ②

풀이 ② <모죽지랑가>는 8구체 향가이다.

오답

① 제망매가 ③ 찬기파랑가 ④ 안민가

7 ③

풀이 <제망매가>는 죽은 누이에 대한 추도의 노래이고, <모죽지랑가>는 득오가 죽지랑을 추모하는 노래이다.

8 ④

풀이 '정읍사'는 통일신라 경덕왕(景德王) 이후 구백제(舊百濟) 지방의 노래로 짐작된다. 현존하는 유일한 백제 가요이며, 한글로 기록되어 전하는 가요 중 가장 오래 된 것이다. 내용은 정읍현(井邑縣)에 사는 행상의 아내가 남편이 돌아오지 않으므로, 높은 산에 올라 먼 곳을 바라보며 남편이 혹시 밤길에 위해(危害)를 입지 않을까 하는 마음을 나타낸 노래이다. '주술성(呪術性: 불행이나 재해를 막으려고 주문을 외거나 술법을 부리는 성향)'과는 관련이 없다.

9 ①

풀이 ① 누이의 죽음을 추모하고 그 슬픔은 종교적으로 승화하여 미타찰에 다시 만날 것을 기원하고 있다.

오답

② 반어적 표현이 없다.

③ 구도적 자세는 있으나 세속의 인연이 끊어짐을 슬퍼하고 있으니 미련을 두지 않는다는 점은 잘못이다.

④ 객관적 서경묘사가 아니고 서경을 통해 주관적 슬픔을 노래하고 있다.

10 ④

풀이 ④의 현대어 해석은 '아아, 잣나무 가지 높아 눈이라도 덮지 못할 고깔이여'이다. 이때의 '눈'은 시련과 고난을 의미한다. 기파랑의 인품을 '잣가지'에 비유한 것은 적절하지만 '눈'에 비유한 것은 잘못된 설명이다

11 ①

풀이 이 노래는 기파랑의 인품을 예찬하는 내용을 담고 있다. 기파랑이 현재 화자와 함께 있다고 볼 수는 없으나, 화자가 신세를 한탄한다는 내용의 노래와 관련이 없다.

오답

② '찬기파랑가'는 10구체 향가이다. 1~5행이 기, 6~8행이 서, 9~10행이 결인 3단 구성이다.

③ 기파랑의 고매한 인품을 '잣가지'에 비유하고 있다.

④ 9행의 감탄사 '아아'에서 낙구를 알 수 있다.

12 ④

풀이 ④ 기구(起句)에서는 자연의 물소리를, 승구(承句)와 전구(轉句)에서는 인간의 소리를 대조시킴으로써 주제(산중에 은둔하고 싶은 강렬한 심정)를 형상화하였다.

13 ②

풀이 지식인의 고뇌와 고국에 대한 그리움

②는 '향수'이다.

오답

① 애상, ③ 지조, ④ 감상

14 ③

풀이 시어의 비유적인 의미를 이해할 수 있어야 하는 문제이다. '수레 탄 사람들'은 벼슬이 높은 지배층이다. 이들은 화자의 능력을 알아봐 줄 사람들이다. 그러나 지배층은 자신을 보지 않고 쓸모없는 '벌과 나비'만 기웃거린다고 하였다. '벌과 나비'는 화자에게는 중요하지 않은 존재이다.

오답

① 적막한 묵정밭 가에 핀 촉규화는 화자 자신의 처지를 비유한 소재이다. 촉규화가 '만발한 꽃', '보드라운 가지', '향기'를 지녔다는 것은 작가가 자신의 빼어난 능력을 비유한 표현이다.
② '수레 탄 사람들'은 벼슬이 높은 지배층이다. 이들은 화자의 능력을 알아봐 줄 사람들이다.
④ '천한 땅'은 '촉규화'가 피어난 적막하고 거친 땅이면서 작가인 최치원이 태어난 땅을 의미한다. 작가가 자신의 능력을 알아주지 않는 현실을 비유적으로 표현한 내용이다.

15 ⑤

풀이 구비 문학이라는 점, 노래[樂]라는 점을 고려하면 제시 글은 민요에 대한 설명이다.

16 ①

풀이 향가계여요인 '정과정'은 유배된 신하가 자신의 결백을 하소연하고 나아가서 예전처럼 자신을 사랑해 주기를 염원하는 충정을, 남자로부터 버림 받은 여성의 입장을 빌어 노래한 연주지사(戀主之詞)이다. 화자는 '넋이라도 님과 함께 있고 싶다'며 님이 나를 잊지 않기를 바라고 다시 사랑해 주길 소원하고 있다.

17 ④

풀이 '과도 허물도 천만 업소이다(잘못도 허물도 전혀 없습니다)'에서 '천만(千萬)'은 만의 천 배가 되는 수이니 큰 숫자이다. 그러나 화자는 이 큰 숫자를 활용하여 자신의 결백함을 강조하고 있다. 임이 임금일지라도 시의 전체적인 주제는 임에 대한 그리움이다. 그러나 '과도 허물도 천만 업소이다'는 그리움과 관련이 없다.

오답

① 자연물인 '접동새(접동새)'를 통해 화자의 고독한 처지를 드러내고 있다.
② 천상의 존재인 '잔월효성'을 통해 화자의 결백함을 나타내고 있다.
③ '니미 나롤 ㅎ마 니ᄌ시니잇가(임이 나를 벌써 잊으셨습니까?)'에서 설의법을 드러낸다. 임금이 벌써 자신을 잊었을까 걱정하고 있다.

18 ④

풀이 대립적인 이미지를 사용하고 있는 것은 ㈎ '정읍사'이다. 여기에서 '달'(빛, 구원)과 '즌 딕'(위험)가 대립하고 있다.

오답

③ '정읍사'는 한글로 기록되어진, 현전하는 가장 오래된 작품이다. 또한 '청산별곡'은 구전되다가 조선시대에 궁중속악가사로 편입되면서 한글로 기록되었다.

19 ④

풀이 '가시리'는 이별의 정한(情恨)을 다룬 작품이므로 김소월의 '진달래꽃'과 정서가 가장 유사하다.

20 ①

풀이 <진달래꽃>은 우리 민족의 전통적 정서인 이별의 정한이 드러난다. 고려속요인 <가시리>에서도 이별의 정한이 드러난다.

21 ②

풀이 절대로 이루어지지 않을 법한 상황을 역설적으로 가정하여 자신의 의지를 드러내고 있다.

22 ③

풀이 ③ ㈎의 <공무도하가>에서 시적 화자는, "임은 기어이 물을 건너갔네."를 통해서 벌어질 상황(임이 물에 빠져 죽을 수 있는 상황)에 대해 초조해하고 불안해하는 모습을 보여준다. ㈏의 <서경별곡>에서 시적 화자는, "(내 임은) 대동강 건너편 꽃을 / 배를 타면 꺾을 것입니다."를 통해서 벌어질 상황(임이 다른 여인에게 정을 줄 것 같은 상황)에 대해 두려워하는 모습을 보여준다. 따라서 "㈎, ㈏의 화자 모두, 벌어질 상황에 대해 염려하는 마음을 드러내고 있다."라고 이해하는 것은 적절하다.

23 ③

풀이 제시된 작품은 '한림별곡(翰林別曲)'이며, 고려시대 경기체가(景幾體歌)이다. '경기체가'는 주로 사대부가 작가인 정형시이며, 조선 전기 이후 사라진 장르이다. 귀족들의 학문적 자부심과 향락적 풍류 생활을 주제로 하며, '위~景(경) 긔 엇더ㅎ니잇고.'라는 후렴구가 반복된다.

오답

② 경기체가도 고려 가요의 하나라고 할 수 있지만, '유토피아적 동경'은 <청산별곡(靑山別曲)>에 대한 설명이므로 적절하지 않다. 참고로, 경기체가는 고려속요라고 할 수는 없다.

24 ③

풀이 이조년의 시조이다. '삼경(三更)'은 하룻밤을 오경(五更)으로 나눈 셋째 부분을 뜻하며, 밤 열한 시에서 새벽 한 시 사이이다. '깊은밤' 또는 '한밤중'을 뜻하는 말이다.

오답

⑤ '자규(子規)'는 소쩍새 또는 접동새이다. '불여귀, 귀촉도, 두견' 등의 별칭이 있으며 '처절, 고독, 애원'의 이미지를 지닌다.

25 ②

풀이 고려시대 가전체 작품을 묻고 있다. 가전체는 사기류(史記類)의 열전(列傳)의 형식을 흉내낸 글로 계세징인(戒世懲人)을 목적으로 한다. 해당 작품들이 대상의 부정적인 면만을 강조하지는 않았다. <국선생전>의 경우 긍정적인 측면도 많다.

26 ②

풀이 이규보의 <슬견설>은 생명이 있는 것은 모두 소중하다는 주제를 말하는 수필이다. 다루고 있는 소재들의 관계는 모두 '크고 작은 것'이다. 즉, 겉으로 보기에 큰 것이나 작은 것 모두 소중하고 가치 있다는 교훈을 주고 있다. 그런데 '벌레와 개미'는 모두 미물(微物)로, 작은 것을 의미하므로 비교 대상이 아니다.

27 ③

풀이 이곡의 <차마설>은 유추의 방식을 통해 소유에 대한 경계를 주제로 한 고전수필이다. 그러나 대상들 사이의 유사점을 말하는 비교의 방식은 사용되지 않았다. 말을 빌려 타는 이야기를 통해 소유에 대한 깨달음을 빗대어 말하는 유추가 나타나고 있을 뿐이다.

28 ④

풀이 '이상주의적이고 결백한 자세'이거나 '현실에 맞서고자 하는 의지'와는 관계가 없다. 이규보의 <경설>의 주제는 '허물을 수용하는 처세의 필요성'이다.

오답

② 용모에 대한 거사의 논의는 '도덕성(지혜, 안목)'과 관련할 때 '잘생긴 사람'은 '도덕적인 소수의 사람'을 비유하고, '못생긴 사람'은 '도덕적으로 결함이 있는 다수의 사람'을 비유한다.

29 ①

풀이 비유를 통해 문화의 융성과 조선의 영원한 발전을 노래하였다.

30 ①

풀이 1445년에 우리말 시가로 완성, 1447년에 한문으로 주해. 우리말 시가가 먼저 완성되었고 한문 시가 덧붙은 형식이다.

31 ③

풀이 '남ᄀᆞᆫ(낢+ᄋᆞᆫ)'의 '낢'은 '나무', '여름(열+음)'은 '열매', '바ᄅᆞ래'는 '바다에(바다로)'의 뜻이다.

32 ①

풀이 중간본에는 혼철, 분철 등 혼란한 표기를 보인다.

33 ④

풀이 매천 황현의 '절명시'이다. 해석하면 다음과 같다. "금수도 슬피 울고 산하도 찡그리네. 무궁화 세상은 이미 가라앉았구나. 가을 등불 아래 책을 덮고 옛날을 회고하니 인간 세상에 식자인(지식인)으로 살기가 어렵구나". 따라서 나라가 망하여 한탄한 내용임을 알 수 있다.

34 ②

풀이 주어진 시는 이개의 시조로 수양대군(훗날의 세조)의 왕위 찬탈과 어린 임금 단종(端宗)이 영월로 유배되자, 임금과의 이별을 촛불에 감정이입하여 표현하였다. ②는 단종이 영월에 유폐될 때 임금을 수행하였던 금부도사 왕방연의 작품이다. 님(단종)을 여읜 슬픔을 강물에 감정이입하여 표현한 작품이다.

35 ①

풀이 사랑하는 임의 안위(安危)에 대해 걱정하고 있는 부분을 찾을 수는 없다.

오답

② 추상적인 시간(동짓달 기나긴 밤)을 구체화하여(한 허리 베어 내어) 제시하고 있다.

③ 의태어 '구뷔구뷔'를 사용하여 생동감을 자아내고 있다.

④ 임이 자기한테 오기를 바라는 화자의 소망을 나타낸다.

36 ④

풀이 <보기>와 ④에 나타나는 화자의 정서는 '임을 그리워하는 마음'이다. ④는 임에게 자신을 상징하는 '산버들'을 보낸다.

37 ③

풀이 정철의 <관동별곡>으로, 홍만종은 《순오지》에서 <관동별곡>은 '악보의 절조'라 극찬했다.

38 ①

풀이 글쓴이는 우리나라의 시문이 자기 말로 표현되어 있어야 한다고 주장한다. 민간의 나무하는 아이들의 노래가 촌스럽기는 하더라도 우리의 말로 부르는 노래이기 때문에 참된 것이라고 예찬하였다.

오답

② 민간의 노래가 속되고 촌스럽긴 해도 자기의 말로 부르기 때문에 참된 노래로 판단하고 있다.

③ 글쓴이는 다른 나라의 말을 배워서 표현한 시문을 앵무새의 노래와 유사하다고 주장한다. 아낙네들의 노래는 자기 말로 부른 노래이기 때문에 참된 노래이다.

④ 공부하는 선비의 시문은 자기 말로 표현한 노래가 아니다.

39 ④

풀이 김시습의 한문소설 <금오신화> 중 <남염부주지>에 대한 설명이다. '염부주'가 염라국을 가리킨다.

40 ③

풀이 <원생몽유록>은 생육신의 한 사람인 남효온의 처지를 슬퍼하여 임제가 쓴 몽유록계 전기 소설(傳記小說)이다.

41 ③

풀이 경기체가는 양반층의 문학이었으며, 사설시조, 고려 속요, 잡가는 평민층의 문학이었다.

42 ②

풀이 관찰사 부임의 노정이 제시된 부분으로, '한양 ⇨ 평구(양주) ⇨ 흑슈(여주) ⇨ 셤강·티악(원주) ⇨ 쇼양강(춘천) ⇨ 동쥐(철원) ⇨ 회양'으로 공간 이동하고 있다.

43 ④

풀이 목민관으로서 선정에의 포부

44 ①

풀이 만폭동 폭포의 장관을 묘사하고 있는 부분이다.

45 ①

풀이 봄 – 금강산, 여름 – 봉래산, 가을 – 풍악산, 겨울 – 개골산

46 ⑤

풀이 '상사지정(相思之情)'은 남녀 사이에서 서로 그리워하는 정을 뜻하는 말이다.

47 ②

풀이 ⓑ '안준마리'는 '앉으니'가 올바른 해석이다.

48 ④

풀이 ㉠은 선정(善政)에의 의지와 애민(愛民) 정신이 드러난 부분이다.

49 ①

풀이 ⓐ 백년화: 명월(달)

50 ③

풀이 '六뇩龍뇽'은 해를 떠받드는 '충신'을 의미하며, '녈구름'은 해를 가리는 '간신'을 의미하므로 의미상 대조를 이룬다. '詩시仙션'은 중국의 시인 이백(=이태백)이다.

51 ④

풀이 ④ '강호가도'는 조선 전기 문학에 대한 설명이고, 개인 시조집은 조선 후기 문학의 특징이다. 참고로, 최초의 시조집은 김천택의 <청구영언>(1728)이다.

52 ③

풀이 임진왜란 이후는 현실적·사실적 문학이 주류를 이루었다.

53 ⑤

풀이 ⑤는 조선 전기 문학의 특징이다.

참고 조선 전기 문학 vs 조선 후기 문학

조선 전기 문학	조선 후기 문학
성리학	실학
관념적	사실적
운문 정신	산문 정신
귀족 문학	서민 문학

54 ①

풀이 김상헌의 <가노라 삼각산아~>는 병자호란 때 결사항전을 주장했던 작가가, 청나라로 끌려가면서 조국애와 충정을 읊은 시조이다. ㉠ '삼각산'은 인왕산의 다른 명칭이 아니라, 북한산의 옛 이름이므로 ①이 옳지 않다.

오답

④ '수상(殊常)하니'는 '보통과는 달리 이상하여 의심스러우니' '뒤숭숭하니'의 의미이다. 이 작품은, 작가가 병자호란 후에 소현세자와 봉림 대군(훗날의 효종)과 함께 청나라에 볼모로 잡혀가게 되었을 때, 고국을 떠나면서 느끼는 비분강개한 심정을 노래한 것이다. 따라서 '시절이 수상하다'는 것은 병자호란 직후의 어수선하고 불안한 상황을 의미한다고 볼 수 있다.

55 ①

풀이 첫째 수는 이 작품의 서시(序詩)이다. 초, 중장은 문답식으로 다섯 벗인 '水, 石, 松, 竹, 月'을 나열하였다. 자연과 벗이 된 청초하고 순결한 자연관을 순우리말로 잘 표현하였다.

오답

① 초장에서 문답법을 활용했고, 종장에서 설의법을 활용하기는 했으나 대상을 모호화하지 않았다.

56 ④

풀이 제시된 부분에서 '백년화'는 '명월(달)'을 의미한다. ④에서 '작은 것', '광명(밝은 것)', '너', '내 벗'은 모두 '달'을 의미한다.

57 ①

풀이 자연 속에서의 만족감을 노래하는 것으로 임금에 대한 그리움을 드러내고 있지 않다.

오답

③ 대구법은 초장에서 '우는 거시 벅구긴가 프른 거시 버들숲가'를 통해서 찾을 수 있다.

④ 초장과 중장, 중장과 종장 사이의 후렴구를 제외하면 시조형식을 갖추고 있으며 전체 40수의 연시조이다.

58 ④

풀이 시조는 고려 중기에 형성되어서 고려 말(혹은 조선 초)에 완성된 갈래이다. 제시된 시조의 주제와 배경을 고려해 순서를 잡으면, ⑺ 작자 미상의 사설시조로 집권층을 풍자하고 있으므로 조선 후기의 작품이다. ⑷ 원호가 지은 작품으로 '님'은 단종을 의미한다. 단종의 죽음을 생각하면 15세기의 작품으로 생각할 수 있다. ⑶ '오백년 도읍지'는 고려의 수도를 말한다. 이 시조는 고려의 유신인 '길재'가 쓴 것이므로 조선 초기의 작품으로 볼 수 있다. 이를 순서대로 정리하면 ⑶-⑷-⑺이므로 정답은 ④이다.

59 ④

풀이 주객(主客)이 전도(顚倒)된 표현은 나타나지 않았다. 예를 들어, 정극인의 <상춘곡>에 나오는 '공명도 날 꺼리고, 부귀도 날 꺼리니'였다면 주객전도된 표현이 된다.

오답

① '이시면 죽(粥)이오 업시면 굴물망정', '단사표음(簞食瓢飮)을 이도 족(足)히 너기로라' 등에서 안분지족의 자세가 드러나 있다.

② '태평천하(太平天下)애 충효(忠孝)를 일을 삼아 화형제(和兄弟) 신붕우(信朋友) 외다 ᄒ리 뉘 이시리'에서 양반의 유교적 모습을 알 수 있다.

③ '빈천(貧賤), 부귀(富貴)' 등에서 알 수 있다.

60 ④

풀이 사월(四月)은 맹하(孟夏), 즉 초여름이다. 24절기 중 '입하(立夏), 소만(小滿)'에 해당한다. 음력 1월은 '입춘, 우수', 음력 2월은 '경칩, 춘분', 음력 3월은 '청명, 곡우', 음력 4월은 '입하, 소만', 음력 5월은 '망종, 하지', 음력 6월은 '소서, 대서', 음력 7월은 '입추, 처서', 음력 8월은 '백로, 추분', 음력 9월은 '한로, 상강', 음력 10월은 '입동, 소설', 음력 11월은 '대설, 동지', 음력 12월은 '소한, 대한'이다.

오답

① 음력 1월 ② 음력 2월 ③ 음력 3월.

61 ②

풀이 고전소설 <홍길동전>의 일부이다. 조선 중기 허균이 지은 소설. 최초의 한글 소설이며 영웅 소설의 대표적인 작품이다. 홍판서의 서자로 태어난 홍길동이 신분 차별로 인한 갈등을 극복하고, 활빈당을 조직해 가난한 백성을 돕다가, 자신의 무리를 이끌고 율도국으로 가 나라를 세워 국왕에 오른다는 내용이다. 적서 차별이나 농민의 저항 정신을 담고 있다. <임꺽정>과 <장길산>과 같은 의적소설에 영향을 주었다.

62 ③

풀이 둘째 문단에서 '다시 그것(죽은 쥐)을 가져다 배를 갈라 보시면 분명 허실을 알게 되실 겁니다.'를 통해 알 수 있다. 계모가 부사에게 제시한 증거는 사실은 가죽을 벗긴 죽은 쥐이고, 이것으로 계모의 증거가 거짓임을 확인할 수 있도록 부사에게 계책을 알려주고 있다.

오답

① 첫째 문단에서 부사는 계모가 제시한 증거를 보고도 미심쩍어하는 태도를 드러내고 있다.

② 첫째 문단에서 계모는 '장녀 장화는 음행을 저질러 낙태한 뒤 부끄러움을 못 이기고 밤을 틈타 스스로 물에 빠져 죽었습니다. 차녀 홍련은 언니의 일이 부끄러워 스스로 목숨을 끊었습니다.'라고 하였다.

④ 첫째 문단에서 부사는 배 좌수에게 '딸들이 무슨 병으로 죽었소?'라고 말한 것은 단순히 장화와 홍련이 죽은 원인이 궁금하여 물었다. 이는 장화와 홍련이 죽은 원인을 물어본 것이다.

63 ①

풀이 허생전의 '호질'에 대한 설명이다.

64 ⑤

풀이 ① 허장성세: 실속은 없으면서 큰소리치거나 허세를 부림.
② 교언영색: 아첨하는 말과 알랑거리는 태도
③ 자신만만: 매우 자신이 있음.
④ 안분지족: 편안한 마음으로 제 분수를 지키며 만족할 줄을 앎.
⑤ 수주대토: 한 가지 일에만 얽매여 발전을 모르는 어리석은 사람을 비유적으로 이르는 말

65 ⑤

풀이 ①, ②, ③, ④는 김만중의 작품이다. ⑤의 <계축일기>는 어느 궁녀의 수필이다.

66 ③

풀이 이 글에서 화자가 깨달은 것은 밑줄 바로 다음에 나온다. '마음을 잠잠하게 하면 귀와 눈이 누(累)가 되지 않고, 귀와 눈만을 믿으면 보고 듣는 것이 더욱 밝아져서 더욱 병이 된다.'고 했다. 즉, 외물(外物)에 현혹되지 말고 본질에 주목하라는 것이 글의 주제이다.

67 ④

풀이 교두(交頭)각시는 '가위'이다.

68 ⑤

풀이 <허생전>은 《열하일기》에 수록되어 있는 박지원의 한문 단편소설이다.

69 ①

풀이 <춘향전>은 신소설 <옥중화>로 이어진다. <혈의누>는 이인직의 신소설이다.

70 ③

풀이 '사계축(四契軸)'이란 서울 만리재에서 청파(靑坡)에 이르는 지역 출신의 소리꾼들로, 잡가(경기 잡가)를 널리 보급했던 소리꾼들이다.

71 ①

풀이 '아니리'는 창자가 하는 사설이고, '창(唱)'이 노래이다.

72 ②

풀이 '더늠'은 판소리에서, 명창이 자신의 독특한 방식으로 다듬어 부르는 어떤 마당의 한 대목을 말한다. 참고로 '못갖춘마디'는 음악에서 박자의 첫박 이외의 박, 즉 여린박에서 시작되는 마디이다.

73 ④

풀이 판소리 작품이 '설화 → 판소리 사설 → 고소설'의 형성 과정을 거치는데 반해, <적벽가>는 '소설 → 판소리 사설'이라는 점에서 구별된다.

74 ④

풀이 '살판'은 남사당놀이의 셋째 놀이의 명칭이다. 몸을 날려 넘는 땅재주이다.

75 ③

풀이 ⓒ '할림새'는 남의 허물을 잘 고해 바치는 사람. '할림'은 '할리다(참소하다)'에서 온 말이다.

76 ④

풀이 <유산가>는 서울을 중심으로 유행한 십이잡가의 하나이다.

77 ①

풀이 (대)에 나온 '천 리 강산 머나먼 길을 어이 갈꼬 슬피 운다.'에서 애상감이 드러난다. ①도 봄밤의 애상감을 주제로 삼았다.
① 이조년의 <다정가(多情歌)>
② 길재의 <회고가>
③ 서경덕의 <연정가>
④ 김상헌의 <비분가>

78 ①

풀이 ㉠ 시각적 표현

79 ①

풀이 ㉠ 정도전의 <신도가>—조선 태조
㉡ 윤선도의 <어부사시사>—조선 효종
㉢ 김만중의 <사씨남정기>—조선 숙종
㉣ 박지원의 <양반전>—조선 정조

80 ②

풀이 자신이 처한 상황에 만족하며 교만하거나 남을 비웃지 않을 것을 비유적으로 쓴 글이다. 사물의 가치에 우열을 둔다는 것은 글의 내용과 부합하지 않는다.

오답

① 말똥구리의 말똥과 여룡의 여의주에 빗대어 삶의 진리를 말하고 있다.
③ 곤충인 말똥구리와 신화적 동물인 여룡이 각자 자신이 지닌 것을 비교하여 주장하는 바를 드러냈다.
④ 말똥구리의 말똥은 여의주에 비해 사소한 물건이지만 여룡은 교만하지 않고, 말똥구리를 보며 비웃지도 않는다.

81 ③

풀이 '강호가도(江湖歌道)'란 조선 시대 시가 문학의 한 경향으로, 세속을 떠나 자연에 묻혀 살면서 자연의 아름다움과 그 속에서 살아가는 여유로움을 노래한 작품들을 총칭하는 말이다.
㉠, ㉡, ㉢은 자연과 인간을 그린 작품이다. ㉣은 임금(단종)과 이별한 슬픔이 주제이고, ㉤은 사랑하는 임을 기다리는 마음이 주제이다.

82 ④

오답

① 한문소설 ② 송순-가사 ③ 정철 ⑤ 국문소설

83 ③

풀이 ③은 이색의 시조로, 고려 멸망에 대한 한탄과 우국충정을 주제로 한다. 따라서 화자는 자연을 무상(無常)하고 덧없는 것으로 바라보고 있다.

오답

나머지는 안빈낙도(安貧樂道)하며 즐기는 태도로 자연을 바라보고 있다.
① 이현보, <어부가>. 주제: 자연을 벗하는 풍류적인 생활.
② 한호의 시조. 주제: 산촌 생활 중에 느끼는 안빈낙도(安貧樂道).
④ 성혼의 시조. 주제: 자연과 더불어 사는 즐거운 삶.

84 ②

풀이 (내)의 주제는 '자연에 대한 사랑'이라고 할 수 있으나, 선경후정(先景後情)의 방식이 아니다. 중장은 근경을, 종장은 원경을 표현하여 배경이 조화를 이루고 있다.

오답

① '촉(燭)불이 눈물을 흘린다'고 무생물을 생물로 치환해 표현했다.
③ '동짓달 긴 밤'이라는 추상적인 개념을 '허리를 베어 이불 안에 넣겠다'고 구체적으로 표현했다.

85 ①

풀이 임(단종)과 이별한 슬픔을 ㉠'촉(燭)불'에 감정 이입해 표현하며 애상적인 정서를 나타내고 있다. 하지만 나머지는 화자가 긍정적으로 여기는 대상이므로 ㉠과 이질적이다.

86 ④

풀이 (내)와 (래)는 자연에서 지내는 소박한 즐거움과 자연과 하나가 되는 삶을 노래하고 있다. (내)의 주제는 '자연에 대한 사랑과 안빈낙도(安貧樂道)'이고, (래)의 주제는 '강호에서 자연을 즐기며 임금의 은혜에 감사함'이다.

87 ②

풀이 (개)와 (대)는 임에 대한 그리움을 표현한 작품이다. (개)의 주제는 '임(단종)과 이별한 슬픔'이고, (대)의 주제는 '임을 기다리는 애타는 마음'이다.

88 ③

풀이 (개)는 임과 이별한 슬픔을 주제로 한 이개의 시조이다. ③역시 이별의 슬픔을 노래한 계랑의 시조로, (개)와 정서가 같다.

오답

① 봄밤의 애상적 정감(이조년)
② 늙음에 대한 한탄(우탁)
④ 옳은 일 권장(정철)

89 ③

풀이 <채봉감별곡>은 임과 이별 후 슬퍼하며 임을 그리워하는 내용이다. ③의 <황조가> 역시 이별의 슬픔을 노래하는 내용이다.

오답

④ 정지상의 한시 <송인>이다. 이별의 슬픔은 비슷하지만 ④에는 외로움의 정서가 없다.

90 ②

풀이 ⓒ의 '훤화(喧譁)'는 '시끄럽게 떠든다'는 의미이다.

91 ④

풀이 우치와 화담이 도술을 주고받는 장면을 중심으로 소설이 전개된다. '기이하여 세상에 전할 만한 요소'를 '전기적(傳奇的)인 요소'라고 한다.

오답

① 우치의 심리 변화는 마지막에 나타나지만 상세한 배경 묘사는 없다.
② 인물들의 대사 중심으로 전개되고 있다.
③ 인물 간의 갈등이나 사건의 긴장감은 없다. 화담이나 우치는 웃으면서 이야기를 나누고 있다.

92 ④

풀이 심청이가 인당수에 빠지는 장면이다. 대상을 나열하지도 않았고, 장면을 다양하게 제시하지도 않았다.

오답

① 맨 마지막 줄 '차마 보지 못할 지경이었다'에 서술자의 주관적 서술이 나타나 있다.

93 ②

풀이 이인직의 소설 '혈의 누'는 사회와 정치 개혁, 신학문의 섭취와 교육의 필요성 강조, 자유 결혼, 초혼 폐지 등의 여러 거지 주제가 혼재되어 있고, 친일적이 경향이 강한 작품으로 민족 의식의 고취와는 거리가 멀다.

94 ③

풀이 이해조의 '자유종'(1910)은 여권 문제, 자녀 교육과 자주 독립, 계급 및 지방색 타파와 미신 타파, 한문 폐지 등 직접적 현실 문제를 다룬 토론 형식의 정치 소설이다.

95 ③

풀이 ㄱ. 주요한의 '불놀이'(1919) - ㄷ. 김소월의 '나는 세상 모르고 사랏노라'(1925) - ㅁ. 김광균의 '추일서정'(1940) - ㄹ. 김수영의 '풀'(1968) - ㄴ. 기형도의 '빈집'(1989)

96 ④

풀이 토월회, 극예술 협회는 신파극에서 탈피하여 근대극에 주력하였다.

97 ②

풀이 1910년대는 최남선과 이광수가 한국 문학의 주류를 이끌었다. 특히 1917년에 창작된 이광수의 <무정>은 본격적인 한국 근대 소설의 시작으로 평가받는다.

오답

① <상저가>와 <가시리>는 고려가요이다. 그러나 <도솔가>는 신라 경덕왕 19년(760)에 월명사(月明師)가 지은 4구체 향가이다.
③ 문학은 개연성 있는 허구이기 때문에 현실을 반영하기는 하지만, 완전히 '모사(模寫)'하지는 않는다. 이때, '모사'라는 말은 무엇을 흉내 내어 그대로 본뜬다는 뜻이다.
④ '카프'는 1925년 8월에 결성된 경향적(傾向的)인 예술단체이자 조선프롤레타리아 예술가동맹인 'Korea Artista Proleta Fede'의 약칭이다. 순수 문학은 1930년대 '시문학파'의 순수 시와 관련이 있다.

98 ③

풀이 1920년대 말 김기진이 박영희의 소설을 혹평하면서 내용·형식 논쟁이 벌어진다.

99 ③

풀이 ⓜ은 1900년대 신소설이고, ⓛ은 1910년대(<무정>(1917)), ⓒ은 1920년대, ⓙ은 1930년대, ⓔ은 1940년대(《인문평론》, 《문장》(1939년 창간, 1941년 폐간))의 사실이다. 따라서 발생 순서는 'ⓜ-ⓛ-ⓒ-ⓙ-ⓔ'이 된다.

100 ②

풀이 장미촌(1921) – 백조(1922) – 영대(1924) – 시인부락(1936) – 문장(1939)

101 ③

오답

① 1920년대   ② 1920년대   ④ 개화기 문학

102 ①

풀이 '동반자작가'는 1930년대 사회주의 사상에 적극적으로 참여하지는 않았지만 동조한 작가들을 이르는 말이며, '유진오, 이효석, 채만식' 등을 동반자작가라고 한다. 참고로, '김동리, 김유정'은 순수 문학의 대표적 소설가들이다.

오답

④ 청록파는 1940년 전후에 등장했기 때문에 1930년대 후반의 문학으로 간주할 수 있다.

103 ④

풀이 '정치적 격동기(激動期)'는 1950년대가 아니라 1960년대에 해당한다. 4·19 혁명(1960), 5·16 군사 정변(1961) 등 급격한 변화를 겪으며 김수영, 신동엽 등의 참여문학이 형성되었다.

참고

1950년대는 6·25을 겪은 후 '민족 분단, 전쟁과 혼란의 시기, 반공 문학, 전후문학, 실존주의' 등이 나타난 시기이다.

104 ②

풀이 이육사의 시 <절정>을 다룬 평론(評論)의 일부이다. '투사가 처한 냉엄한 현실적 조건이 3개의 연에 걸쳐 먼저 제시'에서 시인은 투사가 처한 현실적 조건을 외면하지 않았다는 내용을 알 수 있다. 여기서 투사가 처한 현실적 조건은 대단히 위태로워 보이며 희망을 품는 것조차 불가능하다. 하지만 시인은 "이러매 눈감아 생각해"라며 새로운 인식을 한다. 시인은 "겨울은 강철로 된 무지갠가보다"라는 시구에서 새로운 성찰로 시를 마무리한다. ②는 올바른 내용이다.

오답

① 투사가 처한 극한의 상황이 시에 드러난다. 그러나 시에서 계절의 변화가 나타나지는 않는다.
③ 시가 크게 두 부분으로 나누어진다는 설명은 올바르다. 그러나 시인이 반목을 드러낸다는 표현은 나타나지는 않는다. '반목(反目)'은 서로 시기하고 미워한다는 뜻의 말이다.
④ 냉엄한 현실에 절망하는 것은 '투사'의 면모이다. 그리고 희망을 놓지 않으려는 것은 '시인'의 면모이다.

105 ③

풀이 '북관(北關)'은 '함경도'의 다른 이름이다. 고향이 평안도 정주인데, '나는 북관(北關)에 혼자 앓아누워서'라는 표현을 통해 화자는 객지에서 쓸쓸하게 지내고 있음을 알 수 있다.

오답

① 의원은 여래(如來: 석가모니 부처)같은 상을 하고 관공(關公: 삼국지의 '관운장')의 수염을 드리웠다. 의원이 맥을 보자 고향과 아버지와 친구를 생각하게 되었다. 의원은 냉정한 성격이 아니라 따뜻하고 부드러운 성격이라고 볼 수 있다.
② 시적 화자가 '나'로 등장한다. 1인칭 화자의 진술이다.
④ 시적 화자인 '나'의 아버지와 의원이 막역지간(莫逆之間: 서로 거스르지 않는 사이라는 뜻으로, 허물없는 아주 친한 사이를 이르는 말)이다.

106 ④

풀이 이육사는 경북 안동이다.

107 ①

풀이 1920년대, 현진건 – 1930년대, 채만식 – 1960년대, 최인훈 – 1970년대, 조세희

108 ②

풀이 '황순원 문학관'은 경기도 양평군에 있다. 황순원의 소설 <소나기>의 배경이 양평임을 안다면 답을 추론해 볼 수 있다. '서울 배경'과 관련된 문제는 [2015 서울시 9급], [2013년 서울시 9급] 시험에도 출제되었는데 서울시 시험의 특수성을 고려해 공부해 두어야 한다.

오답

① 종로구의 윤동주 문학관: 청운동. '윤동주 시인의 언덕'이라는 작은 공원도 있음.
③ 성북구의 만해 한용운 심우장(尋牛莊): 성북동에 있는 만해 한용운의 유택. 서울기념물 제7호.
④ 도봉구의 김수영 문학관: 김수영의 본가와 묘, 시비가 있다. 2013년 11월에 개관함.

109 ③

풀이 구보는 '전보 배달 자전거'를 보며 전보를 받았을 때의 감정을 생각한다. 여기서 구보는 한 장의 엽서에서도 느낄 수 있는 감격을 느낀다. 하지만 구보는 서울에 있지 않아 엽서를 보낼 수 있는 모든 벗을 잊은 지 오래다. 하지만 그들에게 그리움을 느끼고, 엽서를 사서 그들에게 편지를 쓰려고 한다. 구보는 다방의 탁자 위에서 벗을 생각하며 엽서를 쓰고 있다. 제시된 내용은 구보의 내면 의식을 중심으로, 구보가 생각한 연상 작용에 의해 인물의 생각이 연속되고 있다.

오답

① 구보는 벗들을 생각하며 그들이 지금 무엇을 하고 있을지 궁금하게 생각한다. 벗들과의 추억을 시간순으로 회상한다는 내용과 관련이 없다.
② 이 소설은 전지적 시점에 따라 서술자가 주인공인 구보의 사각으로 주변 거리를 바라보도록 서술하고 있다. 서술자는 제3자이며 주인공이 아니다. 주변 거리를 재현하는 것은 구보의 시각이다.
④ 이 소설은 구보의 시각과 내면 의식에 따라 사건이 전개되고 있다. 전보가 이동된 경로는 파악할 수 없다.

110 ④

풀이 '무진기행(霧津紀行)'은 1964년 김승옥의 작품으로, 개인의 삶과 현실 속에 던져진 자기 존재의 파악이라는 주제를 다루었다.

111 ④

풀이 ㉣은 1950년대 문학에 대한 설명이다. 1940년대 문학은 해방 이전 암흑기의 저항시, 해방 이후의 혼란기 등을 특징으로 한다.

112 ②

풀이 <천변 풍경>(1936년): 일정한 줄거리가 없이 어느 해 2월 초부터 다음 해 1월까지 꼭 1년간 청계 천변에 사는 약 70여 명의 인물들이 벌이는 일상사의 세밀한 세태 묘사를 통하여 당대의 진실을 추구하려는 작품

113 ②

풀이 <보기> 시는 구상의 <초토(焦土)의 시>(부제: 적군 묘지 앞에서)(1956)이다. 6·25전쟁이라는 비극적인 시대 상황에서 분단 현실에 대한 통한과 통일에의 염원을 주제로 한 작품이다. 이범선의 <오발탄(誤發彈)>(1959) 역시 6·25전쟁이 남긴 상처와 비극을 서울을 배경으로 다룬 소설이다.

오답

① 김주영, <객주(客主)>(1979~1984): 조선 후기 보부상들의 삶의 희로애락을 그려낸 대하 역사 소설.
③ 박경리, <토지(土地)>(1969~1994): 구한말부터 일제강점기까지 한 가문의 몰락과 다시 일어서는 과정을 다룬 대하 역사소설.
④ 황석영, <장길산(張吉山)>(1974~1984): 조선 숙종조에 실재했던 인물인 의적 장길산을 주인공으로 한 대하 역사소설. 민중적인 시각으로 해석했다는 데 의의가 있다.

114 ①

풀이 ①은 1930년대 우리나라 문학의 특징을 설명한 것이다. 나머지는 1960년대 문학의 특징이다.

2025 공무원 | 군무원  신유형 기본서

정호국어
독해와 문학

6판 1쇄   2024년 9월 10일

편저자_ 문정호
발행인_ 원석주
발행처_ 하이앤북
주소_ 서울시 영등포구 영등포로 347 베스트타워 11층
고객센터_ 02-6332-6700
팩스_ 02-841-6897
출판등록_ 2018년 4월 30일 제2018-000066호
홈페이지_ army.daebanggosi.com

ISBN_ 979-11-6533-495-6

정가_ 24,000원